莊 學 研 究

崔 大 華 著

文 史 哲 學 集 成

文史哲出版社印行

莊學研究 / 崔大華著. -- 初版. -- 臺北市：文
　史哲, 民 88
　　面：　公分. -- (文史哲學集成；336)
　含參考書目
　ISBN 957-547-922-x(平裝)

1.莊子 - 批評,解釋等

121.337

文史哲學集成　㉝⑥

莊　學　研　究

著　　者：崔　　　　大　　　　華
出版者：文　史　哲　出　版　社
登記證字號：行政院新聞局版臺業字五三三七號
發行人：彭　　　正　　　雄
發行所：文　史　哲　出　版　社
印刷者：文　史　哲　出　版　社
　　臺北市羅斯福路一段七十二巷四號
　　郵政劃撥帳號：一六一八〇一七五
　　電話 886-2-23511028 · 傳眞 886-2-23965656
實價新臺幣六五〇元
中　華　民　國　八　十　八　年　九　月　初　版

自 序

　　莊子思想是以儒家思想爲主體的中國傳統思想的重要組成部分，是中國傳統思想某些基本特徵和內容的最早的觀念根源。因此，全面而深入的莊子思想研究，我以爲自然首先必須從《莊子》中探索、發現莊子思想的整體內容及其內在聯繫、邏輯結構；同時還必須跨出《莊子》本身，在一種比較寬廣的中國哲學和世界哲學的背景下來觀察、分析莊子思想的理論面貌及其存在、演變的歷史。具有這兩方面內容的莊子思想研究，可稱之爲「莊學研究」。這是對中國哲學中的一個觀念淵源的歷史考察。

　　莊子生活在二千多年前的戰國時期，和許多先秦人物一樣，這位生平寂寞的古代哲人，他的身世和他的著作《莊子》，都被漫長歲月堆積下來的歷史塵埃覆蓋得甚爲模糊，叢生了許多可疑的問題。無疑地，清掃覆蓋在莊子身上的歷史灰塵，應是莊子思想研究的基礎的工作。本書上編對莊子其人其書進行的考論，就是屬於這樣的工作。在這裡，我根據比較可靠的《莊子》中的材料，描述了莊子生平的生活面貌；重新分析了某些歷史記載，並利用某些考古的發現，比較細致地辨析了莊子的身世；考察了《莊子》從古本到今本的演變過程，以及宋代以來辛勤的學者們鉤索《莊子》佚篇、佚文的情況；唐、宋以來關於《莊子》「眞僞」的爭論，我也從一種新的理論立場作出分析和判斷。歷史上遺留下來的圍繞著莊子的存疑問題，我希望都能給予有據而明確的回答。在爲此目標的努力中，我感到對於早在宋代，甚至更早就逐漸形成的我國考據的學術傳統和學術積累，對於晚近的學者，特別是《古史辨》以來考辨莊子的學術成就，都是不能忘卻的，但也不能囿域其中。

　　《莊子》中蘊藏著的深邃的思想源泉和不竭的美感源泉，一直強烈地吸引著後世的人們；從本世紀初「諸子學」以來，作爲一種具有科學理論形態的莊子思想研究，也一直是一個十分活躍的學術領域。學者們從不同的角度辨析著《莊子》，用不同的理論工具發掘著《莊子》，努力把莊子的智慧溶進現代生活。在本書中編，我也以一種理性的、實證的態度做著這樣的工作。在深入分析現存《莊子》的思想資料的基礎上，我從自然哲學、人生哲學、社會批判、莊子思想的認識結構、莊子思想的文學特質和古代科學背景等五個方面展現、論述了莊子思想的外貌和內容。我主要是通過對《莊子》中眾多觀念或思想的內容深度的差別和理論性質的差別的分析，來揭示莊子思想的內在聯繫和邏輯結構，同時也用以說明莊子思想在先秦的歷史發展。莊子那些具有源頭或軸心性質的思想觀念的起源，我是通過背景的分析把它顯示出來的。將莊子思想的具體方面與大約同時代的先秦諸子思想、與世界思想史上那些最重要的、具有代表性的思想作對應的比較分析，莊子思想的理論特色也就清晰地顯現出來了。這種特色在不太嚴格的意義上可以簡單地歸結爲對自然的洞察和對自由的追求。正是這種特色，標誌著莊子思想在世界哲學舞臺上不可被遮掩、被埋沒的獨立的位置；表明了主要是道家莊子思想和儒家思想共同構築了中國傳統思想的完整的、周延的人生境界、哲學境界。

　　莊子思想的生命十分奇特：作爲一種理論形態、思想體系，它在先秦以後就停止了發展，已經終結；但是，莊子的思想觀念，莊子的語言，仍然生機盎然地生長在魏晉、唐宋迄至今天的我們的生活和思想之中。莊子思想研究自然不能迴避而是要考察並說明這一顯著的文化現象和歷史事實。在本書下編，我以中國哲學的整個發展進程爲背景，逐一分析了莊子思想與先秦子學諸派的異同和相互反應，具體考察了莊子思想以怎樣的方式、哪些內容分別影響、滲透進儒學（經學、玄學、理學）、道教、佛學等中國歷史上主要的思想理論體系以及近

現代學術思潮中去。這一考察分析，使我能夠比較有根據地對漢、唐以來學者們所一再提出的莊子思想的學術淵源問題作出自己的回答，能比較有根據地判定莊子思想在先秦以後的持久的存在和繼續表現著的不竭的生命力，就是在於它具有這樣一種不可被中國歷史上其它任何思想理論體系所替代的歷史作用：莊子思想是中國傳統思想發展演變中的最活躍的、不衰的觀念因素，也是中國傳統思想理解、消化異質思想文化的最有力的、積極的理論因素。

莊子思想以其眾多而深邃的思想觀念在中國傳統思想的形成和發展中發揮了重要的作用，對莊子思想作系統的、歷史的研究，是深入理解和研究中國傳統思想和文化的必要步驟或環節，這是毫無疑義的。此外，在比較更加一般的意義上說，莊子思想展示了人類精神現象中的一個經常發生的、具有危機性質的方面。莊子在這方面提供的個人體驗，成為莊子以後，乃至今天人們精神生活中的仍在被咀嚼著的經驗和教訓。這也許是莊子思想中最深奧、感人的方面。通過莊子思想研究，揭示這些，理性地說明這些，對於人的自我認識也是很有意義的。

我衷心願望我的《莊學研究》能夠有助於人們去消化中國哲學中的莊子思想這個堅硬的、但是有益的果實，有助於人們富有同情地、深入地去理解中國傳統思想。

《莊子·秋水》篇中有一則寓言，描寫海神教訓孤陋寡聞的河神說：「井蛙不可以語海者，拘於墟也；夏蟲不可以語冰者，篤於時也；曲士不可以語於道者，束於教也。」我十分清楚，儘管我為本書付出了很大的努力，但其固陋和囿限還是不可避免，一定會被學者們所指出。誠懇地說，這確是我所歡迎並感到欣慰的，因為這意味著、顯示著有人在更高的水平上，更寬廣的視野裡，或者是在某個更具體、深入的方面觀察著、研究著莊子。

崔大華　1990年12月

莊　學　研　究

目　錄

上編　莊子其人其書考論

　　莊子研究的起點，無疑地應該是對莊學創始者莊子其人和莊學最主要的思想資料《莊子》其書的考論。因爲漫長的歷史歲月給我們的這個研究對象留下了許多模糊的、可疑的、至今仍爭論著的問題，必須對這些存疑的問題有較確定性的闡明，然後才能進入對莊子思想的內容及其在中國思想發展史上的影響的考察分析。

第一章　莊周考論

　　莊子的身世生平、思想性格、文章風格，《史記》有概括的記述：

> 莊子者，蒙人也，名周①。周嘗爲蒙漆園吏，與梁惠王、齊宣王同時。其學無所不窺，然其要本歸於老子之言。其著書十餘萬言，大抵率寓言也。作《漁父》、《盜跖》、《胠篋》以詆訾孔子之徒，以明老子之術。畏累虛、亢桑子之屬，皆空語無事實。然善屬書離辭，指事類情，用剽剝儒墨，雖當時宿學，不能自解免也。其言洸洋自恣以適己，故自王公大人不能器之。楚威王聞莊周賢，使使厚幣迎之，許以爲相。莊周笑謂使者曰：「千金，重利；卿相，尊位也。子獨不見郊祭之犧牛乎？養食之數歲，衣以文繡，以入太廟，當是之時，雖欲爲孤豚，豈可得乎？子亟去，無污我。我寧遊戲污瀆之中自快，無爲有國者所羈。終身不仕，以快吾志焉。」（《史記·老莊申韓列傳》）

　　比起撲朔迷離的老子，司馬遷對莊子的記述還是清晰明確的。但是，晚近學者在對莊子的身世生平作進一步的探索時，圍繞《史記》

的記述，仍叢生不少的分歧。

一、生卒年代

對於莊子的生卒年代，晚近學者有多種說法②，但若按其立論根據的異同，大體上可歸納爲三種。

1.依據《史記》莊子本傳提及的三個君王在位期間的線索來確定。《史記》稱莊子與梁惠王、齊宣王同時，並有不接受楚威王迎聘之事。因此，根據梁惠王、齊宣王、楚威王三個君王在位的期間，可以大體確定莊子的生卒生代。《史記·六國年表》記載梁惠王、齊宣王、楚威王的在位時間分別是公元前370年—前335年、前342—前324年、前339—前329年。《竹書紀年》出土後，發現《史記·六國年表》對梁惠王、齊宣王在位時間的記錄有差誤：第一，《表》謂梁惠王在位三十六年卒，子襄王立，在位十六年卒，哀王立。實際上，梁只有襄王，並無哀王。惠王三十六年，與諸侯會於徐州相王，因改元，又十六年後卒。《史記》將惠王後十六年誤屬襄王，至襄王即位時，事無所隸，乃訛「襄」爲「哀」，於是梁之世系，添出一代。第二，田齊從陳恒（田成子）以後，經十二代而亡，《史記》所記僅有十代，遺漏悼子、田侯剡兩代。又太公和在位年亦少卻數年，因此威王、宣王兩世誤移前二十二年。這樣，訂正後的梁惠王在位年代爲前370—前319年，齊宣王爲前320—前302年。據此，可確定莊子的生卒年代在前375—前300年。梁啓超的《先秦學術年表》正是這樣判定的。應該說，這一判定，即使根據未被訂正的《六國年表》也大體可以作出。因爲推斷楚威王禮聘莊子時，其正當壯年，故能在楚威王歿後二十多年方死，這也是合情理的。

2.依據《莊子》一書中所記述有關人物、事件的年代來考定。《莊子》中於魏文侯（前　446—前397年在位）、魏武侯（前396—前371年在位）皆稱其謚號③，於魏惠王稱其名④，又稱其王⑤，據此，

莊子生年當在魏文侯、武侯之後，惠王初年；至遲亦在惠王改元（前335年）之前。莊子的卒年，《莊子》中則有下列判據：第一，《徐无鬼》篇謂「莊子送葬，過惠子之墓」，是莊子卒於惠施之後。惠施事迹最晚見於魏襄王五年（前314年）。其年，「齊破燕……楚魏憎之，令淖滑、惠施之趙，請伐齊而存燕」（《戰國策‧趙策》三）。此後，魏襄王（《史記》作「哀王」）九年（前310年）。魏相田需死，楚相昭魚說：「吾恐張儀、犀首、薛公有一人相魏者也」（《戰國策‧魏策》二、《史記‧魏世家》）。以惠施在魏的地位，不在三人之下，昭魚之言不及惠施，疑其時惠施已死。第二，《秋水》篇有言「昔者堯舜讓而帝，之噲讓而絕。」燕王之噲讓國於其相子之，是其即位五年（前316年）之事。齊借此事而舉兵伐燕，燕「士卒不戰，城門不閉，燕王噲死，齊大勝，燕子之亡」（《戰國策‧燕策》一），是在子之三年（前313年）之事。莊子既能記述此事，自然當卒於此年之後。第三，《列御寇》篇記莊子言「今宋國之深，非直九重之淵也；宋王之猛，非直驪龍也。」此乃宋君偃已稱王⑥，宋國正處暴盛之際⑦，故莊子未見宋之亡。據《史記‧六國年表》齊湣王十五年（前286年）齊滅宋，則莊子當卒於此年之前。第四，《莊子》中記事最後者爲公孫龍和趙惠文王。《徐无鬼》篇記莊子對惠子說：「然則儒墨楊秉四，與夫子爲五，果孰是邪？」此秉，唐人成玄英《莊子注疏》、殷敬順《列子釋文》，宋人王應麟《困學紀聞》，皆解爲公孫龍。《秋水》篇則更有「公孫龍問於魏牟」。公孫龍事迹，最早爲燕昭王二十八年（前284年）勸燕昭王偃兵⑧，最晚爲趙孝成王九年（前257年）勸平原君勿受封⑨。《說劍》篇記述莊子由趙太子引見趙文王，司馬彪注：「趙文王，惠文王也，名何，武靈王子，後莊子五十年。」⑩趙惠文王在位年代爲周赧王十七年到四十九年（前298—前266年），《史記‧趙世家》謂「惠文二十二年，置公子丹爲太子」，即爲前276年。據此，莊子卒年當晚至宋亡之後。但是，此條判據比較薄弱。「公孫龍

問於魏牟」章，明顯是莊子後學揚己貶人之作，秉者誰何，亦有多種推測，如清人王敔謂「秉」指法家⑪，洪頤煊疑「秉」爲「宋」之訛，指宋鈃⑫，近人高亨謂「秉」借爲「彭」，即彭蒙⑬。見趙惠文王之「莊子」顯然似是善於詞令的策士，絕不類不能爲王公大人「器之」的莊周。第五，《至樂》篇記述莊子妻死，莊子鼓盆而歌。前來弔唁的惠子斥責他「與人居，長子老身，死不哭亦足矣，又鼓盆而歌，不亦甚乎！」《禮記・曲禮》曰「七十曰老」，莊子後其老妻而死，可見享壽甚高，當在八十上下。多數學者都是根據這些判據來確定莊子的生卒年代。其中，可爲代表的是馬敍倫的《莊子年表》，認爲莊周生當梁惠王初年，而其卒尚不及見宋之亡。莊子是宋人，故其年表從宋君剔成元年（梁惠王二年）始，至齊滅宋止（前369—前286年）。其它如錢穆《先秦諸子繫年通表》，判定莊子生當前368年或稍後，卒在前268年或稍後，與馬敍倫《年表》雖有具體年代判定上的差異，但所依判據實乃相同。

　　3.依據《史記・莊子列傳》和《莊子》以外的線索來判定。這樣的線索可有二：第一，莊子與齊湣王同時。晉人李頤說，莊子「與齊湣王同時」⑭，陳釋智匠謂，湣王「遣使齎金百鎰以聘相位，周不就」⑮，云云。齊湣王在位年代，依《史記・六國年表》當爲周顯王四十六年至周赧王三十一年（前323—前284年），約相當宋君偃在位的年代（前328—前286年）⑯。第二，莊子後於孟子。《朱子語類》記曰：「問孟子與莊子同時否？曰：莊子後得幾年，然亦不爭多。」（《朱子語類》卷一百廿五）孟子生卒年代亦多歧說，多數學者以孟子卒於周赧王二十六年，壽84歲，逆推當生於周烈王四年（前372—前289年）。根據這些判據來確定莊子的生卒年代，以范文瀾爲代表，他說：「《史記》說他與梁惠王、齊宣王同時，也就是與孟子同時，恐不可信。莊周當是宋王偃（前328至前286年）時人……」（《中國通史簡編》第一編）。這一判定與上面的兩種判定在具體年代上的不同是次要的，重

要的是它們所依憑的判據不同。

　　比較以上由三種不同文獻線索所作出對莊子生卒年代的判定，以《莊子》為線索所作的判定更為充實可信。但這也只是確定一個大體的年代範圍，更具體的莊子的生卒年月則是無法考定的了。這也許使我們感到遺憾，但畢竟更科學，而且也不致於妨礙下面我們對莊子所要作的多方面的研究和主要結論的得出。

二、故里國屬

　　在《史記》中，司馬遷對先秦諸子的國屬一般都有明確的說明。但是對於莊子，他只是說：「莊子者，蒙人也。」蒙屬何國？即莊子是戰國時的哪國人？他沒有說清楚明確，這給後代的學者留下了混亂和紛爭。

　　漢代學者一般認為蒙是戰國時宋國的地域，故莊子是宋國人。如《史記・莊子列傳索隱》引劉向《別錄》云：「宋之蒙人也。」《淮南子・修務訓》高誘注：「莊子名周，宋蒙縣人。」《漢書・藝文志》「莊子五十二篇」，班固自注：「名周，宋人。」張衡《髑髏賦》：「吾宋人也，姓莊名周。」等等。戰國時的宋地，西漢時封屬梁國，《漢書・地理志》記曰「梁國領縣八，其三即蒙」。故唐代學者因此或稱莊子為梁國人。如《隋書・經籍志》「《莊子》二十卷」，自注：「梁漆園吏莊周撰。」陸德明《經典釋文・莊子序錄》亦說莊子「梁國蒙縣人也」。宋或梁乃一國或一地之異名，故漢代說莊子為宋人，唐代或說莊子為梁人，乃是名異而實同的一致的說法。現代學者多數同意這一說法，馬敘倫可為代表，他在《莊子宋人考》中提出兩條比較堅強有力的論據：一條引自《史記・宋世家》所據《左傳》莊公十二年：「宋萬弒湣公於蒙澤」；一條引自《史記・宋世家索隱》所據莊子佚文：「桓侯行（按：指宋桓侯，名辟），未出城門，其前驅呼辟，蒙人止之，後為狂也。」這兩條即可證明宋國確有蒙地。⑰至於

莊子故里的蒙地在宋國之何方位，地望已經淹沒，典籍所載又迥然不
一⑱，難以確考了。但比較言之，此蒙地可能即是「宋有蕭蒙」之蒙。韋
昭《國語》注謂蕭蒙乃「公子鮑之邑」。戰國時，宋在魏進逼之下，
國都由商邱遷相、彭城，舊日國家中心區域也就成了邊陲之地，故可
爲公子的封邑。清代張琦《國策釋地》云：「宋地自今歸德府以東，
江蘇之徐州府，安徽宿、亳二州，北有山東曹州府之菏澤、曹縣、定
陶、單縣、城武、鉅野，濟寧之金鄉、魚臺皆是。」所以，宋國之蒙
地大致在今商邱縣（歸德府）境內⑲，戰國時，此地與魏之東南境，
楚之東北境接壤。

　　宋代始有莊子爲楚人的說法。先是樂史在《太平寰宇記》裡，從
邑里的歸屬上說：「小蒙故城在縣（按：指宋州縣，今河南商邱縣）
南十五里，六國時，楚有蒙縣，俗爲小蒙城，即莊周之本邑。」（卷
十二《宋州》）後來，朱熹又從思想風格的特色上說：「莊子自是楚人
……大抵楚地便多有此樣差異底人物學問。」（《朱子語類》卷一百廿
五）但是，樂史「六國時楚有蒙縣」的說法，在秦漢典籍裡找不到印
證，所以難以成立。或者，如馬敘倫所推論的那樣：「宋亡後，魏、
楚與齊爭宋地，或蒙入於楚，楚置爲蒙縣，漢則屬於梁國歟？莊子之
卒，蓋在宋之將亡，則當爲宋人也。」（《莊子宋人考》，《莊子義證》
附錄）朱熹所說，雖是實際情況，即莊子思想的神異和文字的洸洋，
確實顯露出與楚文化有某種深刻的關係。對此，我們在後面再作論述。
但是，由此斷言「莊子自是楚人」也並不充分。亦如我們在後面將要
說明的，莊子思想的本質特徵，正是與楚文化所表現出的神異、幻想
相異的深邃、現實。而《莊子》中對宋國（商的後裔）從民間的風俗，
到君王的性格施政等多方面的記述⑳，卻確乎可以表明，莊子是生長
在宋國的環境中，對宋國最爲熟悉。莊子爲楚人之說，現代學者也有
響應，《也談莊周故里》一文可爲代表㉑。其文判定莊子爲楚國人的
論據主要有二：第一，戰國時宋楚敵對，若莊子是宋國人，則《史記

‧莊子列傳》所載楚威王聞莊子賢，重幣遠行聘以爲相，則是不可能的；第二，《莊子‧秋水》「莊子釣於濮水」的濮水，就是《水經注》中的沙水，即今之芡河。所以莊子隱居之地，當在芡河沿岸，亦即今渦陽、蒙城一帶；莊子故里之「蒙」，即今安徽蒙城。應該說，這兩個論據都是相當脆弱的。就第一個論據而言，楚聘莊周爲相，自宋代黃震以來，多有學者表示懷疑（後面再作論述）；即使確有此事，在那「邦無定交，士無定主」（《日知錄‧周末風俗》）的戰國時代，諸侯越出封界招攬賢才以圖強，士奔驅列國游說君王以逞能，是司空見慣的，所以不能僅以其就聘或出仕之國，即判定爲其母國。就第二個論據而言，濮水有二，一屬黃河，一屬淮河。即使莊子垂釣之濮水是入淮之沙水，也不足以推論出此即莊子出生、生長之蒙地。從歷史地理上看，先秦到兩漢，沙水兩岸並無以「蒙」爲邑里之稱者。現今之安徽蒙城，漢時稱山桑，唐天寶元年始改稱蒙城。宋代學者如蘇軾、王安石未遑細察，竟將此蒙城認定爲莊子故里，亦屬疏誤。㉒

　　除了上述認爲莊子是宋人、楚人的兩種說法外，還有認爲莊子是齊人、爲魯人的兩種說法。提出莊子爲齊人的是六朝陳釋智匠，其撰《古今樂錄》記莊子之事曰：「莊周者，齊人也……」《左傳》哀公十七年：「公會齊侯盟於蒙。」杜預注：「蒙在東莞蒙陰縣西，故蒙陰城也。」清代楊守敬《戰國疆域圖》將此蒙地歸屬齊國，這表明先秦時齊國亦有蒙邑。但此蒙地，與《莊子》中所記述的莊子活動的主要區域宋魏之地相距較遠，不甚可能爲莊子故里，故馬驌、閻若璩皆駁之曰：「周，蒙人，屬宋不屬齊。」㉓「莊子乃魯之蒙人」，是近人王樹楠在《莊周即子莫說》㉔一文中提出的觀點。王氏此文論證莊子是魯之蒙人的主要論據有二：第一，子莫是魯人。《孟子》「子莫執中」，朱熹注：「子莫，魯之賢人也。」子莫即是莊周，故莊子是魯人。第二，魯有蒙地。《詩‧閟宮》云：「奄有龜蒙」，《論語‧季氏》「昔者先王以爲東蒙主」。就第一個論據言，「子莫爲魯之賢

人」東漢趙歧《孟子注》即有此說，其可視爲可信；但「子莫即莊周」，則深可致疑，下文將有論述。就第二個論據言，龜蒙、東蒙即蒙山㉕，位處魯東，與《莊子》所記述的莊子活動地域較遠，爲莊子故里則不甚可能。

比較以上諸說，漢代學者之言爲是：蒙爲戰國時宋國之地；莊子爲戰國時宋之蒙人。

三、身世生平

莊子的身世生平，《史記》有概括而明確的記述，但仔細推敲，甚有可疑，對此，需要作一番考辨。《莊子》中對莊子生平事迹的記述無疑是眞實的，但比較分散、細碎，然而加以綜括，還是可以清晰地顯示出莊子生平的精神風貌和生活狀況的。

1. 《史記》記載的莊周生平事迹考辨

《史記・莊子列傳》記述的莊子生平實際上只有三件事：著書十餘萬言，曾爲漆園吏，不願就聘楚相。後代學者對此三事皆有疑議。莊子的著述，即《莊子》一書的問題，我們在後面再作討論，這裏對莊子爲漆園吏和拒楚聘之事稍作考辨。

「漆園」一詞先秦典籍無聞，歷來多數學者皆作專有名詞邑里之名來理解，但對其所屬地望有不同的說法。《史記》以爲即在蒙地，故稱「蒙漆園吏」；《史記正義》引《括地志》則以爲在曹州：「漆園故城在曹州冤句縣北十七里。」這就是說，莊子曾任漆園這個小邑里的吏，如閻若璩所謂「漆園爲其宦遊地」（《潛邱札記・又與石企齋書》）。這些說法皆無確鑿根據。晚近，有些學者將「漆園」解作漆樹之園，所以「嘗爲漆園吏」就是「當過管漆樹的小吏」。㉖這也是由文生義，缺乏實據。

1975年湖北雲夢睡虎地十一號秦墓出了1155支竹簡，經歷史考古專家整理，將其內容分爲十種，其中《秦律雜抄》類有條律則：

髹園殿，訾嗇夫一甲，令、丞及佐各一盾，徒絡組各廿給。髹
園三歲比殿，訾嗇夫二甲而法（廢），令、丞各一甲。（《睡
虎地秦墓竹簡》文物出版社1978年版第138頁）

「嗇夫」是戰國時代官長的通稱。秦簡中的縣嗇夫、道嗇夫是一
縣、一道（邊陲地區的縣）㉗之長，或稱「大嗇夫」；田嗇夫、倉嗇
夫、廄嗇夫、苑嗇夫等則是負責某一方面事務之長，總稱為「官嗇
夫」。這正有似於《管子・君臣》所謂「吏嗇夫任事，人嗇夫任教」。所以，
這條秦律就是說：

漆園管理不善，被評為下等，罰漆園負責長官交納一付鎧甲，
下屬吏員各交納一張盾牌，眾工徒各交納二十根穿甲縤帶。漆
園連續三年被評為下等，罰負責長官交納兩付鎧甲，並撤職不
再敘用，下屬吏員各交納一付鎧甲。

非常明顯，秦簡中的「漆園」不能只是種植漆樹的漆樹園，而可
能更主要的是製作漆器的作坊。漆園嗇夫不是行政長官（大嗇夫、人
嗇夫），而是工官（官嗇夫、吏嗇夫）。現在問題在於，能否由此斷
定莊子所任之「蒙漆園吏」正是秦國的這種漆園嗇夫？由雲夢睡虎地
十一號墓出土的秦簡整理成的《編年紀》，開始於秦昭王（《史記》
作昭襄王）元年（前306年），終於秦始皇三十年（前217年），表明
墓主個人的生活年代略晚於莊子。秦簡所記載雖然主要是秦的法律制
度，但它也一般地反映了、近同於莊子所生活的那個戰國中晚期包括
宋國在內的各國的制度情況。本來，春秋時期秦國在政治和經濟、文
化的發展方面都落後於中原諸侯各國，秦的「初租禾」（前408年）
比魯的「初稅畝」（前594年）晚後近二百年。但到戰國時，特別是
秦獻公以後，實行一系列的政治改革，也就迅速地趕上了中原各國。
所以在戰國的二百多年時間裡，在諸侯各國間，雖然戰爭的勝負，國
勢的興衰，霸主的地位，時常發生游移不定的變化，但階級結構、國
家制度、社會生活都總是日趨接近或相同。中國歷史上，中華各族同

步一致的社會進步就是從這時開始的。基於這個比較概括的社會歷史
事實的背景,我們即可以斷定莊子所任宋之漆園吏,相當於秦的漆園
嗇夫。但是,我們仍覺得需要,而且可以援引一些有關嗇夫和漆的比
較具體的文獻記載來作進一步的說明。

　　春秋戰國時,「嗇夫」這一官職名稱不僅見於秦、齊,也見於其
它各國,例如:

> 大史曰:「……故《夏書》曰:辰不集於房,瞽奏鼓,嗇夫馳,
> 庶人走……」(《左傳》昭公十七年)
>
> 晉中行文子出亡,過於縣邑,從者曰:「此嗇夫,公之故人。
> 公奚不休舍,且待後車?」(《韓非子‧說林》下)
>
> 周最善齊,翟強善楚,二子者欲傷張儀於魏。張子聞之,因使
> 其人爲見者嗇夫,間見者,因無敢傷張子。(《戰國策‧魏策》)
>
> 五鄉爲縣,縣有嗇夫治焉。十縣爲郡,有大夫守焉。(《鶡冠
> 子‧王鈇》)

《漢書‧藝文志》班固自注謂「鶡冠子,楚人也」。可見,從秦
到齊魯,三晉中原區域和南方楚地,皆通行「嗇夫」之稱。宋處中原,
自然也會有「嗇夫」的官職。

　　漆的用途的發現和漆樹栽培在我國有很早的歷史。《尚書‧顧命》
「漆仍几」,《詩經‧鄘風‧定之方中》「椅桐梓漆,爰伐琴瑟」,
《唐風‧山有樞》「山有漆」,《秦風‧車鄰》「阪有漆」,等等,
說明甚至春秋以前漆的用途已被發現,而中原的衛國(鄘),西北的
秦、晉(唐),在春秋前期就有了漆的栽培。中國古代對於漆的利用,
一是防腐,二是美觀,用明代製漆器藝人黃成的說法,「蓋取其堅牢
於質,光彩於文也」(《髹飾錄》卷上)。戰國時代,隨著經濟的發展,
漆器需求量增多,漆的應用範圍擴大,中原地區的漆樹栽培也更加推
廣。成書於孟子之後的戰國晚期的《尚書‧禹貢》中記述說,兗州「
厥貢漆絲」,豫州「厥貢漆枲絺紵」,即在兗、豫兩州的貢品中都以

漆為首位。這正反映了漆的種植和漆器製作在包括宋國在內的中原各國的手工業生產中具有重要的地位。從已出土的春秋到戰國時的用漆塗飾的車輛、兵器、棺槨、樂器以及日用几案、盤、奩等數量之多、質量之高，可以推斷戰國時漆器作坊規模和工藝水平都是相當可觀的。國家設置這方面的工官來管理經營漆林的生產和漆器的製作是很自然的。秦簡所錄對漆園嗇夫的考課律令證明了這一點。並且由此可以推斷，其它列國也有類似的漆園工徒和管理官吏的制度。《莊子》中多次記述到漆的生產或用途㉘，記述了許多手工勞動者的生活和技藝㉙，這些都可以印證莊子是一位熟悉當時的手工生產、曾任宋國管理漆園種植和漆器製作的吏嗇夫。

　　莊子身世生平中拒絕為相之聘一事，後世學者也有不同的說法。首先，莊子拒絕何國為相之聘就有三種不一的說法。《史記》說是楚國之聘，「楚成王聞莊周賢，使使厚幣迎之，許以為相。」但陳釋智匠《古今樂錄》卻說是齊國：「莊周儒士，不合於時，自以不用，行欲避亂，自隱於山岳。後有達莊周於潛王，遣使齎金百鎰以聘相位，周不就。」於是唐陸德明就綜而言之，「齊楚嘗聘以為相，不應。」（《經典釋文・莊子序錄》）智匠之說缺乏根據，後人鮮有提及者；《史記》之說，有《莊子・秋水》可相與為證㉚，後人多沿信以為實。

　　但是，對儘管有《莊子》、《史記》記載根據的莊子拒聘楚相之事，後世學者也有認為不可信者。最早可能是宋代黃震，他在讀《東萊大事記》「周顯王三十年楚聘莊周為相」條時說：「史無其事，而列禦寇、子華子凡方外橫議之士，多自誇時君聘我為相而逃之，其為寓言未可知也……」（《黃氏日抄》卷五十四）近人錢穆則認為楚王聘以為相的是莊辛而不是莊周：「余考《御覽》四百七十四引《韓詩外傳》『楚襄王遣使聘莊子為相，莊子曰：獨不見太廟之牲乎』云云，則莊子指莊辛，非莊周。」（《先秦諸子繫年考辨・莊周生卒考》）這兩

個對《史記》的莊子拒聘的記述表示疑議的看法中，黃震的見解可能是符合實際的，即莊子拒聘楚相是寓言而不是事實。以後在論述莊子思想時我們將會看到，莊子對世故有極深的洞察，對人生有極深的體驗，但他絕無韜略，亦無權術。他極鄙薄王公的顯赫榮華，權勢者也看不中他的清高孤傲。在那需要能縱橫捭闔、咤叱風雲、善於帥軍、治國、游說之人的戰國時代，像莊子這樣以洸洋之言自恣自適的人，怎麼會被楚威王、齊湣王這種崇尚攻戰擴疆的君王聘爲輔相？然而虛構一個把他們的禮聘視爲是一種不堪忍受的負擔和苦難而輕蔑地拒絕的故事，用來表現莊子的高潔，倒是在情理之中的。在這裡，司馬遷的失誤似乎在於把《莊子》寓言當作了史實。在這兩個對《史記》的記述表示疑議的看法中，錢穆的訂正的解釋也未爲確當。《戰國策·楚策》記曰：「莊辛說楚襄王，不聽，去而之趙，留五月㉛秦果舉鄢、郢、巫、上蔡、陳之地，襄王於是使人發騶徵莊辛於趙。」（《戰國策·楚策》四）可見楚王禮聘莊辛，實有其事。莊辛雖不得已而去趙，但他畢竟爲楚之舊臣，故對楚王的徵召，積極響應。他鼓勵楚王在失敗後要振作，「見兔而顧犬未爲晚，亡羊而補牢未爲遲」。莊辛最後被楚王封爲陽陵侯，所以，表白絕意仕途的「獨不見太廟之牲乎」之語，絕不會出莊辛之口。在這裡，錢穆的失誤似乎在於用史實糾正寓言，這是沒有必要的、多餘的。

2. 《莊子》記述的莊周生平事迹綜述

莊子生平事迹在《莊子》一書中有遠較《史記》爲多的記述。儘管這些記述有時也帶有寓言的性質，但總的來說，還是可以視爲能眞實地反映莊子身世生平和思想性格的生活側影，這對於理解我們在後面將具體論述的莊子思想是很有價值的，現綜述如下：

(1)貧窮　莊子雖曾爲漆園吏，但這恐怕是俸祿很低的小吏，而且也很可能因莊子不善於經營管理，如秦簡所錄的律令中所說的那樣，「髹園三歲比殿，貲嗇夫二甲而廢」，很快就被廢免了。這樣，莊子

也許只能依靠諸如織屨之類的手工勞動㉜，維持生活。所以莊子終生貧窮，常處於飢寒交迫之中：

　　莊周家貧，故往貸粟於監河侯。（《外物》）

　　莊子衣大布而補之，正緳係履而過魏王。（《山木》）

貧窮常給人的精神以兩種完全不同的影響：它可能是一種沉重的壓力，使人的精神萎靡、頹喪下去；它也可能是一種淨化、激化劑，使人的精神高潔、超越起來。莊子顯然是屬於後一種情況。當魏王見莊子穿著破衣、破鞋，顯得非常潦倒狼狽的樣子，就說：「何先生之憊邪？」莊子回答說：「貧也，非憊也。士有道德不能行，憊也；衣弊履穿，貧也，非憊也。此所謂非遭時也……今處昏上亂相之間，而欲無憊，奚可得邪？」（《山木》）莊子認為自己只是物質生活上貧乏，並不是精神心靈上空虛。精神上的苦悶是黑暗的現實造成的。是一種什麼樣的生活遭遇使莊子對現實懷有強烈的不滿情緒？是一種什麼樣的思想經歷使莊子的精神能從貧困逆境中得到超越？根據《莊子》所記述的莊子生平中的其它一些事跡或表現，雖然還不足以對此作出十分確鑿、具體的描述，但卻完全可以作出一種合理的解釋和推測。

　　⑵清高　莊子雖終身受貧窮之困，但他並不追慕、而是十分鄙棄榮華。《莊子》中有兩則具有代表性的記述：

　　惠子相梁，莊子往見之。或謂惠子曰：「莊子來，欲代子相。」於是惠子恐，搜於國中三日三夜。莊子往見之，曰：「南方有鳥，其名為鵷鶵，子知之乎？夫鵷鶵，發於南海而飛於北海，非梧桐不止，非練實不食，非醴泉不飲。於是鴟得腐鼠，鵷鶵過之，仰而視之曰：嚇！今子欲以子之梁國而嚇我邪！」（《秋水》）

　　宋人有曹商者為宋王使秦。其往也，得車數乘，王說之，益車百乘，反於宋，見莊子曰：「夫處窮閭阨巷，困窘織屨，槁項黃馘者，商之所短也。一悟萬乘之主，而從車百乘者，商之所

> 長也。」莊子曰：「秦王有病，召醫，破癰潰痤者得車一乘，
> 舐痔者得車五乘，所治愈下，得車愈多。子豈治其痔邪，何得
> 車之多也？子行矣！」（《列禦寇》）

莊子視相位如腐鼠，表現了他對名利的淡泊；譏邀寵爲舐痔，說明他
對權勢的憎惡，這就是莊子的清高。

　　莊子對惠施的有趣的揄揶和對曹商的尖刻的挖苦所表現出的他對
權勢名利的輕蔑，並非是一種怪僻的心理性格，而是出於一種對個性
精神自由的特殊理解和追求。《莊子》記述說：

> 或聘於莊子。莊子應其使曰：「子見夫犧牛乎？衣以文繡，食
> 以芻叔，及其牽而入於太廟，雖欲爲孤犢，其可得乎？」（《
> 列禦寇》）

> 莊子釣於濮水，楚王使大夫二人往先焉。曰：「願以竟內累矣。」
> 莊子持竿不顧，曰：「吾聞楚有神龜，死已三千歲矣，王巾笥
> 而藏之廟堂之上。此龜者寧其死爲骨而貴乎，寧其生而曳尾塗
> 中乎？」二大夫曰：「寧生而曳尾塗中。」莊子曰：「往矣，
> 吾將曳尾於塗中。」（《秋水》）

可見，莊子是把名利權勢、富貴榮華看作負累，看作是對自由的犧牲
和對生命的耗損。這種帶有某種悲觀的、消極色彩的對人生價值的見
解，還表現在他對主張人生價值在於社會倫理道德的實現的儒家觀點
的否定。《莊子》中記述他和商大宰蕩關於「仁」的討論，最充分地
表明了他的這種態度：

> 商大宰蕩問仁於莊子。莊子曰：「虎狼，仁也。」「何謂也？」
> 莊子曰：「父子相親，何爲不仁？」曰：「請問至仁？」莊子
> 曰：「至仁無親。」大宰曰：「蕩聞之，無親則不愛，不愛則
> 不孝，謂至仁不孝，可乎？」莊子曰：「不然。夫至仁尚矣，
> 孝固不足以言之……孝悌仁義，忠信貞廉，此皆自勉以役其德
> 者也，不足多也。故曰：至貴，國爵並（擯）焉；至富，國財

　　並焉；至願，名譽並焉。是以道不渝。」(《天運》)

反映人的社會價值積累程度的道德觀念，是人類文明發展水平的標志之一。但莊子不認爲是這樣，他認爲人類發展的最高的、最後的問題，應該從人的最初的、開始的狀態中找出回答。「仁」來源於動物本性，「至仁」實是「無親」。人們所追逐的其它的人生目標，也應該返求其本然，「至貴」需當擯棄權位；「至富」乃是一貧如洗；「至願」是忘卻一切名譽。最高的精神境界不是倫理道德的實現，而是沒有、不表露任何道德痕迹的自然狀態，是從世俗觀念中超脫，與「道」一體。這是莊子一生包括清高在內的種種行爲表現的哲學觀念的根源。

　　(3)交友　和莊子同時或相及的、作爲先秦不同學派思想代表的思想家有宋鈃、孟子、楊朱、惠施等四人。莊子和他們四人的關係很不相同。宋鈃是宋人㉝，但他主要活動區域是在齊國，是稷下先生㉞。他的政治主張和學術思想近於墨家，《荀子·非十二子》將他和墨翟並稱。莊子對宋鈃，聞其名，但並無交往，稱讚其能「定乎內外之分，辨乎榮辱之境」，而不滿於其「猶有未樹也」(《逍遙遊》)，即猶有「救世之戰，以此周行天下」(《莊子·天下》)的世俗之戀。孟子是鄒人，是「乃所願，則學孔子」(《孟子·公孫丑》上)的儒家思想代表。莊子和孟子，這兩位對中國以後的學術思想發生了巨大影響的兩個對立學派的思想領袖，同時並存而相互之間竟毫無接觸，毫無所聞，這使後代執著的人感到迷惑不解，甚至因此懷疑莊子的存在，這一點我們在下面還要專作辨析。楊朱是秦人㉟，他的思想對儒墨而言，是另有一番風貌，漢代人把他和莊子視爲一家，如揚雄說，「莊、揚蕩不法」(《法言·五百》)。但莊子和楊朱私人之間並無任何關係，只是楊朱與《莊子》一書卻頗有關係，即《莊子》中有些章段可能是楊朱後學或莊子後學受到楊朱思想影響所作，這一點我們在考論《莊子》篇目時再談。莊子和四人中關係最密切的是惠施。惠施也是宋人㊱但他的主要生涯是在魏國展開。惠施與莊子同時，而年齡可能稍長，他

的學識淵博，其學「多方」，「其書五車」（《莊子·天下》），是戰
國時名家「合同異」派的代表，「以善辯爲名」（同上）。同時，他
也十分熱衷社會活動，游魏，爲惠王立法㊲，與鄧析齊稱㊳；主謀齊
魏兩國君侯會徐州而相王㊴，開六國稱王之局（㊵）；南使楚，彌五
國伐秦之兵㊶；北使趙，請伐齊存燕㊷，是魏惠王、襄王時魏國政壇
的風雲人物。莊子對惠施十分推重，引爲唯一的談友，他在惠施墓前
所表露的深情的哀悼可以爲證：

> 莊子送葬，過惠子之墓，顧謂從者曰：「……自夫子之死也，
> 吾無以爲質矣，吾無與言之矣。」（《徐无鬼》）

但莊子對惠施貪好名勢則表示輕蔑。如前所引述，莊子見惠施疑懼己
要代其爲相而「搜於國中」，就譏嘲其是以「腐鼠」相嚇。《淮南子
·齊俗訓》還有則記事：「惠子從車百乘，以過孟諸，莊子見之，棄
其餘魚。」無疑這也是莊子對惠施的一種輕蔑的表示。莊子對惠施「
逐萬物而不反」、「日以其知與人辯」（《天下》），也表示不滿，
並提出批評：

> 彼非所明而明之，故以堅白之昧終。（《齊物論》）

> 道與之貌，天與之形，無以好惡内傷其身。今子外乎子之神，
> 勞子之精，倚樹而吟，據槁梧而瞑，天選子之形，子以堅白鳴！
> （《德充符》）

可見，莊子與惠施在人生追求、學術思想上的分歧都是很大的。他們
的友誼和交往，是在一種很特殊的基礎上或關係中形成和建立的，這
就是在對某些抽象的哲學問題的共同探討中，在觀點沒有一次相同的
對立的爭論中形成和建立的。莊子和惠施具有哲學意味且富有情趣的
爭論，《莊子》中記述了三件：

一是「大而無用」之爭。在一般情況下，諸如樹木、果實，當然
是越大越好，越大越有用。但在特殊情況下，大的東西，超過一定限
度，成爲累贅，反而沒有用。惠子就是從這個角度提出「大而無用」，

影射莊子空玄高遠的言論也是無用。莊子不同意惠施的觀點，認爲大的東西喪失了這種用處，卻產生了另種用處。「無用」本身即是大用。並譏笑惠施擁大而不會用，是心如茅塞的表現。此番爭論《莊子》記述如下：

> 惠子謂莊子曰：「魏王貽我大瓠之種，我樹之成而實五石。以盛水漿，其堅不能自舉也。剖之以爲瓢，則瓠落無所容，非不呺然大也，吾爲其無用而掊之。」莊子曰：「夫子固拙於用大矣……今子有五石之瓠，何不慮以爲大樽而浮乎江湖，而憂其瓠落無所容，則夫子猶有蓬之心也夫！」惠子謂莊子曰：「吾有大樹，人謂之樗，其大本擁腫而不中繩墨，其小枝卷曲而不中規矩，立之塗，匠者不顧。今子之言，大而無用，眾所同去也。」莊子曰：「……今有大樹，患其無用，何不樹之於無何有之鄉，廣莫之野，彷徨乎無爲其側，逍遙乎寢臥其下，不夭斤斧，物無害者，無所可用，安所困苦哉！」（《逍遙遊》）

一個能容五石的大葫蘆，用來裝水漿，挎在腰間，攜帶不動；剖成瓢，則又平淺裝不了什麼東西，惠施以爲它無用，就把它擊破了。惠施以此來說明有些東西雖大，但卻無用。其實，惠施的本意並不是要擊破「大瓠」，而是抨擊如同「不中繩墨」、「不中規矩」、「匠者不顧」的「大樗」那樣的莊子之言。莊子則批評惠子「拙於用大」，大瓠盛滿水漿用作旅行水壺挎在胯下，走起路來固然不便；但用作腰舟，繫在腰間浮湖渡江豈不很好？不中規矩繩墨，無經綸謀略的「無用」之言，雖然得不到侯王的青睞，但是，可以如同生長在廣漠之野的不受斤斧之災的大樗，讓精神在自由想像的世界飛翔而免遭世俗的加害，難道不是「大用」？所以莊子和惠施「大而無用」之爭，實際上是關於一種思想或學說的意義或價值的爭論。惠施偏重用一種實用的、社會的尺度來衡量，即他認爲，一種學說應該爲社會所理解、所接受、有所用。莊子則偏重用一種絕對的、個人的尺度來衡量，他「以天下

爲沉濁，不可與莊語」，而以一種超離現實的「荒唐之言，無端崖之辭」，表述一種「獨與天地精神往來」的「逍遙」精神境界（《天下》）。這裡反映了莊子和惠施具有不同的人生追求。

二是「人故無情」之爭。莊子和惠施具有不同的人生追求，還表現爲他們對作爲人的生活方式或方法的主張也不相同。於此，他們有次對話：

> 惠子謂莊子曰：「人故無情乎？」莊子曰：「然。」惠子曰：「人而無情何以謂之人？」莊子曰：「道與之貌，天與之形，惡得不謂之人？」惠子曰：「既謂之人，惡得無情？」莊子曰：「是非吾所謂情也。吾所謂無情者，言人之不以好惡內傷其身，常因自然而不益生。」惠子曰：「不益生，何以有其身？」⋯⋯（《德充符》）

在這裡，莊子和惠施的分歧是很明顯的。莊子認爲人之形是「天」或「道」賦予的；人之情是由人自生的。一個人應該因任自然（「天」），保持心境或精神上恬靜（「無情」），才有生命的健康，才是有「道」的生活。惠施則認爲人之情亦爲人所固有的，人的欲望、感情都能被激發、被滿足，才有人的生命的實現，才是人的生活。

莊子和惠施在無情、有情看法上的分歧，在一件具體事情上明顯地表現出來：

> 莊子妻死，惠子弔之，莊子則方箕踞鼓盆而歌。惠子曰：「與人居，長子老身，死不哭亦足矣，又鼓盆而歌，不亦甚乎！」莊子曰：「不然。是其始死也，我獨何能無慨然！察其始而本無生，非徒無生也，而本無形，非徒無形也，而本無氣。雜乎芒芴之間，變而有氣，氣變而有形，形變而有生，今又變而之死，是相與爲春秋冬夏四時行也。人且偃然寢於巨室，而我噭噭然隨而哭之，自以爲不通乎命，故止也。」（《至樂》）

與自己貧苦相守、生兒育女的結髮妻子死了，莊子不但不哭，反而鼓

盆而歌。從一種世俗的、人倫的觀點來看，莊子的表現是一種令人難以理解、難以接受的違背情理的行為，喪失了一個在社會和家庭生活中的人所應有的溫暖的、美好的感情。惠施正是從這個角度指責他「不亦甚乎！」然而莊子卻以為，人之生，來自自然；人之死，又返於自然，長去大行，猶如永恒而恬靜的安息，相送以嗷嗷哭泣，豈不是欠通達明理？顯然他是從一種超脫世俗感情的、冷峻的理智的立場，一種徹底的自然主義觀念來思考的。人本質上是自然和社會的統一，理智和感情的統一，莊子經常是用對人的自然本質的理智的推究，來抑制人的社會性的行為和情感的表現。後來荀子批評他「蔽於天而不知人」（《荀子·解蔽》），是有根據的、正確的。

　　三是「魚樂」之爭。莊子和惠施關於「魚樂」的爭論，反映了他們具有不同的審美情趣和認識方法。《莊子》記述：

> 莊子與惠子遊於濠梁之上。莊子曰：「鯈魚出游從容，是魚之樂也。」惠子曰：「子非魚，安知魚之樂？」莊子曰：「子非我，安知我不知魚之樂？」惠子曰：「我非子，固不知子矣；子固非魚也，子之不知魚之樂，全矣。」莊子曰：「請循其本。子曰『汝安知魚樂』云者，既已知吾知之而問我，我知之濠上也。」（《秋水》）

清澈的濠水裡，魚兒搖頭擺尾，游來游去，顯得那樣的悠然自得！鳶翔魚躍，長天白雲，生機盎然的自然萬物，使莊子的心田感到無限的寬廣自由，自由即是快樂。一種審美的移情心理，使他直觀地感到魚兒也是那樣的快樂！但是，對於「散於萬物而不厭」（《天下》），即善於細析萬物之理的惠施來說，莊子的這一感受是深為可怪的；並且這位善辯的、「以反人為實而欲以勝人為名」（《天下》）的人，立刻發覺莊子的審美感受中有一無法跨越的、無法彌合的異類之間的鴻溝：「子非魚，安知魚之樂？」這個由理智思辨而提出的問題，是莊子的直觀感受所無法回答的；也正如莊子的那種審美情趣，是惠施

的理智思辨所無法產生的一樣。但是，莊子還是作了回答，他機智地避開了問題實質（異類），而在形式邏輯（類比推理）的掩護下，「跨過」了這條鴻溝：既然你惠子可以知我，那麼我莊周亦可以知魚。

從莊子、惠爭論的問題的抽象性和深刻性中可以看出，他們都是屬於當時具有高深文化思想修養的人。莊子和惠施還曾在一起討論過孔子（見《寓言》），博學的惠施讚頌孔子「勤志服知」，孤傲的莊子自嘆「吾且不得及彼乎！」這表明他們對先前文化、歷史的熟悉、理解和吸收，是他們深邃的學術思想的來源。

(4)誨徒　莊子生前是寂寞無聞的，和同時代的惠施、孟子相比，他既沒有惠施那受命出行，「多者數百乘，步行者數百人；少者數十乘，步行者數十人」（《呂氏春秋·不屈》）的顯赫權勢；也沒有孟子周遊列國，「後車數十乘，從者數百人，以傳食於諸侯」（《孟子·滕文公》下）的浩大名聲。但從《莊子》中可以看到，他的出遊，也常有若干弟子門徒相隨。這種出遊的目的，恐怕也不是游說諸侯，以干時政，而是遊玩山水，尋自然樂趣。並且就日常的生活出處，對他的弟子時有所教誨。《莊子》中記述了莊子與弟子的三次談話，從不同角度闡述了、體現了莊子的人生哲學。

一是論處世。處在紛爭、動亂、險惡的社會，一個和現實格格不入的人何以自存，恐怕是他最需經常考慮的緊迫的問題。所以莊子和他的弟子交談中，或對他們的訓導中的一個重要的內容或主題，就是世故，就是處世。《莊子》寫道：

> 莊子行於山中，見大木，枝葉盛茂，伐木者止其旁而不取也。問其故，曰：「無所可用。」莊子曰：「此木以不材得終其天年。」夫子出於山，舍於故人之家。故人喜，命豎子殺雁而烹之。豎子請曰：「其一能鳴，其一不能鳴，請奚殺？」主人曰：「殺不能鳴者。」明日，弟子問於莊子曰：「昨日山中之木，以不材得終其天年；今主人之雁，以不材死；先生將何處？」

> 莊子笑曰：「周將處乎材與不材之間。材與不材之間，似之而非也，故未免乎累。若夫乘道德而浮游則不然。無譽無訾，一龍一蛇，與時俱化，而無肯專爲；一上一下，以和爲量，浮游乎萬物之祖，物物而不物於物，則胡可得而累邪……弟子志之，其唯道德之鄉乎！」（《山木》）

可見，莊子一方面是以一種被動的、消極的，甚至是被蹂躪的角色進入現實的社會生活舞臺的，他傳授給弟子「處於材與不材之間」的處世方法，實際上是弱者如何避免戕害的生活經驗。另一方面，他又以一種具有主動的、積極的主體精神的獨立者，翱翔在超離現實的想像的世界。他教誨弟子在精神上要努力追求高遠，擺脫世俗的負累，「游乎萬物之祖，物物而不物於物」，不再刻意於「材與不材之間」，而是「與時俱化」，「以和爲量」。這種不再以世故爲計的與世沉浮的處世態度，實際也不再是一種方法，而是升華爲一種境界，一種如同造物者（「物物」）與萬物一體（「不物於物」）的那種超脫的、無累的自由精神境界（「道德之鄉」）。

　　二是論守眞。莊子教導他的弟子，在社會生活中，要處「材與不材之間」，以避戕害；進而達到「與時俱化」的境界，出離負累。而在個人的自我精神修養中，莊子則告誡他的弟子要「守眞」。《莊子》寫道：

> 莊周遊於雕陵之樊，睹一異鵲自南方來者，翼廣七尺，目大運寸，感周之顙而集於栗林。莊周曰：「此何鳥哉，翼殷不逝，目大不睹？」褰裳躩步，執彈而留之。睹一蟬，方得美蔭而忘其身；螳螂執翳而搏之，見得而忘其形；異鵲從而利之，見利而忘其眞。莊周怵然曰：「噫！物固相累，二類相召也！」捐彈而反走，虞人逐而誶之。莊周反入，三月㊸不庭㊹，藺且㊺從而問之：「夫子何爲頃間甚不庭乎？」莊周曰：「吾守形而忘身，觀於濁水而迷於清淵。且吾聞諸夫子曰：入其俗，從其

> 令。今吾遊於雕陵而忘吾身，異鵲感吾顙，遊於栗林而忘眞，
> 栗林虞人以吾爲戮，吾所以不庭也。」（《山木》）

外界事物之間，是由無限多環節、紐結構成的關係之網，互相影響，
互相制約。螳螂執臂捕蟬，異鵲窺伺在後；異鵲見得忘形，執彈者隨
而瞄之；執彈者見利忘眞，守林人逐而斥之……「物固相累，二類相
召」。即在莊子看來，在事物關係之網的每個紐結或環節中，都織進
了、潛伏著難以預測的危機、厄運。所以莊子就用雕陵之遊的遭遇所
得出的教訓告誡他的弟子，必須擺脫物與物、人與人、人與物之間的
關係之網，這就是「守眞」；換言之，也就是不要爲外物所擾動，迷
於自身以外的追求而「忘眞」。

三是論歸宿。莊子妻死時，他鼓盆而歌，認爲她是反歸永恒的自
然懷抱，無可悲戚。他自己將死時，也是這樣達觀的態度：

> 莊子將死，弟子欲厚葬之。莊子曰：「吾以天地爲棺槨，以日
> 月爲連璧，星辰爲珠璣，萬物爲齎送。吾葬具豈不備邪？何以
> 加此！」弟子曰：「吾恐烏鳶之食夫子也。」莊子曰：「在上
> 爲烏鳶食，在下爲螻蟻食，奪彼與此，何其偏也！」（《列禦
> 寇》）

孔子說「殺身以成仁」（《論語·衛靈公》），孟子說「捨生而取義」
（《孟子·告子》上），所以在莊子那時的儒家，已逐漸形成這樣的觀
點：人的生命負載著某種使命而來㊻，人的生命的歸宿也應負載著某
種社會價值的實現而去。莊子的觀點和此不同，他把人生的過程看作
是純粹的、完全的自然過程。人除了應對表現著自然的個人生命負責
外，沒有其它任何社會的目標、責任或義務。人一無所有地來自自然，
來自「芒芴之間」（《至樂》），也應該無任何負載地歸向自然，溶
入「芒芴」。所以在彌留之際，莊子也不忘叮囑弟子，他把天地當作
棺槨，視萬物爲葬具，不要弟子們的厚葬，不要人間的饋送。

從《莊子》一書中鈎沉出的莊子事迹主要就是這些。這些散碎的

事例，當然還不足以拼接成完整的莊子生平經歷和生活圖景，但我們仍可以據此對形成莊子思想性格的主要特徵——追求個性的精神自由的原因，作出一種解釋。透過這些事迹，我們可以斷定莊子是一個處於逆境中的、具有高深文化和深刻精神危機的人。莊子常是衣食無著，曾經乞討度日，他在妻死和自己臨終時所表現的那種冷漠的達觀，實際上也掩映著一種家境的凄凉，所以莊子的一生是在窮困艱難的逆境中度過的。莊子對現實的政治和社會生活都是極度不滿的、失望的，認爲自己是生活在一個「士有道德不能行」的「昏上亂相」的社會裡。莊子的有幸，在於他是一個有高深文化、思想修養的人，一個熟悉歷史往事的人；這使他能比較清醒地反省到個人在自然和社會歷史中的地位。當然，在莊子的那個時代，在人類文明的早期，同時也由於他個人的軟弱的處境，他只能意識到人被自然和歷史所決定的這一方面，而理解不到人同時也能創造自然和歷史的那個方面。這樣，他擺脫逆境的方法，唯一地，只能將其痛苦的實際感受，消解在人是處在無限浩渺的宇宙中的微粒和永恒時間長河中的刹那的哲學體驗中。所以，對於莊子來說，物質生活的困境，雖然是他不能擺脫的，但他能忍受；精神上的痛苦，雖然是他不能忍受的，但他有能力超脫。這種忍受、超脫的力量，來自他對個人的人格獨立和精神的絕對自由的追求。這種追求就是要人的精神從人與自然的界限中、從社會的世俗觀念中、從自我的情欲中跨越出來，進入一種無任何負累的、無任何對立面的境界。《莊子》一書中，有對這個境界的精神面貌和行爲特徵的非常生動的、充滿想像和幻想的描繪；也有對達到這個境界的過程或方法的具體的、神奇的、至今仍被人們發掘著和爭論著的闡述。正是這些，形成了莊子思想的核心和基本特色。

3.莊子生平身世中的兩個問題

以上對莊子身世生平的考論中，遺留了兩個需要進一步稍加論述的問題。一是莊子是宋國人而何以和楚國文化有密切關係？一是莊子

和孟子處於同一時代而爲何不相提及？

　　(1)莊子和楚國的親緣關係　根據比較可靠的史籍記載和多數學者的考證，同時也根據《莊子》一書有較多的宋人、宋事和宋地的記述，我們斷定莊子是宋國蒙人，他的生平活動的地域是以宋國爲中心而展開的。然而，《莊子》中的那些具有神話色彩的故事和充滿豐富想像的描寫，又清晰地顯示它和楚國文化有淵源關係。王國維說：「南人想像力之偉大豐富，勝於北人遠甚。彼等巧於比類而善於滑稽，故言大則有若北冥之魚，語小則有若蝸角之國，語久則大椿冥靈，語短則蟪蛄朝菌。至於襄城之野，七聖皆迷；汾水之陽，四子獨往。此種想像，決不能於北方文學中發見之。」（《靜庵文集續編・屈子文學之精神》）王國維這裡援用《莊子》中的那些神妙、奇特的人、物、事來說明莊子和在《楚辭》中表現出了豐富想像力的屈原屬於同一文化系統，這無疑是正確的。此外，《莊子》中的神話內容，也表露了它和楚文化相接近的關係。中國古代神話有兩大主要系統：北方的蓬萊神話系統和南方的昆侖神話系統⑦。雖然在《莊子》中，表現了比《楚辭》更多的這兩大系統神話融合的傾向，但是應該說，《莊子》中的神話仍是更多地呈現屬於南方昆侖的地域色彩：第一，《莊子》中多次出現「昆侖」，如「昆侖之虛，黃帝之所休」（《至樂》），「黃帝遊乎赤水之北，登乎昆侖之丘而南望」（《天地》）；但沒有一次出現「蓬萊」。第二，《莊子》中的「神人」之名，多和《山海經》印合，如《大宗師》所描寫的「神人」得「道」之妙的一段：「堪壞得之以襲昆侖，馮夷得之以遊大川，肩吾得之以處大山，黃帝得之以登雲天，顓頊得之以處玄宮，禺強得之立乎北極，西王母得之坐乎少廣，莫知其始，莫知其終。」其中，堪壞，《淮南子・齊俗訓》作「欽負」，即欽鴀；肩吾即陸吾，司昆侖的神；黃帝和「司天之厲及五殘」的西王母，均見《西山經》。馮夷即冰夷，是河伯，見《海內北經》。禺強是北海之神，見《大荒北經》。等等，可見與《山海經》甚爲親近；

而《山海經》正是楚人所作。⑱《莊子》和楚國文化的密切關係還有一個重要的證據，就是《莊子》多用楚語。例如《人間世》「迷陽迷陽，無傷吾行」，郭象以來，許多注解《莊子》的學者，對「迷陽」望文生義，不得其解。實際上它是楚方言中的一種有刺的野草。最早王應麟援引胡寅說：「荊楚有草，叢生修條……野人呼爲迷陽，其膚多刺，故曰『無傷吾足』。」（《困學紀聞》卷十）以後，湘湖學者王先謙亦說：「迷陽，棘刺也，生於山野，踐之傷足。至今吾楚輿夫遇之，猶呼迷陽踢也。」（《莊子集解·人間世》）《逍遙遊》「蟪蛄不知春秋」，蟪蛄是蟬的一種，各地名稱不一，而「蟪蛄」卻正是楚語。《方言》曰：「蛉蛃，齊謂之螇螰。楚謂之蟪蛄，或謂之蛉蛄。秦謂之蛉蛃。自關而東，謂之虭蟧，或謂之蜓蟧，或謂之蜓蚞。」（《方言》卷十一）故晉人崔譔、司馬彪注《莊子》時，皆將「蟪蛄」注爲蛁蟧、蜓蟧（陸德明《經典釋文·莊子音義》引）。《德充符》「謷乎大哉」，王敔注曰：「楚人呼大爲謷。」（王夫之《莊子解·德充符》）《莊子》中的這類例證還有不少。語言是文化中最具有表徵性和隱定性的因素，《莊子》一書習用楚語，自然表明它的作者和楚文化有很深的關係。最後，一些早已湮滅的楚國的國故舊聞，在《莊子》中卻時有所現，如楚文王與凡君之對語（見《田子方》），楚有昭、景、甲氏三公族之遺制（見《庚桑楚》），這也表明它的作者熟悉楚國歷史，與楚文化有某種不同一般的深切關係。

莊子是宋國人，但和楚國文化有很深的關係。這兩種情況當然不能說是矛盾的、不相容的。但是，探尋出溝通這兩種情況之間的環節、指出造成這一狀況的原委卻是必要的。朱桂曜說，「莊子生齊楚之間，故習用楚語」（《莊子內篇證補·逍遙遊》）就是對這一狀況的一種解釋。但是，以這種地緣交接的淺近的、表層的關係，似乎還解釋不了莊子和楚文化那種比較深層的、觀念的聯繫，也不能解釋莊子何以與楚文化而不是與齊文化有這種關係。我們依稀地感到，這個環節可能藏匿在

已經模糊了的莊子的家世中；進而，我們隱約地，但不是毫無根據地發覺，莊子可能是楚國貴族的後裔，可能是在楚國吳起變法期間（約在楚悼王十五年到二十一年，即前387—前381年），被迫遷移到楚國北陲，最後流落到宋國的楚國公族後裔。

戰國期間，楚國公族多、封君眾，致使「貧國弱兵」（《說苑・指武》），所以吳起變法首先提出「損不急之官，廢公族疏遠者，以撫養戰鬥之士」。（《史記・吳起列傳》）他的辦法是「三世而收爵祿」（《韓非子・和氏》），並下令「貴人往實廣虛之地」（《呂氏春秋・貴卒》），即將他們遷移到邊遠地區。莊氏也是楚國的公族之一，例如，有為楚柱國的莊伯（見《呂氏春秋・淫辭》），有死於公族奪權的「白公之難」的莊善（見《新序・義勇》），等等。故鄭樵說：「莊氏，羋姓，楚莊王之後，以諡為氏。」（《通志》卷二十八《氏族略》第四）這樣，莊氏自然也是在這次變法的掃蕩之列。春秋末年，楚國的北方疆域已伸展到黃淮地區㊾，此時，楚國乘變法強兵之勢，則更北進「卻三晉，西伐秦」（《史記・吳起列傳》），救趙攻魏，「戰於州西，出於梁門，軍舍林中，馬飲大河」（《戰國策・齊策》五），一直攻到黃河兩岸。淮北河南地區漸次成了楚國比較穩固的北境邊陲，一些準照變法律令廢削的疏遠公族，被遷移、充實到這個地區是完全可能的；在這個被迫遷徙的公族行列裡，有莊氏也是完全可能的。吳起的變法，自然要引起楚國貴族的怨恨，所以楚悼王一死，楚國的貴戚舊臣就聯合起來作亂，殺害了吳起。他們圍射吳起的箭，竟射中了悼王的屍體。按照楚國法律，「麗兵於王屍者，盡加重罪，逮三族」（《呂氏春秋・貴卒》），故楚肅王即位後，嚴加追究，「乃使令尹盡誅射吳起而並中王屍者，坐射起而夷宗死者七十餘家」（《史記・吳起列傳》）。有的參與其事的貴戚，則畏罪隻身或携家外逃他國。先秦典籍有明確記載的，是陽城君為此事而出走㊿。莊子的父祖輩，也可能因與此事有所牽連，於是就携家避居宋之蕭蒙，並最後在宋國定居下來。這樣，

莊子也就成了宋人。莊子家世的面目已被世代久遠的歷史風塵剝蝕、覆蓋得無法辨識了。但是，莊子超脫世俗、追求精神自由的思想中所內蘊著的那種襲人心扉的沒落感，想像神奇、變幻無端的汪洋文字，特殊的楚方言，等等，卻又清晰地顯示出他與衰落了的楚國公族及具有浪漫主義特質的楚國文化，有完全可以肯定的、很近的親緣關係。

　　(2)莊子和孟子不相知　孟子的生卒年代和莊子一樣，也無法確考而眾說紛紜。具有代表性的有三種意見：一是元代程復心《孟子年譜》以孟子卒於周赧王二十六年（前289年），享年84歲，上推生年當爲周烈王四年（前372年）；二是明代陳士元《孟子雜記》因孟子在周顯王三十三年（前336年）見梁惠王時㊶，被尊稱爲「叟」（《孟子・梁惠王》上），推定孟子或生於安王初年，卒於赧王初年（前 401年─前314年）。三是清代周廣業《孟子四考》根據朱熹「孟子之生去孔子未百年也」（《孟子集注・離婁》下）之說，推定孟子約生於安王十七年，卒於赧王三十三年（前385─前302年）。可見，儘管對孟子具體的生卒年代有不同的說法，難以確定，但將其大體的生活年代和莊子相比，仍可判定他們是同一時代的人。

　　孟子是一個以「正人心，息邪說，距詖行，放淫辭，以承三聖」（《孟子・滕文公》下）自任的人，他對於當時存在和活躍著的異於儒家思想的其它學派的思想，都進行了激烈的抨擊。如攻擊主張「爲我」的楊朱和「兼愛」的墨家是「無父無君，是禽獸也」（《滕文公》下）；攻擊主張君民「並耕而食」的許行是「南蠻鴃舌之人，非先王之道」，認爲「從許子之道，相率而爲僞者也，惡能治國家」（《滕文公》上）。對主張「執中」（《盡心》上）的子莫和「性無善無不善」（《告子》上）的告子也是抱著否定的態度。他的批判的鋒芒何以能夠容忍、放過「寧其曳尾於塗中」，一味追求個人「逍遙」而根本無視國家君父的莊子？從莊子和惠施的爭論與對立來看，莊子也是一個善於頑強地捍衛和宣揚自己的觀點的人。他對當時諸子各家的思想觀點深表懷疑，如

他對惠施說，「儒墨楊秉四，與夫子爲五，果熟是邪？」（《徐无鬼》）
他對當時包括他的朋友惠施在內的士人謀爲世用的目的和行爲是極爲
鄙棄的，視爲「腐鼠」，譏爲「舐痔」。那麼，他的尖利之筆對在齊、
宋、薛、鄒、魯、滕、梁列國間周遊，以「仁義」之說「傳食於諸侯」
（《滕文公》下）的孟子怎麼會不施刻薄撻伐之詞？所以，莊、孟同
時而又不相論及，就難免使人產生某種疑惑，試圖找出一種解釋，正
如清代劉鴻典說：「所不可解者，莊子與孟子同時，孟子之書未嘗言
莊；而莊子之書亦不及孟。豈天各一方而兩不相知與？抑千里神交而
心相照與？」（《莊子約解・序》）

其實，早在宋代，朱熹和他的弟子們就討論過這個問題。《朱子
語類》記述：

> 李夢先問：「莊子、孟子同時，何不一相遇，又不聞相道及，
> 如何？」曰：「莊子當時也，無人宗之，他只在僻處自說，
> 然亦止是楊朱之學。但楊氏說得大了，故孟子力排之。」（《
> 朱子語類》卷一百廿五）
>
> 或云：「莊子都不說著孟子一句？」曰：「孟子平生足迹，
> 只齊、魯、滕、宋、大梁之間，不曾過大梁之南。莊子自是
> 楚人，想見聲聞不相接。」（同上）。

朱熹認爲莊子只是寂寞自處，缺乏社會交往和影響，所以莊、孟雖處
於同一時代而終未能相聞、相見。應該說，這一解釋可能是很符合實
際情況的。至於朱熹把莊、孟的不相知，又加上一層地域相隔因素的
解釋，實在是一種畫蛇添足，實在是一種疏漏失誤。顯然朱熹是把作
爲莊子故里的「蒙」，理解爲唐代以後方有建置的遠離商邱（唐時稱
睢陽）的蒙城（唐以前稱山桑）。戰國時，這個區域當然是屬楚而不
屬於宋。從《孟子》的記述中可以看到，作爲是莊子的故國和生平主
要活動區域的宋國，也是孟子生平頻頻過往並曾經居留的地方㊾，所
以在處於天下統一、交往頻繁的社會環境中的後世人看來，這確實是

一種十分奇特的、具有戲劇性的場面：兩個生於同一時代，對後代思想發生巨大影響的對立學派的精神領袖，地望相鄰，足迹相接，甚至曾交臂而過，終生卻毫不相知！

於是，就有一種以學術因素爲原因的解釋，即認爲雖然從先秦思想和中國思想的整體上看，莊、孟作爲道、儒兩個學術派別和思想體系的代表，他們是對立的；但具體到莊、孟之間來看，他們的理論主題或主要論題並不相同，因而未能構成尖銳的、直接的對立，他們各唱其調，所以在各自的著述或言論裡也就沒有相互提及，但不必一定互不相知。沈德鴻的觀點可爲代表：

> 孟子闢異端與荀子異，荀子是網羅的排擊異端，孟子特舉異端中之近似聖道者……莊周學說與孔門大異，故不在特舉排斥之列，這是一個理由；又莊子主逍遙出世，而孟子要用世，二人在思想上雖截然反對，而在行動上卻不相妨。孟子所熱心攻擊的正是那班與己爭用世的異端，莊子既與孟子無所爭，故孟子也就放過了，這是又一個理由。（《莊子緒言》）

馮友蘭的觀點也可歸入此類，他說：

> 莊子之學爲楊朱之學之更進步者，則自孟子之觀點言之，莊子亦楊朱之徒耳。莊子視孟子，亦一孔子之徒。孟子之距楊墨，乃籠統距之。莊子之剽剝儒墨，亦籠統剽剝之。故孟子但舉楊朱，莊子但舉孔子。非孟子莊子二人，必各不相知也。
>
> （《中國哲學史》上冊）

這一解釋雖然不能說是毫無道理，但至少可以說是道理不夠充分。從思想史的一般經驗來看，歷史上，作爲一個學派、一代思潮開創者的思想家，即使在生活態度上多是寬容大度的，但在理論立場上總是堅定地排擊異己的。就莊、孟時代的具體學術形勢來說，莊子與孟子之間的分歧的深刻性和廣泛性，遠遠超出於莊子與惠施之間及孟子與許行、告子之間，所以由莊子和惠施及孟子和許行、告子爭論時，莊、

孟所表現出的那種決不退讓、必勝而方休的態度，就很難設想他倆若果有遭遇，竟能在那麼廣闊的學術思想領域內，沒有一句爭論中的片言隻語、一點交鋒過的蛛絲馬迹遺落在歷史上。

　　晚近，有學者企圖從另外的角度來突破、消解這一歷史疑案。他們的方法比較特殊，即他們不是再去尋找可作解釋莊、孟同而不相論及這種情況的原因，而是根本否認有這種情況的存在。他們認為莊子就是《孟子》書中所批判、所否定的楊朱、子莫。

　　持論「莊周即楊朱」的主要代表是嚴復和蔡元培。嚴復在其晚年所作《莊子評點》中援用了清代樸學家常用的疊韻雙聲通假的考證方法，推斷莊周可能即是《孟子》中的楊朱：

> 嘗謂莊周與孟子世當相及，乃孟、莊二氏，從無一言互為評騭，何邪？頗疑「莊」與「楊」為疊韻，「周」與「朱」為雙聲，莊周即《孟子》七篇中所謂楊朱。（《莊子評點·在宥》）

後來，蔡元培在其《中國倫理學史》中，除了以聲韻通假為根據外，還以思想相同為理由，斷言楊朱實即莊周。他說：

> 案莊子蓋稍先孟子，故書中雖詆儒家而不及孟，而《孟子》之所謂楊朱，實即莊周。古音「莊」與「楊」，「周」與「朱」俱相近，如「荀卿」之亦作「孫卿」也。《孟子》曰「楊子取為我，拔一毛而利天下不為也」，又曰「楊朱墨翟之言盈天下，楊氏為我，是無君也」。《呂氏春秋》曰「楊子貴己」《淮南子·氾論訓》曰「全性保真，不以物累形，楊子之所立也，而孟子非之」。「貴己」、「保真」，即「為我」之正旨，莊周書中，隨在可指……（《中國倫理學史》第八章）

應該說，以聲韻通假作為「楊朱既莊周」立論的基礎是不夠嚴謹的，相當脆弱的。唐鉞曾駁之曰：

> 古音「莊」與「楊」韻雖同而聲紐則異；「朱」與「周」聲紐雖同而韻則異。並且以聲近證二名之屬一人是極危險的事。

胡元玉《駁春秋名字解詁敘》內說的好：「高郵王氏，喜言聲近，《名字解詁》破字尤多，雖合於古假借者不少，而專取同音之字爲說者，頗不免輕易本字之失。人之名字，非若詩書，文理不屬，難可尋繹，全棄本字，悉取同音，心所不安，病之久矣。」蔡氏似乎也「不免輕易本字之失」。（《論楊朱》，載《古史辨》第四冊）

這番議論是謹慎而精當的。而且，即使聲韻通假方法本身是無可非議的，要想使用這個方法，推出正確的結論，也必須推論的前提或根據是確切的。然而「楊朱實即莊周」結論的前提和根據都很有問題。

「楊朱實即莊周」立論的前提必須是莊子早於孟子，因爲只有這樣，才能有孟子知莊周（闢楊朱）而莊子不知孟子（「雖詆儒而不及孟」）的情況。然而看來這一前提是不能成立的。據《孟子》記述：「孟子見梁惠王。王曰：『叟不遠千里而來，亦將有以利吾國乎？』」（《梁惠王》上）《方言》曰：「叟，艾，長老也。東齊魯衛之間，凡尊老謂之叟，或謂之艾。」（《方言》卷六）可見，孟子見梁惠王時，已是頒白或垂暮的六十、七十歲的老者。其年代，清代以前的《孟子年譜》之類，多依《史記·六國年表》推定爲魏惠王三十五年（前335年），清代學者則據《竹書紀年》考證爲當在梁惠王後元十五年（前321年）㊾。前面已經考述，莊子死於惠施之後，自然而論，當少年於惠施。惠施在歷史記載中最後一次出現的年代是魏襄王五年（前314年）與淖滑一起使趙，請伐齊而存燕。設想，在此後十年，惠施以六十、七十歲而終，那麼，當孟子被梁惠王稱「叟」的時候，莊子恐怕還是四十、五十歲的壯年人。所以，莊、孟年齒相較，恐怕不是如蔡元培所說「莊子稍先於孟子」，而是正如朱熹所說「莊子後得幾年，然亦不爭多」（《朱子語類》卷一百二十五）。

蔡氏「楊朱實即莊周」立論的實質性是根據是認爲秦漢典籍所記述的楊朱思想就是莊子思想。但是，若作比較深入的分析則可看出，

這個根據也是站不住的。按照持這一觀點的人的看法，《孟子》中的孟子所批判、攻擊的楊朱的「為我」，其思想內容就是《呂氏春秋》上的「貴己」和《淮南子》上的「全性保真」，所以，它實際上是一個關於養性的結論或理論，因而和《莊子》中反映出的莊子思想是接近的、相同的。然而，可疑的是，若「為我」主要是一個養性的結論或理論，為什麼招來並不輕薄養性，而是十分善於「養吾浩然之氣」（《孟子·公孫丑》上）的孟子那麼激烈的攻擊？楊朱「為我」是否含有其它更重要的思想內容，甚至根本就是另外一種思想性質的結論或理論？從記載有楊朱言行的《孟子》、《莊子》、《荀子》、《韓非子》、《呂氏春秋》、《淮南子》、《說苑》、《法言》等八種秦漢典籍中，皆沒有發現這樣的可作進一步推究的明顯的線索。有幸，我們在魏晉時人聚斂先秦思想資料編撰的《列子》一書的《楊朱》篇裡，找到了似乎可以解開這一疑團的一則材料：

> 楊朱曰：「伯成子高不以一毫利物，捨國而隱耕；大禹不以一身自利，一體偏枯。古之人，損一毫利天下，不與也；悉天下奉一身，不取也。人人不損一毫，人人不利天下，天下治矣。」
>
> 禽子問楊朱曰：「去子體之一毛以濟一世，汝為之乎？」楊朱曰：「世固非一毛之所濟。」禽子曰：「假濟，為之乎？」楊子弗應。（《列子》卷七）

從這段記述裡我們可以看到，楊朱的「為我」完全不是一個單純主張「貴己」、「葆真」的養性理論，而主要是一個很特殊的、近乎主張「自治」的政治觀點：人人不利天下，人人不損天下，大家相安無事，「天下治矣」。這一觀點或主張在當時可能具有某種駭世驚俗的作用，因為它和在當時已經傳播開來的「顯學」的觀點或主張——儒家的「復禮」和墨家「兼愛」具有鮮明的對立，從而把當時社會政治思想領域內儒、墨對峙的局面，改變成了儒、墨、楊三家鼎立的格局。這自然要引起繼承、發展了孔子政治思想、主張「仁政」的孟子的極大的

警覺和不安，便將它和墨家放在一起，判以「無父無君」的激烈攻擊。當然，理論上的爭辯，也像是戰場上的對壘，是很難心平氣和和公允無私的，但是像孟子對楊朱批評的這種偏頗恐怕還是不多的。他只割取楊朱觀點的「不利天下」的一半，而捨棄其「不取天下」的一半，並把他的理論的明確目標「天下治」，歪曲爲涵義模糊的「爲我」。這樣，通過《孟子》扭曲、折射的楊朱思想已經面目全非。起點上的毫釐之差，終點時的千里之遙，因而後代學者通過《孟子》對楊朱所作的觀察和判斷往往是錯誤的。這樣的錯誤判斷或結論，主要有兩個：一是由孟子所概括的「楊子取爲我」，後代學者就進而演繹、附會楊朱是只追求個人生命的養生論者，乃至是追求享樂的縱欲者。例如秦時《呂氏春秋‧不二》將楊朱「爲我」修正爲「陽生貴己」，漢代《淮南子》增飾其內容爲「全性葆眞」，魏晉時人就指稱楊朱鼓吹「且趣當生，奚遑死後」了。（《列子‧楊朱》）一是由孟子所攻擊的「楊氏爲我，是無君也」，以後的學者就進而推斷楊朱可能是個隱者，因爲這正像孔子批評荷篠丈人「不仕無義，長幼之節不可廢也，君臣之義如之何其廢之」（《論語‧微子》），故馮友蘭說，「此等消極的隱者，即楊朱之徒之前驅」（《中國哲學史》上冊）楊朱是個隱者，是個養生論者，這兩點也是爲莊子所相似、近是的。於是，後代的學者就將莊子、楊朱視爲一家、視爲相承，如揚雄說「莊、楊蕩而不法」（《法言‧五百》）朱熹說「列、莊本楊朱之學」（《朱子語類》卷一百二十五），如上所述，晚近更有視莊子、楊朱爲一人者。我們從《孟子》以外的秦漢典籍對楊朱的記述來看，這兩個判斷或結論都是難以成立的。首先，楊朱不是一個專於養生的隱者，而是一個「見梁王言治天下如運諸掌然」（《說苑‧政理》）的、積極參與世務的、在當時是非常活躍的社會活動家。對此，我們可以從《莊子》一書中尋得兩個方面的證明：第一，關於楊朱爲人性格方面。在《莊子》中，楊朱不是一個甘於寂寞陸沉、潛身守性的人，而是一個桀驁不馴、追逐風雲的

人。例如《莊子》寫道：

> 陽子居⑤見老聃曰：「有人於此，嚮疾強梁，物徹疏明，學道
> 不倦，如是者可比明王乎？」老聃曰：「是於聖人也，胥易技
> 係，勞形怵心者也。且也，虎豹之文來田，猨狙之便、執斄之
> 狗來藉，如是者可比明王乎？」陽子居蹵然曰：「敢問明王之
> 治？」老聃曰：「明王之治，功蓋天下而似不自己，化貸萬物
> 而民弗恃，有莫舉名，使物自喜，立乎不測而遊於無有者。」
> （《應帝王》）
>
> 陽子居南之沛，老聃西遊於秦，邀於郊，至於梁而遇老子。老
> 子中道仰天而嘆曰：「始以汝爲可教，今不可也。」陽子居不
> 答，至舍，進盥漱巾櫛，脫屨戶外，膝行而前曰：「向者弟子
> 欲請夫子，夫子行不閒，是以不敢。今閒矣，請問其過？」老
> 子曰：「而睢睢盱盱，而誰與居？大白若辱，盛德若不足。」
> 陽子居蹵然變容曰：「敬聞命矣！」其往也，舍者迎將，其家
> 公執席，妻執巾櫛，舍者避席，煬者避竈。其反也，舍者與之
> 爭席矣。（《寓言》）

這兩則記述，當然具有寓言性質。但《莊子》寓言中出現的人物，特別是那些真實的歷史人物，其性格和言行，並不是隨意杜撰，而是有所根據的。從這兩則記述中可以看到，楊朱把「明王」理解爲「嚮疾強梁、物徹疏明、學道不倦」，他心目中的這個理想的君主的形象，反映出他自己也是一個志在涉理世務，並望能有所作爲、有所成就的人。這當然不是「隱者」的志向。所以《莊子》的作者就搬出老子的「無爲之治」來壓服他。楊朱平時言行舉止，「睢睢盱盱」，顯得十分跋扈，致使周圍的人對他都要退避三舍，這也不像是善養生者的表現。所以《莊子》的作者就借老子之口來訓斥他「不可教」！第二，關於楊朱思想特色方面。《莊子》中總是把楊朱和當時最有社會影響的學派或人物相提並論，並且特別強調他善於和人爭辯的特色。例如：

駢於辯者，累瓦結繩，竄句游心於堅白同異之間，而敝跬譽無
用之言，非乎？而楊墨是已。（《駢拇》）

莊子曰：「然則儒墨楊秉四，與夫子為五，果孰是邪？……」

惠子曰：「今夫儒墨楊秉，且方與我以辯，相拂以辭，相鎮以
聲，而未始吾非也，則奚若矣？」（《徐无鬼》）

楊朱的「人人不損一毫，人人不利天下，天下治矣」之論一出，恐怕
就要受到很多的詰難。有人問他，「你鼓吹不拔一毛，如果拔去你的
一毛，天下得治，你幹嗎？」楊朱回答得很巧妙：「天下不是拔一毛
所能得治的。」這類的詰辯恐怕是很多的，因為楊朱的雖然也許是嚴
肅的，然而畢竟超離了社會生活實際的，因而顯得怪誕的主張，要想
能夠立足、取信，也非善辯不能濟事。韓非也說，「楊朱、墨翟，天
下之所察也」（《韓非子・八說》），可見，楊朱是以獨特的政治觀點
和巧於苛察論辯的思想風格聞名於當時的。顯然這不是一個談養生的
隱者的思想特色。

其次，楊朱也不是只關注個人的生命的存在的人，而是對他人的
遭際和歸宿也充滿諒解和同情的人。從《荀子》、《韓非子》中對楊
朱的片斷記述可以看到這點：

楊朱哭衢塗曰：「此夫過舉蹞步，而覺跌千里者夫！」哀哭
之。（《荀子・王霸》）

楊朱之弟楊布，衣素衣而出。天雨，解素衣，衣緇衣而反。
其狗不知而吠之，楊布怒，將擊之。楊朱曰：「子毋擊也，
子亦猶是。曩者使女狗白而往，黑而來，子豈能毋怪哉？」（
《韓非子・說林》下）

一個對別人的處境能夠寬容地理解，對別人的前途能夠由衷地關心的
人，不可能是「一毛不拔」的「為我」主義者。

總之，楊朱的「為我」，其本義是一種被孟子歪曲了的治世的觀
點，它除了作為一種「不為」的政治思想在和莊子（道家）的「無為」

政治思想之間形成一種表面上近似，實際上不同的特殊對立外，沒有任何能使楊朱和莊子之間相互接近或相同的思想觀點。

「楊朱實即莊周」的立論，還有一個難以克服的、無法逾越的障礙，就是它不能解釋何以楊朱、莊子往往以各自不同的言行，迥然有別的思想面貌，在秦漢的同一典籍裡同時出現。《莊子》姑且不論，《荀子》中，《王霸》篇已有「楊朱哭衢塗」，《解蔽》篇又有「莊子蔽於天而不知人」。《呂氏春秋》中，《不二》篇已有「陽生貴己」（《困學紀聞》作「楊朱」），《必己》篇又有「莊子行於山中」。《淮南子》中，《氾論訓》已有「全性保眞，不以物累，楊子所主」，《道應訓》又有「莊子曰，小年不及大年，小知不及大知」，等等。這些都表明，楊朱、莊周絕對不是同一人。否則，揚雄所謂「莊楊蕩而不法，墨晏儉而廢禮」（《法言・五百》）就不成其語了。

晚近，除了「莊周即楊朱」之說外，還有「莊周即子莫」之說。子莫也是在《孟子》中被孟子批評非議的一個人物，他的主要觀點是「執中」：

> 孟子曰：「楊子取爲我，拔一毛而利天下，不爲也。墨子兼愛，摩頂放踵利天下，爲之。子莫執中，執中爲近之。執中無權猶執一也。所惡執一者爲其賊道也，舉一而廢百也。」（《孟子・盡心》上）

子莫何許人也？也是眾說紛紜。孫詒讓疑是魏公子牟[55]，羅根澤考爲顓孫子莫[56]，錢穆又辨之爲申詳[57]，王樹柟則認爲子莫即是莊子。他在《莊周即子莫說》一文中[58]，提出兩點論據：第一，名、字同義。王氏說：

> 吾謂莊周即孟子所稱之子莫也。「周」訓普遍，「莫」訓廣漠無垠。名周，字子莫，固意義相生也。

第二，思想相同。王文寫道：

> 王厚齋云：「莊子曰『爲善無近名，爲惡無近刑，緣督以爲經』，

又曰『吾將處夫才與不才之間』，此子莫之執中也。」是僅知
莊子之說同子莫之執中，尚未悟子莫即莊子之字也。

王氏的第一個論據，在孫詒讓用聲韻通假證明「子莫」是「子车」⑤，錢
穆用名、字義相反為訓以證明「子莫」是「申詳」⑥的情況下，就和
它們一起失去了證據價值。他的第二個論據也很脆弱，因為莊子思想
最本質的不是「處夫材與不材之間」，而是「與時俱化」；不是「執
中」，而是「浮游乎萬物之祖，物物而不物於物」，即超脫。

「莊周即子莫」之說，似乎比「莊周即楊朱」之說更為牽強，所
以也就更鮮為人所道及。

歷史是過去的事實，未曾發生過的事實，當然構不成歷史。所以
從某種意義上說，孟子、莊子不相知的問題，不是歷史本身的問題，
而是後代學者在研究他倆的歷史中產生的問題。我們用了這麼多的篇
幅來闡述這個問題，表明研究歷史時產生的問題，有時會比歷史本身
存在的問題麻煩得多。但這是不可避免的和完全必要的。歷史沿著事
實的時間環節前進，而研究歷史必須解開事實的邏輯環節才能前進，
必然要引用歷史本身以外的東西來加以說明和證實。

【附　註】

① 　陸德明注：「太史公云：字子休。」（《經典釋文·序錄》）不知何據。

② 　任繼愈將此歸納為五種說法：⑴前369—前286年（馬敘倫），⑵前355—
前275年（呂振羽），⑶前328—前286年（范文瀾），⑷前365—前290年
（楊榮國），⑸前375—前295年（聞一多）（《莊子探源》，載《哲學
研究》1961年2期）。實際上不只這五種。

③ 　見《莊子》：「田子方侍坐於魏文侯」（《田子方》），「徐无鬼因女商
見魏武侯」（《徐无鬼》）。

④ 　見《莊子》：「魏瑩與田侯牟約」（《則陽》）。司馬彪注：「瑩，魏惠
王。」（陸德明《經典釋文》引，下同）

⑤ 見《莊子》:「惠子謂莊子曰:魏王貽我大瓠之種。」(《逍遙遊》司
　馬彪注:「魏王,梁惠王也。」「莊子衣大布而補之,正緳繫履而過魏
　王」)(《山木》)。司馬彪注:「魏王,惠王也。」

⑥ 《呂氏春秋・禁塞》高誘注:「宋康王名偃,立十一年自爲王。」宋君
　偃立於周顯王四十一年(前328年),則宋君偃於前318年稱王。

⑦ 《史記・宋世家》:「宋偃東敗齊,南敗楚,西敗魏。」

⑧ 見《呂氏春秋・應言》。

⑨ 見《戰國策・趙策》三、《史記・平原君列傳》。

⑩ 原作「後莊子三百五十年」,當是傳寫之誤。

⑪ 見王夫之《莊子解・秋水》。

⑫ 見洪頤煊《諸子叢錄・莊子》。

⑬ 見高亨《楊朱學派》載《古史辨》第四冊。

⑭ 見陸德明《經典釋文・莊子序錄》。

⑮ 見智匠《古今樂錄》。此書已佚,清馬國翰《玉函山房輯佚書》輯錄殘
　遺爲一卷。

⑯ 據《竹書紀年》,齊湣王在位年代實爲周赧王十五年至三十一年(前300
　—前 284年)。

⑰ 此外,《國語・楚語》「宋有蕭蒙」亦可爲證。

⑱ 歷史上,地理典籍對莊子故里蒙所在的方位有兩種相反的記載,一謂在
　宋城(今河南商邱縣)北,一謂在宋城南。前者如唐李吉甫《元和郡縣
　圖志》謂:「小蒙故城在縣縣(宋城縣)北二十二里,即莊周之故里」
　(卷七《宋州》);後者如宋樂史《太平寰宇記》謂:「小蒙故城在縣
　(宋州縣)南十五里……即莊周之本邑。」(卷十二《宋州》)

⑲ 今河南民權縣和山東東明縣境內有莊子墓等莊子遺迹,其由來尚待考索,
　然其所處地域皆屬春秋戰國時宋(商)之範圍。

⑳ 如《莊子》寫道:「宋有荊氏者,宜楸柏桑」(《人間世》),「宋人
　有善爲不龜手之藥者」,「宋人資章甫而適諸越」(《逍遙遊》),「

宋人有曹商者，爲宋王使秦」，「今宋國之深，非直九重之淵也；宋王
之猛，非直驪龍也」（《列禦寇》），「宋元君將畫圖」（《田子方》），
「商太宰蕩問仁於莊子」（《天運》），「南伯子綦遊乎商之丘」（《
人間世》），等等。

㉑ 作者爲常征，載《江淮論壇》1981年6期。

㉒ 見《太平寰宇志》卷十二《亳州》，《新唐書》卷三十八《地理志·亳
州》。由此可知，王安石詩《蒙城清燕堂》（《臨川集》卷二十五），
蘇軾文《莊子祠堂記》（《東坡集》卷三十二）中皆誤以今蒙城爲莊子
故里。

㉓ 見馬驌《繹史》卷一百十二《列莊之學》下，閻若璩《潛邱札記》卷六
《又與石企齋書》。

㉔ 見《古史辨》第四冊。

㉕ 劉寶楠《論語正義》：「蒙山即東蒙山，在魯東，故云。邑人公鼎論：
蒙山高峰數處，俗以在東者曰東蒙，在中央者曰雲蒙，在西北者曰龜蒙，
其實一山也。」。

㉖ 見楊寬：《戰國史》，上海人民出版社1980年版，第54頁，及張恒壽：
《莊子新探》，湖北人民出版社1983年版，第12頁。

㉗ 衛宏《漢舊儀》：「內郡爲縣，三邊爲道。」

㉘ 《莊子》寫道：「漆可用，故割之」（《人間世》），「待繩約膠漆而
固者」，「連連如膠漆纏索」（《駢拇》）。

㉙ 《莊子》敘及的手工勞動者很多，如庖丁（《養生主》），匠石（《人
間世》），陶者（《馬蹄》），輪扁（《天道》），承蜩者（《達生》），
梓慶（《達生》），捶鈎者（《知北遊》），等等。

㉚ 《莊子》寫道：「莊子釣於濮水，楚王使大夫二人往先焉，日：願以境
內累矣！」（《秋水》）

㉛ 金正煒《國策補釋》：「疑當作五年」。

㉜ 《莊子·列禦寇》篇記述宋人曹商，得寵於宋王、秦王後，譏笑莊子「

處窮閭阨巷，困窘織屨，槁項黃馘」。

㉝ 《孟子・告子下》趙歧注：「宋牼，宋人，名牼。」《莊子・逍遙遊》司馬彪、李頤注：「宋榮子，宋國人也。」《荀子・非十二子》楊倞注：「宋鈃，宋人。」

㉞ 《漢書・藝文志》：「尹文子，顏師古注：劉向云，與宋鈃俱遊稷下。」

㉟ 《莊子・山木》「陽子之宋」，成玄英疏：「姓楊名朱，字子居，秦人也。」（《荀子・王霸》）「楊朱哭衢途」，楊倞注：「衢道，歧路也。秦俗以兩爲衢。」

㊱ 《呂氏春秋・淫辭》高誘注：「惠施，宋人也。」

㊲ 《呂氏春秋・淫辭》：「惠子爲魏惠王爲法，爲法已成，以示諸民人，民人皆善之。」

㊳ 《荀子・非十二子》：「不法先王，王是禮義……是惠施、鄧析也。」

㊴ 《史記・孟嘗君列傳》：「齊魏會徐州相王。」《呂氏春秋・愛類》：「匡章謂惠施曰：公之學去尊，今又王齊，何也？惠子曰：今有人於此，必擊其愛子之頭，而石可以代之。今王齊而壽黔首之命，是以石代愛子頭也。」可證魏齊相王，惠施主其謀也。

㊵ 齊魏相王在魏惠王後元元年（前335年），其先，齊、魏已各自稱王。其後六年，宋亦稱王，又三年韓亦稱王，趙亦稱王，又一年秦亦稱王。

㊶ 《戰國策・楚策》三：「五國伐秦，魏欲和，使惠施使楚。」

㊷ 《戰國策・趙策》三：「齊破燕，趙欲存之……令淖滑、惠施之趙，請伐齊而存燕。」

㊸ 陸德明注：「三月」，一本作「三日」。（《經典釋文》）

㊹ 「庭」有兩解：一曰庭院。司馬彪：「不出坐庭中三月。」（陸德明《經典釋文》引）；一曰逞也，王念孫曰：「庭當讀爲逞。不逞，不快也。」（《讀書雜志・莊子》）

㊺ 司馬彪注：「藺且，莊子弟子。」（陸德明《經典釋文》引）

㊻ 孟子曾引述了孔子的這一觀點：「《詩》曰：天生蒸民，有物有則，民

之秉彝，好是懿德。孔子曰：為此詩者，其知道乎。故有物必有則，民之秉彝也，故好是懿德。」（《孟子‧告子》上）孟子自己則進一步明確了這一觀點：「人之有四端也，猶其有四體也。」（《孟子‧公孫丑》上）

㊼　顧頡剛說：「中國古代留傳下來的神話中，有兩個很重要的大系統：一個是昆侖神話系統，一個是蓬萊神話系統。」（《〈莊子〉和〈楚辭〉中昆侖和蓬萊兩個神話系統的融合》，載《中華文史論叢》1979年第二輯）

㊽　《山海經》的作者或整理者的問題，也是爭論不一的中國學術史上的難題。從其內容和語言的角度觀察，自朱熹以來，多數學者判定其為南方或楚人所作，今人袁珂持此論尤堅（見《〈山海經〉寫作的時地及篇目考》，載《中華文史論叢》第七輯）；也有學者認為是東方方士所作或整理而成，今人蕭兵論述較詳（見《〈山海經〉：四方民俗文化的交匯》，載《山海經新探》四川省社會科學院出版社1986年版）。就其地域觀念來推測，今人譚其驤認為是河漢間人所作（見《〈五藏山經〉的地域範圍提要》，載《山海經新探》），今人袁行霈判定為源出西北方人之口頭傳說（見《〈山海經〉初探》，載《中華文史論叢》1979年第三輯）。比較而言，「為楚人所作」的論據最為堅強。

㊾　《左傳》襄公十七年（前478年）：「秋七月己卯，楚公孫朝帥師滅陳。」

㊿　《呂氏春秋‧上德》：「荊王薨，群臣攻吳起，兵於喪所，陽城君與焉。荊罪之，陽城君走，荊收其國。」

51　清代崔述《孟氏實錄》、江永《群經補議》，皆依《竹書紀年》考訂孟子見梁惠王是在周慎靚王初年（前321年）。詳見後。

52　如《孟子》寫道：「前日於齊，王饋兼金一百而不受；於宋，饋七十鎰而受；於薛，饋五十鎰而受……」（《公孫丑》下），「滕文公為世子，將之楚，過宋，而見孟子。世子自楚反，復見孟子」（《滕文公》上），「宋牼將之楚，孟子遇於石丘」（《告子》下）（《孟子疏》：「石丘，

宋地。」)

㊸ 崔述《孟子事實錄》:「《史記》梁予秦河西地,在襄王五年;盡入上郡於秦,在襄王七年;楚敗魏襄陵在襄王十二年,皆惠王身後事。而惠王之告孟子乃云『兩喪地於秦七百里,南辱於楚』,未來之事,惠王何由預知而預言之乎?按杜預《左傳後序》云,古書《紀年》篇,惠王三十六年改元,從一年始,至十六年而稱惠成王卒,即惠王也。然則《史記》所稱襄王元年,即惠王之後元,而予河西,入上郡,敗於襄陵,皆惠王時事。孟子至梁,不在惠王三十五年,而在後元十二年襄陵既敗之後。」江永《群經補議》:「孟子見梁惠王當在周慎靚王元年辛丑,是爲惠王後元十五年。」

㊴ 陽子居,成玄英、陸德明皆注:「姓楊,名朱,字子居。」(分別見《莊子注疏》、《經典釋文》)

㊵ 見孫詒讓《籒稿述林·子莫學說考》。

㊶ 見羅根澤《諸子考索·子莫考》或《古史辨》第六冊。

㊷ 見錢穆《先秦諸子繫年考辨·子莫考》。

㊸ 見《古史辨》第六冊。

㊹ 孫詒讓說:「牟、侔與莫一聲之轉,疑子莫即子牟之異文。抑或牟字子莫,要近是一人矣。」(《籒稿述林·子莫學說考》)

㊿ 錢穆說:「子莫疑即子張之子申詳。莫者疑辭,詳者審察之辭。詳字子莫,正符合古人名、字相反爲訓。」(《先秦諸子繫年考辨·子莫考》)

第二章　《莊子》考論

　　莊子的一生是極爲平淡、寂寞的，然而他身後卻留下了一件輝煌的、對後世人們的精神生活發生了巨大影響的業績，即《史記》所記稱「其著書十餘萬言」，《漢書‧藝文志》所著錄「《莊子》五十二篇」是也。但現存《莊子》卻只有三十三篇，其字數，宋代時有學者統計，還不到七萬①；司馬遷認爲《莊子》中最有代表性的篇章是《漁父》、《盜跖》，蘇軾卻以爲《莊子》中最爲可疑的僞作就是《盜跖》、《漁父》②。可見，《莊子》一書經歷了變遷，後代學者對其眞僞有甚爲不同的看法。

一、《莊子》的古本、今本與佚篇、佚文

　　《莊子》一書最爲顯著的變遷，就是晉代以後，準照漢代的史籍記載，篇目、字數銳減。由此可以推斷，《莊子》必有古本，必有佚篇、佚文。

1. 從古本到今本的演變

　　今本《莊子》爲三十三篇（內篇七，外篇十五，雜篇十一），這和晉代郭象《莊子注》的本子完全相同。但《漢書‧藝文志》稱「《莊子》五十二篇」，可見古本《莊子》爲五十二篇。《莊子》從漢代五十二篇的古本到晉代三十三篇的今本有個演變過程。

　　《莊子》五十二篇本在漢代可能是通行本，故後漢高誘注《呂氏春秋‧必己》「莊子行於山中」說：「莊子名周，宋之蒙人，輕天下，細萬物，其術尙虛無，著書五十二篇，名之曰《莊子》。」③五十二篇古本到魏晉時仍然存在。唐代陸德明說：「《漢書‧藝文志》『《莊子》五十二篇』，即司馬彪、孟氏所注是也。」（《經典釋文‧序錄》）司

馬彪於晉泰始中爲秘書郎,《晉書》有傳,身世比較清楚。孟氏,陸
德明已「不詳何人」,清代姚振宗考證說,「似即注《老子》之大孟,
或云即孟康」(《隋書經籍志考證》卷二十五)。孟康是魏人,著有《漢
書注》④。也就是說,確知注解了五十二篇古本《莊子》的兩位學者
——孟氏、司馬彪皆爲魏晉時人。

　　五十二篇古本《莊子》的篇目構成,陸德明說是「內篇七,外篇
二十八,雜篇十四,解說三」(《經典釋文・序錄》)。其中,「解說
三」見於記載的有《莊子後解》、《莊子略要》兩篇:

　　　　《莊子》「庚市子肩之毀玉也」,《淮南子・莊子後解》曰:
　　　　「庚市子,聖人無欲者也。人有爭財相鬥者,庚市子毀玉於
　　　　其間,而鬥者止。」(《文選》卷三十五張景陽《七命》「蓋理有毀
　　　　之,而爭寶之訟解」李善注)
　　　　淮南王《莊子略要》曰:「江海之士,山谷之人,輕天下,
　　　　細萬物,而獨往者也。」司馬彪曰:「獨往,任自然,不復
　　　　顧世也。」(《文選》卷二十六謝靈運《入華子崗是麻源第三谷》、
　　　　江文通《雜詩三十・許詢》、陶淵明《歸去來辭》、任彥昇《齊景陵王
　　　　行狀》等篇李善注)

由此可見,《莊子後解》、《莊子略要》等「解說三篇」,似乎不是
《莊子》所固有的篇目,而是其附錄,是《淮南子》的作者對《莊子》
的片段的解釋或內容概述,應歸屬於《淮南子》,姚振宗正是這樣的
見解,他說:「今《淮南》內篇無《莊子略要》、《莊子後解》,或
在《淮南》外篇三十三篇中。」(《漢書藝文志條理》卷二之下)這樣,
古本《莊子》實際上應是四十九篇。

　　從《經典釋文・序錄》中可以看出,魏晉時代,《莊子》一書除
了孟氏、司馬彪注解的五十二篇本外(孟氏注已佚),還有崔譔和向
秀注解的二十七篇本以及李頤集解的三十篇本。崔譔,晉史無傳,唯
《隋書・經籍志》稱其爲「東晉議郎」,但《世說新語・文學》注引

《向秀別傳》說：「秀游托數賢，蕭屑卒歲，都無所述，唯好《莊子》，聊應崔譔所注，以備遺忘。」可見《隋書》所記有誤，崔譔生世當不晚於「竹林七賢」的向秀。崔譔的《莊子》注文在《經典釋文》中有所存留，所以他是至今其述尙存的魏晉注《莊子》諸家中最早的。《經典釋文・序錄》記錄：「崔譔注二十七篇（內篇七，外篇二十），向秀注二十六篇（一作二十七篇，一作二十八篇，亦無雜篇）。」由其篇目的構成（內、外篇）和數目（二十七篇）的相同，可以推斷崔、向所注可能是同一個本子。但其所出注的篇目可能不盡相同。有學者根據《經典釋文》考計，《天運》、《至樂》、《達生》、《山木》、《盜跖》、《列禦寇》諸篇，有崔注無向注，《則陽》、《寓言》兩篇有向注無崔注，唯有《天道》、《刻意》、《田子方》、《讓王》、《說劍》、《漁父》等六篇，《釋文》於崔、向之注一無所取。⑤由此推斷，崔、向《莊子》二十七篇本，可能是五十二篇古本的重要篇目的選注本；這個選注本加上崔、向皆未出注的《天道》等六篇，可能就是以後郭象確定並注解的三十三篇本。魏晉時代，在玄風披靡的情況下，注解、詮釋《莊子》的人恐怕是不少的，《晉書・郭象傳》稱「先是注《莊子》者數十家」，於是出現了李頤的《集解》。李頤的身世，史無記載，不太清楚。但陸德明尙知其爲「晉丞相參軍，自號玄道子」（《經典釋文・序錄》）。他的《集解》本是三十篇（一作三十五篇），可能是和崔、向不同的另外一種在五十二篇本基礎上的選注本。因爲當時這五十二篇古本，「言多詭誕，或似《山海經》，或類占夢書，故注者以意去取」（《經典釋文・序錄》）

魏晉時代，在五十二篇古本《莊子》的基礎上，除了有孟氏、司馬彪的全注本和崔譔、向秀、李頤的選注本外，出現了郭象的三十三篇修訂本。日本鎌倉時代高山寺所藏《莊子》殘抄本，其《天下》篇後有段跋語：

　　夫學者尙以成性易知爲德，不以政（攻）異端爲貴也。然莊

子閎才命世，誠多英文偉詞，正言若反，故一曲之士不能暢
其弘旨，而妄竄奇說，若《闊亦（奕）》、《意循（脩）》
之首，《尾（危）言》、《游易（鳧）》、《子胥》之篇，
凡諸巧雜，若此之數，十分有三，或牽之令近，或迂之令誕，
或似《山海經》，或似〔占〕夢書，或出《淮南》，或辯形
名，而參之高韻，龍蛇並御，且辭氣鄙背，竟無深澳，而徒
難知，以因（困）後蒙，令沈滯失乎（平）流，豈所求莊子
之意哉？故皆略而不存。令（今）唯哉（裁）取其長，達致
全乎大體者焉爲三十三篇者。太史公曰：「莊子者，名周，
守（宋）蒙縣人也。曾爲漆園史（吏）與魏惠〔王〕、齊〔
宣〕王、楚　威王同時者也。」⑥

這段文詞，清雅幽古，且與陸德明《經典釋文·序錄》所引「郭子玄
云，『一曲之才，妄竄奇說，若闊奕、意脩之首，危言、游鳧、子胥
之篇，凡諸巧雜，十分三』」相符，故可斷定爲郭象所作。這就證明，
今本三十三篇《莊子》是郭象在古本《莊子》五十二篇中，刪裁去十
分之三而成。郭象爲這三十三篇作的注⑦，思想精深獨特，爲歷代所
推崇；郭象的三十三篇《莊子》修訂本，唐以後也就隨之流傳下來，
逐漸成爲定本，正如陸德明所說：「惟子玄所注，特會莊生之旨，故
爲世所貴……今以郭爲主。」（《經典釋文·序錄》）

2.佚篇鈎索和佚文輯錄

《莊子》古本（《漢志》本、司馬彪注本）五十二篇，今本（郭
象注本）三十三篇，古、今兩本相較，則遺佚十九篇。若不計《淮南
子》的作者所作的三篇《莊子》解說，則尚遺佚十六篇。這些篇章被
郭象或「略而不存」，或「裁取其長」，即被刪削或合併，本來面目
已無從恢復。然而其篇目可考者尚有以下數篇：

《闊奕》、《意脩》、《危言》、《游鳧》、《子胥》　這幾篇
篇名首見於唐代陸德明《經典釋文·序錄》所引「郭子玄云」，後證

以日本鎌倉時代（約相當我國南宋時期）高山寺所藏《莊子》古鈔本
《天下》篇後的附語，斷定爲郭象《莊子注》的跋記，是極爲可信的。
因而也可以斷定這些篇是《莊子》古本中所有而被郭象刪削掉的。《
文選》顏延年《車駕幸京口侍游蒜山詩》，李善注引「闕奕之隸，與
殷翼之孫」云云，似是《闕奕》篇之文（《文選》卷二十二）。《太平
御覽》「游鳧問黃雄」云云，似是《游鳧》篇之文（《太平御覽》五百
三十）。

　　《惠施》　這一篇目見於《北齊書》。《北齊書·杜弼傳》稱杜
弼「耽好玄理，老而愈篤，又著《莊子惠施篇》、《易上下繫》，名
《新注義苑》，並行於世」（《北齊書》卷廿四）。宋代王應麟據此判
定《惠施》是《莊子》逸篇（《困學紀聞》卷十）。晚近學者如王叔岷
等則進一步推測《天下》篇末章（「惠施」章）即是此篇⑧；譚戒甫
更考定《莊子》五十二篇中的《惠施》篇，即是《漢志》名家類的「
《惠子》一篇」，此是《漢志》篇名互見之又一例⑨，是晉人李頤集
解時將它和《天下》篇合并的。⑩應該說，這一推斷是可信的。事情
很可能是這樣發生的：惠施是莊子的論友，劉向編校《莊子》時，將
記述惠施辯者論點的一篇文字編入《莊子》，《漢志》又在名家類重
出一次；魏晉學者注解《天下》篇時，又將惠施這段言論視爲和墨翟、
宋鈃、彭蒙、關尹、莊周爭鳴的一家之言併入《天下》篇。這件給後
人製造了紊亂的事，在當時其本身也是有完全可以理解的、十分合理
的邏輯的。

　　《莊子》遺佚篇目，大概只有上面六篇爲確切可考者。此外，雖
還有三個篇目曾爲古今學者所提出，但尙難以被確認。

　　《畏累虛》　《史記·莊子列傳》說，莊子「作《漁父》、《盜
跖》、《胠篋》，以詆訿孔子之徒，以明老子之術，畏累虛、亢桑子
之屬，皆空語無事實。」既然「亢桑子」即「庚桑楚」，爲《莊子》
雜篇首篇之篇目，那麼，類而推之，「畏累虛」亦當爲篇名，故司馬

貞《史記索隱》說：「畏累虛，篇名也。即老聃弟子畏累。」這是一種理解。張守節《史記正義》持異議，認為「莊子云『庚桑楚者，老子弟子，北居畏累之上』，言《莊子》雜篇《庚桑楚》已下，皆空設言語，無有事實也。」這是另一種理解。清代學者俞正燮亦同意這一理解，認為「畏累虛」不是篇名，他說：「莊子逸文，畏累虛不當列入，歷來諸家皆承《索隱》而誤。」（《癸巳存稿‧司馬彪注集本跋》）比較而言，《正義》的理解為可信。

《馬捶》　《南史‧何子朗傳》謂，子朗「嘗為《敗冢賦》，擬莊周《馬捶》，其文甚工」（《南史》卷七十二）。孫志祖據此認為「蓋《馬捶》亦《莊子》逸篇也」（《讀書脞錄續編‧莊子逸文》）。何子朗《敗冢賦》今佚，《馬捶》事見《莊子‧至樂》，是一則很完整的寓言故事：

> 莊子之楚，見空骷髏，髐然有形，撽以馬捶，因而問之，曰：「夫子貪生失理而為此乎？將子有亡國之事，斧鉞之誅，而為此乎？將子有不善之行，愧遺父母妻子之醜，而為此乎？將子有凍餒之患，而為此乎？將子之春秋故及此乎？」於是語卒，援骷髏，枕而臥。夜半，骷髏見夢曰：「子之談者似辯士。視子所言：皆生人之累也，死則無此矣。子欲聞死之說乎？」莊子曰：「然。」骷髏曰：「死，無君於上，無臣於下；亦無四時之事，從然以天地為春秋，雖南面王樂，不能過也。」莊子不信，曰：「吾使司命復生子形，為子骨肉肌膚，反子父母妻子閭里知識，子欲之乎？」骷髏深矉蹙頞曰：「吾安能棄南面王樂而復為人間之勞乎？」

《至樂》篇共有七章，第一章大體是議論無為即是至樂，第七章敘述萬物循環相生，「出於機入於機」。中間五章是五個各自獨立的、但內容意蘊也若有相連的寓言故事，「馬捶」就是其中的第三個故事，表現的是人生則有累，死則快樂的人生哲學。王夫之曾評論其意境淺

陋，「蓋學於老莊，掠其膚說」（《莊子解》）者為之，甚是。這則完整的故事，在古本《莊子》中可能是「馬捶」為題的獨立的一篇，或該篇的首章。郭象修訂《莊子》時，正以其文短義淺，有悖於莊子本義⑪，把它削併入《至樂》篇。這種古本《莊子》，在唐以前的六朝時期的民間，恐怕還有散存，上述杜弼注《莊子‧惠施》篇即是一證。唐以後，隨著古本《莊子》的遺佚，「馬捶」其篇亦不可見而只存其文於今本中了。按照這種理解，孫氏推斷《馬捶》為《莊子》佚篇是有其可能的。另外的一種理解是，何子朗的《敗冢賦》可能與謝惠運的《祭古冢文》相似，叩問死者「為壽為夭，寧顯寧晦，銘志湮滅，姓字不傳，今誰子後，曩誰子先，功名美惡，如何蔑然」，抒發的也正是那種對無名死者的悵惘和哀念的感情。「擬馬捶」是襲取《莊子》「馬捶」章的惡生樂死之義，而不是擬其篇。按照這種理解，孫氏的推斷則是不確的。

　　《重言》　晚近，學者嚴靈峰曾提出這樣的見解：郭象《莊子注》跋語中提到的篇名「危言」，日本高山寺本作「尾言」，「危」、「尾」字疑皆為「卮」字之形近而訛。今本《莊子‧寓言》篇謂，「寓言十九，重言十七，卮言日出」，「危言」篇當作「卮言」篇。準此，似尚有《重言》篇⑫。嚴氏的推斷甚是巧妙，亦不為無理。但缺乏旁證，僅此孤證則尚難成立。

　　據司馬遷說，莊子「著書十萬言」，而今本《莊子》不及七萬字，可見被刊落和被郭象刪削的《莊子》佚文是相當可觀的。陸德明曾見司馬彪五十二篇注本，由此可以推測《莊子》古本是在唐以後遺佚的。因而，從唐代以前學者著述的徵引中和唐宋類書的薈萃中作搜尋，是輯錄《莊子》佚文的主要門路或方法。最早有南宋王應麟，他從《世說新語》、《文選》、《後漢書》的注解及《藝文類聚》、《太平御覽》中輯出三十九條（《困學紀聞》卷十）。閻若璩校訂《困學紀聞》、孫志祖撰《讀書脞錄續編》、翁元圻注解《困學紀聞》，皆就之而補

綴，分別增錄八條、十二條、二條。這些新增綴的《莊子》佚文，因
引據欠缺精確考訂，故眞實性亦爲可疑。馬敘倫曾批評說：「閻氏所
補，乃誤取僞嚴遵《老子指歸》語，張琦已斥之。孫氏所錄，并今本
之所有而內之佚文，故翁氏謂其考之未詳。而翁氏取《音義》所引《
逍遙遊》篇佚文之見於崔、向、司馬者一事，則《音義》所取不止一
事，亦何其疏也。」（《莊子義證》附錄二《莊子佚文輯錄序》）晚近學
者輯錄《莊子》佚文所得最多者爲馬敘倫、王叔岷。馬氏援引二十餘
種典籍，合之前人舊輯，共得一百二十八條⑬。王氏援引更廣，乃至
有佛典義疏，如《華嚴經隨疏演義鈔》，《淨土三部經音義》，《因
明論疏明燈抄》等，合之前人舊輯，共得一百五十餘條⑭，可爲諸家
之最。然其嚴謹似有所不足。

現已輯錄的《莊子》佚文，大都是一些片斷的歷史故事和粗糙的
博物知識，顯示不出明顯的理論觀點或思想傾向，可能正是被郭象視
爲是「迂誕」、「鄙背」的蕪雜材料而刪削掉的。但現在看來，它們
仍具有珍貴的學術價值。就莊學研究來說，它可以印證郭象在《莊子
注》的跋語中所列舉的被刪削的「巧雜」篇章是確實存在過的，因爲
佚文中就有明顯的、可斷定是屬於這些佚篇的文字。例如：

> 闕奕之隸與殷翼之孫、遏氏之子，三士相與謀致人於造物，
> 共之元天之上。元天者，其高四見列星。（《文選》顏延年《車
> 駕幸京山侍遊蒜山詩》注引）

> 游鳧問黃雄，曰：「今逐疫出魅，擊鼓呼噪，何也？」曰：
> 「昔黔首多病，黃帝立巫咸，教黔首，使之沐浴齋戒以通九
> 竅，鳴鼓振鐸，以動其心，勞形趨步，以發陰陽之氣。春月，
> 毗巷飲酒茹蔥，以通五藏。夫擊鼓呼噪，非以逐疫出魅，黔
> 首不知，以爲魅崇也。」（《王燭寶典》、《太平御覽》五百三十）

> 夫差瞑目東粵（《文選》劉孝標《廣絕交論》注引）

顯然，這些佚文正是分別隸屬於佚篇《闕奕》、《游鳧》、《子胥》。

另外，佚文的內容駁雜、廣泛，遠遠超越了遠古時期個人可能具有的經歷和記聞範圍，清楚地表明古本《莊子》決不是成於一人之手；從其中出現的名物稱謂、歷史事件，如「黔首」，「荊軻神勇之人，怒而色不變」（《太平御覽》四百三十七）等的發生年代來推算，古本《莊子》各篇也決不是成於一時，有些篇章可能是莊子死後多年才由莊子後學創作出來⑮。這一情況在今本《莊子》外雜篇中同樣存在，它是先秦莊學發展的重要表徵，下面還將論及。

二、《莊子》的內、外、雜篇之分

今本《莊子》和古本《莊子》的司馬彪注本，都有內、外、雜篇之分。章學誠說，「凡稱子書，多非自著」（《文史通義・公言》），所以這種劃分肯定是後代學者編纂《莊子》時作出的。那麼，這種劃分是何時、何人所為？有何標準？學者們對此尚未形成完全一致的看法。

1.內、外篇的劃分和內篇篇名擬定之考辨

學者一般皆認為《莊子》內、外、雜篇之劃分為郭象所為。如王叔岷《莊子校釋・自序》中說：「今本內外雜篇之名，實定於郭氏。」其實，《莊子》篇目的內、外、雜之分是在郭氏之前；而且在內、外、雜篇之分以前，先有內、外篇之分。《莊子》的內、外篇之分，漢代已經存在。一個重要的證據是崔譔在注解《齊物論》「夫道未始有封」一句時說：「《齊物》七章，此連上章，而班固說在外篇。」⑯班固是漢代《莊子》注家之一，《經典釋文》中殘留了他的《齊物論》三條注文，《北堂書鈔》一百五十八、《藝文類聚》九十七錄載了他的《難莊論》殘文，都是可以為證的。對於「班固說在外篇」，可能有兩種不同的理解：一是「夫道未始有封」一章，班固見於別本，屬於外篇。章太炎是這樣理解的⑰；一是「夫道未始有封」一章，班固以為驗其義蘊，當在外篇。蔣錫昌是這樣理解的⑱。對這句話的涵義儘

管有不同的理解，但都承認這句話證實了這樣的事實：至少在班固時
《莊子》內、外篇之分已爲學者所熟知了。那麼，這種內、外篇的劃
分及內篇篇名之擬定又是班固之前誰人所爲？

第一個具有這種可能性的是淮南王劉安及其學者門客。今人張恒
壽對此有所論證，他所提出的論據有三點：第一，淮南王劉安時代的
學者和他本人的著述《淮南子》都有區分內、外篇和另擬題目的體例；
第二，內容題目的神秘色彩和劉安著書時代相合；第三，內篇題目暗
示的政治目的和劉安及其門客的政治野心相符⑲。應該說，這些論據
都是言之成理的。但是，這個推斷有它的兩個脆弱之處：一是它是建
立在一個未有歷史記載確證的、推測性的大前提上的，即淮南王劉安
及其門客編纂、整理過《莊子》；二是它是建立在一個錯移了的時代
觀念上，即把在西漢中後期才逐漸形成的將著述、典籍篇目作爲內、
外之分的學術習慣和讖緯的理論思潮，提前到漢代早期。所以，這一
推斷就不能如張氏所說是「無可懷疑」，而只能說是一種可能性。

另外一個具有這種可能性的是劉向。據《漢書・劉向傳》和《漢
書・藝文志序》的記述，成帝時，劉向領校中秘書，兼校經傳、諸子、
詩賦。他每校畢一書，都要作一篇「書錄」，敘述校書經過，介紹所
校之書作者的身世及學術源流。這些書錄（《別錄》⑳），除了《戰
國策》、《管子》、《晏子》、《孫卿》、《韓非子》、《列子》、
《鄧析》、《關尹子》、《子華子》、《說苑》等十篇尚爲完整外，
其它皆已散失。從這僅存的十篇書錄裡，和從其它書中輯出的劉向佚
文中，我們可以提出兩點情況，斷定劉向亦曾整理過《莊子》：第一，
劉向十分熟悉《莊子》。在《別錄》僅存的十篇完整的書錄中，就有
三篇論及莊子㉑，此可爲證；第二，劉向作過《莊子書錄》。《史記
索隱・莊子列傳》援引了二則劉向佚語：「宋之蒙人也」，「又作人
姓名，使相與語，是寄辭於其人，故莊子有寓言篇」，辨其語意，正
當是劉向的《莊子書錄》的佚文。

　　劉向校書於每書一般都要做廣羅異本、除去重複，讎校訛文脫簡、寫定正本，條列篇章、定著目次等幾項工作。個別還要命定書名、篇名。劉向對《莊子》的校理工作，除了刪去重複、釐正文字外，可能還將《莊子》劃分爲內、外篇；並給內七篇擬定篇名。

　　將《莊子》分爲內、外篇，在劉向那裡基本上是屬於「以類相從，一一條別篇目」（《說苑敘錄》）的性質的工作，如同他將《晏子》八篇的前六篇劃爲一類，後二篇劃爲一類㉒；將《淮南》分爲內、外㉓。這種內、外之分，大體是對不同內容特色的一種粗略區分，或至多如顏師古所說「內篇論道，外篇雜說」（《漢書注》），並無十分嚴格的意義，往往也就沒有加以說明和標出。例如《漢書·藝文志》總稱「《孟子》十一篇」，從漢代趙歧《孟子題辭》可知，它實際上有內書七篇、外書四篇之分。《莊子》的情形也是這樣，《漢志》總稱「《莊子》五十二篇」，但從崔譔注可以看出，班固據《別錄》、《七略》編《漢志》時㉔，《莊子》實際上也已有了內、外篇之分。而這種劃分正可能是劉向校理《莊子》時，爲條列篇章，以類相從而作出的。

　　劉向校理《莊子》時，還可能給內篇擬定篇名。但是，就像劉向曾給個別典籍擬定書名一樣㉕，這也不是劉向每校一書時所必做的工作；同時，由於《莊子書錄》的散佚，已經失去直接的、確鑿的證據，這一推斷的或然性就更大一些。但是，從內七篇篇名（逍遙遊、齊物論、養生主、人間世、德充符、大宗師、應帝王）顯示的奇特的面貌和內蘊的思想觀念所可能形成的那個時代來看，這一推斷還是有其根據的。

　　《莊子》內七篇篇名的奇特性，在於它的擬名方法和語言結構既不同於同書的外、雜篇的篇名，也不同於同時代其它子書的篇名。《莊子》外、雜篇的二十六篇篇目擬名方法或原則，按照陸德明的劃分，可有三類，列表如下：

篇　別 名篇原則	外　　篇	雜　　篇
以事(物)名篇	駢拇、馬蹄、胠篋、天地、 秋水、山木	讓王、說劍
以義名篇	在宥、天道、天運、刻意、 繕性、至樂、達生	外物、寓言、天下
以人名篇	田子方、知北遊	庚桑楚、徐无鬼、則陽、盜跖 、漁父、列禦寇

　　所有這些篇名，除「說劍」外，都取自該篇開頭兩字、三字，或是第一句、第一段中有實際意義的名物，它們是篇目獨立的標志，而不是一篇的內容概括。顯然，這樣的篇名一般是由編者所定，而非由作者自擬，基本上和《論語》、《孟子》的篇名擬定法相同，而不同於《荀子》、《韓非子》的立題撰文或擬題概文。《莊子》內七篇篇名與此不同，它不僅是篇目獨立的標志，而且也是一篇內容的概括。所以舊時多有學者認爲內篇篇名爲莊子手訂㉖。但是十分顯然，這種概括並不準確，有些篇如果拋開歷代注家那種勉強的理解和牽合，篇名和內容甚至可以說是相悖的。例如，就其內容的直接顯義來說，《齊物論》篇所述是任萬物（或任物論），而不是齊萬物（或齊物論）。《德充符》篇所述是道德崇高與形貌完整的不統一，而不是德與形的相符。這一情況顯示出，內七篇的篇名可能內蘊著某種特殊的、超出了它的固有內容的思想觀念，或特殊理論背景下的理解方法。從內七篇篇名的語法結構來看，這種思想觀念、理論背景可能不是屬於莊子的那個戰國中後期時代的，因爲它完全不同於與莊子時代相近而稍後出現的《荀子》、《韓非子》的篇名。雖然這兩部先秦典籍裡也混雜入他人、他家之作，但學者們還是公認多數篇章是他們本人立題之作。這些題目或篇名少數是一個單音詞，如《賦》（《荀子》），或複音詞，如《君子》（《荀子》）；多數是由兩個字組成的詞組（短語）。

其中，有主謂詞組，如《性惡》（《荀子》），《說難》（《韓非子》）；動賓詞組，如《勸學》（《荀子》），《揚權》（《韓非子》）；偏正詞組，如《儒效》（《荀子》），《亡徵》（《韓非子》）；聯合詞組，如《榮辱》（《荀子》），《安危》（《韓非子》），等等。從語法角度看，這種詞組的語義是由兩個詞的穩定的中心涵義組成，合乎漢語的習慣和規範，因而明確清晰。《莊子》內七篇的篇名和此不同，它們全由三個字組成，詞語結構很不穩定，顯得怪僻晦澀，而涵義朦朧模糊，可作多種理解。例如，歷代學者和《莊子》注家對「齊物論」至少就有三種不同的讀法和理解：一曰齊同萬物。這是一種早在魏晉時代就通行的解法，如左思《魏都賦》「齊萬物於一朝」，劉勰《文心雕龍・論說》「莊周齊物，以論為名」。至宋代王雱《南華真經新傳》亦說：「萬物受陰陽而生，我亦受陰陽而生，賦像雖殊，而所生同根……此莊子所以有齊物之篇也。」二曰齊一物論。如南宋林希逸《南華真經口義》說：「物論者，人物之論也，猶言衆論也。齊者，一也。欲合衆論而為一也。」王應麟亦說：「齊物論，非欲齊物也，蓋謂物論之難齊也。」（《困學紀聞》卷十）後來清人錢大昕考證說，這一讀解法「王伯厚前王安石、呂惠卿等已發其說」（《十駕齋養新錄》卷十九）。可見，這是在北宋出現、南宋甚為流行的一種新解法。三曰齊一物與論。這是清代《莊子》注家的一種解釋。最先見於孫嘉淦《南華通》㉗：「物者彼我，論者是非，喪我物化，道通為一，則皆齊矣。」此後，王先謙《莊子集解》亦沿襲此讀解：「天下之物、之言，皆可齊一視之，不必致辯，守道而已。」《莊子》內篇其它六篇篇名，也存在著與此類似的可以歧讀或歧解的情況㉘。

　　《莊子》內篇篇名以三字為題及其涵義模糊的特色，雖與莊子所處的那個戰國中後期時代的子書篇目不同，但與漢代緯書篇目的風格卻極為相似。例如，《後漢書・樊英傳》李賢注列舉《七緯》的三十五篇篇目是：

　　《易緯》六篇：稽覽圖、乾鑿度、坤靈圖、通卦驗、是類謀、
　　辨終備；

　　《書緯》五篇：璇璣鈐、考靈耀、刑德放、帝命驗、運期授；

　　《詩緯》三篇：推度災、記歷樞、含神霧；

　　《禮緯》三篇：含文嘉、稽命徵、斗威儀；

　　《樂緯》三篇：動聲儀、稽耀嘉、汁圖徵；

　　《孝經緯》二篇：援神契、鉤命決；

　　《春秋緯》十四篇：演孔圖、元命苞、文耀鉤、運斗樞、感精
　　符、合誠圖、考異郵、保乾圖、漢含孳、佑助期、握誠圖、潛
　　潭巴、說題詞、命歷序。

緯書今已缺殘不全，篇目難以遍舉，但從上面所舉《七緯》三十五篇
篇名來看，它們的共同特點正是三字爲題，晦澀難解。

　　看到《莊子》內七篇篇名和漢代緯書篇名特殊的相似，我們進而
可以推想，這七篇篇名內蘊的思想觀念可能也和漢代緯書犀通，因爲
漢緯與圖讖相結合的讖緯之學，是漢代最具有時代特徵的理論和學術
思潮。這個思潮貫串著一個基本思想觀念，即認爲陰陽災害等自然信
息，總是預兆著人間禍福，符應著帝王興衰。圖讖緯候皆由此而生，
如《春秋緯》說：「丘攬史記，援引古圖，推集天變，爲漢帝制法陳
敘圖錄。」非常明顯，如果說內七篇篇名內蘊著的符應觀念（「德充
符」）和帝王思想（「應帝王」）根本不是莊子所具有的，那麼它就
只能是讖緯之學孕育出來的了。

　　由以上將內七篇篇名的奇特形式和內蘊的思想觀念同緯書比較分
析，我們可以初步推定，《莊子》內篇篇名可能是由在讖緯思潮激蕩
下、具有符應觀念和王權觀念的一個十分熟悉《莊子》的學者擬定的；
而曾經整理編校《莊子》的劉向最爲可能。

　　讖和緯雖然有著一個共同的基本思想觀念，但畢竟也是有區別的，
正如阮元所說「緯自緯，讖自讖」（《七緯敘》）。這種區別，一是大

抵讖因事作預言，屬方術；緯附經而立言，屬演經。二是讖言出現較早，在先秦之時。如《史記・趙世家》記扁鵲之言，「……公孫支書而藏之，秦讖於是出矣。」《淮南子・說山訓》有「六畜生多耳目者不詳（祥），讖書著之」之說。而緯書出現較晚，在西漢之時。如《尚書緯》、《春秋緯》都述及「《尚書》百二篇」，而孔穎達《尚書正義》指出，「或云『百二篇』者，誤有所由，以前漢之時有東萊張霸偽造《尚書》百二篇，而為緯者附之。」（《尚書序疏》）張霸是成帝時人，其偽造《尚書》之事見《漢書・儒林傳》及《論衡・佚文》和《正說》篇㉔。可見，《尚書緯》、《春秋緯》是編造於成帝以後。《孝經緯・鉤命決》「帝三建，考九會」，隱言漢高祖劉邦到光武帝劉秀為九世，更是東漢初年才編造出來的。大體而言，讖緯是在西漢後期方才合流，蔚為大觀，成為對社會政治生活發生巨大影響、具有神學色彩的思想潮流。正如張衡說：「讖書始出，蓋知之者寡……成、哀之後，乃始聞之。」（《後漢書・張衡傳》）這個讖緯之學勃興的成、哀之世，也正是劉向學術活動的高峰時期——領校中秘書㉚。《漢書・五行志》序說：「漢興，承秦滅學之後，景武之世，董仲舒治《公羊春秋》，始推陰陽，為儒者宗。宣元之後，劉向治《穀梁春秋》，數其禍福，傳以《洪範》，與仲舒錯。至向子歆，治《左氏傳》，其《春秋》意亦已乖矣，言《五行傳》，又頗不同。」（《漢書》卷二十七上）可見，劉向是一個和董仲舒齊名的、以言陰陽災異著於史冊的漢代大儒；只是和董仲舒相比，他的學術中的史實成份多於義理內容。因而，他也是讖緯這一時代思潮中的佼佼者。當然，也許像劉向這樣有高深文化修養的儒家學者，不會如同當時多數趨時學者那樣讖緯不分，但像張衡那樣反讖不反緯則是很可能的㉛，因為畢竟劉向父子是漢代學者中談論災異符應最多者。晚近有學者據《漢書五行志》記載統計，劉向父子推測災異應符之事有一百八十二件，發表災異符應理論二百二十六則㉜。劉向是帝胄後裔，特別是在西漢後期外戚權勢日

熾的情況下，他的「漢家天下、劉氏爲王」的王權思想是非常強烈的。《漢書》記述，「向每召見，數言公族者國之枝葉，枝葉落則本根無所庇蔭。方今同姓疏遠，母黨專政，祿去公黨，權在外家，非所以強漢宗、卑私門，保守社稷，安固後嗣也」（《漢書·楚元王傳》）。這與緯書「爲漢帝制法」是極爲合拍的。

　　通過以上對劉向那個時代的理論思潮和劉向個人的學術思想、政治思想的簡要分析，我們可以比較有根據地進一步推斷，《莊子》內篇篇名最有可能是劉向在校理《莊子》時擬製的，因爲這七篇篇名所具有的奇特的緯書篇名面貌和內蘊的符應、王權觀念，正是一個活躍在讖緯思潮中的、十分熟悉《莊子》的劉氏宗室大儒所可能有的思想的洩露。

2.外、雜篇的劃分

　　一般論者容易疏忽地認爲，《莊子》內篇與外篇、雜篇的劃分是同時出現。事實上，《莊子》的篇目劃分經歷兩個階段：先有將全書作內、外篇的劃分，這是漢代劉向所爲；然後有由外篇中分出雜篇的劃分，這是在魏晉時期由司馬彪開始、郭象完成的。

　　從陸德明在《經典釋文·序錄》裡對魏晉時《莊子》注本的情況的記述中我們可以看到，當時，由於漢代傳下的五十二篇《莊子》，「言多詭誕，或似《山海經》，或類占夢書，故注者以意去取，其內篇衆家并同，自餘或有外而無雜。」即是說，魏晉的《莊子》諸注家，對有標題的、文體風格和內容旨趣都比較一致的內七篇，未作變動，對蕪雜的外篇則有兩種不同的處理方法：一是大肆刪削。最有代表性的是崔譔二十七篇注本（向秀近同），據陸德明注說，該本由「內篇七，外篇二十」組成。可見古本《莊子》外篇的一半以上被他刪去。二是重新劃分。這種處理方法，碩果僅存的是司馬彪五十二篇注本，該注本據陸德明所見是「內篇七，外篇二十八，雜篇十四，解說三」。可見他是首先將解說《莊子》的三篇淮南學者的作品剔出，然後又將

外篇中特別破碎、荒誕的篇章劃出，立名爲「雜篇」。這一論斷，由於馬司彪的完整注本今已散佚，也無法得到更進一步的、具體的確證了。但是第一，從《經典釋文》收錄的《莊子》注文中可以看出，崔譔、向秀的二十七篇選注本，除去內篇七篇，下剩外篇二十篇中，有八篇屬於後來郭象本的雜篇。可見在崔、向時，《莊子》還是外、雜篇不分的；從外篇中分出雜篇是崔、向以後的事。第二，從司馬彪綜纂《續漢書》和訂正《古史考》所表現的既善於紹述，又善於創新，即被《晉書》評爲「專精學習，故得博覽群書，終其綴集之務」（《晉書・司馬彪傳》）的那種學術能力來看，在玄學思潮風靡的背景下，他是可能運用這種「綴集」能力於條理、注解《莊子》的。

　　郭象注解《莊子》是在向秀《注》的基礎上進行的㉝；而他修訂和劃分《莊子》的篇章、篇目，則顯然是在司馬彪的條理的基礎上進行的。郭象於司馬彪的二十八篇外篇中刪削去十三篇，約占一半，而於十四篇雜篇則刪去三篇，削減的比例反而較小。推測郭象的刪削、修訂原則大致有二：一是約十分之三的「巧雜」篇目、文字全刪，如「《危言》、《游鳧》、《子胥》之篇」。這是「略而不存」；二是篇目雖刪，其中個別章節的文字仍然保留，併入他篇，如「《闕奕》、《意脩》之首」，即這些篇的首章連同篇目一起刪去，其後面的某些章節仍爲保留，併聯入他篇內容相近的章節之後，《至樂》篇的「馬捶」章，《天下》篇的「惠施」章都可能具有這種性質。這是「裁取其長」。郭象對《莊子》外、雜篇較大規模的刪削、修訂，使《莊子》更爲精純，理論思維水平更爲提高，在當時這是一種學術性的創造；但《莊子》中的許多思想資料從此而遺佚，外、雜篇的界限也因此而模糊、消失，在今天看來，這又是一種學術性的破壞了。

3. 對《莊子》內、外、雜篇劃分標準的不同看法

　　隋唐以後，《莊子》內、外、雜篇之分，「皆依郭本」，逐漸固定下來㉞。這樣，這種劃分是根據什麼標準？或者說，內、外、雜篇

有什麼區別？就成了學者們，特別是《莊子》注家探討和爭論的問題
了。

最早對這一問題作出回答的是唐代成玄英，他在《莊子注疏·序》
中寫道：

> 內則談於理本，外則語其事迹。事雖彰著，非理不通；理既幽
> 微，非事莫顯；欲先明妙理，故前標內篇。內篇理深，故每於
> 文外別立篇目，「逍遙」、「齊物」之類是也。自外篇以去，
> 則取篇首二字為其題目，「駢拇」，「馬蹄」之類是也。

很清楚，成玄英提出以標題之有無和內容之深淺為劃分、區別內篇與
外、雜篇之標準。很長時間內，許多學者一直承認、襲用這個標準。
例如宋代羅勉道說：「內篇皆先立篇名而篇中意不出此；外篇與雜篇
惟摘篇首字以名之。蓋內篇命意已足，外篇、雜篇不過敷演其說爾。」（
《南華真經循本·逍遙遊》）明代陸長庚也說：「內篇七篇，莊子有題
目之文也，其言性命道德、內聖外王備矣；外篇則標取篇首兩字而次
第編之，蓋所以羽翼內篇而盡其未盡之蘊者。」（《南華真經副墨·駢
拇》）今人馮友蘭亦主張「秦漢以後流傳之莊學論文，有有標題者，
有無標題者，編《莊子》之書者，將有標題者分為一類，將無標題者
分為一類。」（《莊子內外雜篇分別之標準》，載《燕京學報》20期）

以有無標題作為劃分《莊子》內篇與外、雜篇的標準，必須有這
樣的大前提：內七篇的篇名是《莊子》著者自擬。這樣，編校整理者
才能據以把它們劃為「內篇」。然而從以上的分析看，這是絕難以成
立的。

以內容深淺為劃分內篇與外、雜篇的標準，也受到另一些學者的
懷疑和批評。如宋代林希逸說：「此篇（雜篇《庚桑楚》）文字何異
於內篇，或曰外篇文粗，內篇文精，誤矣！」（《南華真經口義·庚桑
楚》）明末清初的王夫之亦認為，「雜篇多微至之語，學者取其精蘊，
誠內篇之歸趣也。」（《莊子解·雜篇》）的確，以內容的深淺為標準

來劃分內篇與外、雜篇是很困難的，這個標準本身就是難以確定的，相對的。《莊子》注家不時發現，外、雜篇中有不少篇、章、句在思想內容的深度和廣度上決不遜於內篇。例如陸長庚認爲外篇《知北遊》「所論道妙，迥出思議之表，讀《南華》者，《知北遊》最爲肯綮。」（《南華眞經副墨·知北遊》）又極稱道外篇《駢拇》「一部《莊子》，宗旨在此篇」（《南華眞經副墨·駢拇》）。陳深評論外篇《秋水》說：「《莊子》書有迂闊者，有荒唐者，有憤懣者，語皆未平，獨此篇說義理闊大精闢，有前聖所未發，而後儒所不及聞者者。」（《莊子品節·秋水》）楊愼盛贊雜篇《列禦寇》「巧者勞而知者憂」一語是「數韻調絕倫，實諸子所不及」（《莊子解》）。王夫之注解《庚桑楚》「移是」章時說：「論至此而盡其抉藏……而莊子之學盡於此矣」，認爲「莊子之旨，於此篇而盡揭以示人」（《莊子解·庚桑楚》）。等等。然而，細細體味也不難發覺，內篇與外、雜篇之間又的確存在某種在境界和風韻上的差別。內篇基本上是從整體上同時顯示思想高遠而不險奇幽深，語言自然而無精雕巧飾，名物古樸而並不怪僻駁雜；而這些在外、雜各篇中只是在或多或少的片斷章節、段句上才具有的。

　　宋代以前，學者一般皆以爲《莊子》是莊周所著㉟，只是對《莊子》的整理者劃分篇目的標準有不同的看法。宋代以後，自蘇軾《莊子祠堂記》從一個特殊的、實際上並不正確的角度——「莊子蓋助孔者」——對《莊子》雜篇《盜跖》、《漁父》、《讓王》、《說劍》等四篇是否爲莊子所作提出疑問後，接踵而來，學者從名物制度、語言風格、思想旨趣等不同角度，對外、雜篇其它各篇也提出同樣的是否爲莊周所作的疑問（下節將作詳論），並且最終形成了一種爲多數學者所接受的觀點：內篇是莊子自著，外、雜篇是莊子後學所作。這一觀點同時也就用來作爲劃分、區別《莊子》內篇與外、雜篇的一個新標準——作者之不同。可以斷定，明代就有不少的學者明確地形成了這種觀點，如鄭瑗說：「竊意但其內篇是莊氏本書，其外、雜等二

十六篇或其徒所述，因以附之。」（《井觀瑣言》）朱得之說：「外篇、雜篇或有聞於莊子者之所記，猶二戴之《禮》，非出一人之手。」（《莊子通義・讀莊評》）焦竑說：「內篇斷非莊生不能作，外篇、雜篇則後人竄入者多。」（《焦氏筆乘》）等等。在清代，王夫之、姚鼐等也持此種觀點。王夫之表述得最爲明確：「外篇非莊子之書，蓋爲莊子之學者，欲引而伸之，而見之弗逮，求肖不能也。」（《莊子解・外篇》）這一觀點簇擁者甚眾，且由來有自，所以晚近學者視之爲傳統觀點。

當代學者以作者的不同爲標準來劃分、判定《莊子》內篇與外、雜篇的區別，主要有三種對立的見解：

多數學者承襲傳統的觀點，認爲《莊子》內七篇是莊子自撰，外、雜篇是其弟子所述。最有代表性的是高亨。他在《莊子新箋》一書的開頭，提出六點證明，除了內容之深淺、風格之高卑、標題之有無等三項爲傳統觀點所每必援用、然而卻總顯得疲軟的論據外，還引證了三條《莊子》書中述及的、然而卻是發生在莊子死後的事實：「田成子十二世有齊國」（《胠篋》），「湯武立爲天子，而後世絕滅」（《盜跖》），「莊子將死，弟子欲厚葬之」（《列禦寇》）。這樣的論據顯然要比傳統的論據堅強有力。

與多數學者的看法相反的是任繼愈的見解。任氏認爲《莊子》內七篇是漢初莊子後學所作，外、雜篇方是莊子所作，或者說方能代表莊子思想。他的立論根據可以歸納爲三點：第一，根據荀子和司馬遷所見。司馬遷在《史記・莊子列傳》所舉篇目《漁父》、《盜跖》、《胠篋》等皆爲外、雜篇；荀子批評莊子「蔽於天而不知人」，也就意味著他只看到《天道》、《天地》、《天運》等外篇。第二，根據《莊子》篇目。外、雜篇以一篇開頭兩字作題，保持古例；內篇有題目，從時代上看，應晚於外篇。第三，根據思想反映時代。內篇思想悲觀厭世，是代表奴隸主階級的「後期莊學」，在新興強大封建帝國面前發出的寒蟬哀鳴㊱。應該說，任氏的論據都是很脆弱的。他的第

一個根據的不足，在於他沒有充分注意到，司馬遷特別舉出《漁父》等三篇篇名，目的在於強調表明莊子思想具有「詆訾孔子之徒」這樣一個方面，屬於黃老陣營。在漢代早期儒、道相爭的學術、理論背景下，如此來顯示莊子思想的中心或重心，本是十分自然的。司馬遷絲毫無意認爲其它篇皆非莊子所著，因爲僅有這三篇絕不能就是「著書十餘萬言」。荀子批評莊子「蔽於天而不知人」，是極其準確的、深刻的。但這決不是因爲荀子只看到「天道」、「天地」、「天運」這些有「天」之篇名的、主要內容是屬於自然觀的外篇（荀子時，《莊子》一書有無這類篇名尚屬疑問），而是因爲荀子看到在《莊子》中始終鳴響著、變奏著一個主張從人爲的世俗負累中超越出來而返歸本然自由的人生哲學主調，而這個哲學主調恰恰是在被後代學者劃爲「內篇」的七篇文字中表現最爲明顯、強烈和一貫。例如，《逍遙遊》的「至人無己，神人無功，聖人無名」；《齊物論》的「天地與我並生，而萬物與我爲一」；《養生主》「依乎天理，因其固然」；《人間世》的「一宅而寓於不得已」；《德充符》的「知不可奈何而安之若命」，「常因自然而不益生」；《大宗師》的「不以心捐道，不以人助天」，「游於物所不得遯而皆存」；《應帝王》的「順物自然而無容私」，「盡其所受乎天而無見得」，等等。任氏第二個根據的失誤，在於他沒有估計到先秦諸子作品的寫成與編成往往不是同一時代，也就是說，作者和掇拾成篇、擬定篇名、書名的編者往往不是同一個人。所以，也就不能以編者的意旨來判定作者的思想，不能簡單籠統地以篇目的某種特徵來判定作品的寫成的早晚。任氏第三個論據的無力，在於它的狹隘性。悲觀厭世無論作爲一種社會思想或一種心理情境，都不是某一階級或某一時代所特有的，而是任何一個時代、任何一個階級的人在一定的社會環境和遭際中都可能具有的。認爲《莊子》內篇中的悲觀厭世思想一定只有沒落的奴隸主階級才有；奴隸主階級的這種沒落情緒的發洩只能是在漢代初年，這些見解都很難使人置信。

　　同上述兩種觀點皆相對立的是周通旦的觀點。周氏返回到尙未對
《莊子》外、雜篇發生懷疑的宋代以前的、更加古老的傳統觀點的立
場上，認爲《莊子》的內、外、雜篇皆是莊周所作。當然，周氏的立
論是建立在新的基礎之上的，即對引起宋代以後學者懷疑和異議的內
篇與外、雜篇的差別、不一致的問題提出一種看來很合乎邏輯的解釋：
外、雜篇是莊子早期的作品，內篇是莊子晚年的作品。周氏對他的這
一論點提出二個論據：第一，標題特徵。外、雜篇以篇首字爲題，內
篇以概意爲題，正是年代有先後的證明。第二，思想特徵。外、雜篇
語氣激烈，受他派學說影響，思想體系尙未形成，正是年輕時代的表
現；內篇消極悲觀，恬淡調和，正是飽經憂患，思想自成體系的晚年
的特徵㉞。周氏的論證在邏輯上是無懈可擊的。先秦典籍的篇名，可
能的確是經歷了無標題、篇首字爲題、概意爲題的幾個階段；人的心
理和思想在青年和晚年也的確表現出不同的特徵。但是，事實比邏輯
更有證明力。《莊子》中至少也有兩點事實既不能滿足、甚至還否定
了周氏這個雖然是合乎邏輯的推論：第一，不存在任何可信的根據可
以證明《莊子》一書是莊子自己編定、分篇、擬名；更何況那些概意
的內篇篇名，既概括不了該篇的內容，又內蘊著不是莊子自己所可能
具有的思想觀念？第二，也找不到有力的理由來解釋莊子早期著作的
外、雜篇中何以出現莊子死後的時代才會有的事件、名物和語言。所
以，周氏用莊子個人思想的發展過程來說明《莊子》外、雜篇與內篇
的差別，雖然在抽象的邏輯上是可行的，但印證具體事實卻又是不通
的了。然而用《莊子》內篇和外、雜篇的差別來說明莊學在先秦的演
變進程，則不但符合邏輯，而且符合事實。這一點正是我們下面要論
述的中心。

三、《莊子》的眞僞問題

　　《莊子》的眞僞問題，實際上是《莊子》各篇的作者問題，在這

個問題上，晚近學者與唐宋以來形成的傳統觀點有不同的看法。

1.傳統的見解

《莊子》一書的眞僞問題，是唐宋以後才明顯地、突出地提出來，並且逐漸形成一個傳統的判斷《莊子》眞僞的原則或立場：凡莊子所著者爲眞，凡非莊子所著者爲僞。但是確切地斷定《莊子》某篇是否爲莊子所著往往是很困難的，學者們又提出許多具體的判定標準或方法，歸納起來可以分爲三類：

以思想內容判定　傳統觀點經常以《莊子》某篇所表現出的對儒家孔子的態度，及其是否染有其它學派思想特色，來判別該篇是否爲莊子所作。傳統觀點認爲，莊子思想在其深刻的、基本的立場上不能說是反孔的，因此，《莊子》中那些詆毀孔子的輕薄文字，皆不是莊子所作。按照這一判別標準，首先受到懷疑的是《盜跖》、《漁父》等篇。最早可能是韓愈，他認爲《盜跖》篇「譏侮列聖，戲劇夫子，蓋效顰莊、老而失之者。」㊳此後，則是蘇軾，他在《莊子祠堂記》一文中寫道：

> 余以爲莊子蓋助孔者，要不可以爲法耳……莊子之言，皆實予而文不予，陽擠而陰助之。其正言蓋無幾，至於詆訾孔子，未嘗不微見其意。其論天下道術，自墨翟、禽滑釐、彭蒙、慎到、關尹、老聃之徒，以至於其身，皆以爲一家，而孔子不與，其尊之也至矣。然余嘗疑《盜跖》、《漁父》則若眞詆孔子者，至於《讓王》、《說劍》，皆淺陋不入於道。（《東坡文集》卷三十二）

也就是說，蘇軾以《莊子·天下》論各家學術時將儒家置於其首，超於其外爲例，證明莊子對孔子「尊之也至矣」，故詆毀孔子的《盜跖》、《漁父》和語詞淺陋的《讓王》、《說劍》皆非莊子手筆。

傳統觀點還常以《莊子》某篇呈現出其它學派的思想特色而判定它爲僞作。最早也可能是韓愈，他認爲「《說劍》類戰國策士雄談，

意趣薄而理道疏，識者謂非莊生所作。」㊴此後，如王夫之評《天道》說：「《天道》有與莊子之旨趣迥不相侔者，特因老子守靜之言而演之，亦未盡合老子。蓋秦漢間學黃老之術以干人主者之所作也。」（《莊子解·天道》）姚鼐評《刻意》說：「此篇乃司馬談《六家要旨》之類，漢人之文耳。」（《莊子章義·刻意》）蘇輿認為《駢拇》、《馬蹄》、《胠篋》、《在宥》四篇「於申、老外別無精義，蓋學莊者緣老為之。」㊵等等。

(2)以文體風格判定　傳統觀點一般以《莊子》內篇文字的飄逸、古拙、深邃，即歷代所公認的莊子文字的「汪洋自恣」、「參差諔詭」㊶的文學特色為尺度，判定外、雜篇的淺近文字為偽作。唐、宋以來，學者文人從這個觀察角度也是首先對《讓王》、《盜跖》、《說劍》、《漁父》等四篇發生懷疑的。韓愈評《說劍》「類雄談」，蘇軾論《讓王》「淺陋」，實際上也可以說是從文體風格的角度作出的觀察。援此，鄭瑗說：「蘇子由《古史》謂《莊子·讓王》、《盜跖》、《說劍》諸篇皆後人攙入者。今考其文字體製，信然！如《盜跖》之文，非惟不類先秦文，亦不類西漢文字。」（《井觀瑣言》）明代宋濂亦說：「《盜跖》、《漁父》、《讓王》、《說劍》諸篇，不類前漢文，疑後人所勦入。」（《諸子辨》）清代姚際恒《古今偽書考》中正是由於其文辭淺俗而並非因為其詆孔將此四篇劃入「偽書」：「予之疑與蘇同，而用意不同。莊之訾孔餘尚蘊藉，此則直斥嫚罵，便無義味，而文辭俚淺，令人厭觀，此其所以為偽也。」（《古今偽書考·有真書雜以偽者》）《莊子》外、雜篇其它各篇，也被從這個角度受到懷疑。如元代吳澄說，「莊生書瓌瑋參差，不以解見之一，惟《駢拇》、《胠篋》、《馬蹄》自為一體，其果莊氏之書乎？抑周秦間文士所為乎？未可知也。」㊷清代林雲銘《莊子因》基本上全是用「語氣不屬，立義亦淺，非南華手筆無疑」（《莊子因·田子方》）的標準來判別外、雜各篇的。

(3)以名物制度判定　這是在傳統觀點中比較具有明確性、科學性

的判定方法。即是認爲，如果《莊子》某篇、章中出現了莊子身後的人物、事件、語言，則可以斷定此篇章非莊子所撰。最早如黄震就《天運》「丘治詩、書、禮、樂、易、春秋六經」一句評斷說：「『六經』之名始於漢，《莊子》書稱『六經』，未盡出莊子也。」（《黄氏日抄》卷五十五）此後，明代張四維論及《盜跖》篇說：「此篇文義粗漫，殊不類莊。即『封侯』、『宰相』，皆非秦以前語㊸」。又避漢文帝諱，以『田恒』爲『田常』，則非南華手筆尤屬明甚。」（《莊子口義補注・盜跖》）今人高亨亦據《盜跖》篇有「湯武立爲天子，而後絕滅」之語而斷定：「可見此篇作於周亡之後。考《史記・六國表》，周赧王五十九年秦滅周，是時莊周已死。是篇非莊周自撰亦甚明。」（《莊子新箋》）《莊子》外、雜其它各篇，也都能尋覓到數量不等的晚於莊子的名物、史事，如《胠篋》的「田成子十二世有齊國」，《天道》的「孔子西藏書於周室」、「十二經」、「素王」，等等。這些，下面還將論及。

應該說，《莊子》眞僞的傳統理解中，其基本原則和具體判別標準都有值得商榷之處。首先，如果按照傳統觀念的判別《莊子》眞僞的原則，一定要是莊子所撰才是「眞」，那麼，不但《盜跖》等四篇，不但外、雜各篇，甚至在傳統觀點看來毫無疑義的內七篇，也是難以確切論斷的。例如《逍遙遊》、《德充符》中稱「莊子」的兩章，顯然是莊子後學對莊子生前事迹的追述，但它那「意出塵外，怪生筆端」（《藝概・文概》）的深湛內容和奇特風貌，絕不稍遜異於內篇其它章節。《大宗師》「夫道有情有信」章，雖然論述的是莊子哲學中的最高範疇，但意境卑淺，文筆呆板，嚴復評其爲「是莊文最無內心處」（《莊子評點・大宗師》），究其原因，錢穆認爲是「晚周神仙家言、陰陽家言竄入」（《莊子纂箋・大宗師》）。內篇的這一情況表明了兩個事實：第一，《莊子》一書各篇章，既有莊子本人的創作，也有其後學的述作，《莊子》是戰國到秦漢之際莊子學派著述匯集。一般來說，在這

裡不是作者的真僞問題，而是寫作時代的先後問題。第二，《莊子》
一書的各章節，有的是莊子學派固有的思想觀點，有的卻是莊子後學
在其它學派影響下形成的發生了某種變異的思想言論。所以《莊子》
又是戰國到秦漢之際道家觀點匯集。一般來說，這裡也不是莊子思想
的真僞問題，而是莊學在先秦的發展演變問題。

　　其次，傳統觀點用來判別《莊子》真僞的思想內容的主要標準—
—對孔子的尊抑態度，是一項極不準確、極不可靠的標準，甚至可以
說是背離事實的標準。從根本上說，莊子宣揚和踐行的追求從世俗中
超越出來的個性自由的人生哲學（「逍遙」），和孔子開創的儒家學
派所主張的踐履社會倫理綱常的倫理哲學（「復禮」），是完全對立
的。從前面莊子生平事迹的考論中可以看到，對於孔子個人，莊子及
其後學也許都是給予尊重的，盛贊其「勤志服知」，慨嘆「不得及彼」（
《寓言》）。但對其倫理思想的核心——仁義孝悌，則是否定的，認
爲「不足多也」（《天運》）。具體地說，在《莊子》中，孔子顯然
是個活躍的、重要的人物，大約有四十多個章節描述或論及到他，但
大都是處在被貶損的地位。例如在內七篇中，就有四篇十章出現了孔
子，並且總是以莊子人生哲學的宣揚者（誨人）、莊子或道家思想的
崇拜者（自貶）、世俗儒者（被輕蔑）三種不同的面目或情態出現。
列表解析如下：

篇名	章名(本章首句)	本章內容概要	本章孔子顯現的面目或情態
齊物論	瞿鵲子問長梧子	瞿鵲子對長梧子論述「遊乎塵垢之外」之道	〔孔子以世俗儒者被道家輕蔑〕瞿鵲子對長梧子說：「是黃帝之所聽熒也，而丘也何足以知之！……丘也與女皆夢也……」
	顏回見仲尼	孔子對顏回論述輔君或伴君者何	〔孔子宣揚莊子的處世哲學〕孔子對顏回說：「……唯道集虛，虛者

續表

篇名	章名(本章首句)	本章內容概要	本章孔子顯現的面目或情態
人間世		以自處	，心齋也。」「……一宅而寓於不得已，則幾矣。」
	葉公子高將使於齊	孔子對葉公子高論述行者出使傳兩喜兩怒之言何以自處	〔孔子宣揚莊子的處世哲學〕孔子對葉公子高說：「知其不可奈何而安之若命，德之至也」，「乘物以游心，托不得已以養中，至矣。」
	孔子適楚	楚狂接輿嘲諷孔子不識時務	〔孔子以世俗儒者被隱者批評〕接輿說：「……臨人以德，殆乎殆乎！畫地而趨！」
德充符	魯有兀者王駘	孔子對常季解釋道家得道之人的精神境界	〔孔子以道家崇拜者自貶〕孔子對常季說：「夫子（指道家得道之人王駘），聖人也，丘也直後而未往耳，丘將以為師……」〔孔子宣揚道家觀點〕孔子對常季說：「……審乎無假而不與物遷，命物之化而守其宗也。」
	魯有兀者叔山無趾	孔子嫌棄無趾被刑；無趾與老聃議論孔子被世俗觀念桎梏	〔孔子以世俗儒者被道家譏笑〕無趾對老聃說：「孔丘之於至人，其未邪？彼何賓賓以學子為？」
	魯哀公問於仲尼	孔子對魯哀公敘述具有道家精神修養的人的行為表現：才全德不形	〔孔子宣揚道家觀點〕孔子對魯哀公說：「……接而生時於心者也，是之謂才全」，「德不形者，離不能離也。」
	子桑戶、孟子反子琴張三人相與為友	子桑戶死，孔子使子貢往弔喪。孟子反、子琴張	〔孔子以道家崇拜者自貶〕孔子對子貢說：「彼（指道家人物孟子反、子琴張），游方之外者也；而丘

續表

篇名	章名(本章首句)	本章內容概要	本章孔子顯現的面目或情態
大宗師		批評子貢儒者不知禮意。孔子聞知後，深自反省	，游方之內者也。外內不相及，而丘使女往弔之，丘則陋矣！」「丘，天之戮民也。」〔孔子宣揚道家觀點〕孔子對子貢說：「彼……芒然彷徨乎塵垢之外，逍遙乎無爲之業。彼又惡能憒憒然爲世俗之禮，以觀眾人之耳目哉！」「天之小人，人之君子。」
	顏回問仲尼	孔子對顏回解釋道家（莊子）何以超越世俗	〔孔子以道家崇拜者自貶〕孔子對顏回說：「吾特與汝，其夢未始覺者邪！」
	顏回曰	顏回對孔子論述道家修養方法：坐忘	〔孔子在顏回導引下去認識道家眞理〕孔子對顏回說：「……而果其賢乎！丘也請從而後也。」

可見，在《莊子》中，孔子是一個具有寓言性質的被歪曲、被貶損的形象。在這個問題上，蘇軾「莊子蓋助孔者，」「其尊之也至矣」的見解是不符合實際的，是他作爲文學家對《莊子》的偏愛。而程頤「莊子叛聖人者也」（《二程遺書》卷二十五）的論斷，就莊子思想和儒家思想的根本對立上說，卻是符合實際的，雖然包含著他作爲理學家對儒家以外的異端思想的憎惡的感情。

傳統觀點用來判別《莊子》眞僞的文體風格、名物制度的標準，顯示出《莊子》各篇的風貌高卑不一、史實前後不合，表明《莊子》非成自一人一時。所以，如果用《莊子》各篇的不同是先秦莊子學派的著述寫作年代有先後和思想演變的始末的觀點，來代替傳統的眞僞的觀點，這些標準或方法仍是正確的、可以運用的。我們在下面的討

論裡就要經常地用到這兩個標準或方法。

2.新的理解

如上所述，《莊子》眞僞的傳統理解，一般是認爲《莊子》內篇爲莊子手筆，是眞；外、雜篇多爲後人所撰，是僞。晚近學者不再從這種狹隘的、作者是否是莊子的「眞僞」意義上，而是從一種比較寬泛的、是何種學派的思想的「歸屬」意義上來區分《莊子》內篇與外、雜篇。在這個意義上，有兩個相近而又有所區別的觀點：《莊子》是先秦道家思想匯集與《莊子》是先秦莊子學派著述匯集。

(1)《莊子》是先秦道家思想匯集　這種觀點認爲，《莊子》內篇可一般地斷定爲莊子所著，或是莊子思想；外、雜篇則是莊子後學和別派學者所著。具有代表性的是三十年代羅根澤在《莊子外雜篇探源》一文中，主要是根據思想內容，將外、雜篇分爲十二類，認爲它分別爲道家左派、右派、道家隱逸派、激烈派、莊子派、老莊混合派、神仙家、縱橫家等所作⑭。根據篇中出現的名物制度，認爲多數篇章作於戰國末年，或秦末漢初，最晚的下限到西漢武帝時期。60年代關鋒在《莊子外雜篇初探》一文中，承襲了羅氏的分析方法和結論，而又有所修正⑮。主要是羅氏歸之道家右派、神仙家的篇章，關氏認爲是宋尹後學所作；羅氏認爲是道家隱逸派、激烈派所作的篇章，關氏則歸之楊朱後學。茲將羅氏的觀點概括表解於下。

內　容　分　組			年　代　考　訂	
思想派別	篇目	判　　　據	年　代	判　　據
道家左派	駢拇 馬蹄 胠篋 在宥	攻擊儒家（聖人、仁義、曾史）	戰國末期	①攻擊「仁義」同 《商君書・畫策》 《韓非子・五蠹》 ②「曾史」並提同 《韓非子・顯學》

續表

內　容　分　組			年　代　考　訂	
思想派別	篇目	判　　據	年　代	判　　據
道家右派	天地 天道 天運	兼容儒家（稱「夫子」 ，採儒家說）	漢　初	①採用法家刑名說，故 　在商、韓之後； ②「藏書周室」、「上 　仙」、「白雲帝鄉」 　、「十二經」、「六 　經」等皆似漢人語
神仙家	刻意 繕性	王夫之謂其如「魏伯陽 、張平叔、葛長庚之流 」	秦漢間	神仙家秦漢間發達
莊子派	秋水	①推衍《齊物論》「道 　樞」、「兩行」之旨 ②贊頌「莊子之言」	戰國末年	①公孫龍、魏牟皆晚於 　莊子； ②稱之噲讓國之事爲「 　昔者」
	達生	①推衍《養生主》「順 　命」之旨 ②解釋《大宗師》「登 　高不慄、入海不濡、 　入火不熱」之說	戰國末年	闡釋師說者必爲其信徒
	山木	推衍《人間世》處世術 ：虛，順	戰國末年	推衍莊子之意而益詳明 ，必爲其弟子或後學
	田子方	推衍《齊物論》、《德 充符》「不與物遷」之 旨		
	寓言	①推衍《齊物論》「罔 　兩問景」 ②解釋《天下》「寓言		

續表

內 容 分 組			年 代 考 訂	
思想派別	篇目	判　　　據	年　代	判　　　據
		、重言、卮言」		
老子派	至樂	①以死爲至樂； ②暢論「無爲」⑯		
	知北遊 庚桑楚	①多同《老子》觀點（ 　如「史道」、「失德 　」） ②多引《老子》術語（ 　如「天門」）	戰國末年	《知北遊》有東廓子與 莊子問答，故爲其弟子 所追記
	徐无鬼 列禦寇	無中心思想，多道家故 事		
道家雜組	外物	無中心思想	西　漢	①「縣令」是秦官，而 　漢代沿用之； ②「儒以詩禮發冢」， 　漢武帝在秦火之後， 　詔求亡經，遂有此事
老莊 混合派	則陽	①同於《老子》：論得 　失，論無爲； ②同於《莊子》內篇： 　論環中		
道家 隱逸派	讓王 漁父	皆是隱者之事之言	漢　初	①在《呂氏春秋》之後 　：篇中人、事多採自 　《呂氏春秋》 ②在司馬遷之前：篇中 　「共伯」之事司馬遷 　時已佚，《史記》所 　無

續表

內　容　分　組			年　代　考　訂	
思想派別	篇目	判　　據	年　代	判　　據
道家激烈派	盜跖		戰國末年	①享樂主義之頹廢思想似爲戰國末年產品②「宰相」之稱始見於《韓非子》、《呂氏春秋》，故在此之後；《史記》稱引此篇，故在司馬遷之前
縱橫家	說劍	無道家意味，孫夏峰說：「戰國策士游談，與《代說》、《幸臣篇》相似」，甚是	戰國末年	縱橫家托莊周之詞，故在莊周之後
莊周自撰	天下	①論各家道術之產生，脫胎於《齊物論》「道隱於小成，言隱於榮華」；②莊子哲學歸結於「一」，此篇亦言「皆原於一」	戰國中期	若於戰國末期所作，不當對孟、荀、商、韓無所論述

對宋代以來關於《莊子》外、雜篇的紛紛不一的懷疑和議論，羅氏能給予確定性的解釋或理解，這無疑是莊學研究的一個重要的進步。但羅氏的觀點和論證也有很大的缺陷。首先，是他的思想派別的劃分沒有明確統一的學術標準，因而不夠準確。羅氏將道家分爲「左派」、《右派》、《隱逸派》、《激烈派》，實際上是根據一種對儒家和社會生活的態度之不同這個頗具政治色彩的標準來進行劃分的，缺乏學術思想上本質特徵的揭示，所以這種區分就可能是十分模糊的，難以

確立的，並且會帶來混亂的。因爲在先秦攻擊儒家的，還有墨、法家；調和儒、道、法的，還有《管子》中的《心術》、《內業》、《白心》等四篇的作者㊼。所謂「老莊混合派」也是界域不清的。老、莊思想是有差別的，簡括說來，莊子思想的重心在於人生哲學的闡發，揭示個性自由的高遠境界；《老子》思想主要是對自然和社會廣闊範圍內變動不居現象的考察，提出一種在矛盾對立中居下貴柔的保身方法。老、莊也是相通相融的，他們都是從「道」或自然這一最後根源或本然存在出發的，社會政治思想和抨擊儒家的學術立場也都相同。《莊子》外、雜篇中，除《則陽》外，還有很多可以確切地指出是援引自《老子》的思想或術語；而從文體的演變進程和語詞的使用環境來看，《莊子》內篇和外、雜篇的某些章、句則可能早於《老子》而爲其所本㊽。但是，卻很難確定地指出有一個獨立於老子、莊子之外的「老莊混合派」。其次，羅氏劃分《莊子》外、雜篇所屬思想派別和確定其寫作年代的判據，也有疏於考證，因而有不夠堅強之處。如羅氏認爲《天下》篇是莊子自撰，而他提出的論據實際上是不足以支撐這個結論的。《莊子》內篇的「至人無己，神人無功，聖人無名」（《逍遙遊》），「遊乎塵垢之外」（《齊物論》）的超越世俗的精神追求和《天下》的「內聖外王」的理想人格是根本對立的；《天下》對莊子思想內容和文章風格的概述，顯然是後人評述的語調，而絕非莊子自述的口吻。羅氏以「儒以詩禮發冢」和「飾小說以干縣令」兩個判據判定《外物》爲西漢作品也是極爲牽強的。《莊子》「縣令」，歷代注家有三種不同解釋：一曰高名之意。唐代成玄英說：「干，求也；縣，高也；夫修飾小行，矜持言說，以求高令聞者。」（《莊子注疏》）二曰賞格之意。宋代林希逸說：「縣令猶今揭示也。縣與懸同，縣揭之號令，猶今賞格之類。」（《南華眞經口義》）三曰小官之意。明代褚伯秀援引宋人林疑獨說，「鯢鮒，魚之小；縣令，官之卑。」（《南華眞經義海纂微》）比較而言，「縣令」猶賞格之意最爲妥切。況且，

即使「縣令」爲官職之名，則先秦時已有，並非如羅氏所說「不見於先秦載籍」。如《韓非子‧外儲說》左下：「陽虎曰：臣居齊，荐三人，一人得近王，一人得縣令，一人爲侯吏。」所以羅氏據「縣令」而判定《外物》爲西漢時著是不確當的。同樣，羅氏斷定「儒以詩禮發冢」爲漢武帝以後訪求遺書的迹象，也是誤判。實際上，「儒以詩禮發冢」是《外物》該章的作者用來比類盜爲財寶掘墓，借以諷刺挖苦儒家；而它所反映的也正是戰國末年的社會景象。盜墓之風戰國末年最爲盛行，當時「亡國不可勝數，是故大墓無不抇也」（《呂氏春秋‧安死》）。戰國諸侯，死後多厚葬，「含珠鱗施，夫玩好貨寶，鍾鼎壺濫，舉馬衣被戈劍，不可勝數，諸養生之具無不從者」（《呂氏春秋‧節喪》），一旦國亡家敗，權勢殆落，陵墓被盜掘，就是很自然的事了。「上雖以嚴威重罪禁之，猶不可止」（《呂氏春秋‧節喪》），故《呂氏春秋》的作者寫道：「自古及今，未有不亡之國；無不亡之國者，是無不抇之墓也。」（《安死》）最後，羅氏　論述中的最大失誤是以章代篇。羅氏忽視了《莊子》每篇都是集章而成，各章之間內容並不一致，因而其論斷多有以偏概全的缺陷。如羅氏將《在宥》與《駢拇》、《馬蹄》、《胠篋》等三篇劃爲一類，歸屬於道家左派。實際上，《在宥》除第一、二章有攻擊儒家，即譏貶仁義、曾史之言，可視與《駢拇》等三篇同旨外，其它各章思想傾向則很不一致。大體說來，第三章言「欲取天地之精，以佐五穀」，「治身奈何可以長久」具有明顯的神仙家的色彩。第四章言「墮爾形體，吐爾聰明，倫與物忘，大同乎涬溟」，相似於內篇《大宗師》「墮肢體，黜聰明，離形去知，同於大通」，第五章「睹有者，昔之君子；睹無者，天地之友」之論，也相通於內篇《大宗師》「天之小人，人之君子」，故這兩章莊子思想的本色明顯。第七章論物、民、事、法、仁、義、禮、德、道、天等，兼容儒、法、道各家，按羅氏劃分，當爲「道家右派」。可見，羅氏根據《在宥》前二章劃定其全篇的思想性質和派別歸屬是

不確切的。羅氏論述中的這個缺陷,除了對於《駢拇》、《馬蹄》、《胠篋》、《刻意》、《繕性》等少數論題單一集中的篇目外,是普遍存在的。

1983年出版的張恒壽《莊子新探》一書,實際上是把傳統的用來辨別外、雜篇「真偽」的思想內容、名物制度、文體風格三個標準,推廣用來考察《莊子》內、外、雜篇的各章,從而確定它們各自的思想歸屬和時代先後。這樣,既克服了傳統觀點的狹隘性,又避免了羅氏論述中的以偏概全的缺陷,比較清晰地顯示了在內、外、雜篇之分和篇目之名的帷幕遮掩下的莊子思想本來面目和發展演變過程,這是莊學研究的新進展。茲將張氏對《莊子》內篇的考論概括表解如下:

篇名	章節歸屬	主 要 判 據
逍遙遊	《莊子》早期作品	①本篇「若夫乘天地之正」與《天下》所述莊子思想「上與造物者遊」同 ②本篇「小知不及大知」為《淮南子·道應訓》援引
	末章為後人仿作	形容犛牛「若垂天之雲」,仿第一章形容大鵬之語
齊物論	《莊子》早期作品	①《天下》述莊子思想「死與生與,天地並與」,源自本篇「天地與我并生,萬物與我為一」 ②《呂氏春秋·為欲》、《重己》相仿自本篇辭句(「殤子」、「彭祖」,「以隸相尊」,「方生方死,方可方不可」,等等)
	「夫道未始有封」章晚出	①本篇的中心是齊死生是非的玄想,本章卻是調和儒道的實論 ②本篇各章都用譬喻象徵語言,馳騁想像;本章用概念化語言鄭重議論 ③古證:崔譔云,「齊物七章,此連上章,而班固說在外篇」

續表

篇名	章節歸屬	主　要　判　據
大宗師	《莊子》早期作品	①《莊子‧天道》引述「莊子曰」云云，語出本篇 ②《荀子‧天論》「明於天人之分，則可謂至人矣」是對本篇首句「知天之所爲，知人之所爲者，至矣」的駁論
	首章論「眞人」四節晚出	①「眞人」四節有修煉長生的思想，此不是莊子的思想；調和刑、禮、知、德，近於《管子‧心術》、《白心》、《內業》 ②《逍遙遊》、《齊物論》的理想人格是至人、神人、聖人，沒有眞人
	「夫道有情有信」章晚出	①莊子早期作品無本章之神仙家思想 ②本章所舉神人有同於《楚辭‧遠遊》、《韓非子‧解老》
養生主	《莊子》早期作品	①本篇記述「老聃死」，可見老子尙未被神聖化 ②《荀子‧解蔽》論求知而「無所疑止之，則沒世窮年不能遍也」，是受本篇「知也無涯」的影響 ③《呂氏春秋‧精通》謂「宋之庖丁好解牛」，顯然是援引自本篇
德充符	《莊子》早期作品	①篇中有「眇乎小哉，所以屬於人也；謷乎大哉，獨成其天」，正是荀子《解蔽》批評莊子「蔽於天而不知人」的根據之一 ②篇中「審乎無假而不與物遷」爲外篇《天道》所援引（「審乎無假而不與利遷」
	末章晚出	有莊子後學追記莊子之言
應帝王	《莊子》早期作品	①本篇「齧缺」、「王倪」二名見《齊物論》，「肩吾」名又見《逍遙遊》 ②本篇「予方將與造物者爲人」爲《天下》述莊子思想「上與造物者遊」所本 ③本篇「七日而混沌死」寓言之高妙，同《齊物論》之「莊周夢蝶」、「罔兩問景」，爲晚期道家所不能仿

續表

篇名	章節歸屬	主　要　判　據
應 帝 王	「陽子居見老聃」章有後人竄改	本章「明王」係淮南王門客所纂改
	「無爲名尸」章疑爲關尹遺說	①本章「至人用心若鏡」，近同於《天下》所述關尹學風「其動若水，其靜若鏡，其應若響」 ②本章文辭整齊死板，近於有韻之格言
人 間 世	後四章（「匠石之齊」、「南伯子綦」、「支離疏」、「孔子適楚」）是莊子早期作品	①論述「無用之用」，乃莊子思想 ②寓言，乃莊子文體
	前三章（「顏回見仲尼」、「葉公子高將使齊」「顏闔將傳衛靈公大子」）爲宋尹派作品	①兼採儒、墨之言（寡欲以息爭，仁義以救政） ②多爲歷史眞實人物，不同於其它內篇人物多爲畸人、散人等虛構人物；兩次稱引「法言」，不同於它篇好爲「無端崖之辭」 ③稱引「關龍逢」。關龍逢諫桀被殺之事，戰國晚期才流傳

　　張氏用同樣的方法或標準，對外、雜篇也進行了細緻的考論、這

裡因文繁不再引錄。其結論綜合起來是：第一，各篇章分別所屬時代
爲：戰國中期（莊子時代）、戰國末期、秦漢之際、漢初；第二，各
篇章分別所屬思想派別有：道家左派、道家右派、宋尹派、莊子派、
神仙家、隱逸家、戰國策士、儒家。

　　以上張氏對《莊子》各篇的考論似有兩點不足：第一，在判定《
莊子》各篇章的年代先後方面，張氏用以確定《莊子》早期作品的首
要標準或標志，是《淮南子》以前的典籍有明引「莊子曰」云云，而
又明見於今本《莊子》者。這是不正確的。張氏忽視了這樣一種經常
會發生的情況：後人只引《莊子》其文，而不著「莊子」其名。並且
也會發生這樣的情況，後人援引《莊子》較晚的篇章時著了「莊子」
之名，而引其早期篇章時卻沒有著其名。事情正是這樣發生。例如若
按照張氏這個標準或標志，外篇《達生》應是《莊子》中最早的作品，
因爲先秦典籍中，除《莊子》本身外，明引「莊子曰」的只有《呂氏
春秋·去尤》，而這段文字又恰同於《莊子·達生》：

《呂氏春秋·去尤》	《莊子·達生》
莊子曰：「以瓦投者翔，以鈎投者戰，以黃金投者殆。其詳一也，而有所殆者，必外有所重也。外有所重者，洩蓋內掘。」	以瓦注者巧，以鈎注者憚，以黃金注者殙，其巧一也。而有所矜，則注外也。凡外重者內拙。

但是，若因此判定《達生》爲《莊子》中最早作品則完全不能成立。
因爲在《呂氏春秋》之前，《韓非子·難三》「宋人語曰，一雀過羿，
羿必得之」之語所源自的雜篇《庚桑楚》；在《韓非子》之前，《荀
子·解蔽》謂「莊子蔽於天而不知人」所涵蓋的那些內篇，當然不會
晚於《達生》。並且，從思想內容上來說，《達生》具有明顯的道術
化傾向，它是對內篇提出的超脫的精神境界的解釋。如《達生》寫道：

「子列子問關尹曰：『至人潛行不窒，蹈火不熱，行乎萬物之上而不慄，請問何以至此？』關尹曰：『是純氣之守，非知巧果敢之列……』」從思想的發展邏輯來看，它當是在《逍遙遊》論神人「大浸稽天而不溺，大旱金石流土山焦而不熱」和《齊物論》論至人「大澤焚而不能熱，河漢沍而不能寒」之後。另一方面，《呂氏春秋·求人》援引《逍遙遊》「許由」章，《精通》引《養生主》「庖丁解牛」這些早期篇章的內容，卻並沒有冠以「莊子曰」。顯然，張氏確定《莊子》早期作品的首要的標準或標誌是不完備的。於是他又提出補助性的第二個標準或標誌，即先秦某典籍中雖沒有明引「莊子曰」三字，但察其大意，確實是指莊子學說，而且在今本《莊子》內無可懷疑者。但是，這種情況只是表明《莊子》早於這部先秦典籍，並不能據以判明《莊子》各篇章的早晚。在先秦典籍中，徵引《莊子》最多的是《呂氏春秋》，除上述三篇外，還有很多篇在內容上（人物故事或思想觀念、命題）和《莊子》有相同或相似之處，舉例如下：

《呂氏春秋》	《莊子》	內 容 相 近 、 相 同 處
本生	天地	「全性」、「失性」的思想觀念
貴公貴生	徐无鬼讓王	管仲病荐隰朋之事 堯以天下讓子州支父之事，越人求王子搜為君之事，顏闔惡富貴之事
先己	在宥	「精氣」（「合六氣之精」）的思想觀念
安死	盜跖	「人上壽百歲」的觀念
當務	胠篋	盜跖論「盜亦有道」之事
	盜跖	「堯不慈，舜不孝」之論
誠廉	讓王	伯夷叔齊之事
首時	秋水	「時」的觀念
慎人	讓王	孔子窮於陳蔡之事

《呂氏春秋》	《莊子》	內　容　相　近　、　相　同　處
必己	達生	張毅、單豹之事
	山木	莊子行於山中之事
	外物	「外物不可必」命題及龍逢、比干等十人之事
觀世	讓王	列子不受鄭子陽餽粟之事
精諭	田子方	溫伯雪子之事
	知北遊	「至言去言」命題
離俗	讓王	舜以天下讓石戶之農之事，舜讓無擇之事，湯將伐桀之事
適威	達生	東野稷之事
長利	天地	堯治天下，伯成子高辭爲諸侯之事
審爲	讓王	大王亶父遷國之事，瞻子之言

這些情況表明，《呂氏春秋》和《莊子》在思想內容上的關係是很密切的。由於《呂氏春秋》成書在「維秦八年，歲在涒灘」（《呂氏春秋・序意》）前後，即公元前239年左右，距莊子之卒亦有數十年之久，所以根據《莊子》和《呂氏春秋》關係密切的這種情況，只能推斷《莊子》的這些篇章可能是《呂氏春秋》的思想和資料來源，但並不能由此而確定這些篇章本身的先後。

　　第二，在判定《莊子》各篇章的思想派別的歸屬方面，張氏沿襲羅氏之說，將《莊子》外、雜篇分屬道家左派、右派、神仙、隱逸等等，這種對先秦學派的劃分，在先秦的典籍記載上是沒有根據的。先秦典籍對春秋戰國思想學術派別的劃分有以下幾種：

先秦典籍	對學術派別的劃分	備　註
《莊子·天下》	六家：墨翟、禽滑釐；宋鈃、尹文；彭蒙、田駢、慎到；關尹、老聃；莊周；惠施、桓團、公孫龍、黃繚	若加上首章總論之「鄒魯之士」爲儒家，則有七家
《尸子·廣澤》	六家：墨子、孔子、皇子、田子、列子、料子	疑「皇子」爲「子莫」之誤㊾，「料」爲「鈃」之誤㊿
《荀子》《非十二子》	六家：它囂、魏牟；陳仲、史鰌；墨翟、宋鈃；慎到、田駢；惠施、鄧析；子思、孟軻	或謂它囂即范睢㋀
《荀子》《天論》	四家：慎子、老子、墨子、宋子	
《荀子》《解蔽》	六家：墨子、宋子、慎子、申子、惠子、莊子	
《韓非子·顯學》	二家：儒（八派）、墨（三派）	兼述及宋榮子、楊朱
《呂氏春秋·不二》	十家：老聃、孔子、墨翟、關尹、子列子、陳駢、陽生、孫臏、王廖、兒良	「陽生」或謂即陽朱㋁

可見，羅氏和張氏對莊子後學作過於細密的劃分，並不一定符合先秦學術思想的歷史實際，其中有些派別（如神仙派、隱逸派），當時還沒有形成完整的或獨立的理論形態，除了《莊子》本身，在先秦其它著作中很難找到它們作爲一種思想派別而存在的顯著痕迹。所以，情況可能相反，不是這些派別的思想影響了、產生了莊子後學；而是《莊子》外、雜篇中的這些思想觀念提供了、構成了這些思想派別形成

和發展的最初的理論因素或思想萌芽。誠如王夫之評論外篇《刻意》所說：「此篇之指歸，則嗇養精神爲干越之劍，蓋亦養生家之所謂煉己鑄劍，龍吞虎吸鄙陋之數⋯⋯雖欲自別於導引，而其末流，亦且流爲爐火彼家之妖妄，固莊子所深鄙而不屑爲者也。」（《《莊子通·刻意》》）正是這樣，《漢志》所載的漢代許多的僞托之書，如儒家類的《周史六弢》，道家類的《接子》、《老萊子》，陰陽家類的《容成子》，後代考僞的學者最後都要追窮其根源到《莊子》㊿。

(2)《莊子》是先秦莊子學派著述匯集　這種觀點認爲，對《莊子》各篇章，不僅可以從作者是莊子或其後學，時代是先或後的角度，而且還可以從內容是源或流的角度來加以區分。毫無疑義，莊子本人的思想是源，是中心，其撰作在先；莊子後學的思想是流，是發展，其述作在後。《莊子》內篇與外、雜篇雖然不是絕對的，但大體上能和這種源與流、先與後的情況形成對應關係。

可以大體上確定《莊子》內篇是莊子本人的思想，或者說是莊子思想的核心部分，其根據有三：第一《莊子》各篇中對莊子生平言行的記述。《莊子》中的這些記述，正如前面一章已作敘述的那樣，充分顯示從世俗觀念中超脫，追求絕對的個性自由，修養無任何負累的心境，是莊子思想最重要的特徵。第二，《莊子·天下》對莊子思想的概述。《天下》總括莊子思想的基本內容是「獨與天地精神往來而不敖倪於萬物，不譴是非，以與世俗處⋯⋯上與造物者游，而下與外死生無終始者爲友」，即通過不譴是非而泯除是非，通過齊一萬物而超越萬物。第三，荀子對莊子思想的評述。荀子認爲莊子思想的主要傾向是對社會倫理道理的輕蔑和對自然本然狀態的向往，所以批評他「蔽於天而不知人」（《解蔽》）。《莊子》內篇雖然包羅甚廣，但它的主要思想內容、傾向和特徵卻正是這些。試將《莊子》內七篇中出現的重要命題或思想，與此三項根據對照列舉如下，以爲證明：

內篇名	篇中表述的中心思想或命題	印　證　三　項　根　據		
		《莊子》中的莊子言行	《莊子‧天下》對莊子思想的概述	《荀子》對莊子思想的判定
逍遙遊	之人也，之德也，將磅礴萬物以為一，世蘄乎亂，孰弊弊焉以天下為事！若夫乘天地之正，而御六氣之辯，以遊無窮，彼且惡乎待哉！	輕蔑惠施，視相位如腐鼠。（見《秋水》）對弟子說：「若夫乘道德而浮游……則胡可得而累邪。（《山木》	獨與天地精神往來	蔽於天而不知人
齊物論	天地與我並生，而萬物與我為一，聖人和之以是非而休乎天鈞。	對弟子說：「若夫乘道德而浮游則不然，無譽無訾，一龍一蛇，與時俱化，而無肯專為，一上一下，以和為量……」（《山木》）	獨與天地精神往來而不敖倪於萬物，不譴是非。	蔽於天而不知人.
養生主	依乎天理，因其固然。安時而處順，哀樂不能入也。	對惠施說：「常因自然而不益生。」（《德充符》）對弟子說：「與時俱化……則胡可得而累邪。」（《山木》）	不譴是非，以與世俗處。	蔽於天而不知人
人間世	知其不可奈何而安之若命，德之至也。人皆知有用之用，而莫知無用之用。	對弟子說：「與時俱化，而無肯專為……其唯道德之鄉乎。」（《山木》）譏笑惠施說：「夫子固拙于用大矣」（《逍遙游》）	而不敖倪於萬物，不譴是非。以與世俗處。	蔽於天而不知人

續表

內篇名	篇中表述的中心思想或命題	印　證　三　項　根　據		
		《莊子》中的莊子言行	《莊子·天下》對莊子思想的概述	《荀子》對莊子思想的判定
德充符	以死生爲一條，以可不可爲一貫。審乎無假而不與物遷，命物之化而守其宗。	對惠施說：「生與死乃氣之變。」(見《至樂》) 對弟子說：「……今吾游於雕陵而忘吾身，游于栗林而忘眞。」（《山木》）	上與造物者游，而下與外死生無終始者爲友。	蔽於天而不知人
大宗師	不以心捐道，不以人助天。 墮肢體，黜聰明，離形去知，同於大通。 芒然彷徨乎塵垢之外，逍遙乎無爲之業，彼又惡能憒憒然爲世俗之禮，以觀衆人之耳目哉！	對惠施說：「常因自然而不益生。」（《德充符》) 對商大宰蕩說：「至仁無親。」（《天運》） 對弟子說：「乘道德而浮游，……浮游乎萬物之祖。」（《山木》） 釣于濮水，表示願自在于泥途之中，不願束縛于廟堂之上。（見《秋水》）	獨與天地精神往來。	蔽於天而不知人
應帝王	予方將與造物者爲人，厭則又乘夫莽眇之鳥，以出六極之外，而游無何有之鄉，以處壙垠之野，汝又何帛以治天下感予之心爲？至人之用心若鏡，不將不迎，應而不藏，故能勝物而不傷。	對弟子說：「浮游乎萬物之祖，物物而不物於物，則胡可得而累邪……其唯道德之鄉乎！」（《山木》）	不譴是非，以與世俗處……與造物者遊。	蔽於天而不知人

顯然，根據《莊子》對莊子言行的記述和《莊子‧天下》對莊子思想基本內容的概述，根據荀子對莊子思想主要特色的判定，還是可以比較充分地確定《莊子》內篇所反映的思想，特別是人生哲學思想，是莊子思想的核心部分，是莊子本人的思想，是莊學之源。這樣，也就可以大體上確定《莊子》外、雜篇中超出內篇核心思想之外的思想觀念，是莊子後學在他家思想影響下變異了、發展了的莊子思想，是莊學之流。由《莊子》內篇到外、雜篇，構成了莊子學派在先秦的歷史發展，表現爲在理論內容上向莊子核心思想以外的範圍擴展和吸收儒、法思想的折衷傾向，這些思想觀念上的深層情況在後面再作論述。這裡，從考證的角度，對《莊子》內篇與外、雜篇在思想觀念上的源與流的關係提出一個比較表面的、形式的，然而並不是無力的證明，這就是幾乎在外、雜篇的每一篇中，都可以找到數量不等的、顯然是源自內篇的思想、命題、概念和術語等。列表如下。

外、雜篇名	篇　中　語　句	內篇篇名	相　應　語　句
駢拇	游心於堅白同異之間。	齊物論	故以堅白之昧終。
	適人之適而不自適其適者也。	大宗師	適人之適而不自適其適者也。
馬蹄	至德之世，其行填填，其視顛顛……	應帝王	蒲衣子曰：「……泰氏，其臥徐徐、其覺于于……」
胠篋	將爲胠篋探囊發匱之盜而爲守備，則必攝緘縢，固扃鐍，此世俗所謂知也。然而巨盜至，則負匱揭篋擔囊而趨，唯恐緘縢扃鐍之不固也。	大宗師	夫藏舟於壑，藏山於澤，謂之固矣。然而夜半有力者負之而走，昧者不知也。
在宥	廣成子曰：「…余將去女，入無窮之門，以游無極之野…」	逍遙遊	莊子曰：「……何不樹之于無何有之鄉，廣莫之野……」

外、雜篇　名	篇　中　語　句	內篇篇名	相　應　語　句
在宥	鴻蒙曰：「…墮爾形體，吐爾聰明，倫與物忘，大同乎涬溟。」	大宗師	顏回曰：「墮肢體，黜聰明，離形去知，同于大通，此謂坐忘。」
天地	方且與物化。	齊物論	此之謂物化。
天地	夫大壑之爲物也，注焉而不滿，酌焉而不竭。	齊物論	注焉而不滿，酌焉而不竭，而不知其所由來，此之謂葆光。
天地	老聃（答孔子）曰：「是胥易技係，勞形怵心者也……」	應帝王	老聃（答陽子）曰：「……胥易技係，勞形怵心者也……」
天地	季徹曰：「若夫子之言，于帝王之德，猶螳螂之怒臂以當車軼，則必不勝任矣……」	人間世	蘧伯玉曰：「……汝不知夫螳螂乎？怒其臂以當車轍，不知其不勝任也，是其才之美者也……」
天道	莊子曰：「吾師乎，吾師乎！整萬物而不爲戾，澤及萬世而不爲仁，長于上古而不爲壽，覆載天地，刻雕衆形而不爲巧，此之謂天樂。」	大宗師	許由曰：「……吾師乎，吾師乎！整萬物而不爲義，澤及萬世而不爲仁，長于上古而不爲老，覆載天地刻雕衆形而不爲巧，此所游已。」
天道	其生也天行，其死也物化。	齊物論	此之謂物化。
天道	老聃曰：「……昔者子呼我牛也而謂之牛，呼我馬也而謂之馬……」	應帝王	蒲衣子曰：「……一以己爲馬，一以己爲牛……」
天道	夫子曰：「……審乎無假而不與利遷，極物之眞，能守其本……」	德充符	仲尼曰：「……一審乎無假而不與物遷，命物之化而守其宗也。」
天運	儻然立於四虛之道，倚於槁梧而吟。	齊物論	昭文之鼓琴也，師曠之枝策也，惠子之據梧也。
天運	老聃曰：「泉涸魚相與處于陸		泉涸，魚相與處于陸，相呴以

外、雜 篇 名	篇 中 語 句	內篇 篇名	相 應 語 句
	，相呴以濕，相濡以沫，不若相忘于江湖。」	大宗師	濕，相濡以沫，不如相忘于江湖。」
刻意	聖人⋯其寢不夢，其覺無憂。	大宗師	古之眞人，其寢不夢，其覺無憂。
繕性	小識傷德，小行傷道。	齊物論	道隱于小成，言隱于榮華。
秋水	⋯⋯由此觀之，又何以知豪末之止以定至細之倪，又何以知天地之足以窮至大之域。	齊物論	天下莫大于秋豪之末而大山爲小；莫壽于殤子而彭祖爲夭。
	魏牟曰：「⋯⋯始于玄冥，反于大通⋯⋯」	大宗師	顏回曰：「⋯⋯離形去知，同于大通⋯⋯」
至樂	滑介叔曰：「⋯⋯且吾與子觀化而化及我⋯⋯」	大宗師	子犁曰：「偉哉造化！又將奚以汝爲？將奚以汝適？以汝爲鼠肝乎？以汝爲蟲臂乎？」
	孔子曰：「咸池九韶之樂，張之洞庭之野，鳥聞之而飛，獸聞之而走，魚聞之而下入，人卒聞之，相與還而觀之⋯⋯」	齊物論	王倪曰：「⋯⋯毛嬙麗姬，人之所美也；魚見之深入，鳥見之高飛，麋鹿見之決驟⋯⋯」
達生	子列子問關尹曰：「至人潛行不窒，蹈火不熱，行乎萬物之上而不慄，請問何以至於此？」	逍遙遊	連叔曰：「⋯⋯之人也，物莫之傷，大浸稽天而不溺，大旱金石流土山焦而不熱。」
		齊物論	王倪曰：「⋯⋯至人神矣，大澤焚而不能熱，河漢沍而不能寒，疾雷破山飄風振海而不能驚⋯⋯」
		大宗師	眞人⋯⋯登高不慄，入水不濡，入火不熱⋯⋯
	孔子顧謂弟子曰：「用志不分		肩吾曰：「藐姑射之山，有神

外、雜篇　名	篇　中　語　句	內篇篇名	相　應　語　句
達生	，乃凝於神，其痀僂丈人之謂乎！」	逍遙遊	人居焉……其神凝，使物不疵癘而年穀熟……」
	扁子曰：「……忘其肝膽，遺其耳目，茫然彷徨乎塵垢之外，逍遙乎無事之業……」	大宗師	孔子曰：「……忘其肝膽，遺其耳目，反覆終始，不知端倪，茫然彷彿乎塵垢之外，逍遙乎無爲之業……」
山木	北宮奢曰：「……奢聞之，『既雕既琢，復歸于樸』……」	應帝王	列子……於事無與親，雕琢復樸，塊然獨以其形立……
	大公任曰：「……直木先伐，甘井先竭……」	人間世	山木自寇也，膏火自煎也。桂可食，故伐之；漆可用，故割之……
田子方	仲尼曰：「……吾一受其成形，而不化以待盡……」	齊物論	一受其成形，不忘以待盡。
	老聃曰：「……喜怒哀樂不入于胸次……」	養生主	秦失曰：「……安時而處順，哀樂不能入也，古者謂是帝之懸解……。」
		大宗師	子輿曰：「……安時而處順，哀樂不能入也，此古之所謂懸解……」
	老聃曰：「……且萬化而未始有極也，孰足以患心……」		特犯人之形而憂喜之，若人之形者，萬化而未始有極也，其爲樂可勝計邪……
	仲尼聞之曰：「……死生亦大矣，而無變乎己……」	德充符	仲尼曰：「……死生小大矣，而不得與之變……」
	黃帝曰：「……萬物一也……」	齊物論	天地與我並生，萬物與我爲一
		德充符	仲尼曰：「…萬物皆一也…」

外、雜篇名	篇中語句	內篇篇名	相應語句
知北遊	被衣曰：「形若槁骸，心若死灰……」	齊物論	顏成子游曰：「形固可使如槁木，而心固可使如死灰乎？…
	顏回問乎仲尼曰：「回嘗聞諸夫子曰，無有所將，無有所迎……」	應帝王	至人之用心若鏡，不將不迎………
	不足以滑成，不可內於靈臺。	德充符	仲尼曰：「……故不足以滑和，不可入于靈府……」
庚桑楚	道通，其分也成也54，其成也毀也。	齊物論	道通爲一，其分也成也；其成也毀也。
	古之人，其知有所至矣，惡乎至？有以爲未始有物者，至矣，盡矣，弗可以加矣。其次以爲有物矣，將以生爲喪也，以死爲反也，是以分已。其次曰始無有，既而有生，生俄而死		古之人，其知有所至矣，惡乎至？有以爲未始有物者，至矣，盡矣，不可以加矣。其次以爲有物矣，而未始有封也。其次以爲有封焉，而未始有是非也。
	是蜩與學鳩同於同也。	逍遙遊	蜩與學鳩笑之曰。
	以無有爲首，以生爲體，以死爲尻；孰知有無死生之一守者，吾與之爲友。	大宗師	子祀、子輿、子犁、子來四人相與語曰：「孰能以無爲首，以生爲脊，以死爲尻，孰知死生存亡之一體者，吾與之矣。」
徐无鬼	顏成子（謂南伯子綦）曰：「……形固可使若槁骸，心固可使若死灰乎？」	齊物論	顏成子游（問南郭子綦）曰：「……形固可使如槁木，而心固可使如死灰乎……」
	古之眞人，以天待人，不以人入天。	大宗師	古之眞人……不以心捐道，不以人助天。
則陽	冉相氏得其環中以隨成。	齊物論	樞始得其環中，以應無窮。
外物	老萊子曰：「…與其譽堯而非桀，不如兩忘而閉其所譽…」	大宗師	與其譽堯而非桀，不如兩忘而化其道。

外、雜 篇　名	篇　中　語　句	內篇 篇名	相　應　語　句
	卮言日出，和以天倪，因以曼衍，所以窮年……惡乎然？然於然。惡乎不然？不然於不然		何謂和之以天倪？日：是不是，然不然……和之以天倪，因之以曼衍，所以窮年也。
寓言	。惡乎可？可於可。惡乎不可？不可於不可。物固有所然，物固有所可。無物不然，無物不可。……萬物皆種也，以不同形相禪，始卒若環，莫得其倫，是謂天均。	齊物論	惡乎然？然於然。惡乎不然？不然於不然。物固有所然，物固有所可。無物不然，無物不可……是以聖人和之以是非而休乎天鈞，是之謂兩行。
	眾罔兩問於景日……		罔兩問景日……
讓王	子州支父日：「……未暇治天下也。」	逍遙遊	連叔日：「……孰弊弊焉以天下為事。」
		應帝王	無名人日：「……汝又何帛以治天下感予之心為？」
盜跖	滿苟得日：「……故日，無為小人，反殉而天；無為君子，從天之理……」	大宗師	孔子日：「……故日，天之小人，人之君子……」
	滿苟得日：「……若是若非，執而圓機，獨成而意，與道徘徊……」	齊物論	彼是莫得其偶，謂之道樞。樞始得其環中，以應無窮。
說劍	太子（謂莊子）日：「……今夫子必儒服而見王……」	[外篇] 田子方	哀公（謂莊子）日：「舉魯國而儒服……」
	莊子日：「……此庶人之劍，無異於鬥雞……」	[外篇] 達　生	紀渻子為王養鬥雞。
漁父	客（評孔子）日：「……苦心勞形以危其真……」	應帝王	老聃（論聖人）日：「……勞形怵心者也……」
	古者謂之遁天之刑。	養生主	秦失日：「……古者謂之遁天

外、雜 篇　名	篇　中　語　句	內篇 篇名	相　應　語　句
列禦寇			之刑……」
	莊子曰：「……古之人，天而不人。」	大宗師	孔子曰：「……畸人者，畸于人而侔于天……」
列禦寇	宵人之離外刑者，金木訊之；離內刑者，陰陽食之。	人間世	葉公子高將使於齊，問於仲尼曰：「……事若不成，則必有人道之患；事若成，則必有陰陽之患……」
	夫造物者之報人也，不報其人而報其人之天。	大宗師	子輿曰：「偉哉夫造物者，將以予為此拘拘也……」
天下	古之所謂道術者，果惡乎在？	大宗師	孔子曰：「……魚相忘乎江湖，人相忘乎道術。」
	皆原於一。	齊物論	道通為一。
	不離於宗，謂之天人。不離於精，謂之神人。不離於真，謂之至人。以天為宗，以德為本，以道為門，兆於變化，謂之聖人……	逍遙遊	至人無己，神人無功，聖人無名。
	古之人其備乎！配神明，醇天地，育萬物，和天下，澤及百姓……	齊物論	勞神明為一而不知其同也。
		大宗師	許由曰：「……螯萬物而不為義，澤及萬世而不為仁……」

　　可見，幾乎是所有的《莊子》外、雜篇（除《說劍》），都可以在內篇中尋覓到那些重要的、具有特徵性的思想觀念的淵源。當然，正如前面已論及，《莊子》每篇的各章之間的內容、體例並不一致，因而其作者和時代也不盡相同，所以這裡用外、雜篇中出現了與內篇

相同、相近的思想、命題、概念和詞語等,來證明它們間的源與流的關係,也只是就大體言之,而不能說每一章節皆如此。例如,《莊子》內篇《逍遙遊》、《德充符》中記載莊子生平言行的三個章節,明顯是出自莊子後學之手;《齊物論》「何謂和之天倪」章也很可能是雜篇《寓言》首章末尾的錯入。

既然《莊子》內篇和外、雜篇在思想內容上呈現出源和流的關係,那麼,在寫作年代上必然是先和後的關係。近年,劉笑敢從《莊子》中發現的一個語言現象,也是這種關係的有力的證明。那就是在《莊子》內篇中雖然使用了道、德、命、精、神等詞,但沒有使用道德、性命、精神這三個具有概念意義的複合詞;而在外、雜篇中,這三個複合詞作爲概念卻反覆出現了。根據古代漢語詞匯形成單音詞在前,複音詞在後的一般規律,自然可以斷定內篇的寫作在前,外、雜篇的寫作在後。這種情況並且可以從在《莊子》之先的《論語》、《孟子》中沒有這些複合詞,而在其後的《荀子》、《韓非子》中則有這些複合詞得到印證。�兹將劉氏統計的這九個詞語或概念在這五種先秦典籍中出現的情況(次數)表示如下:

詞語 (概念)	《莊 子》		以其它先秦子書印證			
	內篇	外、雜篇	《論語》	《孟子》	《荀子》	《韓非子》
道	42	未計	約100	約150	未計	未計
德	34		近40	約40		
道德	0	16	0	0	12	2
性	0	未計	2	逾30	未計	未計
命	16		約20	50		
性命	0	12	0	0	1	1
精	2	未計	1	0	未計	未計
神	20		6	5		
精神	0	8	0	0	2	5

此表清晰地顯示，作爲概念的複合詞「道德」、「性命」、「精神」在戰國中期以前，即孟子以前還沒有使用，到了戰國後期，大約在荀子生活的時代，才出現和使用。《莊子》外、雜篇有這三個複合詞概念，而內篇卻沒有，這一情況正表明它們在寫作年代上有先後的不同。

總之，通過對《莊子》內篇與外、雜篇概念、詞語的聯繫和變化的考察，可以看出，它們間源與流、先與後的關係還是比較清晰的、確切的，《莊子》一書就是莊子及其後學的著作匯集。

3. 《說劍》、《天下》的作者問題

通過以上的論述，可以一般地判定《莊子》外、雜篇是莊子後學所作。但是，其中雜篇《說劍》、《天下》兩篇的作者問題，還有些特殊的情況需要提出加以討論。

從前面揭示《莊子》內篇和外、雜篇的源流關係的表中可以看出，外、雜各篇都能在內容上找出和內篇發生或多或少、或深或淺的相互關聯、犀通的地方，唯獨在《說劍》中找不出這樣的地方。所以自唐代韓愈以來，不少學者都推斷其爲戰國策士之作。如馬驌說：「語近《國策》，非莊生本書。」（《繹史》卷一百十二《列莊之學》下）近人錢穆更進一步考證爲莊辛所作。錢氏的主要論據可歸納爲二點：第一，從年代時事上推算。據《史記‧趙世家》「惠文二十二年置公子丹爲太子」，則此時莊子已年逾八十，不會遠道來趙，爲太子「治劍服三日」，以見趙文王論劍。而據《戰國策‧楚策》的記述，此時正值莊辛離楚居留於趙。第二，從身份言論上證驗。《戰國策‧楚策》記述，莊辛曾以蜻蛉、黃雀、黃鵠及蔡聖侯爲喻，勸說楚襄王當志存高遠。錢氏據此推斷說：「辛又係文學之士，其說天子、諸侯、庶人三劍，層累敷陳，亦與蜻蛉、黃雀、黃鵠、蔡聖侯之喻，取徑相似，文（《說劍》）出莊辛，非莊周，無疑。」（《先諸秦子繫年考辨‧莊子見趙惠王論劍乃莊辛非莊周辨》）錢氏之論應該說是持之有據。但是，根據第一，《說劍》中莊子自稱「周」，這和《山木》、《田子方》、《外

物》等篇記述莊子生平事迹的稱謂相同；第二，《說劍》雖然沒有和
內篇思想相關之處，但和外篇《田子方》《達生》在運用名物詞語上
卻有所犀通。所以不必唯一地確定《說劍》爲莊辛所作，而可一般地
推斷爲戰國末期策士托莊周之口而作；若認爲是莊子後學模擬策士之
文，似乎更爲妥切。

　　《天下》篇在《莊子》一書中具有特殊的地位，它不但文詞精美，
而且涵蓋極廣，是一篇精湛的先秦學術思想概述。關於它的作者問題
分歧比較大。一種見解認爲《天下》是莊子自著。持這種觀點的不僅
有歷史上傳統的認爲《莊子》全書皆爲莊子所作的學者，如郭象、林
希逸，而且也有一般地認爲《莊子》外、雜篇多爲莊子後學所作的明
清學者如焦竑、王夫之、胡文英、姚鼐，以及晚近學者如梁啓超、羅
根澤等。他們的論據歸納起來有三點：第一，古人著書，常於書之末
篇闡述學術源流、內容概要，是爲通例。如林希逸說：「《天下》篇，
《莊子》後序也，歷敘古今道術所自，而以己承之，即《孟子》終篇
之意。」（《南華眞經口義》）第二，內容宏闊，非莊子不能爲。如王
夫之說：「《天下》篇或疑非莊子自作，然其浩博貫綜，而微言深至，
固非莊子莫能爲也。」（《莊子解》）第三，文詞瓌瑋，非莊子不能及。如
胡文英說：「《天下》篇筆力雄奮奇幻，環曲萬端，有外、雜篇之所
不能及者，莊叟而外，安得復有此驚天破石之才。」（《莊子獨見》）
這三條論據當然都是正確的，但不是絕對的；從邏輯上來說，是充分
的，但不是必要的。另一種見解，認爲《天下》是莊子以後人所作。
持這種觀點的學者的論據可以歸納爲兩點：第一，《天下》篇的語調
口氣，不能是莊子自述。如林雲銘說：「《天下》篇爲《莊子》全書
後序，明當時著書之意，一片呵成文字……其敘莊子段中備極讚揚，
眞所謂上無古人，下無來者，莊叟斷無毀人自譽至此，是訂莊者所作
無疑。」（《莊子因》）第二，《天下》篇的思想和格調皆與內篇不合。如
葉國慶說：「此篇非莊子所作：一，莊子齊大小，一是非，必無聖人、

君子等分別之；二，『其在於詩書禮樂者』云云，明言儒家於道所得獨厚；『其散於天下』云云，明言諸家只得道之一端，乃儒家口氣；二，『不侈於後世』以上爲一篇總綱，以下分敘百家，莊子爲百家之一而已，作者悲百家往而不反，故此篇必非莊子所作；四，內篇多寓言、重言，此篇全是莊語。」（《莊子研究》）

　　比較兩種見解，無疑後一見解更爲可信。應該說，《天下》篇和內七篇的風格和境界的懸殊是很顯然的。《天下》篇提出的理想人格是「配神明、醇天地，育萬物，和天下，澤及百姓，明於本數，係於末度，六通四辟，小大精粗，其運無乎不在」的「內聖外王」；而內七篇所描述的莊子的理想人格是「徬徨乎塵垢之外，逍遙乎無爲之業」（《大宗師》）的「至人無己，神人無功，聖人無名」（《逍遙遊》）。所以《天下》篇不可能是莊子自著，而一定是莊子以後人所撰。

　　《天下》篇是莊子以後何人或何派所作，晚近學者大致有三種不同意見。一是譚戒甫的觀點，認爲《天下》是淮南王劉安所作。譚氏的推論可分爲兩步：第一，《天下》篇的思想和《淮南子》，特別是其中的《要略》篇多相同；第二，《天下》篇即是《淮南王莊子略要》的改名㊱。二是嚴靈峰的觀點，認爲《天下》是荀卿晚年的作品，是其「推儒墨道德之行事興壞」（《史記·荀卿列傳》）的文字，或者也一定是荀卿門人後學得其傳授而作。嚴氏的論據主要有兩點：第一，《天下》中批評、綜括各家學術觀點與荀子《解蔽》、《非十二子》、《天論》等相近；第二，所用辭語如「道術」、「神明」、「百家」、「內聖外王」等亦相彷彿㊲。三是張恒壽的觀點，認爲《天下》是荀子以後、司馬談以前，受老莊思想影響很深的儒家作品。張氏的論證亦可分爲兩個方面：第一，就判定其思想派別歸屬來說，《天下》篇推尊儒家，倡「內聖外王」，立場是屬於儒家的；第二，就判定其寫作時代而言，《天下》篇的「百家皆有所可，時有所用」的主張，與《呂氏春秋》的著述結構和部分內容，《易·繫辭》「天下殊途而同

歸，一致而百慮」的觀點，及司馬談「因陰陽之大順，採儒墨之善，撮名法之要」的態度等所表現出的學術綜合趨向是相同的，而不同於荀子《解蔽》等的批判傾向⑤。

比較三家之言，譚氏之論最爲薄弱。首先，《淮南子》一書，「攬掇逐事之生，追觀往古之迹，察禍福利害之反，考驗乎老莊之術，而以合得失之勢」（《淮南子‧要略》），幾乎無篇沒有引自《莊子》的思想、詞語、事例，《天下》篇和《淮南子》若有相同，只能說明《淮南子》作者因襲《莊子》，而完全不能證明《天下》爲《淮南子》的作者所作。其次，《文選》注引《淮南王莊子略要》僅存之數語——「江海之士，山谷之人，輕天下，細萬物而獨往者也」，並不見在於《天下》篇之內，所以斷定《天下》即是《莊子略要》的改名是很困難的。最後，《天下》篇是對先秦各派學術思想的概述，莊子思想只是其中之一；而且對莊子思想的敘述，顯然著眼概括的是今本內篇所具有的思想和特色，沒有注意涵蓋今本外、雜各篇的內容和風格，這和《淮南子‧要略》先是逐篇概述內容，然後綜述學術歷史的理論思路和敘述方法並不相同。總之，譚氏認爲《天下》是淮南王劉安所作的觀點是不能成立的。

嚴氏之論所引述的具體材料是很豐富的、正確的，但他在一個根本之點上存在著疏漏或破綻，這就是他沒有區分《天下》對百家之學的態度和荀子是有很大不同的：《天下》是兼容而綜合的態度，《荀子》是批判而一是的態度。張氏之論在論證《天下》作於《荀子》之後時指出了這一點，是很正確的。但是，張氏之論也有不足之處，這就是唯一地重視《天下》和儒家思想相接近的那個方面，而忽視了《天下》和《莊子》本身發生思想觀念聯繫的那個方面，這樣，就只能得出《天下》是儒家作品的結論。

事實上，《天下》在思想觀念上和《莊子》內篇的關聯、犀通，從前面的揭示《莊子》內篇和外、雜篇的源流關係的表中看，是顯然

存在的。不僅如此，作爲雜篇的《天下》篇在概念、命題、觀念上和其它外、雜篇的一致，也是顯然存在的。《天下》篇可劃分爲三部分，中間部分六章分述六派學術思想，第三部分爲《惠施》篇屬入，皆不論。下面將《天下》篇第一部分總論中的主要命題或概念與外、雜篇的關聯，仍以對照表的形式列舉出來，以資爲證。

《天下》篇中語句	外、雜篇名	該篇中與《天下》篇相通語句
天下之治方術者多矣。	秋水	公孫龍問於魏牟曰：「…敢問其方。」
	田子方	哀公（謂莊子）曰：「魯多儒士，少爲先生方者。」
	天地	孔子曰：「……彼假修渾沌氏之術者也……」
	達生	魯侯曰：「子何術以爲焉？」
	山木	市南子曰：「君之除患之術淺矣……」
古之所謂道術者，果惡乎在？曰：「無乎不在。」	知北遊	東郭子問於莊子曰：「所謂道，惡乎在？」莊子曰：「無所不在。」
聖有所生，王有所成，皆原於一。	天地	通於一而萬事畢。
		泰初有無，無有無名，一之所起，有一而未形。
	知北遊	黃帝曰：「……故萬物一也……聖人故貴一。」
不離於宗，謂之天人。	天道	夫明白於天地之德者，此之謂大本大宗。
	庚桑楚	忘人，因以爲天人矣。

《天下》篇中語句	外、雜篇名	該篇中與《天下》篇相通語句
不離於精，謂之神人。	在宥	黃帝曰：「……吾欲取天地之精，以佐五穀，以養民人……」廣成子曰：「……無搖女精，乃可以長生……」
	天地	苑風曰：「……願聞神人。」
不離於眞，謂之至人。	天道	夫子曰：「……審乎無假而不與利遷，極物之眞能守其本，故外天地，遺萬物，而神未嘗有所困也……至人之心有所定矣。」
以天爲宗，以德爲本，以道爲門，兆於變化，謂之聖人。		夫帝王之德，以天地爲宗，以道德爲主，以無爲爲常。
		夫虛靜恬淡寂寞無爲者，天地之平而道德之至，故帝王聖人休焉。
以仁爲恩，以義爲理，以禮爲行，以樂爲和，薰然慈仁，謂之君子。	在宥	故君子不得已而臨蒞天下，莫若無爲。
		遠而不可不居者，義也；離而不可不廣者，仁也；節而不可不積者，禮也。
	天道	孔子曰：「……君子不仁則不成，不義則不生……」
古之人其備乎！配神明，醇天地，育萬物，和天下，澤及百姓，明於本數，繫於末度，六通四辟，小大精粗，其運無乎不在。		天尊地卑，神明之位也。
		帝王之德配天地。
	天道	莊子曰：「……鏖萬物而不爲戾，澤及萬世而不爲仁……」

《天下》篇中語句	外、雜篇 名	該篇中與《天下》篇相通語句
		禮法度數，形名比詳，治之末也。
		六通四辟於帝王之德者。
	秋水	北海若曰：「……夫精，小之微也；垺，大之殷也……」
其數散於天下而設於中國者。	秋水	北海若曰：「……計中國之在海內…」
	田子方	溫伯雪子曰：「……吾聞中國之君子……」
	知北遊	中國有人焉。
百家之學……百家眾技。	秋水	公孫龍問於魏牟曰：「……困百家之知，窮眾口之辯……」
不該不徧，一曲之士也。	天道	此之謂辯士，一曲之人也。
	秋水	北海若曰：「……曲士不可以語於道者，束於教也……」
判天地之美，析萬物之理。	知北遊	原天地之美而達萬物之理。
內聖外王之道。	天道	靜而聖，動而王。

從上表可以看出：第一，《天下》篇和《莊子》其它外、雜篇，特別是和《天道》、《知北遊》、《秋水》等篇，在主要的、具有特徵性的概念、術語的使用上，是相通的或一致的。第二，構成或支撐《天下》篇的兩個基礎性的觀念（「道術無乎不在」、「內聖外王」），

一是來自或相同於《知北遊》的「道無所不在」，這是屬於莊子所固有的「道通爲一」（《齊物論》）的思想；一是來自或相同於《天道》的「靜而聖，動而王」，這是莊子後學融會儒家思想後形成的新的思想⑲。第三，表中顯示的從「方」、「術」到「方術」、從「道」到「道術」這種從單音詞到複合詞的詞語變化過程，以及從「靜而聖，動而王」的命題到「內聖外王」觀念的思想形成過程，表明《天下》篇的寫作年代和《莊子》其它外、雜篇之間存在著一定的時間差距。據此，可以推斷，《天下》篇是莊子後學中受到儒家思想影響較多的人所作；而且，其寫成可能在《莊子》諸篇之後。

【附　註】

① 宋代陳景元《南華眞經章句音義序》稱，《莊子》三十三篇，六萬五千九百二十三字。

② 見《東坡文集》卷三十二《莊子祠堂記》。

③ 但高誘在此前注《淮南子・修務訓》「惠施死而莊子寢說言」時卻說：「莊周，宋蒙縣人，作書二十二篇，爲道家言。」王利器以爲「此周武帝天和中道士編《淮南》入道書時所竄改」（《莊子三十三篇本成立之年代》，載《眞理雜志》一卷三期），張恒壽認爲「可見漢時不僅有五十二篇本一種」（《莊子新探》第24頁腳注）。鄙見以爲「二」字或是「五」字之缺壞。

④ 見顏師古《漢書注・敘》

⑤ 見壽普暄《莊子古本》，載《燕京學報》28期。

⑥ （　）號內爲筆誤之字，〔　〕號內爲遺漏之字。

⑦ 三十三篇中，唯《說劍》篇郭象未出注。

⑧ 見王叔岷《莊子校釋・自序》，葉國慶《莊子研究》，張成秋《莊子篇目考》等。

⑨ 《漢志》道家類有「《管子》八十六篇」，內有《內業》一篇；然儒家

類原有「《內業》十六篇」

⑩ 見譚戒甫《現存莊子天下篇研究》一文（載《中國哲學史論文初集》，《哲學研究》編輯部編，科學出版社1959年版）。鄙見以爲將《惠施》併入《天下》者，更可能是郭象。詳見下。

⑪ 郭象爲此章出注說：「舊說云莊子樂死惡生，斯說謬矣！若然，何謂齊乎？所謂齊者，生時安生，死時安死，生死之情既齊，則無爲當生而憂死耳。此莊子之旨也。」（《莊子注·至樂》）

⑫ 見嚴靈峰《老莊研究·辯老子書不後於莊子書》，臺灣中華書局1979年版。

⑬ 見馬敘倫《莊子義證》附錄二《莊子佚文》。

⑭ 見王叔岷《莊子校釋》附錄《莊子逸文》、《莊子逸文補遺》、《莊子逸文續補遺》。

⑮ 「黔首」較早見於《戰國策·魏策》「先王必欲少留而扶社稷安黔首也」，而通行於秦，《史記·始皇本紀》：始皇二十六年，「更名民曰黔首」。燕太子丹使荊軻刺秦王，事在始皇二十年（前226年），其時，宋國已滅亡六十年了。

⑯ 見《經典釋文·莊子音義》。

⑰ 章太炎說：「崔雲齊物七章，此章上章，而班固說在外篇。然則此自別爲一章也。」（《齊物論釋》）

⑱ 蔣錫昌說：「班固說在外篇者，乃言班固本此章亦在本篇，但班固驗之於義，以爲應在外篇也。」（《莊子哲學》）

⑲ 見張恒壽《莊子新探》第一章第二節。

⑳ 梁阮孝緒《七錄序》云：「昔劉向校書，輒爲一錄，論其指歸，辯其訛謬，隨竟奏上，皆載在本書，時又別集衆錄，謂之別錄，即今之《別錄》是也。（《全梁文》卷六十六）

㉑ 現存《別錄》論及莊子處是：「莊周等又滑稽亂法」（《孫卿書錄》），「且多寓言，與莊周相類」（《列子書錄》），「辭與老莊異，其歸同」

（《關尹子書錄》）。

㉒　見《晏子書錄》。

㉓　《漢書·藝文志》雜家類有《淮南內》二十一篇，《淮南外》三十三篇。清莊逵吉《淮南子·序》說：「《藝文志》本向、歆所述，是《淮南》內、外之稱，爲劉向所定。」

㉔　《漢書·藝文志》序稱，成帝時，劉向校書，「每一書已，向輒條其篇目，撮其指意，錄而奏之。會向卒，哀帝復使向子歆卒父業。歆於是總群書而奏其七略，故有六藝略，有諸子略，有詩賦略，有兵書略，有數術略，有方技略。今刪其要，以備篇籍。」（《漢書》卷三十）

㉕　從尙存的《別錄》遺文、佚文中可以看到，《戰國策》、《說苑》、《九師書》等書名是劉向所擬定。（分別見《戰國策書錄》、《說苑敍錄》、《初學記》二十一。）

㉖　如宋代陳景元說：「內七篇目，漆園所命名也。」（《南華眞經章句音義》卷一）清代林雲銘也說：「內篇是有題目之文，是莊子所手訂者。」（《莊子因·總論》）

㉗　清道光十五年李元春輯刊《青照堂叢書》，將《南華通》署名爲屈復撰，誤。

㉘　參見拙著《莊子歧解》（中州古籍出版社1988年版）內篇題解。

㉙　《漢書·儒林傳》：「世所傳百兩篇者，出東萊張霸。」《論衡·正說》：「孝成皇帝時，徵爲古文尙書學。東海張霸，案百篇之序，空造百兩之篇獻之成帝。」

㉚　《漢書·成帝紀》：「河平三年，光祿大夫劉向校中秘書。」

㉛　張衡反對讖緯，但並不排斥陰陽災異自有秩序之說。如他說：「且律歷卦候九宮風角，數有徵效，世莫肯學，而竟稱不占之書，譬猶畫工惡圖犬馬而好作鬼魅。」（《後漢書·張衡傳》）

㉜　見劉修明：《經、緯與西漢王朝》（載《中國哲學》第九輯）。

㉝　歷史上，對向秀、郭象《莊子注》的關係有兩種有所差別的記載。《晉

書·向秀傳》說郭於向《注》是「述而廣之」；《晉書·郭象傳》說郭
於向《注》是「竊以爲己注」。現代中國學術界對此亦有所討論、爭執
（分別見侯外廬等著《中國思想通史》第三卷和馮友蘭著《中國哲學史
新編》第四冊）。本書對此不作深論。《晉書》的兩處記述措詞雖有差
別，但皆可支持向《注》是郭《注》的基礎的論斷。

㉞ 有學者如馮友蘭，根據吉藏「《莊子》外篇云，『庖丁十二年不見全牛』
……」（《百論疏》卷上之上）和湛然「《莊子》內篇，自然爲本，如
云『雨爲雲乎，孰降施是？皆其自然』」（《輔行記》卷四十）之語，
認爲《莊子》至隋唐時仍無定本，內外篇之分亦不固定。此論與陸德明
所見相悖。要之，吉藏、湛然在這裡的引證可能記誦有誤。

㉟ 只有韓愈嘗疑《盜跖》、《說劍》非莊子所作。詳見下。

㊱ 見任繼愈：《莊子探源》一文（載《哲學研究》1961年第2期）。

㊲ 見周通旦：《關於〈莊子〉外雜篇和內篇的作者問題》一文（載《哈爾
濱師範學院學報》1961年1期）。

㊳ 見歸有光、文震孟：《南華眞經評注》引。

㊴ 見歸有光、文震孟：《南華眞經評注》引。

㊵ 見王先謙：《莊子集解·駢拇》引。

㊶ 語分別見《史記·莊子列傳》、《莊子·天下》。

㊷ 見馬其昶：《莊子故》引。

㊸ 「宰相」之名，又見《韓非子·顯學》和《呂氏春秋·制樂》。然而大
體言之，「宰相」一詞，秦以後方通行。

㊹ 羅氏此文發表在《燕京學報》39期（1936年），後收入《諸子考索》一
書。此前， 1930年日本學者武內義雄在《老子與莊子》一書中，將《莊
子》外、雜篇分爲五部分，分別歸屬於莊子弟子、莊子後學、別派所作。

㊺ 關氏此文發表在《哲學研究》1961年2期，後收入《莊子內篇譯解和批判》
一書。

㊻ 羅氏謂：以死爲至樂，不是莊子思想，而是老子思想（《老子》：「吾

所以有大患者，為吾有身；及吾無身，吾有何患？」）；《莊子》內篇
一提「無為」（按：實三次出現「無為」），《至樂》篇則暢論「無為」。

㊼　《心術》等《管子》四篇，郭沫若認為是宋尹學派所作（見《青銅時代，
宋鈃尹文遺著考》），裘錫圭、朱伯昆等認為是法家慎到、田駢學派所
作（見裘文《馬王堆＜老子＞甲乙本卷前後佚書與道法家》載《中國哲
學》第二輯，朱文《管子四篇考》載《中國哲學史論文集》第一集）。
本書後面將把《管子》四篇歸屬早期黃老之學而加以論述。

㊽　此論最早為錢穆所倡。就文體而言，錢氏認為，「詩、史、論，之三者
殆為文學進化自然之三級。結句成章，又間之以韻，此可謂韻化之論文，
其體頗見於《莊子》，而《荀子》益多有，《老子》則竟體以韻化之論
文成書也。」就文句而言，錢氏舉例說，《老子》的「道生一，一生二，
二生三，三生萬物」，就是語本《莊子·齊物論》「天地與我并生，萬
物與我為一，既已為一矣，且得有言乎，既已謂一矣，且得無言乎？一
與言為二，二與一為三，自此以往，巧歷不能得，而況其凡乎？」其它
如《老子》之「無有入無間」，「善行無轍迹」，「守中」，「益生」，
「芻狗」等也皆語本《莊子》。（見錢穆《再論老子成書年代》載《古
史辨》第六冊）

㊾　孫人和說：「《孟子·盡心》『子莫執中』，《尸子·廣澤》云『皇子
貴衷』，貴衷當即執中，皇子亦即子莫。『皇』蓋『莫』之異文（疑本
作『子皇』，涉上『墨子』、『孔子』，下『料子』而誤）。」（《子
莫執中考》，載《古史辨》第六冊）

㊿　顧實說：「料子即宋鈃。料古音讀如以，料與宋為幽冬陰陽對轉。古人
姓名，往往隨方言而轉，無一定之用字也。」（《莊子天下篇講疏》）
唐鉞說：「尸子云『料子貴別囿』，料子不見別的書，我疑心本來是『
宋子貴別囿』，後人注『鈃』於『宋』字右旁，輾轉漫漶，誤作『料子』。」（
《尹文和尹文子》載《古史辨》第六冊）

(51)　金德建說：「它嚚即范睢」。　（《先秦諸子雜考·荀子零箋》）

○52 王應麟《困學紀聞》引作「陽朱」。（《困學紀聞》卷十）

○53 《莊子‧徐无鬼》有「從說之則以金板六弢」，《則陽》有「季眞之莫爲，接子之或使」又有「容成氏曰，除日無歲，無內無外」，《外物》有「老萊子之弟子出薪」，云云，考爲學者認爲《漢志》所錄《接子》、《老萊子》、《容成子》等僞書端始於此。

○54 今通行本作「道通其分也，其成也毀也」，此據高山寺古抄本。

○55 見劉笑敢《莊子內篇早於外篇之新證》，載《文史》第十八輯。

○56 見譚戒甫《現存莊子天下篇的研究》，載《哲學研究》編輯部《中國哲學史論文初集》科學出版社1959年版。

○57 見嚴靈峰《老莊哲學‧論莊子天下篇非莊周自作》，臺灣中華書局1979年二版。

○58 見張恒壽：《莊子新探》第四章第四節。

○59 如荀子說：「聖也者，盡倫者也；王也者，盡制者也。故學者以聖、王爲師。」（《荀子‧解蔽》）

中編 莊子思想述評

在對莊子的生平和《莊子》一書作了一番考論，大體上闡明了這些問題的歷史狀況和解決程度後，我們轉入對莊子思想本身的分析。

《莊子》一書顯示的莊子思想，從自然到人生，從萬物的物質基始到宇宙的形而上的根源，涵蓋著廣闊的理論領域，跨越了漫長的思維歷程，為先秦諸子之首。《莊子》一書顯示的莊子思想，由「彷徨乎塵垢之外，逍遙乎無為之業」（《大宗師》）到「假道於仁，托宿於義」（《天運》），由鄙薄「弊弊焉以天下為事」（《逍遙遊》）到潛思「大聖之治天下」（《天地》），以及在形式上由寓言、神話的文學體裁到抽象議論的理論語言，也經歷了十分明顯的發展演變階段。但是，另一方面，在《莊子》中，這些理論內容是散亂的，這種發展階段也是缺乏自然的、明確的區分界線的。這主要是因為現存《莊子》的篇目劃分和章節排列沒有完全遵循、甚至可以說沒有真正發現莊子思想的理論性質和發展的邏輯次序。所以我們在下面對莊子思想的敘述和分析，就不再拘束於《莊子》內、外、雜篇這種外在的、人為的分割，而把《莊子》作為一個整體，從中發掘、整理出莊子學派的完整思想及其發展的邏輯。

莊子思想發源於對人的精神自由（「逍遙」）的追求。由這個源頭，莊子思想向兩個方向展開去。一個方向是對永恒的宇宙根源的熱列的探索，自由就是對它的歸依，與它同體；另一個方向就是對現實社會的冷峻的審視，自由就是對它的超脫，與它絕離。人生、自然、社會組成了莊子思想主要的、基本的方面。另外，莊子對社會的審視，對自然的思索和對人生自由的追求，雖與先秦諸子處在共同的社會文化環境中，卻表現出與他們不同的思維特色和語言特色，顯示出更為

廣泛豐富的經驗、知識背景。所以我們就從莊子的自然哲學、人生哲學、社會批判思想，莊子思想的認識結構、文學特質和古代科學背景等這樣的幾個方面，用這樣的框架，將《莊子》中那麼眾多的概念、範疇、命題、思想貫串起來，形成一種具有內在聯繫的觀念體系，在一種現代的觀念背景下來闡釋、復現莊子學派真實的、歷史的思想面貌。

第三章　自然哲學

　　莊子思想的核心是它的人生哲學。但它和儒家思想不同，它主要不是從社會的、倫理的角度，而是從更加廣闊的宇宙的、自然的角度來觀察人生的。莊子關於自然的基本概念、觀念和思想，是莊子在進行人生哲學思考時的思想元素、理論依據或邏輯前提。作為莊子思想中的最高範疇、也是莊子思想整體基礎的「道」，既不是從宗教觀念中，也不是從社會倫理道德觀念中，而是從自然哲學中推出的宇宙本體。所以，我們從莊子的自然觀開始對莊子思想全貌的分析是最為合適的，這是歷史和邏輯的統一。

　　莊子的自然哲學思想主要是由構成萬物基始的「氣」、萬物生成和存在形式的「化」、以及宇宙根源的「道」三個範疇組成。

一、構成萬物的基始──「氣」

　　思索構成萬物的基始，是古代哲學的起點，所以黑格爾在評論古希臘米利都派泰勒斯的「水是始基」時曾說：「哲學是從這個命題開始的。」（《哲學史講演錄》第一卷商務印書館1959年版，第186頁）古代哲學這種思索的基本特徵，正如恩格斯所說，是「在某種具有固定形體的東西中，在某種特殊的東西中去尋找這個統一。」（《古代的自然觀》，《

馬克思恩格斯全集》第二十卷，第525頁）中國先秦思想在莊子之前已經開始了對萬物基始的思索，並且大體上形成了兩個理論淵源和內容皆有不同的觀點：一是在對萬物作基本分類的「五行」說的基礎上，以其中之一的土或水爲構成萬物的基始的觀點。《國語·鄭語》記載史伯的言論「先王以土與金、木、水、火，雜以成百物」，《管子·水地》所謂「地者，萬物之本原，諸生之根菀也」，「水者何也？萬物之本原也，諸生之宗室也」，就是代表。一是在對自然狀態作基本分類的「陰陽」說基礎上而形成的以「氣」爲萬物基始的觀點。這一觀點在西周時就已經萌芽，如周幽王二年（公元前780年）西周發生地震，伯陽父對這件事作解釋說：「周將亡矣！夫天地之氣，不失其序。若過其序，民亂之也。陽伏而不能出，陰迫而不能丞，於是有地震。」（《國語·周語》上）《管子》中也有「有氣則生，無氣則死，生者以其氣」（《樞言》）的說法。「氣」論在這裡還停留在用「天地之氣」、「人之氣」解釋具體事物和現象這種比較簡單的、抽象的階段。莊子的「氣」論則把這一理論思索向前推進了一步。

1.「氣」是虛無的顯現

在莊子的自然觀中，「氣」是彌漫宇宙的普遍的存在，它的特質在於它本質是「虛無」，然而卻能顯現在具體事物的存在狀態中：

氣也者，虛而待物者也。（《人間世》）

在《莊子》中，「氣」在具體事物的存在狀態中的顯現是多樣的，屬於自然方面的，有「天氣」、「地氣」、「六氣」、「雲氣」、「春氣」等[1]；屬於人的方面的，有「人氣」、「血氣」、「志氣」、「神氣」等[2]。莊子雖然沒有對「氣」的性質作更多的、明確的說明，但從這些「氣」在具體事物存在狀態中的顯現的描述，仍可看出他是把天地間的季節風雨等自然現象和人的生理、心理狀態皆歸結爲「氣」的存在和「氣」的某種運動。這是莊子思想中對世界統一性的基本的理解，即確認人與自然之間有著某種一致和相通。

　　莊子認爲，「氣」在具體事物中的表現形態雖然多種多樣，但就其基本性質而言，卻只有兩種：陰與陽。如《莊子》寫道：

　　　　陰陽者，氣之大者也。（《則陽》）

　　　　陰陽之氣有沴，其心閒而無事。（《大宗師》）

　　　　自以比形於天地而受氣於陰陽。（《秋水》）

《莊子》中對「氣」的陰、陽二種不同性質也沒有明確的說明，但從「靜而與陰同德，動而與陽同波」（《天道》、《刻意》）、「以巧鬥力者，始乎陽，常卒於陰」（《人間世》）等的描述來看，在一般事物的存在狀態中，陽顯現剛強，陰顯現柔弱；在人的心理狀態中，陽顯現喜悅，陰顯現哀怨。這些看法當然都還屬於感性的直觀。

　　這樣，無論在自然的方面或人的方面，「氣」在具體事物中的顯現，最後都可以歸結爲陰陽的對立或合成。例如：

　　　　乘雲氣而養乎陰陽。（《天運》）

　　　　人大喜邪，毗於陽；大怒也，毗於陰。（《在宥》）

即是說，雲氣等自然現象中有陰、陽，心境中的喜怒哀樂情感也稟賦著陰陽之「氣」。由此可見，莊子「氣」論對世界統一性的基本理解實際上是認爲物質現象和精神現象有共同的起源。這一理解和古代原子論者認爲身體和靈魂都是由原子構成的觀點相似，而和現代唯物主義認爲世界統一性在於它的物質性的觀點有所不同。

2.「通天下一氣耳」

　　莊子認爲「氣」本身是虛無，根據它在具體事物的存在狀態中所顯現的性質不同，可以分爲陰、陽兩種。這是莊子「氣」論的基本的、靜態的內容。當運動的觀念進入後，莊子「氣」論就有了新的、更豐富的內容。

　　首先，莊子認爲陰陽這兩種性質對立的「氣」相互作用，天地原始的存在狀態就會發生變動，就要產生萬物：

　　　　陰陽錯行，則天地大絯。（《外物》）

至陰肅肅，至陽赫赫；肅肅出乎天，赫赫發乎地③，兩者交通成和而物生焉，或為之紀而莫見其形。（《田子方》）

陰陽相照相蓋相治，四時相代相生相殺，欲惡去就於是橋起，雌雄片合於是庸有，安危相易，禍福相生，緩急相摩，聚散以成，此名實之可紀，精微之可志也。隨序之相理，橋運之相使，窮則反，終則始，此物之所有。（《則陽》）

顯然，莊子「氣」論的萬物生成理論，作為人類早期的思想理論還是十分貧乏的，但它卻包含了這樣兩個在中國古代思想發展進程中具有重要意義的內容：第一，它用自然本身的，而不是自然以外的某種因素來解釋自然萬物乃至社會事件的生成，使得中國古代思想從殷周宗教觀念擺脫出來後獲得一個新的基礎或立足點；第二，它還提出了萬物生成過程的一個原則：陰陽「交通成和」，即兩種性質對立的「氣」，要有一種合乎秩序的相互作用，才能生成萬物。否則，如果是「陰陽之氣有沴」，「陰陽錯行」，就要導致人的病態，物的解體。就像「漩渦運動」原則是古希臘留基伯和德謨克里特的原子論解釋世界生成的支撐點一樣，「交通成和」的原則正是莊子「氣」論解釋萬物生成的支撐點；這一原則所指向和蘊涵著的朦朧、模糊的宇宙秩序或規律，正是此後中國古代科學和哲學不倦地追尋的目標。

其次，莊子還認為，正是「氣」的運動不息所表現出的萬物生成、發展、滅亡的過程，構成了宇宙的全貌。他以人的生死為例說：

察其始而本無生；非徒無生也，而本無形；非徒無形也，而本無氣。雜乎芒芴之間，變而有氣，氣變而有形，形變而有生，今又變而之死，是相與為春秋冬夏四時行也。（《至樂》）

由此，莊子得出一個重要結論——通天下一氣也：

生也死之徒，死也生之始，孰知其紀！人之生，氣之聚也；聚則為生，散則為死……故曰：通天下一氣耳。（《知北遊》）

莊子以虛無的、變動不居的「氣」為萬物基始的觀點，比起其先以固

定的、可感的土或水爲萬物基始的觀點，它的感性的、直觀的因素減弱了，理性的、思辨的成份增多了，從思想發展的邏輯來看，這是一個進展。

黑格爾在解釋爲什麼泰勒斯「水是始基」的命題是哲學的開端時說：「因爲借著這個命題，才意識到『一』是本質、眞實、唯一自在自爲的存在體。」（《哲學史講演錄》，第一卷商務印書館1959年版，第186頁）所以在今天看來，雖然古代哲學關於萬物基始的結論的科學意義已經完全消失了，但這種思索的哲學意義卻依然存在。世界統一性的、最後的實在，是哲學能夠否定但不能擺脫的問題，永遠會激勵和吸引著哲學思維。思想和文化領域內的事實多次表明，最初的、最簡單的問題，往往也是最複雜、最終的問題。

二、萬物生成和存在的形式——「化」

在先秦諸子中，莊子具有最明晰的運動變化的觀念，莊子稱之爲「化」。黑格爾說：「運動的本質是成爲空間和時間的直接統一；運動是通過空間而現實存在的時間，或者說，是通過時間才被眞正區分的空間。」（《自然哲學》，商務印書館1980年版，第58頁）所以在人的意識歷程中，運動觀念的產生必然潛行著、伴生著時空觀念。因此，莊子也有明晰的時空觀念，他稱之爲「宇宙」。在分析莊子的運動變化觀念之前，我們先來考察一下莊子的時空觀念。

1.莊子的時空觀念

從《莊子》中可以看出，莊子的時空觀念具有深淺不同的三個層次。首先，莊子簡單的、初級的時空觀念是對時空的感性直觀。《莊子》寫道：

> 吾在天地之間，猶小石小木之在大山也。（《秋水》）
>
> 天與地無窮，人死者有時，操有時之具而托於無窮之間，忽然無異騏驥之馳過隙也。（《盜跖》）

非常明顯，莊子在這裡基本上是以人的軀體的渺小、生命的短暫來觀感天地的廣遠、歲月的悠久，也就是說，是以感性的自我表象為尺度來量度時空的。

其次，是對時空的理智思辨。莊子時空觀念進一步發展的內容是對感性表象的超越，思索空間的無限和時間的無始。莊子想象在包孕著萬物的廣袤的天地之外，還有空無所有的「無極之野」，「無何有之鄉」：

> 厭則又乘夫莽眇之鳥，以出六極之外，而遊無何有之鄉，以處壙埌之野。（《應帝王》）
>
> 余將去汝，入無窮之門，以遊無極之野。（《在宥》）

這種超越天地之外的無限空間的存在，莊子不僅是出於想像，而且是憑借理智的由此及彼的推論，是憑借理智的深入思索：

> 計人之所知，不若其所不知；其生之時，不若未生之時；以其至小求窮其至大之域，是故迷亂而不能自得也。由此觀之，又何以知豪末之足以定至細之倪，又何以知天地之足以窮至大之域？（《秋水》）
>
> （戴晉人謂魏惠王）曰：「……君以意在④四方上下有窮乎？」
>
> 君曰：「無窮。」（《則陽》）

可見莊子的空間無限性的觀念是很明確的。當然這種無限性，用黑格爾的觀點來看，是一種「壞的或否定的無限性」（《小邏輯》，商務印書館1980年版，第206頁）《莊子》理解的「無限」是「至大不可圍」（《秋水》），所以它的理智推論進程，必然會呈現出黑格爾所說的那種「永遠不斷地規定界限，又永遠不斷地超出界限，而並未進展一步的厭倦性。」（《小邏輯》，第229頁）

莊子對時間的理智思索具有同樣的性質。莊子對時間作了結構性的區分——來世、往世、方今之時⑤，他超越個人有限生涯「方今之時」的表象，追尋時間的開始和終端，他發覺無法找到、也不存在這

樣的開始和終端：

> 吾觀之本，其往無窮；吾求之末，其來無止。（《則陽》）

但他在時間問題上的思辨進程也顯示出不斷超越界限而又毫無進展的「厭倦性」：

> 有始也者，有未始也者，有未始有始也者，有未始有夫未始有始也者。（《齊物論》）

可見，雖然時空無限性的問題已被莊子理智地意識到，但他依然是在離開感性的、直觀的認識不太遠的地方來解決的。這是很自然的，因爲時空性質問題，無論是在科學領域或哲學領域都是一個十分艱難的、至今仍然困惑著人類的智力和理性的問題。在科學領域，與歐幾里德幾何的平面空間相聯繫的牛頓絕對時空理論、與黎曼幾何的球面理論相聯繫的愛因斯坦相對論時空理論，以及正在興起的與拓撲幾何的扭曲空間相連繫的新的宇宙時空理論，科學家們用不同的方程式描述了這個問題，但並沒有在根本上回答這個問題。在哲學領域，具有代表性的是德國古典哲學所提供的三種類型的解決辦法。一是康德從認識能力方面的解決。他用「二律背反」證明這是經驗之外的、人的理性無法認識的問題。二是費爾巴哈從認識對象方面的解決。他認爲自然界或宇宙時空的開始和終端，是個不存在的問題：「自然從何而來呢？它是來自自身，它沒有始端和終端；世界的始端和終端，乃是人的表象。人，因爲自己在一定的時間始和終中，就也把這種表象從自己移到自然界。」（《費爾巴哈哲學著作選集》第上卷，三聯書店1962年版，第355—356頁）三是黑格爾從認識方法方面的解決。他認爲感性所觀察到的是世界有限性的聚集，而形而上學的「無限」，只是對有限事物（開端）的無窮否定。真正的無限應該是被辯證地理解爲總體中（「理念」）或過程中的有限和無限的統一。他說：「在表象中世界不過是有限性的聚集，但如果世界被理解爲普遍的東西，被理解爲總體，關於世界開端的問題也就立即不再存在了。」（《自然哲學》，商務印

書館版，第23頁）「真正的無限毋寧是『在別物中即是在自己中』，或者從過程方面來表述，就是：『在別物中返回到自己』。」（《小邏輯》，第207頁）哲學家雖然是從根本上回答了這一問題，但並不具體。似乎是，在理解時空無始無限的性質這個問題上，科學家表現的是誠實，哲學家表現的是機智。莊子的時代，還沒有這樣的科學和這樣的哲學，但他思考並提出了這個問題，這是他的偉大。

最後，是對時空的概念規定。莊子時代，表示空間和時間的抽象名詞或概念已經形成，叫做「宇宙」。比莊子稍早的尸子（尸佼）曾最早地對這一名詞加以解釋：

> 天地四方曰宇，往古來今曰宙。（《世說新語·排調》注）

尸子的解釋基本上是屬名詞釋義性質的，沒有揭示這一概念的本質特徵。莊子在對時空理智思辨的基礎上，對時間、空間的概念內容作了規定：

> 有實而無乎處者，宇也。有長而無本剽者，宙也。（《庚桑楚》）

這句話的意思，郭象《莊子注》解說的很清楚，也很準確：

> 宇者，有四方上下，而四方上下未有窮處。宙者，有古今之長，
> 而古今之長無極。（《莊子注·庚桑楚》）

非常明顯，莊子是用無限、無始來定義「宇宙」的，這比尸子對「宇宙」的解釋在內容方面要具體、充實很多了。但是它仍帶著我們在上面所指出的那種形而上學的局限性。因為這個定義顯示的理智特色基本上是把時空無始、無限當作是與有始、有限相對立的、雖然不能證明，但是卻可相信的形而上學的絕對；而不是理解為在世界整體和過程中的與有始、有限的辯證統一。然而在莊子自然哲學的宇宙最後根源的思想中，我們將看到這種統一。

2.莊子的變化觀念

黑格爾說：「時間和空間的本質就是運動。」（《哲學史講演錄》第一卷，第286頁）我們考察了莊子的時空的觀念之後，進而來分析他

的運動的觀念。我們發現，比起時空觀念，莊子的運動變化觀念（「化」）要深刻、豐富得多了。其主要內容有：

(1)「化」的普遍性與多樣性——「萬物皆化」與「萬化」 莊子認為在宇宙中存在的一個最普遍的現象、萬物間存在的一個共同的特點就是變化：

> 天地雖大，其化均也。（《天地》）

> 萬物皆化。（《至樂》）

莊子還認為宇宙或萬物間的變化，具有多種多樣的形態，他稱之為「百化」、「萬化」：

> 今⑥彼神明至精，與彼百化……（《知北遊》）

> 特犯人之形而猶喜之，若人之形者，萬化而未始有極也，其為樂可勝計邪！（《大宗師》）

莊子關於「化」的普遍性和多樣性的觀念，主要地、也是唯一地建立在「通天下一氣」觀點的基礎上的，因而他常常把這種存在於萬物間的「化」理解為、想像為、描寫為物與物間、物與人間無條件、無界限的自由轉化，是「萬物皆種，以不同形相禪」（《寓言》），例如：

> 北冥有魚，其名為鯤。鯤之大，不知其幾千里也。化而為鳥，
> 其名為鵬。（《逍遙遊》）

> 浸假而化予之左臂以為雞，予因以求時夜；浸假而化予之右臂
> 以為彈，予因以求鴞炙；浸假而化予之尻以為輪，以神為馬，
> 予因以乘之，豈更駕哉！（《大宗師》）

魚可以化為鳥，人之肢體可以化為雞、化為彈、化為輪……這種物與物、物與人之間無界限、無條件的自由轉化，莊子稱之為「物化」：

> 昔者莊周夢為胡蝶，栩栩然胡蝶也，自喻適志與，不知周也。
> 俄然覺，則蘧蘧然周也。不知周之夢為胡蝶與，胡蝶之夢為周
> 與？周與胡蝶，則必有分矣。此之謂物化。（《齊物論》）

《莊子》中的這類「物化」描寫還有很多，但基本上不外乎這樣三種

觀念成份：一是詭譎荒誕的寓言或神奇傳說；二是沒有證驗的、不確切的生活經驗；三是缺乏具體環節和思維過程的哲學洞察——「臭腐復化爲神奇，神奇復化爲臭腐」（《知北遊》）。

　　(2)「化」的共同歷程——「始卒若環」　莊子的運動變化觀念更深入一層的內容，是他認爲普遍存在的「化」的現象和多樣性的表現中，有著一種本質上的一致：

　　　　萬物皆種也，以不同形相禪，始卒若環，莫得其倫，是謂天均。
　　（《寓言》）

即是說，莊子認爲「萬化」的歷程，皆是循環。在《莊子》中，這一觀點有兩種不同方式的說明。一是抽象概念的表述：

　　　　泰初有無，無有無名；一之所起，有一而未形。物得以生，謂
　　　　之德；未形者有分，且然無間，謂之命；留動而生物，物成生
　　　　理，謂之形；形體保神，各有儀則，謂之性。性修反德，德至
　　　　同於初。同乃虛，虛乃大……與天地爲合，同乎大順。（《天
　　　　地》）

　　　　萬物云云，各復其根。（《在宥》）

莊子認爲萬物從無開始，經歷一、德、命、形、性諸階段後，又返回到虛無。莊子對萬物生成變化的過程的這種表述，雖然在形式上比較抽象，但在內容上卻是很具體、很豐富，它不再是對「化」的表面現象感性的描述，而是對「化」的內在過程的理智的思索。二是具體事實的說明：

　　　　種有幾，得水則爲䲅，……羊奚比乎不筍久竹生青宁，青宁生
　　　　程，程生馬，馬生人，人又反入於機。萬物皆出於機，皆入於
　　　　機。（《至樂》）

莊子這裡勾畫了一條由「幾」（最初的幾微），經物、到人，最後又返回「幾」的「物化」路程。他所根據的事實雖然是極爲模糊的和可疑的經驗或傳聞，但他的結論卻是明確清晰的思想：始卒若環。莊子

的這段言論曾受到近現代學者如胡適的特別重視，認為它涵蘊著進化論的思想⑦。這一論斷是不嚴肅的。莊子的這段言論的價值和意義，在於它作為整體，具體而生動地顯示著、證明著一種循環論的思想，如果割取它的任何一部分，則它就既不是事實，也沒有思想。莊子這段言論的理論性質在後面還將論及。

(3)「化」的動因──「自化」　莊子的變化的觀念的最深刻的內容是他對萬物運動變化的動因的看法。《莊子》寫道：

> 物之生也，若驟若馳，無動而不變，無時而不移，何為乎，何不為乎？夫固將自化。（《秋水》）

> 雞鳴狗吠，是人之所知；雖有大知，不能以言讀其自化，又不能以意其所將為。（《則陽》）

> 汝徒處無為，而物自化……無問其名，無闚其情，物固自生。（《在宥》）

可見，莊子雖然是很抽象地，但是卻是完全明確地認為萬物運動變化的動因存在於它自身之內。換言之，決定萬物存在形式和內在本性的那種原因，就是它自己，「天之自高，地之自厚，日月之自明」（《田子方》），萬物皆有其固然，「天地固有常矣，日月固有明矣，星辰固有列矣，禽獸固有群矣，樹木固有立矣。」（《天道》）然而，在莊子看來，這個「自化」又是我們所不能認識的。人們能普遍地感知到「萬物以不同形相禪」，但睿智之人也不能解釋雞鳴狗吠的緣由、動因。「化其萬物而不知其禪之者」（《山木》），人們感知「萬化」，而「萬化」之由──「自化」卻潛藏在萬化帷幕之後，不能為人們所認識。在不太嚴格的意義上說，莊子這裡對運動（「化」）的觀察，很相似康德對作為理性認識對象之一的「世界」的觀察。

我們將會看到，「自化」在莊子思想中是一個非常重要的觀念基礎。「自化」本身明顯地意蘊著對必然和規範的否定傾向，所以它是我們在後面將要論述的莊子人生哲學的自由觀、社會思想的無為論的

自然觀依據。

　　莊子以「自化」來解釋萬物運動的最後動因，當然還是很抽象、很模糊的，但是能夠更加深刻和正確地回答萬物運動這一問題的科學和哲學條件，對於古代思想家來說是不存在的。在這裡，我們將莊子和古希臘哲學家亞里士多德加以比較是饒有興味的。亞里士多德在《形而上學》一書中批評原子論者沒有說明運動的原因，他提出一個「第一動因」作爲萬物運動的開始。對於亞里士多德來說，這是合乎邏輯的。亞里士多德認爲運動和時間一樣是連續性的，在宇宙事物的運動系列中，找不到一個事物是推動他事物運動而自己是不被另事物推動者。所以，亞里士多德只好在這個運動系列之外設定一個不動的第一推動者——「永恒不變動本體」⑧。從科學的角度和歷史的事實來看，亞里士多德的這個設定爲自然哲學的發展所提供的理論因素等於零，但對宗教哲學的意義卻極大。例如13世紀的托馬斯就是援用這個觀點爲上帝的存在進行了新的哲學論證，從而完成了以柏拉圖思想爲理論基礎的教父哲學到以亞里士多德思想爲理論基礎的經院哲學的轉變。莊子所考察的也是一個連續的、而且是循環的運動系列，但是他巧妙地把這個運動的「驅動者」，設定在運動系列自身之中——「自化」。這樣，也就否定了宇宙事物的運動有一個推動者的存在。正是在這裡，莊子自然哲學中的「自化」觀點的理論意義超出了莊子思想本身範圍，它和儒家倫理思想中的「爲仁由己」（《論語·顏淵》）的觀點，共同地和自然地築成了中國傳統思想中防範宗教的、主宰世界的神或上帝觀念越入的觀念屏障。

三、宇宙的最後根源——「道」

　　莊子自然哲學的思想歷程，在經歷了思索構成萬物的基始、認識萬物存在的普遍形式後，跨進了更加深入的、超越感性的對宇宙最後根源的追尋的階段。這個最後的根源，莊子稱之爲「道」。

1.「道」的多種涵義

在眾多的概念、觀念、命題交織的莊子思想中，最突出的、頻繁出現的就是關於「道」的概念、觀念和命題。粗略統計，《莊子》中「道」字出現三百二十多次。這些「道」字具有不同層次上的多種涵義：

語言學意義上的「道」　《莊子》中語言學意義上的「道」字，是指涵義簡單明確的作名詞用的「道路」和作動詞用的「言說」。例如：

> 道行之而成，物謂之而然。（《齊物論》）
>
> 彼其道遠而險（《山木》）
>
> 老子中道仰天而嘆曰（《寓言》）

顯然，這些「道」字是道路的意思。又如：

> 凡事若小若大，寡不道以懽成。（《人間世》）
>
> 稱道數當，故無擇稱之。（《田子方》）
>
> 道堯舜於戴晉人之前，譬猶一吷也。（《則陽》）

這些「道」字則是言說的意思。凡此⑨，皆是語言上的簡單詞素，沒有思想內容，所以不是我們考察的對象。

哲學意義上的「道」　作為比較寬泛的哲學意義上的「道」，是指一種概念或範疇。但是，在《莊子》中，在此意義上或範圍內的「道」又有不同的涵義。例如《知北遊》開篇有這樣三句問話：

> 知謂無為謂曰：「予欲有問乎若：何思何慮則知道？何處何服
> 則安道？何從何道則得道？」

這三句問話用了四個「道」字；而這四個「道」字就有四種不同的涵義：道理、行為準則、方法、境界。可見，有必要把《莊子》中寬泛的哲學意義上的「道」，按其內容的差別，再加以不同的區分。概括言之，可區分為三：

⑴含有具體內容的「道」　《莊子》說：「何謂道？有天道，有

人道。」（《在宥》）所以在《莊子》或莊子思想中，含有具體內容的「道」，首先就是「天道」，即自然界的內在秩序、萬物的固有之理。《天運》篇有則孔子求「道」的故事：

> 孔子行年五十有一而不聞道，乃南之沛見老聃。老聃曰：「子來乎？吾聞子，北方之賢者也，子亦得道乎？」孔子曰：「未得也。」老子曰：「子惡乎求之哉？」曰：「吾求之於度數，五年而未得也。」老子曰：「子又惡乎求之哉？」曰：「吾求之於陰陽，十有二年而未得。」……

這裡的「度數」、「陰陽」，都是自然界的秩序，都是「天道」。《達生》篇也有一則孔子問「道」的故事。說孔子在呂梁岸邊遊玩，見一善游泳的人，問他「蹈水有道乎？」答曰：

> 亡，吾無道。吾始乎故，長乎性，成乎命，與齊俱入，與汨偕出，從水之道而不為私焉，此吾所以蹈之也。

這裡的「水之道」，也就是指水所固有的本性。這種本性也就是萬物各自具有的固然之理，「萬物有成理而不說」（《知北遊》）。所以在《莊子》中，含有具體內容的「道」，就其自然方面來說，就是自然界的萬物之理，因而，「知道者必達於理」（《秋水》）。

其次，《莊子》中含有具體內容的「道」，還指社會的法則、規範，也就是所謂「人道」。例如：

> 天下有道，聖人成焉；天下無道，聖人生焉。（《人間世》）
> 由是觀之，世喪道矣，道喪世矣。（《繕性》）
> 論先王之道而明周、召之迹。（《天運》）
> 宗廟尚親，朝廷尚尊，鄉黨尚齒，行事尚賢，大道之序也。（《天道》）

顯然，這裡是把符合某種社會制度的政治原則、倫理秩序和行為規範稱為「道」，這和上面所說的是自然萬物的本性和內在秩序的「道」，共同構成了《莊子》中「道」的具體的內容。

⑵作為抽象的思想形式的「道」　《莊子》中這種意義上的「道」，是指擺脫了作為自然或社會的某種內在秩序、法則的體現、表徵的那種具體內容，而具有被哲學認識論考察價值的那種純粹的、抽象的思想形式，即真理和方法的意思。例如《莊子》寫道：

> 學道不倦。（《應帝王》）

> 曲士不可以語於道者，束於教也。（《秋水》）

顯然，這裡的「道」是道理、真理的意思。此外，作為思想形式的「道」還有道術、方法的涵義。例如：

> 鄭有神巫曰季咸，知人之死生存亡……列子見之而心醉，歸，以告壺子，曰：「始吾以夫子之道為至矣，則又有至焉者矣。」（《應帝王》）

> 純粹而不雜，靜一而不變，惔而無為，動而以天行，此養神之道也。（《刻意》）

在這些觀點和命題裡，作為哲學概念的「道」，其內涵都不是自然的秩序、規律或社會的規範、法則這樣的具體內容，而是這些規律、法則所具有的共同的思想形式——道理方法等。在《莊子》中，「道」從具有體現、涵蘊規律、法則等具體內容的概念，到作為純粹思想形式的概念，表面上看來，似乎是趨向貧乏、乾枯的一種蛻化，實際上，是思維抽象程度增高的一種進步。「天道遠，人道邇」（《左傳》昭公十八年）是子產時代就有的命題，所以把「道」理解為某種具體的自然內在秩序和社會規範的思想觀念，在莊子以前就已經有了。莊子的貢獻在於他使「道」從其所依附的具體內容中擺脫出來，成為純粹的思想形式，成為具有獨立地位的哲學認識論中的基礎的概念、範疇。黑格爾曾說：「只有當思想本身被認作基礎、絕對、一切其它事物的根本時，才算得有了哲學。」（《哲學史講演錄》第一卷第89頁）黑格爾作為一個徹底的客觀唯心主義者，他的這個觀點難免帶著他的哲學立場、他的思想習慣所產生的絕對化的偏見，但是，對思想本身的思考

和認識無疑要比對自然、社會的思考和認識晚得多，艱難得多。因此，黑格爾在他的《哲學史講演錄》中，對每一個把思想本身作為考察對象的哲學家或哲學觀點都要讚嘆一番。黑格爾對中國哲學知道的太少，太粗糙，他對中國哲學作了幾乎是虛無的評價。他根本不知道莊子，事實上，莊子是完全值得他讚嘆的。

(3)具有總體內容的「道」　《莊子》中還有一類涵義更加廣泛的「道」。這種「道」在內涵上總括了、涵蓋了自然秩序和社會法則這兩個方面的內容，如「以道觀言而天下之君正，以道觀分而君臣之義明，以道觀能而天下之官治，以道泛觀而萬物之應備」（《天地》），就是這樣性質的「道」；在形式上，它是一種更為純粹的、抽象的思想形式，所謂「大道不稱」（《齊物論》），「道不當名」（《知北遊》）。我們稱之為總體內容的「道」。在《莊子》中，具有這種總體內容的「道」經常是指宇宙萬物的最後根源和人的精神或道德的最高境界。例如：

　　道通為一。（《齊物論》）

　　形非道不生。（《天地》）

　　精神生於道。（《知北遊》）

　　夫道，覆載萬物者也。（《天地》）

　　夫道，於大不終，於小不遺。（《天道》）

顯然，《莊子》中的這些「道」，都是作為是世界萬物和精神的統一的、最後根源來理解的。《莊子》還寫道：

　　古之真人……登高不慄，入水不濡，入火不熱，是知能登假於道者也若此。（《大宗師》）

　　相造乎道者，無事而生定。（《大宗師》）

　　吾願君去國損俗，與道相輔而行。（《山木》）

　　夫道，淵乎其居也，漻乎其清也⑩。（《天地》）

　　苟得於道，無自而不可。（《天運》）

這裡的「道」則是指一個人能夠通過某種認識和修養途徑，一旦對作為宇宙根源的「道」有所體悟而達到的「無自而不可」的、「定」的精神境界。

總之，《莊子》中寬泛的哲學意義上的「道」有三類六種不同涵義，這些不同的涵義，構成了莊子思想的概念基礎和內容的主要方面。在本書中，前四種我們一般是作為概念來加以理解和運用的，後兩種，我們則是分別作為莊子自然哲學和人生哲學的最高範疇、作為莊子思想的核心觀念來加以考察和分析的；而在莊子的認識論中，「道」的具體內容和總體內容又是作為構成認識的不同階段的理論思維對象來考察分析的。

2.作為宇宙最後根源的「道」

在瀰漫著、充斥著宗教觀念和思想習慣的古代，從對某種超自然力量的信仰中，直接地轉化為、滋生出萬物根源的觀念是很自然的、輕而易舉的。在這樣的時代裡，從由對自然界萬物和現象的感性表象、理智思索，進而超越感性形成一種明確的和超自然力量相對立的、理性的萬物根源的觀念，卻是相當艱難的。莊子自然哲學的最高範疇，作為宇宙根的「道」的觀念，就帶有這個時代的明顯的烙印——它形成的艱難性和形態的超理性⑪特徵。

(1)莊子的「本根」哲學觀念的形成　宇宙萬物最後根源的哲學觀念，在莊子那裡有一個形成過程。如前所述，莊子自然哲學的「通天下一氣也」、「萬物固將自化」這兩個基礎觀念，使得世界統一性和萬物運動動因的問題在莊子那裡能夠得到一種高於感性的理智的解釋。但是，「自化」是一種無解釋的解釋，周延但不具體。紛繁的自然現象和社會事實總是在十分有力地吸引莊子去探尋、體悟在「氣」的萬化後面比「自化」更深的根源。於是，莊子的自然哲學就在「氣」、「化」的感性直觀的基礎觀念上向理性的根源觀念發展。在先秦思想中，正是在莊子這裡，唯一地，然而也還是十分模糊地看到從世界統

一性觀念上升到世界根源性觀念的思想軌迹。

　　從《莊子》中可以看到，莊子對宇宙萬物根源的觀念萌芽，開始於對「萬物」的原由、主使的意識。《莊子》寫道：

> 天其運乎？地其處乎？日月其爭於所乎？孰主張是？孰維綱是？孰居無事推而行是？意者有機緘而不得已邪？意者其運轉而不能自止邪？雲者爲雨乎？雨者爲雲乎？孰隆施是？孰居無事淫樂而勸是？風起北方，一西一東，有上彷徨，孰噓吸是？孰居無事而披拂是？敢問何故？（《天運》）

顯然，對於這些問題用「自化」、「天之自高，地之自厚，日月之自明」（《田子方》）來回答，已經不能滿足其所蘊涵的理智追求。實際上，「自化」是對統一性的一種削弱和否定；而莊子卻是在尋求萬物自化之共同根源的那種更加普遍的統一性：

> 日夜相代乎前而莫知其所萌。已乎，已乎！旦暮得此，其所由以生乎！（《齊物論》）

莊子思索的步履在這裡可能停留了很久，他感到十分艱難，但終於從社會的、人的事實中體悟到這種更加普遍的作爲共同根源的統一性是肯定存在的，只是難以捕捉到它。他說：

> 非彼無我，非我無所取，是亦近矣，而不知其所爲使。若有眞宰，而特不得其朕。可行已信，而不見其形，有情而無形。百骸、九竅、六藏，賅而存焉，吾誰與爲親？汝皆說之乎？其有私焉？如是皆有爲臣妾乎？其臣妾不足以相治乎？其遞爲君臣乎？其有眞君存焉？如求得其情與不得，無益損乎其眞。（《齊物論》）

可見，莊子是從社會生活中的君臣駕馭現象和人的生理心理活動中器官肢體被「眞宰」支配的事實，經驗地推測萬物不可能「皆爲臣妾」，也不可能「遞相爲君臣」，而必有作爲主使者的「眞宰」或「眞君」存在。然而，這個「眞宰」、「眞君」是「有情而無形」，顯現事實，

卻不見形體，所以「眞宰」、「眞君」不是感知的對象；甚至「如求
得其情與不得，無益損乎其眞」，即使不見顯現的事實，也可斷定「
眞宰」、「眞君」是存在的。所以，「眞宰」、「眞君」也不是理智
推理的對象，它是理性在對世界一切已存和現存現象的總括認識基礎
上而形成的對世界最高的統一性或萬物的最後（最初）根由的超理性
的、溶進了人生經驗的體悟。在《莊子》中，這種理性的思考對象，
慢慢就由「宰」、「君」這樣感性色彩比較重的、概括面很窄的具體
表象，過渡到「本根」這樣比較抽象的、但更具有總體性的表象，最
後成爲宇宙根源的觀念：

> 今彼神明至精，與彼百化，物已死生方圓，莫知其根也。扁然
> 而萬物自古以固存，六合爲巨，未離其內；秋豪爲小，待之成
> 體。天下莫不沈浮，終身不故；陰陽四時運行，各得其序，惛
> 然若亡而存，油然不形而神，萬物畜而不知。此之謂本根，可
> 以觀於天矣。（《知北遊》）

可見，莊子的萬物最後根源的觀念（「本根」），是一種超越感性認知
和理智推求的關於某種世界總體、永恒的實在的思想觀念，是在莊子
那個時代的科學水平和理論思維水平的基礎上產生的最高的哲學意識。

　　(2)莊子的作爲根源的「道」的觀念的形成　如果說莊子由明確的
世界統一性觀念（「通天下一氣」）上升到世界根源性觀念（「此之
謂本根」）曾經經歷了相當艱難的思想歷程，那麼，尋找、提煉一個
概括根源性觀念的哲學概念、範疇也經歷了從「天」到「道」的抽象
程度不同的幾個階段。試列圖表如下：

最 後 根 源 的 形 象 描 述		最 後 根 源 的 抽 象 表 述	
名　　稱	典 型 的 描 述 語 句	名稱	典 型 的 表 述 語 句
天	天與之形。（《德充符》）	道	道與之貌。（《德充符》）

	不以人助天。（《大宗師》）		不以心捐道。（《大宗師》）
地（大塊）	夫大塊載我以形，勞我以生，佚我以老，息我以死。（《大宗師》）	道	夫道，覆載萬物者也。（《天地》）
			神生不定者，道之所不載也。（《天地》）
造物	予方將與造物者爲人，厭則又乘夫莽眇之鳥，以出六極之外，而遊無何有之鄉，以處壙埌之野。（《應帝王》）	道	與道徘徊。（《盜跖》）
			吾願去君之累，除君之憂，而獨與道遊於大莫之國。（《山木》）
一	將磅礴萬物以爲一。（《逍遙遊》）萬物皆一。（《德充符》）通於一而萬事畢。（《天地》）	道	道通爲一。（《齊物論》）君子通於道之謂通。（《讓王》）
	我守其一。（《在宥》）能抱一乎。（《庚桑楚》）		循道而趨。（天道）與道相輔而行。（山木）
「道」的表象描述	吾師乎，吾師乎！䪠萬物而不爲義，澤及萬世而不爲仁，長於上古而不爲老，覆載天地刻雕衆形而不爲巧。（《大宗師》）	「道」的概念規定	夫道，有情有信，無爲無形，可傳而不可受，可得而不可見……長於上古而不爲老。（《大宗師》）
	六合爲巨，未離其內；秋毫爲小，待之成體。（《知北遊》）		夫道，於大不終，於小不遺。（《天道》）
	惛然若亡而存，油然不形而神，萬物畜而不知。（《知北遊》）		道者，萬物之所由也。（《漁父》）

從圖表所顯示的橫的方向看，具有感性表象性質的概念「天」、「地」、「造物」、「一」等，總是和抽象的概念「道」對應，這表明它們具有根源的涵義，是作爲根源的「道」的概念形成前，莊子用來描述宇宙根源的詞語。這大體是莊學早期的現象。所以在這個方向上，在不太嚴格的意義上說，顯示了莊學前後期理論概念的差異。莊子是個浪

漫氣質的哲人，他的文字具有明顯的文學特質，理論概念總是具有形象性，模糊，但豐滿。莊子後學拘謹得多，文字多是淺明的議論和單調的記述，理論概念明確，但簡單。從圖表所顯示的縱的方向看，它是這些具有根源性質的不同概念的感性表象逐漸消弱，理性抽象逐漸增強的過程，即從一個沒有具體規定的普遍性表象，到一個有了具體的、明確的內涵規定的根源性概念。也是在不太嚴格的意義上說這個方向顯示的是莊學的理論思維的連續發展。

(3)莊子的「道」的根源性內涵　從《莊子》中可以看到，莊子學派對「道」的根源性的理解，或者說對「道」的根源性內涵的規定，可以歸納爲：第一，自本。顧名思義，所謂根源，必然是最初的、唯一的原因，而不能是任何一種結果。所以作爲根源的「道」的首要性質，必須是自本自立的，即自己就是自己的原因。《莊子》中「夫道……自本自根，未有天地，自古以固存」（《大宗師》），就是對「道」的這種性質的明確規定。第二，周遍，作爲宇宙根源的「道」的周遍性，就其內容來說，它就是世界的一切、總體，無所不是。如《莊子》所說：「夫道，於大不終，於小不遺，故萬物備，廣廣乎其無不容也，淵淵乎其不可測也」（《天道》），「吾知道之可以貴，可以賤，可以約，可以散，此吾所以知道之數也」，即「所謂道……無所不在」（《知北遊》）。就其形式上來看，它就是唯一、整體，無可益損。亦如《莊子》所寫：「道通爲一。其分也，成也；其成也，毀也。凡物無成與毀，復通爲一」，「道未始有封」（《齊物論》），「若夫益之而不加益，損之而不加損……此其道與！」（《知北遊》）第三，主宰性。作爲根源的「道」的主宰性，就是「道」生萬物。這一點在《莊子》中表述得是很明確的，如「夫道……神鬼神帝，生天生地」（《大宗師》），「道與之貌，天與之形」（《德充符》），「形非道不生，生非德不明」（《天地》）。但是，這裡「道生萬物」的主宰性，並不意味「道」是一種具有創造意志的實體或主體，而是意指「道」是

萬物自然發生的源頭。如《莊子》中所說「泰初有無，無有無名，一之所起，有一而未形，物得以生」（《天地》），「夫昭昭生於冥冥，有倫生於無形，精神生於道，形本生於精，而萬物以形相生」（《知北遊》），其「道」或「一」都正是這樣的涵義。另外，《莊子》所謂「天不得不高，地不得不廣，日月不得不行，萬物不得不昌，此其道與」（《知北遊》），「且道者，萬物之所由也，庶物失之者死，得之者生；爲事逆之則敗，順之則成」（《漁父》），其中「道」的意思顯然是指萬物以其所固有的那種樣態和性質存在的依據。這也是「道」的主宰性的一種涵義。所以，在《莊子》中作爲根源的「道」的主宰性，本質的涵義是萬物的源始或內在根據，是自然哲學的概念，而不是超自然和超人的具有創造意志的宗教哲學的概念。第四，超越性。作爲根源的「道」的超越性，主要是指「道」不是某種實體，而是關於世界萬物總體或整體的實在性的那種狀態，因而不具有時空形式。換言之，也就是具有超越時空囿限的性質。如《莊子》中寫道：「夫道……在太極之先而不爲高，在六極之下而不爲深，先天地生而不爲久，長於上古而不爲老」（《大宗師》），「夫道未始有封」（《齊物論》），「道無終始」（《秋水》），等等。其次，既然「道」不具有時空形式，因而也就不能爲我們的感覺器官所感知和理智所認識，具有超越理性思維的性質而只能被體悟。《莊子》中「夫道……可傳而不可受，可得而不可見」（《大宗師》），「大道不稱」（《齊物論》），「道不可聞，聞而非也；道不可見，見而非也；道不可言，言而非也。知形形之不形乎！道不當名」（《知北遊》），等等，都正是對「道」的這種性質的明確表述。

黑格爾在《哲學史講演錄》中評價前蘇格拉底的希臘哲學的理論成就時曾說，「始基」、「根源」等無疑是古代哲學家的思想觸角已經開始探觸到的問題，但是，「古代哲學家們眞正只達到這一點，看起來成就好像並不太多。普遍者是一個貧乏的規定，每個人都知道普

遍者，但是卻不認識普遍者之爲本質。思想誠然已達到了感性事物的不可見性（達到了超感性的東西），但沒有達到積極的規定性，而只達到一個沒有賓詞的絕對者或單純的否定者，只是達到了今天一般的見解的地步，而沒有達到把絕對設想爲有積極性內容的普遍者」（《哲學史講演錄》第一卷第373—374頁）。《莊子》中對作爲根源的「道」的性質作了明確而豐富的規定。根據這些規定，莊子的作爲根源的「道」，不僅是一種超越感性的對象，而且是超越形而上學理智的對象，即是一種需要辯證理性或理性直觀（超理性）才能把握的對象。這些都表明，莊子思想已經超出了普遍者「沒有賓詞」的那個古代哲學發展階段。

也是在《哲學史講演錄》中，黑格爾在介紹了芝諾的四個關於運動的辯證法（悖論）後，將其和康德相比說：「康德的『理性矛盾』比起芝諾在這裡所業已完成的並沒有超出多遠。大體上他們的原則是相同的，即『意識的內容只是一個現象，沒有眞的東西。』但兩者也有一個區別：在康德看來，乃是精神的東西摧毀了這個世界；但照芝諾看來，這個世界、現象界本身就是不眞的。」（《哲學史講演錄》第一卷第293頁）在這裡，我們似乎也完全可以按照這個批評格式把莊子和黑格爾加以類比：黑格爾的「絕對理念」比起莊子的「道」業已完成的並沒有超出多遠。他們都是把這個宇宙的絕對的普遍者看成是「絕對的全體」、「無限的整體」，「是一切事物的絕對的無條件的根據」（《小邏輯》第109頁），「是終極的東西，眞正的開端」（《自然哲學》第28頁）。但是，兩者也有一個很大的區別：「道」總是在宇宙事物中作孤立的、一次性的完成的顯現，而「絕對理念」則是在宇宙事物的邏輯的、辯證的連續發展中顯現。如果說黑格爾把「絕對理念」的本質定義爲過程——「理念本質上是一個過程」（《小邏輯》第403頁），那麼，莊子就要把他的「道」的本質定義爲唯一——「道通爲一」（《齊物論》）。因此在某種意義上說，莊子的「道」更可以

斯賓諾莎的「實體」來作注解。斯賓諾莎的「實體」，按照黑格爾的準確的理解來說，就是「一個不可分離的總體，沒有一個規定性不包含並消解於這個絕對物之中」（《邏輯學》下卷，商務印書館版，第187頁）。

3. 莊子本體論最高範疇「道」的思想史意義

莊子自然哲學最高的、作爲世界萬物本根的「道」的範疇，具有重要的思想史意義。

(1)先秦思想中第一個具有本體論意義的哲學範疇　在莊子以前，中國古代思想對於世界萬物最後根源、原因等的思索大體上經歷了兩個階段。最初，是一種可以稱之爲表象的、感性的階段。在這個階段，世界根源的問題還不是作爲世界的本質這樣一個理性的哲學問題提出來的，而是作爲世界的創造者、主宰者這樣本質上是宗教意識的問題提出來的。殷人的「帝」的觀念和周人的「天」的觀念都蘊涵著世界萬物創造者的觀念。例如，從殷墟卜辭中可以看到殷人把一切自然現象的發生都歸之於「帝」的操縱：

帝令雨足年？帝令雨弗其足年？（《卜辭通纂》三六三）

帝其降堇。（同上，三七三）

從金文和《周書》中則可以看到周人認爲殷周之際的鼎革是「天」的意志：

丕顯文王，受天有大命……故天翼臨子，法保先王，有四方。（《大盂鼎》）

天惟式教我用休，簡畀殷命，尹爾多方。（《周書·多方》）

這些觀念的形態都比較粗糙、簡單，基本上是將從人世生活中獲得的感性表象向自然界推移、放大，而不是對這種表象的提高、超越。

其次，是分析的理智的階段。在這個階段，表象的感性被突破，一種存在於事物內部、事物之間的秩序性、必然性關係被發現，所謂「天道」、「人道」的觀念被提了出來。例如子產說「天道遠，人道邇」（《左傳》昭公十八年）。「天道」、「人道」是什麼？從秦漢典

籍的記述中可以找到明確的回答：

> 齊有彗星，齊侯使禳之。晏子曰：「無益也，祇取誣焉。天
> 道不諂，不貳其命，若之何禳之。」（《左傳》昭公二十六年）
>
> 親親、尊尊、長長，男女之有別，人道之大者也。（《禮記·
> 喪服小記》）

非常明顯，「天道」、「人道」分別是指自然的法則和社會的政治倫
理原則。規律和法則等等，誠然是事物存在的根據，但是，它只是理
智對事物現象的分析、綜合的對象和思想形式，還不是辯證理性或理
性直觀（超理性）對世界整體把握的對象和思想形式。所以在這一階
段，世界根源的問題，仍然不是作爲揭示世界最後本質的哲學本體論
問題提出來的，而是對作爲這種本體外現的秩序性、規律性的建構的
認識問題提出來的。

　　在中國先秦思想中，對世界最後根源這一本體論問題的思索的最
後一個階段，可以稱之爲理性的直觀（超理性）階段。在這一階段，
《莊子》中經過艱苦的思索而形成的「道」的觀念，才眞正具有這種
哲學本體論範疇的性質⑫。在《莊子》中，「道」的觀念的基本特色，就
其內容來說，它是涵蓋自然與社會的總體概念，它將被理智分裂的「
天道」、「人道」統一起來，「道通爲一」；「道」可以「觀言」、
「觀分」、「觀能」，也可以「汎觀」萬物（《天地》）；「偶而應
之，道也」（《知北遊》），即「道」是一切的根據、本源。就其形式
來說，它「無爲無形」（《大宗師》），「不稱」、「不名」（《知北
遊》），超越規律、法則這些可以被理智用邏輯的分析、綜合來把握
的對具體事物的認識，而是一種只有理性直觀（體悟）才能把握卻又
無法表達的關於世界總體實在的觀念。當然，在辯證理性（辯證法）
中還是可以找到一種對世界總體或絕對的表達方法。例如黑格爾對他
自己的「絕對理念」就有很簡潔的、確切的表述：「絕對理念的內容
就是我們迄今所有的全部生活經歷。」（《小邏輯》，第423頁）此外，

他在論及柏拉圖的「理念」時，對「絕對」也有個簡單的準確的表述：「一般講來，絕對被理解爲『有』與『無』的統一，『一』與『多』的統一。」（《哲學史講演錄》第二卷第204頁）總之，如果說，世界的最高本質、絕對無待的宇宙最後根源是古代哲學探索的頂峰，那麼，在中國古代，則是莊子最先運用一種特殊的、超理性的方法——通過精神修養實踐而形成的對世界總體實在的體認——登上了這個哲學頂峰。

(2)和「仁」共同構成中國哲學的完整境界　黑格爾在《哲學史講演錄》中評價蘇格拉底時說：「在古代哲學中，蘇格拉底的突出貢獻，就是他建立了一個新的概念，亦即把倫理學加進了哲學，而過去哲學是只考察自然的。」（《哲學史講演錄》第二卷，第42頁）如果我們把古希臘哲學這個歷史發展理解得簡單化、粗線條一些，那麼，這就是說，在古希臘的哲學發展中，蘇格拉底是個轉機，從他那裡開始（當然，在他以前，如在阿那克薩戈拉的「心智」裡，就存在了這種轉機），哲學由主要是對自然的思索，轉向了、或者說增加了對人自身的思索。在中國先秦哲學思想的發展中，在莊子身上也體現了、實際發生了一種理論主題或理論方向的轉變；不過，這是一種和古希臘哲學理論主題運動方向相反的轉變：由只考察社會，轉向了、增加了考察自然。

在莊子時代，中國先秦思想中一個比較完備的社會倫理哲學思想體系已經初步形成，這就是儒家孔子學說。孔子學說的基本的、中心的範疇是「仁」。《論語》中的「仁」也是有深淺不同的多種涵義，但最根本的、最主要的涵義有二：首先，「仁」是指社會倫理綱常。《論語》記載：

　　子曰：「克己復禮爲仁」。（《論語·顏淵》）

　　有子曰：「……孝弟也者，其爲仁之本與。」（《論語·學而》）

孔子所謂「禮」，就是西周時代以宗法制度爲基礎形成的社會倫理秩序和階級制度，「君臣、上下、父子、兄弟，非禮不定」（《禮記·

曲禮》），「在禮，家施不及國，民不遷，農不移，工賈不變」（《左傳》昭公二十六年）。所以，孔子的「克己復禮爲仁」，即是認爲「仁」就是踐履社會倫理，因而孝弟是「爲仁之本」。其次，「仁」也是指個人的道德修養。《論語》記載：

> 子張問仁。子曰：「能行五者於天下爲仁：恭、寬、信、敏、惠。恭則不侮，寬則得眾，信則人任焉，敏則有功，惠則足以使人。」（《論語‧陽貨》）

> 仲弓問仁。子曰：「己所不欲，勿施於人。」（《論語‧顏淵》）

這表明，「仁」也是一個人待人接物的態度，一個人在社會生活中的品德修養。所以，完全可以說，儒家孔子的「仁」的範疇所概括涵蓋的主要是社會生活的內容。儒家學說主要是致力於探索和推進倫理道德的實踐。孔子「不語怪力亂神」（《論語‧述而》），孔子說「未知生，焉知死」（《論語‧先進》）。可見，對於自然的思索和永恒的追求，都是爲孔子所淡泊的。這在一方面來說，是孔子生活態度的積極和健康；但另一方面，也不能不是他的學說中的缺弱。

莊子思想或學說正是在這兩個主要方面（自然和永恒）彌補了孔子學說的不足。莊子熱情地探尋自然的一切——自然之美和萬物之理：

> 天地有大美而不言，四時有明法而不議，萬物有成理而不說。聖人者，原天地之美而達萬物之理，是故至人無爲，大聖不作，觀於天地之謂也。（《知北遊》）

同時，莊子醉心地追逐永恒——人和萬物的歸宿：

> 夫藏舟於壑，藏山於澤，謂之固矣。然而夜半有力者負之而走，昧者不知也。藏小大有宜，猶有所遯，若夫藏天下於天下而不得所遯，是恒物之大情也。特犯人之形而猶喜之，若人之形者，萬化而未始有極也，其爲樂可勝計邪！故聖人將遊於物之所不得遯而皆存。（《大宗師》）

莊子思想中作爲宇宙根源的「道」，一方面是他對自然的哲學認

識的結果，這一範疇溶進了他的自然哲學諸如「氣」、「萬化」、「自化」等概念所包涵的全部觀念或思想；另一方面，也是他對人的自我認識的結果，他把人看作是活躍在「萬化」中的自然的一部分。這樣，「道」爲根源的觀念，就將個人的存在和一種永恒的自然實在聯結在一起，人在自然中獲得了不朽，人在精神上得到了一種深厚的依托、慰藉和保障。莊子以外的許多古代思想家在科學基礎那樣薄弱的情況下，仍然頑強地尋覓「根源」，秘密也許正在於此。就這一點來說，古代哲學的根源觀念的科學基礎現在看來雖然已經削弱，甚至崩潰，但它的哲學意義卻仍然存在。它的理論力量仍然足以抗衡以踐履某種倫理道德原則即爲永恒的儒家觀點和個體自我實現即爲永恒的現代觀點（⑬）。所以，在中國先秦思想中，莊子的「道」和孔子的「仁」共同構成了中國哲學的一個周延的人生境界：人在自然和社會、現世和永恒中，都有了自己的立足點，自己的存在方式。

(3)與「大梵」、「理念」相比顯出中國哲學的特色　在古代的哲學世界裡，作爲對世界本質的認識或規定的觀念、範疇，還有印度哲學的「大梵」和希臘哲學的「理念」。

從哲學的立場看，在古代印度，在對具有無上權威的宗教經典《吠陀》作哲理解釋的《奧義書》中，基本概念「大梵」（Brahman），就是一個關於世界根源或本質的哲學本體論範疇。《奧義書》中寫道：

> 誠然，太初，此世界唯大梵也，爲太一，爲無極者。（《五十奧義書·彌勒奧義書》，中國社會科學出版社1984年版，第464頁）

> 唯大梵依其自能稱爲自性者，既創造諸世界，又入乎其間，居中爲主，爲大梵等，管制智與諸根，是爲自在主。（《五十奧義書·離所緣奧義書》第678頁）

> 大梵永生者，唯是此萬有，在前又在後，在左又在右，在上又在下，遍處無不復，唯是此大梵，美哉全宇宙。（《五十奧義書·蒙查羯奧義書》第703頁）

　　誠然，大梵之態有二：一有相者，一無相者。是有相者非眞
　　實也；是無相者乃爲眞實，乃爲大梵。（《五十奧義書·勒彌奧
　　義書》第453頁）

　　大梵者，眞也，智也，無極也，阿難陀（ananda，義爲極樂）。（
　　《五十奧義書·菁華奧義書》第788頁）

等等。可見，《奧義書》中作爲世界最後根源的「大梵」，是一種具
有實體性，但又不能爲感官直接感知的無限、永恒的宇宙創造者。

　　《奧義書》中和這個「萬有皆大梵」觀念相聯繫的一個重要觀念
是「自我(Atman)即大梵」。《奧義書》寫道：

　　此一切皆是大梵，此自我即是大梵。（《五十奧義書·唵聲奧義
　　書》第737頁）

　　唯彼偉大不生不滅之自我，無老無死永生無畏之大梵也。（《
　　五十奧義書·大林間奧義書》第627頁）

等等。一種哲學的特點或特色，本質上就是認識或達到這種哲學的最
高範疇的方法或途徑。《奧義書》中「自我即是大梵」的觀念，就把
對世界最後本質「大梵」的哲學認識，推向了唯一的、具有神秘色彩
的自我體驗的道路：

　　當觀照大梵爲眞智樂自我不二者也，當觀照自我爲眞智樂大
　　梵也。《奧義書》如是。（《五十奧義書·金剛針奧義書》第365頁）

　　心念旣止寂，道有極樂觀。自體即明證，此即是大梵。（《五
　　十奧義書·彌勒奧義書》第467頁）

　　無上梵已知，彼則成大梵。（《五十奧義書·蒙查羯奧義書》第
　　779頁）

這樣，在古代印度思想中，世界最後根源的實體性的觀念，和對它的
認識的自我體驗的觀照的方法，一方面阻礙了、隔絕了印度哲學對古
代哲學的最高問題——世界的最後根源或最高本質作進一步的理智的、
理性的探求，另一方面則是將人們的精神生活有力地引向對最高實體

的皈依，引向宗教的實踐：

> 婆羅門而求知彼也（意指「大梵」），或以研讀（韋陀），
> 或以布施，或以祭祀，或以苦行，或以絕食。（《五十奧義書·
> 大林間奧義書》第625頁）

　　莊子思想與此完全不同。莊子思想中的作爲世界本質或根源的「道」，是指一種宇宙總體的實在性，是越過對「天地之美」、「萬物之理」的理智認識而後達到的對世界整體或共同根源的理性直觀。雖然這種理性直觀已經蛻去了邏輯認識的形態（超理性），而顯現爲一種生活實踐的形態了（精神修養），但在莊子這裡，因爲作爲世界根源、本質的「道」是一種總體的自然實在，而不是「大梵」那樣超自然的實體，所以這種生活實踐，不是表現爲對超自然的神秘力量的信仰而形成的宗教幻境，而是表現爲對自然本身的哲學理解而達到的超脫的精神境界。

　　古希臘的哲學大家柏拉圖的「理念」（idea），也是古代哲學關於世界本質的一種觀點。一般說來，柏拉圖的「理念」是指和事物外現的特殊性、可感性相對立的事物內涵的共相、本質。例如，柏拉圖在《大希庇阿斯》篇中借蘇格拉底之口說：

> 我問的是美本身，這美本身，加到任何一件事物上面，就使
> 那件事物成其爲美，不管它是一塊石頭，一塊木頭，一個人，
> 一個神，一個動作，還是一門學問。（《柏拉圖文藝對話集》，
> 人民文學出版社1959年版，第176頁）
> 我們所要尋求的美是有了它，美的事物才成其爲美，猶如大
> 的事物之所以成其爲大，是由於它們比起其它事物有一種質
> 量方面的優越，有了這種優越，不管它們在外表上什麼樣，
> 它們就必然是大的。美也是如此，它應該是一切美的事物有
> 了它就成其爲美的那個品質，不管它們在外表上什樣，我們
> 所要尋求的就是這種美。（同上書，第179頁）

這裡的「美本身」、「大之所以爲大」，就是「美」的理念，「大」
的理念。可見，「理念」就是一事物之所以成爲那一事物的根源、本
質。正如黑格爾在分析柏拉圖的「理念」時詮釋的那樣，「理念不是
別的，只是共相……這種共相是自在自爲的眞實存在，是本質，是唯
一具有理性的東西。」（《哲學史講演錄》第二卷第179頁）所以，柏拉
圖的「理念」是具有哲學本體論性質的範疇。同時也可見，柏拉圖的
理念世界並不是一個統一的世界，在這裡不僅有「美」的理念，「大」
的理念，還聚居著每一事物的理念。正如柏拉圖在《理想國》裡也是
借蘇格拉底之口所說的：

> 我們經常用一個理式⑭來統攝雜多同名的個別事物，每一類雜
> 多的個別事物各有一個理式。（《柏拉圖文藝對話集》第64頁）

在早期，柏拉圖認爲自然界的事物之所以存在，就是「分有」或
「摹仿」「理念」的結果。到了晚期，他更直接認爲神創造世界也是
仿照「理念」——永恒不變的「模型」。他在《帝邁歐》中借蒂邁歐
之口說：

> 這個世界的創造主用什麼樣的模型來創造這個世界呢？他用
> 的是永恒不變的模型呢，還是創造出來的模型呢？如果這個
> 世界是美的，而它的創造主是好的，顯然創造主就要注視那
> 永恒不變的東西，把這種東西當作模型。如果不是這樣（這
> 是一種不敬神的假定），那麼，他所注視著的必然是創造出
> 來的東西。但是每個人都會看得很清楚，它所注視著的乃是
> 永恒不變的東西。因爲在一切創造出來的東西中，世界是最
> 美的；而在一切原因中，神是最好的。既然世界是這樣產生
> 出來的，因此它必然是照著理性所認識的永恒不變的模型創
> 造出來的。（《古希臘羅馬哲學》，三聯書店1957年版，第208頁）

可見，柏拉圖的「理念」是一種先於自然、先於萬物創造者的最初的、
固有的存在。也就是在這裡，柏拉圖的「理念」表現出和《奧義書》

的「大梵」、莊子的「道」具有顯然的不同之處。它所揭示和認定的作爲世界最後本質或根源的哲學性質，既不是超自然的實體性，也不是自然的總體實在性，而是獨立存在的眞理性。這個比任何具體事物都更加眞實的、永恒的客觀存在，是只能在人的或神的（如果有神的話）認識中才能顯現的共相。黑格爾非常準確地判定了柏拉圖「理念」的這個根本性質，他說：「理念不是直接在意識之中，而乃是在認識中……因此，人們並不是具有理念，反之，理念只是通過認識的過程才能在我們心靈中產生出來。」（《哲學史講演錄第二卷，第180—181頁》

　　在柏拉圖的哲學裡，作爲世界本質、根源的「理念」，既然和《奧義書》的「大梵」、、莊子的「道」相比，呈現著不同的形態，具有不同的性質，那麼，認識或達到這一世界最後本質的方法，也就和《奧義書》的自我體驗、莊子的理性直觀不同，它是一種辯證思維的方法。柏拉圖在《理想國》中借蘇格拉底之口說：

　　當一個人根據辯證法企圖只用推理而不要任何感覺以求達到每個事物的本身〔按即理念〕，並且這樣堅持下去，一直到他通過純粹的思想而認識到善本身的時候，他就達到了可知世界的極限。（《古希臘羅馬哲學》第203頁）

　　只有辯證法才是唯一這樣一種研究方法，這種方法不需要假設而上升到第一原理，並且就在這裡得證實。（同上書，第205頁）

爲什麼在柏拉圖哲學中對於作爲世界本質的「理念」的共相的認識，必然要導向和必須唯一地使用將事物看作對立統一的辯證法的方法？黑格爾曾經作過深入、獨到的分析。他說：「思想中的辯證運動是和共相有關係的。這種運動是理念的規定；理念是共相，不過是自己規定自己的、自身具體的共相。只有通過辯證運動，這自身具體的共相才能進入這樣一種包含對立、區別在內的思想裡。理念就是這些區別的統一；於是理念就是規定了的理念。」（《哲學史講演錄》第二卷第206頁）也就是說，對於既非超自然實體、又非自然實在的而又獨立

存在的「理念」共相，本質上是一種思想的自我規定，它必然包含著一種對立統一才可能是完整的、永恒不變的。所以黑格爾接著又說：「理念之所以具有這種特性，乃在於：『一』在對方中、在『多』中，在差異中和自身是同一的。在叫做柏拉圖哲學的東西中，這種對立的統一是唯一使真實的事物真實並使認識具有意義的要素。」（同上書，第213頁）即只有形成對立統一的觀念，才能構成對「理念」的共相的認識。在柏拉圖著作裡洋溢著的辯證思考，例如在《巴門尼德》篇中對「一」與「多」等十三組對立範疇和在《智者》篇中對「存在」與「非存在」等三對對立範疇的分析，都是一種對「理念」本身的考察、認識。

柏拉圖對作為世界本質的「理念」的共相的辯證思辨和追求，最後賦予或轉變成在這種哲學觀念背景下的理論實踐的特色，是對理性、真理的追求。柏拉圖把人的認識或知識分為四個等級：理性（知識）、理智（數理科學的推理）、信念、想像。他又把前兩者合稱之為「理性」，後兩者合稱之為「意見」。柏拉圖在《蒂邁歐》中借蒂邁之口說：

> 我想凡是由人的理性推理所認識的東西總是真實的，永遠不變的；而凡是意見和非理性的感覺對象總是變化不居的、不真實的。（《古希臘羅馬哲學》第207頁）

對於這種「真實的、永遠不變的」真理的求得，柏拉圖表現了極大的熱情和信心。在《理想國》裡他借蘇格拉底和格老康的對話說出：

> 蘇：我們是不是也要肯定，只有通過辯證法，並且只有對於那些研究過前面所說的各種科學的人，這種真理才能夠顯示出來呢？
>
> 格：這一點我們也是可以肯定是正確的。（《古希臘羅馬哲學》第205頁）

應該說，柏拉圖的這種由「理念」的哲學觀念而發展出來的理論

追求，基本上是和科學實踐中的對必然性或規律的理論追求相吻合的。即使是在歐洲中世紀，柏拉圖的「理念」被奧古斯丁的教父哲學論證上帝的性質所援用，但它在基督教神學裡一直是以理性的成份而不是以信仰的成份存在著的。因此，黑格爾曾對柏拉圖的「理念」觀念的歷史意義給予極高的評價：「柏拉圖眞正的思辨的偉大性之所在，他在哲學史上、亦即一般地在世界史劃時代的貢獻，是他對於理念的明確規定——這種關於理念的知識在幾百年後一般地是醞釀成世界歷史和形成人類精神生活的新形態的基本因素。」（《哲學史講錄》第二卷第203頁）

柏拉圖哲學中所表達的和蘊涵的對理性和科學眞理的追求，一般說來正是莊子思想中所缺乏的。莊子雖然認爲「道……無所不在」（《知北遊》），完全肯定某種世界本質或根源的存在。但是他又說：

扁然而萬物自古以固存。（《知北遊》）

睹道之人，不隨其所廢，不原其所起，此議之所止。（《則陽》）

表明他對具體考察、明確規定世界的究竟甚爲淡然，認爲沒有必要。所以「道」在莊子那裡永遠是一種模糊的、整體的理性直觀對象，而不可能轉變爲確切的、可辨析的科學認識對象。

至此，我們可以總括地將莊子的作爲世界最後根源的「道」的觀念和世界另外兩大文明——印度和希臘文明起源時期的哲學關於世界最後本質或根源的觀點加以比較，以示其區別：

三大文明的 觀念差別 三大文明 的宇宙本體 觀念代表	宇宙最後本 質或根源範 疇的名稱	被描述的或被 規定的特質	被認識的 方法	導向生活實踐的 特色
《奧義書》	大梵(Brah- man)	超自然的實體	自我體驗	對宗教生活的執 著
柏拉圖	理念(idea)	獨立的共相	辯證法	對科學真理的探 求
莊子	道	總體的自然實 在	理性直觀	對超脫的精神境 界的追求

古代哲學世界關於宇宙萬物最後根源、最高本質的哲學性質的觀念、觀點之間的分歧（實體、實在、共相），在今看來也許是很微小的，某些地方也確實是相通的；這一具體的哲學問題在人類精神史早期所具有的那種巨大的理論意義，在今天也已經削弱、甚至消失了。但是，「差之毫釐，謬以千里」，今天生活在不同文化類型中的人們的精神生活的顯著差別，在相當程度上正是兆端於人類文明源頭時期在這個哲學問題上的觀念或觀點的差異。也就是在這個意義上完全可以說，莊子思想中的「道」的觀念，無疑地是中國思想在世界思想、文化中顯示出自己特色的基本因素。

【附　註】

① 如《莊子》中寫道：「天地不和，地氣鬱結，六氣不調」（《在宥》），「乘雲氣」（《逍遙遊》、《齊物論》）），「雲氣不待族而雨」（《在宥》），「春氣發而百草生」（《庚桑楚》），等等。

② 如《莊子》中寫道：「未達人氣」（《人間世》），「矜其血氣以規法

度」（《在宥》），「志氣欲盈」（《盜跖》），「忘汝神氣」（《天地》），「神氣不變」（《田子方》），等等。

③ 高亨《諸子新箋・莊子》：「疑原作『蕭蕭出乎地，赫赫發乎天』，天、地二字轉寫誤倒。」

④ 馬其昶：《莊子故》：「《禮記》注：『在，察也。』」

⑤ 《莊子》寫道：「來世不可待，往世不可追也……方今之時，僅免刑焉。」（《人間世》）

⑥ 陳景元：《莊子闕誤》引劉得一本，「今」作「合」。

⑦ 見胡適《中國哲學史大綱》。

⑧ 見亞里士多德《形而上學》商務印書館1981年版第244—246頁。

⑨ 此外，在語言學的意義上，《莊子》中的「道」還同義假借為「導」。例如：「此道引之士」（《刻意》），「其道我也似父」（《田子方》），「希意道言謂之諂」（《漁父》），等等。

⑩ 宣穎《南華經解》謂「此二句言寂處是道」，甚是。

⑪ 超理性是一種理性直覺，不同於本質上是感性直觀的非理性。本書第六章將詳細論述。

⑫ 在先秦思想中，《老子》中闡述的「道」也有多種涵義，但其中最重要、最根本的涵義，也正是作為世界最後根源的哲學本體論範疇的那種義蘊。《老子》中「道」的觀念表述得很明確，「道」的觀念顯得很成熟，缺乏《莊子》中的那種艱苦思索的痕迹。所以，老聃其人確實在莊周之前，但《老子》其書則可能在《莊子》中的早期篇章之後，後期篇章之前。這個問題後面再作論述。

⑬ 先秦以立德、立功、立言為「三不朽」的觀點和現代思潮中以「存在」為世界本體或本質的存在主義觀點是其代表。

⑭ 「理念」（idea）的另一譯法。

第四章　人生哲學

　　在先秦思想中，乃至在整個中國思想中，對社會政治倫理的探討，始終是一個優長的方面。唯獨在莊子思想中，構成它的理論主體的是對自然和個人、人生的思索。我們在對莊子的自然哲學作了一番考察後，現在進入他的人生哲學領域。這裡是莊子思想的核心部分。莊子的人生哲學主要是對人生的理想境界和實踐方法的思考；這種對人生的思考不同於先秦諸子一般皆開始於、立足於「人性」，而是發端於、立足於個人生存中的「困境」。從人生困境中超脫出來，構成了莊子人生哲學的基本的理論方向和內容。

一、人生困境

　　在中國思想中，莊子的人生哲學思想最早地和全面地開始了對人的境遇的理性的思索。莊子不僅是細致地觀察和具體地描述了人的生活景況及其自然和社會的環境，而且還深邃地覺察到圍域著人的生活展開的障礙，人的難以逾越的界限，即人生困境。《莊子》中對人生困境有種種描述，其性質概括起來可歸屬於三個方面：自然的、社會的、自我的。

1.自然之限：死與生

　　莊子認為，人是「氣」的一種存在形式，「比形於天地而受氣於陰陽」（《秋水》）；人是自然界的萬物之一，所謂「號物之數謂之萬，人處一焉」（《秋水》）。同時，「萬化而未始有極也」（《大宗師》），人也是要加入這個「萬化」的行列，是不能躍出這個「始卒若環」的圈子之外的。因而，生與死，或者說死亡，是人生第一位的、最終無法跨越的界限。《莊子》中一再寫道：

> 一受其成形，不忘（亡）以待盡，與物相刃相靡，其行盡如馳，
> 而莫之能止，不亦悲乎！終身役役而不見其成功，苶然疲役而
> 不知其所歸，可不哀邪！人謂之不死，奚益！其形化，其心與
> 之然，可不謂之大哀乎！（《齊物論》）

> 人生天地之間，若白駒之過郤，忽然而已。注然勃然，莫不出
> 焉；油然漻然，莫不入焉。已化而生，又化而死，生物哀之，
> 人類悲之。解其天弢，墮其天袠，紛乎宛乎，魂魄將往，乃身
> 從之，乃大歸乎！（《知北遊》）

莊子的這些敘述表明：第一，他認爲對任何個人來說，「人」的這種
存在形式終將泯滅（「形化」），這是人生的大限。第二，莊子爲大
限的必然到來，表現出一種深情的悲哀，這是對生的眷念而產生的一
種感情，所以不是悲觀主義。莊子在對生命短暫的深沉的慨嘆中蘊涵
著對現世生活、生命的積極的肯定，不同於原始佛教思想把現世生活、
生命本身看作是苦難，因而對人生表現出憎惡、負擔的那種觀念和態
度①。第三，莊子具有極其強烈的要從這種大限中、這種人的根本的
困境中超脫出來的意向。這種超脫不是企求人的感性存在（「天弢」、
「天袠」）的永生，而是對人的感性存在的運動趨向（「所歸」）和
最終歸宿（「大歸」）的理解、認識。這一從人生的自然困境中獲得
精神超脫的意向，轉變爲人生哲學理論，就是在「通天下一氣也」（
《知北遊》）的自然觀基礎上，莊子提出「以死生爲一條」（《德充
符》），「死生存亡之一體」（《大宗師》）。這是莊子超脫死生這一自然之限的
基本理解，是下面將要論及的莊子理想人格精神境界的基本特徵之一。

2.社會之限：時與命

　　人作爲自然的、物質的「氣」的存在形式，毫無例外地擺脫不了
「形化」的生死大限，然而，這種大限在每個人那裡所表現出的形式
或方式是極爲不同的。《莊子》中有則寓言寫道：

> 莊子之楚，見空骷髏，髐然有形，撽以馬捶，因而問之，曰：

「夫子貪生失理而爲此乎？將子有亡國之事，斧鉞之誅而爲此
乎？將子有不善之行，愧遺父母妻子之醜而爲此乎？將子有凍
餒之患而爲此乎？將子之春秋故及此乎？」（《至樂》）

可見，死生這種本身是屬於自然性質的大限，完全地或經常地是在某
種社會的因素作用下，以某一具體的、非自然的形式實現的。但是，
對於個人來說，對於他的全部生活歷程來說，這些因素是同時可供選
擇的存在著呢，還是唯一地、規定性地作用著呢？換言之，它們是偶
然的呢，還是必然的呢？莊子的回答是屬於後一種。莊子認爲這是一
種非人力所能干預的必然性，他稱之爲「命」：

死生，命也；其有夜旦之常，天也。人之有所不得與，皆物之
情也。（《大宗師》）

莊子思想中的「命」作用範圍相當廣泛，不僅決定了人的生死自然大
限，而且制範著、預定了人的一生在社會生活中的倫理關係和貧富窮
達的遭際。例如《莊子》中寫道：

天下有大戒二：其一，命也；其一，義也。子之愛親，命也，
不可解於心；臣之事君，義也，無適而非君也。無所逃於天地
之間，是之謂大戒。（《人間世》）

死生存亡，窮達貧富，賢與不肖毀譽，飢渴寒暑，是事之變，
命之行也。（《德充符》）

但是，這種必然性在莊子那裡，只是一種感受或模糊的意象，而不能
成爲有具體的內涵規定和理智地把握的認識對象，故《莊子》中寫道：

求其爲之者而不得也，然而至此極者，命也夫。（《大宗師》）

不知吾所以然而然，命也。（《達生》）

遊於羿之彀中。中央者，中地也；然而不中者，命也。（《德
充符》）

所以，這種必然性對於莊子來說，只能是一種外在的必然性「吾命其
在外者也」（《山木》）。正如黑格爾所說，「外在的必然性是以一

種有限制的內容爲它的實質」（《小邏輯》，第311頁），在莊子的人生哲學裡，這種未被認識的外在必然性就構成了人生途中的障礙人的精神自由的一層困境：

> 褚小者不可以懷大，綆短者不可以汲深。夫若是者，以爲命有所成而形有所適，夫不可損益。（《至樂》）

即在莊子看來，命運的安排，如同衣小不能懷大，繩短不可汲深，都是無法改變的。

在莊子的人生哲學中，還有一個和「命」具有相近內涵和相同作用的外在必然性的概念：「時」。《莊子》中有則關於孔子的故事，寫道：

> 孔子遊於匡，宋人圍之數匝而弦歌不惙。子路入見，曰：「何夫子之娛也？」孔子曰：「來，吾語女。我諱窮久矣而不免，命也；求通久矣而不得，時也。當堯舜而天下無窮人，非知得也；當桀紂而天下無通人，非知失也；時勢適然。夫水行不避蛟龍者，漁父之勇也；陸行不避兕虎者，獵夫之勇也；白刃交於前，視死若生者，烈士之勇也；知窮之有命，知通之有時，臨大難而不懼者，聖人之勇也。由處矣，吾命有所制矣。」（《秋水》）

《莊子》中還有一則關於莊子的故事，寫道：

> 莊子衣大布而補之，正廖係履而過魏王。魏王曰：「何先生之憊邪？」莊子曰：「貧也，非憊也。士有道德不能行，憊也；衣弊履穿，貧也，非憊也；此所謂非遭時也。王獨不見夫騰猿乎？其得楠梓豫章也，攬蔓其枝而王長其間，雖羿、蓬蒙不能眄睨也。及其得柘棘枳枸之間也，危行側視，振動悼慄；此筋骨非有加急而不柔也，處勢不便，未足以逞其能也。今處昏上亂相之間，而欲無憊，奚可得邪？此比干之見剖心徵也夫。」（《山木》）

從這兩則故事裡可以看到：第一，時同命一樣，是制約、圍限人的本性得以充分發揮、「足以逞其能」的一種客觀力量，一種外在的必然性，一種構成人生困境的因素。第二，時、命雖然同爲一種外在必然性，但它們的形態卻有不同。從「我諱窮久矣而不免，命也；求通久矣而不得，時也。當堯舜而天下無窮人，非知得也；當桀紂而天下無通人，非知失也；時勢適然」的話來看，「命」這種必然性是諸種社會的、自然的力量的凝聚、蘊積，是一種內在的決定性；「時」的必然性則是這些力量整體的展開、顯現，是一個時代包括政治、經濟、道德各方面的全部的社會環境。第三，最後，同樣也可以看到莊子要擺脫這種人生困境的意向——一種「聖人之勇」。特殊的是，在莊子那裡，這種「勇」不是對命運、時勢的抗爭、戰勝，而是對它的承認、順從。這些，我們在後面再加論述。

3.自我之限：情與欲

莊子認爲，人的生活的充分展開，精神自由（「逍遙」）的獲得，除了受到生死的自然大限和時命的社會約束外，還有一重自我設置的障礙——哀樂之情和利害之欲。

莊子認爲，哀樂之情是人之與生俱來而不能卻的。如《莊子》中寫道：

> 人之生也，與憂俱生。（《至樂》）
>
> 哀樂之來，吾不能禦；其去，弗能止。悲夫，世人直爲物逆旅耳！（《知北遊》）

同樣，利害之欲也是人之所不能免，爲人的本性所固有。如《莊子》中寫道：

> 人卒未有不興名就利者。（《盜跖》）
>
> 夫聲色滋味權勢之於人，心不待學而樂之，體不待象而安之；
>
> 夫欲惡避就，固不待師，此人之性也。（《盜跖》）

莊子對於這種情欲發生的機制，就像他對命的構成一樣，感到十

分模糊，覺得無法把握。他說：「喜怒哀樂，慮嘆變慹，姚佚啟態，樂出虛，蒸成菌，日夜相代乎前，而莫知其所萌。」（《齊物論》）但是，他明確地認定，這種情欲是人的精神得以自由飛翔的沉重負累。《莊子》中對此有段概括的表述：

> 貴富顯嚴名利六者，勃志也；容動色理氣意六者，謬心也；惡欲喜怒哀樂六者，累德也；去就取與知能六者，塞道也。此四六者不蕩，胸中則正，正則靜，靜則明，明則虛，虛則無為而無不為也。（《庚桑楚》）

這樣，莊子就把對人生困境的分析、認識，引向了更加深入的、幽奧的人的心理領域——人的情感和意志的心理過程。在這裡，莊子的思想又一次表現出作為中國先秦思想發展中的理論方向轉機的深刻性的優點。當代著名的德國哲學家卡西爾(E.Cassirer)曾經指出人類文化發展上的一個重要現象：「從人類意識最初萌發之時起，我們就發現一種生活的內向觀察伴隨著並補充著那種外向觀察。人類的文化越往後發展，這種內向觀察就變得越加顯著。」（《人論》，上海譯文出版社1985年版，第5頁）這是完全真實的。因此，莊子思想不僅由它先前的學術思想單一或主要的考察社會，轉向增加了考察自然，為此後的中國思想提供了基礎的自然哲學背景，是一種巨大的進步；而且，它由先前學術思想主要是外向地觀察、分析人的社會行為，注重了、增加了內向地觀察、分析人的心理現象、心理過程，為此後的中國思想的人生哲學開拓了一個基本的方面，自然也是一個重要的發展。但是，另一方面，莊子思想在這裡也存在著理論內容或觀點片面性的缺點。莊子是簡單地在與心境的寂靜、本然狀態相對立的意義下——一種外在的對立，來理解情感和意志的，因而它們被視作是單一地消極性的（「動」的）；而不是在像後來被心理學家（自達爾文之後）和哲學家（自斯賓諾莎之後）確定性地描述的情感和意志本身皆具有「兩極性」（肯定和否定，積極和消極，自由和必然等）的意義下②———

種內在的對立，來觀察情感和意志的。於是莊子徹底否定了它們存在的價值，而沒有從中發現、肯定對於我們人類具有積極意義的那個方面。情感、意志無疑是人的精神生活中，從而也是人生活動中的動力因素和富有色彩的部分。對情感和意欲的單一的否定，使莊子的超脫世俗、向往自由的熱烈的人生追求，蒙上了一層灰暗的、冷漠的陰影，它可能轉變爲、或容易被理解爲是一種出世的、厭世的人生哲學。這種情況，在莊子本人這裡，在《莊子》這本書裡，都還沒有發生。因爲在先秦，莊子思想始終都是單純地處在以儒家思想爲背景、爲基礎的文化環境中，精神生活總是在現世的畫面上展開。漢魏以後，在一種以莊子思想和佛家思想互爲背景、互相滲透的理論觀念或生活情境中，來世、永生的理論主題出現了，這種情況就發生了。這些，在後面當我們把莊子思想放在整個的中國思想史的背景下來考察的時候，再作論述。

　　《莊子》中對人生困境，對障礙著、毀損著人的存在和自由的客觀力量或原因，還有另外一種概括的描述：外刑、內刑：

　　　爲外刑者，金與木也；爲內刑者，動與過也。宵（小）人之離外刑者，金木訊之；離內刑者，陰陽食之。夫免乎內外之刑者，唯眞人能之。（《列禦寇》）

很明顯，這裡的「外刑」，是指社會的政治、經濟、倫理道德等所共同結成的規範、制約人的力量；這裡的「內刑」，是指傷害、擾亂人的內心恬靜的哀樂愛惡之情欲。這種內外之刑，一般人皆要遭罹，而唯有「眞人」可以避免，也就是說，凡人難以逾越的人生困境，「眞人」是可以超脫的。可見，莊子人生哲學的理想人格及其精神境界是從人生困境中升越、顯現出來的。

二、理想人格的精神境界和人生實踐

　　莊子人生哲學裡的理想人格的精神境界，就是實現了對人生困境

的超越的那種精神狀態。莊子所覺察和描述的人生困境，如上所述，是指對人的存在和自由具有制約作用的、性質分別屬於自然的、社會的和自我的那些客觀界限。從哲學上看，這一觀點蘊涵著一種必然性觀念。所以，莊子理想人格的人生實踐實際上就是企圖克服、擺脫必然性的一種努力，因而既有眞實的因素，也有理想的和幻想的成份，它體現爲十分獨特的精神修養方法和處世態度。

1.精神境界

理想人格是一種人生哲學中體現人生價值、完成人生目標的人物形象，是一種人生哲學理論宗旨的標志。中國先秦各家學派皆有自己的理想人格，一般皆稱之爲「聖人」，但其內涵或精神境界卻甚有不同。如儒家推崇「博施於民而能濟衆」（《論語・雍也》）、「人倫之至」（《孟子・離婁》）者爲「聖人」，墨家服膺「形勞天下」、「以自苦爲極」（《莊子・天下》）者爲「大聖」。《莊子》中描述的理想人格的情況則比較複雜。

(1)《莊子》中理想人格的不同名號及其精神境界的描述　《莊子》中稱謂能免除內外之刑或超脫生死，時命、情欲之限的理想人格的名號甚多，有「眞人」、「至人」、「神人」、「聖人」、「德人」、「大人」、「天人」、「全人」等，其中表述得最爲完整的是「眞人」：

> 何謂眞人？古之眞人，不逆寡，不雄成，不謨士（事）。若然者，過而弗悔，當而不自得也。若然者，登高不慄，入水不濡，入火不熱，是知之能假於道者也若此。古之眞人，其寢不夢，其覺不憂，其食不甘，其息深深。眞人之息以踵，衆人之息以喉。屈服者，其嗌言若哇，其者欲深者，其天機淺。古之眞人，不知説生，不知惡死，其出不訢，其入不距；翛然而往，翛然而來而已矣。不忘其所始。不求其所終；受而喜之，忘而復之，是之謂不以心捐道，不以人助天，是之謂眞人。（《大宗師》）

這段對於理想人格「眞人」的精神狀態或境界的細膩描述，實際上可

以分解、歸納爲兩方面內容：超脫與神異。顯然，「眞人」精神境界的最主要內容或特徵是對構成人生困境的三種界限的超越，「不知悅生，不知惡死」是齊一生死的表現；「不逆寡，不雄成，不謨事」是順應時命的態度，「其寢不夢，其覺不憂，其食不甘，其息深深」是無情無欲的表徵。同時，這段描述還表明「眞人」似乎有某種奇特的、神異的超人性能，能「登高不慄、入水不濡、入火不熱」。

　　《莊子》中的理想人格還稱之爲「至人」、「神人」、「聖人」，所謂「至人無己，神人無功，聖人無名」（《逍遙遊》）。其中「聖人」、「至人」出現的次數比「眞人」還多，但所表述的精神境界的內容，也主要還是超脫、神異這樣兩個方面。試列表舉例如下：

境界之內容〜境界中角色	境界的界定性表述	境界的具體描述	
		超　脫	神　異
至人	至人無己。（《逍遙遊》）得至美而遊乎至樂，謂之至人。（《田子方》）	至人……死生無變於己，而況利害之端乎！（《齊物論》）子獨不聞夫至人之自行邪？忘其肝膽，遺其耳目，芒然彷徨乎塵垢之外，逍遙乎無事之業，是謂爲而不恃，長而不宰。（《達生》）彼至人者，歸精神乎無始而甘冥乎無何有之鄉。（《列禦寇》）	至人神矣！大澤焚而不能熱，河漢洹而不能寒，疾雷破山、〔飄〕風振海而不能驚。若能者，乘雲氣，騎日月，而遊乎四海之外。（《齊物論》）夫至人者，上闚青天，下潛黃泉，揮斥八極，神氣不變。（《田子方》）
神人	神人無功。（《逍遙遊》）	（苑風謂諄芒曰：）「願聞神人。」（諄芒曰：）「上神乘光，與形滅亡，此謂照曠。致命盡情，天地樂而萬事銷	藐姑射之山，有神人居焉，肌膚若冰雪，淖約若處子，不食五穀，吸風飲露，乘雲氣，御飛龍，而遊乎

境界之內容 境界中角色	境界的界定性表述	境界的具體描述	
		超　脫	神　異
		亡，萬物復情，此之謂混冥。」（《天地》）	四海之外。其神凝，使物不疵癘而年穀熟。（《逍遙遊》）
聖人	聖人無名。（《逍遙遊》）淡然無極而眾美從之，此天地之道，聖人之德也。（《刻意》）	聖人不從事於務，不就利，不違害，不喜求，不緣道，無謂有謂，有謂無謂，而遊乎塵垢之外。（《齊物論》）聖人遭之而不違，過之而不守。（《知北遊》）夫聖人未始有天，未始有人，未始有始，未始有物，與世偕行而不替，所行之備而不洫。（《則陽》）	夫聖人，鶉居而鷇食，鳥行而無彰，天下有道，則與物皆昌；天下無道，則修德就閑；千歲厭世，去而上仙，乘彼白雲，至於帝鄉（《天地》）

　　最後，《莊子》中還有「德人」、「大人」、「天人」、「全人」四個名詞或概念，也具有精神超脫的內涵，也可視爲莊子人生哲學中的理想人格，表解於下：

境界中角色	境界的描述	簡要的分析
德人	德人者，居無思，行無慮，不藏是非善惡。四海之內共利之之謂悅，共給之之爲安；怊乎若嬰兒之失其母也，儻乎若行而失其道也。財用有餘而不知其所自來，飲食取足而不知其所從，此之謂德人之容。（《天地》）	①「德人」能超脫世俗（「不藏是非善惡」），擺脫情欲（「居無思，行無慮」）。 ②「德人」是有位者（「四海共利，財用有餘，飲食取足」）。

境界中角色	境　界　的　描　述	簡　要　的　分　析
大人	大人之教，若形之於影，聲之於響。有問而應之，盡其所懷，爲天下配。處乎無響，行乎無方。挈汝適復之撓撓，以遊無端；出入無旁，與日無始，頌論形軀，合乎大同，大同而無已。（《在宥》）	①「大人」能順應世俗（「形之影，響之聲」），超越世俗（「以遊無端」）。②「大人」是有位者（「爲天下配」）。
天人	介者拸畫，外非譽也；胥靡登高不懼，遺死生也。夫復謵不餽而忘人，忘人，因以爲天人矣。（《庚桑楚》）	①「天人」乃是忘懷世俗之人（「忘人」）。②「忘人」是指一種修養行爲。
全人	聖人工乎天而拙乎人。夫工乎天而俍乎人者，唯全人能之。（《庚桑楚》）	①「全人」乃是任自然、順世俗之人（「工乎天而俍乎人者」）。②「工乎天俍乎人」是指一種修養行爲。

由上表可見，《莊子》中的「德人」、「大人」義蘊著一種權位觀念，「天人」、「全人」則是義釋某種修養行爲，這和《莊子》中作爲單純描述自由的、「逍遙」的精神境界的「眞人」、「至人」、「神人」、「聖人」等名號似乎是有所不同的。那麼，它們所表述的精神境界是否有差別呢？

（2）《莊子》中不同名號的理想人格的境界同異問題　《莊子》中的理想人格名號不同，它們所表述或體現的精神境界是相同的呢還是不同的呢？或者說是同一層次的呢還是不同層次的呢？在這個問題上，《莊子》本書的記述存在著矛盾和混亂，可以從中歸納出兩種不同的、對立的回答。這也是從一個具體問題上證明《莊子》一書絕非成於一時一人之手。

第一種回答是不同說，即認爲上面所述的《莊子》中的不同名號的理想人格在精神境界上是不相同的，是處於不同層次的。這在《莊

子》中有明確的記述爲證，舉例如下：

《莊子》中的某些記述	顯示的境界層次
聖人工乎天而拙乎人，夫工乎天而俍乎人者，唯全人能之。（《庚桑楚》）	全人→聖人
客（戴晉人）出，惠子見。君（魏惠王）曰：「客，大人也，聖人不足以當之。」（《則陽》）	大人→聖人
聖人之所以駴天下，神人未嘗過而問焉；賢人所以駴世，聖人未嘗過而問焉；君子所以駴國，賢人未嘗過而問焉；小人所以合時，君子未嘗過而問焉。（《外物》）	神人→聖人→賢人→君子→小人
不離於宗，謂之天人。不離於精，謂之神人。不離於眞，謂之至人。以天爲宗，以德爲本，以道爲門，兆於變化，謂之聖人。以仁爲恩。以義爲理，以禮爲行，以樂爲和，薰然慈仁，謂之君子。以法爲分，以名爲表，以參爲驗，以稽爲決，其數一二三四是也，百官以相齒。以事爲常，以衣食爲主，蕃息畜藏，老弱孤寡爲意，皆有以養，民之理也。（《天下》）	天人→神人→至人→聖人→君子→百官→民

可見，「不同說」的特點是認爲存在著多種的、不同層次的精神境界；上面所述不同名號的理想人格就分布在不同的境界層次中；哪種名號的理想人格體現、代表最高的精神境界，也沒有一定的說法，但「聖人」肯定不是最高境界。

　　第二種回答是同一說，即認爲《莊子》中的理想人格名號雖然不同，但其所表述的超越人生困境或世俗的那種精神境界是相同的，處於同一層次的。例如成玄英在疏解「至人無己、神人無功、聖人無名」一句時說：「至言其體，神言其用，聖言其名。故就體語至，就用語神，就名語聖，其實一也。」（《莊子注疏·逍遙遊》）從《莊子》中行文的前後連貫性和詞義的相互借代的情況來看，「同一說」也是可以得到證明的。亦舉例如下：

《莊 子》 中 的 某 些 記 述	顯示的境界層次
若夫乘天地之正，而御六氣之辯，以遊無窮者，彼且惡乎待哉！故曰：至人無己，神人無功，聖人無名。（《逍遙遊》）	至人＝神人＝聖人
聞曰：「道人不聞，至德不得，大人無己。」（《秋水》）	道人＝德人（至德）＝大人＝至人（無己）
聖人者，原天地之美而達萬物之理，是故至人無為，大聖不作，觀於天地之謂也。（《知北遊》）	聖人＝至人
是以神人惡眾至，眾至則不比，不比則不利也。故無所甚親，無所甚疏，抱德煬和以順天下，此謂眞人。（《徐无鬼》）	神人＝眞人
聖人並包天地，澤及天下，而不知其誰氏。是故生無爵，死無諡，實不聚，名不立，此之謂大人。（《徐无鬼》）	聖人＝大人
眾人役役，聖人愚芚。（《齊物論》）	聖人→眾人
眞人之息以踵，眾人之息以喉。（《大宗師》）	眞人→眾人

可見，「同一說」的特點是認為只存在兩種境界，即眾人的境界和得「道」人的境界。這種得「道」人的名號有「眞人」、「至人」、「神人」、「聖人」、「大人」，等等。其名雖異，而實相同。

《莊子》中不同名號的理想人格的精神境界是相同的，又是不相同的；兩種所見皆有根據，皆可成立。這一矛盾不是二律背反的理性思辨性質的矛盾，而是一種客觀地存在於《莊子》中的兩種理論事實之間的矛盾，它是莊子學派或莊子思想在先秦的歷史發展中前後期理論觀點發生演變的反映。在這裡存在著可以清晰地分辨莊子和他的後學在思想上差異的兩個判別點：境界的如何劃分和「聖人」是否屬於最高境界。

　　一般說來，「同一說」所依據的《莊子》中的記述，反映的是莊子學派早期的、也就是莊子本人的觀點。這是因爲：第一，「聖人」本來是儒家思想中的一個人格概念，《論語》中記載：「子貢曰：『如有博施於民而能濟衆，何如？可謂仁乎？』子曰：『何事於仁，必也聖乎？堯舜其猶病諸。』」（《雍也》）可見，「聖」是比「仁」還要高的境界。孟子說，「聖人，人倫之至也」（《孟子‧離婁》），所以「聖人」是儒家倫理道德思想中最高的道德境界。莊子把它借移過來，加以改造（「聖人無名」），成爲自己人生哲學思想中具有和「至人」、「神人」同義的理想人格。這一情況正反映了早期莊學和儒學的關係，即一方面把它作爲批評對象，另一方面又常以它爲理論背景和觀念淵源。第二，莊子也正是把人的精神境界分爲兩種：無待和有待。《莊子‧逍遙遊》寫道：

> 故夫知效一官，行比一鄉，德合一君而徵一國者，其自視也亦若此矣。而宋榮子猶然笑之。且舉世而譽之而不加勸，舉世而非之而不加沮，定乎内外之分，辯乎榮辱之境，斯已矣。彼其於世未數數然也。雖然，猶有未樹也。夫列子御風而行，泠然善也，旬有五日而後反。彼於致福者，未數數然也。此雖免乎行，猶有所待者也。若夫乘天地之正，而御六氣之辯，以遊無窮者，彼且惡乎待哉！

顯然，莊子是以是否實現無任何負累的自由（「逍遙」）來劃分人生境界的。在莊子看來，只有「乘天地之正，而御六氣之辯，以遊無窮」的「惡乎待」（無待）者是自由的；其它雖有情境的差別，但皆是不自由的「猶有所待」（有待）者，這實際上也就是認爲只存在「聖人」（「至人」、「神人」、「眞人」）和「衆人」兩種精神境界。

　　「不同說」所根據的《莊子》中的記述，可能是先秦莊學後期，也就是莊子後學的觀點。這是因爲：第一，在莊學後期，莊學有了自己的觀念體系，莊學和儒學在理論上除了開始有相互影響的關係外，

相互對立的關係顯然是主要的，莊子後學把自己觀念體系中的理想人格（「神人」、「至人」、「天人」、「全人」）置於儒家理想人格（「聖人」）之上，也是很自然的了。第二，如後面還要論及的那樣，後期莊學具有明顯的入俗傾向，這種生活態度的改變，使後期莊學不再簡單地把人生境界分爲「無待——有待」，即「聖人——衆人」兩種境界，而是具體地審視和描述了人世各種不同的生活情境或生活方式，認爲它們一方面是各自獨立的精神境界，另一方面又共同構成了多層次的人生精神環境。

⑶《莊子》中理想人格精神境界的本質特徵　從《莊子》對「眞人」、「至人」、「神人」、「聖人」等的精神狀態的具體描述中，可以看到莊子思想的理想人格的精神境界是對人生困境的超脫，它同時具有眞實性、理想性和幻想性的三重特徵。

首先，莊子理想人格的精神境界具有眞實性，它實際上是指一種安寧、恬靜的心理環境。在莊子思想中，構成人生困境的生死之限、時命之圍、哀樂之情都是人的生活中的客觀存在，擺脫由此產生的精神紛擾，形成一種寧靜的心理環境，應該說是對這一人生情境的眞實的反映和理智的態度。在莊子這裡，這一安寧恬靜的心理環境主要包含著這樣三個思想觀念。

第一，「死生無變乎己」。《莊子》在描述「眞人」的精神境界時說：「死生亦大矣，而無變乎己」（《田子方》）也就是說，紛擾心境安寧、圍域精神自在的死生界限對於莊子的理想人格是不存在的。莊子對於死生大限的突破，是一種觀念性的突破。莊子的「通天下一氣也」（《知北遊》）是這一觀念的自然哲學基礎。按照這一自然哲學觀點，「人之生，氣之聚也；聚則爲生，散則爲死」（《知北遊》），「死生存亡之一體者」（《大宗師》）。所以，當人把對死生的觀察點從人本身移到超越人的個體之上的另外一個更高的、更普遍的存在時，死生的界限就消失了，故《莊子》寫道：

死生亦大矣，而不得與之變，雖天地覆墜，亦將不得與之遺。

審乎無假而不與物遷，命物之化而守其宗也。（《德充符》）

死生的觀念界限被超越，死產生的恐懼，生帶來的歡欣，即對死生的不同情感界限也就不再存在，如《莊子》中所說：

古之眞人，不知說生，不知惡死（《大宗師》）

彼以生爲附贅懸疣，以死爲決疣潰癰，夫若然者又惡知死生先後之所在？（《大宗師》）

生者，假借也；假之而生生者，塵垢也。死生爲晝夜。（《至樂》）

若死生爲徒，吾又何患！（《知北遊》）

這樣，死生的實際界限和感情界限都被莊子以一種獨特的哲學觀念突破了。

克服伴隨死亡而產生的恐懼感，對於古代人們的精神生活是十分迫切的、十分有益的。和莊子同時代的古希臘哲學家伊壁鳩魯（前341—270年）在致友人美諾寇的書信中說：「你要習慣於相信死亡是一件和我們毫不相干的事。因爲一切善惡吉凶都在感覺中，而死亡不過是感覺的喪失……所以一切惡中最可怕的——死亡——對於我們是無足輕重的。因爲當我們存在時，死亡對於我們還沒有來，而當死亡時，我們已經不存在了。賢者既不厭惡生存，也不畏懼死亡。」（《古希臘羅馬哲學》，第336頁）比較而言，伊壁鳩魯主要是從感覺論的角度來「征服」死亡的恐懼；而莊子則是依據他的自然哲學基礎，從本體論的角度來實現對死生大限的觀念的突破。他們的理論和方法雖然不同，旨趣卻頗有相同，都是努力於消除死亡恐懼的紛擾，形成一種安寧、恬靜的心境。在古代，死亡恐懼的祛除是具有精神解放意義的。我國清代學者熊伯龍說：「畏死心迫，神明說興。」（《無何集》，中華書局1979年版，第139頁）現代英國哲學家羅素也說：「我認爲宗教基本上或主要是以恐懼爲基礎的。」（《爲什麼我不是基督教徒》，商務

印書館1982年版，第25頁）莊子對生死大限的觀念上的突破，對死的恐懼的精神上的克服，對中國固有文化中宗教因素的滋生起了有力的抑制作用。

第二，「遊乎塵垢之外」。《莊子》描述「至人」的精神境界說：「芒然彷徨乎塵垢之外，逍遙乎無爲之業，彼又惡能憒憒然爲世俗之禮，以觀眾人之耳目哉！」（《大宗師》、《天道》）莊子理想人格這種超脫世俗事務和規範的生活態度，蘊藏著和體現著一種安寧恬靜的「定」的心境。如《莊子》中寫道：

> 夫至人有世，不亦大乎，而不足以爲之累。天下奮秉而不與之偕，審乎無假而不與利遷，極物之眞，能守其本，故外天地、遺萬物，而神未嘗有所困也。通乎道，合乎德，退仁義，賓禮樂，至人之心有所定矣。（《天道》）

莊子這種「外天地，遺萬物，退仁義，擯禮樂」的「遊乎塵垢之外」的精神境界或「定」的心理環境，就其哲學基礎來說，也是在「通天下一氣」（《知北遊》）的自然觀或「道通爲一」（《齊物論》）的本體論觀念基礎上形成的。故《莊子》說：

> 夫天下也者，萬物之所一也。得其所一而同焉，則四支百體將爲塵垢，而死生終始將爲晝夜而莫能滑，而況得喪禍福之所介乎！（《田子方》）
>
> 死生存亡，窮達貧富，賢與不肖毀譽，飢渴寒暑，是事之變，命之行也。日夜相代乎前，而知而不能規乎其始者也，故不足以滑和，不可入於靈府。（《德充符》）

可見，莊子的「遊乎塵垢之外」的精神境界實際上向我們展示了這樣的一個精神過程：當一個人理性地把自己的存在和一種永恒的、無所不包的存在整體結合在一起，理智地感受到他個人的存在也是一種無限之時，胸襟就會得寬廣起來。在這個高遠的位置上來審視人世，得喪禍福、窮達貧富也就無足縈懷了，世俗的紛擾也就化成心境的寧靜。

所以，莊子的這種超脫，在本質上是一種經過哲學升華的自我意識的特殊表現。歷史上不只莊子一個人的生活經歷表明，理智、理性的思索使一個人的精神從世俗觀念和事務的困擾中提高出來，超拔出來是可能的，是真實存在過的。

第三，「哀樂不入於胸次」。莊子理想人格「其寢不夢，其覺不憂，其食不甘」（《大宗師》）的無情無欲的精神境界，實際上也就是一種「喜怒哀樂不入於胸次」（《田子方》）的安寧、恬靜的心理環境。莊子認為這一心理環境的形成，在於要有安於時命、本分的生活態度，他稱之為「懸解」：

> 安時而處順，哀樂不能入也，古者謂是帝之懸解。（《養生主》、《大宗師》）

> 吾以為得失之非我也，而無憂色而已矣。（《田子方》）

莊子進而把安命守分，不為不可避免的、無法改變的遭際而哀樂動心，視為是極高的道德修養：

> 哀樂不易施乎前，知其不可奈何而安之若命，德之至也。（《人間世》）

> 知不可奈何而安之若命，唯有德者能之。（《德充符》）

如前所述，在莊子思想中，「命」是一種外在必然性。莊子「安命」的主張，即認為對命運必然性的承諾，不為非分之務，「達命之情者，不務知之所無奈何」（《達生》），能獲得心境的安寧，這在人的精神過程中是真實的；甚至像黑格爾所曾經稱讚的那樣，古代哲人沉靜地委諸命運的態度是「高尚而有價值的」（《小邏輯》，第309頁）。然而在生活中，伴隨「安命處順」而來的消極作用也是明顯的。即人們容易把感受到的巨大的、難以克服的、本質上是偶然性的外界困難，認為是必然性的「命運」；這樣，「安命」所獲得的「安寧」，實際上就是對被奴役狀態的麻木。應該說，這個精神過程也常有發生的。

「喜怒哀樂不入胸次」並非意味著莊子認為人完全不應該有喜怒

哀樂之情。《莊子》說，「眞人……淒然似秋，煖然似春，喜怒通四時，與物有宜而莫知其極」（《大宗師》）。可見莊子實際上是主張人的喜怒哀樂之情應該因順於自然，相通於大道。《莊子》在一則莊子和惠施對話的記述中，很明確地說明了這個問題：

> 莊子曰：「……吾所謂無情者，言人之不以好惡內傷其身，常因自然而不益生也。」（《德充符》）

對於一切事物、事件皆能因任自然、摒除人爲的那種不動心的精神狀態，莊子稱之爲「坐忘」：

> 墮肢體，黜聰明，離形去智，同於大通，此謂坐忘。（《大宗師》）

> 兒子動不知所爲，行不知所立，身若槁木之枝而心若死灰。（《庚桑楚》）

所以，莊子的「無情」、「坐忘」本質上是一種「兒子」（嬰兒）般的自然狀態，它是要求復歸於「大通」（自然、天然、本然），這和佛家的「無念」要求寂滅於「空」是不同的。清代學者宣穎說：「莊子無情之說，不是寂滅之謂也。只是任吾天然不增一毫而已。可見莊子與佛氏之學不同。」（《南華經解‧德充符》）甚是。

黑格爾在評論伊壁鳩魯的道德學說時說：「它的目的是精神的不動心，一種安寧。但是這種安寧不是通過魯鈍，而是通過最高的精神修養而獲得的。」（《哲學史講演錄》第三卷第84頁）莊子理想人格精神境界的基本特徵也正是一種安寧，一種在理智、理性基礎上，通過精神修養實現對死亡恐懼的克服、世事紛擾的超脫、哀樂之情的消融，從而形成的安寧恬靜的心理環境——「歸精神乎無始，而甘冥乎無何有之鄉。」（《列禦寇》）

其次，莊子理想人格精神境界的本質內容是對一種個人精神的絕對自由的追求，因而具有理想的性質。這一自由境界（莊子稱之爲「逍遙」）的情態，《莊子》中是這樣描述的：

> 若夫乘天地之正，而御六氣之辯，以遊無窮者，彼且惡乎待哉！
> （《逍遙遊》）
> 若夫乘道德而浮游……一龍一蛇，與時俱化而無肯專爲，一上
> 一下，以和爲量，浮游乎萬物之祖，物物而不物於物，則胡可
> 得而累邪！（《山木》）
> 夫天下也者，萬物之所一也。得其所一而同焉，則四支百體將
> 爲塵垢，而死生終始將爲晝夜而莫之能滑，而況得喪禍福之所
> 介乎！……且萬化而未始有極，夫孰足以患心！已爲道者解乎
> 此。（《田子方》）

這就是莊子追求的絕對自由——無待、無累、無患的「逍遙」。這是
一種理想中的主觀與客觀無任何對立或矛盾的個人的自由自在的存在，
一種一切感性存在皆被升華爲「道通爲一」的理性觀念，因而無任何
人生負累的心境。顯然，這種自由的理想——無人生之累——在現實
世界中是不可能眞實地和完全地存在著的，而只能以想像的形態在觀
念世界裡表現出來；這種「逍遙」心境的形成——一切感性、情感的
理性、理智升華——也不是一般的思維認識過程，而是一種特殊的、
對萬物根源「道」的直觀體悟。所以莊子對這一境界的描述，想像的
翅膀總是翱翔在人世之外（遊身世外），而理性直覺則總是繫著萬物
根源之上（遊心於「道」），舉例如：

想象中的遊身世外	理性直覺中的遊心於「道」
乘雲氣，御飛龍，而遊乎四海之外。（《逍遙遊》）	不知耳目之所宜，而遊心乎德之和。（《德充符》）
乘雲氣，騎日月，而遊乎四海之外。（《齊物論》）	萬化而未始有極……故聖人將遊於物之所不得遯而皆存。（《大宗師》）
乘夫莽眇之鳥，以出六極之外，而遊無何有之鄉。（《應帝王》）	去君之累，除君之憂，而獨與道遊於大莫之國。（《山木》）

余將去女，入無窮之門，以遊無極之野。（《在宥》）	心困焉而不能知，口辟焉而不能言，故遊心於物之初。（《田子方》）
乘日之車⋯⋯遊於六合之外。（《徐无鬼》）	獨與天地精神往來⋯⋯上與造物者遊（《天下》）

正如萊布尼茨在《神正論》序言中所說，自由是「煩擾著幾乎整個人類」的問題③，歷史上哲學家對自由作出的思考和具體回答，也是頗不相同的。從以上所述可以看到，莊子所認識和追求的自由——「逍遙」，與具有典型意義的自由觀，即盧梭、康德等的意志自由，及斯賓諾莎、黑格爾等的認識必然的理性自由相比，是一種情態自由。

在歐洲近代哲學中，意志自由論較早地在笛卡兒那裡就有一般的、明確的表述：「我們意志的自由是自明的」（《哲學原理》，商務印書館1962年版，第15頁）。而它貫穿著盧梭的政治理論和康德的道德哲學的全部。盧梭在《論人類不平等的起源和基礎》一文中寫道：「在禽獸的動作中，自然支配一切，而人則以自由主動者的資格參與其本身的動作。禽獸根據本能決定取捨，而人則通過自由行為決定取捨。」（《論人類不平等的起源和基礎》，商務印書館1962年版，第82頁）以後，盧梭又在《社會契約論》裡明確提出：「人是生而自由的。」（《社會契約論》，商務印書館1980年版，第8頁）盧梭說，一個人放棄他的自然權利，接受某種社會契約，雖然喪失了「天然的自由」，但獲得了「約定的自由」；反之，契約被破壞，「約定的自由」喪失了，他就又恢復了「天然的自由」（同上書，第23頁）。可見盧梭主要是從政治權利的意義上來理解自由的。同時，在這種政治權利意義上的自由之外，盧梭還提出一種道德意義上的自由。他說：「除上述以外，我們還應該在社會狀態的收益欄內再加上道德的自由，唯有道德的自由才使人類真正成為自己的主人；因為僅有嗜欲的衝動便是奴隸狀態，而唯有服從人們自己為自己所規定的法律，才是自由。」（同上書，第30頁）在

盧梭那裡，這種道德的自由不屬於他的理論主題，他沒有展開論述。

在康德哲學裡，自由是他的道德哲學（實踐理性）最基本的「懸設」④，並進而也是他全部哲學中不能被思辨證明的最高理性概念的基石。康德說：「自由概念的實在性既然被實踐理性的一個必然法則所證明，所以它就成了純粹的、甚至思辨的理性體系整個建築的拱心石，而且其它一切概念（神的概念和不朽的概念），原來當作理念在思辨理性中沒有根據的、到了現在也都附著在這個概念上，而借它穩定起來，並得到客觀實在性；那就是說，它們的可能性已由『自由確係存在』這件事得到證明，因爲這個理念已被道德法則所揭露出來了。」（《實踐理性批判》，商務印書館1960年版，第1—2頁）可見，康德的「自由」就是一種道德的自由，就是人作爲自己道德法則立法者的那種意志自由。所以康德說：「這種自由離了道德法則原是永遠不會被人認識的。」（同上書，第30頁）

康德和盧梭都是意志自由論者。區別在於，盧梭主要是從一種比較具體的社會政治角度來論述人的自由，認爲社會契約是人的自由意志的表現；而康德則是從一種比較抽象的、道德哲學的角度來論述人的自由，提出「一個只能以準則的單純立法形式作爲自己法則的意志，就是一個自由意志」（同上書，第28頁）的一般性原則。康德對於意志自由的思考較之盧梭在理論上的深刻性，還在於他對這種「自由」本身有所規定，有所定義。從《實踐理性批判》中可以看出，康德對「自由」內涵的主要規定是獨立性和原因性，如康德說：「一種獨立性就是最嚴格意義下的（即先驗意義下的）自由」（《實踐理性批判》，第28頁），「自由，即一個存在者就其屬於理性世界範圍內所有的原因性」（同上書，第134頁）。

可見，盧梭和康德的意志自由論所揭示和堅持的是認爲人的行爲在其根源上是獨立自主的，因而人是社會立法的主權者，人是道德法則的主體。這和莊子的情態自由論所描述和追求的超脫人生困境，理

智、理性地升華人所固有的感情、感性，從而達到無待、無累、無患的自在情境，是完全異趣的。

在世界哲學舞臺上，另外一個具有典型意義的自由觀是斯賓諾莎、黑格爾的理性自由論。斯賓諾莎認為世界是必然性統治的世界，「一切事物都受神的本性的必然性所決定而以一定方式存在和動作」（《倫理學》，商務印書館1983年版，第27頁），「在人的心靈中沒有絕對的或自由的意志」（同上書，第87頁）。然而斯賓諾莎也明確認為，自由和必然並不是絕對對立的，自由實際上是從必然性中生成，他說：「凡是僅僅由自身本性的必然性而存在，其行為僅僅由它自身決定的東西叫做自由。」（同上書，第4頁）斯賓諾莎還認為，「自由人，亦即純依理性的指導而生活的人。」（同上書，第222頁）這些都表明斯賓諾莎已經深刻地認識到從必然走向自由的橋樑是理性，自由就是對必然的認識。

自由就是對必然的認識這一思想，在黑格爾那裡獲得了一個確切的命題形式：「必然性的真理就是自由。」（《小邏輯》，第322頁）黑格爾對由必然性轉化為自由的認識的精神過程也有個描述：「無疑地，必然作為必然還不是自由；但是自由以必然為前提，包含必然性在自身內，作為被揚棄了的東西。一個有德行的人自己意識著他的行為內容的必然性和自在自為的義務性。由於這樣，他不但不感到他的自由受到了妨害，甚至可以說，正由於有了這種必然性與義務性的意識，他才首先達到真正內容充實的自由，有別於剛愎任性而來的空無內容的和單純可能性的自由。」（同上書，第323頁）十分清楚，黑格爾明確地以被理性認識了的必然性為自由的內容。

顯然，理性自由論所揭示和堅持認為的自由是人的理性的自覺，與莊子所追求的那種精神上無任何負累的、逍遙情境的自由也是不同的。

至此，我們可以把三種自由觀的主要之點對比如下：

自 由 觀	自由的內容	自由的獲得
莊子的情態自由	精神上無任何負累	體認宇宙本體
盧梭、康德的意志自由	行爲的獨立自主	固有
斯賓諾莎、黑格爾的理性自由	認識了的必然性	理性自覺

總之，莊子主要是從個人的無負累的心境狀態、或逍遙自在的心情感受的角度來認識和描述自由的。當然，這種感受只能以某種感性的、直觀的形式顯現；這種心境也只能是缺乏現實基礎的、個人孤獨生活的精神理想，「自由」離那個時代的人們還太遠，所以莊子的自由觀不可能有更深更廣的的內容。然而莊子的無待、無累、無患的絕對自由思想，畢竟表明他發現了作爲必然性的具體形態的人生困境，提出了一種超脫方法，描述了一種自由的心境或情態，在古代的哲學世界中，特別是在中國哲學中，這是一種人的自我覺醒，一種重要的精神覺醒。恩格斯曾說：「文化上的每一進步，都是邁向自由的一步。」（《馬克思恩格斯選集》第三卷，第154頁）反過來也可以說，自由觀念的覺醒，是重要的文化進步。因此，莊子的自由的理想應該被視爲中國文化中的進步現象；莊子對情態自由的描述應該是人類自由思想史的初章。

最後，在莊子的理想人格身上，還存在著、表現出一種異於、超越世人的神奇性能，這使得莊子的理想人格的精神境界具有某種神話的幻想性。《莊子》中描寫的「至人」、「神人」、「聖人」、「眞人」等理想人格在飲食起居、行爲功能等方面都表現出神異性。例如：

> 藐姑射之山，有神人居焉，肌膚若冰雪，淖約若處子。不食五穀，吸風飲露。乘雲氣，御飛龍，而遊乎四海之外。（《逍遙遊》）

> 至人神矣，大澤焚而不能熱，河漢沍而不能寒，疾雷破山飄風振海而不能驚。若然者，乘雲氣，騎日月，而遊乎四海之

外。（《齊物論》）

　　古之眞人……登高不慄，入水不濡，入火不熱。（《大宗師》）

　　聖人……入於不死不生。（《大宗師》）

等等。莊子理想人格的這些奇異的性能，它表現的與其說是超脫世俗的思想，不如說是在遠古社會生產力低下的情況下，人們對征服限制、威脅人類生存的自然力的幻想。正如卡西爾所說，「神話的眞正基質不是思維的基質，而是情感的基質」（《人論》第104頁），所以莊子的這些描述是具有神話性質的。生活資料的匱乏，無法抵禦的、以水、火爲代表的凶猛的自然災害的侵襲，山川河海的阻隔……最後降臨的更是人人皆無法逃脫的死亡，都是古代人們不能在現實中戰勝，而只能通過幻想在神話中戰勝的對象；特別是死亡，卡西爾甚至認爲「整個神話可以被解釋爲就是對死亡現象的堅定而頑強的否定」（同上書，第107頁）。莊子理想人格所具有的神異性能，正是這種感情願望的反映。

　　莊子理想人格精神境界的幻想的神話性質，與作爲中國神話之淵藪的《山海經》和楚辭中描寫神鬼世界的《九歌》相比，更是非常明顯的（見下表）。

神話 中要克 服的對象　　三家神話 　　　　　舉例	《莊　子》	《山　海　經》	《九歌》
生活資料的匱乏	神人……不食五穀，吸風飲露。（《逍遙遊》）	鍾山之神，名曰獨陰，視爲晝，瞑爲夜，吹爲冬，呼爲夏，不飲，不食，不息。（《海外北經》）	飲石泉兮蔭松柏。（《山鬼》）
自然力（火、水）的傷害	至人……大澤焚而不能熱，河漢沍而不能寒，疾	西海之南，流沙之濱，赤水之後，黑水之前，有大山，名曰昆侖之丘。有神人面虎	駕龍輈兮乘雷。（《東君》）

	雷破山飄風振海而不能驚。（《齊物論》）	身，有文有尾，皆白，處之。其下有弱水之淵環之，其外有炎火之山。（《大荒西經》）	乘水車兮荷蓋。（《河伯》）
山川海河之險阻	神人……乘雲氣，御飛龍。（《逍遙遊》）至人……乘雲氣，騎日月。（《齊物論》）	南方祝融，獸身人面，乘兩龍。（《海外南經》）西方蓐收，左耳有蛇，乘兩龍。（《海外西經》）北方禺彊，黑（或謂當作「魚」）身手足，乘兩龍。（《海外北經》郭璞注）東方句芒，鳥身人面，乘兩龍。（《海外東經》）	駕飛龍兮北征。（《湘君》）高飛兮安翔，乘清氣兮御陰陽。（《大司命》）
死亡	聖人……入於不死不生。（《大宗師》）	不死民在其（交脛國）東，其為人黑色，壽，不死。一日在穿匈國東。（《海外南經》）	春蘭兮秋菊，長無絕兮終古。（《禮魂》）

　　莊子理想人格精神境界所具有的幻想的、神話的性質，主要是由二個因素決定的。第一，是莊子思想的文化背景。前面已經論述，莊子可能是楚國貴族後裔，與楚文化有很深的關係。如果總的來說，莊子思想洋溢充盈的文學特質是浪漫多姿的楚文化的映照，那麼，具體到人生哲學的理想人格的神異性能，則是楚地巫風祠祀盛行、神話鬼說豐富的烙印⑤。第二，是莊子人生哲學本身。亦如前面所論述，莊子人生哲學所追求的無待、無累、無患的絕對的精神自由（「逍遙」），是一種情態的自由，一種理想性質的、情感性質的心境，它本身因為缺乏具體的、用來作界定的理論概念，而難以得到更明確的表述和深入的揭示。在這種情況下，借助神話形象的鮮明和表象的具體來描繪、表達出「道」的思想觀念和「逍遙」的精神境界的高遠、幽邃，則是非常自然的了。

　　在古代人的精神世界中，神話和宗教、神話和哲學都發生了密切

關係；但兩對關係之間亦有所不同。神話和宗教密切地交融在一起，這是不言而喻的；並且，神話和宗教始終沒有發生界限清晰的分離。正如卡西爾所說：「宗教在它的整個歷史過程中始終不可分解地與神話的成份相聯繫，並且滲透了神話的內容。另一方面，神話甚至在其最原始最粗糙的形式中，也包含了一些在某種意義上已經預示了較高較晚的宗教理想的主旨。神話從一開始就是潛在的宗教。」（《人論》第112頁）神話和哲學的關係與此不同。神話中潛伏著、涵蘊著思想，這也是不言而喻的。在理論思維、理論概念尚為貧乏的古代哲學世界中，哲學思想通過神話表達出來，是經常發生的。莊子這裡有這樣的情況，柏拉圖那裡也有這樣的情況。但是，隨著理論思維的發展，哲學和神話的分離也是必然的。正如黑格爾所說，「如果思維一經加強了，要求用自己的要素以表達自己的存在時，就會覺得神話乃是一種多餘的裝飾品，並不能借以推進哲學。」（《哲學史講演錄》第一卷第86頁）人類這一思想發展進程，黑格爾在批評人們把柏拉圖的神話當作他的哲學中最優秀的部分的誤解時曾有一段概括的敘述：「許多哲學思想通過神話的表達方式誠然更親切生動，但神話並不是真正的表達方式。哲學原則乃是思想，為了使哲學更純正，必須把哲學原則作為思想陳述出來。神話總只是一種利用感性方式的表達方式，它所帶來的是感性的意象，這些意象是為著表象，而不是為著思想的……像在古代那樣的神話表達方式裡，思想還不是自由的：思想是為感性的形象弄得不純淨了；而感性的形象是不能表示思想所要表示的東西的。只要概念得到了充分的發展，那它就用不著神話了。」（同上書，第二卷第169—170頁）應該說，黑格爾所敘述的由神話的表象到哲學的思想這一人類精神發展的一般進程，在莊子這裡得到具體的表現。這就是在《莊子》的一些篇章裡，已經給理想人格那種幻想的、表象的超人的神異性以某種理智的、理性的、屬於人的精神性的解釋。當然，這種解釋在《莊子》中並不是始終一致的，而是屬於理性程度不同的

三個層次。

第一種解釋：這種神異性是最高道德境界的體現或象徵。例如《莊子》中寫道：

> 古之真人，不逆寡，不雄成，不謨士。若然者，過而弗悔，
> 當而不自得也。若然者，登高不慄，入水不濡，入火不熱。
> 是知之能登假於道者也若此。（《大宗師》）
>
> 至人之用心若鏡，不將不迎，應而不藏，故能勝物而物不傷。
> （《應帝王》）

按照這種解釋，「入水不濡，入火不熱」不是實指一種特異性能，而是意味一種主觀與客觀沒有任何對立，「不將不迎，應而不藏」的精神境界的象徵，是最高精神境界「登假於道者」的心境狀態。莊子理想人格精神境界的表象的、神話的形態，在這裡獲得一個概念的、哲學的形態——「道」，這是一個非常高遠的、需要相當豐富的精神經歷才能達到的境界。

第二種解釋：這種神異性是喻指某種精神修養方法或理智的生活態度所帶來的生存的安全和精神的安寧。例如《莊子》中寫道：

> 至德者，火弗能熱，水弗能溺，寒暑弗能害，禽獸弗能賊。
> 非謂其薄之也，言察乎安危，寧於禍福，謹於去就，莫之能
> 害也。（《秋水》）
>
> 去知與故，循天之理，故無天災，無物累，無人非，無鬼責。
> 其生若浮，其死若休。不思慮，不豫謀，光矣而不燿，信矣
> 而不期。其寢不夢，其覺無憂，其神純粹，其魂不罷。虛無
> 恬淡，乃合天德。（《刻意》）

非常明顯，按照這種解釋，根本不存在「火弗能熱，水弗能濡」的神異性能，一個人只要有「寧於禍福」、「虛於恬淡」的精神修養，「循天之理」、「謹於去就」的理智態度，天災人禍皆「莫之能害也」。莊子理想人格精神境界原來那種神話色彩的感性描述，在這裡轉變成

一種思想概念的陳述──「至德者」合於「天德」的生活。

　　第三種解釋：這種神異性是可以通過某種方術修煉而獲得的特異功能。《莊子》中寫道：

> 子列子問關尹子，曰：「至人潛行不窒，蹈火不熱，行乎萬
> 物之上而不慄。請問何以至於此？」關尹曰：「是純氣之守
> 也，非知巧果敢之列⋯⋯壹其性，養其氣，合其德，以通乎
> 物之所造。夫若是者，其天守全，其神無郤，物奚自入焉！」
> （《達生》）

> 夫醉者之墜車，雖疾不死，骨節與人同而犯害與人異，其神
> 全，乘亦不知也，墜亦不知也，死生驚懼不入乎其胸中，是
> 故遻物而不慴。彼得全於酒而猶若是，而況得全於天乎？聖
> 人藏於天，故莫之能傷也。（《達生》）

這種解釋認為，所謂「入水不濡，入火不熱」，既不是一種道德境界體現，也不是某種精神修養或理智態度帶來的安全，而是通過「守氣」、「守全」等的修煉工夫而獲得的一種真實的特異功能，一種特殊的「藏於天」的生理狀態。這可能是最早的氣功理論了。「守氣」、「守全」的理論，在很長的時間內一直包裹著一層神祕的外衣，多數人不屑於、也難以接近。但是，經過千百年來無數方術之士的摸索、踐履，證明它確有很多真實的、合理的、可行的成份；它不禁使人驚嘆人是一個多麼寬廣而深邃的領域！然而它又不能在每個方術之士、每個人的同樣實踐中得到證驗，這又表明這個理論的科學性和成熟性有待於提高；因為一種理論的科學程度和成熟程度正是以它的普遍性和有效性來衡量的。就《莊子》來說，這一「守氣」理論的提出，使莊子思想在某個局部發生了一種奇特的轉化──神話向經驗性質的古代科學轉化，感性表象向方術性質的理論概念轉化。

　　《莊子》中對理想人格精神境界神異性的三種解釋，一方面共同地表現了莊子思想對神話的脫離，都是捨棄感性表象而用某種理論概

念來表述一種屬於莊子的思想；另一方面也具體地顯示了莊子思想在先秦的發展演變過程，這是抽象的、高遠的、理性直觀內容逐漸削弱，而具體的、實際的、實踐理論內容逐漸增多的過程。

總之，由於楚文化的背景和絕對自由的人生理想追求，莊子理想人格的精神境界染有幻想般的神話色彩是很自然的。但是，總的來說，《莊子》一書在形式上不是神話作品，在內容上更是遠遠超出神話的感性表象所可能蘊有的觀念。因爲《莊子》中在一個地方出現的具有神話性質的感性表象，總是在另外更多的地方，在不同層次上被理智的、理性的、超理性的思想概念所融解掉。

2.修養方法

莊子的人生理想，是追求無待、無累、無患的精神的絕對自由。就像對於康德來說，「要想從經驗原理中提取必然性，這就無異於石中取水」一樣（《實踐理性批判》，第10頁），對於莊子來說，要想從社會實踐中提取這種自由，是絕對不可能的；而只能在個人的精神生活中，通過某種精神修養才能獲得這種自由。所以，對於追求精神的絕對自由的莊子來說，最基本的人生實踐就是個人的精神修養。

爲了獲得精神的絕對自由，莊子提出的精神修養方法歸納起來是無欲、去智、體「道」。

(1)恬淡無欲　莊子認爲，「其耆欲深者，其天機淺」（《大宗師》）。無欲對於一個人的精神生活，乃至一個人的整個生活都是極其重要的。《莊子》中從三個方面或三個層次上論述了這個問題。

首先，莊子從心理的層次上來論述無欲對人的精神生活的意義。《莊子》中寫道：

> 以瓦注者巧，以鈎注者憚，以黃金注者殙。其巧一也，而有所矜，則重外也。凡外重者內拙。（《達生》）

> 少君之費，寡君之欲，雖無糧而乃足……故有人者累，見有於人者憂。（《山木》）

即在莊子看來，耆欲的深淺是修養低高的決定性因素和標志，只有去除心中的耆欲，才有心境的寧靜。如前所述，莊子追求的無待、無累、無患的精神境界，就其心境特徵來說，是一種安寧、恬靜的心理環境。所以恬淡無欲的精神修養，是形成這種心理環境、精神境界的基礎。

其次，莊子從生理的層次上來論述無欲對人的生命機體的重要。莊子認爲，人的生命機體是由「形」、「神」⑥兩種成份組成，如「勞君之神與形」（《徐无鬼》），「女神將守形」（《在宥》）；莊子還認爲兩者之中，神是本，形是末，「形德仁義，神之末也」（《天道》）。所以在莊子看來，「神全」，即保護這個生命的根本不受侵害，對於人來說，是極其重要的。並且這也是達到理想人格的一項標準，故莊子說：「純素之道，唯神是守，守而勿失，與神爲一，一之精通，合於天倫……謂之眞人」（《刻意》），「神全者，聖人之道也」（《天道》）。然而，如何養神而使神全不虧？莊子的回答很明確：恬淡去欲。例如《莊子》這樣寫道：

平易恬淡，則憂患不能入，邪氣不能襲，故其德全而神不虧。（《刻意》）

純粹而不雜，靜一而不變，惔而無爲，動而以天行，此養神之道也。（《刻意》）

最後，莊子從功利的層次上，論述無欲對於人在社會生活中的益處。《莊子》中寫道：

兒子動不知所爲，行不知所之，身若槁木之枝而心若死灰。若是者，禍亦不至，福亦不來，禍福無有，惡有人災也！（《庚桑楚》）

即在莊子看來，在社會生活中，一個「心若死灰」的、沒有耆欲的人，必能與世無爭，必能得到和享受安全。

「無欲」的觀點，就其本身來說，在理論上會有兩種不同的理解，而在實踐上相應地會有兩種不同的表現。一種毫無耆欲的不動心，似

乎並不是精神的覺醒，而是精神的麻木不仁；並不是人性的提高，而是人性的枯萎。因而，在實踐上它可能不是超脫的無畏，而是懦弱的苟且。將這兩者區別開來的關鍵，是這個「無欲」中所含有的理智、理性成份的多少，或者說是自我意識程度的高低。黑格爾在講述古希臘的懷疑派哲學時，對懷疑派所主張的「不動心」曾加以評論說：「這種漠然不動的狀態，在禽獸是生而具有的，在人是通過理性而獲得的，這便把人與禽獸區別開來了。」（《哲學史講演錄》第三卷，第119頁）黑格爾還引述了第歐根尼·拉爾修的《著名哲學家》所記載的懷疑派開山祖皮羅的那個著名的故事：「有一次皮羅坐在船上，一陣風浪使同船的人驚惶失措，而一只豬卻漠然不動，安安穩穩地仍舊在那裡繼續吃東西，於是他便指著豬說，哲人也應當像這樣不動心。」然後又一次評論說：「哲學卻不應該像豬一樣，而應當出於理性。」（同上）可見，黑格爾正是用「理性」將動物的本能的、昧然的「不動心」同人的理智的、自覺的「無欲」區分開來的。康德亦曾說：「理性對於人類的用途如果也與本能對畜類的用途一樣，那末，人類雖然賦有理性，那也並不能把他的價值提高在純粹畜類之上。在那種情形下，理性就只是自然用以裝備人類的一種特殊方式，使他達成畜類依其天性要達成的那個目的，而並不會使他實現一種較高的目的。」（《實踐理性批判》，第62—63頁）事實當然不是這樣。人的理性自覺的「無欲」，從本質上說，是人對自己的、感性的、本能的存在的超越，是對更高的一種存在和目的追求，因而是人性的提高、豐富的表現。這種精神上的提高，伴生出廣漠寬容的心境，帶來了行為的超脫無畏。

但是，如果「無欲」不是發生和形成在個人理性的自覺過程中，而是發生和形成在受某種外在力量的窒抑過程中，性質就有不同了。這種「無欲」就不再是人性因其感性內容被理性淨化、升華而得到提高，而是人性因其感性內容被削弱、剝奪而變得枯萎。因為從人的感性方面來看，的確是像費爾巴哈所說的那樣，「人的最內秘的本質不

表現在『我思故我在』的命題中，而表現在『我欲故我在』的命題中。」（《費爾巴哈哲學著作選集》上卷，三聯書店1962年版，第591頁）被人生的艱難所侵蝕而失去了欲望和追求的人，當然也是一個軟弱的、極易被摧毀的人。

就莊子來說，他的恬淡無欲的主張是自覺的，是有理智或理性基礎的。他的無欲的精神修養的完成或寧靜的心境的形成，是這樣的自覺過程：

第一，對個人在自然中的位置或與萬物關係的覺悟。《莊子》中寫道：

> 夫天下也者，萬物之所一也。得其所一而同焉，則四支百體將爲塵垢，而死生終始將爲晝夜而莫之能滑，而況得喪禍福之所介乎！……且萬化而未始有極也，夫孰足以患心！已爲道者解乎此。（《田子方》）

人的欲望本質上是自我對其自身以外的存在的一種要求，是自我與外界分離、對立的反映。在莊子看來，如果一個人能體悟到、並能夠形成「天地與我並生，而萬物與我爲一」（《齊物論》）的觀念，「得其所一而同焉」，那麼，這種分離、對立就不再存在；由這種分離、對立而產生的耆欲也就會泯滅。

第二，對個人在社會中的位置或與他人關係的覺悟。《莊子》中寫道：

> 得者，時也；失者，順也；安時而處順，哀樂不能入也。此古之所謂懸解也，而不能自解者，物有結之。（《大宗師》）
> 吾何以過人哉！吾以其來不可卻也，其去不可止也，吾以爲得失之非我也，而無憂色而已矣。（《田子方》）

莊子認爲人是生活在一種外在的必然性——時、命中。因此，既沒有必要、也沒有理由爲自己的遭遇怨天尤人或欣喜雀躍。可見，對於這種必然性，雖然不能說莊子正確地認識到了它的本質或性質，但卻可

以說莊子眞切地感受到了它具有使人無所逃遁的實在的力量。莊子主張對這種必然性採取承諾、順應的態度，並且認爲由這種態度產生的那種寧靜的心境，那種深厚的慰藉力量，能將人的最牢固的物欲懸結融化、解開。黑格爾曾說：「只要一個人能意識到他的自由性，則他所遭遇的不幸將不會擾亂他靈魂的和諧與心情的平安。」（《小邏輯》第310頁）不能說莊子是由對必然性的認識而獲得了自由，但是，他由對必然性的感受、承諾、順應而獲得的安寧，證明他的「懸解」、「無欲」之說，是屬於爲了爭得精神上的自由的一種努力。

第三，對個人心境中的耆欲形態的認識。《莊子》中寫道：

> 徹志之勃，解心之謬，去德之累，達道之塞。貴富顯嚴名利六者，勃志也。容動色理氣意六者，謬心也。惡欲喜怒哀樂六者，累德也。去就取與知能六者，塞道也。此四六者不蕩胸中則正，正則靜，靜而明，明則虛，虛則無爲而無不爲也。（《庚桑楚》）

莊子從志願、氣質、情緒、智能等四個方面歸納出個人心理生活中二十四種耆欲表現。用現代心理學的眼光來看，耆欲的這種分類是不科學的、混亂的。但它卻表現了莊子的這樣的一種意圖：努力發掘出那些掀起心境波瀾的屬於個人的精神性因素，認識它，自覺地剔除它。

(2)去知與故　莊子認爲，「去知與故……乃合天德」（《刻意》）。知，知識、智巧也；故，作爲也。這些都是莊子理想人格所鄙棄的。如莊子說：「滑疑之耀，聖人之所圖（鄙）也」，「聖人不由⑦，而照之於天」（《齊物論》）。可見，如果說恬淡無欲是莊子以理性的自覺超越感性，從而升華出一種寧靜心境的理想人格的修養方法，那麼，摒棄智巧作用，因任自然，使自己與自然保持和諧一致的關係，以養成一種淡泊的心境，也是莊子理想人格的修養方法。

《莊子》中，對「去知與故」所具有的修養方法的意義，是從精神的和功利的兩個方面或層次上來加以論述的。

首先，在莊子看來，人的智巧、作爲都會給最高的、完滿的「道」

的本然狀態帶來破壞，即莊子所謂「是非之彰，道之所以虧也」（《齊物論》）；從而也給自己本來是自然純粹的心境帶來紛擾不寧。這一觀點，《莊子》中借一個固執地堅持抱瓦甕澆地而拒絕用桔槔提引灌畦的種菜老丈的口，完整地表述了出來：

> 有機械者必有機事，有機事者必有機心。機心存於胸中，則純白不備；純白不備，則神生不定；神生不定者，道之所不載也。吾非不知，羞而不爲也。（《天地》）

其次，在較淺近的層次上，在莊子看來，智巧、作爲帶來的弊害是體力和精力的消耗，也就是所謂「巧者勞而知者憂」（《列禦寇》），「形勞而不休則弊，精用而不已則勞，勞則竭」（《刻意》）。

這樣，莊子就把「去知與故」的觀點和態度總結爲：

> 去知與故，循天之理，故無天災，無物累，無人非，無鬼責……其神純粹，其魂不罷，虛無恬淡，乃合天德。（《刻意》）

應該說，莊子的「去知與故」的觀點，是以他的自然觀中的天人關係思想爲基礎的。天人關係在《莊子》中從不同角度來看，有兩種不同的提法。《莊子》說：「牛馬四足，是謂天；落馬首、穿牛鼻，是謂人。」（《秋水》）顯然，在比較寬泛的意義上說，《莊子》這裡的「天」是指自然，或萬物的本然；「人」是指人和人的作爲。所以，從人的存在形式（人爲）來看，莊子認爲「人」與「天」是對立的：「天之小人，人之君子」（《大宗師》），「聖人工乎天而拙乎人」（《徐无鬼》）。莊子又認爲，「天地者，萬物之父母也」（《達生》），人是萬物之一，「號物之數謂之萬，人處一焉」（《秋水》），人在本質上和根源上都是自然的。所以，從人的內在本性上看，莊子認爲「人」與「天」又是同一的。《莊子》中的「人與天一也」（《山木》），「天與人不相勝也，是之謂眞人」（《大宗師》），就是在這個意義上說的。即是說，人在內在本性上是根源於、同一於天的；而在存在、發展形式上又常常和天對立。正是基於這樣的觀點，莊子認爲，第一，

人應該保持自己的自然本性，保持自己的本來面目。如《莊子》中寫道：

> 無以人滅天，無以故滅命，無以得殉名，謹守而勿失，是謂反其實。（《秋水》）
>
> 古之眞人……不以心捐道，不以人助天。（《大宗師》）
>
> 古之眞人，以天待人，不以人入天。（《徐无鬼》）

等等，表述的都是這個思想。第二，人的行爲應該合於自然的原則，而不著人爲雕鑿的痕迹。這一思想觀點，在《莊子》中通過對一個技藝高超的工匠的工藝創作體驗的記述，形象生動地表現出來：

> 梓慶削木爲鐻，鐻成，見者驚猶鬼神。魯侯見而問焉，曰：「子何術以爲焉？」對曰：「臣工人，何術之有！雖然，有一焉。臣將爲鐻，必齊以靜心。齊三日，而不敢懷慶賞爵祿；齊五日，不敢懷非譽巧拙；齊七日，輒然忘吾有四枝形體也。當是時也，無公朝，其巧專而外滑消；然後入山林，觀天性，形軀至矣，然後成見鐻，然後加手焉；不然則已。則以天合天，器之所以疑神者，其是與！」（《達生》）

梓慶工藝創作的成功經驗就是四個字：「以天合天」。這是一個剔除私欲私智，遵循自然的創作過程。《莊子》所說工倕之巧是「指與物化而不以稽」，善泅者之能是「從水之道而不爲私焉」（《達生》），也正是體現這樣的思想觀點。

「無以人滅天」、「以天合天」，這兩個觀點合而言之，就是「去知與故」。但是，就其本來的意圖說，莊子的「去知與故」，完全不是指工藝創作的方法，也不主要是生理意義上的養生方法，而根本目標是要達到「虛無恬淡」心境的精神修養方法。正是在這個本來的、根本的意圖上，莊子的「去知與故」，在其人性「反眞」和行爲「合天」的基本要求中，包含著明顯的對人類的智慧和創造的否定性意向。

智慧和創造會給人類帶來什麼？帶來心境寧靜的破壞。這是莊子

給予這個問題的第一個回答。在後面，我們將看到莊子對這個問題的第二個回答：帶來道德的墮落。二千年以後，我們在盧梭那裡，除了看到幾乎與此同樣的兩個回答外，還看到對這個問題的第三個回答：帶來社會政治的不平等⑧。

伴隨智慧和創造而來，人的精神領域會出現騷動、變異，這無疑是確鑿的事實。但是，這樣的事實如果離開那設想的、簡單化了的環境，而進入真實的、現實的環境裡，就完全不足以支持莊子的「去知與故」的結論。莊子的這個結論在理論上有兩個根本弱點。第一，從形式上看，它可能擺脫不了二律背反的悖論的羈絆。普列漢諾夫在評論認為智慧引起墮落的盧梭的關於人類不平等起源的學說時曾說：「天才的盧梭嘗受了真正的智慧的悲哀……他的難能可貴的智慧幫助他發現了這些重要的理論上的真理。」（《盧梭和他的人類不平等起源的學說》，見《論人類不平等的起源和基礎》附錄二，商務印書館1962年版，第238頁）不幸，莊子也是這樣。他的不要智慧與創造的結論本身，正是智慧的產物，而且也是一種智慧——哲學智慧。第二，從內容上看，它的邏輯前提與結論之間也似乎是有矛盾。如前所述，恬淡寧靜是莊子理想人格精神境界的心理特徵；這裡，莊子又具體地把「去知與故」視為達到「虛無恬淡，乃合天德」的境界的途徑。可見，莊子所追求的是一種自然的、原始狀態的寧靜，是與社會完全隔絕的、孤立的人的心境，任何跨出自然、脫離本然的一步，都會給它帶來難以承受的擾動。這正是莊子人生追求的理想性、幻想性的表現。實際上，對於處於原始狀態的、自然狀態的人來說，「寧靜」感並不存在；只有遠離了原始狀態的、進入了人類社會的人，才用智慧去體驗和追尋這種寧靜。所以，作為被感受到的「寧靜」，已經是非自然狀態的哲學智慧的果了。具體到莊子這裡，它是對「道」的理性直觀（超理性的體悟）。

一種寧靜的心境，本質上就是對自由的體驗。人類精神生活的領

域是極其廣闊的，這種體驗是會有多種表現的。莊子對「道」或本然狀態的體驗而產生的一種寧靜的心境決不是唯一的寧靜。我們看到，道德責任的完成，宗教信念的確立，都會給人的心境帶來持久的寧靜。例如，在康德的《實踐理性批判》中對道德責任感的獻身的心境曾有這樣的描述：「這種心境只是人們對於遠非生命的一種東西發生敬重的效果，而且生命同其它一切樂趣，在與這種東西比較對照之下，便完全沒有價值了。他只是為了職責才生活下去，並非因為他對人生嘗到絲毫滋味。」（《實踐理性批判》第90頁）奧古斯丁在《懺悔錄》中對他作為一個摩尼教徒在皈依基督教後獲得的上帝信念的堅定心境寫道：「頓覺有一道恬靜的光射到心中，潰散了陰霾籠罩的疑陣」，「我發現在我變易不定的思想之上，自有永恒不變的真理。」（《懺悔錄》，商務印書館1963年版，第158、131頁）然而，莊子的「去知與故」，他的追求自然而獲得寧靜的理論和方法，正因此在人類思想史上具有了獨特的意義。就世界思想史的範圍說，它是較早開闢出來的、人類精神生活中的走向恬靜、走向自然的人生歸宿的一條路；就中國思想史範圍內說，它一方面和主張成仁、取義為人之安宅、正路⑨的儒家道德的人生歸宿對立，另一方面又不期而然地和儒家共同抵禦、排斥來自異質文化的、自然和道德以外的宗教彼岸的人生歸宿。

(3)體「道」　體「道」是莊子最艱深的一種精神修養方法，它既有理性基礎，又有超理性成份，因而具有某種神秘的色彩。在莊子思想裡，體「道」一方面是精神修養終極的、最高的階段，一方面也可以說是貫串精神修養的全部過程。莊子在論述死生禍福皆不足掛心時曾說，「天下也者，萬物之所一也……且萬化未始有極，孰足以患心，已為道者解乎此」⑩（《田子方》），也就是說，建立在「萬物皆一」（《德充符》）自然觀基礎上的精神修養方法，無論是恬淡無欲、或是去知與故，都必須是「已為道者」——體道者——才能理解的、踐履的。因而，在莊子那裡，理想的、絕對自由的精神境界的真正達到，

必須理解「道」。

但是，正如前面已經論述，作為莊子思想中的世界最後根源的「道」，是指世界總體或整體的實在性，是超時空的，因而也是超感知的，「道不可聞」、「不可見」、「不可言」（《知北遊》）。所以這種解「道」，在莊子那裡就不是一般的理智的、理性的認識，而是一種超理智、超理性的體認。《莊子》中寫道：

> 無思無慮始知道，無處無服始安道，無從無道始得道。（《知北遊》）

> 養志者忘形，養形者忘利，致道者忘心矣。（《讓王》）

可見在莊子思想那裡，「知道」、「致道」已不再是邏輯思維的認識活動了（「無思無慮」、「忘心」），而是一種整體直觀的、總體全息的感受——體驗了。「知道」、「致道」實際上已擺脫了認識（邏輯思維）而進入了實踐（精神修養）。所以莊子認為「所以論道，而非道也」（《知北遊》），能說出「道」的人並不是真有「道」的境界的人，只有默默地「體道」的人才是德高太斗的「真人」、「至人」。如《莊子》中寫道：

> 夫體道者，天下君子所繫焉。（《知北遊》）

> 至人……體盡無窮，而遊無朕。（《應帝王》）

> 能體純素，謂之真人。（《刻意》）

從《莊子》中還可以看出，莊子的這種「體道」，即對作為宇宙最後根源「道」的那種世界總體實在性的理性直觀或體認，實際上是由兩個有區別但目標是一致的精神過程組成。首先，「體道」是一種個人精神的擴張過程。它開始於個人對自我之外的宇宙之無限、天地之廣袤、萬物之奧妙的冥想、體味。如《莊子》描述說：

> 聖人者，原天地之美而達萬物之理……觀於天地之謂也。（《知北遊》）

> 彼至人者，歸精神乎無始而甘冥乎無何有之鄉，水流乎無形，

發洩乎太清。（《列禦寇》）

通過這種冥思、體味，個人渺小的生命之軀，擴大爲、意化爲無窮的精神之體，一種曠渺的與自然溶入感和高遠的對人世超脫感就會產生。如《莊子》寫道：

天地與我並生，而萬物與我爲一。（《齊物論》）

與造物者爲人，而遊乎天地之一氣。（《大宗師》）

如前所述，在《莊子》中，「造物者」是「道」的別名。所以「與造物者爲人」即是與「道」爲偶，與「道」爲友⑪，即是「與道相輔而行」，「與道遊」（《山木》），「與道徘徊」（《盜跖》），也就是得「道」的表現。

另一方面，「體道」也是個人意念的自我否定過程。費爾巴哈曾說：「人的本質是感性，而不是虛幻的抽象，『精神』。」（《費爾巴哈哲學著作選集》上卷第213頁）莊子的「體道」從一個方面來說，卻正是要求人的精神從這作爲體現人的具體存在的感性中擺脫出來，淨化爲一個體現「道」的無意念的精神的存在。這個「體道」的過程，莊子稱之「攖寧」。《莊子》中有則故事敘述了這個過程：

南伯子葵問乎女偊曰：「子之年長矣，而色若孺子，何也？」曰：「吾聞道矣。」南伯子葵曰：「道可得學邪？」曰：「惡，惡可！子非其人也。夫卜梁倚有聖人之才而無聖人之道，我有聖人之道而無聖人之才，吾欲以教之，庶幾其果爲聖人乎！不然，以聖人之道告聖人之才，亦易矣。吾猶告而守之⑫，參日而後能外天下；已外天下矣，吾又守之，七日而後能外物；已外物矣，吾又守之，九日而後能外生；已外生矣，而後能朝徹；朝徹，而後能見獨；見獨，而後能無古今；無古今，而後能入於不死不生。殺生者不死，生生者不生，其爲物，無不將也，無不迎也，無不毀也，無不成也。其名爲攖寧。攖寧也者，攖而後成者也。」（《大宗師》）

這則女偶幫助卜梁倚成道的寓言故事，形象地說明了三個問題：第一，只是明瞭關於「道」的一般理論（「聞道」），而無能刻苦體驗的資稟（「聖人之材」），還是不能得道的（「入於不死不生」）。可見，得「道」或成「道」從根本上說，不是認識的問題，而是踐履的問題。第二，這個實際上是直觀體認而不是理智思維的「體道」過程，就是將個人意念中的感性成份、感性內容剝離的過程，從「外天下」、「外物」、「外生」，到「朝徹」、「見獨」、「無古今」，而「入於不死不生」，就是個人的精神從感性世界的縈繫中超脫、升騰出來的過程。第三，精神最後達到的「不死不生」境地，它的特徵是「殺生者不死，生生者不生」，「無不將也，無不迎也」，「無不毀也，無不成也」，非常明顯，這就是作為宇宙最後根源的、世界總體性的實在──「道」。所以，「入於不死不生」的境界，也就是「與造物者為人」的與「道」同在的得「道」的境界。

莊子「體道」的精神歷程的兩個方面，即一方面是精神衝出個人形體的圍域，翱翔於「無形」、「太清」的「無何有之鄉」；另一方面是精神從知覺的感性世界中剝離、淨化出來，進入無古今、無死生的超越感知的境界，在《莊子》中又可合稱為「坐忘」：

> 墮肢體，黜聰明，離形去知，同於大通，此謂坐忘。（《大宗師》）

> 墮爾形體，吐爾聰明，倫與物忘，大同乎涬溟，解心釋神，莫然無魂。（《在宥》）

這裡的「大通」、「涬溟」，也就是對那種整體性、總體性的自然實在的形象描述，而這種實在性的概念表述則是──「道」。

莊子的作為精神修養方法的「體道」，因為是建立在「萬物皆一」（《德充符》）的自然觀和「道通為一」（《齊物論》）的本體論哲學觀念基礎之上的，本質上也是理性的。莊子由「遊乎萬物之所終始」（《達生》）、「浮遊乎萬物之祖」（《山木》），而達到「遊於物之所

不得遯而皆存」（《大宗師》）、「與道遊」（《山木》），皆是精神
在這個基礎上的升越；由「外物」、「物忘」而「入於不死不生」則
是精神在這個基礎上對感性意念的剝離。然而正是在這個過程中，莊
子的「體道」轉化爲一種超理性的精神過程。即他不是踏著邏輯思維
的階石，而是憑借直觀體驗——個人生活經驗和思想經歷的凝聚，進
入這最高境界的。這最後的、跳躍的一步，也是最重要的一步，使莊
子思想中留下了一片難以把握的、給人以某種神秘感的空間；在這樣
的空間裡，哲學的和宗教的不同性質的思想觀念都可以生長。應該說，
這種神秘感不是《莊子》本身所具有的，也不是莊子本人會感受到的。
因爲構成《莊子》中的主要認識對象——具體事物（「萬物」）、事
物的內在規律性（「萬物之理」）、事物的總體實在性（「道」），
都是眞實的；莊子所追求的精神目標——「逍遙」的精神境界，本質
上是一種把自然作爲自己唯一的、最後的依藉的哲學態度，也是理性
的。只是在邁向這個境界過程中的最後一步，即在人和自然的最後的
溶合的接近中，有著某種屬於個人體驗的、不確定的獨特路程。因爲
思想經歷和生活經驗總是因人而異的。神秘感是追蹤某種超驗存在的
人所陷入的那種沒有邏輯之路可走的迷惘的精神狀態。這種神秘感在
莊子思想中可以隨著對「道」的精神境界的自然性質的理解加深而消
失。彌漫在宗教精神生活中的神秘感則是不可能消失的。因爲宗教在
本質上是對自然之外或人世之外的某種存在的信仰，溝通人與這個超
越的存在之間的橋樑，只能是個人經歷、經驗而形成的神秘體驗和某
種特殊的信念。這表明，莊子的「體道」本質上不同於宗教的修煉。

3. 處世態度

　　追求精神絕對自由（「逍遙」）的莊子人生理想，在人生實踐上，
一方面決定並表現爲他的自我精神修養方面的理論和實踐外，另方面
也決定並表現爲他對世俗生活的態度：超世、遁世、順世。

　　(1)超世——不隨物遷，遊乎塵外　莊子理想人格的處世態度，《

莊子》中多次而明確表述的是一種超然世外的態度。例如：

> 神人……之人也，之德也，將旁礴萬物以爲一，世蘄乎亂，
> 孰弊弊焉以天下爲事……是其塵垢粃糠，將猶陶鑄堯舜也，
> 孰肯以物爲事！（《逍遙遊》）

> 聖人……審乎無假而不與物遷，命物之化而守其宗也。（《德
> 充符》）

> 眞人……彼方且與造物者爲人，而遊乎天地之一氣……芒然
> 徬徨乎塵垢之外，逍遙乎無爲之業，彼又惡能憒憒然爲世俗
> 之禮，以觀眾人之耳目哉！（《大宗師》）

> 夫至人有世，不亦大乎！而不足以爲累。天下奮秉而不與之
> 偕，審乎無假而不與利遷，極物之眞，能守其本。故外天地，
> 遺萬物，而神未嘗有所困也。通乎道，合乎德，退仁義，賓
> 禮樂，至人之心有所定矣。（《天道》）

等等。從這些表述裡可以看出，莊子這種超然世外的態度，其主要的思想內涵是對人間世務的鄙棄和世俗道德的否定；而這兩點都正是莊子關於宇宙最後根源「道」的本體論觀點的邏輯發展。第一，如前所述，莊子認爲作爲世界最後本根的「道」，是一種超越任何個體存在的自然整體實在。莊子這裡所表述的要「爲一」、「登假」、「與造物者爲人」，就是對「道」的高遠境界的追求，對萬物本然狀態的返歸，因而在生活情態上就表現爲對世俗事務的鄙棄，「孰肯以天下爲事」，「孰肯以物爲事！」厭惡世俗事務、鄙夷世俗目的，孕育出莊子的清高與孤傲。前面引述的莊子視惠施的相位如腐鼠（見《秋水》），譏曹商邀寵爲舐痔（《列禦寇》），都是典型而風趣的事例。應該說，這些都需要對人作爲感性的自然存在的超越和被社會生活扭曲的自然本性的認識，從某種意義上說，也是一種人性的提高。第二，如前所述，莊子的作爲世界本根的「道」，首先是「自本自根」、「無所不在」的。在這自本的、周遍的「道」中，一切區別皆被融化，「道通爲一」；

從「道」的根本的立場來看,世俗的是非、善惡標準皆泯然無存,「從本觀之,生者暗醷物也……奚足以爲堯桀之是非」(《知北遊》)。所以對於「極物之眞能守其本」的「至人」或「不與物遷而守其宗」的「聖人」,必然要把世俗的道德規範看作是約束本性、戕害本然的桎梏而予以否定;「既已黥汝以仁義,而劓汝以是非矣,汝將何以遊夫遙蕩恣睢轉徙之途乎?」(《大宗師》)對於向往自然,追求自由的莊子來說,是完全不能忍受的!「惡能憒憒然爲世俗之禮,以視觀衆人之耳目哉!」這構成了我們在下面將作論述的莊子社會批判的理論基礎和思想激情。

(2)遁世——不與物攖、陸沉世寰　從《莊子》還可以看到,浪迹於山林,潛隱於人世也是莊子理想人格的處世態度。例如《莊子》寫道:

> 夫至人者,相與交食乎地而交樂乎天,不以人物利害相攖,不相與爲怪,不相與爲謀,不相與爲事,翛然而往,侗然而來。(《庚桑楚》)

> 聖人……是自埋於民,自藏於畔,其聲銷,其志無窮,其口雖言,其心未嘗言,方且與世違而心不屑與之俱,是陸沉者也。(《則陽》)

如果說,莊子理想人格的超然人世的態度,表現了他對世俗生活的高傲,反映了精神上的自信,那麼,這種回避人世的態度則表現了他對世俗生活的冷漠,反映了他的情緒的消沉;如果說,莊子的超世的態度,是他追求自然、自由的人生理想的表徵;那麼,遁世的態度則更多的是多艱的現實生活在精神上留下的烙印。這種生活情緒和精神烙印,在《莊子》中關於孔子的兩則記事中明顯地表現出來:

> 孔子適楚,楚狂接輿遊其門曰:「鳳兮鳳兮,何如德之衰也!來世不可待,往事不可追也。天下有道聖人成焉;天下無道,聖人生焉。方今之時,僅免刑焉。福輕乎羽,莫之知載;禍重

乎地，莫之知避。已乎已乎，臨人以德！殆乎殆乎，畫地而趨！
迷陽迷陽，無傷吾行！郤曲郤曲⑬，無傷吾足！」（《人間世》）

孔子圍於陳蔡之間，七日不火食。大公任往弔之曰：「子幾死
乎？」曰：「然。」「子惡死乎？」曰：「然。」任曰：「予
嘗言不死之道。東海有鳥焉，其名曰意怠。其爲鳥也，翂翂翐
翐，而似不能；引援而飛，迫脅而棲；進不敢爲前，退不敢爲
後，食不敢先嘗，必取其緒。是故其行列不斥，而外人卒不得
害，是以免於患。直木先伐，甘井先竭。子其意者飾知以驚愚，
修身以明汙，昭昭乎如揭日月而行，故不免也……」（《水木》）

孔子說，「鳥獸不可與同群，吾非斯人之徒而誰與」（《論語·微子》），可
見他的人生態度是積極入世、經世的；然而孔子又說：「道之不行，
已知之矣」（同上），所以他的生活結局又是失敗的。主張遁世的莊
子把孔子作爲議論和引爲教訓的對象是很自然的。這個教訓就是「直
木先伐，甘井先竭」。在一個「僅免於刑」的險惡社會環境裡，像孔
子那樣出頭露面，昭昭若揭地顯示自己，除了招引禍害，是別無所獲
的。像意怠那樣不孤飛，不獨棲，不先食，總是把自己掩隱在群鳥之
中，則是非常安全的。毫無疑問，莊子在這裡總結的是在一個悲慘世
界裡的悲慘的經驗，一種滲透著悲凉凄苦的智慧。但並不是悲觀的經
驗和智慧。悲觀是認爲苦難不可被克服、被戰勝的觀點，這在《莊子》
中是不存在的。《莊子》中有苦難、困境，但它們是可以被克服、被
超越的，這既是指前面已多次論及的那種充滿自信的、返歸自然而獲
得精神自由的人生理想，也包括這裡經歷人世艱難而得到的處世經驗。

在《莊子》中，對這種遁世的處世態度或經驗，並不停留在作爲
逆境的生活感受的感性描述上，而是努力給予一種理論的說明或論證。
歸納起來主要有兩點：第一，從基本的哲學觀點來看，「道流而不明
居。」《莊子》寫道：

昔吾聞之大成之人曰：「自伐者無功，功成者墮，名成者虧。」

> 孰能去功與名而還與眾人！道流而不明居，得行而不名處；純
> 純常常，乃比於狂；削迹捐勢，不爲功名，是故無責於人，人
> 亦無責焉。（《山木》）

> 夫流遁之志，決絕之行，噫，其非至知厚德之任與！（《外物》）

即在莊子看來，削迹捐勢，陸沉世實，潛隱於眾人之中而不顯露，乃是一種徹底的自覺的表現，若非具有極高境界的「至知厚德」者，是難以做到的。「道」是「流而不明居」的，周遍而無迹的，所以自覺的遁世者的這種表現，本質上和「道」的性質是一致的，是得「道」的行爲。第二，從實際的功用觀點來看，「無用」可爲「大用」。莊子通過對世態的冷峻的觀察，認定正是在世人以爲是「無用」的地方，存在著「大用」。莊子在《人間世》中用許多具體的事例論證這個「無用之用」的觀點。例如，莊子以不材之木爲例：

> 南伯子綦遊乎商之丘，見大木焉有異，結駟千乘，隱將芘其所
> 藾。子綦曰：「此何木也哉？此必有異材夫！」仰而視其細枝，
> 則拳曲而不可以爲棟樑；俯而視其大根，則軸解而不可以爲棺
> 椁；咶其葉，則口爛而爲傷；嗅之，則使人狂酲，三日而不已。
> 子綦曰：「此果不材之木也，以至於此其大也。嗟乎神人，以
> 此不材！」

又以畸形之人爲例：

> 支離疏者，頤隱於臍，肩高於頂，會撮指天，五管在上，兩髀
> 爲脅。挫鍼治繲，足以糊口；鼓筴播精，足以食十人。上征武
> 士，則支離攘臂而遊於其間；上有大役，則支離以有常疾不受
> 功；上與病者粟，則受三鍾與十束薪。夫支離其形者，猶足以
> 養其身，終其天年，又況支離其德者乎！

莊子最後總結說：

> 山木自寇也，膏火自煎也。桂可食，故伐之；漆可用，故割之。
> 人皆知有用之用，而莫知無用之用也。

可見，從功用的觀點看，莊子的遁世態度，原來是立足於於世爲無用，於己則成大用的觀點，「美髯長大壯麗勇敢，八者俱過人也，因以是窮；緣循、偃佚、困畏不若人，三者俱通達」（《列禦寇》）。莊子認爲，在社會生活中，任何顯露個人存在和能力的表現都是有害的，而使個人不被發現的那些行爲則是有益的。在這裡，莊子運用極高的心思洞察世態，所要維護的只是最基本的、作爲感性的自然的人的存在。這是莊子那個多艱時代在莊子思想上烙下痕迹的最深之處。

(3)順世——虛而待物，與世沈浮。 人生追求的高遠，使莊子顯得超然世外；社會現實的險惡，又使莊子要潛隱於底層。這兩種態度都是以個人可以完全脫離社會而孤立存在爲前提，因而皆具有理想主義性質。但是，實際上無論在物質生活或精神生活上，人都是不可能存在於「無何有之鄉」（《應帝王》）、「無人之野」（《山木》）的想像的天地裡。「子之愛親，命也，不可解於心；臣之事君，義也，無適而非君也，無所逃於天地之間」（《人間世》），人倫世情，都是人無法逃卻的。所以，當遨遊在想像和理想裡的莊子走進現實，他又主張和表現爲與世周旋的順世態度。《莊子》中寫道：

> 知不可奈何而安之若命，唯有德者能之。（《德充符》）
>
> 唯至人乃能遊於世而不僻，順人而不失己。（《外物》）
>
> 若夫乘道德而浮遊則……無譽無訾，一龍一蛇，與時俱化，而無肯專爲；一上一下，以和爲量，浮遊乎萬物之祖，物物而不物於物，則胡可得而累邪！（《山木》）

可見，在莊子看來，安於命、化於時、順於人的處世態度，也是有極高精神修養的人才可能具有的。

17世紀的英國哲學家霍布斯曾把國家機器比作《聖經》裡的巨獸「利維坦」，這裡，莊子也似乎模糊地把由命、時、人組成的現世視爲一種外在必然性力量的總體。應該說，莊子的順世的處世態度本質上反映的就是被這種外在必然性壓抑而無力反抗、改變的那種精神狀

態。對這種精神狀態、這種處世態度，莊子也是從社會功用和哲學本體這兩個層次或角度來加以說明和論證的。

從功用的角度看，和順於人，虛己遊世，則可免害保身，無疑是順世的處世態度主要的意義或價值所在。《莊子》中對傅教太子者和養虎者的心態的描寫，生動地說明了這個觀點：

> 顏闔將傅衛靈公大子，而問於蘧伯玉曰：「有人於此，其德天殺，與之無方，則危吾國；與之有方，則危吾身。其知適足以知人之過，而不知其所以過。若然者，吾奈之何？」蘧伯玉曰：「善哉問乎！戒之、慎之，正女身也哉！形莫若就，心莫若和。雖然，之二者有患，就不欲入，和不欲出。形就而入，且為顛為滅，為崩為蹶。心和而出，且為聲為名，為妖為孽。彼且為嬰兒，亦與之為嬰兒；彼且為無町畦，亦與之為無町畦；彼且為無崖，亦與之為無崖。達之，入於無疵……汝不知夫養虎者乎？不敢以生物與之，為其殺之之怒也；不敢以全物與之，為其決之之怒也；時其飢飽，達其怒心。虎之與人異類而媚養己者，順也；故其殺者，逆也……」（《人間世》）

生活經驗表明，與一個暴戾的太子相處，只能「形莫若就，心莫若和」，「不小立圭角以逆其鱗」；（郭象《莊子注》）正如與一只凶猛的野獸接觸，必須順其情性，疏其怒心，方能免遭傷害。如果把這具體的感性經驗事實上升為一般的普遍性事實，即把暴戾的太子、凶猛的野獸視為壓抑人的社會力量、自然力量的代表、象徵，那麼，結論就是在社會生活中，在與命、時、人這些客觀的外在力量對立之中，能虛己以待，消解對立，則患害不來。這就是《莊子》中所說「人能虛己以遊世，其孰能害之！」（《山木》）所以在功用意義下的莊子順世的處世態度，是一種被動的、外在力量壓抑下的「形就心和」的順從。

但是，從較高的、哲學本體論的角度來看，莊子順世態度也是得「道」的精神境界的一種自由的表現。如上所引述，莊子順世態度的

基本表現可以概括爲「遊世不僻，與時俱化」，「虛己遊世，以和爲量」。「虛」與「化」是順世態度的本質的內涵。而在莊子看來，「唯道集虛」（《人間世》），「萬物皆化」（《至樂》）。「虛」與「化」也正是「道」的存在特徵。所以「虛而能和」，「化而不僻」，也就是得「道」者的處世態度。如《莊子》寫道：

> 無所甚親，無所甚疏，抱德煬和以順天下，此謂眞人。（《徐
> 无鬼》）

> 夫聖人未始有天，未始有人，未始有始，未始有物，與世偕
> 行而不替，所行之備而不洫，其合之也若之何。（《則陽》）

「無所親疏」就是心無成見而虛己遊世，「與世偕行而不替」就是遊世不僻而與時俱化，這些都是「眞人」、「聖人」的處世態度。可見，在莊子那裡當順世態度作爲一種得「道」的精神境界的「虛」和「化」的體現時，就不再是對外在力量的被動的順從和由此而換得的生命的安全；而是在與這些外在力量消除了主觀上的對立情況下的自然的吻合和精神上的寬裕自如，如同「冉相氏得其環中以隨成」的「環中」（《齊物論》），如同「以無厚入有間，恢恢乎必有餘地」的遊刃（《養生主》），莊子的人生哲學就是這樣從任何必然的罅隙裡頑強地尋覓自由。

　　⑷三種處世態度的同一性　如上所述，莊子的人生哲學展示了三種處世態度：超世、遁世、順世。在莊子思想中，這三種處世態度在哲學本體論上是同一的，都是體現莊子思想人格的得「道」的精神境界。換言之，三種態度可以是理想人格一身同時所具有的。試以《莊子》中用最常見的三個理想人格名號——「聖人」、「至人」、「眞人」表述的處世態度列表舉例如下：

同一角色及精神 ＼ 三種態度	超　世　態　度	遁　世　態　度	順　世　態　度
聖　人	聖人……遊乎塵垢之外。（《齊物論》）	聖人鶉居而鷇食。（《天地》）	聖人遭之而不違。（《知北遊》）
至　人	至人……遊乎四海之外。（《齊物論》）	至人尸居環堵之室。（《庚桑楚》）	至人不留行焉。（《外物》）
眞　人	夫免乎內外之刑者，唯眞人能之。（《列禦寇》）	眞人……居山林，，食芧栗。（《徐无鬼》）	抱德煬和，以順天下，此謂眞人。（《徐无鬼》）
體現「道」的精神	夫道……在太極之先而不爲高，在六極以下而不爲深，先天地而不爲久，長於上古而不爲老。（《大宗師》）	道流而不明居。（《山木》）	唯道集虛。（《人間世》）

可見，莊子思想中理想人格的精神境界在不同情況下會有不同的表現形態。作爲整體的、總體的自然實在的「道」，其內蘊是無所不包的，得「道」的精神境界也是極其寬廣豐富的。一個道德修養或精神境界極高的人，他的精神世界的本質堅定性與他的表現行爲的隨境多樣性，總是很自然地結合在一起的。《莊子》對此也有所說明：

　　古之眞人……其心忘⑭，其容寂，其顙頯；淒然似秋，煖然似春，喜怒通四時，與物有宜而莫之其極。（《大宗師》）

　　古之人，外化而內不化，今之人，內化而外不化。無物化者，一不化者也。（《知北遊》）

在莊子看來，理想人格的精神界如同廣袤的天地，一切皆被包容，一

切皆可形成，「與物有宜而莫之其極」。理想人格的精神境界可因環境的不同而呈現不同的形態——「與物化者」，但其內在「道」的本質卻不會改變——「一不化者也」。就處世態度而言，它是超世的，也是遁世的，又是順世的，然而它精神上的自由感，即心境上的那種逍遙自在、安寧恬靜的感受卻是如一的。

在莊子思想裡，這種得「道」的精神自由境界，本質上就是對自然的返歸。所以莊子理想人格超世、遁世、順世的人生態度的同一性，不僅是指它們涵蘊著相同的自在恬靜的心境，而且還指它們同以自然觀念爲基礎，抗拒和否定著現實社會。莊子的人生態度，不論以超世的、或遁世的、或順世的形態表現出來，都有一個共同的邏輯思路或內容構成，即以自然（「道」）爲精神追求或理論觀察的起點，通過對現實社會的政治、道德狀況的否定性的洞察審視，而歸宿到個人精神自由的獲得或生命的保障。完全可以說，自然的觀念、社會批判的觀念和個體的觀念是構成莊子人生態度的基本特質或支撐點。這三個支撐點或特質，從前面引述的《莊子》材料裡都不難尋覓出來：

觀念因素 處世態度	自 然 性	社 會 批 判 性	個 己 性
超 世	眞人……與造物者爲人，而遊乎天地之一氣。（《大宗師》）	既已黥汝以仁義，而劓汝以是非矣，汝將何以遊夫遙蕩恣睢轉徙之途乎？（《大宗師》）	彷徨乎塵垢之外，逍遙乎無爲之業，彼又惡能憒憒然爲世俗之禮，以觀衆人之耳目哉！（《大宗師》）
遁 世	夫至人者，相與交食乎地而交樂乎天，不以人物利害相攖。（《庚桑楚》）	方今之時，僅免刑焉。（《人間世》）	削迹捐勢，不爲功名，是故無責於人，人亦無責焉。（《山木》）
順 世	若夫乘道德而浮遊則……與時俱化而無肯專爲。（《山木》）	與之無方，則危吾國；與之有方，則危吾身。（《人間世》）	順人而不失己。（《外物》）

　　總之，莊子理想人格的超世、遁世、順世的三種處世態度，雖然
其所表現出來的社會行爲有所不同，或是超然而鄙夷世俗，或是削迹
捐勢而隱身山林，或是圓環無隅而與世周旋，但體現的得「道」的精
神境界卻是相同的。

三、莊子後學在人生哲學方面表現出的新傾向

　　從以上對莊子理想人格的精神境界和人生實踐的分析中可以看到，
莊子人生哲學的核心內容或基本特色，是通過本質上是返歸自然的精
神修養方法和不入世俗的處世態度，創造和保持一種恬靜安寧的心境，
一種無任何負累的精神自由。然而在《莊子》中的某些地方，又可以
看到存在著和這核心內容或基本特色不一致的思想觀點。我們斷定，
這是莊子後學在人生哲學方面表現出來的新的傾向。這些不一致的思
想觀點所顯示出的新傾向，可以概括爲兩個方面。

1.折衷傾向

　　思想史上，一個本來具有鮮明思想特色的思想流派，在其發展中，
逐漸吸收、滲入一些對立的、異己的思想觀點，表現出某種折衷的傾
向是屢見不鮮的。在先秦，莊子思想既是以儒家思想爲對立面，同時
也是以儒家思想爲理論背景而出現的。當莊子後學失去莊子本人那樣
獨特的精神感受和理論境界時，他們就不能清晰分辨和努力堅持這種
對立，雖然莊子思想的獨特面貌並沒有因此而模糊，因此而融入作爲
它的背景的儒家思想之中，但不自覺地從儒家思想中吸取某些觀點，
表現出某種折衷傾向則是自然的。在人生哲學方面，這種折衷傾向表
現爲在理想人格的精神境界和修養方法中都滲入了儒家的思想觀點。

　　(1)精神境界的新內容：內聖外王　從前面已引述的材料來看，莊
子理想人格的「逍遙」的精神境界的主要特徵是一種超脫世俗的、自
然恬靜的心境。在莊子這樣的精神境界裡，「外內不相及」（《大宗
師》），「天在內、人在外」（《秋水》），內在的、自然的精神生活

和外在的、世俗的物質生活還處於尖銳的對立狀態；而且，也非常明顯，向往自然，追求自由的莊子是把注重內在的精神生活，保持寧靜的心理環境，放在人生的首要位置上的。例如《莊子》寫道：「彼（聖人）假修渾沌氏之術者也……治其內而不治其外」（《天地》），「全德之人……內保之而外不蕩也」（《德充符》）。而對於追求世俗物質生活的「外」、「動」的行為，皆無積極的、肯定的評價，沒有發現並承認其有何具有價值的目標，顯然是一種否定的態度。如《莊子》說：「至道之極……慎女內，閉女外」（《在宥》），「大人之行……動不為利」（《秋水》），「為外刑者，金與木也；為內刑者，動與過也」（《列禦寇》），等等。

但是，在《莊子》中的另外某些地方，卻顯示出一種內容或性質有所不同的理想人格的精神境界，在這裡「內」與「外」、「動」與「靜」的對立消失了；「動」、「外」積極的、有價值的目標也出現了。《莊子》中寫道：

> 靜而聖，動而王……此之謂大本大宗，與天和者也。（《天道》）
> 天下大亂……是故內聖外王之道闇而不明，鬱而不發。（《天下》）

非常明顯，「靜而聖」是道德修養，「動而王」是世俗事功。莊子後學認為，理想人格應該是這兩方面的統一：「內聖外王」。孟子說：「古之人得志，澤加於民；不得志，修身見於世。窮則獨善其身，達則兼善天下。」（《孟子·盡心》上）「內聖外王」本質上也正是儒家的這種積極入世的精神境界，同莊子的「與造物者為人，而遊乎天地之一氣」的超脫世俗的精神境界是迥然不同的。這是莊子後學的思想裡滲入了儒家思想的最明顯的表現。

(2)修養方法的新內容：「知恬相養」，「借托仁義」　如前所述，莊子達到無待、無累、無患精神境界的修養方法——恬淡無欲，去知與故，「體道」，本質上是通過自我體認、體驗而返歸心理上、精神

上的那種本然的寧靜狀態，基本是一個沒有任何社會實踐的個人心理、精神的自我淨化過程。亦如前面所述，這是一個沒有邏輯之路的過程；個人思想經歷和生活經驗的差異，使這一過程具有不確定性，顯出某種神秘性。對於他人，包括莊子後學在內，沒有某種精神上的感受、領悟，認識和運用這種方法都是很困難的。莊子後學為了擺脫這種困難，在修養方法中引進了兩個具有確定性內容的因素：知識與道德。

第一，知恬相養。本來，「知」在《莊子》中經常是作為對人的精神健康具有破壞性的一種因素而被鄙棄的。如《莊子》中寫道：「巧者勞而知者憂」（《列禦寇》），「多知為敗」（《在宥》），「去知與故，循天之理，故無天災，無物累，無鬼責」（《刻意》），「達生之情者傀，達於知者肖⑮」（《列禦寇》），「去汝躬矜與汝容知，斯為君子矣」（《外物》），「離形去知，同於大通，此謂坐忘」（《大宗師》），等等。可見在莊子看來，無論是對於人的自然生命或人的精神修養，「知」都是應被否定的。

但是，莊子後學那裡，我們卻看到把「知」當作是達到「道」的精神境界的一種方法的理解。《莊子》寫道：

> 古之治道者，以恬養知；知生而無以知為也，謂之以知養恬。知與恬交相養，而和理出其性。夫德，和也；道，理也。德無不容，仁也；道無不理，義也；義明而物親，忠也；中純實而反乎情，樂也；信行容體而順乎文，禮也。禮樂徧行，而天下亂矣。（《繕性》）

非常明顯，莊子「知者憂」與莊子後學的「知與恬交相養」是根本不相容的；莊子後學認為「知恬相養」是一種「和理」（即「道德」）的境界，「天下治」的局面就會產生，這同莊子「忘形去知」方可達到「大通」，返歸本然的觀點也是相悖的。

莊子後學在修養方法中引進了「知」（知識、智慧）的因素後，背離了莊子的思想路線，卻和儒家思想路線接近起來。孔子說：「弟

子入則孝，出則悌，謹而信，汎愛衆而親仁。行有餘力，則以學文。」（《論語·學而》）所以，一般說來，先秦儒家在完成道德修養的過程中，是把倫理規範的踐履放在第一位的，而知識的學習是第二位的；但是，知識和智慧對於完成修養的重要意義，先秦儒家是充分認識和肯定的。例如孔子曾經自謂「我非生而知之者，好古敏以求之者也」，「蓋有不知而作之者，我無是也；多聞擇其善者而從之，多見而識之，知之次也」（《論語·述而》）一生不知疲倦地學習求知，是孔子達到「從心所欲不逾矩」（《論語·爲政》）的道德自由境的基礎。孔子認爲「知者不惑」（《論語·子罕》），子貢評價孔子「學不厭，智也；教不倦，仁也。仁且智，夫子既聖矣乎」（《孟子·公孫丑》上）。孟子更以爲「仁義禮智根於心」（《孟子·盡心》上），可見儒家是把智慧、知識看成是構成崇高的道德境界的必要的組成部分，是完成道德修養必須具備的條件。莊子後學認爲知可以養恬，認爲「知與恬交相養」可以產生「和理」的道德境界，並且明確地規定和解釋了這個境界的「仁」、「義」、「忠」、「樂」、「禮」的內容，再也不像莊子「無何有之鄉」——「道」的精神境界那樣模糊，那樣飄忽不定，那樣一無所有了。莊子後學在這裡染上的儒家思想色彩是極其鮮明的。

第二，借托仁義。本來，在莊子思想裡，作爲世俗道德規範的基礎、儒家思想核心的「仁」、「義」，是被視爲戕害本然、約束自由的桎梏斧鑿而徹底否定的，《莊子》中所寫「吾未知聖知之不爲桁楊椄槢也，仁義之不爲桎梏鑿枘也」（《在宥》），「屈折禮樂，呴俞仁義，以慰天下之心者，此失其常然也」（《駢拇》），「堯既黥汝以仁義，而劓汝以是非矣，汝將何以遊夫遙蕩恣睢轉徙之途乎」（《大宗師》），表述的都正是這樣的觀點。但是，莊子後學對「仁」、「義」等道德規範卻作了完全相反的、肯定性的評價，認爲「仁」、「義」是達到「道」的「逍遙」境界的必由的途徑。《莊子》寫道：

　　古之至人，假道於仁，托宿於義，以遊逍遙之虛，食於苟簡之

田，立於不貸之圃。逍遙，無爲也；苟簡，易養也；不貸，無出也。古者謂是採眞之遊。（《天運》）

「仁」、「義」都是儒家所追求的主要的道德目標，是構成儒家的「聖人」境界的主要內容。孟子說：「仁，人之安宅也；義，人之正路也」（《孟子·離婁》上），「居仁由義，大人之事備矣」（《孟子·盡心》上），所以在儒家看來，「仁」、「義」也是達到最高的道德境界的途徑。顯然，莊子後學借儒家的「仁義」之路，走進莊子的「逍遙之墟」的觀點，是一種折衷的表現，是在一個學派的末流那裡往往都會發生的受到對立學派的思想影響而不自覺的淺薄的表現。

2.入俗傾向

莊子的人生哲學所表現出的總的思想特徵是精神的超脫，一種對精神上的自由的追求。在莊子後學那裡，這個特徵不再那麼鮮明，功利的追求卻突出起來。這種變化歸納起來有下面幾個方面的表現。

(1)修養的目標：養生、長生　作爲莊子人生實踐重要內容的精神修養，是爲了達到無待、無累、無患的「逍遙」的那種精神境界，這是精神上從生與死的對立、世俗的觀念、自我的情欲等構成的人生困境中超脫出來後的一種寧靜的心境。莊子後學的修養目標發生了變化，把長生不死作爲達到最高修養的目標或標志。《莊子》寫道：

道之眞以治身，其緒餘以爲國家，其土苴以治天下。由此觀之，帝王之功，聖人之餘事也，非所以完身養生也。（《讓王》）

天與地無窮，人死者有時，操有時之具而托於無窮之間，忽然無異騏驥之馳過隙也。不能說其志意，養其壽命者，皆非通道者也。（《盜跖》）

廣成子南首而臥，黃帝順下風膝行而進，再拜稽首而問曰：「聞吾子達於至道，敢問，治身奈何而可以長久？」廣成子蹶然而起，曰：「善哉問乎！來！吾語女至道。至道之精，窈窈冥冥，至道之極，昏昏默默，無視無聽，抱神以靜，形將自正。

必靜必清，無勞女形，無搖女精，乃可以長生……我守其一以處其和，故我修身千二百歲矣，吾形未常衰。」（《在宥》）。

顯然，莊子後學是認為「道」的內在本質和價值在於能「完身養生」。因此，善養生者乃是「通道」的表現；「達於至道」即「可以長生」。誠然，莊子也認為達到最高的「道」的境界「而後能入於不死不生」（《大宗師》），但是，這是指精神修養達到「何暇至於悅生而惡死」（《人間世》），不以生死掛心的那種精神境界，並非是說生命本身獲得了永不毀壞的特異性能。莊子後學這種養生、長生觀點的形成，是由於對莊子理想人格精神境界的理想性不理解，而迷執於其所固有的幻想性。應該說，在莊子思想的整體中，這種觀點是比較淺的，境界是比較低的。然而不能否認，莊子後學所提出的養生方法對後世的影響卻是很大的。見於《莊子》中的由內及外不同層次的養生之道有：

一曰處靜。保持寂靜的心理環境，不勞累精神，是莊子後學所提倡的最主要的養生方法。上面所引述的「必靜必清，無勞女形，無搖女精，乃可長生」是最明確的表述。此外，《莊子》中所說「靜則無為……無為則俞俞，俞俞者憂患不能處，年壽長矣」（《天道》），「靜然可以補病，皆搣⑯可以休老，寧可以止遽」（《外物》），也是表述這樣的觀點。

二曰守性。莊子後學認為，「性者，生之質也。」（《庚桑楚》）如同馬之蹄可踐霜雪，毛可禦風寒，吃草飲水，翹足而奔是「馬之真性」（《馬蹄》），水不雜則清是「水之性」（《刻意》），人的生理本然就是人之性。人的這種生理本然受到損傷，人的生理健康就要被破壞，甚至生命也要喪失。《莊子》寫道：

失性有五：一曰五色亂目，使目不明；二曰五聲亂耳，使耳不聰；三曰五臭薰鼻，困惾中顙；四曰五味濁口，使口厲爽；五曰趣捨滑心，使性飛揚。此五者，皆生之害也。（《天地》）

人之所最⑰畏者，衽席之上，飲食之間；而不知為之戒者，過

也。（《達生》）

可見，處靜是指心理上保持寧靜，不爲外界勞神；守性則是維護生理之本然，避免疲損。

三曰煉形。不勞累精神，不損傷本性，有健康的心理和生理，才有健康的生命，要保持這種健康，還要鍛煉作爲心理、生理基礎的形體。《莊子》寫道：

> 吹呴呼吸，吐故納新，熊經鳥申，爲壽而已矣，此導引之士，養形之人，彭祖壽考者之所好也。（《刻意》）
>
> 眞人之息以踵，眾人之息以喉。（《大宗師》）

呼吸吐納、熊經鳥伸的具體方法，在《莊子》中沒有更多的、細致的記述，但這已是開了後世導引、氣功之術的先河。

四曰持中。處靜、守性和煉形，使心理、生理和形體都能保持健康的狀態，無疑是養生、長壽最先要的基礎。顯然，這些方法都是莊子後學將人放在一種脫離外界環境的孤立的情況下來進行考察的結論。莊子後學還認爲「完身養生」還必須協調個人與自然、社會環境的關係，才能最後實現的。《莊子》中稱之爲「緣督」、「鞭後」，實際上是持中的意思。《莊子》寫道：

> 爲善無近名，爲惡無近刑⑱，緣督⑲以爲經，可以保身，可以全生，可以養親⑳，可以盡年。（《養生主》）
>
> 田開之曰：「聞之夫子曰，善養生者，若牧羊然，視其後者而鞭之。」周威公曰：「何謂也？」田開之曰：「魯有單豹者，岩居而水飲，不與民共利，行年七十而猶有嬰兒之色；不幸遇餓虎，餓虎殺而食之。有張毅者，高門縣薄，無不走也，行年四十而有內熱之病以死。豹養其內而虎食其外，毅養其外而病攻其內，此二子者，皆不鞭其後者也。」（《達生》）

可見，「緣督」的意思是說，人的行爲當在「善」與「惡」兩個極端之間，從而即可避免招來「名」或「刑」這兩個皆有害於生的結局。

「鞭後」的意思是說外患、內戕皆是吞噬生命的力量，善養生者，應當是外有所防，內有所養；偏內偏外，偏入偏出，皆爲不當。應當是「無入而藏，無出而陽，柴立其中央」（《達生》）。

顯然，莊子後學的養生、長生思想發展到這裡，已經超出了個人的自我精神修養的範圍，而進入了處理人際關係的社會實踐領域了。

(2)處世的態度：避患全生　如前所述，莊子處世態度雖然有超世、遁世、順世的不同表現，但在本質上它們是一致的，都是體現「道」的境界，「逍遙」的心境。然而在莊子後學這裡，和精神修養上的長生完身目標相適應，處世態度也主要是爲一種避害全生的目的所左右。具體表現爲莊子後學總結出的這樣一些生活原則或處世經驗。

一曰存身之道。　莊子後學首先明確地區分了在「有道」和「無道」兩種不同的社會環境下的不同的處世態度。《莊子》中寫道：

> 聖人……天下有道，則與物皆昌；天下無道，則修德就閑，……
> ……身常無殃，則何辱之有！（《天地》）
>
> 當時命而大行乎天下，則反一無迹；不當時命而大窮乎天下，
> 則深根寧極而待，此存身之道也。（《繕性》）

可見，莊子後學的處世態度是當其時則出，非其時則隱；或隱或出，皆以「存身」、「無殃」爲旨歸。

二曰觀人之術。　莊子對人情世態有深刻的洞察，能夠「達人氣」、「達人心」（《人間世》）。但當莊子處身於世俗中時，他的基本態度是「虛而待物」（《人間世》），「順人而不失己」（《外物》），「外化而內不化」（《知北遊》），他的主要的感受是「以無厚入有間，恢恢乎必有餘地」的自如，也就沒有必要「外重內拙」（《達生》）地細密窺察他人的心志，煩瑣規劃自己的行爲，認爲「人能虛己以遊世，其孰能害之」（《山木》）。莊子後學以養生完身爲「通道」，在世俗生活中自然要對他人外物謹慎防範而唯恐不及，「謹修而身，慎守其眞，還以物與人，則無所累矣」（《漁父》）。這樣，莊子後

學提出一個很縝密的觀人之術：

> 凡人心險於山川，難於知天；天猶有春秋冬夏旦暮之期，人者
> 厚貌深情。故有貌愿而益，有長若不肖，有順懁而達，有堅而
> 縵，有緩而釬。故其就義若渴者，其去義若熱。故君子遠使之
> 而觀其忠，近使之而觀其敬，煩使之而觀其能，卒然問焉而觀
> 其知，急與之期而觀其信，委之以財而觀其仁，告之以危而觀
> 其節，醉之以酒而觀其側，雜之以處而觀其色。九徵至，不肖
> 人得矣。（《列禦寇》）

可見，莊子後學的「九徵」觀人之術，主要是用來判斷一個人的道德
品性和智能程度，以確定對其採取何種態度而不為其所累，不同於法
家智術之士的「明察燭私」（《韓非子・孤憤》）和君主的「七術」（
《韓非子・內儲說》），而基本上是對孔子的「視其所以，觀其所由，
察其所安，人焉廋哉」（《論語・為政》）的觀點的發揮。

　　三曰行為之則。　莊子後學認為在世俗生活中，一方面細微地觀
察他人的表現，以「九徵」辨識其為君子或小人；一方面也要慎修自
己的行為，提出剔除「八疵」、「四患」的行為原則，以免招來禍害。
《莊子》中寫道：

> 且人有八疵，事有四患，不可不察也。非其事而事之，謂之摠；
> 莫之顧而進之，謂之佞；希意道言，謂之諂；不擇是非而言，
> 謂之諛；好言人之惡，謂之讒；析交離親，謂之賊；稱譽詐偽
> 以敗惡人，謂之慝；不擇善否，兩容頰適，偷拔其所欲，謂之
> 險。此八疵者，外以亂人，內以傷身，君子不友，明君不臣。
> 所謂四患者：好經大事，變更易常，以掛功名，謂之叨；專知
> 擅事，侵人自用，謂之貪；見過不更，聞諫愈甚，謂之很；人
> 同於己則可，不同於己，雖善不善，謂之矜。此四患也。能去
> 八疵，無行四患，而始可教已。（《漁父》）

顯然，莊子後學的「八疵」、「四患」因為缺乏內在聯繫和正確的邏

輯劃分，是完全不足涵蓋人的「外以亂人，內以傷身」的行為的；它只是表明莊子後學在失去了精神上的超脫的那種高遠的追求後，如何小心翼翼地在社會生活中避害全生的。

(3)道之用：治身、治世　如前所述，莊子理想人格的「入於不死不生」（《大宗師》）、「遊乎塵垢之外」（《齊物論》）的精神境界，是通過「體道」而最後實現的，「是知之能登假於道者也若此」（《大宗師》）。可見在莊子那裡，「道」之用主要表現為使人獲得一種精神的超越，一種「何暇至於悅生而惡死」（《人間世》）、「孰弊弊焉以天下為事」（《逍遙遊》）的超脫人生困境的精神境界。莊子後學與此不同，認為「道之真以治身」（《讓王》），善於養生，能夠長生才是「通道」的表現。不僅如此，莊子後學還進一步把「道」之用由治身發展到治世。《莊子》中寫道：

> 得吾道者，上為皇而下為王。（《在宥》）
>
> 真者……其用於人理也，事親則慈孝，事君則忠貞，飲酒則歡樂，處喪則悲哀。忠貞以功為主，飲酒以樂為主，處喪以哀為主，事親以適為主，功成之美，無一其迹矣。（《漁父》）

即在莊子後學看來，世俗生活的完善合理，也正是「道」（「真」）的體現，也需要「道」的運用。莊子後學的入俗傾向在這裡已越出了人生哲學思想的範圍，進入了社會政治思想的領域，我們在後面再作論述。

四、莊子人生哲學的獨特性

莊子人生哲學的核心內容是通過「體道」的方法——對精神本然狀態的自我體認，而達到一種超脫世俗的、無任何負累的精神自由境界（「逍遙」）。無論是站在中國的或世界的哲學舞臺上，莊子的人生哲學都顯出有其獨特的一面。

1.與中國先秦其它思想派別人生哲學之比較

　　中國先秦的諸子思想是非常豐富活躍的，雖然不能說每個思想派別都就是一種人生哲學，但是從每派思想中發掘出、推衍出屬於人生哲學範圍內的一些命題、觀念或思想卻是完全可能的。所以將莊子人生哲學和各家思想一一相比也是可能的。然而這樣難免陷入細碎煩瑣，這裡需要尋找出一個將不同派別的人生哲學進行區別、比較的主要標志。一般說來，在莊子思想以外的中國先秦思想中，人生哲學的探索尚未獨立展開，而是和社會政治思想緊密結合在一起；作為人生哲學主要內容的人生追求和人生實踐，尚未顯化為獨立的哲學主題，但實際上它就是諸子思想中對理想人格的表述和對其實現方法的論述。對理想人格及其實現方法表述、論述的差別，也就是區別這個時期不同思想派別人生哲學的主要標志。

　　先秦思想派別盡管紛紜歧異，在人生哲學上，按其人生追求，卻大體可分為兩類：某種社會政治理想的實現和人的自然本性的實現。顯然，儒家和墨家是屬於第一類，而莊子學派和貴生派是屬於第二類。

　　儒家的理想人格是「仁人」。孔子說，「志士仁人，無求生以害仁，有殺身以成仁」（《論語・衛靈公》），在儒家看來，對「仁」的踐履，是比生命還要重要的人生的意義和價值之所在。如前所述，儒家的「仁」是指一種社會倫理（「禮」）的實踐，如孔子說：「克己復禮為仁。」（《論語・顏淵》）他的學生有子說：「孝悌也者，其為仁之本與」（《論語・學而》）。「仁」也是指一種道德品性修養，故孔子又說，「能行五者於天下，為仁矣——恭、寬、信、敏、惠」（《論語・陽貨》）。在先秦儒家那裡，比「仁人」道德境界更高的理想人格是「聖人」。《論語》寫道：

　　　　子貢曰：「如有博施於民，而能濟眾，何如？可謂仁乎？」
　　　　子曰：「何事於仁，必也聖乎？堯舜其猶病諸……」（《論語・雍也》）

在儒家看來，「聖人」是完善地實踐倫理道德的典範，「聖人，人倫

之至也」（《孟子・離婁》上）。孔子曾說：「若聖與仁，則吾豈敢。抑爲之不厭，誨人不倦。」（《論語・述而》）實際上，這正是儒家的「仁」與「聖」的精神境界。在這個境界裡，洋溢著一種激情——道德義務感和社會責任感。這是在中國傳統思想中一直具有積極性的精神因素。

　　墨家的理想人格也可以說是「仁人」、「聖人」、「聖王」，《墨子》中寫道：

> 仁人之所以爲事者，必興天下之利，除去天下之害，以此爲事者也（《墨子・兼愛》中）

> 聖人以治天下爲事者也。（《墨子・兼愛》上）

> 爲民興利除害，富貴貧寡㉑，安危治亂……古者聖王之爲若此。（《墨子・尙同》中）

可見，激蕩在墨家理想人格的思想境界中的是另外一種熱情，一種爲「國家百姓人民之利」（《墨子・非命》上）而激發起來的救世的使命感。這種使命感凝聚成一種巨大的精神力量，使墨者能夠終生奮鬥而不息。墨家的這種人生追求，孟子評之爲「摩頂放踵，利天下爲之」（《孟子・盡心》上），莊子後學贊之爲「日夜不休，以自苦爲極……墨者眞天下之好者也，才士也夫！」（《莊子・天下》）

　　顯然，莊子理想人格的精神境界完全不是如此。那裡是「遊乎塵垢之外」（《齊物論》）、「惡能憒憒然爲世俗之禮」（《大宗師》）、「孰肯弊弊焉以天下爲事」（《逍遙遊》）的一片恬靜的心境，一種精神上的逍遙自在。這種恬靜、自在，是個人通過對「萬物一齊」（《秋水》）的理智思索和「道通爲一」（《齊物論》）的超理性體驗而產生的一種心理感受。這種人生追求，本質上是屬於自然和個人性質的，同儒家踐履倫理道德、墨家實現社會功利的人生追求是大相異趣的。

　　莊子理想人格的精神境界是自然性質的，莊子的人生追求是個人精神的對超越世俗的本然的自覺的返歸。具有這種內在本質的莊子人

生哲學，不僅一方面如上面所述，以它的自然性和儒墨人生哲學的社會性區別開來；另一方面又以它的超感性的理性、超理性特色和先秦追求感性滿足的貴生派的人生哲學區別開來。

先秦貴生派的主要代表是華子、瞻子㉒。《莊子》中寫道：

> 韓魏相與爭侵地。子華子見昭僖侯，昭僖侯有憂色。子華子曰：「今使天下書銘於君之前，書之言曰：『左手攫之則右手廢，右手攫之則左手廢，然而廢之者必有天下』，君能攫之乎？」昭僖侯曰：「寡人不攫也。」子華子曰；「甚善！自是觀之，兩臂重於天下也，身亦重於兩臂。韓之輕於天下亦遠矣，今之所爭者，其輕於韓又遠。君固愁身傷生以憂戚不得也！」（《讓王》）
>
> 中山公子牟謂瞻子㉓曰：「身在江海之上，心居魏闕之下奈何？」瞻子曰：「重生。重生則利輕。」中山公子牟曰：「雖知之，未能自勝也。」瞻子曰：「不能自勝則從，神無惡乎？不能自勝而強不從者，此之謂重傷。重傷之人，無壽類矣。」（《讓王》）

可見，貴生派的人生哲學觀點可以歸納為兩點：第一，子華子說「兩臂重於天下，身重於兩臂」，瞻子說「重生則利輕」，所以，人的自然的、感性的生命是重於一切的；第二，瞻子主張「不能自勝則從之」，克制不住的欲望不如放縱它，子華子也認為「全生為上，虧生次之，死次之，迫生為下……所謂全生者，六欲皆得其宜也；所謂虧生者，六欲分得其宜也；所謂死者，無有所以知，復其未生也；所謂迫生者，六欲莫得其宜也」（《呂氏春秋·貴生》）。所以，人的感性欲望能夠得到完全的滿足，應該是人生追尋的理想、目標。

顯然，生命重於一切、欲望的滿足高於一切的貴生派的人生哲學，不僅與認為「死生存亡之一體」（《大宗師》）、主張恬淡無欲的莊子人生哲學是對立的，而且與主張處靜、守性、煉形，從而達到養生、

長生目的的莊子後學的人生哲學也並不一致。然而在先秦，在主張完成倫理道德和實現社會功利的儒家、墨家的人生哲學觀點映襯下，它們又有著某種相同，它們實際上都是主張人的自然本性的實現。區別在於，貴生派的人的自然本性，唯一地、也是全部地是人的欲望，人的感性內容；而莊子思想中的人的自然本性，本質地是指人從感性、理智剝離、超越出來後的那種本然的存在。應該說，荀子批評莊子「蔽於天而不知人」（《荀子・解蔽》），抨擊貴生派「縱情性，安恣睢，禽獸行」（《非十二子》）基本上是符合實際的。在不太十分嚴格的意義上說，先秦貴生派的人生哲學與莊子思想的人生哲學的對立，相似於古希臘哲學中的主張尋求快樂和愉快的感覺乃是人的天職，是人的最高的、本質的東西的居勒尼學派，與主張對一切欲求和享樂皆無動於衷而任其自然的犬儒學派在倫理學上的對立。關於這種對立，黑格爾曾這樣評述：「居勒尼派是根據一定的原則，把個人的意識或感覺當作意識的本質，犬儒派則相反，他們以直接對於我具有普遍性的形式的個別性為本質；也就是說，把我認作對一切個別性漠不關心的、自由的意識。」（《哲學史講演錄》第二卷第143頁）但是，「整個說來，這兩個學派有著相同的目的：個人的自由和獨立。」（同上書，第131頁）。

　　總之，在中國先秦思想裡，莊子人生哲學一方面以它的人生追求本質上是自然性的復歸，顯示了和儒、墨的以某種社會理想的實現為人生追求的人生哲學不同；另一方面又以這種自然性的具體內容或實現方法的超驗性質，顯出和貴生派追求感性滿足的人生哲學有所差異。這就是莊子人生哲學在中國先秦諸子思想中所表現出的獨特性。這個結論可以列表表示如下：

人生哲學內容之差異　　　　不同思想流別	人 生 追 求 的 本 質	人生追求的達到途徑
儒　　家	某種社會理想	倫理道德的完成
墨　　家		社會功利的實現
貴生派	人的自然本性	感性欲望的滿足
莊　　子		本然存在的體悟

2.顯示於世界哲學舞臺之特色

把莊子人生哲學放在世界的哲學舞臺上與世界思想史上出現過的不同的人生哲學進行比較，實際上是對人類的全部精神生活作歷史的檢閱、考察，當然是無比困難的、艱巨的事情，這不是本書所能和所要完成的任務。爲了能在盡可能廣闊的背景下顯示莊子人生哲學的獨特性，我們在這裡選擇了人生哲學理論內容比較完備、具有典型意義的，即能代表古代和現代不同時代、涵蓋宗教和哲學兩種基本理論形態的原始佛教和存在主義的人生哲學，從人生困境、人生追求及其實現方法等三個方面來略加對比。

如前所述，莊子的人生哲學是以對人生困境的觀察爲起點的，在莊子那裡，人生困境是由自然性質的生死、社會性質的時命等外在必然性因素，以及自我本身的情欲所構成的一種人難以逾越的界限。莊子人生哲學的理論主題實際上就是探討如何從人生困境中超越出來的問題。莊子主要是通過精神的自我修養，通過對「道」的理性直觀——本質上是精神對自然的返歸，來實現這種超脫，達到一種精神上的無待、無累、無患的自由（「逍遙」）。

佛教的人生哲學，甚至佛教的整個思想，都是以對人生困境的特殊觀察爲起點、爲基礎的。佛教認爲人生是一場苦難。例如，在作爲

佛教思想的骨架和精髓的原始佛教的「四諦」說中，「苦諦」將人生之苦歸納爲八種：

> 諸賢，云何苦聖諦？謂生苦、老苦、病苦、死苦、怨憎會苦，愛別離苦，所求不得苦，略五盛陰苦。（《中阿含經》卷七《舍梨子相應品》）

「四諦」說的「集諦」，是對產生這些人生苦難的原因的一種分析：

> 愛與欲相應心恒染著，是謂苦集諦。（《增一阿含經》卷十七《四諦品》）

「十二緣起」說更進一步對這些「苦」的形成過程作了分析：

> 佛言：云何名緣起？初謂依此有故彼有，此生故彼生。所謂無明緣行，行緣識，識緣名色，名色緣六處，六處緣觸，觸緣受，受緣愛，愛緣取，取緣有，有緣生，生緣老死，起愁嘆苦憂惱，是名爲純大苦蘊集。（《增一阿含經》卷四十五《放牛品》）

可見，佛教把人生的整個過程和全部內容都溶化爲一種痛苦的心理感受，這本質上就是佛教思想中人生困境的性質；而這種痛苦、這場苦難，又都是由人的主觀意識（「愛與欲」）和認識（「無明」）引起的。所以原始佛教從人生困境中超越出來，或者說從人世苦難中解脫出來的方法、方式，就是通過某種宗教的修持，即「四諦」說的「道諦」（「八正道」——正見、正志、正語、正業、正命、正方便、正念、正定），斷滅一切意欲，達到一種絕對清淨的境界——「涅槃」，即是「四諦」說的「滅諦」（「盡諦」）：

> 欲愛永盡無餘，不復更造，是謂苦盡諦。（《增一阿含經》卷十七《四諦品》）

所以，莊子人生哲學和原始佛教人生哲學在對人生困境、人生追求和其實現途徑的觀點上的差別是顯然的。這種差別的根本之處，是莊子思想以對自然的深入觀察爲基礎，而佛教思想則建立在細膩的心理分析的基礎之上。但是，就其思想本身來說，佛教思想和莊子思想都具

有極強的思辨性質、理智性質，而不是非理性的，這又是它們相同之處。佛教在其宗教實踐中，特別是在由「八正道」修持到「涅槃」境界的精神飛躍過程中，由於因人而異的生活經歷和思想經歷的特殊性，使這一過程客觀地存在著不確定性，表現出某種神秘性。這種情況在莊子那裡，在其由「體道」而進入「與道遊」境界的過程中也是存在的。

　　將莊子的人生哲學和存在主義的人生哲學加以比較，相對於和原始佛教人生哲學進行比較而言，似乎要困難一些。因為它們之間的時代背景和文化背景的差別，理論結構複雜性和主題深刻性的距離，都更加遙遠。另外，佛教雖然部派繁多，教義也經歷了由小乘到大乘的明顯變遷，但「四諦」說始終是共同的宗教教條、基本的思想理論。所以把「四諦」理論看作是原始佛教，甚至整個佛教思想的人生哲學都是符合思想史實際的。但是，在存在主義這裡不存在這種情況，雖然總的來說，存在主義表現了共同的理論傾向或特色，即用現象學的方法來分析人的存在狀態，或者，用薩特的話來說，「他們共同地方是：都認為存在先於本質，或者說，必須以主觀性為出發點」（《存在主義是一種人道主義》，見《存在主義哲學》，商務印書館1963年版，第336頁）。然而，存在主義畢竟產生和存在的時間尚短，還沒有凝聚成一個理論內容統一的哲學派別，它的內部充滿了分歧，正如法國存在主義者華爾說：「在所謂的存在哲學裡，不僅有分歧，還有相當大的衝突」（《存在哲學》，三聯書店1983年版，第3頁），「它們之間眾說紛紜，莫衷一是，就每個哲學而言，在不同時期又有不同的主張」（同上書，第163頁）。也就是說，他們的共同點是比較原則的、抽象的，而分歧卻是具體的、實際的。所以，在人生哲學這樣具體的哲學領域，在諸如人生追求這樣具體的人生哲學問題上，存在主義並沒有一個統一的、完全一致的理論和態度。因而，將莊子人生哲學與整個的存在主義人生哲學相比較是難以進行的。

薩特曾根據存在主義者的宗教態度將存在主義分為兩種：「一種是基督教徒的存在主義者，我認為雅斯柏斯和馬塞爾兩位天主教徒包括在內；二是無神論的存在主義者，如海德格爾，以及法國存在主義者和我自己均在內。」（《存在主義是一種人道主義》，見《存在主義哲學》第336頁）這裡，我們就姑且以海德格爾和薩特為代表，從他們的言論裡尋找對莊子人生哲學中那三個問題的回答，借以顯示存在主義同莊子的人生哲學的差別。當然，在實際上存在主義的人生哲學理論本身並不是按照這個簡單結構或邏輯展開的。

首先，我們考察存在主義對人生境遇的看法。存在主義認為人生的最基本的狀態就是煩惱、憂慮（care），海德格爾說：

> 親在㉔的在㉕，根本就是作為煩而起規定作用。（《在與時間》，見《存在主義哲學》第30頁）

> 麻煩表明是親在的一種存在的狀態，此種狀態按其不同的可能性或隨親在的在被括入所煩心的世界，或隨本真的在被括入親在本身。（同上書，第32頁）

薩特也說：

> 存在主義者說，人生來就帶著煩惱。（《存在主義是一種人道主義》見上書，第339頁）

這樣，如果我們從莊子人生哲學的人生困境的那個意義上來理解存在主義的「煩」，那麼，我們就可以看到，存在主義同莊子、佛教人生哲學的第一個差別，就是存在主義的這種「煩」或人生困境，並不是起源於人的主觀意識（如佛教的「無明」），也不是某種客觀的外在必然性（如莊子的「死生」、「時命」），而是人的存在（「親在」）在世界本然（「在」）中湧現出來的一種實際的存在狀態，即具體的生活形態。這種狀態，海德格爾稱之為「跌落」、「沉淪」：

> 我把親在在其自己的在中的此種動蕩不安狀態稱為跌落。親在從它本身跌入它本身中，跌入無根基狀態與非本真的日常生活

之虛無中。用公眾的說法，此一跌落稱爲「上升」與「具體生活」。（《在與時間》，同上書，第45—46頁）

那麼，「親在」的「跌落」而形成的人的存在狀態、生活形態的內容或性質又是怎樣的呢？薩特說：

陀思妥耶夫斯基說：「假如上帝不存在，一切事情都有可能。」這就是存在主義的出發點。誠然，上帝如不存在，一切都可能發生；然而，結果人卻變成孤寂……假如存在確實先於本質，那麼，就無法用一個定型的現成的人性來說明人的行動，換言之，不容有決定論。（《存在主義是一種人道主義》，見上書，第342頁）

可見，在存在主義看來，人的存在狀態的內容，或「煩」的構成，本質上是偶然性的總和。這樣，對於存在主義來說，煩惱、憂慮不再僅是一種主觀感受，而實際是全部的現實存在，是世界本身；在存在主義哲學中，「煩」也不是作爲構成人類困境的否定因素被克服、被超越，而是作爲人類生活本身被實踐著、發展著。所以薩特說：「……煩惱決不是我們脫離行動的一道圍牆，它就是行動本身的一部分。」（同上書，第341頁）

其次，我們來考察存在主義的人生追求——自由。自由，無疑是存在主義哲學的基本追求。在存在主義看來，「自由是人的偉大和莊嚴所在」，「自由是價值的唯一基礎」（華爾：《存在哲學》，第89頁）。應該說，對自由的推崇和追求是具有悠久歷史的人類理想，因而並不是存在主義的獨有特色。存在主義「自由」的特殊性在於，這個在別的哲學思想體系需要經過艱苦理論過程和實踐奮鬥而才能長成和獲得的果實，在存在主義哲學的開端就長成和被摘下了。存在主義從「存在先於本質」的基本理論前提出發，一下就推出了「人是自由的」的結論，一下就長出了「自由」的果實。薩特說：

假如上帝不存在，那麼，世間至少有一種存在物可證明是「存

在先於本質」；這種存在物，在可受任何概念予以規定之前，就已存在……人，不僅就是他自己所設想的人，而且還只是他投入存在以後，自己所志願變成的人。人，不外是由自己造成的東西，這就是存在主義的第一原理。（同上書，第337頁）

在存在主義那裡，甚至可以說自由沒有產生、成長的過程，他們認為自由就是存在本身。例如存在主義者說：

存在的領域也是自由的領域，也是可能性、設計和選擇的領域。（華爾：《存在哲學》，第89頁）

人就是自由。（薩特：《存在主義是一種人道主義》，見《存在主義哲學》，第342頁）

正是在這裡，存在主義顯現了它的「自由」和莊子的「逍遙」的明顯的不同。莊子的「逍遙」，或者說自由，是對人生困境的超脫，是通過恬淡無欲、「去知與故」、「體道」的精神修養而獲得的一種恬靜的心境，一種超脫世俗的精神境界。這是一種情態的自由。應該承認，在人類的精神生活中，這種心境、境界雖然不是普遍的，然而卻是眞實的。存在主義的自由，就是存在和人本身，就是無決定論的世界中的人的行動：任意的自我設計、自我選擇。這是一種意志的絕對自由。薩特在反駁對存在主義的自由觀表示懷疑和反對的觀點時，把這一點表述得十分清楚：

在自由本身所包含的這種求自由的意志之名下，我們可以對於那些想向自己隱藏他們的存在的絕對任意和絕對自由的人加以評判了：對於那些出自嚴肅精神或借決定主義的辯辭來向自己隱藏他的絕對的自由的人，我將稱之為懦夫；對於那些想把他們的存在——這本是人出現於地球上的偶然現象——說成是必要的，我將稱之為臭惡之徒。（同上書，第356頁）

無疑地，存在主義的這種自由觀念，對於疲憊而消沉的人生具有某種激越、振奮的作用。然而，很難認為這種觀點能像它的創造者設想的

那樣毫無邪意地被理解，那樣毫無阻礙地被貫徹。並且，也很難認爲
這種觀點即使是無邪意地、徹底地被實行，對於個人和人類都是眞正
需要的和有益的。存在主義的自由觀念缺乏眞正、持久地升華人類精
神的那種哲學內涵。

最後，由於存在主義把自由看作是存在的本身，人的本身，所以，
在存在主義那裡，一般不存在人爲了獲得自由而付出的特殊的精神上
的和實踐上的努力，人的自由也就是他的全部行動、全部事業、全部
生活。例如薩特說：

> 人不外是人所設計的藍圖。人實現自己有多少，他就有多少的
> 存在。因此，他，就只是他的行動的總體；他，就只是他的生
> 活……一個人，不外就是一系列的事業，他就是造成這些事業
> 的種種關係的總和、組織和整體。（同上書，第347—348頁）

本來，在莊子人生哲學裡，在對人的命運表現眞誠的關心的許多哲學
家的觀察、體驗和思想裡，自由的眞正獲得都是相當艱難的。存在主
義運用一種哲學理論改變了這一情況。在這裡，人的本身就是自由，
人「被判定地」時時生活在自由之中。爭取自由的特殊的努力也就沒
有必要了。然而，這樣一來，自由的目標也就不再存在了。M·懷特
在《分析的時代》一書中談到薩特時說：「人們可以批評他，但卻不
能忽視他。」（《分析的時代》，商務印書館1964年版，第114頁）是的，
存在主義的理論不可被忽視，但畢竟難以說是成功的。因爲自由是一
種提高了的、以完整的必然的認識爲特徵和內容的自覺的生活。無論
就個人的和人類的事實來說，自由之果的成長都是很慢的，成熟都是
很晚的。

我們已把莊子人生哲學放置在世界的哲學舞臺上，同古代的佛教
人生哲學和現代的存在主義人生哲學進行了一番簡略的比較，這個比
較的基本結論可以列表表示如下：

不同文化的觀念體系　＼　人生哲學內容之差異	人生困境	困境的性質	人生追求	追求的實現
原始佛教	苦　難	主觀感受	解脫苦難	斷絕意欲的宗教修持
存在主義	煩　惱	全體偶然性	意志的絕對自由	一切行動
莊　　子	界　限	外在必然性	情態的自由	「體道」的精神修養

　　總之，莊子人生哲學在世界哲學舞臺上顯示的獨特性，就是與把人生追求的完成放在彼岸的、「涅槃」境界的佛教相比，它是現世的；與把人生追求的實現視為世俗生活本身的存在主義（薩特思想）相比，它是超脫世俗的。而這種超脫世俗以返歸自然的理性自覺為其途徑，又使莊子的人生哲學在中國先秦思想中顯出獨特性。

【附　註】

① 作為原始佛教基本教義「四聖諦」的「苦諦」，就系統地表述了這種思想觀點。

② 達爾文在《人和動物的情緒表現》（1872年）一書中提出情緒和感情具有兩極性的對立性原則。斯賓諾莎曾明確指出，斷言必然和自由是相互排斥的對立是荒謬的和違反理性的。他定義「自由」：「凡是僅僅由自身本性的必然性而存在，其行為僅僅由它自己決定的東西叫做自由。」（《倫理學》商務印書館1983年版第4頁）

③ 見萊布尼茨：《人類理智新論》譯序。

④ 康德的「懸設」，就是無需證明的、或不能證明的基本前提。康德說：「我所謂懸設，乃是指一個在理論上還不能證明、但是不可分地依靠在一個先天而無制約地有效的實踐法則上的命題而言。」（《實踐理性批判》商務印書館1960年版第125頁）

⑤ 楚文化的這一特色，古典文獻中記述甚多。例如，《呂氏春秋·異寶》稱：「荊人畏鬼而越人信機」；《漢書·地理志》謂：「楚地家信巫覡，重淫祠」；《太平寰宇志·潭州風俗》亦說：「長沙下濕，丈夫多夭折，俗信鬼，好淫祀」。此外，私人著述裡也如此稱述。例如，王逸說：「昔楚國南郢之邑，沅湘之間，其俗信鬼而好祠，其祠必作歌鼓舞，以樂諸神。」（《楚辭章句》卷二）王夫之還進而對這一文化現象的形成作了獨特的分析：「楚，澤國也。其南沅湘之交，抑山國也。疊波曠宇，以蕩遙情，而迫之以峚嶔戌削之幽菀。故推宕無涯，而天採蠱發。江山光怪之氣，莫能媷抑。」（《楚辭通釋·序例》）

⑥ 《莊子》中這個「神」，有時也稱爲「精」。如說「形全精復，與天爲一……形精不虧，是謂能移。」（《達生》）

⑦ 吳汝綸：《莊子點勘·齊物論》：「由，用也。」

⑧ 盧梭說：「在自然狀態中，不平等幾乎是不存在的，由於人類能力的發展和人類智慧的進步，不平等才獲得了它的力量並成長起來。」（《論人類不平等的起源和基礎》，商務印書館1962年版，第149頁）

⑨ 孟子說：「仁，人之安宅也。義，人之正路也。」（《孟子·離婁》上）

⑩ 歷代《莊子》注，對此句有兩種略有不同的解釋：一種將「已」解爲「已經」。如宣穎謂：「惟既履道者知之」（《南華經解》）；一種將「已」讀爲「己」。如林希逸謂：「世俗之人不能解此，惟身與道一者方解曉乎此。己，身也。身與道一，故日己爲道」（《莊子口義》）。多數注家將「解」詮作「理解」，唯獨郭象將「解」詮作「解散」，故他說，「解乎此」即「所謂懸解也」（《莊子注》）。本書從衆。

⑪ 林希逸說：「與造物者爲人，即是與造物爲友」（《莊子口義》）。王引之說：「人，偶也；爲人，猶爲偶」。（王念孫《讀書雜志·餘論》）

⑫ 郭慶藩《莊子集釋》本作「守而告之」，聞一多《莊子內篇校釋》正作「告而守之」。

⑬ 郭慶藩《莊子集釋》本作「吾行郤曲」，陳景元《莊子闕誤》引張君房

本作「郤曲郤曲」，甚是。迷陽、郤曲皆爲刺木。

⑭　郭慶藩《莊子集釋》本作「其心志」，趙以夫謂，「志」當作「忘」（見褚伯秀《南華眞經義海纂微》引），甚是。

⑮　此「肖」字《莊子》注家解釋不一，唯王念孫曰：「《方言》：曰『肖，小也』，肖與傀正相反，言任天則大，任智則小也。」（《讀書雜志·餘編》）甚是。

⑯　「睊睊」，《莊子》注家有多種解釋。郭嵩燾謂：「睊睊當謂左右皆不能流盼，可以閉目養神，故曰休老。」（郭慶藩《莊子集釋》引）近是。

⑰　此「最」字據陳景元《莊子闕誤》所引江南古藏本。他本皆作「取」，義亦通。

⑱　「爲善無近名，爲惡無近刑」，歷代《莊子》注家有兩種不同的解釋：一是「善」、「惡」指行爲而言。如呂惠卿說：「上不爲仁義之操以近名，下不爲淫僻之行以近刑，善惡兩遺而緣於不得已。」（《莊子義》）一是「善」、「惡」指境遇而言。如孫嘉淦說：「善惡二字當就境遇上說。人生之境順逆不一，窮通異致。順而且通者，所謂善境也，窮而且逆者，所謂惡境也。吾之境而爲善歟，此時易於有名，而吾無求名之心；吾之境而爲惡歟，此時難於免刑，而吾無致刑之道。」（《南華通》）兩解皆可取。

⑲　「督」字歷代《莊子》注家解釋不一，但皆有「中」之義。如趙以夫說：「督，中也……《奇經》八脈，中脈爲督。」（褚伯秀《南華眞經義海纂微》引）王闓運說：「裻，舊作督，假借字。裻，背縫也。」（《莊子內篇注》）

⑳　或謂「親」爲「身」之借字。《禮記·祭義》「親」字，《釋文》謂別本作「身」，是此一例。（見陳鼓應《莊子今注今譯》引日本金谷治說）

㉑　孫詒讓《墨子閒詁》：「此與上下例不合，疑當作『富貧衆寡』」。甚是。

㉒　傳統的觀點是把主張「爲我」的楊朱作爲先秦貴生派的代表。實際上楊

朱「爲我」是一種政治主張，而不是人生學說，不能是重生或養生理論的代表。本書上編已有辨析，這裡不再贅述。《荀子‧非十二子》謂「縱情性，安恣睢，禽獸行……它囂、魏牟也」，顯然它囂、魏牟也是主張滿足感性的自然欲求的貴生派。但魏牟的思想資料（《漢志》道家《公子牟》四篇）已經散佚，「它囂」僅此一見，更無確考（郭沫若《青銅時代‧老聃、關尹、環淵》一文認爲它囂即環淵；金德建《朱秦諸子雜考‧荀子零箋》一文認爲它囂即范睢），這裡不具論。

㉓　《呂氏春秋‧審爲》作「詹何」。

㉔　親在，原文 Dasein，或澤作「我在」，個人的具體存在。

㉕　在，原文 Sein，廣義的、表示整個世界本然狀態、無任何規定性的那種存在。

第五章　社會思想

　　莊子社會思想的明顯特色和主要內容，是對當時社會的激烈的、否定性的批判，和進而在這種社會批判的基礎上產生的具有復古性質的社會理想。對於莊子的社會思想，我們從呈現在《莊子》中的、構成這種思想的社會背景來開始分析。

一、《莊子》中反映的社會現實

　　莊子所生活的戰國中、晚期，是中國歷史上一個充滿變革的時代。以「禮」為根本制度的、綿延了數百年的政治格局，處在最後崩潰的前夕，社會生活處於劇烈的變動之中，正如《莊子》所說，「自三代以下者，天下何其囂囂也！」（《駢拇》）在《莊子》中可以看到，這一轉變時代的廣闊的社會生活畫面的顯著方面是：

1.政治環境：頻繁的戰爭和暴虐的統治

　　司馬遷在概述孟子——和莊子生平相當——所處的時代時說：「當是之時，秦用商君，富國強兵；楚、魏用吳起，戰勝弱敵；齊威王、宣王用孫子、田忌之徒，而諸侯東面朝齊。天下方務於合從連衡，以攻伐為賢。」（《史記·孟荀列傳》）所以，頻繁的戰爭無疑是戰國時代社會生活最重要的內容，戰爭這一社會現實必然要在莊子的思考和寫作中留下痕迹。

　　《莊子》中經常寫到戰爭。其中，有傳說中的堯、禹所進行的部落戰爭，如：

　　　　故昔者堯問舜曰：「我欲伐宗、膾、胥敖……」（《齊物論》）
　　　　昔者堯攻叢枝、胥敖，禹攻有扈……（《人間世》）
但多數是戰國時諸侯國家之間侵城掠地的攻戰和諸侯國家內部奪權爭

位的內訌,如:

> 越有難,吳王使之將,冬與越人水戰,大敗越人①。(《逍遙遊》)
>
> 魯酒薄而邯鄲圍②(《胠篋》)
>
> 魏瑩與田侯牟約③,田侯背之,魏瑩怒,將使人刺之。(《則陽》)
>
> 韓魏相與爭侵地④,(《讓王》)
>
> 越人三世弒其君⑤,(《讓王》)
>
> 楚昭王失國……昭王反國⑥。(《讓王》)
>
> 之、噲讓而絕⑦……白公爭而滅⑧。(《秋水》)
>
> 田成子一旦殺齊君而盜其國⑨(《胠篋》)
>
> 其卒民果作難,而殺子陽⑩。(《讓王》)

等等。最後,莊子將這些戰爭典型化、形象化,濃縮成一個寓言:

> 有國於蝸之左角者曰觸氏,有國於蝸之右角者曰蠻氏,時相與爭地而戰,伏屍數萬,逐北旬有五日而後反。(《則陽》)

《莊子》中的這些記述和這個寓言表明,莊子是生活在一個以兼地奪位為務、以攻伐爭鬥為賢的不安定的時代;莊子對這些戰爭的目標表示了極度的輕蔑,明確地反對這些戰爭:「夫殺人之士民,兼人之土地,以養吾私與吾神者,其戰不知孰善?」(《徐无鬼》)

戰國時代頻繁的戰爭,實際上是一個新的統治力量崛起的反映。春秋後期,從貴族統治階級中分化出一部分推行政治、經濟改革的新的統治階級。他們用經濟的或政治的手段籠絡人心,積聚力量,攫取了統治權力;並用戰爭的手段兼並他國土地,擴大自己的統治範圍。魯國的三桓、晉國的六卿、齊國的田氏,正是這新的統治力量的代表。一般說來,他們屬於社會地位比貴族統治階級低的卿大夫階層。莊子對這新的統治階級是抱著否定的態度,稱之為「昏上亂相」(《山木》),莊子後學的態度更激烈,稱之為「盜賊」;並對這新的統治階級的「竊

國盜法」行爲可以不受懲罰而憤慨不平：

> 田成子一旦殺齊君而盜其國，所盜者豈獨其國邪？並與聖知
> 之法而盜之。故田成子有乎盜賊之名，而身處堯舜之安；小
> 國不敢非，大國不敢誅，十二世有齊國，則是不乃竊齊國，
> 並與其聖知之法以守其盜賊之身乎……彼竊鉤者誅，竊國者
> 爲諸侯！（《胠篋》）

這裡表明，莊子的政治感情即使不是屬於、也是傾向於那個已被擠退
出歷史舞臺的貴族階級。如上編所述，這或許與莊子是楚國貴族後裔
的生活經歷有關。

除了兼併、奪位的戰爭以外，在《莊子》中還可以看到對戰國時
許多諸侯君王暴虐行爲的記述。例如：

> 夫衛靈公飲酒湛樂，不聽國家之政，田獵畢弋，不應諸侯之
> 際，其所以爲靈公者何邪？（《則陽》）
>
> ……衛君，其年壯，其行獨，輕用其國，而不見其過；輕用
> 民死，死者以國量乎澤若蕉，民其無如矣。（《人間世》）
>
> 君（魏武侯）獨爲萬乘之主，以苦一國之民，以養耳目鼻口
> ……（《徐无鬼》）
>
> 夫楚王之爲人也，形尊而嚴；其於罪也，無赦如虎；非夫佞
> 人正德，其孰能橈焉！（《則陽》）
>
> 宋王之猛，非直驪龍也……（《列禦寇》）
>
> 昔者有鳥止於魯郊，魯君説之，爲具太牢以饗之，奏九韶以
> 樂之（《達生》、《至樂》）
>
> 秦王有病召醫，破癰潰痤者得車一乘，舐痔者得車五乘，所
> 治愈下，得車愈多。（《列禦寇》）

可見，《莊子》的筆鋒從小國之君衛公、宋王，到萬乘大國之主楚王、
秦王一一點到，且多爲抨擊、譏嘲之詞，這正是莊子對當時的統治者
採取批判的政治態度的一種反映。

莊子還把戰國的諸侯君主和他理想中的古代君主加以對比,認爲正是這些當時的統治者們的欺詐、奴役、殘暴,使得人民無法正常地、安寧地生活下去:

> 古之君人者,以得爲在民,以失爲在己;以正爲在民,以枉爲在己;故一形有失其形者,退而自責。今則不然。匿爲物而愚不識,大爲難而罪不敢,重爲任而罰不勝,遠其途而誅不至。民知力竭,則以僞繼之,日出多僞,士民安取不僞!夫力不足則僞,知不足則欺,財不足則盜。盜竊之行,於誰責而可乎?(《則陽》)

所以莊子總是感到自己生活在一個非常險惡的社會政治環境中,「殊死者相枕也,桁楊者相推也,形戮者相望也」(《在宥》)。莊子爲自己的處境無限感慨地說:「方今之時,僅免刑焉!」(《人間世》)完全可以說,莊子作爲楚國貴族後裔的生活經歷和這些現實感受,是形成他的社會批判思想的主要基礎。

2.經濟現象:農業、手工業生產和商業貿易

戰國之時,中國歷史上長期存在的自給自足的、以家庭爲中心的小農經濟已經形成。在莊子稍前的孟子說:「五畝之宅,樹牆下以桑,匹婦蠶之,則老者足以衣帛矣。五母雞,二母彘,無失其時,老者足以無失肉矣。百畝之田,匹夫耕之,八口之家足以無飢矣。」(《孟子·盡心》上)在莊子之後的荀子也說:「故家五畝宅,百畝田,務其業,而勿奪其時,所以富之也。」(《荀子·大略》)這種自耕自食、自蠶自衣的小農的生產關係、生活方式,在《莊子》中也有類似的表述或印證:

> 孔子謂顏回曰:「回,來!家貧居卑,胡不仕乎?」顏回對曰:「不願仕。回有郭外之田五十畝,足以給飦粥;郭内之田十畝,足以爲絲麻;鼓琴足以自娛,所學夫子之道足以自樂也。回不願仕。」(《讓王》)

一夫之耕，可食八口之家，表明戰國時農業生產力已達到很高發展水平。這種生產力的構成，從《孟子》、《荀子》中可以看到這時已有了鐵耕、肥田的技術⑪，在《莊子》中則更有使用灌溉機械和深耕細作的記述：

> 子貢南遊於楚，反於晉，過漢陰，見一丈人方將為圃畦。鑿隧而入井，抱甕而出灌，搰搰然用力甚多而見功寡。子貢曰：「有械於此，一日浸百畦，用力甚寡而見功多，夫子不欲乎？」為圃者卬而視，曰：「奈何？」曰：「鑿木為機，後重前輕，挈水若抽，數如泆湯，其名為槔。」（《天地》）

> 長梧封人問子牢曰：「……昔予為禾，耕而鹵莽之，則其實亦鹵莽而報予。芸而滅裂之，其實亦滅裂之。予來年變齊，深其耕而熟耰之，其禾繁以滋，予終年厭飧。（《則陽》）

這是《莊子》對戰國時農業生產力狀況的具體描述。

和農業發展的同時，手工業的發達也是戰國時經濟發展的重要方面。《莊子》中記述了或涉及了屬於當時最主要的一些手工業生產，如金工、木工、陶工、漆工：

> 今大冶鑄金，金踊躍曰：「我且必為鏌鋣」，大冶必以為不祥之金。（《大宗師》）

> 漆可用，故割之。（《人間世》）

> 陶者曰：「我善治埴，圓者中規，方者中矩。」匠人曰：「我善治木，曲者中鉤，直者應繩。」（《馬蹄》）

也記述了一些次要的、但更能具體反映當時社會生活情態的手工勞動，如屠宰、洗染、縫紉、織履：

> 庖丁為文惠君解牛，手之所觸，肩之所倚，足之所履，膝之所踦，砉然嚮然，奏刀騞然，莫不中音，合於桑林之舞，乃中經首之會。（《養生主》）

> 楚昭王失國，屠羊說走而從於昭王。昭王反國，將賞從者，及

屠羊說。屠羊說曰:「大王失國,說失屠羊;大王反國,說亦
反屠羊。臣之爵祿已復矣,何賞之有!」(《讓王》)

宋人有善爲不龜手之藥者,世世以洴澼絖爲事。(《逍遙遊》)

支離疏者,頤隱於臍,肩高於頂,會撮指天,五管在上,兩髀
爲脅,挫鍼治繲⑫,足以糊口。(《人間世》)

宋人有曹商者,爲宋王使秦。其往也,得車數乘,王說之,益
車百乘。反於宋,見莊子曰:「夫處窮閭阨巷,困窘織屨,槁
項黃馘者,商之所短也。一悟萬乘之主,而從車百乘者,商之
所長也。」(《列禦寇》)

等等。總之,《莊子》中關於農業生產和手工業勞動的這些記述,顯
示了那個時代的社會分工的擴大和勞動工具的進步,表明當時的社會
生產力已具有相當規模,並且處在發展之中。對於這種社會生產力的
發展趨勢,莊子甚爲輕蔑,從一種保持心境寧靜的精神修養立場上表
示反對,認爲「巧者勞而知者憂」(《列禦寇》),「有機械者必有機
事,有機事者必有機心。機心存於胸中,則純白不備;純白不備,則
神生不定;神生不定,道之不載也。吾非不知,羞而不爲也」(《天
地》)

　　《莊子》中關於商業貿易的記述不多,但卻涵蓋很廣,反映出當
時存在著商品、技術、人口三種性質不同的交易:

宋人資章甫而適諸越,越人斷髮文身,無所用之。(《逍遙遊》)

宋人有善不龜手之藥者,世世以洴澼絖爲事。客聞之,請買其
方以百金。聚族而謀曰:「我世世爲洴澼絖,不過數金,今一
朝而鬻技百金,請與之。」(《逍遙遊》)

……無幾何而使梱之於燕,盜得之於道,全而鬻之則難,不若
刖之則易。於是乎刖而鬻之於齊。(《徐无鬼》)

從這些記述中可以看出,戰國時仍然存在著人口買賣這樣奴隸制度的
殘餘,但技術也成爲貿易交換的內容,則是當時商品經濟發達的表現。

　　戰國之時，隨著農業和手工業生產的發展，社會分工的細密，商品經濟的發展是不可避免的；商品經濟的發展，「紛紛然與百工交易」（《孟子・滕文公》上），人與人之間的交往、依賴必然加強，誠如孟子所說，「一人之身而百工之所爲備，如必自爲而後用之，是率天下而路也」（《孟子・滕文公》上）。對於追求自然和個人精神自由的莊子來說，社會生活的這種發展趨勢當然是他所不能忍受的。《莊子》中這種態度的表白是很多的，如「聖人不從事於務，不就利」（《齊物論》），「夫至人者，相與交食乎地，而交樂乎天，不以人物利害相攖，不相與爲怪，不相與爲事」（《庚桑楚》），一言以蔽之，「功利機巧，必忘夫人之心」（《天地》）。應該說，莊子的社會批判從一個方面來說，正是針對經濟發展帶來的一些社會現象。

3.社會生活：風俗人情、人衆之分、學術形勢

　　《禮記・曲禮》曰：「君臣上下，父子兄弟，非禮不定」，《左傳》所記載春秋時代的思想觀念也認爲「夫禮，所以整民也」（《左傳》莊公二十三年），「禮也者，小事大，大字小之謂」（《左傳》昭公三十年）。在西周傳統的、以「禮」爲規範的社會生活中，倫理關係和上下等級之分是一種主導因素。《左傳》中寫道：

> 天有十日，人有十等，下所以事上，上所以共神也。故王臣公，公臣大夫，大夫臣士，士臣皂，皂臣輿，輿臣隸，隸臣僚，僚臣僕，僕臣臺。（《左傳》昭公七年）

> 在禮，家施不及國，民不遷，農不移，工賈不變，士不濫，官不滔，大夫不收公利……君令臣共，父慈子孝，兄愛弟敬，夫和妻柔，姑慈婦聽，禮也。（《昭公二十六年》）

> 君子尚能而讓其下，小人農力而事其上，是以上下有禮。（《襄公十三年》）

可見，直至春秋時代，無論是以社會地位（「人有十等」）、或職業（農、工、賈、士）、或道德水平（君子、小人）來劃分的人衆中，

固定的倫理義務和等級服從都還是社會生活的主要內容。從《莊子》中可以看到，這種情況到戰國時期有所變化，生活的內容擴展了、複雜了。

《莊子》中不同等級的社會地位的區分仍然存在，仍被維護，但《莊子》所強調的不是「下事上」的等級服從，而是各自的社會職責：

> 天子、諸侯、大夫、庶人，此四者自正，治之美也；四者離而亂莫大焉。官治其職，人處其事，乃無所陵。故田荒室露，衣食不足，徵賦不屬，妻妾不和，長少無序，庶人之憂也。能不勝任，官事不治，行不清白，群下荒怠，功美不有，爵祿不持，大夫之憂也。廷無忠臣，國家昏亂，工技不巧，貢職不美，春秋後倫，不順天子，諸侯之憂也。陰陽不和，寒暑不時，以傷庶物，諸侯暴亂，擅自攘伐，以殘民人，禮樂不節，財用窮匱，人倫不飭，百姓淫亂，天子有司之憂也。（《漁父》）

可見，《莊子》按社會政治地位把人眾分爲庶民、大夫、諸侯、天子四個等級。他們的社會職責分別是勞動貢賦、治理庶務、管理國家、奉天理民。

《莊子》中以職業來劃分的人眾更加紛繁，他們都有各自獨特的、超出單一倫理之外的生活內容，這正是社會生活發展了的反映。例如《莊子》中寫道：

> 拓世之士興朝，中民之士榮官，筋力士之矜難，勇敢之士奮患，兵革之士樂戰，枯槁之士宿名，法律之士廣治，禮教之士敬容，仁義之士貴際。農夫無草萊之事則不比，商賈無市井之事則不比。庶人有旦暮之業則勸，百工有器械之巧則壯。（《徐无鬼》）

同樣，在《莊子》中以道德水平來劃分人眾的層次也顯然地增多了、複雜了，顯示了人們在社會生活中多種多樣的精神追求和生活目標。如《莊子》寫道：

> 眾人重利，廉士重名，賢人尚志，聖人貴精。（《刻意》）

> 不離於宗，謂之天人。不離於精，謂之神人。不離於眞，謂之
> 至人。以天爲宗，以德爲本，以道爲門，兆於變化，謂之聖人。
> 以仁爲恩，以義爲理，以禮爲行，以樂爲和，薰然慈仁，謂之
> 君子。以法爲分，以名爲表，以參爲驗，以稽爲決，其數一二
> 三四是也，百官以此相齒。以事爲常，以衣食爲主，蕃息畜藏，
> 老弱孤寡爲意，皆有以養，民之理也。（《天下》）

顯然，在《莊子》這裡把人衆分爲以事務（「衣食」）爲生活目標的
庶民，以法則（「一二三四」）爲生活原則的百官，以道德（「仁義」）
爲追求的君子，及在此之上的、更高境界的聖人（「道」）、至人（
「眞」）、神人（「精」）、天人（「宗」）這樣許多層次，當然要
比傳統的小人、君子之分要複雜多了。

　　總之，客觀地展現在《莊子》中的世俗社會生活是比較開闊的、
複雜的、是處於發展中的。莊子對於這具有新的內容和特色的世俗社
會生活是冷漠的。在莊子看來，人作爲一個自然的、個體的存在，對
社會是不負有責任的。《莊子》中借漁父之口批評孔子表述了這種思
想：「今子既上無君侯有司之勢，而下無大臣職事之官，而擅飾禮樂、
選人倫，以化齊民，不泰多事乎！」（《漁父》）而捲入這樣的世俗
社會則是可悲的：「此皆順比於歲，不物於易者也，馳其形性，潛之
萬物，終身不反，悲夫！」（《徐无鬼》）

　　戰國時期社會生活的擴展，突破了西周傳統的「禮」所規範的那
種固定的、狹隘的倫理範圍，還表現爲學術思想的活躍和學派的增多，
這就是《莊子·天下》所概述的「天下大亂，賢聖不明，道德不一，
天下多得一察焉以自好。」《莊子》中對戰國學術形勢的記述可以分
爲下列三種情形：

　　第一，簡單列舉已經出現的學術思想派別的名稱或人物。《莊子》
中出現的學術思想派別名稱或人物有儒、墨、楊、秉、惠、季眞、接
子等。如：

　　道隱於小成，言隱於榮華，故有儒墨之是非。（《齊物論》）

　　駢於辯者，累瓦結繩，竄句遊心於堅白同異之間，而敝跬譽無用之言乎，而楊墨是已。（《駢拇》）

　　莊子（謂惠施）曰：「然則儒墨楊秉⑬四，與夫子為五。」（《徐无鬼》）

　　少知曰：「季真之莫為，接子之或使⑭，二家之議，孰正於其情，孰偏於其理？」（《則陽》）

　　第二，具體記述道家人物與對立思想派別人物的爭論或對話。在《莊子》中出現最多的無疑是持道家觀點的人物，並且一般說來可以分為四派：莊子派、老子派、隱者、貴生派。《莊子》所記述的道家四派與對立思想派別人物的對話或爭論的情況如下：

　　一是道家莊子派與他派的對話或爭論

對立派別	對話者	對話或爭論的內容	篇名
名家	莊子—惠施	莊子批評惠子「拙於用大」	逍遙遊
		莊子對惠子解釋「無人之情」之涵義	德充符
		莊子、惠子辯論能否知「魚之樂」	秋水
		莊子對惠子解釋妻死不哭之故	至樂
		莊子諷刺惠子自以為是的學術態度	徐无鬼
		莊子對惠子辯解「無用之為用」	外物
		莊子、惠子品評孔子	寓言
	魏牟—公孫龍	魏牟譏諷公孫龍知識淺陋，推崇莊子言論高妙	秋水
儒家	莊子——蕩	莊子對商太宰蕩論說「虎狼仁也」	天運

　　二是道家老子派與他派的對話

對立派別	對話者	對 話 的 的 內 容	篇 名
儒家	老聃—孔子	老聃向孔子解說治天下者「是胥易技繫勞形怵心者也」	天 地
		老聃評孔子揭舉仁義乃亂人之性	天 道
		老聃向孔子論說「求道」	天 運
		老聃向孔子解說「遊心於物之初」	田子方
		老聃向孔子論說「至道」	知北遊
	老聃—子貢	老聃向子貢論說「三皇五帝之治天下」	天 運
	老聃—崔瞿⑮	老聃向崔瞿解說不當「以仁義攖人之心」	在 宥
	師金—顏淵	師金對顏淵評說孔子「未知無方之傳」，故行為窮君	天 運
	老萊子—孔子	老萊子向孔子論說與其譽堯而非桀，不如兩忘而閉其所譽	外 物
楊朱派	老聃—陽子居	老聃向陽子居解說「明王之治」	應帝王

三是道家隱者與他派的對話

對立派別	對話者	對 話 的 內 容	篇 名
儒家	楚狂接輿—孔子	接輿告誡孔子「臨人以德，殆乎殆乎！」	人間世
	大公任—孔子	大公任向孔子介紹「不死之道」	山 木
	子桑雽—孔子	子桑雽向孔子論說人際關係中「以利合」與「以天屬」之不同	山 木
	漁父—孔子	漁父向孔子論說「謹修而身，慎守其眞」	漁 父
	漢陰丈人—子貢	漢陰丈人教訓子貢說有機械者必有機事，有機事者必有機心	天 地

四是道家貴生派與他派的對話或爭論

對立派別	對話者	對　話　的　內　容	篇　名
儒家	盜跖─孔子	盜跖對孔子宣言人「不能說其志意，養其壽命者，皆非通道者也」	盜　跖
	滿苟得─子張	子張認爲人的行爲當以「仁義」爲標準；滿苟得認爲當「與時消息」	盜　跖
	無足─知和	無足認爲人的欲惡避就爲本性驅使；知和認爲受理智調節	盜　跖
君侯	子華子─昭僖侯	子華子啓悟韓昭侯「兩臂重於天下」，生命最爲寶貴	讓　王
	瞻子─中山公子牟	瞻子向中山公子牟論說當順從情性	讓　王

　　第三，總體概括和評述各思想派別的觀點。《莊子》最後一篇《天下》，對戰國時期的學術思想作了總體的概括和評述。就現存《天下》內容結構來看，其對戰國時期的學術思想的介紹、評述，可分爲兩個層次：

　　一是總論「古之道術」所存有三：世傳之史、鄒魯之士、百家之學。《天下》概括說：

> 古之所謂道術者……其明而在數度者，舊法世傳之史尚多有之；其在於《詩》、《書》、《禮》、《樂》者，鄒魯之士搢紳先生多能明之；其數散於天下而設於中國者，百家之學時或稱而道之。

這略相當於後世典籍的史、經、子之分。

　　二是分論「百家之學」的代表人物、主要思想，並對其作出評價。列舉如下：

百 家 之 學	學術思想的核心內容	評 價
墨翟、禽滑釐	氾愛兼利而非鬥	其意則是，其行則非也
宋鈃、尹文	以禁攻寢兵為外，以情欲寡淺為內	其為人太多，其自為太少
彭蒙、田駢、慎到	於物無擇，與之俱往	不知道，雖然，概乎皆嘗有聞者也
關尹、老聃	以本為精，以物為粗	古之博大真人哉
莊 周	獨與天地精神往來而不傲倪於萬物，不譴是非，以與世俗處	其於本也，弘大而辟，深閎而肆；其應於化而解於物也，其理不竭
惠 施	「至大無外，謂之大一」等十個辯題	其道舛駁，其言也不中
辯者（桓團、公孫龍）	「卵有毛」等二十一個辯題	能勝人之口，不能服人之心
黃 繚	問天地所以不墜不陷，風雨雷霆之故	倚人

可見，戰國時期繁榮、活躍的學術形勢在《莊子》中有比較充分的顯現。

另外，在《莊子》所展現的戰國百家爭鳴的學術形勢中，從《莊子》記述的字裡行間中，還顯示出當時存在著這樣的確鑿事實：

第一，儒家勢力盛大。例如《莊子》中寫道：

　　莊子見魯哀公。哀公曰：「魯多儒士，少為先生方者。」莊子曰：「魯少儒。」哀公曰：「舉魯國而儒服，何謂少乎？」（《田子方》）

　　枝於仁者，擢德塞性以收名聲，使天下簧鼓以奉不及之法非

乎？而曾史是已。（《駢拇》）

魯國「舉國儒服」，「天下簧鼓」以奉仁義之說，都正是儒家勢盛的表現。

第二，孔子已為世人奉為師表。例如《莊子》中寫道：

> 仲尼曰：「夫子⑯，聖人也……丘將引天下而與從之。」（《德充符》）

> 河伯向若而嘆曰：「……且夫我嘗聞少仲尼之聞而輕伯夷之義者，始吾弗信……」（《秋水》）

> 莊子曰：「孔子……鳴而當律，言而當法……吾且不得及彼乎！」（《寓言》）

孔子自稱率領天下以學，河伯、莊子之言更反映孔子的博學和德行已被當世所公認。

第三，儒學已為列國執政者採用。如《莊子》寫道：

> 魏文侯曰：「始吾以聖知之言，仁義之行為至矣，吾聞子方之師⑰，吾形解而不欲動，口鉗而不欲言，吾所學者直土梗耳……」（《田子方》）

> 徐无鬼因女商⑱見魏武侯……徐无鬼出，女商曰：「先生獨何以說吾君乎？吾所以說吾君者，橫說之則以《詩》、《書》、《禮》、《樂》，從說之則以《金板》、《六弢》……」（《徐无鬼》）

> 田成子一旦殺齊君而盜其國，所盜者豈獨其國邪？並與其聖知之法而盜之。（《胠篋》）

從《莊子》中的這些言論中，透過其對儒家的有意的貶損，可以明顯地看到這樣的情況：諸侯把儒家「聖知之言，仁義之行」視為社會最高行為規範，宰臣以儒家經典作為施政根據，儒學已為戰國時統治階級自覺地採用。用《莊子》的話來說，就是「聖知之法」已被「盜國者」在盜國的同時盜去了。

儒家在戰國時期所處的這種優越的、得勢的學術地位，使莊子無疑地認爲，戰國時期那種「殊死者相枕，桁楊者相推，刑戮者相望」的社會狀況，與奉行儒家思想密切不可分，正如《莊子》中所說，「吾未知聖知之不爲桁楊椄槢也，仁義之不爲桎梏鑿枘也，焉知曾史之不爲桀跖嚆矢也！」（《在宥》）因此，在莊子的社會批判中，一個重要的矛頭指向就是儒家的仁義道德觀念。

總之，《莊子》一書不僅記述了莊子及其後學的相當系統的自然哲學觀點和獨特的人生哲學思想，還具體展現了莊子那個時代的社會生活的主要方面，顯示這是充滿巧智、爭鬥並受「禮」或「仁義」規範的社會生活。所有這些，與莊子追求永恒自然和自由人生的生活觀念都是格格不入的，於是引起了莊子對當時社會的激烈批評和對遠古生活的無限憧憬。

二、莊子的社會批判

社會批判思想是人類思想史上非常珍貴的、表現人的覺醒的一種意識。一般說來，社會批判思想的中心內容是對人的現實社會環境、生活方式的不幸狀況及其不合理性的認識，伴隨此，往往也有對超越於現實社會的某種理想社會的構想及其合理性、必然性的論證。在中國思想史上，發現生活在一個充滿剝削和壓迫的階級社會裡的人們的不幸，是很早的事情。例如《詩經》就有對「不稼不穡」者的憤懣（《伐檀》）和「我生之初尚無爲，我生之後逢此百罹」（《兔爰》）的慨嘆。作爲思想家的莊子，則是更加深入地思索了造成這些不幸的原因，從一種特殊的自然主義理論立場上判定，與無階級的、自然的、原始社會相比，這是一個不合理的、墮落中的社會。莊子的這一理論立場，或者說莊子的社會批判思想，可以分解爲無君論、無爲論、返樸論。

1.無君論

　　莊子對戰國時期的現實社會的根本性否定，就是對那個社會最重要的、最根本的制度——君主制，表示輕蔑和否定。首先，莊子把否定的矛頭指向這一制度本身，認爲君臣之分是一種「固陋」的表現。在封建的君主專制制度裡，君主是國家的最高統治，君臣之分，臣民對君主的服從是最基本的政治倫理。這也是戰國時期最有勢力的儒家倫理思想和政治主張的重要內容。孔子的學生子路批評隱者的行爲時說，「長幼之節不可廢也，君臣之義如之何其廢之」（《論語·微子》）孔子在回答齊景公問政時也說，「君君，臣臣，父父，子子」（《論語·顏淵》）。所以在儒家看來，維護君主制度，維護君臣之義，乃是在政治生活中最自覺、最清醒的表現。莊子卻大不以爲然，他借虛擬的一個道家人物長梧子教訓一個虛擬的儒家後學瞿鵲子說：

> 夢飲酒者，旦而哭泣，夢哭泣者，旦而田獵，方其夢也，不知其夢也。夢之中又占其夢焉，覺而後知其夢也。且有大覺而後知此其大夢也，而愚者自以爲覺，竊竊然知之。君乎，牧乎，固哉[19]！丘也與女，皆夢也……（《齊物論》）

所以在莊子看來，儼儼然的君臣之分，煌煌然的君主統治，「禮儀三百，威儀三千」（《禮記·中庸》），皆如同荒誕、短暫的夢境，在「大覺」者的眼裡，是很固陋的，現實的君主制度、貴賤等級制度的合理性、神聖性對一個眞正的覺醒者來說是不存在的。

　　其次，莊子對君主制的最基本的政治行爲——專制，即君主對臣民的統治駕御活動作了完全的否定，認爲這是一種「欺德」。《莊子》中寫道：

> 肩吾見狂接輿。狂接輿曰：「日中始何以語女？」肩吾曰：「告我君人者以己出經式義度，人孰敢不聽而化諸！」狂接輿曰：「是欺德也；其於治天下也，猶涉海鑿河而使蚊負山也。夫聖人之治也，治外乎？正而後行，確乎能其事者而已矣。且鳥高飛以避矰弋之害，鼷鼠深穴乎神丘之下以避熏鑿之患，而曾二

　　蟲之無知！」（《應帝王》）

可見，莊子認爲人類在其最後的自然本性上，如同鳥、鼠之類自知逃避傷害一樣，是完全有能力自己保護自己、治理自己，自由自在生存而不需要「君人者」以「經式義度」規範制約的，也就是說，君主和一切制度的存在都是多餘的、不必要的。

　　莊子的這個結論和儒家、墨家迥然不同。儒、墨認爲君主及其相關的政治倫理制度是完全必要的。儒、墨對這種必然性、合理性進行論證時，也曾追溯到人類原始的自然狀態或人的本性：

> 古者民始生未有刑政之時，蓋其語人異義，是以一人則一義，二人則二義，十人則十義，其人茲眾，其所謂義者亦茲眾。是以人是其義，以非人之義，故交相非也。是以內者父子兄弟作怨惡，離散不能相和合，天下之百姓皆以水火毒藥相虧害，至有餘力不能以相勞，腐朽餘財不以相分，隱匿良道不以相教，天下之亂，若禽獸然。夫明乎天下之所以亂者，生於無政長，是故選擇天下之賢可者，立以爲天子。（《墨子·尚同》上）

> 人之生，不能無群，群而無分則爭，爭則亂，亂則窮兵。故無分者，人之大害也；有分者，天下之本利也。而人君者，所以管分之樞要也。（《荀子·富國》）

可見，墨子、荀子都認爲人的原始狀態或本性是「自是」，「好爭」，爲避免由此而生的「天下大亂」的禍害，制度（「刑政」）、規範（「分」）、「人君」、「天子」都是必要的。非常明顯，莊子和儒、墨在這裡的分歧，就理論本身來說，是莊子對人類的自然狀態或人的本性的看法與墨子、荀子不同，莊子的結論是建立在這樣的前提上：人在本性上不是貪婪的，而是自足的，或者說容易滿足的；人類在自然狀態下不是互相依存而又紛爭不已的，而是和平地、獨立地存在著的。《莊子》中寫道：

> 鷦鷯巢於深林，不過一枝；偃鼠飲河，不過滿腹。（《逍遙遊》）

> 彼民有常性,織而衣,耕而食,是謂同德;一而不黨,命曰天
> 放。(《馬蹄》)

所以在莊子看來,在大自然中,人是一鷦鷯,人是一偃鼠,是不需要
「君人者」和「經式義度」的。

莊子和儒、墨由於對人性或人類自然狀態的看法不同而導致對君
主制的政治制度和倫理制度的態度不同的這種對立,在不是十分嚴格
的意義上說,相似於17世紀英國思想家洛克和霍布斯政治思想的對立。霍
布斯認為人類的自然狀態是「每一個人對每一個人戰爭的狀況」(《
利維坦》,第十四章),而洛克則認為「那是一種完備無缺的自由狀態」
(《論政府》下篇,商務印書館1964年版,第5頁);霍布斯認為進入國家
狀態的人類選擇最好的政體是君主專制制度,因為它最能避免「內亂」,
而洛克則以為「它完全不可能是公民政府的一種形式」(同上書第55
頁),應予摒棄。當然,這種相似,只是理論起點和邏輯過程的相似,而
不是具體的理論內容的相同。霍布斯、洛克對國家起源的自然的、人
性的考察中的資產階級思想和反封建的時代內容,都是莊子和儒、墨
不可能有的。

最後,莊子表達了這樣的願望:無君無臣的自由生活最快樂。《
莊子》中用寓言的形式,借骷髏之口說:

> 死,無君於上,無臣於下,亦無四時之事,泛⑳然以天地為春
> 秋,雖南面王樂,不能過也。(《至樂》)

孟子說,「孔子三月無君則皇皇如也」(《孟子·滕文公》下),莊子
的感受正好相反。他認為沒有任何倫理義務(「無君」),沒有任何
政治責任(「無臣」),沒有任何負累(「無事」),才是最快樂的
生活。

總的來說,莊子的無君論,作為一種思想,尚是處在缺乏理論形
態的、比較朦朧的階段;而作為一種情感,則是非常鮮明強烈的。就
前一方面言,它為後代,如晉代鮑敬言的比較完整的無君論思想提供

了最初的理論的胚胎；就後一方面言，它是以後歷代抨擊君主專制制度的戰鬥檄文的激情的源泉。

2.無為論

無君，當然是對戰國時期的社會制度最尖銳、最徹底的否定。但是，莊子的無君論思想是情感因素多於理論因素。並且，一般說來，莊子學派沒有否定君主的存在，而是給君主提出了一個根本性的行為規範：無為。《莊子》中寫道：

> 天地雖大，其化均也；萬物雖多，其治一也；人卒雖眾，其主君也。君原於德而成於天，故曰，玄古之君天下，無為也，天德而已矣。（《天地》）

所以無君論還不能構成莊子對現實社會批判的理論基礎；莊子對戰國社會的全面批判是在無為論基礎上展開的。

(1)「無為」的理論論證　無為，在莊子那裡是一個非常清醒的、自覺的觀念意識。莊子認為，無為作為是君主，也是一切有道德修養的人的根本的、最高的行為準則，是有深遠的自然的和人性的根源的。

就自然方面而言，莊子認為，天地萬物在其本性上都是「無為」的。《莊子》中寫道：

> 天地有大美而不言，四時有明法而不議，萬物有成理而不說。聖人者，原天地之美而達萬物之理，是故至人無為，大聖不作，觀於天地之謂也。（《知北遊》）
> 天無為以之清，地無為以之寧，故兩無為相合，萬物皆化。芒乎芴乎，而無從出乎！芴乎芒乎，而無有像乎！萬物職職，皆從無為殖。故曰天地無為也而無不為也，人也孰能得無為哉！（《至樂》）

可見在莊子看來，「天地有大美而不言，四時有明法而不議，萬物有成理而不說」，無為就是天地萬物的存在方式；「萬物職職，皆從無為殖」，無為也是天地萬物的生成方式。「號物之數謂之萬，人處一

爲」（《秋水》），作爲萬物之一的人，其存在方式、行爲方式也應
該是無爲。也就是順任萬物之理而不爲不作。人的無爲在其本質上和
產生萬物的天地的本性是一致的，人的無爲來自人的自然本性的根源。

　　既然人的無爲來自人的自然本性根源，所以就人性方面而言：莊
子認爲，只有無爲才是符合和保持人的本性。《莊子》中寫道：

> 性者，生之質也。性之動，謂之爲；爲之僞，謂之失。（《庚
> 桑楚》）

顯然，莊子是把人性理解爲人的本然的存在狀態，一旦「有爲」，就
要「性動」，這種本然狀態就要喪失，因而莊子提出：

> 徹志之勃，解心之謬，失德之累，達道之塞。貴富顯嚴名利六
> 者，勃志也；容動色理氣意六者，謬心也；惡欲喜怒哀樂六者，
> 累德也；去就取與知能六者塞道也。此四六者不盪，胸中則正，
> 正則靜，靜則明，明則虛，虛則無爲而無不爲也。（《庚桑楚》）

可見莊子幾乎把屬於知、情、意的任何一種心理活動和社會行爲，都
看作是對人的本性的破壞，是人的本性的喪失；而只有虛靜無爲才能
恢復、保持人的本性。

　　總之，《莊子》中對「無爲」的論證在於說明，人應該順任自然
而無有作爲。實際上，這是人和自然（天）的關係問題。莊子強調的
是「無以人滅天」（《秋水》），而做出的卻是荀子所批評他的「蔽
於天而不知人」（《荀子・解蔽》）。我們將看到，在莊子的無爲論的
社會批判中，能動的、社會的「人」完全被寂靜的、自然的「天」吞
沒。

　　⑵「無爲」的批判指向　莊子認爲，「虛靜恬淡寂寞無爲者，天
地之平而道德之至」（《天道》），無爲論是莊子的社會批判的基本
理論。莊子正是用「虛靜無爲」來衡量、評判當時統治者和人們的社
會生活、社會行爲。

　　莊子「無爲」論的批判矛頭首先指向「仁義」的社會道德。「仁

義」是儒家思想的核心觀念。儒家的「仁義」有相當廣泛的、具體的內容，但總的來說，它是一種倫理道德行為規範，「居仁由義，大人之事備矣」（《孟子·盡心》上）。如前所述，戰國之時儒家學說一般地已為當時列國統治者所採用，「仁義」也成了當時人們的一種普遍的道德追求，據《莊子》的觀察，「自虞氏招仁義以撓天下也，天下莫不奔命於仁義」（《駢拇》）。所以，在不太嚴格的意義上說，「仁義」代表了、體現了當時的社會制度和社會意識。不滿意於當時社會現實的莊子很自然地把社會批判的矛頭首先指向「仁義」。

莊子從自然主義的「無為」論立場認為，「仁義」戕害了人的本性，滋生人們對「利」的追求，帶來了「天下大亂」。《莊子》中多次描述了這個精神過程：

> 且夫待鈎繩規矩而正者，是削其性者也；待繩約膠漆而固者，是侵其德也；屈折禮樂，呴俞仁義，以慰天下之心者，此失其常然也。（《駢拇》）

> 夫赫胥氏之時，民居不知所為，行不知所之，含哺而熙，鼓腹而遊，民能以此矣。及至聖人，屈折禮樂以匡天下之形，縣跂仁義以慰天下之心，而民乃始踶跂好知，爭歸於利，不可止也。此亦聖人之過也。（《馬蹄》）

這裡，莊子是在同儒家倫理道德思想的尖銳對立中顯示對它的批判和否定。第一，儒家認為「仁義禮智根於心」（《孟子·盡心》上），是人性所固有。莊子則認為人的本性是沒有任何是非、善惡的本然存在（「常然」），而「仁義」就是對這種本然的破壞。莊子從他的自然主義的無為立場上對具有社會性質的「仁義」作了徹底的否定：「殘樸以為器，工匠之罪也；毀道德以為仁義，聖人之過也」（《馬蹄》）。第二，在儒家的道德觀念中，利、義是兩個對立的道德範疇，如孟子所說「孳孳為善者，舜之徒也；孳孳為利者，跖之徒也；欲知舜與跖之分，無他，利與善之間也」（《孟子·盡心》上）。所以儒家主張以

「義」的道德要求來駕馭求「利」的行為，即孔子所謂「見利思義」
（《論語‧憲問》）。莊子不是這樣，他把利、義都看成是喪失人的本
性（「常然」）、背離「道德」的精神狀態；並且認為「仁義」甚至
是一種圖謀名利的手段：「愛利出乎仁義，捐仁義者寡，利仁義者眾。
夫仁義之行，唯且無誠，且假乎禽貪者器」（《徐无鬼》）。在莊子看
來，作為儒家的、也是當時社會的基本倫理道德規範的「仁義」，沒
有任何積極的價值，「仁義憯然乃憤吾心，亂莫大焉」（《天運》），
只能是亂人心、亂天下。

應該說，在「諸侯之門，仁義存焉」（《胠篋》）的戰國之時，
的確存在著「仁義之行，假乎禽貪者器」的情況，「仁義」實際上成
了貪婪者攫取名利的工具，成了統治者束縛人民的工具。莊子對「仁
義」的批判，也就是對當時社會道德的批判，對諸侯統治的抨擊。這
無疑是有重要的思想史意義的，因為莊子的這種批判，畢竟是對人類
的階級統治制度最初的攻擊，是對人類的文明制度最初的反思。然而
這是從一種自然主義立場、用「無為」的理論觀點所作出的批判，這
種批判眼光所能觀察到的主要是人性的自然狀態被破壞，而不能看到
這種破壞中也有人性提高、發展的內容。對於人類精神的這一變化，
由於其內蘊著這種進步的、必然性的內容，所以儘管莊子竭力反對，
卻總也否定不了。莊子在對「仁義」的社會道德的批判中所表現出的
這種理論上的弱點，在莊子社會批判思想的其它方面也同樣存在著。

莊子「無為」論的批判矛頭也指向「好知」的社會行為。戰國時
代，諸侯紛爭，戰爭頻繁，這是一個競爭的時代；農業、手工業處在
發展之中，這也是一個崇尚智巧的時代。韓非說，「上古競於道德，
中世逐於智謀，當今爭於氣力」（《韓非子‧五蠹》）。然而，智慧、
力量卻正是莊子所反對的。如前所述，在人生哲學的個人精神修養的
意義上，莊子認為「多知為敗」（《在宥》），「巧者勞而知者憂」（
《列禦寇》），如同「日鑿一竅，七日而渾沌死」（《應帝王》），智

慧巧謀就是對人性本然狀態的破壞。在社會批判的意義上，莊子將這個觀點又推進一步，認爲「好知」不僅鑿傷本性，而且帶來「天下大亂」。莊子寫道：

> 上誠好知而無道，則天下大亂矣，何以知其然邪？夫弓弩畢弋機變之知多，則鳥亂於上矣；鉤餌罔罟罾笱之知多，則魚亂於水矣；削格羅落罝罘之知多，則獸亂於澤矣；知詐漸毒頡滑堅白解垢同異之變多，則俗惑於辯矣。故天下每每大亂，罪在於好知。（《胠篋》）

> 天下好知，而百姓求竭㉑矣。（《在宥》）

莊子對「好知」的社會行爲的責難無疑有他的合理的、事實的成份。在人類的邪惡行爲裡，往往是充滿智慧的；智謀、技巧通過統治者或別的某一邪惡的中介常常會給社會帶來災難，這些正是莊子最深切感受到的。但是，另一方面我們也看到，智慧，不僅是人類社會進步的必要條件和槓杆，而且也就是人類社會生活本身。智慧是人性的內容之一，毫無智慧的人，無論是在自然狀態下或社會狀態下都是不能存在的。然而這卻是站在自然主義立場和持「無爲」主張的莊子難以觀察到的。這樣，莊子對現實社會統治者「好知」的抨擊，必然要自覺或不自覺地導向對人類社會行爲本身的否定。這也是莊子社會批判思想中的一個根本性的弱點。

莊子「無爲」論的社會批判由對人類文明最基本的因素——道德（「仁義」）、智慧（「好知」）的否定，進而對各種標志著人類擺脫自然狀態、進入文明社會的進步皆表示反對，皆予以抨擊。《莊子》中寫道：

> 絕聖棄知，大盜乃止；擿玉毀珠，小盜不起；焚符破璽，而民樸鄙；掊斗折衡，而民不爭；殫殘天下之聖法，而民始可與論議。擢亂六律，鑠絕竽瑟，塞瞽曠之耳，而天下始人含其聰矣；滅文章，散五采，膠離朱之目，而天下始人含其明

> 矣；毀絕鉤繩而棄規矩，擺工倕之指，而天下始人有其巧矣；
> 削曾史之行，鉗楊墨之口，攘棄仁義，而天下之德始玄同矣
> ……彼曾、史、楊、墨、師曠、工倕、離朱，皆外立其德而
> 以爚亂天下者也。（《胠篋》）

可見，道德、智慧、典章制度、財貨器物、優美音樂、精巧工藝……
這些構成人類文明生活內容的社會現象，在莊子看來，都是對自然（
「玄同」）和人的本性（「樸鄙」）的破壞，都是對安寧的天下的擾
亂，因而，都是應該取締的對象。「榮辱立，然後睹所病；貨財聚，
然後睹所爭」（《則陽》），精神的文明、物質的文明，對於人類來
說都是有害的。應該說，莊子自然主義的「無爲」社會批判思想在這
裡表現了明顯的反人類、反文明傾向。

但是，也應該看到，莊子的具有反人類、反文明傾向的「無爲」
社會批判思想，在其理論形式後面，實際上蘊藏著強烈的人性的、人
道的感情內容。不難想像，在戰國這樣一個充滿殘酷的壓迫和剝削的
階段社會裡，文明帶來的快樂享受，只會被統治者占有，而創造文明
所需要付出的艱苦的體力和智力勞動，只能落在勞動者身上。莊子所
抨擊的根本上正是這樣不合理的、不平等的社會現象。莊子憎惡這種
現象，他認爲造成這種現象最根本的原因，是人們對自然和本性的違
背，「外立其德而以爚亂天下者也」。莊子時代的人們，回顧過去，
還沒有比自然狀態更多的歷史經驗，瞻望將來，也不能有超越階級制
度更遠的歷史眼光，莊子只能固守在徹底的自然主義立場上觀察這一
切，用「無爲」的理論攻擊這一切。在這個立場上，是無法或沒有必
要分辨人和動物的區別的，也就不能看到人類正是在擺脫自然狀況的
創造文明的活動中，創造了自己，提高了自己，完善了自己；不會認
爲文明是人性的本質內容。用「無爲」的標準來衡量，人類從事生產、
科學、藝術等創造文明的社會行爲，同統治者支配、攫取、占有文明
成果的社會行爲的界限也是不清晰的。這樣，就在對統治階段盜取「

仁義」、「好知」、「燏亂天下」的暴虐統治的激烈抨擊中，否定了
表現著人類社會進步的道德、智慧、技藝等文明的行爲，使莊子的「
無爲」社會批判思想附著了反人類、反文明的表徵。

　　莊子這種從自然主義立場上，由對現實社會制度或統治階級的批
判，而導致對整個人類的社會行爲的否定，在18世紀法國啓蒙思想家
盧梭的社會批判思想中，似乎是得到了一次重覆。盧梭在《論科學與
藝術的復興是否有助於敦風化俗》一文中寫道：「隨著科學與藝術在
我們的地平線上升起，德行也就消逝了」，「科學與藝術都是從我們
的罪惡誕生的」（《論科學與藝術的復興是否有助於敦風化俗》，商務印書館
1963年版，第11頁、　21頁）。隨後，盧梭在《論人類不平等的起原和
基礎》一文中又寫道：「由於人類能力的發展和人類智慧的進步，不
平等才獲得了它的力量並成長起來」，「一切進步只是個人完美方向
上的表面的進步，而實際上它們引向人類的沒落」（《論人類不平等的
起源和基礎》，商務印書館1962年版，第149頁、120頁）。總之，盧梭非常
明確地認爲，人的理性、智慧是人類自然狀態的喪失和罪惡滋生的原
因，人類文明的成長和人類道德的墮落是同步而行的。一般說來，盧
梭是從一個比較特殊的、自然的角度對封建制度進行抨擊和暴露的，
與法國其它的啓蒙思想家及德國古典哲學家從理性角度對封建制度的
批判有所不同，所以盧梭的觀點曾受到他們的批評。例如伏爾泰在收
到盧梭饋贈他的《論人類不平等的起源和基礎》書後，不無諷刺地回
信致謝說：「從沒有人用過這麼大的智慧企圖把我們變成畜牲。讀了
你的書，眞的令人渴慕用四隻腳走路了。」（見《論人類不平等的起源
和基礎》第31頁）費希特在《論學者的使命》一書中也批駁盧梭說：「
自然狀態誠然會消除罪惡，但同時也會消除德行和整個理性。這樣，
人就會變成沒有理性的動物，就會出現一個新的動物物種；於是，人
就根本不再存在了。」（《論學者的使命》，商務印書館1979年版，第48頁）應
該說，伏爾泰、費希特這裡對盧梭觀點的批評，原則上也是適用於莊

子的。不同在於，盧梭並不想使人返回自然狀態中，他曾反駁伏爾泰說，「再返回森林去和熊一起生活嗎？這是按照我的論敵的想法得出的結論，我願意先把它指出，也願意我的論敵因得出這樣的結論而感到羞愧」（《論人類不平等的起源和基礎》第166—167頁）。盧梭的社會批判思想顯然有更加寬廣的歷史經驗背景和歷史眼光，他對文明的批評，誠如馬克思所說，「是對當時正大踏步走向成熟的『市民社會』的預感。」（《馬克思恩格斯選集》第二卷第86頁）盧梭是把「自然」作為一面鏡子，一方砥石，用來淨化、磨礪那個時代人們的精神，而莊子則比較明確召喚人們返回自然。

3.返樸論

莊子在自然主義立場上，用「無為」的理論觀點觀察並抨擊了戰國時代這個階級社會的主要方面，作為這種社會批判的結束，莊子提出「既雕既琢，復歸於樸」（《山木》），人們應該停止用「仁義」、智巧等對本性的鑿削雕琢，返歸樸素的自然。

莊子返歸自然的主張，在對歷史的回顧和未來的展望中表述出來。在莊子看來，人類的歷史從古至今是道德水平、政治生活和人性本身全面的衰蛻過程。《莊子》中有幾處對這個過程作了完整的表述：

> 古之人，在混芒之中，與一世而淡漠焉。當是時也，陰陽和靜，鬼神不擾，四時得節，萬物不傷，群生不夭，人雖有知，無所用之，此之謂至一，當是時也，莫之為而常自然。逮德下衰，及燧人、伏羲始為天下，是故順而不一。德又下衰，及神農、黃帝始為天下，是故安而不順。德又下衰，及唐、虞始為天下，興治化之流，澆淳散樸，離道以善，險德以行，然後去性而從於心。心與心識知而不足以定天下，然後附之以文，益之以博。文滅質，博溺心，然後民始惑亂，無以反其性情而復其初。（《繕性》）
>
> 黃帝之治天下，使民心一，民有親死不哭而民不非也。堯之

治天下，使民心親，民有爲其親殺其殺而民不非也。舜之治
天下，使民心競，民孕婦十月生子，子生五月而能言，不至
乎孩而始誰，則人始有天矣。禹之治天下，使民心變，人有
心而兵有順，殺盜非殺，人自爲種而天下耳，是以天下大駭，
儒墨畢起。（《天運》）

可見，莊子基本上是以時代的道德、政治面貌的變化來觀察和確定人
類歷史的演進的。並且，莊子在這裡所表述的時代的道德、政治面貌，
實際上內蘊著、反映著，因而也可以還原爲、變換爲人與自然的關係
和人與人的關係：

篇名	時　　代	道　德　面　貌	以人與自然關係的解釋
繕性	古之人	至一（無爲，自然）	玄同自然（未與自然分離）
	燧人、伏羲	順而不一	順從自然（始與自然分離）
	神農、黃帝	安而不順	承認自然（尚與自然協調）
	唐、虞以後	澆淳散樸，去性從心，民始惑亂	變更自然（與自然對立）
天運	黃帝	民心一	無差別的自然狀態（自然）
	堯	民心親	親疏差別的出現（倫理）
	舜	民心競	強弱對立的出現（權力）
	禹以後	民心變，天下大駭	階級對立的出現（國家）

顯然，雖然莊子是由道德、政治這一比較狹隘的視角來觀察和表述人
類歷史的演進的，但是，應該說莊子還是努力遵循歷史實際的，他的
觀察和表述在大的輪廓上、粗的線條上與歷史運動的軌跡還是相符的。
然而，莊子的自然主義立場使他判定人類歷史由自然狀態向社會狀態
的變化進程，或者說人的自然本性被文明異化的過程，是一種每況愈
下的墮落過程，人類踏著這個路程已經走到「無以反其性情而復其初」
的境地。

　　莊子站在自然主義立場上回顧人類歷史，他所看到的是一番令人

沮喪的道德衰退的歷程；瞻望將來，他的視野裡浮現的人類前景更是十分暗淡。《莊子》中寫道：

> 且夫二子者（按：指堯、舜），又何足以稱揚哉！是其於辯也，將妄鑿垣牆而殖蓬蒿也。簡髮而櫛，數米而炊，竊竊乎又何足以濟世哉！舉賢則民相軋，任知則民相盜。之數物者，不足以厚民。民之於利甚勤，子有殺父，臣有殺君，正晝為盜，日中穴阫。吾語女，大亂之本，必生於堯舜之間，其末存乎千世之後。千世之後，其必有人與人相食者也！（《庚桑楚》）

莊子觀察到和推測到的是，儒家所推崇的堯舜以「仁義」、巧智鑿開了人類的渾沌的自然狀態，人的樸鄙的本性也就被破壞了，「去性從心」，自然本性被利欲之心替換，從此一發而不可收拾。「利」如滔滔洪水，吞沒了一切，父子君臣相殘，倫理蕩然無存，白晝為盜，強權橫行無阻，人類的將來，將是「人與人相食」的局面！這是道德徹底的崩潰和人性的完全喪失！

從徹底的自然主義立場觀察，莊子由他所處時代的背離自然的人們的相互殘殺，推測將來時代的離開自然更加遙遠的人們將相互吞食，這是很合乎邏輯的，是對人類未來狀況的一種覺醒意識。當然，這也是十分簡單的邏輯，朦朧的覺醒。人類擺脫自然，人性被文明異化所表現的形式和產生的後果，比莊子這裡所描述的要複雜得多、嚴重得多。德國哲學家弗洛姆（E.Fromm 1900—1980）在分析現代社會中的異化現象時曾有一段概括的描述：

> 我們在現代社會中所看到的異化幾乎是無孔不入的。它滲透到了人和他的工作、所消費的物品、國家、同胞以及和他自己等等這些關係中。人已經創造了一個前所未有的人造物的世界。人建成了一個管理著人所創造的技術機器的複雜的社會機器，然而，他的這種全部創造卻高於他，站在他之上。他並不覺得自己是個創造者和中心，而只覺得是一個他雙手

創造的機器人的奴隸。他發揮出來的力量越是有力和巨大，他越是覺得自己無力成爲人。他面對著體現在他所創造的東西中的和他相異化了的自己的力量；他被自己的創造物所占有，而失去了對自己的所有權。（《資本主義下的異化問題》，《哲學譯叢》1981年第4期）

莊子比較簡單地認爲遠離自然狀態的未來人類，將毀滅、崩潰於人與人更加直接的、殘酷的對立之中。莊子「千世之後」的今天，現實的情景是這種人與人的尖銳對立固然存在，但是，還有人和物的日益加深、加重的對立的陰影也是在吞噬著人性。這種對立，本來也是莊子敏銳地發現了的。莊子曾說，「今世俗之君子，多危身棄生以殉物，豈不悲哉！」（《讓王》）主張「浮遊乎萬物之祖，物物而不物於物」（《山木》）。但是，莊子時代政治鬥爭的激烈和鮮明，使《莊子》作者更能感受到人與人的對立的嚴重後果；而那個時代低下的生產力則使他們不能覺察和想像人與物的對立能夠表現出像今天在發達的資本主義世界這樣尖銳的形式：人類正在創造出一種在生理上、心理上駕馭不住的對立的物質力量，人性正在被人造物吞沒。

總之，莊子站在自然主義立場上，認爲由於「澆淳散樸」，人類的處境，無論是個人的心境或整個社會的狀態，以往一直是在不斷的惡化之中，未來將遭遇更大的不幸。這種觀點必然邏輯地引出這樣的結論：人類不幸狀況的改變，必須返回自然，復歸樸素——這就是莊子的返樸論：

絕聖棄知，大盜乃止；擿玉毀珠，小盜不起，焚符破璽，而民樸鄙；掊斗折衡，而民不爭……彼人含其明，則天下不鑠矣；人含其聰，則天下不累矣；人含其知，則天下不惑矣；人含其德，則天下不僻矣。（《胠篋》）

同乎無知，其德不離；同乎無欲，是謂素樸；素樸而民性得矣。（《馬蹄》）

可見，莊子的返樸論，就是主張拋棄人類已經取得的精神上和物質上
的文明成就，自覺地返回可以免除被文明所困擾的那種原始的、樸
素的自然狀態。莊子返樸論在理論性質上是比較複雜的，或者說是雙重
的。一方面它是對當時社會的階級壓迫、剝削制度以及伴隨著這種制
度而發生的人自然本性被破壞、被異化的各種現象的批判；另一方面
也是對人類不斷豐富、發展著的精神生活和物質生活本身的否定。應
該說，莊子整個社會批判思想也都具有這種雙重性質。就這種思想的
社會作用來說，前一方面是它的比較積極的方面，而後一方面則是它
的消極的方面。從中國思想史的整個歷程來看，由於莊子思想在中國
歷史上，在整個社會範圍內，從來不是獨立地、唯一地發揮作用的，
而是在儒家思想的制約下，作爲儒家思想的對立和補充來發揮作用的，
所以在中國的封建社會裡，在儒家思想一般是處於統治地位的情況下，
莊子社會批判思想中對現實的政治統治和思想統治的批判性的積極方
面是經常被援用和得到表現的，而它的否定人類文明的消極方面並沒
有發展起來。

三、莊子的理想社會

莊子關於理想社會的設想，是他的社會思想中具有幻想的浪漫特
色的組成部分。

1.理想社會：「至德之世」和「建德之國」

在自然主義立場上，莊子對當時已進入有了階級的文明社會進行
了激烈的抨擊，主張返回原始的、樸素的自然狀態，這就是莊子的理
想社會的本質特徵。在《莊子》中，這種理想社會被稱爲「至德之世」
或「建德之國」，其間又有所區別。

(1)「至德之世」　《莊子》中對「至德之世」，也就是理想社會
的狀況，有幾段比較完整的描述：

> 至德之世，其行填填，其視顛顛。當是時也，山無蹊隧，澤

無舟梁，萬物群生，連屬其鄉；禽獸成群，草木遂長。是故禽獸可繫羈而游，鳥鵲之巢可攀而闚。夫至德之世，同與禽獸居，族與萬物並，惡知乎君子小人哉！（《馬蹄》）

子獨不知至德之世乎？昔者容成氏、大庭氏、伯皇氏、中央氏、栗陸氏、驪畜氏、軒轅氏、赫胥氏、尊盧氏、祝融氏、伏羲氏、神農氏，當是時也，民結繩而用之，甘其食，美其服，樂其俗，安其居，鄰國相望，雞狗之音相聞，民至老死而不相往來。（《胠篋》）

至德之世，不尚賢，不使能；上如標枝，民如野鹿；端正而不知以為義，相愛而不知以為仁，實而不知以為忠，當而不知以為信，蠢動而相使，不以為賜。是故行而無迹，事而無傳。（《天地》）

古者禽獸多而人少，於是民皆巢居以避之。晝拾橡栗，暮棲木上，故命之曰有巢氏之民。古者民不知衣服，夏多積薪，冬則煬之，故命之曰知生之民。神農之世，臥則居居，起則於於，民知其母，不知其父，與麋鹿共處，耕而食，織而衣，無有相害之心，此至德之隆也。然而黃帝不能致德，與蚩尤戰於涿鹿之野，流血百里。堯舜作，立群臣，湯放其主，武王殺紂。……湯武以來，皆亂人之徒也。（《盜跖》）

由以上引述可見，莊子「至德之世」的理想社會有三個明顯的目標：無政治的和道德的規範的約束（自由），無人與人的互相傾軋（平等），無沉重的生活負累（快樂）。作為一種理想的社會，這些目標並不特殊，更不荒唐。但是，在莊子這裡體現這些一般目標的具體內容，卻有顯著的、甚至是怪誕的特色。

第一，物質生活的原始。莊子「至德之世」的人們，「知其母，不知其父」，「老死不相往來」，顯然這是一種人類社會早期母系氏族階段的以氏族為中心的群居生活。生產活動也很簡單，主要是「晝

拾橡栗」的採集和「與麋鹿共處」的狩獵或畜牧。「夏多積薪，冬則
煬之」，火是「至德之世」的人們掌握的唯一自然力。但正如恩格斯
所說，這只是「最終把人同動物界分開」的標志（《馬克思恩格斯選集》
第三卷第154頁）美國民族學家L・H・摩爾根在描述人類社會最初階段
——低級蒙昧社會的特徵時寫道：「這一期始於人類的幼稚時期，而
其終點可以說止於魚類食物和用火知識的獲得。這時候人類生活在他
們原始的、有限環境內，依靠水果和堅果爲生……」（《古代社會》，
商務印書館1977年版，第9頁）莊子「至德之世」的人們正是過著這樣最
簡單、原始的物質生活。

　　第二，精神狀態的蒙昧。在莊子的「至德之世」，人們「臥則居
居，起則於於」、「其行塡塡，其視顚顚」，「不知以爲仁」、「不
知以爲義」、「不知以爲忠」、「不知以爲信」，除了感性知覺，沒
有任何固定形態的思想觀念；「結繩而用之」，除了具體的記憶，沒
有任何經驗和知識。也就是說，「至德之世」人們的精神世界沒有超
出本然的生理和心理之外的內容。實際上，這是人類精神或文化發展
的蒙昧時期。盧梭曾說：「野蠻人所以不是惡的，正因爲他們不知道
什麼是善。因爲阻止他們作惡的，不是智慧的發展，也不是法律的約
束，而是情感的平靜和對邪惡的無知。」（《論人類不平等的起源和基礎》第
89頁）這也是莊子的觀點。如前所述，莊子主張用「去知」、「返樸」來
消除已經滋長起來的現實社會中的罪惡；這裡，作爲構成「至德之世」
精神基礎的，也正是「無知」（「不知」）。

　　第三，所處時代的古遠。莊子的「至德之世」，是在比儒家和墨
家所記述的傳說時代更加遙遠的古代。從《論語》和《孟子》中可以
看到，儒家推崇景仰的最早的歷史時代和人物是堯、舜、禹[22]，墨家
的先王觀與儒家相同，《墨子》中最早的歷史時代和人物也只是堯[23]。戰
國之時，又出現了爲堯舜所景仰、服膺的黃帝[24]，於是莊子就把「至
德之世」放置在黃帝之前，至黃帝之時，已是「不能致德」此後更是

每況愈下了。「至德之世」的古遠，莊子主要是用二種方法來表述的：一是借用已經湮滅的遠古氏族或方國的名稱。《左傳》昭公十八年「梓慎登大庭氏之庫以望之」，杜預注：「大庭氏，古國名，在魯城內，魯於其處作庫。」春秋時代《晉邦盦》銘曰：「皇祖唐公，左右武王，廣治四方，至於大庭，莫不來□」。（《三代吉金文存》第十八卷第13頁）以盦銘爲證，可知大庭氏確是周初的方國。由此類推，《莊子》所稱處於「至德之世」的容成氏、伯皇氏、中央氏、栗陸氏、驪畜氏、軒轅氏、赫胥氏等，很可能都是宗周時代的古國，至戰國時，滅亡已久，被人借爲遠古的象徵。二是杜撰人類脫離動物狀態的最初行爲方式作名稱。戰國時的儒家學者認爲，遠古時人的生活是「未有宮室，冬則居營窟，夏則居橧巢；未有火化，食草木之實，鳥獸之肉，飲其血，茹其毛；未有麻絲，衣其羽毛」（《禮記‧禮運》），韓非也說，「上古之世，人民少而禽獸衆，人民不勝禽獸蟲蛇，有聖人作，構木爲巢，以避群害，而民悅之，使王天下，號之曰有巢民。民食果瓜蚌蛤，腥臊惡臭，而傷害腹胃，民多疾病，有聖人作，鑽燧取火，以化腥臊，而民悅之，使王天下，號之曰燧人氏」。（《韓非子‧五蠹》）可見在戰國時已流行這樣的觀念，即認爲人類脫離動物界作爲人而生存的最初活動是巢居、用火、耕作。莊子將「至德之隆」分別名之爲「有巢氏之民」、「知生之民」（燧人氏之民）、「神農之世」，顯然表明「至德之世」就是人類最初形成的時候。

作爲一種社會思想，莊子「至德之世」的雙重性質是很明顯的。一方面，它具有強烈的現實性。「至德之世，同與禽獸居，族與萬物並，惡乎知君子小人哉」，莊子通過對一種人與自然、人與人尚無任何對立的遠古社會的深情的憧憬，表現了他對彌漫著「相軋相盜」、「棄生殉物」的現實社會的鄙視和不滿，顯示著一種積極的批判精神。另一方面，它也具有明顯的、遠離實際的幻想性。《莊子》描寫在「至德之世」，「禽獸可繫羈而游，鳥鵲之巢可攀而闚」，人們「甘其

食，美其服，樂其俗，安其居」。這就是說，原始狀態下的人與自然（如動物）的關係是極其和諧友善而無任何對立和鬥爭；原始人的內心世界是極其恬靜安寧而無絲毫紛擾和不安。實際上，這是浪漫的幻想。幾乎沒有一個認真地和科學地考察初民社會狀態的學者，會沒有發現或不承認那時人類的生存是十分艱難的。摩爾根寫道：「各種動物在時間順序上均早於人類。我們可以有把握地假定，當人類初出現時，動物在數量上和力量上正處於其全盛時期。古典時代的詩人筆下描寫的人類部落正居住在樹叢中、在洞穴裡和森林中，他們爲了占有這塊棲息之所而與野獸作鬥爭——同時，他們依靠大地的天然果實來維持自身的生存。如果說，人類初誕生之時既無經驗，又無武器，而周圍到處都是凶猛的野獸，那麼，爲了保障安全，他們很可能棲息在樹上，至少部分人是如此。」（《古代社會》第19頁）摩爾根在這裡對人類初期的自然環境及人與自然關係的敘述，雖然不能說是很全面的和完全準確的，但是，通過一個科學家的歷史眼光看，初民社會絕不可能像《莊子》所描寫「赫胥氏之時，含哺而熙，鼓腹而遊」那樣，生活得十分安適。準確描述原始人類的精神世界是更加困難的事情。但根據法國人類學家列維布留爾對原始思維的研究，可以斷定，原始人的精神世界絕不是平靜的。布留爾認爲，原始思維的基本特徵是具有神秘性質的「集體表象」，「這些表象在該集體中是世代相傳，它們在集體中的每個成員身上留上深刻的烙印，同時根據不同情況，引起該集體中每個成員對有關客體產生尊敬、恐懼、崇拜等感情。」（《原始思維》，商務印書館1981年版，第5頁）布留爾觀察到，原始人的任何知覺產生後，「立刻會被一些複雜的意識狀態包裹著，其中占統治地位的是集體表象」，而「恐懼、希望、宗教的恐怖，與共同的本質匯爲一體的熱烈盼望和迫切要求，對保護神的狂熱呼籲——這一切構成了這些表象的靈魂」（同上書，第35頁、29頁）。總之，在這位人類學家的科學眼裡，原始人的精神世界絕不是一張無字的白紙，一灣寧

靜的池水，而是具有某種神秘的邏輯，充滿由於無知而產生的不安和騷動。應該說，這是比較符合實際的。一個明顯的事實是，正是在這種精神的騷動不安中，原始文化誕生了；如果原始人的精神世界確如莊子所構想的那樣，籠罩著一片寂靜，那麼，活躍的、多彩的原始文化，從原始宗教、原始藝術，到向文明社會邁出第一步的各種原始的發明創造就都是不可能發生的了。本來，自覺的、被感受到的心境寧靜是經過複雜、漫長的修養訓練才能達到的一種精神境界，它本身就是一種徹底的、全面的、清醒的知覺，它和伴隨蒙昧無知而產生的那種不能豐富而敏銳地感受外界事物的渾噩麻木的精神狀態有本質的不同。應該說，莊子對這相距甚遠，有質的不同的兩種精神狀態沒有作嚴格的區分，而是將它們混同。所以，莊子讚頌蒙昧的精神狀態，讚頌原始生活，並不意味著他邪惡地主張向那可怕的野蠻倒退，而是表明他總是幻想地認為這樣就能向無道德約束、無政治傾軋、生活安閑的最美好的、自然的生活接近。

(2)「建德之國」　莊子的理想社會還有另外一個名稱或另外一種表述，叫做「建德之國」。《莊子》中寫道：

> 南越有邑焉，名為建德之國。其民愚而樸，少私而寡欲；知作而不知藏，與而不求其報；不知義之所適，不知禮之所將；猖狂妄行，乃蹈乎大方；其生可樂，其死可葬。（《山木》）

莊子的「建德之國」與「至德之世」在主要的社會目標上是一致的，如沒有道德規範約束的自由自在（「猖狂妄行，乃蹈大方」），沒有傾軋的安閑生活（「其生可樂，其死可葬」）。但相比之下，「建德之國」也有其特色。第一，與對「至德之世」生活狀態的原始性的描述不同，莊子對「建德之國」主要是描述它的道德精神面貌，這是以愚樸寡欲為其精神道德特徵的社會；第二，「至德之世」在古遠的過去，「建德之國」則在遙遠的邊陲。唐代杜佑說：「自嶺而南，當唐虞三代為蠻夷之國，是百越之地，亦謂之南越，古謂之雕題，非《禹

貢》九州之域，又非《周禮》職方之限。」（《通典》卷一八四《古南越》）既然在九州、職方之外，可見其所處地域的遙遠。在春秋戰國時期，這些遙遠的邊陲之地和華夏中原地區相比，自然是很落後的，所以儒家對他們極爲鄙視，孔子說，「夷狄之有君，不如諸夏之亡也」（《論語・八佾》），孟子也說，「吾聞用夏變夷者，未聞變於夷者也」（《孟子・滕文公》上）。莊子的眼光相反，他認爲正是在邊遠的蠻夷之地才有眞正的「建德」之邦，正是不知禮義的鄙樸之民，才是「蹈乎大方」，最有道德修養。在這裡，莊子以他的「建德之國」理想社會，又一次頑強地表現他的批判現實社會和與儒家對立的自然主義的立場，顯示他的沒有政治壓迫和精神奴役的社會理想。

總之，莊子對理想社會的構思，雖然帶有某種幻想成份，某種反文明的色彩，但是他所表現出的一位古代哲人的巨大智慧和眞誠，是不應該被輕視和被詆毀的。

2. 理想社會的獨特性：超世俗和超人類

應該說，在自己的思想中構築一種理想的社會，在古代思想家中莊子不是唯一的。就中國先秦思想家來說，他們對人類從原始的自然狀態進入文明的階級社會所發生的變化都有所覺察，他們中的許多人對伴隨私有制而產生的階級壓迫和剝削、伴隨這種壓迫和剝削而產生的社會苦難，深表同情和憂慮。他們嚴肅地思考了這一現象，用他們的智慧，從各自不同的立場描繪不同的理想的社會圖景。莊子的「至德之世」、「建德之國」在這些形形色色的社會藍圖的映襯下，更顯出它的自然主義的特色。

在先秦，儒家孟子對某種理想社會的構思最爲完整明確。《孟子》中寫道：

> 鄉田同井，出入相友，守望相助，疾病相扶持，則百姓親睦。方里而井，井九百畝，其中爲公田，八家皆私百畝，同養公田。公事畢，然後敢治私事。（《滕文公》上）

五畝之宅，樹之以桑，五十者可以衣帛矣。雞豚狗彘之畜，無
失其時，七十者可以食肉矣。百畝之田，勿奪其時，數口之家
可以無飢矣。謹庠序之教，申之以孝悌之義，頒白者不負戴於
道路矣。（《梁惠王》上）

可見，孟子的理想社會是在由「井田制」基礎上的百畝之家所組
成的一個穩定的、和平的自給自足社會。支撐這樣的社會，主要有兩
根支柱：以家庭為單位的土地平均占有，以倫理為核心的道德準則的
自覺遵循。正是在這兩個基本點上顯示出莊子和孟子理想社會的不同。
在莊子的「至德之世」，「民知其母，不知其父」，「不知以為義，
不知以為仁」，這是一個沒有家庭結構，也沒有道德規範的社會。如
果說，莊子構築他的「至德之世」理想社會的觀念基礎是自然主義，
那麼，孟子設計「井田」、「五畝之宅，百畝之田」的理想社會，其
主導思想則是倫理道德觀念。孟子說，「人人親其親，長其長，而天
下平」（《孟子·離婁》上），「老吾老，以及人之老，幼吾幼，以及
人之幼，天下可運於掌」（《孟子·梁惠王》上）。在孟子看來，一個
理想的社會，必然地和首先地是一個充盈著、表現著倫理道德氣氛和
行為的社會。

《淮南子·要略》說：「墨子學儒者之業，受孔子之術，以為其
禮煩擾而不悅，厚葬靡財而貧民，久服傷生而害事，故背周道而用夏
政。」墨家思想所表現出的特徵正是淵源於儒家，又從小生產者、小
手工業者的立場對它作了修正。就社會思想而言，墨家也有自己的理
想社會，墨家盼望實現一個「刑政治、萬民和、國家富、財用足，百
姓皆得煖衣飽食，便寧無憂」（《墨子·天志》中）的社會。雖然墨家
沒有像莊子、孟子那樣對理想社會作具體的描繪，但墨家非常明確地
提出實現這一理想社會的方案或原則：「凡入國，必擇務而從事焉，
國家昏亂，則語之尚賢、尚同；國家貧則語之節用、節葬；國家憙音
湛湎，則語之非樂、非命；國家淫僻無禮，則語之尊天事鬼；國家務

奪侵凌，則語之兼愛非攻。」(《墨子·魯問》)正是這些原則或方案構成了墨家理想社會的生活內容。其中，對墨家理想社會的社會生活具有決定性的原則是：第一，用以「愛」爲核心的道德標準來調節和諧人與人的關係。《墨子》中寫道：

> 然則兼相愛交相利之法將奈何哉？子墨子言：視人之國若視其國，視人之家若視其家，視人之身若視其身。是故諸侯相愛則不野戰；家主相愛則不相篡；人與人相愛則不相賊；君臣相愛則惠忠；父子相愛則慈孝；兄弟相愛則和調；天下之人皆相愛，強不執弱，眾不劫寡，富不侮貧，貴不傲賤，詐不欺愚。凡天下禍篡怨恨，可使毋起者，以相愛生也。(《兼愛》中)

所以在墨家理想社會裡的人，都應該有「愛」的心懷和品行，「愛」是墨家理想社會的精神基礎。顯然，墨家和儒家(孟子)理想社會有其相同之處，它們都是以某種道德觀念爲精神基礎；也有其不同之處，墨家的「愛」的道德是單純的、內涵比較貧乏的感情性的精神狀態，而儒家(孟子)的倫理的道德則是包含有較多理性成份的義務感和責任感。墨家和莊子的理想社會的差異就更大一些、更根本一些，這是以道德觀念爲基礎和以自然觀念爲基礎的差異。在莊子的「至德之世」、「建德之國」裡，「其民愚而樸」，「愛」的感情不會萌生；「民至老死不相往來」，「兼愛」的行爲也是不存在的。第二，用能力、德性、勞績爲準繩來確定人的政治、經濟地位。《墨子》中寫道：

> 古者聖王之爲政，列德而尚賢，雖在農與工肆之人，有能則舉之，高予之爵，重予之祿，任之以事，斷予之令……故當是時，以德就列，以官服事，以勞殿賞。量功而分祿，故官無常貴，而民無終賤。(《尚賢》上)

可見在墨家的理想社會裡，仍有貴賤、貧富的等級差別。墨家認爲這種貴賤貧富差別，是人的勤奮與懶惰的標志，因而是一種合理的存在，是「聖王之政」；這種等級差別，反映著人的德性、能力、勞績的差

異，因而也不是固定不變的，「官無常貴，民無終賤」。這和儒家以倫理關係為基礎的等級觀念有很大的不同。倫理性質的等級關係在儒家看來是先天的、不可移易的，如孟子所說，「仁之於父子也，義之於君臣也，禮之於賓主也，知之於賢者也，聖人之於天道也，命也」（《孟子·盡心》下）。所以墨家主張唯一地以賢能確定人的社會地位的觀點，是對當時現實社會倫理性質的、世襲的等級制度的批判。自然主義立場上的莊子是沒有等級觀念的。莊子認為「萬物一齊，孰長孰短」（《秋水》），從終極的意義上看，人與動物，與萬物是同一的。這樣，在莊子理想的自然的社會裡，倫理、能力等文明社會中的人的差異和對人的區分也皆是不存在的：「至德之世，同與禽獸居，族與萬物並，惡知君子小人哉」，「至德之世，不尚賢，不使能，上如標枝，民如野鹿。」

總之，和儒、墨相比，莊子的理想社會既不是倫理的或「愛」的道德的完備，也不是財產均等、政治清明，而是從政治壓迫、道德約束、財富積累等等一切精神和物質的奴役中徹底地擺脫出來。如果說人們在墨家的理想社會裡，能夠得到生活的溫飽和「愛」的感情的溫暖，在儒家的理想社會裡，能夠得到比生活溫飽和「愛」更多一點的物質享受和天倫快樂；那麼，進入莊子的理想社會裡則得到另外性質的東西，這是一種因異己的消失而自我亦在無對的寧靜中消失的感受；置身於空曠的自然，溶入無邊的荒蕪的感受。換言之，莊子理想社會所提供的不是世俗的、人類的、物質性的東西，而是某種超俗的、超人類的精神性的東西。這種東西，是墨家、儒家的理想社會所提供的東西完全得到以後，或者根本得不到時所需要的。應該說，這種感受在人類的社會生活中不是在所有的人那裡都會發生的，它只是在由於某種具體的社會、政治原因，對人類本然的存在狀況被異化的現象特別敏感，無力排解，由此而感到生存的沉重壓抑和危機的人才能發生。從中國歷史上和世界範圍內來看，莊子以後，從社會生活中感受到這

種壓抑感、危機感的人在不斷地增加，這似乎表明人類至今的生存方式中潛伏著某種巨大的、根本性的缺陷。

莊子理想社會的超俗、超人類性質，使它不僅與儒、墨的理想社會區別開來，而且與幾乎所有的思想家的理想社會藍圖區別開來。可以明顯地地看到，在中國歷史上，不僅從先秦儒、墨的理想社會中，而且在此後《禮記·禮運》的「大同」思想和歷代對於某種理想社會的具體的文學描繪中；在西方，從古希臘詩人赫西厄德「黃金時代」的敘述、柏拉圖「理想國」的設計，到後來形形色色空想社會主義思想中，構築理想社會的最一般的、共同的基礎觀念或社會因素——道德、智慧的社會成員，合理公平的政治經濟制度，文明富裕的社會生活，等等，在莊子的理想社會裡卻都是被漠視、被否定的，或者直接就是不存在的。莊子建造理想社會的唯一觀念和因素就是——自然。所以，莊子的理想社會是非常獨特的。

四、莊子後學在社會思想方面表現出的新特色

莊子社會思想的基本特色是對現實社會的激烈批評和徹底否定，它具體表現為無君、無為、返樸的政治主張和與儒、墨對立的社會理想。到了莊子後學，這種情況有所變化，表現出一些新的特色。

1.折衷的傾向

莊子後學在社會思想方面所表現出的新特色，首先就是失去了莊子與儒、墨諸子在社會政治觀點上尖銳對立的那種明確的自然主義立場，顯現一種兼收並蓄的折衷的傾向。主要是：

(1)吸收對立思想派別的社會政治思想　《莊子》中有段文字這樣寫道：

> 賤而不可不任者，物也；卑而不可不因者，民也；匿而不可不
> 為者，事也；粗而不可不陳者，法也；遠而不可不居者，義也；
> 親而不可不廣者，仁也；節而不可不積者，禮也；中而不可不

高者，德也；一而不可不易者，道也；神而不可不爲者，天也。
故聖人觀於天而不助，成於德而不累，出於道而不謀，會於仁
而不恃，薄於義而不積，應於禮而不諱，接於事而不辭，齊於
法而不亂，恃於民而不輕，因於物而不去。（《在宥》）

顯然，這段文字的作者認爲，構成人們社會生活有從低到高（從「物」
到「天」）十個方面的內容，「聖人」對這十個方面的內容，從高到
低（從「觀於天」到「因於物」），即從順應自然，到踐履道德，運
施禮法，應接事物，都應予以肯定，各見其用。這種折衷的社會思想
和前面所述自然主義的莊子社會思想是迥然異趣的。在這個立場上的
莊子，對於自然（「天」）和人的合於自然本性（「道」、「德」）
以外的其它任何社會生活、社會行爲，都是完全否定的。試對比如下：

折 衷 的 立 場		自 然 主 義 的 立 場	
社會生活十事	顯示的態度	與十事相應的觀點	顯示的態度
觀於天		聖人不由而照之於天（《齊物論》）	肯
成於德		大人不賜㉕故德備（《則陽》）	
出於道		聖人不緣道㉖（《齊物論》） 循道而趨（《天道》）	定
會於仁	全 部 肯 定	大仁不仁（《齊物論》） 蹩躠爲仁（《馬蹄》）	
薄於義		忘年忘義（《齊物論》） 踶跂爲義（《馬蹄》）	
應於禮		彼又惡能憒憒然爲世俗之禮（《大宗師》） 摘僻爲禮（《馬蹄》） 禮者，道之華而亂之首（《知北遊》）	否

接於事	聖人不從事於務（《齊物論》） 棄事則形不勞（《達生》）	
齊於法	殫殘天下之聖法，民始可與論議（《胠篋》）	定
恃於民	堯治天下之民……（《逍遙遊》） 治民焉勿滅裂（《則陽》）	
因於物	神人……孰肯以物爲事（《逍遙遊》） 至人……外天地，遺萬物（《天道》）	

這段文字所表現出的新特色與莊子思想一貫的、固有的特色的差異，早已引起歷代《莊子》注家的注意，懷疑它不是莊子之作。宋代羅勉道說：「此章意淺語囁，必狗尾之續貂」（《南華眞經循本‧在宥》），清代宣穎說：「此一段意膚文雜，與本篇之義不類，全不似莊子之筆，或係後人續貂，未可知也」（南華經解‧在宥），今人馮友蘭也說：「這段話在本篇末尾，跟本篇前一部分的精神不合，可能前一部分比較早，後一部分是後來加上去的」（《再論莊子》）。事實上，《莊子》是莊子及其後學的著述總集，《莊子》中不同篇章思想特色上的差異、變化，正是莊子學派在先秦的歷史發展的反映。就像在人生哲學方面莊子後學吸收儒家思想，提出「內聖外王」、「知恬交養」，表現出折衷傾向一樣，在這裡，莊子後學從莊子自然主義立場爲起點（「觀於天」），不是返回原始自然，而是走向文明社會，不僅廣泛地吸收儒家的社會政治觀點（「仁」、「義」、「禮」），而且採納了法家的主要社會政治觀點（「齊於法」），也表現一種明顯的、早期莊子思想所不具有的折衷特色。莊子後學在社會政治觀點上吸收、混合儒家、法家觀點，還有一段更加明確的表述：

> 是故古之明大道者，先明天而道德次之，道德已明而仁義次之，仁義已明而分守次之，分守已明而形名次之，形名已明而因任次之，因任已明而原省次之，原省已明而是非次之，是非已明

而賞罰次之。賞罰已明而愚知處宜，貴賤履位，仁賢不肖襲
情，必分其能，必由其名。以此事上，以此畜下，以此治物，
以此修身，知謀不用，必歸其天，此之謂大平，治之至也。（
《天道》）

先秦法家主張「名分定，勢治之道也」（《商君書·定分》），「法者，
因任而授官，循名而責實……法者，憲令著於官府，刑罰必於民心」
（《韓非子·定法》），主張「形名參同，君乃無事焉」（《韓非子·主
道》），「智術之士，必遠見而明察」（《韓非子·孤憤》）。顯然，
莊子後學在這裡提出的治理社會的九條方法，除作為出發點的莊子的
自然（「天」「道德」），採自儒家的倫理（「仁義」），其它六項
（「分守」、「形名」、「因任」、「原省」、「是非」、「賞罰」）
皆和法家以法、術、勢為核心的政治思想極為接近、相似。這表明莊
子後學已從莊子理想的原始自然狀態走出來，走進一個有君臣父子倫
理、強弱是非爭鬥的現實的階級社會。自然主義的、沉湎於設計幻想
中的「至德之世」的莊子，沒有興趣、也不可能提出一套處理現實社
會政治問題的理論，這樣，進入了現實社會生活的莊子後學，只好飢
不擇食地、不加分辨地將儒家處理倫理關係的道德規範和法家駕馭政
治鬥爭的權術揉合在一起了。

(2)調和對立的社會行為　莊子後學社會政治觀點的折衷特色，不
僅表現為吸收、揉合對立的儒家、法家的基本社會政治觀點，還表現
為它將在自然主義的莊子那裡是對立的兩種社會行為調和起來。

一曰無為—有為。如前所述，自然主義立場上的莊子認為，「無
為」是所有人的、一切社會行為的共同準則，如《莊子》中寫道：「
夫虛靜恬淡寂寞無為者，萬物之本也。明此以南鄉，堯之為君也；明
此以北面，舜之為臣也。以此處上，帝王天子之德也；以此處下，玄
聖素王之道也。以此退居而閑遊江海，山林之士服；以此進而為撫世，
則功大名顯而天下一也。」（《天道》）但是，在《莊子》中又可以

看到和這相矛盾的、相對立的觀點：

> 上無爲也，下亦無爲也，是下與上同德，下與上同德則不臣；
> 下有爲也，上亦有爲，是上與下同道，上與下同道則不主。
> 上必無爲而用天下，下必有爲爲天下用，此不易之道也。（《
> 天道》）

> 無爲而尊者，天道也；有爲而累者，人道也。主者，天道也；
> 臣者，人道也。（《在宥》）

可見，在這裡，「無爲」並不是所有人的行爲標準，而只是「上」者、「主者」的行爲標準；「下」者、「臣者」的行爲標準應該是和「無爲」相對立的「有爲」。顯然，這已不是「彷徨乎無爲其側」（《逍遙遊》），「逍遙乎無爲之業」（《大宗師》），「孰弊弊焉以天下爲事」的自然主義立場上的莊子，而是進入了「爲天下用」的，即置身於、並且要顯示作用於諸侯紛爭的戰國社會中的莊子後學的現實主義的立場了。這種將「無爲」、「有爲」調和的觀點，正是先秦道家和法家政治觀點相融合的一種轉機。王夫之對此曾加評論說：「此非老莊無爲之旨，抑且李斯、趙高罔上自專之倡。」（《莊子解・天道》）

二曰天一人。「天之小人，人之君子」（《大宗師》），在自然主義的莊子那裡，代表自然的「天」同代表社會的「人」經常地，而且在本質上是處於對立的狀態，因而，體現「天」的社會行爲即莊子認爲是符合人的自然本性的「道」、「德」，同屬於「人」的社會行爲即被莊子視爲是人性的「駢拇枝指」的「仁義」、「禮樂」等也是處於對立的狀態之中。所以自然主義的莊子主張「通乎道，合乎德，退仁義，賓（擯）禮樂」（《天道》）。這種觀念在莊子後學那裡也有所變化。《莊子》中在論述「至樂」的旋律的構成時這樣寫道：

> 吾奏之以人，徵之以天；行之以禮義，建之以大清……（《天
> 運》）

如此看來，在社會生活領域內，至少存在著像「至樂」這樣的事物或

行為，在那裡「天」與「人」，自然本性與社會作為是可以統一的。進而，我們在《莊子》中看到，這種統一不是個別地存在著，而是如同本末關係一樣普遍地存在著：

> 本在於上，末在於下；要在於主，詳在於臣。三軍五兵之運，德之末也；賞罰利害，五刑之辟，教之末也；禮法度數，形名比詳，治之末也；鐘鼓之音，羽旄之容，樂之末也；哭泣衰絰，隆殺之服，哀之末也。此五者，須精神之運，心術之動，然後從之者也。（《天道》）

軍旅之事、禮法之教、哀樂之容，這些在自然主義立場上的莊子看來是鑿傷自然、桎梏人的本性，因而應該被擯棄的社會行為，在這裡，作為人的精神、心性正當的、合理的表現得到完全的肯定。這一基本觀點的變化是如此顯著，不禁使許多《莊子》注家，如宋人王雱等慨然嘆道：「荀卿譏評莊子『蔽於天而不知人』，觀此，周豈不知於人者！」（見歸有光、文震孟《南華真經評注‧天道》）其實，對於莊子思想的自然主義主體內容來說，荀子的批評是完全正確的。這裡所見，只是莊子思想的後學、末流。

2.治世的理論

自然主義立場上的莊子，幻想著、追求著一種無倫理規範、無社會生活「民至老死不相往來」的原始的、自然的「至德之世」。莊子後學從這種幻想陶醉中走出來，對現實社會生活採取肯定的和積極參與的態度。但是由於自然主義的莊子思想基本上是以漠視和簡單否定的態度來對待現實的社會生活的，放棄了對它的具體說明和理論認識，在這種情況下，莊子後學自覺或不自覺地吸收了儒家的儒理觀念和法家的法治思想，表現了不同於莊子思想固有特色的折衷特色。這是一方面的情況；另一方面，莊子後學也給予這些觀點以莊子思想固有立場或根本觀念的說明，形成不同於儒、法的治世理論。

(1)「道」是倫理秩序的根源　一般說來，在先秦，儒家的倫理道

德觀念已經明確而系統地形成了，如孔子說「君君，臣臣，父父，子子」（《論語·顏淵》），孟子說「親親，仁也；敬長，義也。無他，達之天下也」（《孟子·盡心》上），都是極爲清醒的，相當周延的。但儒家從理論上對這種倫理道德根源的論證並不充分，甚至可以說還未開始；只有孟子簡單地把它歸結爲「仁義禮智，非由外鑠我也，我固有之也」（《孟子·告子》上）。莊子後學不僅接受了儒家對當時社會倫理關係的論定，並且進而用莊子思想的自然與「道」的觀念，對這種關係的根源作了具有理論色彩的說明。《莊子》中寫道：

> 君先而臣從，父先而子從，兄先而弟從，長先而少從，男先而女從，夫先而婦從。夫尊卑先後，天地之行也，故聖人取像也。天尊，地卑，神明之位也；春夏先，秋冬後，四時之序也。萬物化作，萌區有狀，盛衰之殺，變化之流也。夫天地至神，而有尊卑先後之序，而況人道乎！宗廟尚親，朝廷尚尊，鄉黨尚齒，行事尚賢，大道之序也。（《天道》）

莊子後學認爲，儒家所論定的具有等級色彩的倫理關係符合「大道之序」，並把它的根源追溯到自然：「尊卑先後，天地之行也」。這一觀點，一方面是對儒家思想的重要補充，它開啓了漢代董仲舒及其後儒家學者論證儒家所主張的倫理道德的合理性的一條新的「人性」之外的理論途徑；另一方面，也是對莊子思想的發展，當然，也是修正或背離。在自然主義的莊子看來，「天地一氣」（《大宗師》），「萬物一齊」（《秋水》），自然本身並不存在尊卑先後的等級秩序。所以莊子後學賦予自然現象以社會倫理的特徵，是觀念上的重大變化，是在對早期莊子思想自然主義立場的背離或修正中，根本地轉變了對現實社會的否定的政治態度。

(2)「時」是治世方略的根據　如前所述，莊子後學基本上接受了儒家和法家的以「禮義」、「法度」來治理現實社會的政治思想。不僅如此，莊子後學還爲這種治世方略的制定作出一種解釋，提出一個

原則：「應時而變」。《莊子》中寫道：

> 水行莫如用舟，而陸行莫如用車。以舟之可行於水也而求推之
> 於陸，則沒世不行尋常，古今非水陸與？周魯非舟車與？今求
> 行周於魯，是猶推舟於陸也，勞而無功，身必有殃。彼未知夫
> 無方之傳，應物而不窮者也……故禮義法度者，應時而變者也。
> 今取猨狙而衣之周公之服，彼必齕齧挽裂，盡去而後慊。觀古
> 今之異，猶猨狙之異乎周公也。（《天運》）

亦如前面已經論述，「時」是莊子人生哲學中和「命」具有相近內涵
的外在必然性的觀念。莊子認為，「知不可奈何而安之若命，唯有德
者能之」（《德充符》），可見，在莊子的人生哲學裡，「與時俱化而
無肯專為」（《山木》），「得其環中以應無窮」（《齊物論》），如
同「安命」，乃是一種極高精神修養、精神境界的表現。在這裡，莊
子後學把莊子思想這一根本觀念運用到社會政治領域，認為制定「禮
義法度」的原則應該是「應時而變」，其效果應該是「應物不窮」。
「時」作為構成人生困境的消極因素之一，變為一種被肯定的形成一
代社會行為方式的客觀依據；「環中」由一種精神境界，變為具有功
利價值的行為準則，這正是莊子後學從狹隘的個人精神領域走向寬廣
的社會生活的表現。在性質上，這與莊子後學從幻想的原始自然狀態
走進現實的文明社會所發生的社會政治觀念的變化是一樣的。

【附　註】

① 公元前494年，吳在夫椒（今太湖中洞庭西山）大敗越軍。（見《左傳》
　　哀公元年）

② 前352年（魏惠王十七年）魏圍趙都邯鄲。（見《史記・趙世家》、《魏
　　世家》）

③ 魏惠王、齊威王於前334年相王於徐州，前324年相會於平阿。（見《史
　　記・魏世家》）

④　魏惠王、韓昭侯在位之時，魏韓爭戰最為頻繁，如兩國於魏惠王二年戰於馬陵，五年會於宅陽，九年戰於澮水。韓昭侯二年魏奪取韓之朱。（見《史記·魏世家》、《韓世家》）

⑤　越王無顓（前362年即位）前之翳、諸咎、无余三君皆被弒而不得善終。（見《史記·越世家索隱》引《竹書紀年》）

⑥　前506年，吳軍攻楚都郢。楚昭王出逃隋、鄭。秦軍來救，楚得復國。（見《左傳》定公四年）

⑦　前316年燕王噲禪位給相子之，燕國因此內亂，前314年齊攻下燕國。（見《史記·燕世家》）

⑧　前479年楚白公勝，殺死楚令尹子西、司馬子期，囚禁楚惠王。葉公率師反攻，白公勝失敗自殺。（見《左傳》哀公十六年）

⑨　前481年齊左相田恒殺死右相監止及齊君簡公，「專齊之政」。（見《左傳》昭公三年、《史記·田世家》）

⑩　前398年（鄭繻公二十五年），鄭國殺相國子陽。前396年，子陽之黨殺死鄭繻公。（見《史記·鄭世家》）

⑪　《孟子·滕文公》上：「許子以釜甑爨，以鐵耕乎？」《荀子·富國》：「掩地表畝，刺草殖穀，多糞肥田，是農夫眾庶之事也。」

⑫　「挫鍼治繲」有兩種解說：司馬彪說：「挫鍼，縫衣也；治繲，洗浣也。」（見陸德明《經典釋文》聞一多說：「挫一作痤，繲本當作解。鍼痤者，以面針刺之出其惡血，則消腫也。治解者，骨節解脫，治之使復續也。」（《莊子義疏》）本書從司馬彪說。

⑬　秉為誰，解釋不一，見本書上編第4頁注6、7，第5頁注1。

⑭　季真又見《荀子·成相》、《韓非子·外儲說左上》（誤作李）；接子又見《史記·孟荀列傳》、《鹽鐵論·論儒》，皆大約與孟子、莊子同時人。

⑮　崔瞿，成玄英謂「不知何許人也」（《莊子注疏》，然就其「不治天下，安臧人心」之問，當屬儒家。

⑯　莊子在《德充符》篇中虛擬的一個道家人物王駘，以貶抑儒家。

⑰　莊子在《田子方》篇中虛擬的一個道家人物東郭順子，以貶抑儒家。

⑱　徐无鬼是莊子在《徐无鬼》篇中虛擬的一個隱者；女商是虛擬的魏之宰臣。

⑲　「君乎，牧乎，固哉」，歷代《莊子》注家多沿襲郭象解釋爲好、惡兩種感情的對立：「竊竊然以所好爲君上，而所惡爲牧圉，欣然信一家之偏見，可謂固陋矣」（《莊子注》）。本書不採用這種解釋，而是就其本義解釋爲莊子對君主制、貴賤等級制的輕蔑與嘲弄。

⑳　郭慶藩《莊子集釋》本作「從」。陳景元《莊子闕誤》引張君房本作「泛」。

㉑　「求竭」，歷代《莊子》注家有兩種解釋：陸長庚說：「性命之眞喪矣，百姓於是乎殫盡思慮，應接不暇，所謂求竭也」（《南華眞經副墨》）；章炳麟說：「求竭即膠葛，今作糾葛。」（《莊子解故》）

㉒　例如《論語》中寫道：「大哉！堯之爲君也」（《泰伯》），「舜有臣五人而天下治」（《泰伯》），「禹，吾無間然矣」（《泰伯》）。《孟子》中寫道：「堯舜之道，孝悌而已矣」（《告子》下），「萬章問曰：『人有言，至禹而德衰，不傳於賢，而傳於子，有諸？』孟子曰：『否，不然也……』」（《萬章》上）。另外，《孟子》中出現「神農」（《滕文公》上），但那是孟子批評的對象。

㉓　例如《墨子》中寫道：「古者堯治天下」（《節用》中），「昔者三代聖王，堯舜禹湯文武，足以爲法乎？」（《明鬼》）

㉔　例如《國語》謂：「黃帝能成命百物以明民共財，故有虞氏禘黃帝」（《魯語》上）。《莊子》也說：「昔者黃帝始以仁義攖人之心，堯舜於是乎股無胈，脛無毛，以養天下之形。」（《在宥》）

㉕　馬敘倫《莊子義證》：「賜，疑借爲私。」

㉖　陳祥道：「與道爲一，故不緣道。」（褚伯秀《南華眞經義海纂微》引）

第六章　莊子思想的認識結構

　　我們對莊子思想的主要方面——自然哲學、人生哲學、社會批判思想，已進行了一番考察分析。從這個考察中可以看到，被莊子認識和論述的對象，從天地間的自然萬物到古今的社會人生，從塵埃微影到宇宙最後根源，是非常豐富的、多樣的。莊子是以何種方式、在何種程度上認識和把握這些對象的？換言之，莊子思想的認知結構是怎樣的？這是我們需要進一步考察分析的。

　　從前面的論述中可以看到，在《莊子》或莊子思想中，被描述、被認識的對象，按其形態和性質的差異，大致可分為三類：(1)萬物、萬事。「號物之數謂之萬」，「物量無窮」（《秋水》）；「通於一而萬事畢」，「天地樂而萬事銷亡」（《天地》），這是形態具體、內容單一的眾多的個別事物；(2)「理」。「萬物有成理而不說」（《知北遊》），「萬物殊理」（《則陽》），「同類相從，同聲相應，固天之理也」（《漁父》），顯然這是一類事物共同的、內在秩序或規律性；(3)「道」。「道通為一」（《齊物論》），「道覆載萬物者也」（《天地》），「道者，萬物之所由也」（《漁父》），這是萬事萬物的總體，一種具有全觀內容而又毫無具體形態的認識對象。和這些認識對象的特殊性相適應，莊子思想的認識論存在著、湧現出三種認知方法或途徑：感知、思辨、理性直覺（體認）。《莊子》中寫道：「知者，接也；知者，謨也。」（《庚桑楚》）顯然，感覺和思考是獲得對具體事物的認識和「達萬物之理」（《知北遊》）的方法。《莊子》中又寫道：「夫體道者，天下君子之所繫焉」（《知北遊》），「體盡無窮，而遊無朕」（《應帝王》），可見，「體道」雖然在莊子思想裡一般是指一種達到最高精神境界的修養方法，然而在這裡，作為唯一

的對莊子思想中最高認識對象「道」具有認知作用的精神活動也獲得了認識論的意義。由於是這樣的認識對象，是這樣的認知方法，最後在莊子思想中顯示出三種不同的認識結果：作為對具體的、個別事物的感知的認識，具有鮮明的經驗實在性，但又有極大的相對性；對一類事物共同的內在秩序的思辨的認識，具有某種確定性，但在形態上是完全抽象的；直覺體認到的「道」，是一種對世界總體、整體的意念，它「可得而不可見」（《大宗師》），無任何一種認識的形式（感覺、語言、概念）可以顯現，然而卻能通過精神境界的實踐形態（「體道」、「得道」）表現出來。

總之，莊子思想的認識結構是燦然分明的層次性結構。下面，逐一地對它進行具體的考察分析。

一、具體事物：感知的相對性

莊子認識論給人最鮮明、最深刻的印象是它對具體事物認識的相對性的充分揭示，及對其引起的困惑的相對主義的解決。

1.認知相對性的發現及其帶來的困惑

黑格爾說：「感性事物的不確定性，乃是一種古老的信念，不研究哲學的一般群眾是這樣看的，從來的哲學家們也是這樣看的。」（《哲學史講演錄》第三卷第109頁）誠然，在人類認識史的歷程上，對認知，特別是感性認識的相對性的發現是很古遠的，不太艱難的。但是，像《莊子》這樣把這種相對性描述得淋漓盡致，揭示它的多種根源，卻也並不多。

在古希臘哲學的智者派那裡，認知或認知對象性質的相對性已被提到理論上來加以論述。普羅太戈拉有一個著名的、被黑格爾稱為「偉大的命題」：「人是萬物的尺度。」根據柏拉圖的記述，普羅太戈拉在這一命題的論證裡，「一切都被說成是相對的」，例如，「風對於感覺冷的人是冷的，對於感覺不冷的人是不冷的」（柏拉圖：《泰阿

泰德》篇，見《古希臘羅馬哲學》，第133—134頁）。顯然，認知對象性質的相對性最先是從它作為人的感覺對象而必然地具有人的主觀性內容而被發現和論述的。《莊子》中對作為具體的、個別的事物的認知相對性的論述，超出了這個狹隘的範圍，它不單是從人的生理感覺本身，而是從寬廣深遠得多的根本的方面描述了這種對具體事物感性認識相對性的情景，同時也在某種程度上揭示了造成這種相對性的原因。

(1)自然性質的圍限　人的認識能力，首先是感性的認知能力，受到屬於作為人的自然性質的限制而不能不是相對的。這在《莊子》中論及到的有二：

第一，類的本性。《莊子》中寫道：

> 且吾嘗試問乎女：民濕寢則腰疾偏死，鰌然乎哉？木處則惴慄恂懼，猨猴然乎哉？三者孰知正處？民食芻豢，麋鹿食荐，蝍蛆甘帶，鴟鴉耆鼠，四者孰知正味？猨猵狙以為雌，麋與鹿交，鰌與魚游。毛嬙麗姬，人之所美也；魚見之深入，鳥見之高飛，麋鹿見之決驟，四者孰知天下之正色哉？（《齊物論》）

這是一曲認知相對性的千古絕唱！千世萬世的人們讀來，都會忍俊不禁，開懷不已，無從辯駁。和普羅太戈拉的論證相比，莊子的論證發生了從人的世界到包括人在內的自然世界巨大的背景轉換，認知對象性質的相對性，不僅表現為作為人的感覺對象的個體主觀性，而且表現為與不同「感知」主體的相互關係的類的特殊性，或者說，是一種「類的主觀性」。換言之，不是在人與人的感覺的主觀性差異中，而正是在人與其它物類的感知主體的感知能力的差異中，莊子發覺人的認知能力在本性上是虧缺不全的，人所能認知到的是極為有限的、相對的，這是無法改易的固然。《莊子》中這樣寫道：

> 夫知遇而不知所不遇，能能而不能所不能。無知無能者，固人之所不免也。夫務免乎人之所不免者，豈不亦悲哉！（《知北遊》）

> 故目之於明也殆，耳之於聰也殆，心之於殉也殆。凡能其於
> 府也殆，殆之成也不給改，禍之長也茲萃。（《徐无鬼》）

即在莊子看來，人的視力對於「明」來說，聽覺對於「聰」來說，都
是差之甚遠的；人能夠知道、想到的比起他不能知道、想到的，是很
少的。人類對全明、全聰、全知的追求、企望，是不可能實現的。莊
子這個樸素而深邃的觀點，似乎能夠得到來自生理心理學實驗報告的
支持：人類視力所能接受的光線波長是在400—760毫微米之間，只占
整個電磁光譜的1/70；人類的耳只能聽到20—20000赫茲頻率範圍內
的聲音，而並不能聽到彌漫於宇宙空間的所有的聲音①。

　　第二，時空。莊子認為，人對具體事物認知的相對性不僅是由人
的類的本性所決定，而且與人的存在受著時間、空間的制約有關。《莊
子》中寫道：

> 吾生也有涯，而知也無涯；以有涯隨無涯，殆已！（《養生主》）
> 計人之所知，不若其所不知；其生之時，不若未生之時；以其
> 至小求窮其至大之域，是故迷亂而不能自得也。（《秋水》）
> 井蛙不可以語於海者，拘於墟也；夏蟲不可以語於冰者，篤於
> 時也；曲士不可以語於道者，束於教也。（《秋水》）

莊子的論述是很清楚的，也是符合事實的。人的存在是有限的、局部
的，因而人的認知內容，或者說人所能認識到的對象及其性質必然是
相對的、部分的，就像井蛙無法理解「海」，夏蟲無法知道「冰」一
樣；對於人的認知，在一小片相對的已知之外，是大片廣漠的無知，
就像「朝菌不知晦朔，惠蛄不知春秋」（《逍遙遊》）一樣。應該說，
莊子對「無知」的認識，是一種智慧的表現。當代著名的科學哲學家
卡爾·波普爾說：「我們學到的關於這個世界的知識越多，我們的學
識越深刻，我們對我們所不知道的東西的認識以及對我們的無知的認
識就將越是自覺、具體，越有發言權。因為這實際上是我們無知的主
要源泉——事實上我們知識只能是有限的，而我們的無知必定是無限

的。」（《猜想與反駁》，上海譯文出版社1986年版，第40—41頁）在中國哲學的早期階段，莊子就清醒地意識到相對性是人的「已知」（「所知」）的特性；「無知」（「所不知」）是人的認識所固有，這是多麼卓越的覺醒！

（2）社會性質的囿限　莊子還揭示了造成對具體事物認知相對性的另一方面原因，這就是人的認知活動必然地受到人的社會關係和在社會生活中歷史地形成的觀念模式的囿限，從而使得同一事物會在不同的觀念體系中呈現出不同的、因而是相對的情景。形成這種觀念模式的主要因素，被《莊子》論及的是：

第一，時代。在莊子的人生哲學裡，「時」是不可逾越的、構成人生困境的主要因素之一；在這裡，在莊子的認識論裡，「時」也是鑄成規範、制約人的認知的觀念模式的首要因素。《莊子》中寫道：

> 昔者堯舜讓而帝，之噲讓而絕；湯武爭而王，白公爭而滅。由此觀之，爭讓之禮，堯舜之行，貴賤有時，未可以為常也……帝王殊禪，三代殊繼，差其時，逆其俗者，謂之篡夫；當其時，順其俗者，謂之義徒。（《秋水》）

同樣是洋溢和熙禮儀的禪讓，同樣充滿激烈廝殺的戰爭，竟然是如此不同的結局，如此不同的評價！在莊子看來，這是因為「貴賤有時，未可以為常」，事情發生在不同的時代背景和歷史條件下的緣故。換言之，相同事物的意義和價值不總是一樣的，而是因「時」而變的，相對的。

第二，立場或角度。莊子敏銳地發現，即使在同一時代背景下，人們不同的觀察事物的立場或角度，也是影響人的認知活動，形成人對同一事物作出不同的認識結論的原因。《莊子》中對這一點的論述是比較充分的：

> 以道觀之，物無貴賤；以物觀之，自貴而相賤；以俗觀之，貴賤不在己。以差觀之，因其所大而大之，則萬物莫不大；

> 因其所小而小之，則萬物莫不小；知天地之爲稊米也，知毫
> 末之爲丘山也，則差數睹矣。以功觀之，因其所有而有之，
> 則萬物莫不有；因其所無而無之，則萬物莫不無；知東西之
> 相反而不可以相無，則功分定矣。以趣觀之，因其所然而然
> 之，則萬物莫不然，因其所非而非之，則萬物莫不非；知堯
> 桀之自然而相非，則趣操睹矣。（《秋水》）
>
> 自其異者視之，肝膽楚越也；自其同者視之，萬物皆一也。（
> 《德充符》）
>
> 小人則以身殉利，大夫則以身殉家，聖人則以身殉天下，故
> 此數子者，事業不同，名聲異號，其於傷性以身爲殉，一也。
> （《駢拇》）

等等。總之莊子認爲，貴賤、大小、有無、是非、同異、利義，所有
這些對具體事物存在狀態和價值的認知、判斷都是相對的，隨著觀察
的立場不同而不同，視角的變化而變化。例如，以廣袤的宇宙爲參照，
天地即爲稊米；而以原子爲基準，毫末如同丘山，「天下莫大於秋毫
之末而太山爲小」（《齊物論》）。從組織結構和生理功能的生理學角
度來看，肝膽如此相連，但也有楚越異地之差；但在「通天下一氣」
（《知北遊》）的自然觀裡，卻是萬物皆一。在儒家的儒理道德觀點看
來，伯夷爲義士，爲君子，盜跖爲盜賊，爲小人，是絕對對立的；而
從一種「本性」的立場看，其於「傷性殉身」則是相同的，「奚必伯
夷之是而盜跖之非乎！」（《駢拇》）

可見，在莊子思想中，認識的相對性是被在較高的層次上發現和
論述的。莊子把認知相對性由對個人的感覺器官的生理特性形成的現
象的描述，推向對人的類的自然本性和社會制約的因素的探尋。在這
個經常籠罩著經驗主義烏雲的問題上，他的經驗的內容並不是很多的，
而理性的色彩卻是很鮮明的。但是這樣一來，在莊子認識論的起點處
就滋生了一種困惑——人的認識能是正確的嗎？就矗立著一座阻礙認

識進一步發展的障礙——人的認識的是非界限是無法確定的。《莊子》中寫道：

> 即使我與若辯矣，若勝我，我不若勝，若果是也，我果非也邪？
> 我勝若，若不勝我，我果是也，而果非也邪？其或是也，其或
> 非也邪？其俱是也，其俱非也邪？我與若不能相知也，則人固
> 受其黮闇。吾誰使正之？使同乎若者正之？既與若同矣，惡能
> 正之！使同乎我者正之？既同乎我矣，惡能正之！使異乎我與
> 若者正之？既異乎我與若矣，惡能正之！使同乎我與若者正之？
> 既同乎我與若矣，惡能正之！然則我與若與人俱不能相知也，
> 不待彼也邪？（《齊物論》）

這一段精彩的奇文，生動地刻畫了一個被相對性圍困的精神主體，左衝右突而不得其出路的情景！在莊子看來，在一個淹沒於皆是皆非的相對性的世界裡，你我相爭是非，是不會有勝負的；無論是同異於或超出於這種是非的第三者也是無法裁判的，就像因為類各有性、各有其宜而無法判定人與獸、鳥、蟲、魚不同物類「孰知正處」、「孰知正味」、「孰知正色」一樣。莊子慨然嘆道：

> 自我觀之，仁義之端，是非之塗，樊然殽亂，吾惡能知其辯！
> （《齊物論》）

可見，莊子對在人的認識開始由於對具體事物感知的相對性而帶來的困惑的感受是非常深切的。從某種意義上可以說，莊子認識論的目標就是要消除這個困惑，跨越這個障礙。

2.認知相對性困惑的相對主義解決

認知的相對性，特別是感性認識的相對性，在認識的發展進程上一般地說可能有兩個方向、兩種結局。一種是在感性、經驗驅動的方向上前進，由對事物確定性的否定（相對性），最後走到對事實存在的真實性的否定（不可知論），這是懷疑論的方向和結局。黑格爾在他的《哲學史講演錄》裡，以古代懷疑論為例，對懷疑論觀點的特色

和形成過程有很簡潔的描述：「懷疑論是一種有教養的意識，在這種意識看來，不僅不能把感性存在當作眞實的東西，而且也不能把思維中的存在當作眞實的東西；然後更進而有意識地辯明這個被認爲眞實的東西其實是虛妄無實的；最後則以普遍的方式，不僅否定了這個或那個感性事物或思維對象，而且有教養地認識到一切都是不眞的。」（《哲學史講演錄》第三卷，第110頁）另一種是認知相對性中所固有的那種感性的、經驗的因素被理智所淡化、抑制；並且通過某種理論的中介，相對性本身被上升爲可把握的、具有確切性的理性觀念，這就是相對主義。作爲認識過程中的相對主義，而不是作爲認識終點的相對主義就是辯證法。它不是在否定客觀眞理的意義上，而是在我們的認知向客觀眞理接近的界限受歷史條件制約的意義上，承認我們一切認知的相對性。亦如黑格爾所說：「辯證法的出發點，是就事物本身的存在和過程加以客觀的考察，借以揭示出片面的知性規定的有限性。」（《小邏輯》第178頁）這是一個理智、理性作爲主要因素的發展方向。

如前所述，在莊子的認識論中，認知的相對性是在起點就被充分揭示了的，它引起的困惑是莊子認識論進一步發展必須消除的。莊子的特色在於，對於這種相對性的困惑，他既不是直接地用懷疑主義或不可知主義的徹底否定（「一切都是不眞的」）來鏟除的，也不是用辯證法的認識發展過程（「認知向客觀眞理接近」）來消解的，而是從本體論的意義上，對認知相對性作出一種確定性的解釋的。即在莊子看來，相對性是世界本然的存在狀態，而不是我們認識上的謬誤。這是徹底的相對主義的觀點。

那麼，莊子是用什麼理論觀點把認知的相對性升華爲具有實在性內容的相對主義？在莊子認識論中，這種升華主要借助於兩個中介性的理論觀念：

第一，萬物殊性。《莊子》寫道：

> 梁麗可以衝城，而不可以窒穴，言殊器也；騏驥驊騮，一日而

馳千里，捕鼠不如狸狌，言殊技也；鴟鵂夜撮蚤、察毫末，晝
出瞋目而不見丘山，言殊性也。故曰：「蓋師是而無非，師治
而無亂乎？」是未明天地之理，萬物之情者也。（《秋水》）

即在莊子看來，自然和社會的任何事物，都有自己獨特的、區別於其
它事物的本性，「四時殊氣」，「五官殊職」，「萬物殊理」（《則
陽》），在這個意義上，任何事物都是獨立地、確切地存在的。事物
本性的這種獨立確定性是人無法否定的、改易的，用統一的標準來裁
斷、要求一切事物是不通達情理的表現。《莊子》中有則寓言寫道：

昔者有鳥止於魯郊，魯君說之，爲具太牢以饗之，奏九韶以樂
之，鳥乃始憂悲眩視，不敢飲食。此之謂以己養養鳥也。若夫
以鳥養養鳥者，宜棲之深林，浮之江湖，食之以委蛇，則安平
陸而已矣。（《達生》）

萬物各自獨特的本性和存在方式，就像這鳥的習性和生存方式一樣，
總是在人的認知面前，在人的意願面前頑強地顯示它的鮮明的、不可
改易的確切、穩定的性質。但是，單一的「萬物殊性」的觀念，只能
導引出事物都是沒有相互聯繫的、孤立存在的世界圖景；這種圖景是
不會孕育出「相對」的表象和相對主義的觀念的。莊子相對主義產生
還有一個更加重要的理論觀念，這就是：

第二，萬物同「機」。另一方面，莊子從「通天下一氣」（《知
北遊》）的自然觀出發，又必然地、邏輯地認爲萬物在最後的本質上
是相通的、相同的。《莊子》中多次表述了這一觀念：

萬物皆出於機，皆入於機。（《至樂》）

萬物皆種也，以不同形相禪，始卒若環，莫得其倫。（《寓言》）

即是說莊子認爲，萬物雖然有形態上的差異，但其最後根源（「機」、
「種」）是共同的，「自其同者睹之，萬物皆一也」。（《德充符》）
世界在根本上是統一的。就其存在形式來說，「萬物以形相生」（《
知北遊》），「萬物皆化」（《至樂》），萬物是密切聯繫的，萬物間

的界限是相對的、暫時的。所以在莊子看來，認知相對性的感性表象是具有客觀的、實在性內容的。

這樣，在莊子認識論中，認知，特別是感性認識的相對性所引起的困惑，就在「萬物殊性」、「萬物皆一」兩個對立的理論觀念的疊合中，因獲得一種理解、一種解釋而消融。在莊子看來，萬物存在都是相對性的，它不僅是我們認識的感性表象，而且也是世界的真實狀況。這種相對性，一方面涵蘊著「萬物殊性」的那種經驗的確切性，另一方面涵蘊著「萬物皆一」的那種理智的實在性。在莊子認識論中，對具體事物認知的相對性，就上升為一種理論觀念——相對主義。

3.莊子相對主義的主要結論

相對性不再是莊子認識進程中的困惑或障礙，相對主義成了莊子觀察、對待自然、社會、人生各個領域內具體事物的立場和態度的認識論基礎。在相對主義的理論觀念基礎上，莊子的主要結論是：

(1)齊萬物：「無方」　莊子相對主義的主要觀念基礎是「萬物皆一」（《德充符》）、「萬物一齊」（《秋水》），萬物在根源上是同一的。所以相對主義的理論立場要求對待事物的基本態度是齊一萬物的，「旁礴萬物以為一」（《逍遙遊》），泯除和兼容事物之間觀念上的界限和實際的對立，在《莊子》中稱之為「無方」：

　　兼懷萬物，其孰承翼，是謂無方。（《秋水》）

「無方」是對認識的感性執著的破除，成玄英疏解說，「逗機百變，無定一方也」（《莊子注疏·秋水》），它形成一種寬廣的胸懷，寬容的眼光，一種洋溢在莊子思想中的那種超脫的精神。

(2)等貴賤：「反衍」　同樣，莊子認為，從「萬物為一」的相對主義的理論立場看來，或者說從一種根本的、「道」的角度來看，物的貴賤、長短也都是不存在的，「以道觀之，物無貴賤……萬物一齊，孰長孰短」（《秋水》），社會生活中的貴賤等級之分，只是一種「物觀」，一種膚淺的世俗之見，是相對的，「以物觀之，自貴而相賤

……貴賤有時，未可以爲常也」（《秋水》）。在《莊子》中，這種以相對主義態度在觀念上泯除貴賤的差異和對立界限，被稱爲「反衍」：

> 以道觀之，何貴何賤，是謂反衍。（《秋水》）

「反衍」，據陸德明說，「本亦作『畔衍』」，晉代李頤注解爲「猶漫衍合爲一家」（《經典釋文・莊子音義》），也就是等貴賤之意。莊子蔑視、踏倒貴賤之分的界限，在貴賤等級制度始終不斷地獲得鞏固加強的整個封建社會時代裡，都是富於挑戰和批判性的。但是，這種挑戰和批判畢竟是觀念性的，而且是相對主義的觀念性的，只有一方面具有高度文化修養，另一方面又負載深沉精神危機的人才能感受到它那雖然徹底，但卻微弱的否定性力量；這種挑戰對於社會的政治實踐是完全無力的。

(3)一生死：「懸解」、「攖寧」　「萬物爲一」的相對主義使莊子成功地跨越了構成他的人生哲學中人生困境的首要的界限：生死。《莊子》中寫道：

> 夫天下也者，萬物之所一也。得其所一而同焉，則四支百體將爲塵垢，而死生終始將爲晝夜而莫之能滑，而況得喪禍福之所介乎！（《田子方》）
>
> 生也死之徒，死也生之始，孰知其紀！人之生，氣之聚也；聚則爲生，散則爲死。（《知北遊》）

可見，從「萬物爲一」的相對主義立場上看，對於個體的人來說是永遠無法跨渡的自然大限實際上並不存在，宇宙間沒有人的生死，只有如同晝夜循環不已的氣的聚散或物的始終。所以《莊子》中屢次說到「以死生爲一條」（《德充符》），「死生存亡之一體」（《大宗師》），「有無死生之一守」（《庚桑楚》），「萬物一府，死生同狀」（《天地》）。卡西爾說：「對死亡的恐懼無疑是最普遍最根深蒂固的人類本能之一。」（《人論》，第111頁）從心理學的角度看，引起恐懼的關鍵性因素是缺乏處理可怕情境的力量或能力。在長時期的人類歷史的經驗事實中，

死亡都被理解爲一種是對人的存在的徹底的、全面的否定狀態；而這種狀態又是人所唯一不可戰勝、不能擺脫的。死亡，不再存在，是人的一切哀傷痛苦心理的最後的淵源。從這個意義上說，莊子用相對主義從觀念上突破了、跨越了生死界限，是具有某種精神解放的作用的。它從人的本身開發出一種理智的、理性的力量，對生死作出一種新的、自然的理解，幫助處理這種可怕的情境，消解長期的經驗事實的心理積澱。齊一生死，從由生死對立而產生的恐懼的精神奴役中解放出來，從由這種對立而激起的精神騷動中平靜下來，《莊子》中稱之爲「懸解」，稱之爲「攖寧」：

> 適來，夫子時也；適去，夫子順也。安時而處順，哀樂不能入也，古者謂是帝之懸解。（《養生主》）

> 殺生者不死，生生者不生，其爲物，無不將也，無不迎也；無不毀也，無不成也，其名爲攖寧。（《大宗師》）

(4)和是非：「天倪」、「道樞」、「以明」　如上所述，相對主義必然地、邏輯地導引出莊子自然哲學、人生哲學、社會批判思想領域內的齊萬物、一生死、等貴賤等主要觀點。不僅如此，在認識論領域本身，相對主義將莊子認識論由作爲認識開始的感知相對性，推進到作爲認識終端的眞理（是）或謬誤（非）的可兼性（和是非）。即在莊子看來，「是」與「非」是無法客觀地、絕對地判定的。莊子找到一個包容、超越「是」與「非」的相對主義立場；這個立場在《莊子》中有三種表述：

第一，「天鈞」或「天倪」。《莊子》中寫道：

> 聖人和之以是非，而休乎天鈞，是之謂兩行。（《齊物論》）

> 何謂和之以天倪？曰：是不是，然不然。是若果是也，則是之異乎不是也亦無辯；然若果然也，則然之異乎不然也亦無辯。（《齊物論》）

「天倪」，陸德明《經典釋文》引班固解作「天研」。馬敘倫進一步

解釋說：「當從班固作『天研』，疑紐雙聲相通借也。《說文》曰『研』，礦也。天研猶言自然之礦，礦道回旋，終而復始，以諭是非之初無是非也。」（《莊子義證》）「天鈞」（或作「天均」）也就是「天倪」，《莊子》寫道：「萬物皆種也，以不同形相禪，始卒若環，莫得其倫，是謂天均。天均者，天倪也。」（《寓言》）即在莊子看來，萬物皆種，沒有絕對的界限，就像在一個運動著的、旋轉著的自然磨輪之上，找不到開始之點和終結之處一樣。「休乎天鈞」，「和以天倪」，人就應該站在這樣自然之磨上來看待是非；在這個「天鈞」或「天倪」的立場上，是非同根生，是非無分別，是非「兩行」——都可以合理的存在。

第二，「道樞」。《莊子》中寫道：

> 彼亦一是非，此亦一是非，果且有彼是乎哉？果且無彼是乎哉？彼是莫得其偶，謂之道樞。樞始得其環中，以應無窮。（《齊物論》）

《說文》曰，「樞，戶樞也。」「道樞」之義，宋代陳景元的解釋比較確當：「樞者，中空轉而不滯。戶樞之用，要在環中以應無窮。若乃道之樞則以理轉物，雖天地之大，萬物之多，無有能對，道樞之妙者矣。」（見褚伯秀：《南華眞經義海纂微》）顯然，莊子的「道樞」，和「天倪」一樣，都是取譬於物，其寓意明顯地是說如同門之樞軸可運轉無窮而不滯停一方。在「道樞」的位置上看，或者說，對於作爲宇宙總體的「道」來說，彼此是非的對立是根本不存在的，「與其譽堯而非桀也，不如兩忘而化其道」（《大宗師》），在「道」之中，一切是與非皆融化爲一體。

第三，「以明」。《莊子》中寫道：

> 道隱於小成，言隱於榮華，故有儒墨之是非，以是其所非而非其所是。欲是其所非而非其所是，則莫若以明。（《齊物論》）
> 是亦一無窮，非亦一無窮，故曰莫若以明。（《齊物論》）

顯然莊子是認爲，「道隱」而後方有是非之爭；消除這種無窮的是非之爭最好的辦法，就是用「以明」來「是其所非，非其所是」，泯除是非對立的界限。但是，什麼是「以明」？《莊子》中隱約其詞，注解者紛紜不一。歸納起來，歷來注解《莊子》的學者，對「以明」有三種不同的解釋：一曰所謂「以明」，就是以對立觀點反復相明，則無是無非。郭象是這種解釋或理解的代表，他說：「今欲是儒墨之所非而非儒墨之所是者，乃欲明無是無非也。欲明無是無非，則莫若還以儒墨，反覆相明，則所是者非是而所非者非非矣。非非則無非，非是則無是。」（《莊子注》）二曰所謂「以明」，就是以對立的觀點，照之天理，則是非自定。在理學思潮影響下的南宋林希逸正是這樣解釋的：「人之所非，我以爲是；彼之所是，我以爲非，安得而一定？若欲一定是非，則須是歸之天理方可。明者，天理也，故曰莫若以明。」（《南華眞經口義》）三曰所謂「以明」，就是以本然觀照對立觀點，則是非可泯。在佛家思想啓迪下北宋呂惠卿在《莊子義》中首發此旨：「明者，復命知常之驗也。今儒墨之是非，不離乎智識，而未嘗以明，故不足爲是非之正。若釋知回光以明觀之，則物所謂彼是者果無定體，無定體則無非彼無非是矣。」明代陸長庚也是這樣解釋「以明」：「儒墨如此是非非是，兩無定論，伊欲定之，則莫若以明。明者，明乎本然之未始有是非，而後是非可泯也。」（《南華眞經副墨》）

莊子認爲，「道隱」而後有儒墨之爭，所以儒墨是非不可能通過它們本身的「反復相明」而不用另外的標準、超越的立場來求得一種解決的。因此，第一種解釋是不符合莊子思想的。莊子認爲是非「無辯」（無別），第二種解釋認爲以「天理」可判定是非，更是和莊子思想相違背的。比較而言，第三種解釋是接近莊子思想的，其不足之處是沒有明確地點出這個「明」或「本然」是什麼。細尋《莊子》，可以看出這個「明」實際上就是「道」，就是「天」。《莊子》中寫道：

是非之彰也，道之所以虧也。道之所以虧，愛之所以成。果且有成與虧乎哉？果且無成與虧乎哉？有成與虧，故昭氏之鼓琴也；無成與虧，故昭氏之不鼓琴也……是故滑疑之耀，聖人之所圖②也。爲是不用而寓諸庸，此之謂以明。（《齊物論》）

因是因非，因非因是，是以聖人不由③，而照之於天。（《齊物論》）

由此可見，莊子認爲，本然的「道」是沒有是與非的，沒有成與毀的。儒墨是非之爭，昭文、師曠、惠子智巧之施，都只是一己之見，一技之現，一種自恃自用的表現，一種對本然的「道」或「天」的虧損，是聖人所鄙棄的。莊子因而主張「不用而寓諸庸」。「庸」是什麼意思？在《莊子》中，「庸」作爲虛詞的涵義同疑問詞「何」（如「庸詎」）；作爲實詞的涵義是「常」、「平常」之義。例如，「行乎無名者，唯庸有光」（《庚桑楚》），林雲銘注解爲「雖平庸之中，自有光耀丕著」（《莊子因》），「雌雄片合，於是庸有」（《則陽》），成玄英疏解爲「言物在陰陽造化之中，蘊斯情慮，開杜交合，以此爲常」（《莊子注疏》），都是很確當的。所以，莊子的「不用而寓諸庸」就是如宣穎所準確解釋的「去私見而同於尋常」（《南華經解》）。但是，莊子的「尋常」或「常」，也並不是一般的衆人共有的經驗表象，而是具有某種內在秩序、某種規律性、普遍性的理智抽象，是「天地固有常矣」（《天道》）之「常」。換言之，這種「常」就是某種天理、固然。這樣，對莊子「不用而寓諸庸」的更加明確的解釋就是：去私見，不自用，而「依乎天理，因其固然」（《養生主》）；莊子的「以明」就是「照之於天」。在天理、固然的映照之下，一切世俗私見的是非都是狹隘的、偏曲的，其是可非，其非可是，皆可皆不可，也就是說是相對的。

總之，莊子以「天倪」和是非，以「道樞」化是非，以「以明」寓是非，兼容、超越是非的相對主義立場的表述雖然不同，但在實質

上卻是一樣的，都是以一種自然的觀念——無論是自然萬物總體的「天」，或作爲這總體的理性抽象的「道」，或體現萬物本然性質的「天理」，來消融對具體事物認知相對性帶來的沒有是非界限的困惑。

從這裡可以清楚地看到，在莊子相對主義中，一方面有經驗的、感性的成份，另一方面也有超驗的、理性的因素。莊子敏銳而充分地發現了人對具體事物的認知的相對性，深切地感受到它帶來的難以確定具體事物的性質和是非界限的困惑。然而，當莊子在對這種困惑作相對主義的解決之時，又緊密地依賴著某種具有確定性的、關於宇宙萬物的根源、本質的理性觀念——「道」、「天理」。正是這種確定性的理性觀念抑制了莊子認識論沿著相對主義所固有的經驗論性質的、不可知論方向的發展④，阻止了莊子相對主義所包含的懷疑論因素向近代懷疑論所顯示的那個方向的跳躍⑤。而是折向對「天理」、「道」的事物本質和萬物根源的理性認識。在這個認識對象具有完全確定性的但又是完全抽象的認識領域內，相對主義退隱了，莊子認識論跨入到新的層次，呈現出另外一番面貌。

二、天理固然：理性觀念的確定性

《莊子》中寫道：「有自也而可，有自也而不可；有自也而然，有自也而不然……物固有所然，物固有所可。」（《寓言》）所以在莊子看來，事物儘管經常顯現的是感性的不確定的表象，但也內蘊著固有的確定性的本質。莊子在對具體事物的認知不確定性所引起的困惑作相對主義的解決時，也已經引進了超越經驗表象相對性的理性觀念（「萬物一齊」），引進了具有確定性的認識對象（「道」、「天理」），這樣，莊子認識論的深入一步的內容，就是對確定性的、事物內在秩序或規律性的「固有所然」的認識。

1.《莊子》關於事物內在秩序性和共同規律性的觀念

應該說，在現代哲學中，「本質」、「規律」的觀念是處在衰敗

淡弱之中。但是，在古代哲學中，世界的本質或規律卻一直是哲學家思索、追逐的對象。正是這樣，儘管莊子認識論所表現出的相對主義色彩是那樣的強烈鮮明，但對事物內在的本質規定性和共同的規律性的承認也是確切無疑的。莊子稱之爲「天理」或「物理」。如《莊子》中寫道：

> 方今之時，臣以神遇而不以目視……依乎天理……因其固然。
> （《養生主》）
>
> 夫至樂者，先應之以人事，順之以天理……（《天運》）
>
> 天地有大美而不言，四時有明法而不議，萬物有成理而不說。
> （《知北遊》）
>
> 消息盈虛，終則有始，是所以語大義之方，論萬物之理也。（
> 《秋水》）

等等。從這些論述中可以看到，莊子的「天理」或「物理」具有這樣的性質：

第一，客觀性。莊子認爲「天理」或「物理」如同天地的載覆、四時的運行、人世的當然，都是客觀存在的，而不是主觀設定的、創造的。莊子曾慨嘆「死生，命也，其有夜旦之常，人之有所不得與，皆物之情也」（《大宗師》），「天理」、「物理」就是宇宙中這種具有「人之不得與」的、在人的意志之外的客觀性質的存在。故莊子在這裡說「依乎天理」，「順之以天理」；在另外的地方莊子還說「循天之理」（《刻意》），「從天之理」（《盜跖》）。

第二，超驗性。在莊子看來，「天理」「不以目視」，「物理」「不說」，也就是說，「天理」、「物理」雖然是客觀存在的，但卻不是我們的經驗的、感性的表象所能把握的，它是一種超驗的、理性的客觀存在。《莊子》說，「死生非遠也，理不可睹」（《則陽》），生與死的現象是我們舉目可見的，但生與死的「理」卻是不可目睹，在感性表象之外的。

　　第三，恒定性。莊子的「天理」、「物理」不僅是一種超驗的客觀存在，而且是一種擺脫了感性表象相對性的恒定性的存在。莊子確認「天地固有常矣」（《天道》），「天下有常然」（《駢拇》），故主張「依乎天理，因其固然」。顯然，莊子的「天理」、「物理」就是「固然」、「常然」，是一種恒常的、確定性的超驗的存在。

　　第四，共有性。在莊子看來，宇宙間的具體事物是不可窮計的，「計物之數，不止於萬」（《則陽》），它們都是個別地存在，顯現各自獨特性能，因而是特殊的、暫時的，故《莊子》說「萬物殊理」，「在物一曲」（《則陽》），「物有死生」（《秋水》）。另一方面，莊子也認爲一類事物往往顯現相同的特徵和過程，即《莊子》所謂「同類相從，同聲相應，固天之理也」（《漁父》），「吾觀之本，其往無窮；吾求之末，其來無止。無窮無止，言之無也，與物同理」（《則陽》）。也就是說，同類事物間存在著某種超越個性之上的共同性。顯然，「天理」、「物理」作爲一種恒定的、超驗的「固然」、「常然」，就是超越具體事物特殊性的一類事物的共有性質。

　　可見，出現在莊子認識論第二層面上的認識對象——「天理」、「物理」，與第一層面上的認知對象——具體事物，是完全不同的，它是一種超越感性表象的、具有確定性和類的共同性的客觀存在。在不十分嚴格的意義上，可以把莊子認識論這兩個層面的不同視爲感覺表象與思想的區別。黑格爾的理性主義觀點認爲：「感性事物與思想的區別，在於前者的特點是個別性的」，而「思維的產物，思想的形式或規定性一般是普遍的、抽象的東西」，這種「思維活動的產物、普遍概念，就包含有事情的價值，亦即本質、內在實質、眞理。」（《小邏輯》，第68、69、74頁）應該說，莊子的「天理」、「物理」正具有這樣理性主義色彩，它是一種思維活動的產物，是一種關於「常」，即事物內在秩序性、共同規律性的思想形式。莊子認識論所內蘊的、固有的理性主義因素，在這個層面上得到了比較充分的、明顯的顯現。

2. 《莊子》中顯示的理性認識的特徵和方法

認識事物內在的秩序性、規律性，或者說認識萬物之「理」，無疑是莊子認識論追求的重要目標。《莊子》說：「聖人者，原天地之美而達萬物之理」（《知北遊》），「知道者必達於理」（《秋水》）。也就是說，在莊子看來，「達理」，即對事物內在本質「常然」、「固然」的認識，是一種崇高的、完善的人格的表現。但是，《莊子》中並沒有給達到「理」的途徑或方法以明確的理論表述。這也是十分自然的。哲學認識論的深刻程度是由科學發展水平決定的。從《莊子》中可以看出，莊子那個時代的古代科學認識能力所能認識的，多是經驗事實而非本質規律；對認識事物本質、規律的方法途徑作出哲學概括，還不是莊子認識論所能夠完成的。然而莊子在對某些問題的論述或事例的記述中，還是具體地運用了一種能得出普遍性、規律性結論的方法，提示了這種方法的一般特徵。

(1)對理性認識的三種表述　在《莊子》中，莊子借庖丁敘說自己解牛絕技的獲得經過，形象地表明了對事物內在本質的認識過程，表述了理性認識的基本特徵。

> 庖丁釋刀對曰：「……始臣之解牛之時，所見無非全牛者。三年之後，未嘗見全牛也。方今之時，臣以神遇而不以目視，官知止而神欲行。依乎天理，批大郤，導大窾，因其固然。技經肯綮之未嘗，而況大軱乎！……」（《養生主》）

顯然，庖丁解牛絕技的獲得，就是由對牛的表體形態（「全牛」）的感官所知（「目視」），上升到對牛的內部結構（牛之「固然」）的理會（「神遇」）的過程。從認識論的理論角度看，這十分相似從感性認識到理性認識的發展過程。《莊子》這裡所謂「以神遇而不以目視，官知止而神欲行」，也就是說對事物內在本質（「天理」、「固然」）的認識，感官知覺是無能為力的，只有超越感知，運用思維才能成功，正是對理性認識基本特徵的一種表述。

　　表面形態和內在本質，感知與思維，這兩種不同的認知對象和認識方法在《莊子》中還有另外一種比較清晰的表述：

> 知者，接也；知者，謨也。（《庚桑楚》）

即《莊子》把知（智）分爲與事物接觸而來和對事物思謀而生的兩種。顯然，「神欲」或「神遇」是屬於「謨」的那種思維的理性之知，而「官知」或「目視」是屬於「接」的那種感性之知。

　　在《莊子》中對理性認識的第三種表述則是比較奇特的：

> 人皆尊其知之所知而莫知恃其知之所不知而後知，可不謂大疑乎？（《則陽》）

《莊子》這個表述的奇特性在於，這裡的「知之所知」實際上是指經驗的對象和感性的認知方法，「知之所不知」則是意味著超驗的認識對象和理性的、抽象的認識方法。感性之知是感官的直接給予，總是十分具體的、完全實在的。幾個或許多感性之知聯結起來，就成了經驗的事實或經驗的知識。所以經驗的認識實際上都是從已知到已知，這就是莊子在這裡所說的一般人皆具有的「尊其知之所知」的對感性的、經驗的認識對象的認識方法。超驗的認知對象（如「天理」、「固然」）不具有經驗的認知對象的那種具體的、實在的感性表象，而是一種理性的抽象，正是在這個意義上說，超驗的認識對象是「知之所不知」。然而正是通過這不具有感性表象的理性抽象，人們才能認識到在事物表面現象後面的廣闊深邃的內容，即它的天理固然，它的內在本質。很多人擺脫不了經驗的束縛，達不到這樣的認識境地，這使莊子感到十分遺憾！他又以具體事例來說明理性抽象的方法在認識中的重要作用：

> 足之於地也踐，雖踐，恃其所不蹍而後善博也。人之於知也少，雖少，恃其所不知而後知天之所謂也。知大一，知大陰，知大目，知大均，知大方，知大信，知大定，至矣。（《徐无鬼》）

莊子的意思是說，如同人只有憑藉足踏之片地以外的廣闊土地才能致

遠一樣，人只有依賴超越感性表象的理性抽象才能認識到個別的、具體的事物之上的普遍性的東西，諸如「大一」、「大陰」……「大定」這些一類事物所共同的、固有的內在本質。

總之，對個體感知的超越，從而達到對某種作爲事物內在本質的超驗的普遍理性的認識，這一認識論觀點在《莊子》中雖然還沒有統一的、準確的理論表述，但是《莊子》在對一些具體事例的記述或問題的論述中所提出的「以神遇而不以目視」，「知者，謨也」，「恃其知之所不知而後知」都蘊涵著這樣的認識論觀點。

(2)超越狹隘經驗的兩種方法　從理性主義立場看來，正如黑格爾所說的那樣，「經驗中呈現許多前後相續的變化的知覺和地位接近的對象的知覺，但是，經驗並不提供必然性的聯繫」（《小邏輯》，第116頁）。所以，對於由個體性感知聯結而形成的狹隘的經驗的超越，也是理性認識，即對具有普遍性的事物內在本質或必然性聯繫的認識所必須做到的。《莊子》中的這一認識論觀點也不是採用理論命題的形式，而是通過具體事例形象地表述出來的。《莊子》中借海神（北海若）教訓河神（河伯）的口氣寫道：

> 井蛙不可以語於海者，拘於虛也；夏蟲不可以語於冰者，篤於
> 時也；曲士不可以語於道者，束於教也。今爾出於崖涘，觀於
> 大海，乃知爾醜，爾將可與語大理矣。（《秋水》）

一條小河，只有流出狹窄的河床，匯入廣闊的大海，才能發現有無垠廣袤的天地。莊子正是以這個充滿詩意的、雋永的寓言故事，說明一個人只有超越狹隘的感知經驗，從個別性的感性表象躍入具有普遍性的理性抽象（「出於崖涘，觀於大海」），才能獲得對事物本質的認識（「將可與語大理矣」）。

從單一的、個別的感知或狹隘的經驗，上升到一般性結論或普遍性的理性認識，在《莊子》中顯示了兩種方法：

第一，近似形式邏輯的歸納的方法。《莊子》中出現了用具體的、

個別的事例來推出、證實一個比較一般的結論的方法。例如：

> 上誠好知而無道，則天下大亂矣。何以知其然邪？夫弓弩畢弋
> 機變之知多，則鳥亂於上矣；鈎餌罔罟罾笱之知多，則魚亂於
> 水矣；削格羅落置罘之知多，則獸亂於澤矣；知詐漸毒頡滑堅
> 白解垢同異之變多，則俗惑於辯矣：故天下每每大亂，罪在於
> 好知。（《胠篋》）

顯然，莊子是由「好知」使鳥亂於天空，魚亂於水中，獸亂於林澤，
風俗亂於巧辯等個別的、局部的情況，最後得出「好知亂天下」這樣
一個一般性的、普遍性的結論。從前面的引述中可以看出，莊子認識
論第一個層面上的最重要的一般性結論「是非之塗，樊然殽亂，吾惡
能知其辯」（《齊物論》），也正通過「三者孰知正處」、「四者孰知
正味」、「四者孰知正色」等三個沒有確定性的、個別的經驗事實上
升、推導出來的。黑格爾說：「歸納法的意義就在於從事觀察，進行
試驗，重視經驗，從個別的東西引導出普遍的規定。」（《哲學史講演
錄》第四卷，第25頁）無疑地，在《莊子》中，具有一般性結論的得出
或對具有確定性超驗對象的認識，正是運用了這種歸納的方法的；雖
然在《莊子》中還看不出對這種方法本身的認識或理論的表述。

　　第二，屬於辯證邏輯（辯證法）的理性思辨的方法。黑格爾曾經
指出理性思辨的基本特徵在於：「抽象的理智思維並不是堅定不移、
究竟至極的東西，而是在不斷地表明自己、揚棄自己和自己過渡到自
己的反面的過程中；理性的思辨真理即在把對立的雙方包含在自身之
內，作為兩個觀念性的環節。（《小邏輯》第184頁）」簡言之，把事
物內部矛盾的、對立的雙方作為是一個相互轉化的統一整體來加以把
握的思維方法，就是認識事物內在本質、普遍性真理的理性思辨的方
法。從《莊子》中可以看到，構成莊子對「天理」的理性思考或認識
的最基本的觀念因素，正是對立雙方同時被攝入和相互轉化的觀念。
《莊子》中寫道：

> 蓋師是而無非，師治而無亂乎？是未明天地之理，萬物之情者
> 也。是猶師天而無地，師陰而無陽，其不可行明矣。（《秋水》）
> 萬物一齊，孰短孰長！道無終始，物有死生，不恃其成；一虛
> 一滿，不位乎其形。年不可舉，時不可止；消息盈虛，終則有
> 始：是所以語大義之方，論萬物之理也。（《秋水》）

在莊子看來，自然界的天地、陰陽，社會生活中的是非、治亂，雖然
是矛盾對立的，但也是一體同源的，如果偏執其一，就是「未明天地
之理」；在莊子看來，萬物是統一的整體，能理解到事物的終始、盈
虛、長短等這些對立的性質實際上是相互轉化，「不位乎其形」的，
就是認識了「萬物之理」。可見，莊子對「物理」的認識運用的是抽
象思維的理性思辨的方法。當然，對這種方法本身莊子也還沒有明確
的認識和理論的表述。

　在莊子認識論的第二個層面上，認識獲得了具有確定性的理性觀
念——「理」（「天理」、「物理」、「固然」、「常然」），從而
擺脫了認識在第一個層面上所感受到的感性認知相對性的困惑。認識
發展到這樣的水平，莊子稱之為「知之盛」：

> 知天之所爲者，天而生也；知人之所爲者；以其知之所知養
> 其知之所不知，終其天年而不中道夭者，是知之盛也。（《大
> 宗師》）

即是說，在這個水平上，認識跨越了天然的感官所限，通過理性思辨
的橋樑，達到對於「知之所不知」即超驗的事物內在本質「天理」、
「固然」的認識。但是，莊子接著又說：

> 雖然，有患，夫知有待而後當，其所待者特未定也。庸詎知吾
> 所謂天之非人乎？所謂人之非天乎？（《大宗師》）

也就是說，在莊子看來，對作爲一類事物內在本質的「天理」、「固
然」的認識，還不是最後的、最高的認識，因爲它還「有待」，還不
是對作爲一切事物共同本質、共同根源的「無待」的認識。那麼，這

無所待的根源是什麼？無疑就是「萬物之所繫而一化之所待」（《大宗師》）的「道」。這樣，莊子認識論就要跨入到它的第三個、也是最高的一個層面上——對「道」的認識了。

三、「道」：理性直覺的整體性

《莊子》中對人的認識或知識，從高到低作了這樣的劃分：

> 古之人，其知有所至矣，惡乎至？有以爲未始有物者，至矣，盡矣，不可加矣。其次以爲有物矣，而未始有封也。其次以爲有封焉，而未始有是非也。是非之彰也，道之所以虧也。（《齊物論》）

莊子的劃分，從認識的內容或對象方面來看，實際是三個等級：「未始有物」（「道」），「未始有封」之物（「理」），「有封」之物（萬物）。如前所述，在莊子認識論的第一個層面上，萬事萬物是被作爲具有是非相對性的感性表象被認識的；在第二個層面上，「無封」的，即共性的、類的事物是被理性思辨以一種理性觀念的形式——「天理」、「固然」來把握的。那麼，作爲第三層面或等級上的認識對象的「未始有物」或「道」，是如何被認識的？我們將看到，莊子認識論在這個層面上表現出一種新的理論特色，一種在理性認識基礎之上的以實踐體驗爲本質內容的理性直覺。

1.「道」是認識的止限

前面已經論及，作爲世界總體、宇宙根源的「道」的特性之一，是它的超越性。「道」既不能爲我們的感官所感知，也不能爲我們的理智思辨所把握，即《莊子》所謂「道不可聞，聞而非也；道不可見，見而非也；道不可言，言而非也。知形形之不形乎，道不當名」（《知北遊》）。「道」爲何不能被感知、思辨所認識？《莊子》中沒有明確論證。但是，從《莊子》中對作爲世界本根的「道」的特性的描述來看，可以歸納出二條原因：第一，莊子認爲「道未始有封」（《

齊物論》），「道無終始」（《秋水》），所以從形態上看，「道」不具有時空形式，「道」是「形形之不形」，不具有任何形態，因而不能被感知；第二，莊子認爲「道通爲一」（《齊物論》），「道覆載萬物者也」（《天地》），「道於大不終，於小不遺，故萬物備」（《天道》），所以從內容上看，「道」是世界總體，「精神生於道」（《知北遊》），人的感知和理智都只是「道」的部分、派生；部分和派生當然不能認識總體，不能認識原生。

　　從《莊子》中尋覓出的這種對「道」不能被認識的邏輯的解釋，多少相似康德認識論中對三個先驗理念（靈魂、世界、上帝）或「物自身」等理性概念不能被感性、理智（知性、悟性）認識的解釋。康德說：「純粹理性概念絕不直接與對象相關，惟與悟性關於對象所構成之概念相關」，「純粹理性概念（先驗理念）則與一切普泛所謂條件之不受條件限制之綜合統一有關」（《純粹理性批判》，商務印書館1960年版第265、264頁）。也就是說，在康德看來，理性概念是一種無條件的、絕對的總體，因此，既不能爲感性通過時空的「感性直觀形式」所感知，也不能爲悟性通過「範疇」所把握。康德認爲，理性對於這種先驗理念或理性概念的追求，實際上「是吾人乃以吾人所有概念互相聯結之主觀必然性，視爲物自身之規定中所有的客觀必然性」（《純粹理性批判》第244頁），這樣，就要產生「先驗幻相」，發生「二律背反」。簡言之，康德認爲人的認識能力所能認識的只是世界的有限現象，世界的總體和自身不具有感性的、經驗的內容，是人所無法認識的；人的認識在這裡陷入矛盾。

　　在康德認識論的兩個主要之點上，理性主義的黑格爾對他進行了批判：第一，黑格爾認爲人的理性思維具有無限的認識能力，可以認識包括靈魂、自由、上帝在內的世界本質。黑格爾說：「唯有思維才能夠把握本性、實體、世界的普遍力量和究竟目的……思維之超出感官世界，思維之由有限提高到無限，思維之打破感官事物的鎖鏈而進

到超感官的飛躍，凡此一切的過渡都是思維自身造成的，而且也只是思維自身的活動。」（《小邏輯》第136頁）第二，黑格爾認爲理性認識中的矛盾具有眞正積極的意義，它不是終止認識的界限，而是推動認識的環節。黑格爾說：「康德對於理性的矛盾缺乏更深刻的研究，所以他只列舉了四種矛盾……此處可以指出的，就是不僅可以在那四個特別從宇宙中提出的對象裡發現矛盾，而且可以在一切種類的對象中，在一切表象、概念和理念中發現矛盾。認識矛盾並且認識對象的這種矛盾特性就是哲學思考的本質。這種矛盾的性質構成我們邏輯思維的辯證環節。」（《小邏輯》，第132頁）

顯然，在莊子認識論的第三個層面上，莊子認爲作爲世界總體和最後根源的「道」，不能被感知和理智所認識的觀點，若以康德和黑格爾所代表的兩個具有典型意義的認識論立場爲參照系來判定，它是靠近康德而離開黑格爾的。但是，《莊子》中又寫道：

> 夫道，有情有信，無爲無形，可傳而不可受，可得而不可見……（《大宗師》）

可見，莊子和康德畢竟還是不同，莊子還是認爲「道」是「有情有信」的，因而是「可傳」、「可得」的，然而這又不是通過言詞授受、耳聞目見的感知、理智的途徑傳授得到的。那麼，這個途徑是什麼呢？

2.通向「道」的途徑

在《莊子》中，通向或達到作爲世界總體或根源的「道」的途徑方法沒有明確的概念表述，而是通過寓言故事的敘述具體地顯示出來的，從理論角度看，實際上是直覺和體驗。

(1)直覺：「睹道」　《莊子》中有則寓言寫道：

> 少知曰：「四方之內，六合之裡，萬物之所生惡起？」大公調曰：「陰陽相照相蓋相治，四時相代相生相殺，欲惡去就於是橋起，雌雄片合於是庸有。安危相易，禍福相生，緩急相摩，聚散以成。此名實之可紀，精微之可志也。隨序之相理，

橋運之相使，窮則反，終則始。此物之所有，言之所盡，知
之所至，極物而已。睹道之人，不隨其所廢，不原其所起，
此議之所止。」（《則陽》）

《莊子》這段文字，除了明確地表述了萬物是在陰陽的相互對立、交
互作用中產生的那種以後一直爲中國古代哲學沿襲的自然觀外，還顯
示了一種特殊的「睹道」的認識方法：「不隨其所廢，不原其所起」。
顯然，這不是分析的、邏輯的認識方法，而是整體直觀的認識方法，
它越過對認識對象的起始原因、發展過程、局部特徵等的認識，而把
認識對象作爲包含著全部內容的整體全觀地、全息地予以把握。也很
顯然，這種整體直觀不是在感性認識基礎上的、排斥理性認識的非理
性的表象直觀，而是建立在對萬物外在特徵（「名實之可紀，精微之
可志」）、內在秩序（「隨序之相理」）、相互轉化（「橋運之相使」）
等理性認識基礎之上的對「議之所止」的世界總體內容或精神的最高
境界（「道」）的直觀，它是一種超理性的理性直覺。

　　《莊子》中還有一則故事，可以視爲是顯示這種理性直覺的典型
事例。楚國一個得「道」的賢者溫伯雪子，從齊國返回，途經魯國，
與孔子相見：

仲尼見之而不言。子路曰：「吾子欲見溫伯雪子久矣，見之而
不言，何邪？」仲尼曰：「若夫人者，目擊而道存矣，亦不可
以容聲矣。」（《田子方》）

「目擊而道存」，孔子毋須與溫伯雪子晤談討論，交流思想，由表及
裡地認識其爲人，而是憑其「氣象」，一眼即可看到其具有「道」的
精神境界。這就是整體直觀，超理性的理性直覺。顯然，在這個理性
直覺的判斷裡，涵蘊了孔子豐富的、多方面的已升華爲原則和理性的
人生經歷和生活經驗。

　　對某種超驗的、絕對的、總體的認識對象的理性直覺或整體直觀
的認識，在西方哲學史上有神秘主義和理性主義兩種對立的解釋。神

秘主義認爲這是一種超越理性的、非邏輯的認識過程。例如公元三世
紀新柏拉圖派的柏羅丁（Plotinos）認爲對作爲世界本原「太一」的
認識或知識，就是「沒有理智的性質，也沒有抽象思想的性質，而具
有高於理智的呈現的性質」（《西方哲學原著選讀》上卷，商務印書館
1981年版，第214頁）。本世紀上半葉著名的法國哲學家柏格森也認爲
絕對的東西只能在直覺中獲得，而「所謂直覺，就是一種理智的交融，
這種交融使人們自己置身於對象之內，以便與其中獨特的、從而是無
法表達的東西相符合」（《形而上學導言》，商務印書館1963年版，第3頁）。
可見在他看來，直覺是一種具有不可分析性的、非邏輯的思維活動。
理性主義則認爲直覺在本質上仍是一種理性的、邏輯的認識活動。黑
格爾在批判耶可比關於上帝、絕對、無條件者是不能證明的，而只能
是我們的直覺所獲得的「直接知識」的觀點時，非常精彩地說明了這
一點。黑格爾說：「每一個有學問的人，大都具有許多普遍的觀點和
基本的原則直接呈現在他的意識裡，然而這些直接的觀點和原則，也
只能是反覆思索和長時間生活經驗的產物。」（《小邏輯》第160頁）
在黑格爾看來，作爲認識終點的任何深刻的、本質的理性直覺，都不
是「直接」的、突然地發生的，「仍然完全是受中介性的制約，所謂
中介性，是指發展、教育和教養的過程而言」（《小邏輯》第161頁），
「普遍的原則並不在直接的認識之中，而是文化、教育、人類的啓示
的成果」（《哲學史講演錄》第四卷第251頁）。我們看到，在具有不同
知識背景、理論積累和生活經歷的人的認識活動中所出現的直覺、頓
悟、靈感，往往具有完全不同的內容，黑格爾的觀點是符合並能解釋
這一事實的。只是在直覺的認識過程中，中介被「濃縮」，未顯現。
著名的蘇聯生理學家巴甫洛夫就是這樣從心理學的角度來解釋直覺的，
他說：「記得結果……卻忘記了自己先前的思想的經過，這就是爲何
顯得是直覺的原因。我發現一切直覺都應該這樣來理解：人記得最後
的結論，卻在其時不計及他接近它和準備它的全部路程。」（《巴甫

洛夫論心理學和心理學家》，科學出版社1955年版，第11頁）

　　應該說，《莊子》中所顯示的對「道」的理性直覺具有比較複雜的性質。一方面，它有黑格爾所說的那種理性的性質，如前所述，它是建立在理性認識基礎之上的生活經驗的升華和精神經歷的終端；另一方面，它也有非邏輯的、非認識的神祕的特色，並且這一方面表現得尤爲明顯。例如《莊子》寫道：

　　　已而不知其然謂之道……大道不稱。（《齊物論》）

　　　無思無慮始知道……所以論道而非道也。（《知北遊》）

《莊子》中這一正一反的論斷表明，莊子的「知道」，莊子的對「道」的把握，不是一種可作邏輯分析和言語表述的理性認識過程，而是一種非邏輯的、不可分辨的整體顯現過程。這種「道」被直覺而整體顯現的過程，充滿著、凝聚著個人的、獨特的精神經歷和生活經驗，無邏輯的、固定的軌跡可循，因而在他人的眼光中閃現出神祕的色彩。然而神秘的東西並不就是虛妄的東西。黑格爾曾說：「一切理性的眞理均可以同時稱爲神祕的，但這只是說，這種眞理是超出知性範圍的，但這決不是說，理性眞理完全非思維所能接近和掌握。」（《小邏輯》，第184頁）神秘的東西是高於認識或未被認識的東西。莊子對「道」的直覺的、顯出某種神秘色彩的認識方法似乎表明，人類對於最深刻、最本質的存在，可能有一種我們至今尚未清晰揭示的接近和掌握的方法。

　　從莊子對「道」的理性直覺的把握中，我們可以看到莊子這一認識過程具有十分明顯的、超出認識範圍的「實踐」的特徵。這一過程的運行是非邏輯的、非語言的，因此它必須憑借超語言和邏輯形式的內在體驗；作爲這一過程最後所顯現的世界總體、根源的「道」的理性觀念和精神境界，其中所凝聚的獨特的個人思想經歷和生活經驗，也都不是純粹認識所形成的。所以，莊子對「道」的把握還有另外一個很重要的方面：體驗。

(2)體驗：「守道」、「體道」　《莊子》中一則寓言寫道：

　　南伯子葵問乎女偊曰：「子之年長矣，而色若孺子，何也？」
　　曰：「吾聞道矣。」南伯子葵曰：「道可得學邪？」曰：「惡
　　可！子非其人也。夫卜梁倚有聖人之才而無聖人之道，我有聖
　　人之道而無聖人之才，吾欲以教之，庶幾其果為聖人乎！不然，
　　以聖人之道告聖人之才，亦易矣。吾猶告而守之⑥，參日而後
　　能外天下；已外天下矣，吾又守之，七日而後能外物；已外物
　　矣，吾又守之，九日而後能外生；已外生矣，而後能朝徹；朝
　　徹，而後能見獨；見獨，而後能無古今；無古今，而後能入於
　　不死不生。……」（《大宗師》）

這段「聞道」的撲朔迷離的描寫，實際上是《莊子》中對如何達到「
道」的境地的最完整的、寓意最清晰的表述。它的主要之點可以歸納
為：第一，「聞道」的方法。在這裡，莊子認為「聞道」的基本方法
是「守」。「守」在《莊子》中多次出現，從「守其宗也」（《德充
符》），「我守其一」（《在宥》），「能守其本」（《天道》），「唯
神是守」（《刻意》），「純氣之守」（《達生》），「慎守其真」（《
漁父》）等的用法來看，「守」是對某種已知對象的體驗、歸依，而
不是對某種未知對象的確認，是一種修養工夫，而不是一種認識活動。
第二，「聞道」的過程。莊子認為，達「道」的過程是由「外天下」
到「外物」，到「外生」。歷代注解《莊子》的學者從不同角度對這
個過程進行了解釋。一種解釋，認為「聞道」是由易及難的過程，如
唐代成玄英說：「天下萬境疏遠，所以易忘；資身之物親近，所以難
遺」（《莊子注疏》），明代陸長庚也說：「外天下與外物異，天下遠
而物近，天下疏而物親，故外天下易，外物難；外物易，外生難」（
《南華真經副墨》）。另種解釋，認為這是由粗及精的過程。例如宋代
趙以夫說：「外天下、外物、外生，三者同一外，但由粗而精耳」（
褚伯秀：《南華真經義海纂微》引），褚伯秀則說：「始外天下，特遺其

粗；外物遺其在彼者，外生遺其在我者。在我者猶遺，則無所不忘矣」（《南華眞經義海纂微》）等等。所有這種解釋都揭示，莊子的「聞道」過程實際上並不是認識內容的豐富過程，而是精神境界的提高過程。

第三，「聞道」的結局。莊子認爲，「聞道」的最後結局是能「無古今」，能「入於不死不生」。如前已引述《莊子》中寫道，「至人神矣……死生無變於己」（《齊物論》），「彼遊方之外者……又惡知死生後之所生」（《大宗師》），可見「無古今」、「不死不生」正是莊子理想人格的最高精神境界的特徵。所以，作爲莊子「聞道」的終局，不是關於某種世界最後根源、本質的最高眞理的揭示，而是最高的精神修養境界的實現。

總之，莊子「聞道」所顯示的通向「道」的途徑和終點，是對某種作爲世界總體、根源的理性觀念——「道通爲一」（《齊物論》）的體驗，最後達到「與道相輔而行」（《山木》）、「與道徘徊」（《盜跖》）、一視古今死生的精神境界。實際上，它表現爲對已設定的精神修養目標的接近，而不是對未知的認識對象的思考、探求。所以在《莊子》中，又把這種對「道」的接近、把握的過程稱爲「體道」。《莊子》又一則寓言寫道：

> 婀荷甘與神農同學於老龍吉。神農隱几闔戶晝暝，婀荷甘日中奓户而入曰：「老龍死矣！」神農隱几擁杖而起，曝然放杖而笑⑦曰：「天知予僻陋慢訑，故棄予而死。已矣夫子！無所發予之狂言而死矣夫！」弇堈弔聞之，曰：「夫體道者，天下之君子所繫焉。今於道，秋豪之端萬分未得處一焉，而猶知藏其狂言而死，又況夫體道者乎！視之無形，聽之無聲，於人之論者，謂之冥冥，所以論道而非道也。」（《知北遊》）

這簡直是一篇古樸的小小說！道行高深的老龍吉死了，弟子神農凄然泣下⑦，傷感於老師竟無一言遺教就溘然長去！莊子借弇堈弔之口發表看法：這正是「體道者」的表現。「道」無形無聲，不可爲人論說

之，只能憑自己體驗之。

「體道」，在《莊子》中還有另外幾種表述：

> （至人）體盡無窮，而遊無朕，（《應帝王》）

> 彼假修渾沌氏之術者也……體性抱神，以遊世俗之間者也。（《天地》）

> 能體純素，謂之眞人。（《刻意》）

> 古之眞人……大方體之。（徐无鬼）

顯然，「體道」之「體」和「聞道」之「守」的意思是相同的，都是對在心目中已經設定的作爲體現世界最後根源、最高本質「道」的那種精神界（「無窮」、「性」、「純素」、「大方」）的體驗、歸依，這是一種廣泛意義上的道德實踐，而不屬於確切意義上的認識活動。這樣，在莊子認識論中，作爲最高眞理的「道」，就變化爲、從屬於作爲最高境界的「道」。對此，《莊子》中有明確的表述：

> 有眞人而後有眞知……是知之能登假於道者也若此。（《齊物論》）

可見，在莊子看來，首先有「道」的精神境界（「眞人」），然後才有「道」的觀念意識（「眞知」），「道」的眞正被認識、被接近是在精神修養領域而不是在認識領域。

應該說，莊子認識論中的最高、最後的問題在認識以外的道德或精神修養領域內獲得解決，不能被確切把握的認識對象轉變成可爲修養達到的道德目標，與康德哲學從「純粹理性」領域進入到「實踐理性」領域時所發生的情況有某種相似。康德在《純粹理性批判》中寫道：「此三基本命題，如絕非知識所必需，而吾人之理性仍堅強推崇於吾人之前，則其重要所在，適切言之，自必僅生實踐方面……純粹的實踐法則，其目的完全由理性先天所授與，且非以經驗的條件所限制的形相加於吾人，乃以絕對的形相命令吾人者，當爲純粹理性之產物。此種法則，即道德律；故惟道德律屬於理性之實踐的運用，而容

許有一種法規。」（《純粹理性批判》，商務印書館1960年版，第547頁）
可見，在康德那裡，靈魂、世界、上帝等先驗理念、純粹理性，雖然
不能構成人的認識領域內的知識對象，但卻能在實踐領域內，「轉變」
爲一種道德規令，成爲引導人們行爲的道德目標。顯然，康德的純粹
理性不能以先驗理念形式被認識，而只能以道德律令被實踐，與莊子
的「道」不可以被一般的認識所接近，卻可以以精神修養去達到的情
況是相似的。但是，莊子與康德的差異遠大於他們的相似。從根本上
來說，莊子和康德的實踐最高目標之間存在著巨大的、無法逾越的鴻
溝。如前所述莊子精神修養的目標「道」境界，淵源自一種關於世界
總體和根源的理性觀念，實質上是自然本性的觀念，並且在莊子看來，
這也就是人的眞正的、內在的本性，故《莊子》中說「事兼於義，義
兼於德，德兼於道，道兼於天」（《天地》）。作爲康德道德實踐的
源泉和目標的「德道律令」，乃是「自由意志」。康德在《實踐理性
批判》中寫道：「一個只能以準則的單純立法形式作爲自己法則的意
志，就是一個自由意志……一個自由意志，既然不依靠於律令的實質，
就只有以律令爲其動機了，但是在一條法則之中，除了實質，也只涵
著立法形式，別無他物。」（《實踐理性批判》，商務印書館1960年版，
第28頁）即在康德看來，道德律令或自由意志是一種無任何「實質」
的絕對形式，超越任何具有「人」的性質的純粹理性。這樣，就莊子
和康德各自理論結局的積極意義來說，在莊子這裡，精神修養所達到
的「道」的境界，或者說人的自然本性的徹底的自覺，就表現爲對「
天地與我並生，而萬物與我爲一」（《齊物論》）的體悟，從而產生一
種將自我與自然融合爲一的思想意念，「獨與天地精神往來而不傲倪
於萬物」（《天下》），獲得一種襟懷寬廣、恬淡逍遙的精神感受。
而在康德那裡，充分的道德覺醒就表現爲自覺地履行體現道德律令的
無條件的善——義務，這種道德實踐產生一種人格獨立崇高、心境激
越飛揚的精神感受。康德寫道：「在這個人格中，道德法則就給我呈

現出一個獨立於動物性，甚至獨立於全部感性世界以外的一種生命來。這一層是至少可以從這個法則所指派給我的有目的命途所推斷出來的。這個命途不是限於今生的條件和限制上，而是達到無限的。」（《實踐理性批判》，第164頁）

以上，我們對莊子認識論的三個層面進行了逐一的考察分析。概言之，在莊子認識論的第一層面上，認知對象具體事物是通過感覺認知的，它既具有感性的實在性又具有表象的相對性。第二層面上的認識對象「理」（「固然」、「常然」），是具有確定性的一類事物的共同的內在秩序或規律，它是通過歸納推理、理性思辨被抽象出來。第三層面上的「道」，是一種關於世界總體和本質的理性觀念。在莊子認識論中，對「道」的把握是通過超越一般認識方法（感性、知性或理性）而具有非邏輯特質的直覺和超越認識而具有實踐特質的體驗來實現的。比較而言，在《莊子》中對其認識論的第一層面的論述是最為充分的，第三層面的特色也還是很突出的，而第二層面則是不太清晰的。所以，莊子認識論給人顯著的印象是鮮明的相對主義和某種神秘主義，而它的理性主義則不易引起注意。

莊子認識在不同層面上所呈現的不同特色，是不同認識主體的認識水平和精神境界的反映，或者是同一認識主體的思想或認識發展的不同階段的反映。在《莊子》中，這不同的認識主體或不同的認識階段分別稱之為「愚者」、「明者」、「神者」。《莊子》中寫道：

> 明者唯為之使，神者徵之。夫明之不勝神也久矣。而愚者恃其
> 所見入於人，其功外也，不亦悲乎！（《列禦寇》）

這裡的「明者」、「神者」、「愚者」，歷代注解《莊子》的學者的詮釋大同小異，其中以清代劉鳳苞的解釋最為簡捷，他說：「明者，小知只為物役；神者，不用其知，無往不應；愚者，用其私知，遠乎天矣。」（《南華雪心篇》）換言之，神者、明者、愚者代表著、體現著三個認識水平或等級：不用知、小知、私知。在不太十分嚴格的意

義上說，這正相當我們這裡所說的以直覺、體驗去把握「道」，以理智去認識「理」，以感覺去認知具體事物。明代釋性通注解《莊子》時正是這樣解釋的，他說：「天下多得一察之明以自好之人，判天地之美、析萬物之理者，唯爲之使耳，故不是徵也。惟不用知而用神者徵之，是無徵之徵也。」（《南華發覆》）也就是說，「明者」是以「明」析「理」者，「神者」是以「神」徵「道」者。至於「愚者恃其所見」，顯然是指只有對具體事物的感性表象和狹隘經驗的人。

至此，我們可以用一個表格的形式，把莊子認識論的結構和內容綱納於下：

層　面	認識的對象	認知的方法 及其特點	認識的結果及特點	認識的 主體
第一層面	萬物、萬事	感知：實在性	感性表象、經驗知識 ：相對性	「愚者」
第二層面	「理」	推理、思辨：抽象性	類的理性觀念： 確定性	「明者」
第三層面	「道」	直覺、體驗：實踐性	最高範疇和境界： 整體性	「神者」

【附　註】

① 見托馬斯·L·貝納特：《感覺世界》，科學出版社1983年版。

② 圖，鄙也。聞一多《莊子內篇校釋》謂：「鄙，古祇作啚，校者誤爲圖，遂改爲圖。」

③ 吳汝綸《莊子點勘》注：「由，用也。」

④ 　對人的認識進行心理分析的近代經驗論者休謨說：「人心中從來沒有別的東西，只有知覺，而且人心也從不能經驗到這些知覺和物象的聯繫，因此，我們只是妄自假設這種聯繫，實則這種假設在推論中並沒有任何基礎。」（《人類理解研究》商務印書館 1972年版第135頁）對人的知

識進行邏輯分析的邏輯實證主義先驅羅素說：「人類的全部知識都是不確定的、不準確的和片面的。」（《人類的知識》，商務印書館1983年版，第606頁）沒有「世界的本質」觀念的各種經驗論，在認識論上的最終結論都超不出這個範圍。

⑤ 黑格爾曾經說：「休謨的懷疑論與希臘的懷疑論大有區別。休謨根本上假定經驗、感覺、直觀爲眞，進而懷疑普遍的原則和規律，由於他在感覺方面找不到證據。而古代的懷疑論卻遠沒有把感覺直觀作爲判斷眞理的準則，反而首先對於感觀事物的眞實性加以懷疑。」（《小邏輯》第116頁）莊子相對主義所蘊涵的懷疑論與休謨爲代表的近代懷疑論的區別也正在於此。造成這種差別的一個觀念的根源，就是古代懷疑論中仍然保留著或潛在著相當於「世界的本質」的那種觀念。

⑥ 郭慶藩《莊子集釋》本作「吾猶守而告之」，此據聞一多《莊子內篇校釋》。

⑦ 馬敘倫謂：「『笑』爲『哭』譌，形近致誤。詳味下文，意挾悲惜，故弇堌弔聞而云云，則不得爲『笑』明矣」。（《莊子義證》）甚是，本書從之。當然，若強作「笑」字解亦可通，如成玄英謂：「神農聞吉死，是以擁杖而驚；覆思死不足哀，故還放杖而笑。」（《莊子注疏》）

第七章　莊子思想的文學特質和古代科學背景

以上，我們已經逐一地論述了莊子思想的自然哲學、人生哲學、社會批判等三個主要方面，又逐一地分析了莊子思想的認識論結構的三個層面。在先秦諸子思想中，莊子思想的特色，主要就是通過這些內容而顯示出來的。另外，莊子思想的特色，還通過它的具有文學特質的外貌和由豐富的具體事實和經驗知識構成的古代科學背景而顯示出來。

一、莊子思想的文學特質

明代學者朱得之在《讀莊評》中寫道：「莊子亦周末文勝之習，今觀其書，止是詞章之列，自與五經辭氣不同。然其指點道體、天人異同處，卻非秦漢以來諸儒所及，故從事於心性者有取焉。」（《莊子通義》）可見，很久以來，人們就發現和認爲《莊子》不僅具有深邃的哲學思想內容，而且從表現形式上看還具有明顯的、和儒家經典及諸子文章風格迥然不同的文學特質。清代思想家、詩人龔自珍曾在其詩中表白：「名理孕異夢，秀句鎸春心，《莊》、《騷》兩靈鬼，盤踞肝腸深」（《定菴文集補編·古今體詩》），清代文論家劉熙載也指出：「詩以出於《騷》者爲正，以出於《莊》者爲變。少陵純乎《騷》，太白在《莊》，東坡則出於《莊》者十之八九」（《藝概》卷二《詩概》），所以，《莊子》作爲燦爛的中國文學的重要源頭應該說是確鑿無疑的。那麼，藉以外現莊子思想並對後代發生影響的《莊子》文學特質是怎樣的呢？

1. 思想以寓言的故事情節展現

莊子思想的文學特質，首先是指它的深刻的人生哲學思想主要不是通過理論的邏輯論述來闡明的，而常是通過寓言的故事情節的發展而展現的。《莊子》一書有一百多個寓言，可以稱得上是一部寓言故事集。司馬遷說莊子「著書十餘萬言，大抵率寓言也」（《史記·老莊申韓列傳》），誠然。構成莊子寓言的基本格調是對精神自由的想像和達到這種境界的方法或途徑的暗喻。

(1)精神自由的想像表現　《莊子》中寫道：「至人之自行邪⋯⋯彷徨乎塵垢之外，逍遙乎無事之業」（《達生》），也就是說，在莊子看來，人生最高的追求就是達到理想人格的這種「逍遙」的境界。在《莊子》中，這一精神境界的基本特徵正是借助具體的、形象的寓言故事來表述的。《莊子》寫道：

> 夫知效一官，行比一鄉，德合一君，而徵一國者，其自視也亦若此矣。而宋榮子猶然笑之。且舉世而譽之而不加勸，舉世而非之而不加沮，定乎內外之分，辯乎榮辱之境，斯已矣。彼其於世數數然也。雖然，猶有未樹也。夫列子御風而行，泠然善也，旬有五日而後反。彼於致福①者，未數數然也。此雖免乎行，猶有所待者也。若夫乘天地之正，而御六氣之辯，以遊無窮者，彼且惡乎待哉！（《逍遙遊》）

這個寓言故事是說，像宋榮子那樣能不爲世俗毀譽所動搖，是很崇高的了；像列子那樣能乘風而行無所借助於人爲，也是很高明的了。但是，對於「逍遙」來說，他們仍有距離。宋榮子還有「榮辱」、「內外」之分，列子猶要「御風」，也就是說，他們仍有負累，「猶有所待」；而只有達到「御氣」而「遊無窮」的那種「無所待」的境界，才是眞正的「逍遙」。這個寓言故事將莊子所追求的那種玄妙的、難以表述的「逍遙乎無事之業」的精神境界，形象地展示出是一種「無待」的境界。

在《莊子》中，莊子所追求的「逍遙」或精神自由所具有的這種抽象的「無待」的性質，也是用具體形象來顯現的，而不是用哲學的理論語言來說明的。《莊子》寫道：

> 北冥有魚，其名爲鯤。鯤之大，不知其幾千里也。化而爲鳥，其名爲鵬。鵬之背，不知其幾千里也；怒而飛，其翼若垂天之雲。是鳥也，海運將徙於南冥。南冥者，天池也。（《逍遙遊》）

> 昔者莊周夢爲胡蝶，栩栩然胡蝶也，自喻適志與！不知周也……（《齊物論》）

> 藐姑射之山，有神人居焉，肌膚若冰雪，淖約若處子。不食五穀，吸風飲露。乘雲氣，御飛龍，而遊乎四海之外。（《逍遙遊》）

這三個具有想像性質的寓言形象表明，莊子「無待」的精神自由，如同展翅翱翔在廣漠天宇中的鯤鵬，如同任意馳騁變幻的夢中之人，如同能騰雲駕霧、不飲不食的「神人」，乃是一種無條件的、無限制的絕對自由，而無需任何憑藉。在莊子看來，一有憑藉，即是「有待」，心境即生負累，就不成其爲「逍遙」，不成其爲自由。所以如前所述，莊子的這種自由，不是盧梭、康德的那種意志自由，也不同於斯賓諾莎、黑格爾的那種認識必然的理性自由，而是一種心境自在自適的情態自由。這種自由的情境本質，《莊子》中也是用一系列寓言故事來表現的，其中有一個寓言故事說，子桑戶、孟子反、子琴張三人爲友，子桑戶死時，孟子反、子琴張二人在子桑戶屍前編曲鼓琴，相和而歌。子貢受孔子之托也去弔喪，見此情景感到不解，回來問孔子他們是些什麼人？孔子說：

> 「彼遊方之外者……彼方且與造物者爲人，而遊乎天地之一氣。彼以生爲附贅縣疣，以死爲決疣潰癰，夫若然者，又惡知死生先後之所在！假於異物，托於同體，忘其肝膽，遺其

　　耳目，反覆終始，不知端倪；芒然彷徨乎塵垢之外，逍遙乎
　　無爲之業，彼又惡能憒憒然爲世俗之禮，以觀眾人之耳目哉！」
　（《大宗師》）

「子貢弔喪」的寓言故事，藉虛擬的子桑戶三人生活情態的描述和虛擬的孔子評論，具體形象地表現了莊子所追求的「逍遙」，就是在現實生活中通過對倫理道德的世俗之禮和死生哀樂的自然之情的超脫，而獲得的那種恬靜、自在的心境。

　　總之，在莊子的人生哲學中，「逍遙」或精神自由這一艱深的主題，這一高遠的追求，是憑借寓言的故事情節形象地展現出來的。

　　(2)修養方法的形象說明　莊子人生哲學中的精神修養方法和處世態度，也常常是借助寓言故事中的形象或寓意來暗喻的。前面已經論述，莊子認爲「耆欲深者天機淺」（《大宗師》）、「巧者勞而知者憂」（《列禦寇》），要保持恬靜的心境，達到「逍遙」的境界，必須「去知與故」（《刻意》），「因其固然」（《養生主》），「常因自然而不益生」（《德充符》）。一般來說，莊子的這些精神修養的觀點，在《莊子》中雖然沒有獲得直接的理論闡述，但卻是一個又一個的寓言故事所蘊涵的必然結論。例如《莊子》中寫道：

　　南海之帝爲儵，北海之帝爲忽，中央之帝爲渾沌。儵與忽時
　　相與遇於渾沌之地，渾沌待之甚善。儵與忽謀報渾沌之德，
　　曰：「人皆有七竅以視聽食息，此獨無有，嘗試鑿之。」日
　　鑿一竅，七日而渾沌死。（《應帝王》）
　　黃帝遊乎赤水之北，登乎崑崙之丘而南望，還歸，遺其玄珠，
　　使知索之而不得，使離朱索之而不得，使喫詬索之而不得。
　　乃使象罔，象罔得之。黃帝曰：「異哉！象罔乃可以得之乎？」
　　②（《天地》）
　　澤雉十步一啄，百步一飲，不蘄畜乎樊中，神雖王，不善也。
　　（《養生主》）

> 昔者海鳥止於魯郊，魯侯御而觴之於廟，奏九韶以爲樂，具
> 太牢以爲膳。鳥乃眩視憂悲，不敢食一臠，不敢飲一杯，三
> 日而死。（《至樂》）

渾沌因被鑿七竅，心智大開而死；黃帝遺失玄珠，只有蒙昧不明的象
罔才能探找得回來。山溝裡的野雞，十步才能找到一粒食，百步才能
飲到一滴水，是很艱難的，但卻神氣旺盛，健康得很；一只被魯國國
君喜愛的鳥，居於廟堂，食有太牢，飼養可謂優善，可是三天就駭懼
而死。這四個一正一反的寓言故事，無一不是導引出「常因自然而不
益生」的結論，無一不是「去知與故」修養方法的例證。

　　如前所述，在莊子那裡，最高的、最重要的精神修養方法是「體
道」——對某種作爲世界總體、根源的「道」的直覺體認。在這個既
有認識特質又有實踐因素的精神活動中，凝聚著個人的獨特的思想經
歷和生活經驗，因而是一種難以用理論語言表述的、無固定邏輯軌迹
可循的精神過程。在《莊子》中，正是借助一些寓言故事來形象地說
明人類心靈中的這一深邃的、然而是完全眞實的精神現象的。對莊子
的作爲世界總體、根源的「道」的體認，關鍵在於對「道」的兩個從
形式上來看似乎是矛盾的性質的理解、體悟。一方面「道」是無處不
在，任何事物都是「道」的存在；另一方面，「道」又不可聞見言說，
不能指稱任何事物爲「道」。莊子的「道」的這種十分深刻的、具有
辯證性質的規定性是用兩個寓言來顯示的。《莊子》寫道：

> 東郭子問於莊子曰：「所謂道，惡乎在？」莊子曰：「無所不
> 在。」東郭子曰：「期而後可。」莊子曰：「在螻蟻。」曰：
> 「何其下邪？」曰：「在稊稗。」曰：「何其愈下邪？」曰：
> 「在瓦甓。」曰：「何其愈甚邪？」曰：「在屎溺。」東郭子
> 不應。莊子曰：「夫子之問也，固不及質。正獲之問於監市履
> 狶也，每下愈況。汝唯莫必，無逃乎物。至道若是，大言亦然
> ……」（《知北遊》）

《莊子》這個寓言故事形象地說明，「道」不僅是「神鬼神帝，生天生地」（《大宗師》）那種作爲宇宙最後根源的崇高神聖的存在，同時也是充盈在蟲蟻、稗粒、瓦石、屎尿中的卑微穢污的存在，「道覆載萬物者也」（《天地》），「道」是「無逃乎物」的世界總體。

《莊子》中另外一個寓言寫道：

> 桓公讀書於堂上。輪扁斲輪於堂下，釋椎鑿而上，問桓公曰：「敢問，公之所讀者何言邪？」公曰：「聖人之言也。」曰：「聖人在乎？」公曰：「已死矣。」曰：「然則君之所讀者，古人之糟粕已夫！」桓公曰：「寡人讀書，輪人安得議乎！有說則可，無說則死。」輪扁曰：「臣也以臣之事觀之。斲輪，徐則甘而不固，疾則苦而不入。不徐不疾，得之於手而應於心，口不能言，有數存焉於其間。臣不能以喻臣之子，臣之子亦不能受之於臣，是以行年七十而老斲輪。古之人與其不可傳也死矣，然則君之所讀者，古人之糟粕已夫！」（《天道》）

通過這個寓言的巧妙設喻，莊子暗喻出用語言、文字表述出來的「道」（「聖人之言」），只能是「道」的糟粕，而不是「道」本身。作爲「有情有信」（《大宗師》）的「道」的眞實存在，只能像斲輪老手的「不徐不疾」的高超技藝，「得之於手而應於心，口不能言，有數存焉於其間」，不能言傳授受，只能體驗意會。

可見，在莊子人生哲學中，精神修養方法也正是借助寓言故事的情節和形象才得到有力的證明和清晰的說明。

(3)社會批判思想的寓言展現　事實上，不僅是莊子的人生哲學思想，他的社會批判思想也往往是以寓言的形象或情節來展現的。如前所述，莊子社會批判的一個顯著特色是立足於自然主義，矛頭直接指向當時的社會制度和社會意識的主要體現者──君主制和儒家。譏嘲君主，剝剝禮義，是莊子社會批判思想的突出的內容；而這一思想內容中兩個最尖銳的論斷：無君之國最樂（《至樂》），「聖知之法爲

大盜守」（《胠篋》），《莊子》都是用寓言的形式鮮明地表現出來的。《莊子》中寫道：

> 莊子之楚，見空骷髏，髐然有形，撽以馬捶，因而問之曰：「夫子貪生失理，而爲此乎？將子有亡國之事，斧鉞之誅，而爲此乎？將子有不善之行，愧遺父母妻子之醜，而爲此乎？將子有凍餒之患，而爲此乎？將子之春秋故及此乎？」於是語卒，援骷髏，枕而臥。夜半，骷髏見夢曰：「子之談者似辯士。視子所言，皆生人之累也，死則無此矣。子欲聞死之說乎？」莊子曰：「然。」骷髏曰：「死，無君於上，無臣於下；亦無四時之事，泛③然以天地爲春秋，雖南面王樂，不能過也。」莊子不信，曰：「吾使司命復生子形，爲子骨肉肌膚，反子父母妻子閭里知識，子欲之乎？」骷髏深矉蹙頞曰：「吾安能棄南面王樂而復爲人間之勞乎！」（《至樂》）

這則閑適超脫中透出悽然重負情調的寓言故事，涵蓋著十分廣闊的內容。它揭示構成人生困境，形成「生人之累」的政治的、經濟的、道德的和人的自然生理本身的多方面的因素。顯然，它是把死亡當作是對人生困境的超脫，對「生人之累」的解除。最後，它無疑是認爲在一個自由的、無任何負累的「至樂」的生存環境中，「無君於上」是第一個條件，首要的標志。不難看出，在這個形式上是寓言故事，是死人的心願中，實際上包含著、表現著對生人的現實社會的完全眞實的洞察和十分尖銳的批判。

《莊子》中又寫道：

> 儒以《詩》、《禮》發冢。大儒臚傳曰：「東方作矣，事之何若？」小儒曰：「未解裙襦，口中有珠。」「《詩》固有之曰，『青青之麥，生於陵陂。生不布施，死何含珠爲！』接其鬢，壓其顪，儒以金椎挖其頤，徐別其頰，無傷口中珠！」（《外物》）

在這個洋溢著詼諧情調的寓言故事中，本來應是十分緊張可怖的盜墓場面，被描寫得十分輕鬆活潑。通過大、小儒富有風趣的對話，巧妙地挪揄了儒家的經典，尖銳地諷刺了儒家的「禮義」，印證著「聖知之法爲大盜守」的社會批判。

完全可以說，在《莊子》中的每一個寓言後面都站著一個哲學結論，蘊涵著一種哲學思想。在它那對人生和社會的嚴肅的理性思考中，總是妙趣橫生地閃現著文學的光彩，正如劉熙載所說：「莊子寓眞於誕，寓實於玄，於此見寓言之妙。」（《藝概》卷一《文概》）

還應該特別指出的是，莊子用寓言形式來展現哲學思想，和古代神話中潛存著或表現出某種理性的哲學觀念有所不同。黑格爾說：「神話是想像的產物。神話的主要內容是想像化的理性的作品，這種理性以本質爲對象，但除了憑借感性的表象方式外，尙沒有別的機能去把握它。」（《哲學史講演錄》第一卷，第81頁）所以，一般說來，以神話表現理性觀念或哲學思想還是思想沒有達到充分發展時的一種不自覺的、不自由的行爲。《莊子》中說「寓言十九，借外論之。親父不爲其子媒，親父譽之，不若非其父者也」（《寓言》）。即莊子認爲，一種觀點如果沒有其本身之外的一些客觀事例證明，是很難被人相信、接受的。可見，莊子援用、杜撰寓言，不是因爲唯有借寓言的形式才能展示某種思想，眞正目的在於有力地論證某個思想，這是完全自覺的過程。所以在《莊子》中，一個清晰的理性觀念，一個哲學思想並不是隨著一個寓言而產生，而是在一個寓言之外、之前就存在了的，它只是在寓言中又獲得了一次形象的顯現、證明。

2.概念、範疇、境界的形象表述

莊子思想的文學特質，還表現在莊子思想中的抽象的理論概念、思想範疇、精神境界，常常以具有感性的形象的樣式出現。

⑴概念或範疇的擬人化　在《莊子》中，那些已具有抽象理論形態的概念、範疇，常被擬人化、人格化。它們似乎獲得了一種生命，

從思維世界的邏輯運行軌道上跳到人間舞臺上，像人那樣活動著。

　　在《莊子》中，莊子思想中的一個最高的、作爲世界總體和根源的理性範疇「道」，就常是以「眞君」（「眞宰」）、「造物者」（「造化」）、「宗師」等具有形象性、人格性的名詞來表達；相應地也以人類的行爲特徵來描述「道」的這種根本性質。例如《莊子》寫道：

> 非彼無我，非我無所取。是亦近矣，而不知其所爲使。若有眞宰，而不得其朕。可行已信，而不見其形，有情而無形。百骸、九竅、六藏，賅而存焉，吾誰與爲親？汝皆説之乎？其有私焉？如是皆有爲臣妾乎？其臣妾不足以相治乎？其遞相爲君臣乎？其有眞君存焉？如求得其情與不得，無益損乎其眞。（《齊物論》）
>
> 今之大冶鑄金，金踴躍曰「我且必爲鏌鋣」，大冶必以爲不祥之金。今一犯人之形，而曰「人耳，人耳」，夫造化者必以爲不祥之人。今一以天地爲大鑪，以造化爲大冶，惡乎往而不可哉！（《大宗師》）
>
> 吾師乎，吾師乎，𩐌萬物而不爲義，澤及萬世而不爲仁，長於上古而不爲老，覆載天地刻雕眾形而不爲巧……（《大宗師》）

顯然，這三段文字出現的三個具有「人」的性格和行爲特徵的形象——眞君（眞宰）、造化（大冶）、宗師，它們或是一身的主宰、萬人的主宰、萬物萬世的主宰，實際上都是「道」的擬人化。「道者，萬物之所由也」（《漁父》），莊子的作爲宇宙最後根源的「道」這一抽象的理性概念或範疇，以一種具有鮮明具體的感性內容的規定，形象地被表述出來。

　　在《莊子》中，不僅具有本體論意義的、作爲世界總體和根源的「道」被擬人化，被以某種感性形象的特徵來規定、表述，而且對這種「道」的認識過程——理性直覺的「聞道」過程，也被擬人化，被

形象化爲一種具有感性特徵的過程。《莊子》寫道:

> 女偊曰:「吾聞道矣」……南伯子葵曰:「子獨惡乎聞之?」
> 曰;「聞諸副墨之子,副墨之子聞諸洛誦之孫,洛誦之孫聞之
> 瞻明,瞻明聞之聶許,聶許聞之需役,需役聞之於謳,於謳聞
> 之玄冥,玄冥聞之參寥,參寥聞之疑始。」(《大宗師》)

這儼然是一個九代祖孫相傳的「世家」!從「副墨」到「疑始」,其
涵義歷代注解《莊子》的學者解釋多有不同④,一般按照成玄英的解
釋:「副,副貳也。墨,翰墨也;翰墨,文字也。理能生教,故謂文
字爲副貳也……始,本也,道以不本而本,本無所本,疑名爲本,亦
無的可本,故謂之疑始也。」(《莊子注疏》)也就是說,「聞道」的
過程,是從對文字表述出的「道」的理解開始,到對「無可本」,即
既是「有情有信」,又是「無爲無形」(《大宗師》)的某種世界總體
性、根源性的實在的體認爲結束。如前所述,這本來是一個連續的、
整體的、難以清晰表述的理性直覺過程,莊子卻巧妙地,別出心裁地
分離出九個階段,賦予人格的表徵,形象地表述爲如同是一個九代世
家授受的過程。

　　(2)精神境界的感性顯現　在《莊子》中,不僅對莊子思想中的最
高範疇「道」、最高認識方法「聞道」予以形象的表述,而且對最高
的精神境界——「無待」的、「逍遙」的境界,即絕對的精神自由,
也予以感性的顯現。

　　如前所述,莊子認爲人生的「逍遙」或自由的獲得,在於超脫構
成人生困境的生死、時命、情欲等因素對人的精神紛擾、束縛。換言
之,在莊子看來,「逍遙」或自由的精神境界就是對精神所感受到的
任何一種形式的約束、負累的擺脫。達到這種精神境界,莊子稱之爲
「懸解」:

> 得者時也,失者順也,安時而處順,哀樂不能入也,此古之所
> 謂縣解。(《大宗師》)

「懸解」，即倒懸的解除，這本是一種行為動作或狀態，一種感性表象，但在這裡它表述的卻是一種理性觀念——從時命之限、哀樂之情的人生困境中解脫出來後的「逍遙」的精神境界。

在《莊子》中，對「無待」的自由精神境界有一個概括的抽象表述：「至人無己，神人無功，聖人無名。」（《逍遙遊》）同時，也給予了想像的、形象的描繪：

> 至人……乘雲氣，騎日月，而遊乎四海之外。（《齊物論》）
>
> 神人……乘雲氣，御飛龍，而遊乎四海之外。（《逍遙遊》）
>
> 聖人……遊乎塵垢之外。（《齊物論》）

顯然，翱翔於蒼穹的鷹鷲，飄遊於天際的雲朵，無疑是最能喚起莊子對逍遙自由的遐想憧憬。所以他總是把理想人格的「無待」的絕對自由形象地想像為遠離人寰的飛遊，而他自己所追求的絕對自由的精神境界也同樣感性地顯現為：

> 予方將與造物者為人，厭則又乘夫莽眇之鳥，以出六極之外，而遊無何有之鄉，以處曠垠之野。（《應帝王》）

亦如前面所述，莊子的這種「無待」的、「逍遙」的精神境界，在人生社會實踐上表現為超世、遁世、順世三種處世態度。對於這三種態度，《莊子》中也各賦於具有感性特徵的形象，以顯現這同一境界的不同側面。《莊子》寫道：

> 彼遊方之外者……彼方且與造物者為人，而遊乎天地之一氣……彼又惡能憒憒然為世俗之禮，以觀眾人之耳目哉！（《大宗師》）
>
> 是自埋於民，自藏於畔，其聲銷，其志無窮，其口雖言，其心未嘗言，方且與世違而心不屑與之俱，是陸沉者也。（《則陽》）
>
> 彼節者有間，而刀刃者無厚；以無厚入有間，恢恢乎其於游刃必有餘地矣。（《養生主》）

顯然，「遊方之外者」，就是對世俗事務和道德觀念的超越；「陸沉者」意味著隱埋於人間而不顯；而「以無厚入有間」的「遊刃」者，則是指隨順世俗以自保。「方外」、「陸沉」、「遊刃」構成三種表象，感性地顯現了超世、遁世、順世三種人生態度，表達了多少言語、概念也難以描繪盡竟的擺脫人生困境後的那種自在、恬靜、自適的景況。

形象大於理念。莊子賦予他思想中的理論概念、思想範疇、精神境界以形象化的特徵，就使得這些概念、範疇、境界所蘊涵的意境變得豐富起來、寬廣起來，莊子思想的文學色彩更加鮮明。

3.語言的詩性

莊子思想的文學特質，最後還表現在語言風格上。清人方東樹說：「大約太白詩與莊子文同妙，意接詞不接，發想無端，如天上白雲卷舒滅現，無有定形。」（《昭昧詹言》卷十二《李太白》）誠然，和其它先秦諸子著作不同，《莊子》不是詞意相接的、邏輯嚴謹的論述性的語言，而是意接詞不接或詞雖接意已變的、跌宕跳躍的詩性的語言。

(1)意接而詞不接　《莊子》的文詞，「吐崢嶸之高論，開浩蕩之奇言」（李白《大鵬賦》）。莊子在表述或論述某一思想觀點時，常常引喻設譬（「卮言」），杜撰寓言，援用史實（「重言」），所謂「寓言十九，重言十七，卮言日出」（《寓言》），文筆波瀾起伏，搖曳多姿。這樣，在《莊子》中，同一意境下的文章層次、詞句內容，往往變換不定，確如清人宣穎所形容「莊子之文，喻後出喻，喻中設喻，不啻峽雲層起，海市幻生」（《南華經解·莊解小言》），每每出現「意接詞不接」的詩的語言特徵。劉熙載曾舉例說：「如《逍遙遊》忽說鵬，忽說蜩與學鳩、斥鴳，是爲斷；下乃接之曰『此小大之辯也』，則上文之斷處皆續矣。」（《藝概》卷一《文概》）應該說，這類意接詞斷的語言特色也存在於《莊子》的其它各篇中。這裡，試舉《達生》篇的一段文字爲例：

顏淵問仲尼曰：「吾嘗濟乎觴深之淵，津人操舟若神。吾問焉，
曰：『操舟可學邪？』曰：『可。善遊者數能。若乃夫沒人，
則未嘗見舟而便操之也。』吾問焉而不吾告，敢問何謂也？」
仲尼曰：「善遊者數能，忘水也。若乃夫沒人之未嘗見舟而便
操之也，彼視淵若陵，視舟之覆猶其車卻也。覆卻萬方陳乎前
而不得入其舍，惡往而不暇！以瓦注者巧，以鈎注者憚，以黃
金注者殙。其巧一也，而有所矜，則重外也。凡外重者內拙。」

在《莊子》中，這段文字的跌蕩跳躍是較爲明顯的。涵蓋這段文字的
中心思想或意境是最後一句：「凡外重者內拙」──即主張「忘境」。
但是，在這個統一意境下，明顯地有兩個表述中的「斷裂」，或者說
兩次文詞的跳躍。第一個「斷裂」是發生在操舟者（津人）對顏淵所
問「操舟可學邪」的回答之間。操舟者回答了，但是是跳躍地回答了
這個問題：會游泳的人，會很快學會駕馭舟船的；游泳技巧極高的、
出入水中自如的人，一見舟船就會操縱的。這就是說，操舟的神巧是
可以學到的、掌握的，它是嫻熟水性中產生的。這無疑是很正確、
很深刻的回答。但是，顏淵未能理會這個跳躍，跨過這個「斷裂」，
沒有聽懂，以爲操舟者不告訴他。第二個「斷裂」則是發生在孔子對
操舟人的回答的解釋和由這個解釋跳躍到最後的結論之間。孔子以一
種意接詞不接的方式，用「瓦注者巧，鈎注者憚，黃金注者殙。」顯
然是脫離了原來論題邏輯思路的新事例，倏然地把「善游者」和「沒
人」的「忘水」的特殊的技巧境界，升華到一種更高的、普遍的哲學
境界──「忘境」，即忘卻一切外界事物、一無所矜的精神境界。劉
熙載評論《莊子》之文說：「文之神妙，莫過能飛，莊子言鵬曰『怒
而飛』，今觀其文，無端而來，無端而去，殆得『飛』之機者。」（
《藝概》卷一《文概》）誠然如此。而且，《莊子》的這種語言的詩性
跳躍，不單是形象、想像的更迭變幻，而常是伴隨著思想意境的飛越
提升。

(2)詞接而意已變　在《莊子》中，語言的詩性跳躍，還有另外一種表現，就是詞雖接而意已變。比較典型的是《山木》篇一則寓言故事中的語言。故事說，魯君心中憂愁，無法排解。市南宜僚告訴他，邊遠的南越，有個「建德之國」，那裡「民愚而樸，少私寡欲」，都十分快樂，可去那裡消除鬱悶，「與道相輔而行」。接著下面有兩段對話：

> 君曰：「彼其道遠而險，又有江山，我無舟車，奈何？」市南
> 子曰：「君無形倨，無留居，以爲君車。」君曰：「彼其道幽
> 遠而無人，吾誰與爲鄰？吾無糧，我無食，安得而至焉？」市
> 南子曰：「少君之費，寡君之欲，雖無糧乃足……」

魯君爲難於去遙遠的「建德之國」，無舟車代步，何日可達？市南宜僚則說，除去高傲之形，依戀之心，換言之，除去物累、心累，就是到達無憂愁境界的「舟車」；魯君擔心去路途荒遠的孤僻的南越，口糧無從繼給，何可到達？市南宜僚則說，寡欲知足，則無所不足，也就是說，「道」的境界，「不資物成，而但恬淡耳」（成玄英：《莊子注疏》）。可見，市南宜僚的回答，雖然是承接魯君之所問，但是卻完全變換了他的意境。

在《莊子》中，詞接意變的語言表達方式，其它各篇也常有出現。例如：

> 商大宰蕩問仁於莊子。莊子曰：「虎狼，仁也。」（《天運》）
> （趙文）王曰：「願聞三劍。」（莊子）曰：「有天子劍，有
> 諸侯劍，有庶人劍。」（《說劍》）

雖然商太宰蕩所問的「仁」，是指人與人之間的一種具有社會歷史性質的倫理關係、道德感情；而莊子所回答的「仁」已變爲人與人間的本質上是屬於自然本能性質的生理心理的情感。趙文王問的「三劍」乃屬銅或鐵製的武器，而莊子所舖陳的「三劍」卻是意指不同的精神境界所具有或顯示的不同的力量範圍和強度。

總之，正如清代文論家吳仲倫所說，「莊子文章最靈脫，而最妙於宕」（《古文緒論》），《莊子》語言表達的詞接意變和意接詞斷，都是「妙於宕」的表現。正是在這詞、意跌宕跳躍的間隔中，形成具有詩性特徵的、可供想像和思索馳聘的廣闊空間。「魚相忘乎江湖，人相忘乎道術」（《大宗師》），它們是相隔多麼遠的、根本無法溝通的兩個世界，然而它們又是距離多麼近的、完全相似的同一情境。《莊子》語言所表現出的這種詩性的風格，是先秦其它諸子作品中所沒有的，是構成《莊子》或莊子思想的文學特質的主要因素之一。

二、莊子思想的古代科學背景

當代科學哲學的主要代表波普爾曾以柏拉圖「理念」觀念的畢達戈拉斯「數」論淵源和康德認識論的牛頓力學科學背景為例證，提出一個卓越的論斷：哲學植根於哲學以外的科學認識之中⑤。這無疑是正確的。前面我們已經論述了莊子思想的自然哲學、人生哲學、社會批判等主要方面，現在我們也來從《莊子》中尋覓形成或映襯莊子這些思想的知識的、科學的背景。

著名的科學史家、當代科學學的奠基者貝爾納在回顧和展望科學的形成和發展時說：「在文明開始放光時，科學僅是術士、廚夫或鐵匠的工作之一形相而已。直到17世紀科學才開始建成獨立的地位；這種獨立或許只是暫時的形相。至於將來，科學知識和方法就許很會如此普遍地滲入一切社會生活中，以致科學又重新不獨特地存在。」（《歷史上的科學》，科學出版社1959年版，第6頁）應該說，這是完全眞實的歷史和十分可能的前景。我們看到，在古代世界，特別在古代希臘，哲學觀點和科學思想不可分離或同一是非常明顯的。而當我們要考察中國古代的科學思想時，也自然地要追溯到包括莊子在內的中國古代思想家的哲學觀點。所以這裡所說要尋覓莊子思想的科學背景，實際上是要考察反映在《莊子》中的構成萌芽狀態的古代科學的三個主要

方面——巫術、工藝技巧、經驗知識的狀況。

1.走出巫術的叢林

　　人類學家一般都認為，巫術或方術是人類早期用來控制自然力或達到某種具體目的手段，但它與古代科學又有所不同。英國文化人類學馬林諾夫斯基寫道：「科學，就是野蠻人底原始知識所代表的科學，也是根據日常生活中正常普遍的經驗——人與自然界為營養安全而奮鬥所得的經驗——而以觀察為基礎，且為理智所固定。巫術所根據的乃是情緒狀態底特殊經驗；在這等經驗之中，人所觀察的不是自然，而是自己；啟示真理的不是理知，乃是感情在人類機體上所起的作用。」（《巫術科學宗教與神話》，商務印書館1963年版，第108頁）也就是說，就其內容的客觀性、真理性程度而言，巫術是低於科學的前科學的人類經驗形態。與巫術的分離、分道揚鑣是古代科學成長的重要標志。從巫術所依憑的某種神秘的、虛幻的力量中擺脫出來，認識一種客觀的、真實的力量，是人類早期的重要覺醒。我們看到，《莊子》中反映了這個過程。

　　(1)對巫術神秘性的否定　　人類最早的一個精神傳統，即在文明初期生產力和知識極其低下的情況下所形成的對某種神秘的、非人的力量的迷信，對似乎能溝通、駕馭這種力量的巫術、方術的信賴，在莊子思想中受到了懷疑，遭到了否定。《莊子》中有兩則故事比較明顯地、典型地反映了這一點。一則故事是寫列子的老師壺子，挫敗能「知人之死生禍福若神」的相面巫師季咸，使其不能施展其相術而遁逃（見《應帝王》）；另一則故事是寫一只神龜，能托夢於宋元君，知曉未來，但終為漁人余且所捕，剖腹剮骨而死（見《外物》）。顯然，在這兩則故事裡，神龜正是某種神秘的、非人的力量的體現；而季咸則是能認識、溝通這種神祕的、非人的力量的巫術的典型。

　　在第一則故事裡，壺子對被季咸的相術所折服的列子說：

　　　　「眾雌而無雄，而又奚卵焉！而以道與世亢，必信，夫故使人

得而相汝。」（《應帝王》）

意思是說，正是由於你自己首先向別人顯露了某種迹象，結果你就被別人識破。實際上，莊子通過壺子之口所說的這幾句話的深層義蘊是認爲，任何事物、現象，都是有原因、有徵兆的，因而都是可分析的、可認識的，可「相」的。無疑地，這是一種理性的觀念。所以莊子塑造的壺子形象，本質上是理智的、理性的化身。莊子刻畫壺子故意顯示種種變化多端的神態（「地文」、「天壤」、「太衝莫勝」），擾亂、歸謬季咸的判斷，最後一次顯示的神態「未始出吾宗」，更是一種無任何具體形相可捕捉的本然狀態，季咸終因無法施展其相術而逃之夭夭。這則饒有風趣的理智戰勝巫術的故事，表現了人理性的覺醒。這種理性覺醒，作爲背景映射在莊子思想中，就是顯現在他的認識論第二層面上的理性主義。

第二則故事的義蘊，莊子借孔子之口表述得比較明顯：

神龜能見夢於宋元君，而不能避余且之網；知能七十二鑽而無遺筴，不能避刳腸之患。如是，則知有所困，神有所不及也。雖有至知，萬人謀之。（《外物》）

這顯然是對宗教或巫術所內蘊著、依憑著的某種神秘的、非人的力量的至上性、全能性的否定。故事中的事實表明，這種神祕的、神聖的存在，智慧也有缺陷，思慮並不周全。而且在莊子看來，即使有某種人格的、最高的「至知」存在，也不敵萬人之謀。人的理性覺醒在這則故事中表現得更加鮮明。回顧前面對莊子思想主要方面的論述，根據這裡兩則故事所顯示的莊子的理性覺醒，似乎可以認爲，莊子思想的發展進程實際上是經歷兩次選擇：第一次就在這裡發生，是在宗教性的、巫術的「神」與理性的人之間，莊子選擇了人；第二次是在此後發生，即在前面已經論及的莊子自然哲學、人生哲學、社會批判中經常表現出來的在本然存在的「天」與體現人的創造性、主動性的「人」之間，莊子選擇了「天」。通過這樣的兩次選擇，莊子思想的基

本性質、主要色彩就是屬於非宗教的、自然主義的了。

(2)反映醫術淡巫術中分離的過程　英國科學史家丹皮爾說：「科學並不是在一片廣闊而有益於健康的草原——愚昧的草原——上發芽成長的，而是在一片有害的叢林——巫術和迷信的叢林——中發芽成長的，這片叢林一再地對知識的幻苗加以摧殘，不讓它成長。」（《科學史》商務印書館1975年版第29頁）《莊子》中展示的科學背景正是在從這巫術叢林中走出來的圖景。巫術神秘性受到莊子的理性的否定，這是一方面的情況；另一方面的情況，則是具有科學性質的醫術已從巫術中分離出來，在《莊子》中也顯現得十分分明。

《山海經》寫道：「大荒之中，有靈山，巫咸、巫即、巫盼、巫彭、巫姑、巫眞、巫禮、巫抵、巫謝、巫羅十巫，從此升降，百藥爰在」（《大荒西經》），「開明東有巫彭、巫抵、巫陽、巫履、巫凡、巫相，夾窫窳之屍，皆操不死之藥以距之」（《海內西經》）。可見在遠古，巫、醫是不分的。《周禮》中，巫、祝屬「春官大宗伯」，醫則屬「天官冢宰」，職守已有不同。但是，因爲不能確認《周禮》所記載或反映的一定就是西周的典章制度，所以也就難以據此斷定在莊子以前巫、醫已經分離。然而在《莊子》中，醫術作爲是一種獨立於巫術之外的社會職業，則是肯定無疑的了。《莊子》中除了神巫季咸能預卜、觀相人之吉凶禍福的記述外，關於巫、祝的記述還有：

> 故解之以牛之白顙者，與豚之亢鼻者，與人有痔病者，不可以適河。此皆巫祝以知之矣，所以爲不祥也。此乃神人之所以爲大祥也。（《人間世》）

> 祝宗人元端以臨牢筴，說彘曰：「汝奚惡死？吾將三月豢汝，十日戒，三日齊，藉白茅，加汝肩尻乎雕俎之上，則汝爲之乎？」（《達生》）

從《莊子》對巫、祝語含譏嘲，戲謔的記述中可以看到，祭祀是巫、祝的主要職事。《莊子》中對醫則有另外的記述：

治國去之，亂國就之，醫門多疾。（《人間世》）

有虞氏之藥瘍也，禿而施髢，病而求醫（《天地》）

秦王有病召醫……（列禦寇）

顯然，在《莊子》中醫者之所能所事與巫、祝之所能所事已大不相同，「醫門」在眾多的社會行業中已是一個獨立的門戶了。

被郭象以「一曲之才，妄竄奇說」（陸德明《經典釋文序錄・莊子》）而刪削的《遊鳧》篇有則對民間「驅鬼」巫風何以形成的解釋，更能說明巫、醫的分離：

遊鳧問雄黃曰：「今逐疫出魅，擊鼓呼噪，何也？」曰：「昔黔首多病，黃氏立巫咸，教黔首，使之沐浴齋戒以通九竅，鳴鼓振鐸以動其心，勞形趨步以發陰陽之氣，春月毗巷飲酒茹蔥以通五臟。夫擊鼓呼噪，非以逐疫出魅，黔首不知以爲魅祟也。」（《玉燭寶典》）

可見，在巫祝看來是神聖、神秘的送鬼敬神的禳解、祭奠典禮，在醫家的眼光裡卻認爲是強身、健心的衛生活動，獲得了科學因素的醫術就是這樣從迷信性質的巫術中獨立出來，這則《莊子》佚文在一個具體問題上清晰地反映了這個過程。

總之，從科學史的角度看，莊子思想已經走出巫術的叢林，衝出古代巫術和原始宗教所固有的那種迷信、神秘的陰霾。莊子思想的古代科學背景首先是一幅明朗的背景。

2.高超的工藝技巧及其經驗

貝爾納認爲，在歷史上，科學形成的機制，「是最早最前從生產方法，也就是從供給人類需要的種種技術的了解、控制和轉變上發生的」，科學產生的過程，總是在「揀取和改造物質，以製造工具來滿足人類主要需求的過程中，首先產生技術，隨後產生科學。」（《歷史上的科學》，第13頁、19頁）這無疑是很眞實的、正確的。生產技術、工藝技巧實際是科學的歷史發展的一個十分重要的、深刻的方面的內

容。正是在這個意義上說，《莊子》中記述的、反映的那個時代的手工藝技巧，構成了莊子思想的科學背景中的最鮮明、最突出的部分。

前面已經論述，《莊子》中記述或提及的手工勞動的種類是很多的，有金工、木工、陶工、漆工、屠宰、洗染、縫紉、織屨，等等。它們織成了莊子那個時代的生動的社會生活畫面，同時也反映了那個時代的生產力發展狀況。《莊子》中還描述了當時手工業勞動的工藝技巧所達到的高超精熟的程度，並且總結出這種高超的手工工藝的獨特經驗——一種不能上升為科學而卻能升華為哲學的經驗。這些，除了前面已經引述的庖丁解牛（《養生主》），輪扁斲輪（《天道》），梓慶削鐻（《達生》），還有：

> 大馬之捶鉤者，年八十矣，而不失豪芒。大馬曰：「子巧與？有道與？」曰：「臣有守也。臣之年二十而好捶鉤，於物無視也，非鉤無察也。是用之者，假不用者也以長得其用，而況乎無不用者乎！物孰不資焉！」（《知北遊》）

《莊子》中還有一些對其它種類手工勞動高超技能的描述，如痀僂承蜩，津人操舟（皆見《達生》），但基本的內容也就是對解牛、斲輪、削鐻、捶鉤這四種手工勞作描繪中所共同顯示出來的兩點：第一，當時手工業勞動所表現出的高超工藝技術，主要是「驚猶鬼神」的神巧和「不失豪芒」的精確；第二，這種高超的工藝技巧，是這些手工勞動者長期勞動操作的經驗、體驗的結晶，具有不可用思慮來分析、被程序所規範的性質，也就是說，這些高超的手工工藝不再是極盡心思的、精湛的技巧，而是無所用心的、「進乎技」（《養生主》）的「道」的精神境界。丹皮爾曾正確地指出，在古代世界裡，「常識性的知識和工藝知識的規範化、標準化，應該說是實用科學的起源的最可靠的基礎。」（《科學史》，第31頁）顯然，莊子在描述、總結梓慶等手工業勞動者的高超技巧的工藝經驗時，卻是指向規範化、標準化相反的方向。在莊子看來，這種經驗就是梓慶「以天合天」和庖丁「依乎天理」

的因任自然；就是捶鉤者「於物無視，非鉤無察」的專心致志；就是輪扁斫輪「得手應心，口不能言，有數存其間」的獨特感受，等等。一言以蔽之，是模糊的、整體的主觀體驗。這種經驗沒有可把握的邏輯環節，不能還原爲一種清晰的思維過程；也不能借操作規範而客觀化爲標準的工藝過程。在這一點上，《莊子》和《考工記》形成鮮明的對比：《莊子》所描述的各種手工勞動的高超技巧，都是同一性質的主觀體驗，《考工記》所記載的卻是當時各種手工業技術操作的不同的工藝規範。例如在《莊子》中，輪扁「不徐不疾」的斫輪技巧，是「得手應心，口不能言」的；在《考工記》中，第一篇《輪人》就對製輪的工藝過程和標準作了十分明確的說明。所以，《莊子》中的這種對工藝經驗的哲學性質的描述和總結，也就不能爲當時手工業生產的工藝或技術進一步發展提供知識的、科學理論的基礎；但是，它和莊子人生哲學中「體道」的修養方法、和莊子認識論第三層面上的理性直覺的認識方法卻是完全吻合的。這表明，正是莊子那個時代的手工勞動技巧、工藝體驗，形成了莊子思想中「道」的修養方法和精神境界的經驗來源或科學背景。

3.廣泛的經驗知識

在先秦的諸子著作中，論其文采，誠如魯迅所說，《莊子》「汪洋闢闔，儀態萬方，晚周諸子之作，莫能先也」（《漢文學史綱要》第三篇《老莊》）；較量內容，也完全可以說，《莊子》萬象畢羅，涵蓋天地，爲諸子之首。《莊子》中凝聚和反映了人們在當時的認識能力下，在生活的各個方面所能作出的觀察和獲得的經驗知識。對《莊子》中範圍廣泛、內容多樣的經驗知識作精確的分類是很困難的，這裡姑且分爲天體、萬物和人這樣三個方面來加以綜述。

(1)天體的描述　《莊子》中對天體的認識，還是處在經驗基礎上的直觀的、想像的描述階段，而沒有形成系統的知識；但它畢竟爲莊子思想提供了觀念的基礎。

天體給予人的最為鮮明的、強烈的直接感受，是它的廣袤包裹著人類。所以「大」的意念，覆蓋萬物的形象，就是《莊子》對天體的直觀的描述。《莊子》中稱之為「天地」：

> 天地者，形之大者也。（《則陽》）

> 天無不覆，地無不載。（《德充符》）

> 今一以天地為大鑪，（《大宗師》）

天體或「天地」這種廣袤的自然性質，在《莊子》中被「人」化，升華為某種道德品質，所謂「天地者，萬物之父母也」（《達生》），「淡然無極，天地之道也」（《刻意》），體現著寬容和寧靜而被莊子所推崇：「天地者，古之所大也，而黃帝堯舜之所共美也。」（《天道》）

但是，莊子作為一個思想家，他對天體或「天地」的觀察，當然沒有囿限於，而是超越了這種感性的直觀。一種理性思辨的直覺能力，使他斷定「天地」不能是最大的。莊子借海神（北海若）之口說：

> 計人之所知，不若所不知，其生之時，不若未生之時；以其至小求窮其至大之域，是故迷亂而不能自得也。由此觀之，又何以知豪末之足以定至細之倪！又何以知天地之足以窮至大之域！（《秋水》）

也就是說，可為感官把握的「形之大者」的「天地」，並不是「至大之域」。於是在《莊子》中又出現了憑藉於想像的對「至大之域」的描述。這一描述借想像翱翔在天宇中的大鵬而展開：

> 鵬之徙於南冥也，水擊三千里，搏扶搖而上者九萬里，去以六月息者也。野馬也，塵埃也，生物之以息相吹也。天之蒼蒼，其正色邪？其遠而無所至極邪？其視下也，亦若是則已矣。（《逍遙遊》）

「天之蒼蒼，其正色邪？其遠而無所至極邪」，就是「至大之域」的形象或意念，它是蒼然空虛、無任何形質、無窮遼遠的太空。「至大

之域」的無形、無限的想像的描述，在《莊子》中由形象、意念上升為概念，就是「氣」、「宇宙」：

　　氣也者，虛而待物者也。（《人間世》）

　　通天下一氣耳。（《知北遊》）

　　有實而無乎處者，宇也；有長而無本剽者，宙也。（《庚桑楚》）

這樣，莊子對天體想像性的描述就可以概括為：天體是無限的；在無端際、無本末的廣漠「宇宙」中，充滿無形體的「氣」。莊子想像中的天體或「宇宙」的這種虛空無形、寥廓無極的自然性質，經過哲學的升華，就是精神上的「無待」、「無累」的條件和表現，就是莊子理想的、最高的精神境界的體現——「遊乎天地之一氣」（《大宗師》），「遊無何有之鄉」（《應帝王》），「遊無極之野」（《在宥》），「遊心於無窮」（《則陽》），等等。

　　應該說，《莊子》在感性經驗基礎上對天體的觀察和描述，不僅是構成莊子哲學思想本身的觀念基礎，而且對以後中國古代天文學的天體理論也有所影響。根據《晉書·天文志》的記載，我國古代的天體論學說有三家：蓋天、宣夜、渾天。「蓋天」說為《周髀》家所主，其言「天員如張蓋，地方如棊局」；「宣夜」說絕傳，東漢郗萌述其說，以為「天無了質，仰而瞻之，高遠無極，眼瞀精絕，故蒼蒼然也……日月眾星，自然浮生虛空之中，其行其止皆須氣焉」（《晉書》卷十一《天文志》上）。顯然，《莊子》對天體的直觀描述，有似「蓋天」，而想像的描述，則為「宣夜」所本⑥。

　　(2)萬物的記述　在《莊子》中，從凌雲展翅的鯤鵬，到伏地爬行的蟲蟻；從「八千歲為春，八千歲為秋」的大椿，到「不知晦朔」的菌苔；從蝸牛之角到夔蛇之足；從鼠類的飲水鑽穴，到鳥群的覓食築巢；從可宰割的牛羊，到無法捕捉的長風、罔兩……無數的生物，萬種的景象都在莊子筆下攢動、湧現。《莊子》是部博物志。其中，對於印證或構成他的哲學思想的經驗知識背景來說，有兩個方面的內容

比較突出。

首先，是對動物習性的眞實記述。《莊子》中對動物，特別是與人類關係密切的獸類、鳥類的生活習性有很眞切的觀察和記述。例如：

> 馬，蹄可以踐霜雪，毛可以禦風寒，齕草飲水，翹尾而陸，此馬之眞性也……喜則交頸相靡，怒則分背相踶，馬知已此矣。（《馬蹄》）
>
> 以鳥養鳥者，宜棲之深林，遊之壇陸，浮之江湖，食之鰍鰷，隨行列而止，委蛇而處。（《至樂》）

《莊子》中對動物習性的記述，除了這些人們日常習見的事實外，還有一些罕爲一般人所知的稀奇內容，如「蝍蛆甘帶，鴟鴉耆鼠，猨猵狙以爲雌，麋與鹿交」（《齊物論》），顯示了《莊子》蘊積的經驗知識的廣博。

《莊子》中對動物的心理也有細膩的觀察描寫。例如：

> 汝不知夫養虎者乎？不敢以生物與之，爲其殺之之怒也；不敢以全物與之，爲其決之之怒也；時其飢飽，達其怒心。虎之與人異類而媚養己者，順也；故其殺者，逆也。（《人間世》）
>
> 仲尼曰：「丘也嘗使於楚矣，適見㹠子食於其死母者。少焉眴若棄之而走。不見己焉爾，不得類焉爾。所愛其母者，非愛其形也，愛使其形者也……」（《德充符》）

《莊子》中這兩段對動物心理的記述表明，在莊子看來，動物和人雖然異類，但在心理和智力的本質上是沒有區別的。養虎者不用活的小動物或大塊的肉餵養虎，就是避免虎在撲殺活物或撕裂大的食物時，誘引出怒殺的感情，發起凶猛的虎威來。吃乳的小豬崽，忽然發覺母豬不像往日那樣對自己親熱溫柔，原來已經死了！就驚恐地逃開。豬崽愛的不是母豬的形體，而是驅動這形體的偉大的母愛！顯然，這些都是莊子移用人的心理的屬性和發生機制來觀察和描述動物的行爲。

由於莊子把動物和人放在自然界的同等的位置上，《莊子》中那

些對動物習性的經驗的記述，也同時表現著或犀通著人的一種性質，所以這種記述也就一般不單純是關於動物的經驗知識的陳述，而總是印證著或內蘊著某種有關於人的哲學思想。在《莊子》中，以動物習性的記述爲經驗來源或知識背景的思想結論，主要有二：第一，因任自然的觀點。在莊子看來，動物的習性，是一種固有的自然本性，對這種習性或本性的人爲的改變、戕害，都會帶來不幸的後果。如《莊子》寫道：

> 馬，蹄可以踐霜雪，毛可以禦風寒，齕草飲水，翹尾而陸，此馬之眞性也。雖有義臺路寢，無所用之。及至伯樂，曰：「我善治馬。」燒之、剔之、刻之、雒之，連之以羈馽，編之以皁棧，馬之死者十二三矣；飢之、馳之、驟之、整之、齊之，前有橛飾之患，而後有鞭筴之威，而馬之死者已過半矣。（《馬蹄》）

> 鳬脛雖短，續之則憂；鶴脛雖長，斷之則悲。故性長非所斷，性短非所續，無所去憂也。（《駢拇》）

莊子人生哲學中的「常因自然而不益生也」（《德充符》），社會批判思想中的「君子不得已而臨莅天下，莫若無爲」（《在宥》）的觀點，顯然都是這類經驗事實的理論升華。

第二，相對性的觀點。莊子觀察到，不同動物所表現出的習性是很不相同的，但其優劣長短卻是難以進行比較的，「騏驥驊騮，一日而馳千里，捕鼠不如狸狌，言殊技也；鴟鵂夜撮蚤，察毫末，晝出瞋目而不見丘山，言殊性也」（《秋水》）。因而在莊子看來，不同動物的迥異的習性，在自然界中和人所表現出的習性，應該具有同等的不可被抹殺的獨立性和合理性。如前已引述莊子曾這樣問道：

> 民濕寢則腰疾偏死，鰌然乎哉？木處則惴慄恂懼，猨猴然乎哉？三者孰知正處？民食芻豢，麋鹿食薦，蝍蛆甘帶，鴟鴉耆鼠，四者孰知正味？……毛嬙麗姬，人之所美也；魚見之

深入，鳥見之高飛，麋鹿見之決驟，四者孰知天下之正色哉？
（《齊物論》）

顯然，從人或任一動物的具體立場作出能涵蓋全體的確定性的回答都
是不可能的；結論只能是相對的，只能是如《莊子》所說「是非之塗，
樊然殽亂」，「是之異乎不是也亦無辯……然之異乎不然也亦無辯」
（《齊物論》）。簡言之，是非然否都是相對的，沒有分別的。可見，
莊子在認知相對性觀點的論證中，具有決定性的論據是來自對動物世
界的經驗知識，這一論證的結論構成了莊子認識論的第一層面。

其次，是對生物演變過程的經驗描述。《莊子》中有段對生物演
變過程的描述：

種有幾，得水則爲　　，得水土之際則爲蛙蠙之衣；生於陵屯則
爲陵舄；陵舄得鬱棲則爲烏足。烏足之根爲蠐螬，其葉爲胡蝶。
胡蝶胥也化而爲蟲，生於竈下，其狀若脱，其名爲鴝掇。鴝掇
千日爲鳥，其名爲乾餘骨。乾餘骨之沫爲斯彌，斯彌爲食醯。
頤輅生乎食醯，黃軦生乎九猷，瞀芮生於腐蠸。羊奚比乎不箰
久竹生青寧，青寧生程，程生馬，馬生人，人又反入於機。萬
物皆出於機，皆入於機。（《至樂》）

對這段文字的解釋，在歷史上和晚近都存在著分歧和爭論。歷史上的
分歧，除了歷代注解《莊子》的學者對其中某些名物有不同的解釋外，
主要是對「幾」、「機」兩個關鍵性的詞的理解、詮釋迥然有異。以
郭象爲代表的一種注解，將「幾」、「機」作不同的解釋，「幾」是
幾何、多少之義，「機」是指萬物變化的機制、化機。（見《莊子》注）多
數注解《莊子》的學者不同意這種解釋，他們認爲這裡的「幾」與「
機」同義。但他們之中對「機」（或「幾」）又有兩種不同解釋。一
種解釋認爲「機」（「幾」同）即化機、機制；另種解釋認爲「幾」
（「機」同）是幾微、微小之義⑦。詳審《莊子》這段文字，顯然有
這樣的一個基本思想：物種皆出自某個原始東西（「種有幾」或「萬

物皆出於機」），最後又返歸這個原始的東西（「萬物皆入於機」），所以把「幾」、「機」作同義的理解，應該說是符合《莊子》原意的。

晚近的爭論在於：1917年胡適發表《先秦諸子進化論》一文，認為《莊子》的這段文字是描述自然界中由某種原始的微生物（「幾」），經過植物、動物等階段，演化到人的「生物進化論」；而此後則有學者撰文反駁這一觀點，也有學者著述支持這一觀點。我們若對《莊子》這段文字的內容作較細致的分析，並聯繫莊子自然哲學的基本思想來看，這個爭論問題的正確結論還是不難作出的。

應該說，《莊子》這段描述生物演變過程的文字，就其內容本身來說，確有比較複雜的情況：第一，同時體現了雙重的、有對立性質的觀念，即這一過程似乎顯示了生物從低級植物（鼃、蛙蠙之衣、陵鳥、烏足），到動物（蟲——蟜蟟、胡蝶，鳥——乾餘骨，獸——程、馬），到人的具有進化性質的過程；但也確乎表述了從原初物質（「幾」）到原初物質（「機」）的完全是循環性質的過程。第二，援用了三種不同性質的認識方法得來的材料，即構成這一演變過程的各個環節，如「烏足之根為蟜蟟」，「胡蝶化為蟲」，及若干脫離了這個演變過程環節的一物生一物的記述（「頤輅生乎食醯」，「黃軦生乎九猷」，「瞀芮生乎腐蠸」），顯然都是由粗糙的觀察而得出的不確實的經驗結論；而「鴝掇千日為鳥」，「青寧生程」，「程生馬」，「馬生人」，都不可能有個人親身經歷的根據，只能是一種來歷已經湮滅，因而無法考證的傳聞，猶如《搜神記》所記「秦孝公二十一年有馬生人」（《搜神記》卷六）；最後，作為這一演變過程的開始（「幾」）和結束（「機」），既不是觀察的，也不是傳聞的，而是一種想像的、哲學思辨的產物。總之，《莊子》這段文字的內容是比較複雜的，它表現出的生物演變思想的理論歸屬還不十分清晰。但已經可以看出，將其歸屬於認為生物是有序的、由低到高的演化進程的「生物進化論」是困難的。

如果我們能從這段文字的撲朔迷離的內容細節擺脫出來，從莊子自然哲學的主體的、一貫的思想上來看，那麼它所表現出的生物演變思想的理論性質、理論歸屬就是比較簡單和清楚的了。莊子自然哲學認為，「萬物一齊」，「固將自化」（《秋水》）自然界的萬物從一開始就是同等地存在和獨立地變化著，就像人在「萬化」中的景況一樣，「浸假而化予之左臂以為雞」，「浸假而化予之右臂以為彈」，「浸假而化予之尻以為輪」，或者，「以汝為鼠肝」、「以汝為蟲臂」、「萬化而未始有極也」（《大宗師》），萬物皆是如此，不存在某種固定的、具有等級性的進化系列或變化秩序。從莊子自然哲學思想的這個基本點上來看，《莊子》這段文字中記述的生物演變現象或事例，顯然不能被認為是「生物進化論」思想的最早覺醒或原始形式，而只能是莊子「萬物皆種也，以不同形相禪，始卒若環，莫得其倫」（《寓言》）的觀點，即萬物循環變化的自然哲學觀點的經驗事例的說明或印證⑧。

(3)人的揭示　《莊子》中對人的內在世界有十分細致的觀察和揭示。從某種意義上說，莊子人生哲學有兩大問題，一是達到「無待」的「逍遙」精神境界的修養方法；一是作為這種境界實現的處世方法。《莊子》對人的內在性質的描述，即對作為個體的人的生理和心理的揭示，和對作為群體的人的社會心理或世態的觀察，實際上正是圍繞這兩個問題展開的，從而直接構成莊子的人生哲學和社會批判思想的知識的、經驗的基礎。

第一，對人的生理本質和生理疾病的解釋　從《莊子》中可以看出，莊子是立足在「氣」的觀念或理論基礎上，對人的生理狀況作出最後本質的解釋。「通天下一氣耳」，「氣也者虛而待物者也」，即在莊子看來，「氣」是充盈、彌漫於宇宙間的唯一的、本身無形體卻能構成任何具體物質形態的一種存在。因而，人的生命、肌體在本質上是「氣」的聚合、變現。這一點，在《莊子》中表述得十分明確：

　　察其（人）始而本無生，非徒無生也，而本無形，非徒無形也，
而本無氣。雜乎芒芴之間，變而有氣，氣變而有形，形變而有
生。（《至樂》）

　　人之生，氣之聚也，聚則爲生，散則爲死。（《知北遊》）

　　在《莊子》中，根據「氣」的不同顯現，又將「氣」作「陰陽」
之分、「六氣」之分。如說「陰陽者，氣之大者也」（《則陽》），
「乘天地之正，而禦六氣之辯」（《逍遙遊》）。也就是說，莊子認爲
陰、陽這兩種最廣泛的對立現象，是「氣」的最基本的顯現。至於「
六氣」是什麼？《莊子》中沒有明確的說明，歷代注解《莊子》的學
者也眾說紛紜。其中，司馬彪解說爲「陰陽風雨晦明也」（陸德明《
經典釋文》引），這和春秋時代醫和對「六氣」的解釋完全一致⑨，比
較合理有據。在莊子看來，「六氣不調，四時不節」（在宥），「陰
陽不和，寒暑不時，以傷庶物」（《漁父》），也就是說，彌漫於天
地間的「六氣」、「陰陽」失去調和平衡，萬物就要遭受災害；同樣，
流通在、充盈在人身體內的「氣」發生紊亂阻礙，人的生理健康就要
受到損傷。《莊子》在兩則故事中表述了這個觀點：

　　子祀、子輿、子犁、子來相與爲友。俄而子輿有病，子祀往問
　　之。曰：「偉哉夫造物者，將以予爲此拘拘也！」曲僂發背，
　　上有五管，頤隱於臍，肩高於頂，句贅指天，陰陽之氣有沴，
　　其心閒而無事，跰𨇤而鑑於井，曰：「嗟乎！夫造物者又將以
　　予爲此拘拘也！」（《大宗師》）

　　桓公田於澤，管仲御，見鬼焉……公反，誒詒爲病，數日不出。
　　齊士有皇子告敖者曰：「公則自傷，鬼惡能傷公！夫忿滀之氣，
　　散而不反，則爲不足；上而不下，則使人善怒；下而不上，則
　　使人善忘；不上不下，中身當心，則爲病。」（《達生》）

顯然，莊子是認爲，桓公的得病，並非由於「鬼」在作祟，而是「氣」
的運行受驚恐阻礙，不能暢通；子輿雖然心地曠達開朗，但「陰陽之

氣有沴」，發生紊亂，佝僂痙攣的沉疴還是降臨！《莊子》中還寫道：「人大喜邪毗於陽，大怒邪毗於陰，陰陽並毗，四時不至，寒暑之和不成，其反傷人之形乎！」（《在宥》）有則《莊子》佚文也說：「陽氣獨上則爲顛病。」（《太平御覽》七五二）也就是說，陰或陽之「氣」過甚而失去平衡有序，是人體致病的主要原因。《內經》說：「陰平陽秘，精神乃治，陰陽離決，精氣乃絕。」（《素問·生氣通天論》）可以說，莊子「氣沴」致病的觀點和傳統醫學這個調整機體平衡的治療總原則是相通的。

第二，對人的心理現象的描述　在先秦諸子中，莊子對人的心理活動、狀態的細膩觀察和描述是十分突出的，甚至可以說是唯一的。莊子經常把某些社會的、人生的問題還原到、歸結到心理的層次或角度上來加以論述。

首先，目前普通心理學所描述的人的一般的心理現象在《莊子》中都有出現。除了眾多的、不勝枚舉的感覺、知覺等簡單的心理現象的描寫外，《莊子》中還有：

普通心理學描述的人的心理現象	在《莊子》中出現的具體描寫舉例
思維	人心排下而進上，上下囚殺，淖約柔乎剛強，廉劌雕琢，其熱焦火，其疾俛仰之間而再撫四海之外，其居也淵而靜，其動也縣而天，僨驕而不可繫者，其唯人心乎！（《在宥》）
想像	予方將與造物者爲人，厭則又乘夫莽眇之鳥，以出六極之外，而遊無何有之鄉，以處壙垠之野。（《應帝王》）
記憶	舊國舊都，望之暢然；雖使丘陵草木之緡，入之者十九，猶之暢然。（《則陽》）
注意	吾處身也，若厥株枸；吾執臂也，若槁木之枝；雖天地之大，萬物之多，而唯蜩翼之知。吾不反不側，不以萬物易蜩之翼，何爲而不得！（《達生》）

普通心理學描述的人的心理現象	在《莊子》中出現的具體描寫舉例
快樂	大冶鑄金，今一犯人之形，而曰：「人耳，人耳！」（《大宗師》）
悲哀	人生天地之間，若白駒之過郤，忽然而已。注然勃然，莫不出焉；油然漻然，莫不入焉。已化而生，又化而死，生物哀之，人類悲之。（《知北遊》）
恐懼	人有畏影惡迹而去之走者，舉足愈數而迹愈多，走愈疾而影不離身，自以爲尚遲，疾走不休，絕力而死。（《漁父》）
個性	凡人心險於山川，難於知天；天猶有春秋冬夏旦暮之期，人者厚貌深情，故有貌愿而益，有長若不肖，有順懁而達，有堅而縵，有緩而釬。（《列禦寇》）

可見，《莊子》中對人的最主要的、基礎的心理現象都有所揭示，並且描寫得很具體生動。

不僅如此，《莊子》中對在特定的社會生活條件下或情境中的人的心理活動和心理狀態也有所揭示，也就是說，莊子發現並描述了某些爲現代社會心理學所研究的對象。《莊子》中的這些描述，大體可以歸納爲兩個方面。

其一，情境對心理發生影響的事例。社會心理學「涉及的是處於某種群體形勢之中的個人」⑩，社會生活環境，或者說外界情境對個體心理活動或狀態的影響無疑是十分顯著的。《莊子》以具體事例生動地描繪了這種情境作用。例如：

以瓦注者巧，以鈎注者憚，以黃金注者殙。（《達生》）

踆市人之足，則辭以放驁，兄則以嫗，大親則已矣。（《庚桑楚》）

方舟而濟於河，有虛船來觸舟，雖有惼心之人不怒；有一人在其上，則呼張歙之；一呼而不聞，再呼而不聞，於是三呼

　　邪，則必以惡聲隨之。向也不怒而今也怒，向心虛而今也實。
　　（《山木》）

《莊子》對這些在一定外界情境影響下的個體心理現象的觀察、描寫是頗有情趣的，完全眞實的，並且和現代社會心理學從「誘導作用」、「自我暗示」、「侵犯行爲」等具有理論色彩的角度所作出的描述或實驗結論是吻合的。例如以瓦器賤物投擊目標，能百發百中；以稍爲貴重的帶鈎投擊，就難以全中；以貴重的黃金投擊，則心智昏亂而不中。莊子的這個觀察和現代社會心理學家R・馬頓斯的「手掌印迹數目」的實驗結論就是完全一致的。這個實驗表明，進行複雜的運動工作的個體，觀眾在場時的手掌出汗量，大於他們各自單獨工作時的出汗量⑪。不同在於，馬頓斯的實驗在於說明動機增強對工作的誘導作用，即動機的心理效應這一科學問題；莊子則是援用這些觀察得來的心理現象的經驗事實說明「外重者內拙」（《達生》）、「人能虛己以遊世，其孰能害之」（《山木》）的修養方法、處世態度。

　　其二，典型的社會心理現象的事例。《莊子》中的許多社會心理描述，除了揭示了社會情境對心理的影響，還直接摹畫了某些具有典型意義的社會心理現象。例如：

《莊子》中的社會心理現象具體描述	歸屬於現代社會心理學的規範論述
獸死不擇音，氣息茀然，於是並生心厲。怒核太至，則必有不肖之心應之，而不知其然也。（《人間世》）	社會動機：挫折（遇到障礙和干擾，其需要不能得到滿足時的一種消極情緒狀態）。
闉跂支離無脤說衛靈公，靈公說之；而視全人，其脰肩肩。甕㼜大癭說齊桓公，桓公說之；而視全人，其脰肩肩。（《德充符》）	社會認知：「光環作用」（由不同原因產生的先入爲主的板刻印象）。
大聲不入於里耳，折揚皇荂，則嗑然而笑。（《天地》）	

《莊子》中的社會心理現象具體描述	歸屬於現代社會心理學的規範論述
以巧鬥力者，始乎陽，常卒乎陰，太至則多奇巧；以禮飲酒者，始乎治，常卒乎亂，太至則多奇樂。凡事亦然，始乎諒，常卒於鄙；其作始也簡，其將畢也必巨。（《人間世》）	社會態度：認知失調（認知因素之間呈不協調關係）。
尊古而卑今，學者之流也。（《外物》）	
世俗之人，皆喜人之同乎己而惡人之異於己也。（《在宥》）	社會群體：人際交往（人與人之間的溝通）。
君子之交淡若水，小人之交甘若醴，君子淡以親，小人甘以絕。（《山木》）	

《莊子》中的這些社會心理現象描述，當然還是一種經驗性質的，是莊子對世態的冷峻的、細密的觀察的結果。莊子這種努力的目的，在於窺伺、熟悉社會生活中的「大郤」、「大窾」、「肯綮」、「大軱」，從而能夠在現實生活中獲得如同「以無厚入有閒，，恢恢乎其於游刃必有餘地矣」（《養生主》）的處世自由。

最後，《莊子》中還描寫了具有某種變態性質的心理現象，即莊子思想經常沉浸於、顯現於其中的那種異常的心理環境——夢境和逆境。

顯然，夢境與現實是有區別的。從心理學的角度看，「做夢和現實狀態之間在認識方面的基本差別在於，做夢時接受自相矛盾的情節，樂於不問究竟地承認奇異的事件。」[12]所以夢境是莊子實現其「無待」、「逍遙」的絕對自由的最好的心理環境，《莊子》中多次寫到夢境：

昔者莊周夢爲胡蝶……（《齊物論》）

汝夢爲鳥而厲乎天，夢爲魚而沒於淵。（《大宗師》）

夜半，骷髏見夢曰……（《至樂》）

匠石歸，櫟社見夢曰……（《人間世》）

弗洛伊德認為，「夢有兩個主要的特性，即願望的滿足和幻覺的經驗」（《精神分析引論》，商務印書館1984年版，第97頁）。莊子對夢的描寫，理論目的當然不是為了說明夢的這種心理特質，但它表現出的奇特的想像和追求自由的願望，明顯地蘊涵著這樣的性質。

從《莊子》佚文中看出，莊子也還是對夢的心理現象提出了一種理論性質的解釋：「夢者，陽氣之精也，心所喜怒，則精氣從之。」（《太平御覽》三九七）莊子似乎是認為，人的強烈欲望（如大喜、大怒），還原成「氣」，就是一種「強陽氣」（《知北遊》），這種「陽氣」在人的睡眠中逃逸出現，就是夢。所以心平氣和、恬淡寡欲的「古之眞人，其寢不夢」（《大宗師》）。巴甫洛夫高級神經活動學說認為，人在睡眠時，大腦皮層在彌漫性抑制的背景上，常有一些孤立的、彼此不相聯繫的神經細胞處於興奮之中仍在活動，便形成了夢的景象。榮格則說，「夢就是潛意識的表現」（《現代靈魂的自我拯救》，工人出版社1987年版，第30頁）。和現代心理學這些以神經活動或精神分析理論對夢的說明相比，莊子的解釋的確是比較粗糙的，但這也是完全可以理解的，因為它畢竟是屬於這一科學探索歷程的開始。

變態心理學在考察人的異常行為的心理因素時發覺，挫折情境（逆境）下的人，常有攻擊、倒退、冷漠等行為反應，並表現出相應的升華作用、合理化作用、壓抑作用等心理防禦機制⑬。從《莊子》中的記述可以看出，莊子的一生是逆境中度過的。「莊周家貧，故往貸粟於監河侯」（《外物》），莊子說自己「處昏上亂相之間，而欲無憊，奚可得邪？」（《山木》）莊子的生平經受著物質生活上的貧窮艱辛和精神上的鬱悶痛苦的雙重煎熬，在這樣的生活環境中釀成的莊子作品，流露或描繪出的逆境的心理色彩自然是比較濃厚的了。換言之，莊子思想的逆境心理背景是比較清晰的。試表解於下：

逆境的行爲反應與心理防禦	《莊子》中的逆境心理描述	莊子的處世態度	莊子的社會批判基礎
攻擊——升華作用	自三代以下者，天下何其囂囂也。（《駢拇》）天下之善人少而不善人多。（《胠篋》）	超世態度：至人……遊乎四海之外。（《齊物論》）真人……與造物者爲人。（《大宗師》）	無君論：君乎，牧乎，固哉！皆夢也。（《齊物論》）
倒退——合理化作用	彼且爲嬰兒，亦與之爲嬰兒；彼且爲無町畦，亦與之爲無町畦；彼且爲無崖，亦與之爲無崖。（《人間世》）	順世態度：唯至人乃能遊於世而不僻，順人而不失己。（《外物》）	無爲論：至人無爲，大聖不作，觀於天地之謂也。（《知北遊》）
冷漠——壓抑作用	神人……孰弊弊焉以天下爲事。（《逍遙遊》）聖人……何肯以物爲事乎！（《德充符》）真人……惡能憒憒然爲世俗之禮，以觀衆人之耳目哉！（《大宗師》）	遁世態度：聖人……自埋於民，自藏於畔……是陸沉者。（《則陽》）	返樸論：古之人在混茫之中，與一世而淡漠焉。（《繕性》）

「天下何其囂囂！」「天下不善人多！」從變態心理學的角度來看，莊子對他所生活的那個社會、那個時代表現出的這種極度不滿、憤慨，乃是一種攻擊性的逆境行爲和心理反應；這種反應一方面直接宣洩爲對作爲那個社會、時代集中代表的君主制的否定，另一方面也升華爲一種傲然超越那個社會世俗之上的處世態度。變態心理學認爲，受到挫折的個體，還有「倒退」的反應，即表現爲童年時期的一些習慣與行爲方式，表現爲以幼稚而簡單的方式應付挫折情境。逆境中的莊子也正是這樣，把已發生的一切歸結爲一種外在必然性——「命」與「

時」，「我諱窮久矣而不免，命也；求通久矣而不得，時也」（《秋水》）；把這種外在力量當作一種合理的、無可奈何的力量加以認定，即表現為順從和無為，以消彌和擺脫生活挫折帶來的憤懣苦惱，「安時而處順，哀樂不能入也，古者謂是帝之縣解」（《養生主》），「知其不可奈何而安之若命，德之至也」（《人間世》）。按照變態心理學的分析，冷漠是指個體在受到挫折以後表現的對挫折情境漠不關心、無動於衷的態度，這是一種比攻擊更為複雜的、深沉的反應。冷漠並非不包含憤怒不滿的情緒成份，只是把這種情緒壓抑入意識的深層罷了。逆境中的莊子，對世俗生活是極為冷漠的，他把世俗追求視為「腐鼠」，寧願自由自在地生活於「泥塗」之中，也不求富貴而受制於「廟堂」之上（《秋水》）。應該說，莊子遁世的處世態度和返樸的社會思想，正是在這種冷漠—壓抑的逆境心理環境中孕育和滋長的。總之，從變態心理學的角度來看，莊子的人生哲學和社會批判思想烙有明顯的挫折情境的心理痕跡。正是從這個意義上說，《莊子》中對逆境心理的描述，構成了莊子思想的古代科學背景的極重要的部分。科學史家認為，科學的重要特徵在於：「科學是時刻在增長的知識集合體，由一股洪流的思想家和工作者先後相續的反映和觀念，尤其是他們的經驗和行為，來逐層造成。」⑭所以用歷史的眼光看，《莊子》中的這些範圍廣泛的經驗知識，雖然是十分粗糙的，甚至是已被現代科學所否定了的，但它畢竟是古代科學的主要形態，是通向現代科學的起點。就莊子思想本身來說，它們孕育了、映襯著莊子的全部的思想觀點，使其能在有共同文化背景和學術淵源的先秦諸子中顯出獨特的面貌。

【附　註】

① 歷代注解《莊子》的學者對「福」字有不同解釋。這裡採用王闓運說：「福當作福。致福，謂助己者。」（《莊子內篇注》）

② 成玄英疏解說：「罔象，無心之謂。離聲色，絕思慮，故知與離朱自涯而反，喫詬言辨，用力失眞，唯罔象無心，獨得玄珠也。」（《莊子注疏》）甚是。

③ 郭慶藩《莊子集釋》本作「從」，此據陳景元《莊子闕誤》引張君房本作「泛」。

④ 參見拙著《莊子歧解》。

⑤ 見波普爾：《猜想與反駁·哲學問題的本質及其科學根源》，上海譯文出版社1986年版。

⑥ 李約瑟在《中國科學技術史》中提出：「宣夜說的理論顯然具有道家的氣味，……這一學說與《老子》所謂『虛無』，以及《列子》所謂『積氣』是有關係的。」（第四卷第一分冊，第118頁）這一結論一般說來是正確的。但需要補充地說，與《莊子》更有關係。

⑦ 參見拙著《莊子歧解》。

⑧ 這樣的事例，在散存於各典籍裡的《莊子》佚文中還可以見到。例如「朽瓜化爲魚，物之變」（《藝文類聚》八七），「大鶛之爲鸘，之爲布穀，布穀復爲鶛。田鼠之爲鶉也，老韭之爲莧也，老羭之爲猨也，魚卵之爲蟲也，此皆物之變者」（《太平御覽》八八七）。

⑨ 醫和說：「天有六氣……六氣曰陰陽風雨晦明也，分爲四時，序爲五節，過則爲菑。」（《左傳》昭公元年）

⑩ 克特·W·巴克：《社會心理學》，南開大學出版社1986年版，第2頁。

⑪ 見克特·W·巴克：《社會心理學》第166頁。

⑫ 克雷奇等編《心理學綱要》下冊，文化教育出版社1981年版，第458頁。

⑬ 參見張伯源、陳仲庚《變態心理學》第三章第三、四節，北京科技出版社1986年版。

⑭ 貝爾納：《歷史上的科學》，科學出版社1959年版，第15頁。

下編　莊子思想與中國歷代思潮

　　以上，我們考論了莊子其人和《莊子》其書，述評了莊子思想的主要方面，我們對莊子思想本身或莊學源頭的考察到此結束。現在，我們要進入廣闊的中國思想史領域，探究莊子思想如何匯入綿長的中國思想之流，產生了怎樣的理論影響。也就是說，要對作為中國傳統思想重要組成部分的莊子思想在歷代思潮中所發生的作用進行一番具體的分析。

第八章　莊子思想與先秦子學

　　春秋戰國之時，百家爭鳴，學派林立，學術思想領域呈現一派繁榮興盛的景象。先秦著作如《莊子·天下》、《荀子·非十二子》、《天論》、《解蔽》、《韓非子·顯學》、《呂氏春秋·不二》等篇，漢代著作如《史記·太史公自序》、《漢書·藝文志》等篇，對眾多的先秦諸子學派，都有所劃分。這些劃分或有不同，但大體是相通並可為相互取證的。在這裡，我想以《天下》篇中的學派劃分為線索、為依據，來考察分析莊子思想與先秦子學的關係應該是最為合宜的，不僅因為這是出自《莊子》本書的文章，更重要的是這是一篇最早的、最為詳盡和十分準確論述先秦諸子學派的文章。

　　如果說，像許多學者所一致考定的那樣，《天下》篇「惠施」章就是《莊子》佚篇《惠施》而把此章刪略不論；並又證以《荀子·非十二子》將墨翟、宋鈃視為一家；那麼，《天下》篇實際論述的只有三家六派：儒家（「鄒魯之士，搢紳先生」）；墨家（墨翟、禽滑釐

派，宋鈃、尹文派）；道家（彭蒙、田駢、慎到派，關尹、老聃派，莊周派）。這是先秦思想的根本三家和主導派別，先秦子學中其它各家各派都是此後在此三家基礎上衍生、發展起來的。下面，就來分別地分析莊子思想與這三家五派的關係，以探尋莊子思想的學術背景、理論淵源和其所發生的最初的影響。

一、莊子與先秦儒家

　　儒家或儒學是脫胎於殷、周宗教觀念、西周的《詩》、《書》文獻和「禮」的行爲規範的先秦第一個學說思想體系。儒家學說的創造人孔丘生活在春秋末年（前551—前479年），早於莊子二百年。既然儒家思想學說形成在莊子思想之前，那麼它和莊子思想會是怎樣的關係？就在先的儒家思想來說，是直接流變出莊子思想的理論淵源，還是引發、、映襯莊子思想的學術背景？就在後的莊子思想來說，它對儒家思想的進一步發展起了什麼樣的作用？

1.「莊子之學出於儒」辨析

　　明確提出莊子學說淵源自孔子儒學的，是唐代韓愈。他說：

> 吾常以爲孔子之道大而能博，門弟子不能徧觀而盡識也，故學焉而皆得其性之所近。其後離散，分處諸侯之國，又各以所能授弟子，原遠而末益分。蓋子夏之學其後有田子方，子方之流而爲莊周，故周之書喜稱子方之爲人。（《昌黎先生集》卷二十《送王秀才序》）

清代章學誠承繼這一論斷，斷言「荀、莊皆出子夏門人」（《文史通義》卷一《經解》上）。章太炎對此論深不以爲然，他批駁說：「章實齋以莊子爲子夏門人，蓋襲唐人率爾之辭，未嘗訂實。以莊生稱田子方，遂謂子方是莊子師，斯則《讓王》亦舉曾、原，而則陽、无鬼、庚桑諸子，名在篇目，將一一皆是莊師矣。」（《章氏叢書·別錄》卷二《與人論國學書》）應該說，章太炎的批駁是正確的。《史記·仲尼

弟子列傳》記述，「孔子既沒，子夏居西河教授，爲魏文侯師」，《史記・儒林傳》又謂，「子夏居西河，如田子方、段干木、吳起、禽滑釐之屬皆受業於子夏之倫」，所以依據《史記》的記載，田子方是子夏的學生。在《莊子》中，田子方只在《田子方》篇中出現過一次，他在向魏文侯描述具有「全德之君子」風貌的自己的老師；但這位老師並不是子夏，而是「東郭順子」。可見《莊子》中的田子方，其人其事仍是具有某種寓言性質的，的確如章太炎所指出，這樣的人物在《莊子》中非只田子方一人，所以不能據以判定莊子和田子方有師承關係，因而也就不能據以推定莊子出自子夏之門。

　　清代學者姚鼐也接受了韓愈的論斷，但他不是簡單地從師承關係上，而是試圖從學術思想內容的某種關連上證明這一點。他寫道：

> 子游之徒述夫子語……子夏之徒述夫子語，以君子必達於禮樂之原，禮樂原於中之不容已而志氣塞乎天地。其言禮樂之本亦至矣。然林放問禮之本，夫子告以寧儉寧戚而已。聖人非不欲以禮之出於自然者示人，而懼其知和而不以禮節也。由是言之，子游子夏之徒所述者未嘗無聖人之道存焉，而附益之不勝其弊也。其始固存七十子，而其末遂極乎莊周之倫也。莊子之書言「明於本數」及「知禮意」者，固即所謂「達禮樂之原」，而「配神明、醇天地」、「與造化爲人」亦「志氣塞乎天地」之旨。韓退之謂莊周之學出於子夏，殆其然與！（《莊子章義・序》）

這裡，姚鼐援引《禮記・孔子閑居》記載的孔子對子夏所論述的「中」的禮樂本原和「志氣塞乎天地」的禮樂境界，認爲這就是莊子的「惡知禮意」（《大宗師》）、「與造化爲人」（《應帝王》）的思想源頭。姚鼐此論雖然不能說是缺乏根據的「率爾之辭」，然而卻是一種界線模糊的混淆之辭，他把莊子的本然的自然（「眞」）與儒家的經過「禮義」調節的「中和」混同起來；把莊子的「返其眞」（《大宗師》）的自然境界與儒家的「橫行天下」（《禮記・孔子閑居》）的倫理道德

境界混同起來。

　　章太炎批駁了韓愈、章學誠的莊子出自子夏之門的觀點，進而提出莊子本是顏氏之儒的看法，他在晚年曾說：「莊生傳顏氏之儒，述其進學次第。」（《菿漢昌言》卷一）①這一觀點被郭沫若在《莊子的批判》一文中作了十分明確的發揮。郭氏的論據歸納起來有兩點：第一，《莊子》中記述顏回與孔子的對話很多，「這種文字必然是出於顏氏之儒的傳習錄，莊子徵引得特別多，不足以考見他的師承淵源嗎？」第二，顏回是有出世傾向的人，莊周是位厭世的思想家，在思想傾向上也是接近的。（《十批判書》，人民出版社1954年版，第197頁）若將《論語》中記載的顏淵和《莊子》中出現的顏淵稍加比較就不難看出，郭氏之論在第一點上也是「率爾之辭」，而在第二點上則是混淆之辭。

　　《論語》中對顏淵言行的記述很少，然而還是足以表現出這位孔門第一高足的精神風貌：

　　　　顏淵問仁。子曰：「克己復禮爲仁。一日克己復禮，天下歸仁焉。爲仁由己，而由人乎哉！」顏淵曰：「請問其目。」子曰：「非禮勿視，非禮勿聽，非禮勿言，非禮勿動。」顏淵曰：「回雖不敏，請事斯語矣。」（《顏淵》）

　　　　顏淵、季路侍。子曰：「盍各言爾志。」……顏淵曰：「願無伐善，無施勞。」（《公冶長》）

　　　　子畏於匡，顏淵後。子曰：「吾以女爲死矣。」曰：「子在，回何敢死。」

這些簡潔的記述，富有特徵地、本質地表現了顏淵是一個謙恭循禮、坦蕩本份的人，在極爲平庸的現實人生追求中顯示高大、完滿的道德人格。來自生活中任何一個方面的紛擾而帶來的精神上的困惑、痛苦，對於顏淵來說都是不存在的，都被他的偉大、寬容的「仁」所消化。這不是麻木，而是一種充分的人的道德自覺，這正是儒家的道德境界。所以孔子對顏淵極爲鍾情，深情地稱讚他的「好學，不遷怒，不貳過」（

《論語‧雍也》），讚嘆他能「一簞食，一瓢飲，在陋巷，人不堪其憂，回也不改其樂」（《論語‧雍也》），嘉許只有顏淵能和自己一樣做到「用之則行，舍之則藏」（《論語‧述而》）

在《莊子》中，顏淵共出現了十五次，其情況如下表：

篇 名	本 章 首 句	本 章 主 要 內 容	本 章 中 的 顏 淵
人間世	顏回見仲尼請行	孔子對顏回論述如何與暴君相處，最後得出「心齋」的方法	表示要去治理亂國(衛國)的志願，提出與暴君相處的「端而虛，勉而一」、「內直外曲，成而上比」的兩個方法
大宗師	顏回問仲尼	孔子對顏回論超脫生死之情，而「入於寥天一」	對孟孫才母死而居喪不哀，卻有「善處喪」之名表示懷疑
	顏回曰	顏回對孔子論述「坐忘」	述「坐忘」過程：忘仁義──忘禮樂──離形去知
天 運	孔子西遊於衛	師金（魯太師）對顏淵評孔子的行為不能「應時而變」	問師金對孔子的看法
至 樂	顏淵東之齊	孔子對子貢論「條達而福持」	往齊國
達 生	顏淵問仲尼	孔子對顏淵論述「凡外重者內拙」	問孔子津人何以能操舟若神
山 木	孔子窮於陳蔡	孔子對顏回論「無受天損易」、「無受人益難」、「無始而非卒」、「人與天一邪」	問孔子「無受天損易」等四個問題
田子方	顏淵問於仲尼	孔子對顏淵論「不化以待盡，效物而動」	問孔子何以能「不言而信，不比而周，無器而民滔

篇　名	本　章　首　句	本　章　主　要　內　容	本　章　中　的　顏　淵
			乎前」
田子方	孔子見老聃	老聃對孔子論「遊心於物之初」	聽孔子述其見老聃後的感受
	文王觀於臧	文王授政於太公的故事	對文王以夢取人的作法有所疑議
知北遊	顏淵問乎仲尼	孔子對顏淵論唯「與物化者」、「無所傷者」，方能「與人相將迎」	問孔子如何能「無有所將，無有所迎」
讓　王	孔子謂顏回日	孔子稱讚顏回「知足者不以利自累」	對孔子陳說「不願仕」的原因：有田足以衣食，鼓琴足以自娛，學夫子之道足以自樂
	孔子窮於陳蔡	孔子訓斥子路、子貢	將子路、子貢的怨言告訴孔子
盜　跖	孔子與柳下季為友	孔子往見盜跖	顏回為馭
漁　父	孔子遊乎緇帷之林	孔子見漁父	顏淵還車

可以十分清楚地看出，《莊子》中記述的孔子與顏淵的對話，多數是借孔子之口表述一種莊子的而不是儒家的觀點，唯一的一次借顏淵之口表述的「坐忘」的觀點，也顯然是莊子特有的思想，而和《論語》中顏淵「請事斯語」的內容正相反對。從《論語》的記載來看，顏淵家貧，早死②，未得出仕；顏淵曾問「為邦」（《論語·衛靈公》），並沒有「不願仕」的表示，《讓王》對顏淵的家境和志願的記述不過是

莊子後學極爲淺薄的杜撰。《莊子》中的文章「寓言十九，重言十七」（《寓言》），應該說，《莊子》對孔子、顏淵言行的記述多具有這種借外立論、借古人立論的「寓言」、「重言」性質，認爲「這種文字必然是顏氏傳習錄」，實是失之輕率。從根本上說，儒家是積極入世的，正如孔子所說「鳥獸不可與同群，吾非斯人之徒與而誰與？」（《論語・微子》）儒家入世態度的一種積極的、明顯的表現是準備入仕，如子夏所說「學而優則仕」（《論語・子張》）；但儒家入世態度更根本、更經常的表現則是總能在現實生活中，通過對某種道德信念的深刻理解和自覺踐履，保持一種快樂的安定的心境；即使遭際坎坷艱險，也把它歸之「命」，也不因此而氣餒，而是「修身以俟之」（《孟子・盡心》上）。孔子說自己「飯疏食、飲水，曲肱而枕之，樂亦在其中矣。不義而富且貴，於我如浮雲」（《論語・述而》），當然，如孔子所評定的那樣，顏淵也正是這樣的人。這種快樂也是一種自由；這種由實踐某種道德律令而經歷的快樂和自由，性質上是屬於康德所描述的那種意志自由。這和莊子要擺脫一切世俗束縛、返歸自由而體驗到的那種「逍遙」的情態自由和快樂是不同的。郭氏之論正是將這兩種不同的自由境界混淆了。

　　總之，無論是從師承關係或理論淵源上說，把莊子思想歸之儒家，歸之子夏之門或顏氏之門，都是困難的。這樣，對於莊子思想來說，在其先形成的儒家思想學說只能構成一種學術的觀念背景。

2. 儒學構成莊子思想的觀念背景

　　學說或思想體系間的學術背景關係和理論淵源關係是有區別的。淵源關係表現爲較早的思想學說裡的基本概念、命題、思想在其後出現的學說或思想體系裡得到繼承和發展；而背景關係則是指一種在先的學說思想所產生的理論環境、社會後果構成一種激起新的學說思想形成的契機、條件。儒家思想學說對莊子思想來說，也正是這樣的學術背景。如前所述，在先秦，儒家思想最先形成，它是殷周之際被改

造的宗教觀念和新產生的道德觀念的繼承和發展。在此後的莊子思想，雖然有自己獨立的精神根源──自然，但它畢竟是在對儒家思想的理論觀點和它所產生的社會後果的直接的、批判性的反應中形成；雖然莊子思想有自己獨特的觀念系統──從「氣」到「道」，但其基本的思想資料仍然和儒家思想有十分密切的聯繫。具體說來是指：

(1)對孔子的借重　在《莊子》一書中，最活躍的、出現次數最多的人物就是孔子。粗略統計，約有四十多個章節記述到孔子。如前所述，在莊子時代，孔子已經贏得廣泛的尊崇，已爲世人奉爲師表。就莊子本人來說，他對孔子也是眞誠地尊重的。《寓言》篇有段他和惠施的對話：

> 莊子謂惠子曰：「孔子行年六十而六十化，始時所是，卒而非之，未知今之所謂是之非五十九非也。」惠子曰：「孔子勤志服知也。」莊子曰：「孔子謝之矣，而其未之嘗言。孔子云，『夫受才乎大本，復靈以生，鳴而當律，言而當法，利義陳乎前，而好惡是非直服人之口而已矣。使人乃以心服，而不敢蘁立，定天下之定。』已乎已乎，吾且不得及彼乎！」

可見，在莊子心目中，孔子是個有極高德行的人，他的行爲已超越小智小故而與時俱化，他不是以利義是非的外在標準，而是以出乎「大本」的高尚人格去感化人。莊子完全誠懇地承認，孔子的道德力量是自己達不到的。

基於這樣的背景，《莊子》中的孔子經常是以代道家立論的被尊崇的先賢、師長的形象出現的。莊子的許多思想觀點是通過孔子和他的弟子對話表述出來的。前面，我們已經論列了《莊子》內篇中借孔子立論的情況，以及孔子在和顏淵對話中立論的情況，除此以外，尚有：

篇　　名	對　話　者	孔　子　立　論　的　內　容
天　　地	孔子—子貢	論修「渾沌氏之術」者，乃是「明白入素，無爲復樸，體性抱神」。
達　　生	孔子—弟子	總結痀僂承蜩之道：「用志不分，乃凝於神。」
知北遊	孔子—冉求	回答冉求「未有天地可知耶」之問：「古今一也，死生一體。」
則　　陽	孔子—子路	論遁世之人（「陸沉者」）「是聖人僕也」。
外　　物	孔子	論「去小知而大知明」。
寓　　言	孔子—弟子	論「無所縣者，可以有哀乎」。
漁　　父	孔子—子路	論「道者，萬物之所內也」。

顯然，這些立論內容的基調是主張清靜無爲、返歸自然，它和儒家一貫的積極入世的態度，以「仁義禮樂」規範現實生活的思想是相悖的。所以在這裡孔子雖然是被尊重的，但也是被歪曲的。

　　另一方面，由於莊子思想從根本上來說是和儒家思想相對立的、對它作出批判性的反應的思想體系，它對作爲儒家創始人的孔子也必然要表現出一種批評的、甚至是貶損的態度。從《莊子》中可以看出，這種態度從內篇到外、雜篇，或者說從莊子本人到他的後學其表現有所不同。如前面所論列，在內篇中，莊子主要是通過一些杜撰的人物如長梧子（見《齊物論》）、無趾（見《德充符》），及隱者如楚狂接輿（見《人間世》）之口，譏嘲孔子對「遊乎塵垢之外」（《齊物論》）、「以死生爲一條，以可不可爲一貫」（《德充符》）的高遠精神境界的不理解，慨嘆孔子處亂世而不知隱避的可悲。這樣的描寫，當然要把孔子追求的倫理道德目標置於莊子所追求的返歸自然的目標之下。在外、雜篇中，莊子後學更有所發展，經常是通過老聃和其它隱者（如老萊子、子桑雽、漢陰丈人、漁父）之口，尖銳地、直接地剗剝儒家

「仁義」，譏評孔子的行為，甚至詆毀孔子的為人。亦列舉如下：

篇　名	批評者	批　評　的　主　要　內　容
天　地	漢陰丈人	譏評孔子是「博學以擬聖，於于以蓋衆，獨弦哀歌，以賣名聲於天下者」。
天　道	老　聃	批評孔子「偈偈乎揭仁義，亂人之性也」。
天　運	老　聃	教訓孔子「仁義，先王之蘧廬也，止可以一宿而不可久處；六經，先王之陳迹也，豈其所以迹哉！」
	師　金	批評孔子的行為如同「取先王已陳芻狗……猶推舟於陸也」
山　木	子桑雽	教訓孔子「形莫若緣，情莫若率……」
	大公任	批評孔子「飾知以驚愚，修身以明汙，昭昭如揭日月而行，故不免也」。
外　物	老萊子	教訓孔子「去汝躬矜與汝容知，斯為君子矣」。
盜　跖	盜　跖	詆毀孔子為「魯國之巧偽人」。
漁　父	漁　父	批評孔子「苦心勞形以危其眞，遠哉其分於道也」。

《莊子》外、雜篇借老聃等人物之口對孔子的激烈批評，當然也是一種寓言性質的，但它反映了莊子道家學派已完全形成，和儒家處於更加明確的對立和爭鳴之中。一個學派的確立，需要有理論，也需要有領袖。莊子還是坦誠的，他論述了自己的「遊乎塵垢之外」高超於儒家的「世俗之禮」，但對孔子卻自認「不得及彼」；莊子後學則甚為放肆，無所顧忌，他們拋開莊子，擁戴老聃，杜撰許多他教訓、凌駕孔子的故事，確立了他作為道家精神領袖的地位。莊子後學的此種做法，實際上也是借重孔子來表明道家高出於儒家。

(2)對儒學基本命題的改造　從《莊子》中可以看出，儒家學說思

想作為莊子思想的學術背景，儒學的基本範疇或命題——「仁」、「孝」，在《莊子》中時有出現，但莊子同時對它作了改造，給予新的解釋，從而反映了莊子道家思想和儒家思想在理論基礎上的根本對立。

「仁」是儒家思想中的最基本範疇，《論語》中孔子在同他的弟子談話中從很多方面對「仁」作了解釋。但主要的可以說有兩個方面：第一，「克己復禮為仁」（《顏淵》），「孝悌也者，其為仁之本與」（《學而》），即「仁」是對社會倫理道德的踐履；第二，「能行五者於天下為仁矣——恭、寬、信、敏、惠」（《陽貨》），「剛毅木訥近仁」（《子路》），即「仁」是個性的品性修養。可見在孔子那裡，在儒學裡，「仁」是作為社會的人的行為規範，一種極高的、並非人人都能真正達到的道德境界，甚至孔子自己也說「若聖與仁，則吾豈敢」（《述而》）。莊子對儒家思想中的「仁」有完全不同的理解。《莊子》中寫道：

> 商大宰蕩問仁於莊子。莊子曰：「虎狼，仁也。」曰：「何謂也？」莊子曰：「父子相親，何為不仁？」曰：「請問至仁。」莊子曰：「至仁無親。」（《天運》）
>
> 大仁不仁。（《齊物論》）

顯然，莊子所理解的「仁」，不是人所特有的社會品性，而是動物所共同具有的自然本性、本能。對這種自然本性返歸、實現得越徹底（「至仁」、「大仁」），也就是擺脫人為的、作為社會道德規範的「仁」越徹底，所以「大仁不仁」、「至仁無親」。在這裡，莊子把儒學以人的現實社會生存方式為前提的立場基礎，置換為、還原為人的抽象的自然狀態，顯示了莊子思想和孔子儒家思想在人生價值觀念、精神追求上的根本分歧是人性的提高與人性的復歸之間的對立。

在孟子以前的原始儒家，對人性本身的認識還是渾沌的，沒有作任何規定的，但孔子說「性相近，習相遠」（《陽貨》），這就是說人的先天的、自然的本性基本是相同的，後天的行為表現卻是千差萬

別的。這一命題無疑地是十分正確的經驗判斷，並且蘊涵著這樣的思想：人在社會生活中的成長過程，也是人的本性被塑造、被充實過程。人的高尚的道德行爲形成，也就是人的本性的提高。《論語》中記載的孔子和子夏的一段對話，更清楚地說明了這一思想：

> 子夏問曰：「『巧笑倩兮，美目盼兮，素以爲絢兮』，何謂也？」
> 子曰：「繪事後素。」曰：「禮後乎？」子曰：「起予者，商也。始可與言《詩》已矣。」（《八佾》）

可見，在儒家看來，如同在白色的絲綢上描繪絢麗的畫，倫理道德規範（「禮」）也正是要在人人相近的、本然的人性上「雕刻」出美好的行爲習慣。換言之，道德的培養就是人性的提高，人的成長。這個提高、成長的最高境界就是「仁」。而莊子正好把這個過程顛倒過來。在莊子看來，社會倫理道德規範是束縛人的桎梏，如他說：「孔丘……蘄以諔詭幻怪之名聞，不知至人之以是爲己桎梏邪」（《德充符》），「堯既已黥汝以仁義，而劓汝以是非矣，汝將何以遊夫遙蕩恣睢轉徙之塗乎？」（《大宗師》）所以在莊子這裡，人的精神境界的提高，精神追求的目標，就是從「仁義」等的世俗觀念中擺脫出來，心境返歸到一種無是非、善惡、哀樂的本然狀態，所謂「以死生爲一條，以可不可爲一貫者，解其桎梏」（《德充符》）。

在對「孝」這個基本的倫理道德範疇的理解和規定中，莊子思想和儒家思想也是完全不同的；這種不同特別顯示在他們對作爲「孝」的一種重要表現或實踐——居喪，有迥然異樣的態度和理論。儒家對「孝」這種倫理道德行爲極爲重視，認爲是「仁之本」；對其內容也作了許多規定，其中最重要的、具有概括性的是對父母要「生事之以禮，死葬之以禮、祭之以禮」（《論語·爲政》）。所謂「生事之以禮」，是指對父母要有敬的態度，孔子說：「今之孝者，是謂能養。至於犬馬，皆能有養，不敬，何以別乎？」（《論語·爲政》）所謂葬、祭以禮，就是要有由愛的感情而發出的眞誠的悲哀。在儒家看來，臨喪必哀，

是喪禮的最實質的內容，如《論語》中記述：

> 林放問禮之本。子曰：「大哉問！禮，與其奢也，寧儉；喪，
> 與其易也，寧戚。」（《八佾》）

> 子曰：「居上不寬，為禮不敬，臨喪不哀，吾何以觀之哉！」
> （《八佾》）

《禮記》中也多次如此論及：

> 子路曰：「吾聞諸夫子，喪禮，與其哀不足而禮有餘，不若禮
> 不足而哀有餘也。」（《檀弓》）

> 喪事主哀（《少儀》）

> 喪則觀其哀也（《祭統》）

為親體或同類的死亡而悲戚，應該說也是一些高級動物所具有的自然的心理狀態。但當儒家把這種具有本能性質的自然心境，賦予人與人之間的關係的社會內容時，這種臨喪而哀的情感，對人來說，就由一種蒙昧的自然心理狀態，升華為充分自覺的道德觀念和道德行為。《論語》中有段記述：

> 宰我問：「三年之喪期已久矣。君子三年不為禮，禮必壞；三
> 年不為樂，樂必崩。舊穀既沒，新穀既升，鑽燧改火，期可矣。」
> 子曰：「食夫稻、衣夫綿，於女安乎？」曰：「安。」「女安
> 則為之。夫君子之居喪，食旨不甘，聞樂不樂，居處不安，故
> 不為也。今女安，則為之。」宰我出。子曰：「予之不仁也。
> 子生三年，然後免於父母之懷，夫三年之喪，天下之通喪也。
> 予也有三年之愛於其父母乎？」（《陽貨》）

從孔子的這段論述可以看出，儒家的臨喪悲哀的感情，居喪三年的禮制，其最後根源乃是一種心理性質的「心安」；而這種「心安」的心理內容，又完全是社會性質的人與人之間的愛的倫理感情的交換、償還。這樣，在儒家那裡，在理論上，臨喪之哀，居喪之禮，都不是短暫的、自發的自然情感的外洩，而是持久的、自覺的道德理念的表現。

所以也是人性自覺和提高。

《莊子》中也多次寫到了臨喪的情感和對喪禮的態度，具有代表性的是這樣兩段：

> 子桑戶、孟子反、子琴張三人相與爲友……莫然有間而子桑戶死，未葬。孔子聞之，使子貢往侍事焉。或編曲，或鼓琴，相和而歌曰：「嗟來桑戶乎！嗟來桑戶乎！而已反其真，而我猶爲人猗！」子貢趨而進曰：「敢問臨尸而歌，禮乎？」二人相視而笑曰：「是惡知禮意！」（《大宗師》）

> 莊子妻死，惠子弔之，莊子則方箕踞鼓盆而歌。惠子曰：「與人居，長子老身，死不哭亦足矣，又鼓盆而歌，不亦甚乎！」莊子曰：「不然。是其始死也，我獨何能無慨然！察其始而本無生，非徒無生也而本無形，非徒無形也而本無氣。雜乎芒芴之間，變而有氣，氣變而有形，形變而有生，今又變而之死，是相與爲春秋冬夏四時行也。人且偃然寢於巨室，而我噭噭然隨而哭之，自以爲不通乎命，故止也。」（《至樂》）

可見，莊子表現出的是和儒家相反的態度：臨喪不哀，居喪無禮。莊子從他的自然主義立場上認爲，人之死是返歸自然，臨喪哀戚是不識人之本然的「不通命」的表現。所以莊子的這種態度也是十分自覺的。在這裡，莊子和儒家分歧和對立的本質在於：對於親體、同類的死亡而必然會產生的憫哀的自然感情，儒家是用人與人的社會倫理關係來深化、提升這種感情，將它道德化、規範化；莊子則是用人與自然的關係來淡化、消解這種感情，以一種冷峻的理智和逆反的行爲來泯除它。這樣，儒家把以敬、愛爲內容的「孝」當作「爲仁之本」，莊子卻認爲「孝」對於「至仁」來說，南轅北轍，相距彌遠。《莊子》寫道：

> 大宰曰：「無親則不愛，不愛則不孝。謂至仁不孝，可乎？」莊子曰：「不然。至仁尚矣，孝固不足以言之。此非過孝之言

也，不及孝之言也。夫南行者至於郢，北面而不見冥山，是何
也？則去之遠也。故曰：以敬孝易，以愛孝難；以愛孝易，以
忘親難；忘親易，使親忘我難；使親忘我易，兼忘天下難；兼
忘天下易，使天下兼忘我難……」（《天運》）

在莊子的自然主義立場看來，「至仁」境界是將自己和人間的一切關
係剝離淨盡（「至仁無親」），一切形迹掃除淨盡而完全地溶入自然，
致使「天下忘我」。所以對於達到這個境界來說，將人與人緊固地交
纏在一起的人倫關係和以敬、愛爲內容的「孝」的道德觀念和行爲，
是相距太遙遠了，「不足以言之」！

　　總之，莊子思想對儒學基本範疇或命題的立論基礎作了根本對立
的改造；這種改造的最主要之點，就是將儒家把人的行爲中的自然本
性因素提高到社會層次的道德化、規範化過程逆轉過來，努力擺脫這
種道德規範的束縛，自覺地返歸自然。中國思想史的事實表明，在人
的精神經歷或道德生活中，儒家以道德改造、提高人的自然本性和莊
子在人的自然本性中尋找、確定道德終極，是兩種基本的價值取向和
理論走向，它們的對立和反覆更迭出現，反映了社會生活的發展，帶
來了道德內容的增新。

　　(3)對《論語》思想資料的承接　儒家思想學說構成莊子思想的學
術背景，不僅表現爲莊子思想的表述和展開，有賴於對孔子這個儒家
創始人的借重，對儒學的基本範疇的改造，而且還表現爲《莊子》對
《論語》中記述的故事、人物、命題、思想等作爲思想資料而有所承
接。茲列舉並比較分析於下：

資料類別	《論語》之記述	《莊子》之承接	比 較 分 析
故事・人物	顏淵喟然嘆曰：「仰之彌高，鑽之彌堅，瞻之在前，忽焉在後，夫子循循然善誘人，博我以文，約我以禮，欲罷不能，既竭吾才，如有所立卓爾。雖欲從之，末由也已。」（《子罕》）	顏淵問於仲尼曰：「夫子步亦步，夫子趨亦趨，夫子馳亦馳；夫子奔逸絕塵，而回瞠若乎後塵矣！」夫子曰：「回，何謂邪？」曰：「夫子步，亦步也；夫子言，亦言也；夫子趨，亦趨也，夫子辯，亦辯也；夫子馳，亦馳也；夫子言道，回亦言道也；及奔逸絕塵而回瞠若乎後者，夫子不言而信，不比而周，無器而民滔乎前，而不知所以然而已矣。」（《田子方》）	1.《莊子》承接了《論語》所述孔子的道德境界高不可及的語意； 2.《莊子》把這高不可及之處明確化，並有「無爲」的內容，這是《論語》中所沒有的。
	在陳絕糧，從者病，莫能興。子路慍見，曰：「君子亦有窮乎？」子曰：「君子固窮，小人窮斯濫矣。」（《衛靈公》）	孔子窮於陳蔡之間，七日不火食，藜羹不糝，顏色甚憊，而弦歌於室。顏回擇菜，子路、子貢相與言曰：「夫子再逐於魯，削迹於衛，伐樹於宋，窮於商周，圍於陳蔡，殺夫子者無罪，藉夫子者無禁，弦歌鼓琴，未嘗絕音，君子之無恥也若此乎？」顏回無以應，入告孔子，孔子推琴喟然而嘆：「由與賜，細人也。召而來，吾語之。」子路、子貢入。子路曰：「如此者可謂窮矣！」孔子曰：「是何言也！君子通於道之謂通，窮於道	1.《莊子》此文源自《論語》十分顯然。議論中心是個「窮」字；描寫記述的內容正是《論語》中「絕糧」、「從者病」、「子路慍見」之狀的舖陳展開。 2.《論語》語簡意深，《莊子》此文文繁而義淺。

資料類別	《論語》之記述	《莊子》之承接	比 較 分 析
		之謂窮……」（《讓王》）	
	楚狂接輿歌而過孔子，曰：「鳳兮鳳兮，何德之衰，往者不可諫，來者猶可追。已而已而，今之從政者殆而。」孔子下，欲與之言，趨而避之，不得與之言。（《微子》）	孔子適楚，楚狂接輿遊其門曰：「鳳兮鳳兮，何如德之衰也！來世不可待，往世不可追也。天下有道，聖人成焉；天下無道，聖人生焉。方今之時，僅免刑焉。福輕乎羽，莫之知載，禍重乎地，莫之知避。已乎已乎，臨人以德！殆乎殆乎，畫地而趨！迷陽迷陽，無傷吾行！郤曲郤曲，無傷吾足！」（《人間世》）	1. 《莊子》此文人物、語言都源自《論語》。 2. 《莊子》此文異於《論語》有三：①《論語》謂接輿歌過孔子車前，此文謂遊其門前；②《論語》的「往者」、「來者」意指孔子過去的行事和今後的作爲，否定孔子的過去，對孔子的將來抱有希望；《莊子》此文「來世」、「往世」皆指社會，過去已經逝去，將來也無希望，這一意境的改變，反映《莊子》作者對現實社會的徹底批判態度；③《論語》中的接輿對孔子是規勸，《莊子》中的接輿對孔子語挾譏嘲。這也正是《莊子》作者對儒家的批判態度的反映。
	葉公語孔子曰：「吾黨有直躬者，其父攘羊而子證之。」孔子曰：「吾黨之直者異於是，父爲子隱，子爲父隱，直在其中矣。」（《子路》）	直躬證父，尾生溺死，信之患也。（《盜跖》）	《韓非子・五蠹》、《呂氏春秋・當務》亦出現直躬；《戰國策・燕策》亦出現尾生高。但先秦典籍中最早出現此二人者，當爲《論語》。《莊子》中的直躬、尾生

資料類別	《論語》之記述	《莊子》之承接	比　較　分　析
	子曰：「孰謂微生高①直？或乞醯焉，乞諸其鄰而與之。」（《公冶長》）		源於此。
思想·論題	伯牛有疾，子問之，自牖執其手。曰：「亡之，命矣夫！斯人也而有斯疾也，斯人也而有斯疾也。」（《雍也》）	子輿與子桑友，而霖雨十日。子輿曰：「子桑殆病矣！」裹飯而往食之。至子桑之門，則若歌若哭，鼓琴曰：「父邪！母邪！天乎！人乎！」有不任其聲而趨舉其詩焉。子輿入，曰：「子之歌詩，何故若是？」曰：「吾思夫使我至此極者而弗得也。父母豈欲吾貧哉？天無私覆，地無私載，天地豈私貧我哉？求其為之者而不得也。然而至此極者，命也夫！」（《大宗師》）	《莊子》此文與《論語》所記述在內容、情境方面都有所承接：都把疾病或窮困視為「命」的表現；情境同樣悲涼。《論語》中是孔子慰問病中的弟子，《莊子》中是子輿撫恤窮困中的朋友，此其所異。再者，儒家和莊子對「命」的態度有很大不同：儒家「修身以俟之」（有為），是「立命」（《孟子·盡心》上）；莊子「安時而處順」（無為）是順命（《養生主》）。這種差別此處沒有顯出。
	子曰：「予欲無言。」子貢曰：「子如不言，則小子何述焉？」子曰：「天何言哉，四時行焉，百物生焉，天何言哉！」（《陽貨》）	天地有大美而不言，四時有明法而不議，萬物有成理而不說。聖人者，原天地之美而達萬物之理，是故聖人無為，大聖不作，觀於天地之謂也。（《知北遊》）	《莊子》此文由《論語》發展而來十分顯然：①《莊子》將《論語》天雖不言，但四時行、百物生的單一意境演變為天地不言、四時不議、萬物不說三個並列的意境；②《莊子》「是故聖人無為，大聖不作觀於天地之謂也」就是根據《論語》此段對孔子的記述而得出的結論。

　　由以上對比的論列和分析可以看出，《莊子》的作者熟悉《論語》中所記述的人物、故事、思想或論題，從而得到了啓發，並吸收了其中某些題材加以潤色、修改和發揮，用來表述自己的思想，但這只是一種思想資料的借用、承接，而不是思想學說的繼承、發展。

　　(4)《論語》中顯現了莊子思想先驅——隱者　莊子思想只是從最先形成的儒家學說中承接了某些思想資料，而不是它的思想觀點。那麼，莊子思想的淵源最早應該追溯到哪裡？從《論語》中看，《論語》中所記述的、並爲孔子所反對的隱者，正是莊子思想的先驅。

　　比較而言，在《論語》所記述的各類人物中，逸民隱者最多，孔子能確指的就有四類七人：

　　　　子曰：「賢者避世，其次避地，其次避色，其次避言。」子曰：
　　　　「作者七人矣。」（《憲問》）

「作者七人」，也就是實踐避世、避地、避色（即避人）、避言的隱者有七位。但他們是誰？按照皇侃《論語義疏》所引王弼的解釋，就是《論語‧微子》中的七位有名姓的逸民：

　　　　逸民：伯夷、叔齊、虞仲、夷逸、朱張、柳下惠、少連。子曰：
　　　　「不降其志，不辱其身，伯夷、叔齊與。謂柳下惠、少連，降
　　　　志辱身矣；言中倫，行中慮，其斯而已矣。謂虞仲、夷逸，隱
　　　　居放言，身中清，廢中權。我則異於是，無可無不可。」

顯然，這七人中，「不降志，不辱身」而名聲昭著的伯夷、叔齊，是「古之賢人」（《論語‧述而》），「言中倫，行中慮」的柳下惠爲魯之「士師」（《論語‧微子》），都不能算是陸沉埋名的隱者。

　　按照何晏《論語集釋》所引包咸的解釋，「作者七人」應是與孔子同時代的七位姓名不明的人：長沮、桀溺、荷蓧丈人、石門之晨門者、荷蕢者、儀封人、楚狂接輿。這七人的言論散見在《論語》各篇，主要內容一是譏評孔子，一是抨擊時政，其情況列舉如下：

篇名	隱　者	隱者的言論要點	孔子的反應
微子	長沮、桀溺	評時政：「滔滔者天下皆是也，而誰以易之？」評孔子師徒：「與其從辟人之士，豈若從辟世之士哉！」	孔子慨嘆說：「鳥獸不可與同群，吾非斯人之徒與而誰與？」
	荷蓧丈人	譏評孔子「四體不勤，五穀不分」。	子路辨白說：「不仕無義，長幼之節不可廢也；君臣之義如之何其廢之。欲潔其身而亂大倫。」
	楚狂接輿	評時政：「今之從政者殆而！」批評並規勸孔子：「往者不可諫，來者猶可追。」	孔子「欲與之言」而「不得與之言」。
憲問	石門之晨門者	評孔子「是知其不可而為之者與」。	
	荷蕢者	譏評孔子以擊磬明志，徒自信而不識時務：「鄙哉硜硜乎！莫己知也。斯己而已矣。深則厲，淺則揭。」	孔子感嘆荷蕢者不理解涉世非涉水，是為難也：「果哉，末之難矣！」
八佾	儀封人	評時政：「天下之無道也久矣！」	

由以上的論列可見，在孔子的當時，社會上存在著一些家世經歷和社會背景都不太清楚的隱者、逸民。春秋時，舊時公室衰落，世家破敗，如晉國八姓舊族「欒、郤、胥、原、孤、續、慶、伯，降在皂隸」（《左傳》昭公三年），這些隱者可能正是破落的貴族後裔。社會地位和生活境況日晦的變遷，是他們對當時的社會和生活採取否定的、消極的態度的主要原因。隱者感到不能從當時的政治生活中得到什麼，激

烈地抨擊「天下無道」，同時他們也不願爲當時的社會生活獻出什麼，唯一地追求個人的潔身自好，心境寧靜，而對孔子的充滿社會責任感的努力極加譏嘲，斷定他的行爲是「知其不可而爲之」的徒勞。一般說來，孔子對這些隱者逸民是尊重的，稱其爲「賢者」。但對他們「隱居放言」的高僻生活態度是不贊同的，而是主張「無可無不可」的進退合宜入時的寬達態度；對他們「欲潔其身而亂大倫」，放棄社會責任的政治態度更是反對的，認爲這是「無義」。

《論語》中的這些隱者正是莊子生活和思想的原型，莊子在生活方式上也正是個隱者④。和《論語》中的這些隱者相比，莊子在家世淵源（可能是貴族後裔）、對現實社會和孔子的態度（否定的和批判的）、生活處境（低賤而貧困）等方面都十分相似。不同在於，《論語》中的隱者「隱居放言」，對社會生活和孔子的批評，只是停留在個人經歷的感性水平上，還沒有形成超出生活經驗本身之上的一種哲學意念，缺乏一種深刻的、具有內在邏輯的根據。而莊子卻有自己的思想體系，形成了一種超越感性表象之上的、關於自然和社會統一的根源性觀念——「道通爲一」（《齊物論》），從而有自己對社會事件、人物作出判斷、評價的理論標準——「仿德而行，循道而趨」（《天道》）。這樣，《論語》中隱者的生活感受、政治觀點，在《莊子》中就被哲學地深化了、升華了。以楚狂接輿爲例，在《莊子》中接輿出現三次，除了前面已引述的、作爲承接《論語》中的思想資料那一次外，另外兩次是：

> 肩吾問於連叔曰：「吾聞言於接輿，大而無當，往而不返，吾驚怖其言，猶河漢而無極也，大有徑庭，不近人情焉。」連叔曰：「其言謂何哉？」曰：「藐姑射之山，有神人居焉，肌膚若冰雪，綽約若處子，不食五穀，吸風飲露，乘雲氣，御飛龍，而遊乎四海之外，其神凝，使物不疵癘而年穀熟。吾以是狂而不信也。」連叔曰：「然。……之人也，之德也，將旁礴萬物

以爲一，世蘄乎亂，孰弊弊焉以天下爲事……其塵垢粃糠將猶
陶鑄堯舜者也，孰肯以物爲事！」（《逍遙遊》）

肩吾見狂接輿。狂接輿曰：「日中始何以語女？」肩吾曰：「
告我君人者以己出經式義度，人孰敢不聽而化諸！」接輿曰：
「是欺德也，其於治天下也，猶涉海鑿河而使蚊負山。夫聖人
之治也，治外乎？正而後行，確乎能其事者而已矣。且鳥高飛
以避矰弋之害，鼷鼠深穴乎神丘之下，以避熏鑿之患，而曾二
蟲之無知！」（《應帝王》）

顯然，將《莊子》中作爲「體道」者的接輿的言論同《論語》中作爲
隱者的接輿的言行相比，有兩個重要的不同：第一，《莊子》中的接
輿在生活態度或人生追求上，已從以「避世之士」爲至極，轉變爲對
更高的「神人」的無任何負累的自由的追求、向往。這一追求的理性
的、觀念的基礎是「旁礴萬物以爲一」，也就是與自然爲一，「道通
爲一」（《齊物論》）；而實踐的表現既是避世（遁世）的，也是超世
的、順世的。第二，《莊子》中的接輿對現實的政治制度和儒家的經
世態度的批判，也有了一個理論立足點：人的自然本性。即人在自然
本性上，如同鳥自會高飛避矰弋，鼠自會深穴避熏鑿，是毋須乎治理
的。《莊子》中通過接輿之口表述的這些思想，正是莊子自己的思想。
換言之，經過「道」的自然主義哲學觀念升華的隱者，就是莊子。在
這個意義上可以說，《論語》中出現的隱者是莊子思想的先驅。然而
這也並不意味著莊子思想淵源自隱者。莊子的自然主義的哲學觀念，
正如前編所論，是他獨特地、全面地消化和吸收了那個時代人們積累
的關於自然和社會的經驗知識以及手工生產勞動體驗，經過一種創造
性的理論建構而形成的。在先秦，莊子思想的主體部分是一種具有原
生性質、獨創性質的思想理論。莊子先前的儒家思想、隱者觀點只是
構成了莊子思想的觀念背景而不是理論淵源。當然，也正如前編已經
論述的那樣，這並不排除莊子後學的思想因受到儒家思想影響而具有

折衷的色彩。

3.莊子思想對儒學的最初影響

儒家思想在道家和其它異己思想影響下，不斷增新理論內容，變化理論形態，是中國傳統思想發展的主要特徵。這一進程的開始，就是在先秦莊子或道家思想形成後給予儒學的最初影響，它表現爲荀子和秦漢之際的儒家經典——《易傳》、《禮記》的作者，在經受莊子思想有力的挑戰的同時，對它又有所吸取，從而提高了儒學的哲學理性程度，開拓了儒學的理論範圍。

(1)荀子對莊子思想的反應　最先對向儒家發出尖銳挑戰的莊子思想作出反應的是荀子。荀子在《解蔽》中寫道：

> 墨子蔽於用而不知文，宋子蔽於欲而不知得，愼子蔽於法而不知賢，申子蔽於勢而不知知，惠子蔽於辭而不知實，莊子蔽於天而不知人。

「蔽於天而不知人」，荀子對莊子的批評是十分準確的。應該說，在此後的中國思想發展過程中，特別是在宋明理學時期，莊子經常受到來自儒家的批評，但是所有這些批評，在廣度和深度上都未能超出《論語》中子路對隱者的批評（「欲潔其身而亂大倫」）和荀子在此處的這個批評。比較而言，子路的批評是從倫理的角度對隱者（後來的莊子）的行爲的評價；而荀子的批評則是從更高的哲學層次上揭示莊子思想的本質特徵，所以更深刻。然而荀子當時似乎沒有覺察，在理論的獨立性和深刻性上，諸子中眞正能和儒家匹敵的只有莊子，所以他把莊子思想混同一般，置於諸子之中而加以評論，未能特別地予以考察。事實上，莊子或道家具有比先秦其它諸子學說更強的理論生命力，在中國思想中，它和儒家形成既對立又互補的學術格局，不是在先秦，而是在其後的中國思想發展中逐漸地形成和顯示出來的，這是荀子未能預見到的。

從荀子對莊子思想的準確的批評中可以推斷，荀子對莊子的著作

是熟悉的。荀子是先秦一位以思路廣博爲特色的儒家學者，他的理論立場雖以儒家思想爲主導，但從《解蔽》中對諸子的準確評斷可以看出，對他家思想他也是努力去理解和吸收的。這樣，荀子在熟悉莊子著述的過程中接受莊子思想某些深刻的、爲儒家所沒有的觀點也是很自然的。從《荀子》中看，荀子受到莊子思想的影響可以歸納爲兩點：

　　第一，援用《莊子》的概念、名物。《荀子》中出現莊子思想所特有的概念，援引了《莊子》所塑造的人物、故事，是荀子接受莊子影響最爲明顯的表現。例證如：

資料類別	（《莊　　　　子》）	（《荀　子　》）
概念：至人	至人無己。（《逍遙遊》） 至人之用心若鏡。（《應帝王》）	耳目之欲接則敗其思，蚊虻之聲聞則挫其精，是以關耳目之欲而遠蚊虻之聲，閉居靜思則通，思仁若是可謂微乎……夫微者，至人也。（《解蔽》）
	形德仁義，神之末也，非至人孰能定之。（《天道》）	明天人之分，則可謂至人矣。（《天論》）
人物：彭祖	彭祖乃今以久特聞。（《逍遙遊》）	治氣養生，則身⑤後彭祖。（《修身》）
故事：井蛙	（魏牟謂公孫龍）子獨不聞夫埳井之蛙乎？謂東海之鱉曰：「吾樂與！出跳梁乎井幹之上，入休乎缺甃之崖……擅一壑之水，而跨跱埳井之樂，此亦至矣！夫子奚不時來入觀乎！」東海之鱉左足未入，而右膝已縶矣。於是逡巡而卻，告之海曰：「夫千里之遠，不足以舉其大；千仞之高，不足以極其深……此亦東海之大樂也。」於是埳井之蛙聞之，適適然驚，規規然自失也。（《秋水》）	語曰：淺不足以測深，愚不足與謀知，坎井之蛙不可語東海之樂。（《正論》）

儒家一般是以「聖人」來表示自己的理想人格，「聖人」是最高的道德典範，「聖人，人倫之至也」（《孟子・離婁》上），而「至人」則是莊子思想所特有的理想人格，體現超越道德（「形德仁義」），沒有任何世俗負累而歸向自然（「無己」）的逍遙自在的人格。荀子遵循儒家的傳統，也是以「聖人」來表述他心目中的理想人格。如荀子說：「聖人者，道之極也」（《禮論》），「積善而全盡，謂之聖人」（《儒效》），「仁智之極也，夫是之謂聖人」（《君道》），「聖人也者，本仁義，當是非，齊言行，不失毫釐，無它道焉，已乎行之矣」（《儒效》），等等。但從荀子的這些論述裡也可以看出，荀子對「聖人」的理解比孟子要寬泛，要豐富，聖人不僅是道德的典範，也是智慧的典範。荀子認為聖人的智慧產生自能擺脫外界干擾的「閑居靜思」，表現為能「明天人之分」，於是荀子就援用了莊的「用心若鏡」、「無己」、能「定」於本末的「至人」來表述「聖人」的這一品質。完全可以斷定，荀子「至人」的概念是來源自莊子。莊子以前，《論語》中有「老彭」，其人「信而好古」（《述而》），而以長壽著稱的「彭祖」，卻是《莊子》之前所未聞。《荀子》中的「彭祖」，和《莊子》完全相應，其淵源所自也是分明的。「坎井之蛙不可語東海之樂」，荀子顯然是作為一個故事內容已為眾所周知的典故來徵引的，而這個故事正是出自《莊子》。可以說從荀子開始，在歷代學者文人的著述中，尋覓不到取自《莊子》中的名詞概念、人物故事的情況是不存在的。

　　第二，接受莊子自然哲學的基本觀念。荀子受到莊子思想更深層的影響，是接受了莊子自然哲學的基本觀念，形成了自己迥異於其它先秦儒者的自然觀。「夫子之言性與天道，不可得而聞也」（《論語・公冶長》），自然觀，超越社會倫理現象而對整個宇宙自然的哲學思索，本是儒家創始者思想中的薄弱的、甚至是或缺的環節。荀子對這種情況也沒有改變。荀子認為，「道者，非天之道，非地之道，人

之所以道也，君子之所道也」，「君子言有壇宇，行有防表。言道德之求，不下於安存；言志意之求，不下於士……是君子之所以騁志意於壇宇宮庭也」（《儒效》）。所以《荀子》的基本論題都還是在「人道」的社會倫理的範圍之內。但是在具有顯然的自然哲學理論優勢的莊子思想的有力挑戰下，荀子有所改變，他接受莊子的影響，開始了對「人道」之外的更廣闊、更深邃世界的形而上性質的理論思索，形成了某些體現著儒家思想重要發展的新的理論觀念。

首先，總體性的「道」的觀念。在荀子思想中，「道」經常是指具體的社會人倫之道，「道者何也？曰：禮讓忠信是也」（《強國》）。但是荀子在一重要之點上對這儒家固有的觀念有所突破：

　　萬物爲道一偏，一物爲萬物一偏。（《天論》）

　　夫道者，體常而盡變，一隅不足以舉之。（《解蔽》）

　　大道者，所以變化遂成萬物也。（《哀公》）

顯然，《荀子》這裡的「道」是指作爲世界總體的、具有形而上的哲學性質的理性觀念，和莊子的「道通爲一」，「道未始有封」（《齊物論》），「道覆載萬物者也」（《天地》）的觀念是相通的、相承的。荀子這一受莊子影響而產生的新觀念，雖然還不足以從根本上改變荀子思想的儒家觀念性質，但它卻表明儒家思想在荀子這裡已經越出舊有的理論範圍，在基本上是倫理性質的「天命」、「性」之外，一個具有自然性質的最基本的、最高的哲學範疇已經產生，儒家思想新的自然觀從這裡開始形成。

其次，萬物的形成的觀念。荀子是一個深刻的儒家思想家，他沒有停留在對「禮」、「義」等倫理道德的現象的描述上，而是探討了它的產生根源和形成過程⑥；荀子作爲跨越出儒家傳統理論範圍的思想家，在論述「禮」、「義」形成過程的同時，進而追遡了萬物的形成過程：

　　天地合而萬物生，陰陽接而變化起，性偽合而天下治。（《禮

論》）

> 列星隨旋，日月遞炤，四時代御，陰陽大化，風雨博施，萬
> 物各得其和以生，各得其養以成。（《天論》）

也就是說，荀子認為是天地陰陽的交互作用、日月四時的運動變化生
成萬物。比較而言，荀子對「禮義」形成過程的論述是十分清晰的，
有具體確切的經驗內容，而對萬物形成過程的論述則是模糊的、抽象
的。這表明在荀子這裡，「萬物生成」還不是一個獨立的理論問題。
而在《莊子》中，這已是一個十分明確的、並加以認真討論過的論題
了：

> 少知曰：「四方之內，六合之裡，萬物之所生惡起？」大公調
> 曰：「陰陽相照相蓋相治，四時相代相生相殺，欲惡去就於是
> 橋起，雌雄片合於是庸有……」（《則陽》）

所以，荀子的「天地合而萬物生」的命題，顯然是在莊子「天道運而
無所積，故萬物成」（《天道》）的思想影響下產生的，雖然其確切
性的內容還很少，但畢竟表明儒家思想中增進了一個新的自然方面的
內容。

　　最後，人的自然本質的觀念。在先秦，在對人的本質的分析上，
儒家主要是把人作為遠離開個人自然基礎的社會的人來加以判定的，
認為踐履倫理道德就是人的本質的實現，故孟子說「人之所以異於禽
獸者幾希」（《孟子·離婁》下）。荀子也是這樣，他說，「人之所以
為人者何已也？曰：以其有辨也……辨莫大於分，分莫大於禮，禮莫
大於聖王」（《荀子·非相》）。莊子相反，他是把人作為能離開社會
而返歸自然的孤立生物體來加以判定的，「通天下一氣耳」，人的最
後本質是「氣之聚也」（《知北遊》）。莊子「氣」的思想具有感性表
象的內容而又超越了具體的感性表象，在當時的科學認識水平上，深
刻地、成功地說明了世界的統一性。無疑地，這種對世界統一性的「
氣」的說明影響了荀子，使他在對「人」的本質內涵的全面的規定中

吸吸了「氣」的觀念：

> 水火有氣而無生，草木有生而無知，禽獸有知而無義；人有氣
> 有生有知亦且有義，故最爲天下貴也。（《王制》）

也就是說，「氣」、「生」、「知」這些甚至是屬於物、植物、動物
的自然的性質，同樣也是人的品性或本質中不可或缺的因素。應該說，
人具有「氣」的自然本質是儒家思想中「人」的觀念的重要發展。

(2)《易傳》、《禮記》中的莊子思想痕迹　戰國末期和秦漢之際，
儒家學者撰作的《易傳》、《禮記》在先秦儒家思想發展中，乃至整
個儒家思想發展中都有重要的作用。在這兩部儒家經典中，對早期儒
家已系統形成的倫理道德觀點作了哲學的升華；對爲其缺乏的自然哲
學，從萬物形成的觀點到宇宙最後根源的觀念，也都賦予了較明確的
闡述，儒家思想最高的哲學範疇和基本的理論結構確定了下來。儒家
思想在經受這番哲學洗禮過程中，在幾個主要之點上都可以看到莊子
思想的痕迹。

第一，《易傳》論述的萬物生成及其最後本原。《易傳》中關於
萬物生成的觀念是非常明確的，並且，「生生之謂易」（《繫辭》上），萬
物生成是作爲《易傳》的主題來加以探討和論述的。「天地感而萬物
化生」（《咸·象》），「天地絪縕，萬物化醇」（《繫辭》下），《易
傳》的基本觀點是天地（陰陽、日月、四時）的交相作用產生萬物。
顯然，這一觀點也還是要追溯到莊子的「天道運而無所積，故萬物成」（
《天道》）。《易傳》受到莊子思想的影響，還明顯表現在《易傳》
中萬物本原，也是以後儒家思想中的最高哲學範疇——「太極」，來
源自《莊子》。《易傳》寫道：

> 是故易有太極，是生兩儀，兩儀生四象，四象生八卦，八卦定
> 吉凶，吉凶生大業。（《繫辭》上）

這段話歷來有不同的解釋：漢儒（如鄭玄、虞翻）理解爲天地起源、
萬物生成的過程；宋儒（如朱熹）解釋爲畫卦、揲蓍的方式。誠然，

這是著占的操作過程，但是「易與天地準」（《繫辭》上），這種筮占過程卻正遵循著、應合著操作者對天地起源和萬物生成過程的理解。所以在儒家思想中，也正如後來儒家學者所實際理解的那樣，都把「太極」當作宇宙萬事萬物的最後本原，最高的哲學範疇。然而，究其根源，「太極」卻出在《莊子》中：

> 夫道……在太極之上⑦而不爲高，在六極之下而不爲深，先天地而不爲久，長於上古而不爲老。（《大宗師》）

此四句郭象注曰：「言道之無所不在也，故在高爲無高，在深爲無深，在久爲無久，在老爲無老，無所不在，而所在皆無也。」（《莊子注》）顯然，「太極」在《莊子》這裡是意指最高遠的空間、蒼穹。《易傳》移植了這一名詞，並將其意蘊哲學地升華爲最高的、最先的本原。

　　第二，《禮記》論述的道德倫常的最高根源。一般說來，先秦儒家倫理道德思想所經歷的邏輯發展階段還是比較清晰的。最先，孔子說「繪事後素」（《論語·八佾》），「爲國以禮」（《論語·先進》），從功能上確定「禮」即倫理道德具有提高人性，維持社會生活的作用；此後，孟子和荀子則進而探尋這種倫理道德的根源，論證它的合理性。孟子倡「性善」，主張「仁義禮智非由外鑠我也，我固有之也」（《孟子·告子》上）；荀子持「性惡」，認爲「禮義」爲「養欲」而制定（《荀子·禮論》）。儘管孟、荀持論迥然分歧，但都是在人性本身中探得倫理道德的產生根源，卻又是異中之同。最後，《禮記》又跨越孟、荀，認爲「禮樂」，即倫理道德的根源存在於人本性之外的「天」之中：

> 夫禮，先王以承天之道，以治人之情……故禮必本於天。（《禮運》）

> 樂者，天地之和也；禮者，天地之序也。和故百物皆化，序故群物皆別。（《樂記》）

戰國末年或秦漢之際的儒家學者放棄孟、荀從具有世俗內容的人性中

尋得的「禮樂」根源，試圖尋求一個超越人性之上的倫理道德根源，這種變化顯然是受到莊子思想有力的挑戰和影響的緣故。《莊子》中寫道：「禮者，世俗之所爲也；眞者，所以受於天也，自然不可易也。」（《漁父》）莊子十分明確地把儒家的「禮」境界置於自己的「眞」或「自然」之下。儒家學者面對莊子對作爲自己學說主要理論內容和實踐目標的「禮」的貶損，也爲「禮」尋得一個與莊子思想實踐目標「眞」（即「道」）同樣高遠的、具有確定性的最高根源「天」。不同在於，莊子的「眞受於天」或「道兼於天」（《天地》）之「天」，完全是自然的；儒家的「禮本於天」之「天」是「有序」的，即具有倫理性質的，所以才能是人的社會倫理道德的根源。

在《禮記》中，儒家學者還把倫理道德的最高根源稱之爲「大一」：

> 是故夫禮，必本於大一，分而爲天地，轉而爲陰陽，變而爲四時，列而爲鬼神，其降曰命。（《禮運》）

顯然，「大一」也就是《易傳》中的宇宙萬物最後根源「太極」。如前所述，《易傳》中的「太極」源自《莊子》，這裡的「大一」也是來自《莊子》：

> 人之於知也少，雖少，恃其所不知，而後知天之所謂也。知大一，知大陰，知大目，知大均，知大方，知大信，知大定，至矣。大一通之，大陰解之，大目視之，大均緣之，大方體之，大信稽之，大定持之。（《徐无鬼》）

推究《莊子》中的「大一」，顯然是指「道通爲一」（《齊物論》）的宇宙最後本然、根源，故郭象注曰：「大一，道也」（《莊子注》），成玄英疏曰：「大一，天也，能通生萬物，故曰通」（《莊子注疏》）。《禮運》的作者認爲「禮必本於大一」正是襲取此意。

第三，《易傳》、《禮記》顯示的儒家最高精神境界。孔子說，「修己以安百姓，堯舜其猶病諸」（《論語·憲問》），可見儒家從一開始就確定人的最高的精神境界就是自覺地、完全地踐履現世的倫理

道德規範。孟子、荀子也還是堅持這樣的標準，故孟子說「聖人，人倫之至也」（《孟子·離婁》上），荀子說「聖也者，盡倫者也」（《解蔽》）。到了《易傳》、《禮記》中，儒家這種人的價值唯一地、全部地在人與人的社會關係中存在和得到實現的觀點被突破了，人的價值，人的最高精神境界似乎應在包括人與人的社會關係在內的更加廣闊的人與外界的關係中展現出來。《易傳》說，「《易》之爲書也，廣大悉備，有天道焉，有人道焉，有地道焉」（《繫辭》下），這樣，人的充分自覺，人的價值的完全實現，最高境界的達到，不僅要有對「人道」的踐履，還應有對「天道」、「地道」的徹悟，「君子之道，造端乎夫婦，及其至也，察乎天地」（《禮記·中庸》）。這樣，儒家的精神世界就發生了一種升華，它的最高境界由基本上是「修己以安百姓」的「盡倫」的道德境界，升華爲「贊化天地」的超人倫的天地境界：

> 聖人也，誠之者……唯天下至誠爲能盡其性，能盡其性則能盡人之性，能盡人之性則能盡物之性，能盡物之性則可以贊天地之化育，可以贊天地之化育則可以與天地參。（《禮記·中庸》）
>
> 夫大人者，與天地合其德，與日月合其明，與四時合其序，與鬼神合其吉凶。（《文言·乾》）

《易傳》、《禮記》中「聖人與天地參」、「大人與天地合其德」的精神境界，不僅意境和《莊子》中「至人」、「眞人」、「聖人」的「遊乎天地之一氣」而「同於大通」（《大宗師》）的超世精神是一致的，而且詞語概念的使用也很相近，如「聖人並包天地」（《徐无鬼》），「與天地爲合……是謂玄德」（《天地》），「吾與日月參光，吾與天地爲常」（《在宥》），「眞人……喜怒通四時」（《大宗師》），「古之人在混芒之中，陰陽和靜，鬼神不擾」（《繕性》），等等。完全可以斷定，儒家思想在《易傳》、《禮記》中所發生的精神的升華，是在莊子思想影響下發生的。

　　總之，在先秦，儒家思想的理論範圍由單一的社會現象向更加廣闊的自然、人的整個周圍世界擴展時，論題由具體的、社會經驗性質的倫理道德向更高的、具有哲學性質的理論層次前進時，是從莊子思想那裡得到激勵和借鑑的。所以，如果說普遍的和形上的追求是哲學固有的性格，是理論思維生長的方向，那麼，是莊子思想砥礪了儒家思想的這種品格，促進了儒家思想在這個方向上的成長。

二、莊子與墨家

　　先秦在莊子思想之前就已經形成的思想體系，除儒家思想外，就是墨家思想。同與儒家的密切關係相比，莊子思想與墨家（墨翟派）的關係比較淺。在《莊子》中常可以看到把墨家和儒家放在一起作否定式的批評，然而受其影響的痕迹則難以尋覓。相反，後期墨家《墨經》中的若干理論觀念或命題正可能是對《莊子》中相應觀點的承接或反應。但是，莊子思想和具有墨家特色的宋鈃思想卻有犀通。

1. 莊子對墨家的批評

　　莊子和墨家都對儒家採取批判的態度，從表面上看，莊子和墨家似乎在同一條戰線上，同一面旗幟下。事實上，莊子和墨家分歧很大，隔膜很深，它們是在完全不同的理論立場上來批評儒家的。儒家認爲「繪事後素」（《論語·八佾》），「立於禮，成於樂」（《論語·泰伯》），作爲人的社會倫理道德規範的「禮」、「樂」，是對人的塑造，是人性的提高。然而在自然主義立場上的莊子看來，這卻是對人的束縛，對人性本然的「桎梏鑿枘」（《在宥》）。墨家則是從「仁者之事，必務求興天下之利，除天下之害」的世俗功利主義立場來批評儒家的。在這個立場上看，禮儀規範（如葬禮）如果「實不可以富貧，衆寡，定危，治亂」（《墨子·節葬》下），爲樂（如撞鐘鳴鼓）如果「以求興利除害而無補也」（《墨子·非樂》上）都是應該廢止的。墨家認爲，「作爲宮室便於生，不以爲觀樂也；作爲衣服帶履便於身，不以

為辟怪也」（《墨子·辭過》）。所以和儒家、莊子相較而言，墨家學說的主要之點是生的實現，這是從最簡單、最基本的人的生存的層次上作出的觀察，客觀上把人的生活貧瘠化了，這與莊子在超越世俗道德、追求精神上「無己」、「無功」、「無名」，即絕對自由的「道」的立場上所作出的觀察當然相距甚遠。從這個立場上，莊子對墨家提出批評：

> 道隱於小成，言隱於榮華，故有儒墨之是非。（《齊物論》）
>
> 人自爲種而天下耳，是以天下大駭，儒墨皆起⋯⋯（《天運》）
>
> ⋯⋯儒墨畢起，於是乎喜怒相疑，愚知相欺，善否相非，誕信相譏，而天下衰。（《在宥》）

在莊子看來，儒家的「禮樂」道德規範如「鑿枘」，墨家用功利「以繩墨自矯」（《天下》），都是對人性的戕傷，都是自以爲是而對「道」的背離。所以莊子總是把墨家和儒家放在一起不加區別地進行批評的，認爲儒墨相爭擾亂了人們的平靜的精神世界。可以看出，莊子對墨家是持否定的態度。

在受到儒家思想影響的莊子後學的《天下》篇中，不是從「道」的自然主義哲學角度，而是從「天下之治方術者多矣」的學術史的角度，對墨家（墨翟）思想作了概括和評價：墨子思想的主要內容是「汎愛兼利而非鬥」；其「生也勤，死也薄」的對人的生活十分苛刻的主張，「反天下之心」，難以爲人們所接受，「其行難爲也」；然而，墨子「日夜不休，以自苦爲極」的救世精神，是值得稱讚的，「眞天下之好也！」「才士也夫！」對照《墨子》，應該說《天下》篇對墨子思想內容的概括是十分準確的，對墨子的評價也是充滿理解和尊重的。墨子曾說：「民有三患：飢者不得食，寒者不得衣，勞者不得息。」（《墨子·非樂》上）墨子對生活困苦的感受和對基本生活需要得到滿足的要求，完全是生活低層的勞動者的感受和要求，這和莊子在高文化層次上對人生困境的感受和精神自由的追求在性質上是不相同的，

理論上也是對立的。但《天下》篇對墨子乃至其它各家的評述中不存在因這種思想學說的不同或對立而產生的學術成見，《天下》客觀、寬容的學術態度是中國學術史上的典範。

2.《莊子》與《墨經》的關係

多數學者認爲，《墨經》六篇有一個顯著內容，就是反駁惠施的「合同異」和公孫龍的「離堅白」兩類名家命題，以及告子「仁內義外」和鄒衍的「五德終始」的思想，因此可以斷定它成書較晚，可能是在戰國晚期荀子之時⑧。這一判定是正確的。我們看到，《墨經》中也有承接《莊子》中的命題和反駁莊子的思想的情況，這既是《墨經》成書時代較晚這一判定的證據，也是莊子思想對後期墨家發生影響的證據。

《墨經》中的時空、變化、認知的觀念或命題承襲《莊子》的迹象比較明顯。對比如下表：

觀念的類別	《莊子》的表述	《墨經》的表述
時空的觀念	有實而無乎處者，宇也；有長而無本剽者，宙也。（《庚桑楚》）	久，彌異時也；宇，彌異所也。（《經》上） 久，古今旦暮；宇，東西南北。（《經說》上）
變化的觀念	萬化而未始有極也。（《大宗師》） 胡蝶胥也化爲蟲，其名爲鴝掇，鴝掇千日爲鳥。（《至樂》） 田鼠化爲鶉。（《莊子》佚文）	化，徵易也。（《經》上） 化，若蛙爲鶉。（《經說》上） 蛙，鼠，化也。（《經說》上）
認知的觀念	知者，接也；知者，謨也。（《庚桑楚》）	知，接也；恕，明也。（《經》上） 知，知也者，以其知過物而能貌之，若見。恕，恕也者，以其知論物而其知之也著，若明。（《經說》上）

　　《莊子》把虛無廣袤的空間稱爲「宇」，無始而漫長的時間稱爲「宙」。顯然，《墨經》承襲了《莊子》對存在最基本形式的這一概括，並且作了表象的、可爲感性把握的解釋：「宇」是指一切處所；「久」（「宙」）是指一切時間。《莊子》「知者接也，知者謨也」的涵義，郭象曾作了正確的解釋：「交接前物，謀謨情事」（《莊子注》），即是說，「接」是接觸，感官得來的表象認識，「謨」是思慮，由知性或理性而產生的深層認識，這和《墨經》中將「知」、「䫂」分別解釋爲「過物而能貌之」、「論物而其知之也著」完全相同。所以在認知觀念上，《墨經》也是承接了《莊子》對認知基本形式的劃分和理解。《墨經》的變化觀念沿襲《莊子》，從上表論列中更可直接顯示出來，它不僅觀念相同、例證也相似。

　　《墨經》對莊子思想的反駁或批判主要是在認識論的兩個具體問題上：「辯無當」，「學無益」。

　　莊子從他的相對主義立場上看，沒有任何一種標準能夠裁判一場爭辯的是非；在任何一場爭辯中，都不存在什麼「勝利者」、「正確者」。莊子說：「既使我與若辯矣，若勝我，我不勝若，若果是也，我果非也邪？我勝若，若不吾勝，我果是也，而果非也邪？其或是也，其或非也邪？其俱是也，其俱非也？我與若不能相知也。」（《齊物論》）一言以蔽，辯無勝，或辯無當。《墨經》反覆地反駁這一觀點，認爲在一場爭辯中，總會有勝者，而勝者一定因爲他正確（「當」）：

《經》 的 立 論	《經 說》 的 解 釋
辯，爭彼也；辯勝，當也。（《經》上）	辯，或謂之牛，或謂之非牛，是爭彼也。是不俱當，不俱當必或不當，不當若犬。（《經說》上）
謂「辯無勝」，必不當，說在辯。（《經》下）	謂，所謂非同也，則異也。同則或謂之狗，其或謂之犬也；異則或謂之馬。俱無勝，是不辯也。辯也者，或謂之是，或謂之非，當者勝也。（《經說》下）

《墨經》明確而尖銳地指出，莊子的「辯無勝」的觀點是不正確的，「必不當」；裁判是非的客觀標準是存在的，這就是事實。爭辯中，「當者勝」，也就是符合事實者勝。譬如事實上是狗，任何說是牛、是馬的都「不當」，只有說是狗的「當」。

　　既然莊子認爲「辯無勝」，「辯無當」，所以他就對「辯」採取完全否定的態度，如說「道昭而不道，言辯而不及」（《齊物論》），「知之所不能知者，辯不能舉也」（《徐无鬼》），「辯足以飾非」（《盜跖》），「辯不若默」（《知北遊》），等等。也就是說，莊子否認「辯」具有任何認識的和實踐的積極意義。《墨經》於此也提出相反的觀點：

> 夫辯者將以明是非之分，審治亂之紀，明同異之處，察名實之理，處利害，決嫌疑。（《小取》）

即是說，《墨經》認爲「辯」在認識上和實踐上都是有積極作用的。顯然，《墨經》此論是由《莊子》的觀點引發的。

　　莊子從他的「道不可學」（《大宗師》）的理性直覺主義立場上，還主張「絕學捐書」（《山木》），推崇「彼教不學」（《山木》）。換言之，莊子認爲「道」是由「體」或「守」（修養實踐、直覺體驗）而達到的，不能由「學」（讀書言教）而認識的。莊子的這個思想如果簡單的表達就是「學無益」。《墨經》對這個觀點也進行了駁斥：

《經》的立論	《經說》的解釋
學之無益也，說在悖。（《經》下）	學也，以爲不知。學之無益也，故告之也。是使知學之無益也，是教也。以學爲無益也教，誖。（《經說》下）

《墨經》的作者機智地指出，當莊子在鼓吹「學無益」、「教不學」時，把這一觀點當作眞理在傳播時，他實際上就是在「教」了，就已

表明「學」是有益的了。可見，如果說在前面《墨經》是完全經驗地用具體事例反駁莊子的「辯無勝」是「必不當」的；那麼，在這裡則十分巧妙地用二律背反的悖論來揭發莊子「學無益」的邏輯上的自相矛盾。應該說，《墨經》對莊子思想的反駁，只是在經驗的、形式邏輯的層次上進行的，而且只是在這個層次上它的反駁才是正確的、可成立的，而未能觸及莊子思想更深層的內容。從《莊子》方面看，對於作爲先秦墨家思想最高發展的《墨經》，在其某些基本觀念或思想確立時，它曾從正面或反面給予影響。

3.莊子思想對宋鈃思想的吸取與超越

對宋鈃思想的性質或應歸屬的學術派別，歷史上有不同的看法。荀子說，「上功用，大儉約而慢差等……墨翟宋鈃是也」（《荀子·非十二子》）；班固說，「孫卿道宋子，其言黃老意」（《漢書藝文志·小說家》）。即是說，荀子認爲宋鈃與墨家一致，班固則將他歸屬於道家。用比較確鑿的《孟子》和《莊子》中有關對宋鈃（宋牼）的記載材料來核證，荀子的判定是正確的。在《孟子》中，宋牼出現一次，時值秦楚構兵，他擬以「言其不利」游說楚王、秦王，使其罷兵（《告子》下）。這表明宋牼有和墨家完全一致的「非攻」的政治主張和衡量社會行爲的功利原則。《莊子·天下》對宋鈃的思想言論和行爲作風都記述得比較完整：

> 不累於俗，不飾於物，不苟⑨於人，不忮於眾，願天下之安寧
> 以活民命，人我之養畢足而止，以此白心，古之道術有在於
> 是者。宋鈃、尹文聞其風而悅之，作爲華山之冠以自表，接
> 萬物以別宥爲始，語心之容，命之曰心之行，以聏合驩，以
> 調海內，情欲寡⑩之以爲主。見侮不辱，救民之鬥，禁攻寢兵，
> 救世之戰。以此周行天下，上說下教，雖天下不取，強聒而
> 不捨者也，故曰上下見厭而強見也。雖然，其爲人太多，其
> 自爲太少，曰：「情欲固寡⑪，五升之飯足矣。」先生恐不得

> 飽，弟子雖飢，不忘天下，日夜不休，曰：「我必得活哉！」
> 豈傲乎救世之士哉！

可見，《天下》篇對宋鈃的思想和作風這段述評在主要之點上和同篇對墨子的述評有相近、相同之處：

墨宋對比之項目	《天下》篇中的墨子	《天下》篇中的宋鈃
思想觀點	氾愛兼利而非鬥，其道不怒。	不苛於人，不忮於衆……見侮不辱，救民之鬥，禁攻寢兵，救世之戰。
行為作風	不侈於後世，不靡於萬物……其生也勤，其死也薄……多以裘褐爲衣，以跂蹻爲服，日夜不休，以自苦爲極。	不累於俗，不飾於物……作爲華山之冠以自表⑫……情欲固寡，五升之飯足矣！不忘天下，日夜不休。

所以荀子將宋鈃和墨子作爲同一學派來加以評述是合宜的。但是，在一個根本之點上，即立論的最終根據，宋鈃不同於，或者說超越了墨子。墨子的「言必有三表」——「上本之於古者聖王之事，下原察百姓耳目之實，觀其中國家百姓人民之利」（《墨子·非命》上）——表明，墨子學說的種種立論，都是植根於經驗的和功利的思想土層上，比較淺薄，缺乏一種內在根源的理性意念。宋鈃正是在這個根本之點上前進了一步，他認爲人的「情欲固寡」。這樣，他的寬容、不鬥、自足等等的立論都獲得了一個具有穩定性、必然性的人的內在本性基礎。應該說這是一種較高理論層次的結論，它捨棄、超越，人的情欲的社會性內容而返歸和附著到它的自然本原，因爲人的情欲在社會生活中總是在不斷地變化、豐富著，只有其基本的自然方面的內容才是恒定的、有限的。而這種作爲理論觀念的、具有理性性質的捨棄、超越，在墨子那裡是沒有發生的，雖然他的「生也勤，死也薄」的生活

實踐感性地具體地表現著這種捨棄與超越。《墨子》寫道：「子墨子之所以非樂者，非以大鐘鳴鼓琴瑟竽笙之聲以為不樂也，非以刻鏤文章之色以為不美也，非以芻豢煎炙之味以為不甘也，非以高臺厚榭邃宇之居以為不安也。雖身知其安也，口知其甘也，目知其美也，耳知其樂也，然上考之不中聖王之事，下度之不中萬民之利，是故子墨子曰非為樂也。」（《非樂》上）可見墨子一方面肯定作為個人的情欲的豐富社會性內容的正當性，另一方面又用多數人的、勞動者的單一的生存的功利來壓抑它、限制它，實際上否定了它。在這裡，宋鈃立論的自然本性立場和墨子的社會功利原則的差異是很清晰的。

宋鈃「情欲固寡」的觀點，不僅構成了被荀子忽視了的他的立論立場和墨子的不同，而且正如漢代學者所觀察到的那樣，也顯示了他和道家（黃老）的某種相近。顯然，這一觀點與「少私而寡欲」（《老子》19章）這一道家主要命題的接近固不待說，與「復歸其根」（《老子》16章），「復歸於樸」（《老子》20章），即道家返歸自然本性的基本追求也似乎並不矛盾。但是，漢代學者未能洞察，宋鈃的「情欲固寡」是他的社會政治主張的立論前提，而道家（黃老）的「寡欲」是精神修養的目標或要求，兩者的理論宗旨是迥然異趣的。從歷史上看，宋鈃與道家既有某種相近而又根本異趣的這種特殊關係，最先是在莊子這裡形成，具體表現為莊子既接受了宋鈃的影響，又對他有所超越。

從《莊子》中可以看出，宋鈃的「情欲固寡」和「接萬物以別宥為始」這兩個基本觀點和他的人生態度都對莊子發生了重要的影響。如前所述，返歸自然，「復通為一」（《齊物論》）是在莊子自然主義哲學基礎上形成的基本觀點，在人生哲學或精神修養的範圍內，這就是要「雕琢復樸」（《應帝王》），「返其性情而復其初」（《繕性》），十分顯然，這一精神修養的要求或目標，必然是建立在這樣的理論觀念之上：人性在最初的、本然的狀態下是無何情欲騷動的恬靜狀態。

宋鈃的「情欲固寡」正是這個理論觀念的一種明確表述；這一表述提供了對人性之初是本然、恬靜狀態的觀念的一種具有啓發性的理解途徑：拋開人的情欲的社會性內容，它的自然本性內容是極爲有限的，「五升之飯足矣！」由這種理解進一步，自然要推出這樣的結論：人的欲望越大，需求越多，離開人的本性就越遠。莊子正是行進在這樣的邏輯思路上：

> 鷦鷯巢於深林，不過一枝；偃鼠飲河，不過滿腹，予無所用天下爲！（《逍遙遊》）

> 其者欲深者，其天機淺。（《大宗師》）

> 盈者欲，長好惡，則性命之情病矣！（《徐无鬼》）

「鷦鷯巢林，不過一枝；偃鼠飲河，不過滿腹」是對宋鈃的「情欲固寡」命題涵義的最爲確切生動的注解；「者欲深者天機淺」則又把宋鈃這個原是社會政治主張立論基礎的觀念，移植、運用到精神、性命修養範圍內。可見，莊子思想中的一個主要理論觀念源自宋鈃，這是莊子思想接受宋鈃影響而又有所超越的第一個表現。

其次，宋鈃的「接萬物以別宥爲始」的思想對莊子也有所影響，其義蘊在莊子思想中也發生了甚爲明顯的改變。《天下》篇描述宋鈃行爲舉止有意境相接的兩句：「作爲華山之冠以自表，接萬物以別宥爲始」，如果前一句是像成玄英所解釋的那樣，寫其高潔，那麼，後一句顯然是寫其寬容。「別宥」是指宋鈃的處事接物不懷成見的態度，也就是韓非所說「宋榮（宋鈃）之恕」、「宋榮之寬」（《韓非子‧顯學》）。可見在宋鈃這裡，「別宥」是一種行爲特徵，涵義比較簡單。在《莊子》中，「別宥」的涵義表述得更爲清楚：

> 知士無思慮之變則不樂，辯士無談說之序則不樂，察士無凌誶之事則不樂，皆囿於物者也。（《徐无鬼》）

即是說，一種獨特的生活方式，會形成一種獨特的觀察問題角度、思維方式、思想習慣，這就是「囿於物」的成見。從這種爲一定狹隘的

生活環境所形成的成見中擺脫出來，在《莊子》中不再是簡單的寬容的生活態度的表現，而是一種求得真知的方法、途徑。「別宥」的這一新的義蘊在《莊子》中是通過一個寓言故事表述出來的：

> 北海若（謂河伯）曰：「井蛙不可以語於海者，拘於虛也，夏蟲不可以語於冰者，篤於時也；曲士不可以語於道者，束於教也。今爾出於崖涘，觀於大海，乃知爾醜，爾將可與語大理矣……」（《秋水》）

可見在莊子這裡，從「崖涘」中走出來（「別宥」），就可以認識「大理」。「別宥」獲得了認識論的意義；這一意義在以後深受《莊子》影響的《呂氏春秋》裡明確地表述為：「凡人必別宥然後有知。」（《去宥》）

最後，莊子在對他那「惡乎待」（「無待」）的自由精神境界的探尋過程中，也顯然是十分認真地思考、評量了宋鈃的人生態度和經歷，受到他的砥礪而最後有所超越。《莊子》中寫道：

> 故夫知效一官，行比一鄉，德合一君，而徵一國者，其自視也亦若此矣⑬。而宋榮子猶然笑之。且舉世而譽之而不加勸，舉世而非之而不加沮，定乎內外之分，辯乎榮辱之境，斯已矣。彼其於世未數數然也。雖然，猶有未樹也。（《逍遙遊》）

莊子看到，宋榮子（宋鈃）對於以一知之見、一德之行所博得的榮耀十分輕蔑，他能夠做到「舉世譽之而不加勸，舉世非之而不加沮」，而不汲汲於世俗的追求，是一個精神境界已經超脫了世人之榮辱褒貶的人。宋鈃所不能忘懷的，是「救民之鬥，救世之戰」，「願天下安寧以活民命」，他為此而「周行天下，日夜不休」。本來，這應是宋鈃人格偉大的一種表現，但是，在莊子看來，這卻是宋鈃的「猶有未樹」——他雖能超脫世俗的「榮辱之境」，但未能超脫世事之勞，未能「無待」、「無累」。宋鈃辛勞而無收穫的人生經歷，無疑地溶入了莊子的人生經驗之中，於是在他所追求、所設計的理想人格的精神

境界中就有了這樣的內容:「孰弊弊焉以天下爲事!」(《逍遙遊》)

可以說,宋鈃是莊子從同時代⑭的思想家中唯一地接受了重要思想影響的人,所以莊子也對他奉獻了除孔子之外的別人所沒有的尊敬。

三、莊子與道家諸派

與先秦就已有的、以學者術士的職業之名的「儒」和以役夫賤民的身份之號的「墨」而命名的「儒家」(「儒者」)、「墨家」(「墨者」)不同,「道家」一詞是漢代學者司馬談《六家要旨》方開始使用的對先秦以「道」或「道德」爲其學說中心內容或思想標志的學術派別的稱號。在《莊子・天下》中,按其思想特色將先秦道家分爲三派:彭蒙、田駢、愼到,關尹、老聃,莊周。這種劃分和思想特色的描述都是有根據的、相當準確的,也就是說與其不同的理論宗旨和身世背景都是吻合的:

派別	《天下》篇概括的思想特色	顯示出的理論宗旨	身世背景
彭蒙、田駢、愼到	公而不當,易而無私,決然無主,趣物而不兩,不顧於慮,不謀於知,於物無擇,與之俱往……道則無遺者矣。	理事原則:任法——「事斷於法,是國之大道也。」(《愼子逸文》)	不治而議之士⑮
關尹、老聃	以本爲精,以物爲粗,以有積爲不足,淡然獨與神明居……主之以太一。	經世原則:守本——「道常無爲而無不爲。」(《老子》37章)	史官⑯
莊周	芴漠無形,變化無常,死與生與,天地並與,神明往與,芒乎何之,忽乎何適,萬物畢羅,莫足以歸……獨與天地精神往來。	超世原則:忘物——「遊乎塵垢之外。」(《齊物論》)	隱者⑰

可以看到,在《天下》篇中道家三派的關係,或者說是界限,還是清

晰的、簡單的，雖然還不能據以斷定他們是同時並出，一時共存，但他們之間的師承或淵源關係肯定是不存在的，只有「道」（在這裡或稱之爲「太一」、「天地精神」）是烙在他們思想上的一個共同標記。秦漢之際，沿著彭蒙、田駢、愼到理論傾向發展起來的「黃老」之學，又從《莊子》和《老子》中吸取了很多思想資料和理論觀點，就攪亂了、模糊了先秦道家三派的理論界限。於是，在黃老思潮籠罩下的漢代學者就判定先秦道家是共同祖源於老聃或黃老的一個統一的派別。經典的、權威的論斷是司馬遷作出的：「愼到，趙人；田駢，齊人；環淵，楚人；皆學黃老道德之術」（《史記‧孟荀列傳》），「莊子，其學無所不窺，然其要本歸於老子之言」（《史記‧老莊申韓列傳》）。讓我們通過莊子與先秦道家諸派關係的分析來檢驗一下這個在中國學術史上有深遠影響的論斷的眞實性、準確性程度。

1.莊子與老子及關尹、列子

　　老子的問題，特別是其人其書的時代問題，是中國先秦學術史上的一個難題。這個難題的產生來自《莊子》，正像是「解鈴還需繫鈴人」，這個難題的解決，也要依靠《莊子》。

　　⑴《莊子》中的老子其人　老子，這位中國思想史舞臺上的重要角色最早就是在《莊子》中出場的⑱。老子即老聃⑲。《莊子》中記述老子生平行迹、言談舉止有十五、六處。其中最多的、核心的內容是他儼然作爲孔子問學的師長，對儒家或孔子的批評、教訓。列舉如下表：

《莊子》中記述的老子與孔子對話	簡　要　的　分　析	
	提供老子的情況	顯示的時代色彩
魯有兀者叔山無趾，踵見仲尼。仲尼曰：「子不謹，前既犯患若是矣，雖今來，何及矣！」……無趾語老聃曰：「孔子之於至人，其未邪？彼何賓賓以學子爲？……」老聃曰：「胡不直使彼以死生爲一條，以可不可爲一貫者……」（《德充符》）	老聃年輩、德行皆高於孔子。孔子爲「學子」。	
夫子問於老聃曰：「有人……離堅白，若縣寓，若是則可謂聖人乎？」老聃曰：「是勞心忧心者也……丘，予告若而所不能聞與而所不能言……」（《天地》）	老聃教訓孔子。	「堅白」是戰國時代名家的論題。
孔子西藏書於周室，子路謀曰：「由聞周之徵藏史有老聃者，免而歸居，夫子欲藏書，則試往因焉。」孔子曰：「善。」往見老聃，而老聃不許，於是繙十二經以說。老聃中其說，曰：「大謾，願聞其要。」孔子曰：「要在仁義。」……老聃曰：「請問，何謂仁義？」孔子曰：「中心物愷，兼愛無私，此仁義之情也。」老聃曰：「……夫子亦放德而行，循道而趨，已至矣，又何偈偈乎揭仁義，若擊鼓而求亡子焉？意，夫子亂人之性也！（《天道》）	老聃是周之徵藏史；老聃抨擊仁義。	「十二經」（疑爲「六經」之形誤），孔子時無此稱謂；「兼愛無私」是孔子之後墨家命題；「仁義」爲詞始見《孟子》。
孔子行年五十有一而不聞道，乃南之沛，見老聃……老子曰：「子又惡求之哉？」孔子曰：「吾求之於陰陽，十有二年而未得。」老子曰：「……仁義，先王之蘧廬也，止可一宿，不可久處……」（《天運》）	老聃（老子）居沛；老子教訓孔子，抨擊仁義。	「陰陽」爲詞，《論語》、《孟子》皆無。
孔子見老聃而語仁義。老聃曰：「……仁義憯然乃憤吾心，亂莫大焉……」（《天運》）	老聃抨擊仁義。	

《莊子》中記述的老子與孔子對話	簡　要　的　分　析	
	提供老子的情況	顯示的時代色彩
孔子見老聃歸，……孔子曰：「吾乃今於是乎見龍……」老聃曰：「……今語汝三皇五帝之治天下……是以天下大駭，儒墨皆起……」（《天運》）	老聃抨擊儒墨。	「三皇五帝」、「儒墨」皆戰國時語。
孔子謂老聃曰：「丘治《詩》《書》《禮》《樂》《春秋》六經……」老子曰：「……夫六經，先王之陳迹也，豈其所以迹哉……」（《天運》）	老子（老聃）抨擊儒學。	「六經」一詞《論語》《孟子》皆無。
孔子見老聃，老聃新沐……孔子便而待之，少焉見，曰：「……向者先生形體掘若槁木，似遺物離人而立於獨也。」老聃曰：「吾遊心於物之初。」孔子曰：「何謂也？」曰：「……嘗爲汝議乎其將……」（《田子方》）	老聃教訓孔子。	
孔子問老聃曰：「今日晏閑，敢問至道？」老聃曰：「……夫道窅然難言哉，將爲汝言其崖略……」（《知北遊》）	老聃教訓孔子。	

　　另外，《莊子》中還記述了老聃同其它幾位問學者或弟子（楊朱、士成綺、崔瞿、庚桑楚、南榮趎、柏矩）的談話，其中和楊朱的兩次談話是：

　　陽子居見老聃，曰：「有人於此，嚮疾強梁，物徹疏明，學道不倦，如是者可比明王乎？」老聃曰：「是勞形怵心者也……如是者可比明王乎？」（《應帝王》）

　　陽子居南之沛，老聃西遊秦，邀於郊，至於梁而見老子。老子中道仰天而嘆曰：「始以汝爲可教，今也不可。」……（《

　　　寓言》）

　　這兩段話，除了明確顯示出楊朱（陽子居）是老聃的問學弟子，還表明楊朱是戰國時代的人物，他所提出討論的「明王」，《論語》無見，在《墨子‧節用》和成書於戰國時的《管子‧五輔》才出現，後為黃老所本。

　　　《莊子》記述老子的情況大概就是這樣。今天看來，這一記述十分奇特，它的最明確的地方，正是最可疑的地方。根據《莊子》的記述，老子確鑿無疑地是孔子同時代的、且年輩、德行皆高於孔子的人。然而這同時也是《莊子》覆蓋在老子身世上的一層使後人撲朔迷離、困惑難解的帷幕。因為正是在這十分確鑿之處，印證於其它史籍即可發現至少有三點可構成否證的可疑情況：第一，《莊子》中孔子師老子這一記述在《論語》中找不到可作根據的迹象。《論語》中出現許多孔子十分推崇的、包括七位隱者在內的賢者，卻沒有他曾多次問學、尊之為「龍」的老聃；第二，《莊子》中向老子問學的弟子中還有楊朱，而《說苑‧政理》稱「楊朱見梁王言治天下如運諸掌」，梁之稱王自惠王始（前370年），上距孔子之歿（前479年）已有百年之久。楊朱能見其王，他所問學的老子，其年世當然在孔子之後；第三，《史記》記述老子事迹雖多或然模糊之詞，但於其後嗣卻記載得明確肯定。根據這個記載，老子之子名宗，為魏將⑳，至漢文帝時剛及八代，而孔子後世到漢景武時，已傳到十三代，可見老子晚於孔子百年左右，而不是同時或更早。應該說，這三個否證論據都不是十分堅強，但是，對於「以天下沉濁，不可與莊語」而「以寓言為廣，以重言為眞」（《天下》）的《莊子》之書來說，並有「仲尼之楚，楚王觴之，孫叔敖執爵而市南宜僚受酒而祭」㉑（《徐无鬼》），「莊子見魯哀公」㉒（《田子方》）這些恣意嫁接時代絕不相及的人物的事例為證，這三個論據還是可以證僞《莊子》所杜撰的老子同時並長於孔子的事實；進而可以推斷《莊子》所記述的孔子問學於老子是一種寓言性質的故事。

　　證偽了老子與孔子同時或在先的事實，斷定這是《莊子》借重古
人的寄寓之詞，那麼覆蓋老子身世的神秘帷幕也就揭開了；進而，借
助《莊子》中的記述，《史記》中留下的關於老子的「莫知其然否」、
「不知其所終」兩團疑霧也可以廓清了。這樣，歷史上眞實的老子就
站出來了。

　　《史記》中出現了三個「老子」：老聃、老萊子、太史儋，司馬
遷斷定不了。關於太史儋《史記》寫道：

　　　自孔子死之後百二十九年，而史記周太史儋見秦獻公曰㉓……

　　　或曰「儋即老子」，或曰「非也」，世莫知其然否。（《老莊

　　申韓列傳》）

秦獻公在位時間爲周安王十八年至周顯王七年（前384—前362年），
正是孔子卒後百年左右，《莊子》中老子言談和使用的命題也呈現著
這個戰國時代的色彩；《莊子》記述「老聃西遊於秦」，和《史記》
所記「太史儋見秦獻公」也是吻合。所以，就《莊子》來判斷，「儋
即老子」甚爲確然。《莊子》中的老子、老聃，就是《史記》中的周
太史儋㉔。

　　《史記》記述字爲「老聃」的老子生平出處說：

　　　楚苦縣人也……周守藏室之史也……居周久之，見周之衰，乃

　　　遂去……莫知所終。（《老莊申韓列傳》）

《史記》這些記述顯然都是本源於《莊子》如謂老子是「楚苦縣人」，
爲「周守藏室之史」，與《莊子》中「孔子……南之沛見老聃」，「
陽子居南之沛……遇老子」及「周之徵藏史有老聃者」頗爲相合。老
子的生平還依稀可見，但《史記》在老子的最終歸宿處又留下一團疑
霧，說他「莫知所終」。聯繫《史記》對莊周生平的記述和評價，使
人感到，這團疑霧的產生，是司馬遷對作爲思想資料的《莊子》的援
用只注意了今本中的外、雜篇，而忽略了內篇。事實上，從內篇一處
對老聃的記述中，還是可以推斷老子之所終：

> 老聃死，秦佚弔之，三號而出。弟子曰：「非夫子之友邪？」
> 曰：「然。」「然則弔焉若此，可乎？」曰：「然。始也吾以
> 爲至㉕人也，而今非也。向吾入而弔焉，有老者哭之，如哭其
> 子；少者哭之，如哭其母。彼其所以會之，必有不蘄言而言，
> 不求蘄哭而哭之。是遁天倍情，忘其所受……」（《養生主》）

從這段也許是《莊子》中對老聃最眞實的一次記載中可以看到，老聃
確是個眞實的人，並非是漠然無情、長生不死的「至人」，未能逃脫
死亡的大限，也有遺情遺愛於人間。並且，臨終之際弔唁他的竟是一
位德行甚高的秦國朋友，因此，老聃很可能是西遊秦後而最後客死於
秦地。這樣，老子生平履歷的最後一句就是：「終於秦」。但僅此而
已。後人所謂「老子遁於西裔，行及秦境，死於扶風，葬於槐里」（
釋道宣：《跋＜老子疑問反訊＞》），「就水出南山就谷，北徑大陵西，
世謂之老陵」（《水經注》十九），「鄠縣柳谷水西有老子墓」（《路
史後記》七注），則是世之傳聞，難有實據了。

《養生主》篇認爲老子並沒有達到「至人」境界，和外、雜各篇
極力推崇老子是「大成之人」（《山木》），「古之眞人」（《田子方》），「
古之博大眞人」（《天下》），反映了莊子本人和他的後學在對老子
的評價上是有區別的。

總之，《莊子》中老子是個眞實的、但又裝飾著「孔子之師」面
具的人，卸下這個面具就可以看出，老子大體是生活在孔子死後百年
左右而在莊子之前的一位新思潮人物，他運用作爲享年甚高的史官所
具有的廣博的歷史經驗、社會生活經驗和自然知識開始從異於墨家的
理論立場來批判儒家。

(2)《莊子》中的《老子》其書　如同老子其人在《莊子》內篇和
外、雜篇中的地位或受到的評價並不相同一樣，《老子》一書在《莊
子》內篇和外、雜篇中留下的痕迹、發生的影響也迥然不同。從今本
《莊子》的全部內容看，內篇中的莊子思想完全是離開《老子》而獨

立地，甚至是在《老子》之先形成，而外、雜篇中《老子》的語言和思想烙印則每每可見。

一般說來，理論思維發展的邏輯過程，是由具體的感性表象走向具有普遍性的抽象概念，由某種模糊的觀念到一種明晰的思想。如果將《莊子》內篇與《老子》相應的言詞、概念、觀念和思想加以比較，那麼，所顯示的理論發展趨勢就是由《莊子》向《老子》，而不是相反。這是《莊子》內篇可能先於《老子》這一推測性論斷的首要論據。

莊子思想和老子思想中的最高範疇都是「道」。如前所述，在《莊子》中，主要是在內篇中，對這個範疇的規定還帶著很顯著的形象性的表象特徵，如「眞君」（《齊物論》），「造物者」（《大宗師》），「天」（《德充符》），「一」（《逍遙遊》），等等；對於「道」的普遍的存在，《莊子》內篇也是用一個具體形象的意境來體現的：「魚相造乎水，人相造乎道」（《大宗師》）。這些都反映出莊子在對作爲宇宙萬物最後根源的普遍性概念的理性探索中，經受了「莫知其所萌」，「不得其朕」的思緒困惑和思考的艱難，這正是一種學說思想開創者的常會有的感受。《老子》似乎已經擺脫了、跨越了這種艱難的思索歷程。《老子》說：「有物混成，先天地生，寂兮寥兮，獨立而不改，周行而不殆，可以爲天下母。吾不知其名，字之曰『道』，強爲之名曰『大』。」（《老子》28章）可見《老子》對「道」這一超越具體感性表象之上的理性概念，雖然在其稱謂上曾費躊躇，但對其普遍性、根源性的內涵的確定，卻是非常明確的。並且，在《老子》看來，曾使莊子困惑的對於最後根源的「莫知其所萌」，「不得其朕」，其實正是「道」的固有性質：「道之爲物，惟恍惟惚。惚兮恍兮，其中有像；恍兮惚兮，其中有物；窈兮冥兮，其中有精。」（《老子》21章）所以先秦道家的「道」，作爲一種宇宙根源的哲學範疇，在經由帶有感性表象特徵的觀念到抽象形式的理性概念的發展過程，可能首先是在《莊子》內篇中開始的。

　　不僅如此，對「道」生成萬物過程的邏輯表述，對「道者」，即一種理想人格精神面貌的具體描述，《莊子》內篇也可能在先而比較模糊，《老子》繼之而顯得清晰。對照如下：

《莊子》《老子》對比之項目	《莊 子》內 篇 的 描 述	《老 子》的表述
由「道」（「一」）而生萬物的邏輯過程	天地與我並生，而萬物與我爲一，既已爲一矣，且得有言乎？既已謂之一矣，且得無言乎？一與言爲二，二與一爲三，自此以往，巧歷不能得，而況其凡乎！（《齊物論》）	道生一，一生二，二生三，三生萬物。（42章）
理想人格的狀貌或精神境界	古之眞人，其狀義而不朋，若不足而不承；與乎其觚而不堅也，張乎其虛而不華也；邴邴乎其似喜乎！崔乎其不得已乎！滀乎進我色也，與乎止我德也；厲乎其似世乎！謷乎其未可制也；連乎其似好閉也，悗乎忘其言也。（《大宗師》）	古之善爲道㉖者，微妙玄通，深不可識，夫唯不可識，故強爲之容：豫焉，若畏四鄰，儼兮，其若客；渙兮，若冰之將釋；敦兮，其若樸；曠兮，其若谷；混兮，其若濁。（15章）

　　相比之下，「道」生萬物的過程，在《莊子》內篇還是象徵性、隱喻性的描述，《老子》則是一個十分明確的邏輯過程的表述；《莊子》內篇對其理想人格（「眞人」）狀貌和精神境界的描述比較含糊、混亂，《老子》對「爲道者」的表述則是明確、井然有序。《老子》簡潔的表述似乎是對《莊子》雜亂描述的條理。

　　《莊子》內篇獨立於或可能先於《老子》的另外一個論據，就是《莊子》內篇稱引在其先的典籍中沒有《老子》；引述老聃（老子）的語言，也不在《老子》中。《莊子》內篇可以判定是援引先前典籍

或遺言的只有兩處：一是《齊諧》⑳：「《齊諧》者，志怪者也，《諧》之言曰，『鵬之徙於南冥也，水擊三千里，摶扶搖而上者九萬里，去以六月息者也』。」（《逍遙遊》）二是《法言》：「故《法言》曰：『傳其常情，無傳其溢言，則幾乎全。』」（《人間世》）可見，《齊諧》記載的是一個動物寓言故事，《法言》記述的是一條外交詞令原則，與《老子》內容相距甚遠。《莊子》內篇記述了老子的兩次談話，由前面的引述可知，一次是對無趾議論如何使孔子覺悟「死生一條，可不可一貫」（《德充符》），一次是教訓陽子居「學道不倦」是一種「勞形忧心」的有害行為（《應帝王》）。這兩次談話的內容都明顯地表現出一種超脫世俗人生觀念的思想傾向，如我們在下面將要論述的那樣，這絕不是《老子》的理論宗旨。

　　總之，可以比較確定地說，在《莊子》內篇中只有老子其人而無《老子》其書；進一步，則是推測地說，《莊子》內篇可能先於《老子》⑱。自司馬遷以來，傳統的、習慣的觀點都認為莊子之學「其要本歸於老子之言」，但從《莊子》內篇看，莊子思想實際上是獨立於《老子》而形成的。

　　儘管《莊子》內篇沒有《老子》之言，《莊子》外、雜篇援引《老子》言詞，受《老子》思想影響卻是極為明顯的事實。《莊子》外、雜篇援引《老子》有數十處之多，或為詞同，或為義近，其大致可分為三種情況：一是直接標明「老子曰」（有一處是「大成之人曰」），二是以「故曰」為標志，三是雖無「老子曰」或「故曰」，但文句或詞義卻與《老子》相同。其中第一種情況較少，多為第二、三兩種情況。各舉一典型例證如下：

《莊子》援引《老子》之類型	《莊　子》	《老　子》
1.以「老子曰」爲標志	老子曰：「衛生之經，能抱一乎，能勿失乎……能兒子乎？兒子終日嗥而嗌不嗄，和之至也；終日握而手不掜，共其德也……（《庚桑楚》）	營魄抱一，能無離乎，專氣致柔，能嬰兒乎。（10章）含德之厚，比於赤子……骨弱筋柔而握固……終日號而不嗄，和之至也。（55章）
	大公任曰：「……昔吾聞大成之人曰：『自伐者無功，功成者墮，名成者虧……』」（《山木》）	自伐者無功。（24章）功成身退，天之道。（9章）
2.以「故曰」爲標志	黃帝曰：「……故曰，『失道而後德，失德而後仁，失仁而後義，失義而後禮。禮者，道之華而亂之首也。』故曰，『爲道者日損，損之又損之以至無爲，無爲而無不爲也。』……」（《知北遊》）	故失道而後德，失德而後仁，失仁而後義，失義而後禮。夫禮者，忠信之薄而亂之首也。（38章）爲道日損，損之又損，以至於無爲，無爲而無不爲。（48章）
3.無明顯標志者	子獨不知至德之世乎……當是時也，民結繩而用之，甘其食，美其服，樂其俗，安其居，鄰國相望，雞狗之音相聞，民至老死而不相往來。（《胠篋》）	小國寡民……使人復結繩而用之，甘其食，美其服，安其居，樂其俗，鄰國相望，雞犬之聲相聞，民至老死，不相往來。（80章）

　　在這幾則例證中，《莊子》外、雜篇的作者是借某個虛擬人物「黃帝」、「大公任」的口氣，或直接以作者的口氣來引述《老子》的文句，這就表明，這些內容已是眾所周知或已有確定的記述，因此可以推斷：《老子》一書在當時已經形成㉔。

　　《莊子》外、雜篇援引《老子》的情況與我們在前面已經論述的莊子後學所表現出新的理論特色是相吻合的。莊子追求「無待」、「

逍遙」的精神自由的人生哲學主旨，被莊子後學改變爲意在長生、全身的修煉、避患之術；莊子後學也棄置了莊子無君返樸的社會思想，而採取了以「王天下」爲目標、執「無爲而無不爲」的權術以治世的政治態度。這種變化顯然是受到來自老子思想影響的結果，因爲正是在這些地方，莊子思想和老子思想存在著明顯的差異；並且這種差異有著深刻的哲學本體論和認識論上的原因。

(3)莊子思想和老子思想的異同　在先秦，共同組成了能和儒家、墨家相對立的道家思想陣營的莊子思想和老子思想（《老子》），其在兩個基本點上是相同的：

第一，「道」爲世界萬物最後根源和具有超驗性質的觀念。《老子》中寫道：「道者，萬物之奧」（60章），「衆妙之門」（1章），「爲天下母」（25章），「天地根」（6章），等等。完全可以說，「道」爲萬物根源的觀念，是《老子》首要的、根本的觀念；而且，《老子》對「道」的根源性的表述要比《莊子》的「道通爲一」，「已而不知其然謂之道」（齊物論），「夫道覆載萬物者也」（《天地》），「道者，萬物之所由也」（《漁父》）等的表述明確、通俗得多。《老子》還認爲作爲萬物最後根源的「道」的存在是不能被感性認識所把握的，「視之不見，聽之不聞，搏之不得」（14章）；也難以用概念來加以規定的，「道常無名」（32章），「道可道，非常道」（1章）。老子思想中的「道」的這種超驗性質，也正是莊子所說的「道昭而不道」（《齊物論》），「道不可致」，「道不當名」（《知北遊》）。總之，莊子和老子都是把「道」作爲一種超越人的感性經驗之上的宇宙萬物最後根源來理解的。這也是道家各派對「道」的共同的、基本的理解。

第二，社會批判的立場和返歸自然的社會理想。《老子》或老子思想對當時社會基本上是採取批判的態度，這一批判的鋒芒，主要是指向兩個對象：一是當時的統治者，一是爲當時統治者推崇、採用的儒家思想。《老子》尖銳地寫道：「朝甚除，田甚蕪，倉甚虛，服文

彩，帶利劍，厭飲食，財貨有餘，是謂盜竽，非道也哉」（53章），
「民之飢，以其上食稅之多；民之難治，以其上之有爲；民之輕死，
以其上求生之厚」（75章），也就是說，《老子》斥責當權的統治者
是盜賊之首，認爲民衆的痛苦、社會的動亂都是當權的統治者的種種
暴虐行爲帶來的。《老子》的這種相當激烈的社會批判態度，和處於
「昏上亂相之間」（《山木》）的莊子憤慨於「竊國者爲諸侯」（《胠
篋》），哀憫於「今世殊死者相枕也，桁楊者相推也，刑戮者相望也」
（《在宥》）的態度是一致的。這種對當權的統治者的抨擊的態度，
必然導向對雖然本身也正在經歷著某種新的適應性變化，然而其理論
核心仍是主張以「禮」、「仁義」的道德規範維護社會倫理秩序的儒
家思想的批判。《老子》寫道，「夫禮者，忠信之薄而亂之首」（38
章），主張「絕聖棄智」，「絕仁棄義」，「絕巧棄利」而「見素抱
樸，少私寡欲」（19章），返回到「復結繩而用之」，「民至老死不
相往來」（80章）的原始的、自然的狀態。這與莊子認爲「爲知仁義
之不爲桎梏鑿枘也」（《在宥》）的觀點，向往「不尙賢，不使能，
上如標枝，民如野鹿」的「至德之世」（《天地》）或「不知義之所
適，不知禮之所將」的「建德之國」（《山木》），也是完全一致的。

莊子思想與老子思想既然在這兩個基本點上的某些重要思想觀念
是相同的，所以自司馬遷以來，傳統的觀點一直認爲老、莊是屬於同
一個思想體系。事實上，從另外更多一些的重要思想觀念的差異中可
以看出，莊子思想和老子思想是理論宗旨和內容皆有不同的兩個思想
體系。這些思想觀念上的差異可以歸結爲：

第一，自然哲學：「道」的本體論性質。如上所述，「道」爲宇
宙萬物最後根源的觀念，是老、莊相同的。但是，對這種根源應作如
何理解，也就是說「道」本身具有何種哲學性質，老、莊的觀點就不
相同了。《老子》說，「道生一，一生二，二生三，三生萬物」（42
章），「道生之」（51章），可見老子的「道」是具有某種實體性質

（並不是「實體」）的實在。莊子認爲「道通爲一」（《齊物論》），「道無所不在」（《知北遊》），也就是說，「道」是某種既內蘊於萬事萬物之中，又包容一切事物和狀態的世界總體性實在，確切地說，這是一種哲學理念。老子和莊子對「道」的本體論性質的這種不同的理解（「實體性」與「總體性」），就產生了他們的世界自然圖景中的一個明顯的分歧：世界或萬物有無開始？在老子看來，萬物由「道」產生，世界萬物當然是有開始，而且是唯一地、必然地由「道」開始。然而從莊子那種溶入、涵蓋一切事物和狀態的總體的「道」的立場觀察，世界的存在既無開始，也無終結，「道無終始」。這樣，「有始」或「無始」就成了區分老子和莊子自然觀的標志，甚至也可作爲區分老、莊認識論、人生哲學的外在標志：

區分老、莊的基本方面 ＼ 區分老、莊的外在標志	老子：有始（元始）	莊子：無始（未始）
1.本體論：宇宙的最初狀態	有物混成，先天地生，可以爲天下母……字之曰「道」。（25章）道生一，一生二，二生三，三生萬物。（42章）	道未始有封。（《齊物論》）道無終始。（《知北遊》）
2.認識論：認知的最高層次	能知古始，是謂道紀。（14章）	有以爲未始有物者，至矣，盡矣，不可加矣。（《齊物論》、《庚桑楚》）
3.人生哲學：境界的最高層次	孔德之容，惟道是從……以閱眾甫。（21章）天下有始，以爲天下母。既得其母，以知其子，既知其子，復守其母，沒身不殆。（52章）	彼至人，歸精神乎無始。（《列禦寇》）聖人……未始有始。（《則陽》）

可見，由於老子的「道」具有某種能產生萬物的實體的性質，世界從它那裡開始，所以老子以「道」為對象、為內容的最高層次的認知活動和精神境界也必然包含「有始」（即最初的元始）的觀念成份；莊子的「道」不具有「實體」性質，而是無所不包的世界總體實在，無始無終是它的特徵，所以「無始」也就成了莊子最高的、「道」的層次的認知和精神境界的特徵。

對「道」的本體論性質的不同理解，使老子和莊子對體現「道」的萬物存在形式或運動過程的觀點也不相同。老子的「道」從本體論意義上說，是某種產生萬物、開始萬物的超驗的、實體性的實在，既然有開始（「有」），那麼一定有終結（「無」）。這樣，在老子那裡，「道」的存在就表現為萬物在「有」、「無」兩極間往返運動的過程，表現為萬事萬物在任何兩個對立的性質間往返運動的過程。老子將「道」的這種存在形式或事物形成過程概括為「反」：「反者道之動……天下萬物生於有，有生於無」（40章）。莊子的「道」是一種包容和溶入一切事物和狀態的世界總體性實在，這樣，「道」的存在形式、過程性質，就不是事物在某兩種對立性質間的往返運動，而是事物在一切性質中，在全部可能性的範圍內無始無終、沒完沒了的變化。與老子「道」的過程性質是「反」相比而言，莊子「道」所表現出的萬物存在形式或過程是「化」。如《莊子》中多次寫道：「萬物皆化」（《至樂》），「物之生也，若驟若馳，無動而不變，無時而不移，何為乎，何不為乎？夫固將自化」（《秋水》），「萬物皆種也，以不同形相禪，始卒若環，莫得其倫。」（《寓言》）可見，老子和莊子的自然哲學為我們描繪了兩種迥然不同的世界自然圖景。在《老子》的世界裡，事物的存在是相互依存的，而不是孤立的，事物的運動，或者說「道」的過程性質是兩種對立性質的存在的相互轉化，「正復為奇，善復為妖」，「禍兮，福之所倚；福兮，禍之所伏」（58章）。但在《莊子》的自然圖景裡，萬物都在完全獨立地、自由

變化著，「浸假而化予之左臂以為雞」，「浸假而化予之右臂以為彈」，「浸假而化予之尻以為輪」（《大宗所》）。並且，莊子還認為，雖然就事物個體來看，「萬化而未始有極也」（《大宗師》），以不同性狀綿延禪變，是沒有終極之時的；但就世界整體而言，「萬物皆出於機，皆入於機」（《至樂》），萬化的總體過程是既無起點，又無終點的永恆循環。因此，如果將老子和莊子的不同世界自然圖景，即作為「道」的體現的萬物存在的形式和過程——「反」與「化」，加以形式的、幾何學的簡單描述，那麼可以說，老子是有兩個端點的「線段」，莊子是無端點的「圓」。

總之，《老子》和莊子分別對「道」的本體論性質所作的實體性的規定和總體性的理解，是老子思想和莊子思想差異的最深刻的一個理論因素。

第二，人生哲學：人生追求和處世態度。莊子思想和老子思想的差異更加明顯地表現在人生哲學上。如前所述，莊子的人生追求最根本的內容是一種對精神上的「逍遙」的追求，即從精神上擺脫生死、時命、情欲等構成的人生困境，而獲得一種無任何負累的自由自在心境，「彷徨乎塵垢之外，逍遙乎無為之業」（《大宗師》）。而這種精神自由的人生追求，又決定了莊子超脫世俗，「惡能憒憒然為世俗之禮，以觀眾人之耳目哉」（《大宗師》）的處世態度。應該說，這是較高文化層次和精神層次上的人生追求和處世態度。從《老子》中看，老子所提出的人生目標不是高遠，而是根本，它就是人的存在本身——生命。這一目標在人的生活的社會層面和自然層面上分別叫「全身」和「長生」。如《老子》說：「名與身孰親？身與貨孰多？得與亡孰病？是故甚愛必大費，多藏必厚亡，知足不辱，知止不殆，可以長久」（44章），「見小曰明，守柔曰強，用其光，復歸其明，無遺身殃，是為習常」（52章），此是「全身」。又說：「治人事天莫若嗇⋯⋯是謂深根固柢，長生久視之道」（59章），「蓋聞善攝生者，陸行不

遇兕虎，入軍不被甲兵……夫何故？以其無死地」（50章），此是「長生」。雖然從人的生理意義上說，全身、長生是一件事，但在《老子》這裡卻有區別：「全身」是說人在社會生活中要善於保全自己的生命機體，它決定於也表現為一種「守柔」退讓，「知足」免殃，「不敢為天下先」（67章）的處世態度；「長生」是指不能戕傷自己的自然本性，它導向某種「深根固柢」（59章）的養生方法。

莊子和老子在人生追求上的精神自由與健全生命之間的不同，決定了他們在處世態度上超脫世俗與謙退自處之間的差異；而這種差異又顯示出，在莊子和老子的人生哲學中，目的和手段這對價值範疇之間的關係有所不同。在莊子人生哲學裡，「逍遙」的人生追求和超脫的處世態度不僅是一致的，而且是同一的，目的和手段沒有出現分離，所以如前面所論述，莊子的處世態度（超世、順世、遁世）本身也就是他追求的「無待」、「無累」的自由精神境界的表現。在老子這裡情況不是這樣，目的和手段已經分離，或者確切地說，雖然仍是一致，但卻不是同一。「弱之勝強，柔之勝剛」（78章），「守柔」是為了達到它的對立面「剛強」。「曲則全，枉則直，洼則盈，敝則新，少則得，多則惑」（22章），這就是說，老子認為「全身」、「長生」，必須通過它的對立面「枉」、「曲」、「少」、「損」才能取得，「天地……以其不自生，故能長生」，「聖人……外其身而身存」（7章），所以，老子的處世態度就不是直接映現他的精神境界，而是表現著一種人生經驗、生活智慧。在一定的條件下，這種智慧的處世態度，就由「守柔」的求生存，轉變為「以柔勝剛」、「欲取固與」（36章）的以權術求發展、求用世。如《老子》說：「我有三寶，持而保之：一曰慈，二曰儉，三曰不敢為天下先。慈故能勇，儉故能廣，不敢為天下先故能成器長」（67章），「以正治國，以奇用兵，以無事取天下」（57章），這與莊子「孰弊弊焉以天下為事」（《逍遙遊》）的態度何其相反乃爾！

　　莊子和老子的人生哲學，由人生追求的不同開始，最後表現生活目標和手段的同一或分離、處世態度在性質上是體現精神境界或是反映生活智慧的差別，這些，在他們對一個重要範疇——「無爲」的理解中尤爲清楚地顯示出來。在莊子這裡，「彷徨乎無爲其側，逍遙乎寢臥其下」，（《逍遙遊》）「無爲」顯然是一種行爲態度；另一方面，「彷徨乎塵垢之外，逍遙乎無爲之業」（《大宗師》），「無爲」本身也就是一種境界，是莊子追求的人生目標。但對於老子，「無爲之有益」（43章），「無爲故無敗」（64章），「無爲而無不爲」（48章），「無爲」純粹地成了一種行爲態度，一種處世手段，故《老子》一再說：「爲無爲，則無不治。」（3章、63章）

　　總之，莊子的人生追求是一種高遠的個人精神上的自由，以不同方式（超世、遁世、順世）與世俗生活保持著距離，這種「逍遙」的超脫，並不是出世而歸向彼岸，而是在現實生活中對心境作返歸自然的理性淨化。老子則是傾心於個人生命的健康和長久地存在，對駕馭世俗生活表現了極大的興趣，「事善能，動善時」（8章），時時顯露著智慧或權謀。莊子和老子人生哲學上的這種差異，在某種程度上也就是莊子、老子思想在總的內容特色上的差異：一個顯示出高遠超脫的精神境界，一個充盈著豐富深刻的生活智慧。

　　第三，認識論：感性對象（萬物）的相對性和最後根源（「道」）的超驗性。莊子思想和老子思想在認識論上的差異，主要表現在他們對先秦哲學認識論中的兩個困難的問題——對具體事物感性的、表象的認識的不確定性的困惑的消除和對形上的、超驗的萬物最後根源的認識途徑的尋求——有不同的解決方法。如前所論，莊子對於感性認識不確定性引起的困惑，是用相對主義來加以解釋的。一方面，就具體的感性事物來說，「萬物皆種」（《寓言》），萬物「殊性」（《秋水》），萬物皆有自己獨立的本性，「是非之途，樊然殽亂」（《齊物論》），令人迷惘；另一方面，從自然整體的角度上看，「萬物皆一」

（《德充符》），「萬物一府」（《天地》），這種差別又是不存在的。這兩種觀念疊合起來，就形成了莊子的相對主義，即從自然主義的、「道」的立場上觀察，萬物在感性的、表象意義上的千差萬別，實際上是相對的，「以道觀之……萬物一齊」（《秋水》）。老子不是用相對主義，而是用辯證法來消除這種感性認識樊然殽亂的差別所帶來的困惑。《老子》說，「天下皆知美之爲美，斯惡矣；皆知善之爲善，斯不善矣，故有無相生，難易相成，長短相形，高下相傾」（2章），也就是說，在老子看來，事物的性質，如美或醜，善或惡，以及長短大小，等等，都一定是在其相互的對立和差別中顯示其存在的，沒有對立或差別的孤立事物，是無法認識的。可見老子和莊子不同，不是在具體的對立的感性表象事物之外或之上，引進某種總體的、統一的存在用相對性的理性觀念來包容這種差別帶來的認識上的困惑，而是就在這種差別或對立本身中，揭示出其所內蘊的辯證性質，從而完全消解了這種困惑。

對於超越感性經驗的、作爲世界最後根源的「道」的認識方法或達到的途徑，老子和莊子也頗有不同。前面亦已經論述，莊子達到「道」的途徑是「體道」，是對已設定的某種世界總體實在的體認；其由「外天下」、「外物」到「外生」的過程，也不是認識的豐富過程，而是境界的提高過程；最後「入於不死不生」的「攖寧」（《大宗師》），也不是「道」作爲認知對象被確認，而是作爲精神境界被實現。一言以蔽之，莊子走向「道」的途徑，在性質上是一種精神修養的、超理性的實踐過程。老子的思想不是這樣，《老子》說：「致虛極，守靜篤，萬物並作，吾以觀復。夫物芸芸，各復歸其根，歸根曰靜，是曰復命，復命曰常，知常曰明」（16章），「滌除玄鑑㉛，能無疵乎」（10章）。即老子認爲，通過對萬物狀態作客觀的「靜觀」，如同無垢之「玄鏡」，追索、洞察、確認其最終的歸向，就可以認識到萬物之「根」，或稱之爲「命」、「常」。換言之，在老子看來，作爲世

界萬物根源的「道」是可以通過一種抽象的、深入的理性思索去把握的，去「明」的。所以在老子思想中，通向「道」的途徑，在性質上仍是一種理性的認識過程，與莊子達到「道」的境地在方法、過程、結局上都是迥然有別的。試對照如下：

比較的內容 / 比較的對象	認識或達到「道」的方法	其　過　程	其　結　局	其性質的評定
莊　子	體道（體驗）	外天下—外物—外生	入於不死不生（攖寧）	精神修養的超理性實踐過程
老　子	靜觀（確認）	虛靜—觀物復根	知常（明）	抽象思索的理性認識過程

總之，在先秦，莊、老異同構成一種甚為奇特的理論現象：從其和儒、墨相對立的學術背景上看，莊、老之同大於異；就其各自的學說思想內容看，莊、老之異大於同。

(4)莊子與關尹、列子　《天下》篇明確地把關尹、老聃作為一派加以敘述的，《達生》篇記述了列子向關尹問學，顯然是師生關係，所以在先秦道家的老子派中，從《莊子》的記述中看，還有了關尹、列子（列禦寇）二人。關尹、列子雖然沒有留下直接的思想資料[31]，也沒有在《莊子》、《呂氏春秋》以外的其它先秦典籍中出現[32]，但根據《莊子》的記載，關尹的思想觀點和莊子思想的異同也還是清晰可辨的。

十分顯然，關尹的「以本為精，以物為粗」（《天下》）的理論宗旨，和莊子「可以言論者，物之粗也；可以意致者，物之精也」（《秋水》）的觀點；「其動若水，其靜若鏡，其應若響」（《天下》）的應事接物態度，和莊子的「至人之用心若鏡，不將不迎，應而不藏」（

《應帝王》）之論，都是一致的。但關尹和莊子對「至人」境界的理解是很不相同的。《莊子》寫道：

> 子列子問關尹曰：「至人潛行不窒，蹈火不熱，行乎萬物之上而不慄。請問何以至於此？」關尹曰：「是純氣之守，非知巧果敢之列……壹其性，養其氣，合其德，以通乎物之所造。夫若是者，其天守全，其神無郤，物奚自入焉！……」（《達生》）

前面已經論述，莊子理想人格（「至人」、「眞人」、「神人」、「聖人」）的精神境界——通過「去欲」、「去故」、「體道」等精神修養方法而形成的一種無任何負累（「無待」）的精神狀態、心理環境，既具有眞實性（恬靜的心境），也包含著理想因素（絕對的自由）和幻想成份（超人的性能），而關尹和列子在這裡所討論的「至人」境界，基本上不是人的這種精神性質的存在狀況，乃是一種通過人體內在生理潛能（「純氣」）的修煉而獲得的某種超人的、可以避除任何外物傷害的特異功能。這種以「純氣之守」的修煉而達到「至人」境界的方法，就關尹、列子的立場看，是使莊子幻想變成現實的眞確途徑，但在莊子立場看，這卻仍是「有待」，他批評列子說：

> 夫列子御風而行，泠然善也，旬有五日而後反。彼於致福者未數數然也。此雖免乎行，猶有所待者也。若夫乘天地之正，御六氣之辯，以遊無窮者，彼且惡乎待哉！（《逍遙遊》）

即在莊子看來，關尹、列子雖能「若水」「若鏡」、「若響」，毫無用心於世俗外物，但卻勞心於「守氣」，「御風而行」，所以仍是「猶有所待者也」。只有完全地因任自然（「乘天地之正，御六氣之辯」），無所用心，無有負累，才是「無待」的「至人」境界。可見莊子和關尹對「至人」境界的理解及其實現方法都是有所不同的。

2.莊子與稷下道家及黃老之學

在《天下》篇中，先秦以「道」爲理論標志的學派，除了關尹、老聃派和莊周派外，就是彭蒙、田駢、愼到派了。根據前已引述的《

史記》的記載，慎到、田駢都是齊宣王時的「稷下學士」，所以可以說田駢、慎到是稷下諸多學派中的道家學派。從《莊子》的記述來看，這個學派不像老子和莊子之間有密切的關係，而是似乎無論和莊子或老子都沒有發生什麼關係。從先秦的其它典籍（如《荀子》）和現存尚為可信的《慎子》輯本的記述來看，由這個學派的不同於老、莊思想的那個方面，產生出一種新的理論發展方向，即由「道」而引申出「法」，由「法」而肯定「禮」。沿著這個理論方向的進一步發展，就出現了「黃老」之學。具有折衷、綜合的思想特色的黃老之學，又從《莊子》中吸取了很多的概念、命題等思想資料。這些，就是我們在這個題目下需要考察的內容。

(1)莊子思想與慎到思想的異同 稷下道家學者中，慎到的思想資料較為豐富，所以這裡就以他為代表，來比較一下這個學術派別和莊子思想的異同及其顯示的新的理論方向。

《天下》篇記載慎到派關於「道」的基本觀念是「天能覆之而不能載之，地能載之而不能覆之，大道能包之而不能辯之……選則不偏，教則不至，道則無遺者矣。」也就是說，「道」是無所不在，無所不包的，「道」是不能分的整體。「道」的周遍性是慎到派所認識的「道」的最重要性質，這和老子派具有實體性的「道」的觀念有所不同，而和莊子派總體性的「道」的觀念是一致的。由這個「道無遺者」的基本觀點出發，慎到派得出兩個方面的結論：一個是對待自然事物的，「齊萬物以為首」（《天下》）。即從「道」的整體觀念來觀察，「萬物皆有所可，有所不可」（《天下》），萬物是齊一的，無分別的。一個是在社會生活中的，「棄知去己而緣不得已，泠汰於物以為道理」（《天下》），也就是要因循事物固有之理，棄絕人為，所以慎到「笑天下之尚賢，非天下之大聖」（《天下》）。到這裡，慎到和莊子仍然保持著一致，如前所述，「萬物皆一也」（《德充符》），「萬物一齊」（《秋水》），「離形去知同於大通」（《大宗師》），「去知與

故，循天之理」（《刻意》）等也正是莊子的基本觀點。但是，由這裡再向前跨進一步，慎到和莊子之間就出現了深刻的分歧，各自行進在不同的理論方向上了，其主要之點是：

第一，在人生哲學觀點上：自由的獲得與自由的喪失。正如前面已多次論及的那樣，莊子的齊一萬物、因任自然的基本觀點，在理論上都是指向對世俗束縛的衝擊，對人生困境的擺脫，從而獲得一種「無待」的，即絕對的精神自由，一種「上與造物者遊，下與外死生無終始者爲友」（《天下》）的無任何負累的超然心境。在莊子看來，這無疑是作爲人的存在的最高境界，是人性的眞正實現。然而在慎到那裡，「泠汰於物，以爲道理」，即聽任、因循事物固有之理的基本思想卻導向另外一種人生表現，產生了另外一種精神狀態。《天下》描述慎到的人生態度說：

> 椎拍輐斷，與物宛轉，捨是與非，苟可以免，不師知慮，不知
> 前後，魏然而已矣。推而後行，曳而後往，若飄風之還，若羽
> 之旋，若磨石之隧，全而無非，動靜無過，未嘗有罪。

也就是說，慎到把本質上總是體現著一種追求、躍動著某種精神因素的人的存在過程，看成應當是如同羽毛飛旋、磨石轉動的機械的、無目的物的運動狀態。顯然，這是完全屈從於、湮滅於外物，從而完全喪失了作爲人的自覺存在的一種精神狀態，一種貧瘠的、死寂的人生表現。慎到的人生哲學和莊子如此大相徑庭，以致莊子的後學、《天下》篇的作者批評說：「慎到之道，非生人之行而主[33]死人之理，適得怪焉……慎到不知道！」（《天下》）

第二，在社會政治思想上：否定禮義與推崇法、禮。莊子從「同於大通」、「循天之理」的自然主義立場上所作出的觀察和得出的結論，是對人爲的「禮義」制度和規範的徹底的否定。莊子認爲，「聖人之治也……確乎能其事者而已矣。且鳥高飛以避矰弋之害，鼷鼠深穴乎神丘之下以避熏鑿之患，而曾二蟲之無知？」（《應帝王》）即是

說，人按其自然本性來說，如同鳥知避矰弋，鼠知避熏鑿，皆知保護自己，皆能治理自己，毋須人爲的倫理制度來加以規範約束。所以莊子否定地說：「經式義度……是欺德也，其於治天下猶涉海鑿河而使蚊負山也」（《應帝王》），「禮法度數形名比詳，治之末也。」（《天道》）但是，愼到和莊子不同，他從人的自然本性這個觀察點卻得出相反的結論。愼到說：「天道因則大……因人之情也，人莫不自爲也」（《愼子‧因循》），「能辭萬鍾之祿於朝陛，不能不拾一金於無人之地，能謹百節之禮於廟宇，不能不弛一容於獨居之餘，蓋人情每狃於私故也。」（《愼子逸文》）這裡，顯示出愼到的社會政治觀點實際上包含著兩個原則：「天道」──「因人之情」；「人情」──「每狃於私」。這樣，愼到就把限制、治理「人情」之「私」，確定爲是完善社會生活的主要目標；正是爲了實現這個目標，愼到引進了「法」，並進而也肯定了「禮」。愼到說：

> 法之功，莫大使私不行……事斷於法，是國之大道也。（《愼子逸文》）法制禮籍，所以立公義也。凡立公，所以棄私也。
> 明君動事分功必由慧，定賞分財必由法，行德制中必由禮。（《愼子‧威德》）

於是，原來主張無爲自然、反對人爲「禮」、「法」的先秦道家社會思想在這裡發生了一種理論上的轉機：「法」被崇尙，「禮」受肯定。在愼到派開始的這一新的理論方向上，產生了新道家──黃老之學。

愼到還崇尙「勢」，認爲「堯爲匹夫，不能使其鄰家，至南面而王，則令行禁止，由此觀之，賢不足以服不肖，而勢足以屈賢」（《愼子‧威德》）。顯然，「勢」是權力帶來的一種特殊的社會效應，不具有「公」的法的本性，所以荀子批評愼到「尙法而無法」（《荀子‧非十二子》）。在黃老之學中，「勢」的思想沒有發展而被棄置。

(2)莊子與早期黃老之學　由愼到開啓到戰國後期、秦漢之際發展起來的新道家，其思想主要特點，是在以「道」爲理論主體的觀念系

統中，吸收、融合了被早期道家（老子・莊子）所否定的「法」、「禮」的觀念。具有這個思想特點的新道家，在司馬遷《史記》中稱之爲「黃老之學」：「慎到、田駢……皆學黃老道德之術。」（《孟荀列傳》）黃老之學雖然在西漢初六、七十年中方達於鼎盛，但它的主要思想內容在戰國後期、秦漢之際的黃老之學著作裡都已形成。這裡姑且以《管子》中具有明顯新道家思想特點的四篇——《樞言》、《心術》、《上下》、《白心》、《內業》爲代表，比較一下早期黃老之學和莊子思想的異同及其受到來自《莊子》的影響。

首先，不難看到莊子思想與《管子》四篇在基本觀念上的相通。今存《管子》七十六篇，包含著儒、法、道、兵、陰陽、輕重等諸家十分蕪雜的內容，邁越從戰國齊國稷下學者到秦漢理財家的很長的時間跨度，判定以上《管子》四篇爲道家思想著作的主要根據，就是它有二個基本觀念和道家——這裡我們以莊子爲代表——相通或相同：

第一，「道」爲萬物根源並具有周遍、超驗的性質。作爲道家思想最重要的理論標志的「道」爲萬物根源的觀念，在《管子》四篇中有明確的表述：「凡道，無根無莖，無葉無榮，萬物以生，萬物以成，命之曰道。」（《內業》）此外，從《管子》四篇來看，「道」的最明顯的性質，一是它的無所不在、無所不是的周遍性，即「道在天地之間也，其大無外，其小無內，故曰不遠而難極也，虛之與人也無間」（《心術上》），「道之大如天，其廣如地，其重如石，其輕如羽」（《白心》），「道滿天下，普在民所」（《內業》），等等；一是它不能爲感性認識所把握的超驗性，即「道也者，動不見其形，施不見其德，萬物皆以得，然莫知其極」（《心術》上），「不見其形，不聞其聲，而序其成，謂之道」（《內業》）。這些觀點和莊子「道者，萬物之所由也」（《漁父》），「夫道，於大不終，於小不遺，故萬物備」（《天道》），「道不可致」（《知北遊》）的自然哲學觀點顯然是十分相通、相近的。

　　第二，清靜無爲的心性修養方法和目標。如前所述，「平易恬淡」，「去知與故」（《刻意》），從而獲得一種恬靜的心境，一種「造乎道者無事而生定」（《大宗師》）的境界，是莊子精神修養的基本方法和目標。這種精神的、心性的修養方法也正是《管子》四篇所提倡的：「君子不怵乎好，不迫乎惡，恬愉無爲，去智與故」（《心術》上）；而這種境界也正是爲《管子》四篇所追求的：「聖人與時變而不化，從物而不移，能正能靜，然後能定」，「修心靜音，道乃可得」（《內業》）。可見，《管子》四篇在精神修養的方法和目標上顯然也是和莊子十分接近的。

　　《管子》四篇儘管在上述二個基本觀念上和莊子相通相同，但是在另外二個基本觀念上卻有深刻的差異，並由這種差異導引出一系列具體結論上的不同。

　　第一，「道」與「氣」的界限。在莊子思想中，「道」與「氣」是兩個屬於不同層次、有不同內涵的、因而界限可以清晰區分的哲學概念或範疇。莊子的「道」，是一種作爲世界根源的、具有周遍、超驗、總體實在等性質的最高哲學範疇，所謂「道通爲一」（《齊物論》）是也；而「氣」則是一種構成萬物基始的物質因素的自然哲學概念，所謂「通天下一氣耳」（《知北遊》）是也。在《管子》四篇中，「道」、「氣」的界限已經模糊，已經混同，出現可以以「氣」釋「道」、以「道」釋「氣」的情況，例如：

以「氣」釋「道」	「道」的性質（根源、周遍、超驗）	「氣」具有「道」的性質
	凡道，無根無莖，無葉無榮，萬物以生，萬物以成。（《內業》）夫道，寂乎莫聞其音，卒卒乃在於心，冥冥乎不見其形，淫淫乎與我俱生。（《內業》）	精也者，氣之精者也。（《內業》）凡物之精，化則爲生，下生五穀，上爲列星，流於天地之間，謂之鬼神，藏於胸中，謂之聖人。是故

		此氣，杲乎如登天，杳乎如入於淵，淖乎如在於海，卒乎如在於己。（《內業》）
以「道」釋「氣」	「氣」的性質（構成萬物的基始）	「道」具有「氣」的性質
	有氣則生，無氣則死，生者從其氣。（《樞言》） 氣者，身之充也。（《心術》下）	道也者……人之所失以死，所得以生也。（《內業》） 夫道者，所以充形也。（《內業》）

這種情況表明，《管子》四篇作者的哲學意識或理性抽象程度有所降低，他把作爲世界根源的抽象的理性觀念（「道」）和作爲萬物最後構成的具有某種感性表象性質的觀念（「氣」）混同起來。這是此後黃老之學的自然哲學共同具有的一個理論上的弱點。

　　第二，「天」與「人」的關係。在莊子思想裡，「天」（一切自然）與「人」（一切人爲）是處在完全對立的位置上，「天之小人，人之君子」（《大宗師》）。莊子主張返歸自然，棄絕人爲，所以一再說，「不以人助天，是之謂眞人」（《大宗師》），「古之人，天而不人」（《列禦寇》），「無以人滅天」（《秋水》），「無以人入天」（《徐无鬼》）。完全可以說，「天人對立」是莊子所認識的人的生存環境的基本格局，而「天而不人」則是莊子思想的基調。在《管子》四篇中，人的生存環境的基本格局不再是「天」與「人」這兩個基本方面、兩類不同性質的事或物的對立，而是天、地、人這三個主體和諧一致的共存。《管子》四篇寫道：「天主正，地主平，人主安靜」（《內業》），「天以時使，地以材使，人以德使」（《樞言》），「天或維之，地或載之，人有治之」（《白心》）。即在四篇的作者看來，人以自己的秉性（靜因自然）、品德（德行修養）和能力（治理萬物）與構成人的生存環境的另外二個主體天、地形成的是一種既有

差異又相輔助的關係。應該說，對於人的生存環境的這種結構觀念，在愼到思想裡也就有了，愼到曾說：「天有明，不憂人之暗也；地有財，不憂人之貧也；聖人有德，不憂人之危也。」（《愼子·威德》）顯然，在這種天、地、人異性異能而又相輔相成的生存環境格局中，莊子思想中的那種「天」與「人」的對立已經消除。這一道家基本觀念㉞上的變更、差異，使《管子》四篇在下面二個重要的思想觀念上也和莊子迥然不同。

第一，「道德」與「禮法」對立的消除。在早期道家思想中（老子、莊子），「道德」作爲是「天」（自然）的體現，和人爲的「禮法」是絕對對立的。如《莊子》說：「道德不廢，安取仁義；性情不離，安用禮樂……殘樸以爲器，工匠之罪也；毀道德以爲仁義，聖人之過也。」（《馬蹄》）在《管子》四篇中，「天人對立」的格局已經消逝，新出現的是一種天、地、人各以其性其能相扶而立的環境結構，「禮」、「法」不再以一種和「天」（自然）對立的人爲造作（「人」）的性質而出現，而是一種人所固有或應有的、藉以和天、地共存的那種秉性、品德和能力的表現。如《管子》四篇寫道：

> 凡民之生也，必以平正，所以失之者，必以喜樂哀怒。節怒莫若樂，節樂莫若禮，守禮莫若敬，守敬莫若靜，外敬而內靜，必反其性。（《心術》下、《內業》）
> 義者，謂各處其宜也；禮者，因人之情，緣義之理而爲之節文者也。故禮出乎義，義出乎理，理因乎宜。法者所以同出不得不然者也。（《心術》上）
> 法出於禮，禮出於治。治禮道也。萬物待治禮而後定。（《樞言》）

可見，在《管子》四篇的作者看來，禮、法之屬，根源於「道」，符合於「宜」（人之自然情性），是人得以和天、地並立的致靜、立德、求治等生存內容所絕對必需的。早期道家在「天」與「人」之間，「

道德」與「禮法」之間用較高的理性抽象鑿下的深邃鴻溝，被作爲新道家開始的《管子》四篇用富有感性經驗內容的事實填平了。

　　第二，名與實（形）對立的消除。《莊子》中寫道：「名者，實之賓也」（《逍遙遊》），「德蕩乎名……名也者，相軋也。」（《人間世》）可見在莊子思想裡「名」與「實」也是處於相互對立的位置。顯然在這裡，「名」是人爲、人欲的表現，而「實」則是指自然或「道」，所以莊子主張「無名」：「聖人無名」（《逍遙遊》），「道不私，故無名」（《則陽》）。莊子思想中的「名」與「實」對立是「天」與「人」對立的一種具體表現。當然，「道不當名」（《知北遊》），莊子思想中的「名」也有稱謂的涵義。和《莊子》相比㉟，《管子》四篇中「名」的觀念有了重要的變化，它保存了《莊子》中「名」的邏輯性內涵（名稱），而失去了道家特有的自然主義性質的內涵（名分）。這樣，和「名」相對應的，也不再是和它相對的、體現「道」或自然的「實」，而是具體事物本身的「形」；本質上是天人對立的「名實」問題轉化爲事物和它的名稱、名分應當相符（名正）的「形名」問題；「聖人無名」轉變爲「聖人有名」。應該說，《管子》四篇中在形名問題上圍繞必須「有名」、必須「名正」這兩點的論斷是十分明確顯著的，條列如下表。

篇　名	「有　名」	「名　正」
樞　言	有名則治，無名則亂，治者以其名。	名正則治，名倚則亂，無名則死。
心術上	名者，聖人之所以紀萬物也。	物固有形，形固有名，名當謂之聖人。
心術下	凡物載名而來。	凡物載名而來，聖人因而財（裁）之而天下治。
白　心	聖人之治也……物至而名自治之。	名正法備，則聖人無事。

可見，在《管子》四篇中，「名」和「禮」、「法」一樣，是人得以和天、地並立的一種自治能力的表現。早期道家名實對立的觀念被形名合一（「名正」）的新觀念代替了。

總之，「道」與「氣」界限的消失，「天」與「人」、「道德」與「禮法」、「名」與「實」（「形」）對立的消失，是《管子》四篇所表現出的與莊子思想的主要理論分歧或差異；正是這些分歧或差異構成了新道家——黃老之學的主要理論特徵。

最後，在《管子》四篇裡也不難發現一些和《莊子》近乎雷同的命題或文句，這表明它們之間一定有思想資料的相互承接關係。再經比較分析，可以判定，這種承接關係只能是《管子》四篇對《莊子》的承接，而不能是相反，因為這些近乎雷同的文句顯示出來的在理論內容方面的關係是：《管子》四篇援引《莊子》的論點，闡釋《莊子》的觀點，變更《莊子》的意境。舉例如下：

承接關係的具體表現	《莊 子》	《管 子》四 篇	簡 要 分 析
援引《莊子》的論點	人之生，氣之聚也。聚則為生，散則為死。（《知北遊》）	故曰：有氣則生，無氣則死，生者以其氣。（《樞言》）	「故曰」一詞顯然表明是對先前（莊子）理論觀點援引。
	昔吾聞大成之人曰：「自伐者無功，功成者墮，名成者虧。」孰能去功與名而還與眾人。（《山木》）	故曰：功成者墮，名成者虧。故曰：孰能棄名與功，而還以眾人同。（《白心》）	
闡釋《莊子》的觀點	為善無近名，為惡無近刑，緣督以為經。（《養生主》）	為善乎，毋提提；為不善乎，將陷於刑。善不善，取信而止矣，若左若右，正中而已矣。（《白心》）	「正中而已矣」正是對「緣督以為經」的通俗、明確的解釋。

承接關係的 具體表現	《莊子》	《管子》四篇	簡要分析
變更《莊子》 的意境	衛生之經：能抱一乎，能勿失乎，能無卜	專於意，一於心，耳目端，知遠之證。能專乎	此段文句在《莊子》中義爲論述
	筮而知吉凶乎？能止乎？能已乎？能捨諸人而求諸己乎？……（《庚桑楚》）	，能一乎，能毋卜而知吉凶乎，能止乎，能已乎，能毋問於人而自得之於己乎？（《心術》下）	心性修養，在《管子》四篇中義爲論述認知態度，意境淺化。
		能搏乎，能一乎，能無卜筮而知吉凶乎，能止乎，能已乎，能勿求諸人而得之己乎……一意搏心，耳目不淫，雖遠若近。（《內業》）	

從以上的對比分析中完全可以得出這樣的結論：以《管子》四篇爲開始的新道家思想——黃老之學，在其形成過程中曾吸取了《莊子》的理論觀點和思想素材。

【附　註】

① 清末民初改良派康有爲、梁啓超、譚嗣同等論學時，亦皆認爲莊子出子夏之門（見康有爲《萬木草堂口說》、梁啓超《論支那宗教改革》譚嗣同《北遊訪學記》）。章太炎此破此立是他有意顯示他與改良派在政治觀點、學術思想上的全面對立的一種表現。在與莊子有關的問題上章太炎與康有爲的對立後面還將論及。

② 《論語》述及顏淵「不幸短命死矣」，「在陋巷，人不堪其憂」（《雍也》）。《史記·仲尼弟子列傳》：「回年二十九，發盡白早死。」《孔子家語·七十二弟子》，「顏回二十九而髮白，三十二而早死。」

③　微生高即尾生高。劉寶楠《論語正義》：「尾與微通。《堯典》『鳥獸孳尾』，《史記‧五帝紀》作『微』，是其證。」

④　如前所述，《莊子》中記述的「莊子釣於濮水」（《秋水》），「莊子行於山中」（《山木》），「莊周家貧」（《外物》），「織屨」（《列禦寇》），顯然是一幅不仕的隱者生活景象。

⑤　此據《韓詩外傳》，今本無「身」字。

⑥　荀子說：「禮起於何也？曰：人生而有欲，欲而不得，則不能無求，求而無度量分界，則不能不爭。爭則亂，亂則窮。先王惡其亂也，故制禮義以分之，以養人之欲，給人之求，使欲必不窮乎物，物必不屈於欲，兩者相持而長，是禮之所起也。」（《荀子‧禮論》

⑦　郭慶藩《莊子集釋》本作「在太極之先」。俞樾說：「當云『在太極之上』方與『高』義相應。（《諸子平議‧莊子》）錢穆說：「此『先』字乃後人據《易大傳》妄改，有郭象注爲證。」（《莊子纂箋》）

⑧　參見羅根澤《諸子考索‧墨子探源》。

⑨　郭慶藩《莊子集釋》本作「苟」，此據章太炎《莊子解故》作「苛」

⑩　郭慶藩《莊子集釋》本作「請欲置」，此據梁啓超《莊子天下篇釋義》作「情欲寡」。

⑪　郭慶藩《莊子集釋》本作「請欲固置」，此據梁啓超《莊子天下篇釋義》作「情欲固寡」。

⑫　陸德明說：「華山上下均平，作冠象之，表己心均平也。」（《經典釋文‧莊子音義》）成玄英說：「華山其形如削，上下均平，而宋尹立志清高，故爲冠以表德之異。」（《莊子注疏》）

⑬　「此」指上文小鳥斥鴳以小智小能自詡。

⑭　如上編所論，孟子和莊子是同時代人。據《孟子‧告子》下「宋牼將之楚，孟子遇於石丘」云云，大體可推斷宋鈃與莊子亦屬同時代人。

⑮　《史記‧田敬仲完世家》：「宣王喜文學游說之士，自如鄒衍、淳于髡、田駢、接予、慎到、環淵之流七十六人，皆賜列第，爲上大夫，不治而

議論。是以稷下學士復盛，且數百千人。」《鹽鐵論‧論儒》：「齊宣王褒尊儒學，孟軻、淳于髡之徒，受上大夫之祿，不任職而論國事，蓋稷下先生千有餘人。」

⑯ 《莊子‧天道》：「周之徵藏史有老聃者。」《史記‧老子韓非列傳》：「老子者……周守藏室之吏也。」

⑰ 見本章注④。

⑱ 《論語‧述而》記孔子言：「述而不作，信而好古，竊比於我老彭」，「老彭」何許人？雖有謂即是老子者（見葛洪：《抱樸子‧明本》，王夫之《四書稗疏》），或老子、彭祖者（見《論語正義》引鄭玄注）；但亦有謂是彭祖（見皇侃：《論語義疏》）或「殷賢大夫」（見何晏：《論語集解》引包咸注）而不涉老子。所論紛紜，皆無實據。

⑲ 《莊子‧寓言》「陽子居南之沛，老聃西遊於秦，邀於郊，至於梁而遇老子」云云，可見《莊子》中老子、老聃兩種稱謂乃是一人。《莊子》中此種例證尚多。

⑳ 《史記‧魏世家》：「安釐王四年（前273年）秦破我及韓、趙……魏將段干子請予秦南陽以和。」高亨《史記老子傳箋證》謂：「宗因封於段干而稱段干宗，即《魏世家》之魏將段干子，《魏策》之段干崇。」

㉑ 陸德明《經典釋文‧莊子音義》：「按《左傳》，孫叔敖是楚莊王相，孔子未生。哀公十六年，仲尼卒後，白公為亂，宜僚未嘗仕楚。又宣十二年《傳》，楚有熊相宜僚，則與叔敖同時，去孔子甚遠，蓋寄言也。」

㉒ 陸德明《經典釋文‧莊子音義》引司馬彪注：「莊子與魏惠王、齊威王同時，在哀公後百二十年。」

㉓ 《史記周本紀》「烈王二年，周太史儋見秦獻公」，又《秦本紀》「獻公十一年，周太史儋見獻公」。周烈王一年即秦獻公十一年，為紀元前374年，上距孔子之死百零五年。

㉔ 二百年前，畢沅《老子道德經考異‧序》、汪中《述學補遺‧老子考異》即已考證論述太史儋即老子。五十年前羅根澤《老子及老子書的問題》、

《再論老子及老子書的問題》又進一步論證了這一結論。

㉕　郭慶藩《莊子集釋》本作「其」，誤。此據陳景元《莊子闕誤》引文如海本作「至」。

㉖　他本作「士」，此據馬王堆乙本、傅奕本作「道」。

㉗　「齊諧」有歧解。崔譔、司馬彪皆解爲人之名；梁簡文帝始解爲書之名。近人朱桂曜《莊子內篇證補》辨析甚詳，本書從之。（參見拙著《莊子歧解》）

㉘　1930年，錢穆在《關於＜老子＞成書年代之一種考察》一文中，曾從「思想線索」的角度提出和論述了「《老子》書出《莊子》內篇七篇之後」的觀點。（見《古史辨》第四冊）

㉙　1932年顧頡剛在《從＜呂氏春秋＞推測＜老子＞之成書年代》一文中，曾就《呂氏春秋》和《淮南子》對《老子》的不同援引情況，推斷「《老子》的成書年代必在此二書之間」（見《古史辨》第四冊）。從《莊子》外、雜篇對《老子》的授引情況來看，顧氏的論斷不能成立。《呂氏春秋》大量援引《莊子》，肯定是在《莊子》之後，而不能相反（本書上編對此已有所論述），因此，早於《莊子》外、雜篇的《老子》自然不能在《呂氏春秋》之後。

㉚　通行本作「覽」，此據馬王堆帛書乙本作「鑑」。

㉛　今本《關尹子》、《列子》皆有佛家語匯，係魏晉時人纂作。

㉜　《尸子・廣澤》有「列子貴虛」一句，但《尸子》乃係後人纂作、輯佚之書。

㉝　郭慶藩《莊子集釋》本作「至」，此據陶慶鴻《讀莊子禮記》訂正爲「主」字之誤。

㉞　《老子》雖有「道大、天大、人亦大。域中有四大，而人居其一焉」（25章）之說，但又說「天之道，損有餘而補不足；人之道，則不然，損不足以奉有餘」（77章），天人對立的觀念還是很鮮明的。

㉟　《老子》中的「名」除了指名稱外，如「道隱無名」（41章），也有和

「道」、自然相對立的人爲、人欲的涵義，如「道常無名樸」（32章），
「名與身孰親」（44章）。

第九章　莊子思想與儒學的三個理論形態

　　儒學作為中國傳統思想的主體，在離開先秦以後經歷了曲折的發展歷程。在社會生活變革和異己思想的雙重作用下，其學說的理論主題（所要解決的主要理論問題），和學術外貌（所使用的主要概念、範疇和命題）都不斷地發生變化。在這種變化過程中逐漸凝聚成具有較穩定的、顯著的學術內容和思想特徵的理論形態或思潮是經學、玄學、理學。莊子思想與這三個儒學理論形態都有密切的、而又各有不同的關係。

一、莊子與漢代經學

　　經學是儒學中主導的、貫串始終的學術內容，是對儒家經典──從漢代的「五經」（《詩》、《書》、《禮》、《易》、《春秋》）、「七經」（五經加《孝經》和《論語》），唐代的「九經」（《詩》、《書》、《易》、三《禮》、三《傳》）、「十二經」（九經加《論語》、《孝經》、《爾雅》），到宋代的「十三經」（十二經加《孟子》）──所蘊涵的固有的思想內容的闡發及其文字、名物的訓詁考證。儒學的這種學術形態和規模在漢代就已形成並臻於極盛，歷經唐、宋、元、明漸趨衰落，迄至清代又呈現復興之勢，但只是考據方法更趨細密，思想義蘊的發掘則無多新進。所以，這裡考察莊子思想與作為一種儒學理論形態或思潮的經學的關係，主要是考察莊子對形成了後來經學基本內容和特徵的漢代經學所發生的作用。

　　漢代經學有今文經學和古文經學之分。漢代今文、古文經學的差

別一開始就超越了各自依據的儒家經典不同，文字之異（隸書與籀書）等形式上的對立，而表現出一系列學術觀點的對立，同時也顯示出基本學術傾向的對立。這種學術傾向的對立或差別，皮錫瑞概括說：「前漢今文說，專明大義微言；後漢雜古文，多詳章句訓詁。」（《經學歷史・經學昌明時代》）莊子對於漢代經學的影響或作用，也正是表現在他的某些思想觀念滲透進了今文經學家的「大義微言」中；而《莊子》中豐富的博物、歷史材料常爲經學家的「章句訓詁」所援用。

1.漢代經學在哲學思想上和莊子思想的對立與承襲

從比較廣泛的意義上說，漢代經學的義理內容可以歸納爲兩個方面：一個是社會倫理道德最高本原的論證，一個是自然和社會整體的內在秩序的探索。用董仲舒的話，前者叫「求王道之端」，後者是「觀天人相與之際」（《漢書・董仲舒傳》）。試圖發現自然和社會整體的內在秩序並在社會生活實踐中加以運用，是漢代經學中《易》學的最主要的理論追求和理論創造。體現和代表這一學術方向的漢《易》象數學，諸如孟喜的「卦氣說」，京房的「八宮卦說」，鄭玄的「爻辰說」，虞翻的「卦變說」等等，儘管具體內容甚有不同，但他們的理論模式和思維方法卻是完全一致，都是相信並努力於依據六十四卦而組合排列出、建構出一種邏輯結構，用以解釋，預推自然和社會已發生和將發生的一切。如京房說：「筮分六十四卦，配三百八十四爻，序一萬一千五百二十策……陰陽運用，一寒一暑，五行互用，一吉一凶，以通神明之德，以類萬物之情，故易所以斷天下之理，定之以人倫而王道明。」（《京氏易傳》卷下）漢代《易》象數學家「天人相與」的觀念，即自然和社會具有整體的內在秩序的信念，實際上是把六十四卦內涵的用初等數學排列組合所揭示出的數的內在邏輯，移化爲宇宙萬事萬物的內在邏輯，本質上是一種經驗性質的必然性的信念。而這種思想觀念是莊子思想所沒有的，甚至恰是相反的。莊子認爲萬物「固將自化」（《秋水》），萬物「以不同形相禪」而「莫得其倫」（

《寓言》）。即在莊子思想中萬物之間的內在秩序性、必然性是不存在的。所以，漢《易》象數學的哲學觀念和莊子思想之間除了個別概念用語稍涉姻聯①，在根本思想上是完全對立的。

漢代經學對社會倫理道德最高的或最初的本原的追尋則在「春秋公羊學」中有突出的表現。以董仲舒爲代表的漢代公羊學對這個本原有兩個稱號：一是「元」，「元者爲萬物之本」（《春秋繁露・玉英》）；一是「天」，「天者，萬物之祖」（《春秋繁露・順命》）。這兩個稱號有所區別。「元」是就本原應是萬事萬物存在時間的開始的意義上說的，如董仲舒說：「元猶原也，其義以隨天地終始也」，「謂一元者，大始也」（《玉英》）。在公羊學家看來，在時間上是開始的，在倫理上就是神聖的，所以「元」的概念也有倫理的涵義。《春秋》記事的第一句話是「元年春王正月」，董仲舒發揮「大義微言」說：「《春秋》何貴乎『元』而言之？元者，始也，言本正也」（《春秋繁露・王道》），《春秋》之道，以『元』之深，正天之端（即《春秋》首句「春」也）以天之端，正王之政，以王之政正諸侯之即位，以諸侯之即位正竟內之治」（《春秋繁露・玉英》、《二端》），可見，公羊學家的「元」蘊涵著封建的倫理政治制度是神聖的思想觀念。「天」是就本原是人和萬物創造者、主宰者的意義上說的，亦如董仲舒說：「天之爲人性命，使行仁義而羞可恥」（《春秋繁露・竹林》），「天者，群物之祖也，故遍覆包涵而無所殊，建日月風雨以和之，經陰陽寒暑以成之」（《漢書・董仲舒傳》），「天者，百神之君也」（《春秋繁露・郊義》）。顯然，公羊學家的「天」實際上是一種有意志的人格神，「天之爲言鎮也，居高理下爲人鎮也」（《白虎通》卷九）。社會倫理道德體現著「百神之君」的意志，因而都是神聖的、合理的；「《春秋》之道奉天而法古」（《春秋繁露・楚莊王》），從「天」那裡尋找一切社會政治行爲的最後根據是漢代公羊學家的最重要的原則。

不難看出，公羊學家對被他們認作是世界最高本原的「天」、「

元」的性質，主要是從倫理的、宗教的方面加以論述和規定的，這和追尋「未始有始」和認爲萬物「自化」的莊子思想在理論形態和內容上都是對立的。而且相比之下，公羊學家的哲學觀念顯得粗糙、膚淺。

但是，公羊學家對作爲本原的「元」、「天」也有一種自然主義的解釋。如說「元者，氣也。無形以起，有形以分，造起天地，天地之始也」（何休《公羊解詁》卷一），「天、地、陰、陽、木、火、土、金、水，與人而十者，天之數畢也」（《春秋繁露・天地陰陽》），「天地之氣，合而爲一，分爲陰陽，判爲四時，列爲五行」（《春秋繁露・五行相生》），「天地之精，所以生物者，莫貴於人」（《春秋繁露・人副天數》），等等。按照公羊學家的這種解釋，「天」或「元」就是充盈於宇宙間的渾一之「氣」，一切自然事物（天地、陰陽、五行）和人，都是由「氣」構成的具體的存在形態。十分顯然，在這個意義上的「元者爲萬物之本」、「天者萬物之祖」的命題，就失去了倫理的、宗教的內容，而唯一地和莊子「通天下一氣」（《知北遊》）的自然哲學觀點相同了。

在公羊學家對「天人相與之際」——天人感應的論證中，也同時既有神學的內容，也有自然主義的內容。例如董仲舒一方面說，「國家之失乃始萌芽，而天出災害以譴告之；譴告之而不知變，乃見怪異以驚駭之；驚駭之尙不知畏恐，其殃咎乃至。以此見天意之仁而不欲陷人也」（《春秋繁露・必知且仁》），也就是認爲人間（君主）行爲的善惡，必將招來「天」以相應的災害怪異現象的反應，「天人相與之際」顯現著作爲最高主宰「天」的意志和目的。另一方面董仲舒又說，「試調琴瑟而錯之，鼓其宮，則他宮應之，鼓其商而他商應之，五音比而自鳴，非有神，其數然也。美事召美類，惡事召惡類，類之相應而起也，如馬鳴則馬應之，牛鳴則牛應之。帝王之將興也，其美祥亦先見；其將亡也，妖孽亦先見，物固以類相召也」（《春秋繁露・同類相助》）。這樣，天人之間的相互感應不再是一種「天」或「神」

的意志的表現，而是如同宮應宮、商應商，馬應馬、牛應牛那樣自然的、機械的同類相應了。也很顯然，公羊學家對天人感應的神學目的論的論證和莊子思想是對立的。莊子的自然哲學認爲萬物「自化」，根本上否定萬物本身之外、之上還存在某種決定性的、具有意志、目的的主宰。所以《莊子》寫道：「雞鳴狗吠，是人之所知，雖有大知，不能以言讀其自化，又不能以意其所將爲」（《則陽》）。但公羊學家的「同類相動」的機械論的論證，卻和莊子「同類相從，同聲相應，固天之理也」（《漁父》）的自然哲學觀點相符，並且言語的表述和援用的例證也近乎相同：

> 以陽召陽，以陰召陰……爲之調瑟，廢一於堂，廢一於室，鼓宮宮動，鼓角角動，音律同矣……（《徐无鬼》）

> 物相累，二類相召也。（《山木》）

完全可以推斷，在這裡董仲舒對莊子思想有所承襲。也可以一般地說，在漢代以後的儒學發展進程中，不僅是經學，而且也包括下面將要論及的玄學、理學，儘管其社會政治倫理觀點和莊子思想處於尖銳的對立狀態，但在自然觀上卻總是也擺脫不了對莊子思想的某種依賴，很容易在這個範圍內發現其蹈襲莊子思想或命題、概念的痕迹。

2.漢代經學對《莊子》思想資料的援用

漢代經學在闡發儒家經典的義理內容時，不僅承襲、吸收了莊子自然觀中的某些思想觀念，而且還直接援用了《莊子》中的人物、故事等思想資料，今文經學的《韓詩外傳》是典型代表。

《韓詩外傳》是漢文帝時《詩》博士韓嬰所作。《漢書·儒林傳》說，「嬰推詩人之意而作內外傳數萬言」，《內傳》在兩宋間亡失，只有《外傳》尚存。現存《韓詩外傳》的體例，大都是先講一個故事或作一番議論，然後引《詩》以證。這些故事或議論有相當一部分源自《莊子》而又有所改變，基本情況是：

第一，增益《莊子》中故事的情節內容。《莊子》中有則關於曾

子的故事：

> 曾子再仕而心再化，曰：「吾及親仕，三釜而心樂；後仕，三
> 千鍾而不洎，吾心悲。」（《寓言》）

這則記事很簡單，意思是說曾子前後兩次爲官，但心境卻有很大的變
化。初次做官時，俸祿很低（三釜），但能贍養父母，心情非常快樂；
再次出仕時，雖然俸祿很高（三千鍾），但父母已亡，不能贍養雙親
了，心境感到十分悲涼。《莊子》中這則無任何情節的記事，在《韓
詩外傳》中兩次出現：

> 曾子仕於莒，得粟三秉，方是之時，曾子重其祿而輕其身。親
> 沒之後，齊迎以相，楚迎以令尹，晉迎以上卿，方是之時，曾
> 子重其身而輕其祿。（卷一第一章）

> 曾子曰：「……吾嘗仕爲吏，祿不過鍾釜，尚猶欣欣而喜者，
> 非以爲多也，樂其逮親也。既沒之後，吾嘗南遊於楚，得尊官
> 焉，堂高九仞，榱題三圍，轉轂百乘，猶北鄉而泣涕者，非爲
> 賤也，悲不逮吾親也……」（卷七第七章）

很顯然，《韓詩外傳》對曾子再仕一事的記述來源於《莊子》，而又
增益了具體的地點、時間這些新的內容。

《莊子》中還有一則關於莊子本人的故事：

> 莊周遊於雕陵之樊，睹一異鵲自南方來者，翼廣七尺，目大運
> 寸，感周之顙而集於栗林。莊周曰：「此何鳥哉，翼殷不逝，
> 目大不睹？」蹇裳躍步，執彈而留之。睹一蟬，方得美蔭而忘
> 其身；螳螂執翳而搏之，見得而忘其形；異鵲從而利之，見利
> 而忘其眞。莊周怵然曰：「噫！物固相累，二類相召也！」捐
> 彈而反走，虞人逐而誶之。（《山木》）

在《韓詩外傳》中，這則記述莊子親身經歷的故事就出現在一個更廣
闊的、具有十分尖銳的政治衝突的背景中了：

> 楚莊王將興師代晉，……孫叔敖進諫曰：「臣園中有榆，其上

有蟬。蟬方奮翼悲鳴，欲飲清露，不知螳螂之在後，曲其頸，
欲攫而食之也。螳螂方欲食蟬，而不知黃雀在後，舉其頸，欲
啄而食之也。黃雀方欲食螳螂，不知童子挾彈丸在榆下，迎而
欲彈之。童子方欲彈黃雀，不知前有深坑，後有掘株也。此皆
貪前之利，而不顧後害者也。非獨昆蟲眾庶若此也，人主亦然。
君今知貪彼之土，而樂其士卒。」楚國不殆，而晉以寧，孫叔
敖之力也。（卷十第二十一章）

這種情況在《韓詩外傳》中還有不少。《莊子》中本來是很簡單的寓
言、孤立的事件，在《韓詩外傳》中和眞實的人物活動結合起來，從
而獲得了一種社會的、歷史的背景，變得更生動豐富，更有教益意義。
應該說正是通過這樣的形式和途徑，《莊子》不斷地滲透進歷代文學、
歷史作品中去，在中國文化整體中的許多方面表現出來。

　　第二，重新組合《莊子》中的故事、意境。《韓詩外傳》常將《
莊子》中的故事拆散，用其人物和情節作重新的組合。例如《韓詩外
傳》中有則故事寫道：

戴晉生弊衣冠而往見梁王，梁王曰：「前日寡人以上大夫之祿
要先生，先生不留，今過寡人邪？」戴晉生欣然而笑，仰而咏
嘆曰：「嗟乎！由此觀之，君曾不足與遊也。君不見大澤中雉
乎？五步一噣，終日乃飽，羽毛悅澤，光照於日月，奮翼爭鳴，
聲響於陵澤者何？彼樂其志也。援置之囷倉中，常噣粱粟，不
旦時而飽，然猶羽毛憔悴，志氣益下，低頭不鳴，夫食豈不善
哉？彼不得其志故也。今臣不遠千里而從君遊者，豈食不足？
竊慕君之道耳。臣始以君爲好士，天下無雙，乃今見君不好士，
明矣！」辭而去，終不復往。（卷九第二十二章）

《韓詩外傳》這則故事，實際上是由《莊子》中的三個故事或寓言的
人物和情節揉合而成：

惠子聞之而見（薦）戴晉人②。戴晉人（謂魏侯）曰：「有所

　　謂蝸者，君知之乎？」……（《則陽》）

　　莊子衣大布而補之，正廢繫履而過魏王。魏王曰：「何先生
　　之憊邪？」莊子曰：「貧也，非憊也。士有道德不能行，憊
　　也；衣弊履穿，貧也，非憊也；此所謂非遭時也……」（《山
　　木》）

　　澤雉十步一啄，百步一飲，不蘄畜乎樊中，神雖王，不善也。
　　（《養生主》）

《韓詩外傳》的作者將《莊子》中超脫的莊子和魏（梁）國賢人戴晉
人的形象融合於「戴晉生」一人之身，並將戴晉人開導魏侯心胸通達
的「蝸角戰爭」的寓言替換成體現追求個性自由的「澤雉覓食」的寓
言。這樣的剪裁改塑，當然更符合戴晉生作為「士」的人物性格，看
不出明顯的移花接木的斧鑿痕迹，表明《韓詩外傳》作者文學技巧的
高超，並且十分熟悉、貫通《莊子》。

　　《韓詩外傳》中還有一段對孔子儒學作總體描述的文字，實際上
是由重新組合《莊子》中的意境而來：

　　孔子抱聖人之心，徬徨乎道德之域，逍遙乎無形之鄉，倚天
　　理，觀人情，明終始，知得失，故興仁義，厭勢利，以持養
　　之。（卷五第二章）

不難看出，《韓詩外傳》這段文字所呈現的語言色彩十分近同於《莊
子》，所使用的理論概念也完全可以從《莊子》中追尋到它的來源：

　　徬徨乎塵垢之外，逍遙乎無為之業。（《大宗師》）

　　以出六極之外，而遊無何有之鄉。（《應帝王》）

　　胡可得而累邪，胡可得而必乎哉……其唯道德之鄉乎！（《山
　　木》）

　　依乎天理……因其固然。（《養生主》）

　　吾驚怖其言……不近人情焉。（《逍遙遊》）

　　生而不說，死而不禍，知終始之不可故也。（《秋水》）

其來不可卻也，其去不可止也，吾以爲得失之非我也。（《田
子方》）

可見，《韓詩外傳》所表述的「徬徨」、「逍遙」那種意境，「道德
之域」、「無形之鄉」、「天理」、「人情」、「明終始」、「知得
失」這些理論概念或思想觀念脫胎於《莊子》是十分顯然的。但是，
《韓詩外傳》用《莊子》中的這些概念、意境重新加以組合，構築的
乃是儒家的理論領域和精神境界，是「興仁義」的「道德之域」，而
不是莊子的「無累」的「道德之鄉」。

　　第三。改變《莊子》中故事的主題思想。《韓詩外傳》援用《莊
子》中的故事還有一種情況，就是改變其主題思想，使道家思想資料
的義蘊發生能和儒學相符的理論轉變。試舉兩例爲證。

　　《莊子》中有個「屠羊說不受封賞」的故事，是說楚國一個以屠
羊爲業的手工勞動者，楚昭王失國時，跟隨昭王流亡，昭王復國後，
要封賞他，他卻以爲無功於國而拒絕接受昭王的封賞，表現一種睥睨
功名利祿、潔身自好超脫世俗精神。《莊子》作者對此表示了完全肯
定的態度，認爲屠羊說「處卑賤而陳義甚高」（《讓王》），這當然
是從道家立場作出的評價。《韓詩外傳》援引了這個故事，但從儒家
「博施濟眾」（《論語·雍也》）積極入世的立場對屠羊說作了完全否
定性的評價：「是厚於己而薄於君，狷乎非救世者也。」（《卷八第
三章》）

　　「螳臂當車」是《莊子》中一個具有否定涵義的寓言，貶斥一種
不自量力、自遭滅亡的愚蠢的處世行爲：

　　汝不知螳螂乎？怒其臂以當車轍，不知其不勝任也，是其才之
　　美者也。戒之，慎之！積伐而美者以犯之，幾矣！（《人間世》）
這個寓言在《韓詩外傳》中完全改變了意境和旨趣：

　　齊莊公出獵，有螳螂舉足將搏其輪，問其御者曰：「此何蟲也？」
　　御曰：「此是螳螂也。其爲蟲，知進而不知退，不量力而輕就

> 敵。」莊公曰：「此爲人必爲天下勇士矣。」於是回車避之，
> 而勇士歸之。（卷八第三十三章）

孔子說，「仁者必有勇」，「君子之道者三：仁者不憂，知者不惑，
勇者不懼」（《論語·憲問》），所以「勇」是儒家所肯定的一種品德。
這樣，在《韓詩外傳》中，「螳臂當車」的主題思想就由表現同莊子
「安時處順」相對立的「積伐自是」的行爲態度，改變爲體現勇敢無
懼、可以同儒家「君子之道」相一致的精神品質。

　　總之，《韓詩外傳》援用、改造《莊子》中的故事、意境的這些
情況，從《韓詩外傳》方面來看，顯示了儒家經學不斷消化、吸收異
己思想資料以充實自己的方式、途徑；就莊子思想方面來看，則是表
現它對作爲中國傳統思想主體的儒學發生影響——由思想資料的被援
用，到思想觀念的滲透、轉變、融合的具體過程。

3.漢代經學將《莊子》作訓詁根據的引證

　　《莊子》對漢代經學的影響和作用，一方面表現在漢代今文經學
家在對儒家經典作義理的發揮時，吸取和利用了《莊子》中的思想觀
念、思想資料；另一方面也表現在《莊子》中的一些名物爲古文經學
家訓詁儒家經典時所援依。鄭玄是個代表。鄭玄遍注諸經，雖然兼採
今古文，但他的「質於辭訓」（《後漢書·鄭玄傳》）、博學洽聞所表
現出的主要學術傾向還是古文經學的路數。這樣，他對於博物的《莊
子》也就自然會時有所徵引。明顯的例子如，《毛詩·大雅·卷阿》
「鳳凰鳴矣，於彼高崗；梧桐生焉，於彼朝陽」句，鄭玄箋曰：「…
…鳳凰之性，非梧桐不棲，非竹實不食」，孔穎達《毛詩正義》指出，
「『非梧桐不棲，非竹實不食』，《莊子》文也，然莊子所說乃言鵷
鶵，鵷鶵亦鳳凰之別。」孔穎達的疏證完全正確，鄭玄在這裡正是援
引了《莊子》的文句：「鵷鶵發於南海而飛於北海，非梧桐不止，非
練實不食，非醴泉不飲。」（《秋水》）《禮記·哀公問》「君行此
三者（按：謂敬其妻、子、身）則愀乎天下矣，大王之道也如此，則

國家順矣」，鄭玄注曰：「大王居豳，爲狄所伐，乃曰：土地所以養人也，君子不以其所養害所養，乃去之歧……」鄭玄這段注文顯然是來源自《莊子》中的一段古史記述：「大王亶父居邠，狄人攻之……狄人之所求者土地也。大王亶父曰：『與人之兄居而殺其弟，與人之父居而殺其子，吾不忍也。子皆勉居矣，爲吾臣與爲狄人臣奚以異？且吾聞之，不以所用養害所養。』因杖策而去之，民相連而從之，遂成國於岐山之下。」（《讓王》）孔穎達《禮記正義》也正確指出，鄭玄「此注『君子不以其所養害所養』取《莊子》文也。」在鄭玄的經注中，還有些訓解雖然不是直接徵引《莊子》原文，但仔細推尋就不難發現其詮釋的根據正是在《莊子》中。一個典型的例子是：《論語・微子》記述「楚狂接輿歌而過孔子……孔子下，欲與之言，趨而避之，不得與之言」。對於「孔子下」，何晏《論語集解》引包咸注曰「下，下車」；劉寶楠《論語正義》則引鄭玄注曰「下，下堂出門也」，並指出鄭玄此注的根據是鄭以《莊子》言『孔子適楚，楚狂接輿遊其門』③，是夫子在門內，非在車上，故以『下』爲『下堂』也。」

　　從《十三經注疏》可以看到，漢唐經學家援引《莊子》音義文字考證典故、訓詁名物的事例甚多。例如《毛詩・大雅・桑柔》「既之陰女，反予來赫」之「赫」字音義，陸德明即引《莊子・秋水》的文字來確定：「赫，本亦作嚇，莊子云『以梁國嚇我』是也。」《儀禮・公食大夫禮》「上大夫庶羞二十，加於下大夫以雉兔鶉鴽」，「鴽」爲何物？鄭玄注稱「鴽無母」，語焉不詳。賈公彥疏引《月令》「田鼠化爲鴽」，又引稱「《莊子》曰『田鼠化爲鶉』」④，然後斷定「鴽、鶉一物也」。《左傳》襄公四年「戎狄荐居」，杜預注：「荐，聚也」，服虔注：「荐，草也」，兩注孰是？劉炫引證《莊子》而裁判曰：『《莊子》云『麋鹿食荐』⑤，即荐是草也，服言是。』《左傳》昭公二十八年「且三代之亡，共子之廢，皆是物也」，杜預注：「共子，晉申生以驪姬廢」，驪姬何出？陸德明援引《莊子》說：「

驪姬，《莊子》云，艾封人之子。」⑥可見，經學家，特別是古文經學家訓詁儒家經典時，經常是把萬象畢羅、無所不闚的《莊子》中記述的博物和歷史作爲一種具有權威的根據加以援引的。

從考據的意義上說，今文經學有兩個與古文經學劃分界線的涉及對孔子評價的基本觀點同《莊子》有密切關係。今文經學家認爲孔子作「六經」，孔子立「素王」之法，這和古文經學家認爲「六經」是古代舊有史料，孔子是先師的觀點大相徑庭⑦；今文經學家這兩個和古文經學家對立的觀點，最早的文獻根據都只能追溯到《莊子》。《莊子》寫道：「夫虛靜恬淡寂寞者，萬物之本也……以此處下，玄聖素王之道也……」（《天道》）爲今文經學家所援用的「素王」一詞即創源於此。《莊子》又寫道：「孔子謂老聃曰：丘治《詩》、《書》、《禮》、《樂》、《易》、《春秋》六經。」今文經學家也就是引此以證明說「孔子以前不得有經……孔子始明言經」（皮錫瑞《經學歷史·經學開闢時代》），以反駁古文經學家「六經皆先王政典也」（章學誠《文史通義·易教》上）的觀點。當然，在這裡《莊子》給予今文經學家的支持並不堅強有力，因爲世人皆認爲《莊子》所述多爲「謬悠之說，荒唐之言，無端崖之辭」（《史記·老莊申韓列傳》），《莊子》中的孔、老對話的歷史眞實性是大可懷疑的。

二、莊子與魏晉玄學

在儒學的發展進程中，玄學的理論形態比較奇特，用東晉王坦之《廢莊論》中的一句話來說是「在儒而非儒，非道而有道」（《晉書·王湛傳》）。然而，就其產生根源或者理論思維發展的邏輯必然性來說，玄學是在魏晉時期門閥士族制度高度發展和充滿政治動亂的獨特社會背景下，儒家學者引進道家思想，用以解決漢代經學所不能解決的理論問題和精神危機，本質上仍是一種儒學思潮。

漢代尊崇儒術，士人學者「經術苟明，其取青紫，如俛拾地芥耳」

（《漢書·夏侯勝傳》）。在魏晉門閥制度下，「中正所詮，惟在門第」
（《魏書·世宗紀》），結果就出現了「據上品者非公侯之子孫，則當
涂之昆弟」（《晉書·段灼傳》）的情況。這樣，在很大程度上，甚至
根本上決定學者文人前程的是門第出身，而不再是經術學問。漢代自
元帝以後，「公卿之位，未有不從經術進者」（皮錫瑞：《經學歷史·
經學極盛時代》），而六朝之時，則是「公卿罕通經術」了（《南史·儒
林傳序》）。加之漢末以來，經學漸趨繁瑣支離，「說五字之文，至
於二三萬言，後進彌以馳逐，故幼童而守一藝，白首而後能言」（《
漢書·藝文志·六藝略》）。在這樣的情勢下，多爲出身於或躋身於名
門世族的魏晉學者，學風和理論趣味自然要發生轉變。這種轉變可以
概括爲兩個方面：在學術形態上是由漢代繁蕪的章句訓詁轉變爲簡約
的魏晉新經學，如史稱王弼《易注》「至於六爻變化，群象所效，日
時歲月，五氣相推，弼皆擯落，多所不關」（《三國志·鍾會傳》注引
孫盛語），故宋人有詩曰「輔嗣《易》行無漢學」（趙師秀《清宛齋集補
遺·秋夜偶成》），皇侃《論語義疏》「名物制度略而弗講，多以老莊
之旨，發爲駢儷之文」，經學史家評其「與漢人說經相去懸絕」（皮
錫瑞《經學歷史·經學分立時代》）；就其學術的理論內容而言，則是由
漢代的主要吸收陰陽五行學說對儒家倫理道德的最高根源（「天」）
和倫理規範的合理性（「王道之三綱可求之於天」）等經學的理論主
題作感性的、經驗的論證，轉變爲吸取道家思想（主要是莊子思想）
對萬物最後本源的本體論性質（「無」或「有」）和人生的根本問題
（人的自然本性和道德規範之間的關係、人的生與死）作一種抽象的
理性思考，這就是劉勰所說「何晏之徒，始盛玄論，於是聃周當路，
與尼父爭途矣」（《文心雕龍·論說》）。

與玄學相表裡，魏晉門閥士族或玄學家具有獨特的生活作風和精
神風貌。援引那個時代的人的觀察所見：「清談雅論，辭鋒理窟，剖
玄析微，賓主往復，娛心悅耳，然而濟世成俗，終非急務」（顏之推

《顏氏家訓‧勉學》）；亦可用後代人的評述概括：「典午之世，士大夫以清談爲經濟，以放達爲盛德，竟事虛浮，不修邊幅，在家則綱紀廢，在朝則公務廢。」（錢大昕《潛研堂文集》卷二《何晏論》）這種士風實際上是高文化和深危機相結合的產物。

魏晉玄學和士風都深深地烙印著莊子思想的痕迹，浸透著莊子的精神。但是，魏晉玄學和士風本質上並不是莊子。

1. 玄學理論主題中顯現的莊子思想

產生玄學的魏晉門閥士族階層，是封建地主階級中的一個優越政治地位和經濟地位由「門第」保護著的特殊階層。一般說來，這也是一個高文化的階層，他們雖疏於或鄙薄儒家經典，但卻諳熟、熱衷道家玄論，即干寶所說「學者以莊老爲宗，而絀六經」（《晉紀‧總論》）。這樣，魏晉玄學就從漢代思想以社會綱常人倫爲主體內容及其經驗的論證中超脫出來，探索和論述了思辨抽象程度極高的、宇宙萬物根本性質的哲學問題。這些問題歸納起來主要是三個：

(1)世界最後本源或最初狀態的本體論性質：「無」與「有」　如前所述，漢代經學，如董仲舒春秋公羊學，主要是從發生論即宇宙萬物形成過程的角度來追尋萬物及人倫道德的最後、最高根源的，認爲「天者，萬物之祖」；漢代經學對於最高本源所作的無論是宗教神學意義上（人格神）或自然哲學意義上的（「元氣」）論證，都是具有感性的、經驗的性質。換言之，漢代經學對萬物本源的思考實際上是對「本源是怎樣的」一種直觀的描述。魏晉玄學對世界萬物最後本源的認識要抽象、深刻得多，在那種具有濃厚思辨色彩的玄談中，提出和論證、回答的實際上已是「本源的本體論性質是什麼」的問題了⑧。魏晉玄學對這個問題的回答有相互對立的兩種：

一曰「無」。即認爲世界的最後本源是「道」，「道」的本體論性質是「無」，這是魏晉玄學開始者何晏、王弼的觀點。《晉書》說：「魏正始間，何晏、王弼等祖述老莊，立論以爲天地萬物皆以無爲本。」

（《晉書・王衍傳》）但何、王對「無」的說明或論證也有所不同。何
晏在《道論》中寫道：

> 有之爲有，恃無以生；事而爲事，由無以成。夫道之而無語，
> 名之而無名，視之而無形，聽之而無聲，則道之全矣。（《列
> 子・天瑞》張湛注引）

顯然，在何晏看來，作爲萬物最後本源（「道」）的本體論性質的「
無」，是指其超驗性和非實體性。應該說何晏的這一思想觀點來自老
子思想而又有所不同。《老子》說「天下萬物生於有，有生於無」（
40章），所以從世界生成過程的角度來看，把「無」視爲萬物的本源
也是老子思想所固有。但是從本體論的意義上說，在老子思想中，「
無」是指「道」的「無狀之狀，無物之象」（14章）的存在狀態，沒
有、也不能用「無」來概括「道」的最本質的和全部的性質，「無」
不能是「道之全」。

王弼對本源（「道」）的本體論性質「無」的論證要詳盡細緻得
多。首先，王弼也說：「道以無形無名始成萬物」（《老子注》1章），
「無形無名者，萬物之宗也。」（《老子注》14章）這表明王弼和何晏
一樣，也認爲本源的本體論性質「無」是指其超驗、非實體的性質。
進而，王弼對「無」的論證或者說關於「無」的思想觀念就超越了何
晏，認爲「無」是「一」，是「全」。王弼說：

> 萬物萬形，其歸一也。何由致一？由於無也。（《老子注》42章）
>
> 無在於一，而求之於眾也。（《老子注》47章）
>
> 其一不用，不用而用之以通。（韓康伯《周易・繫辭注》引）
>
> 天下之物，皆以有爲生，有之所始，以無爲本，將欲全有，必
> 反於無也。（《老子注》40章）
>
> 無形無名者……故能爲品物之宗主，苞通天地，靡使不經也。
> （《老子指略》）
>
> 道氾濫無所不適，可左古上下周旋而用，則無所不至也。（《

老子注》34章）

王弼認爲，「無」之所是萬物之根源，就因爲「無」具有「一」、「全」的性質。換言之，作爲萬物最後本源（「道」）的本體論性質「無」，是指一種世界總體性的「無所不適」、「無所不至」。十分顯然，王弼這一思想觀念來自《莊子》，和莊子的「道通爲一」（《齊物論》）、「道無所不在」（《知北遊》）完全相通、相同。從理論思維的理性程度上看，或者說對感性直觀的超越程度上看，本體的總體性觀念高於實體性、超驗的非實體性觀念。《魏氏春秋》比較王弼、何晏二人時所說「弼論道約美不如晏，自然出拔過之」（《世說新語·文學》劉孝標注引），看來是符合實際的。王弼援依莊子思想，用「一」、「全」來論證、表達最後本源的本體論性質，把魏晉玄學理論思維的抽象性、思辨性推向高峰。

二曰「有」。魏晉玄學中的「有」論，實際上不是作爲直接回答萬物本源及其本體論性質是什麼而提出的，而是針對何、王「無」論而提出的關於萬物的發生和存在的根本性質、狀態實際是怎樣的觀點，這一觀點也間接地回答了「本源」的問題。「有」論的主要代表是裴頠和郭象，但他二人立論的立場和內容都並不相同。《晉諸公贊》說，「頠疾世俗尙虛無之理，故著《崇有》二論以折之」（《世說新語·文學》劉孝標注引），裴頠在《崇有論》中也說，「貴無則必賤有，賤有則必外形，外形則必遺制，遺制則必忽防，忽防則必忘禮，禮制弗存，則無以爲政矣」（《晉書·裴頠傳》）。可見裴頠針對何、王「貴無」提出的「崇有」，主要是從儒家的政治立場來觀察和理解一個哲學本體論問題。《崇有論》基本的理論思想是認爲萬物「自生」而「體有」：

> 夫至無者無以能生，故始生者自生也，自生而必體有，則有遺而生兮矣。生以有爲己分，則虛無是有之所謂遺者也。（《晉書·裴頠傳》）

也就是說，裴頠認爲萬物不是從「無」而生，而是自己發生（「自生」），

萬物最基本的性質是「有」（存在），事物所不具有的、超出其本性或範圍（「分」）之外的才是「無」。顯然，裴頠在這裡論述的不再是萬物本源的本體論性質問題，而是事物的發生和存在這一現象的性質問題。因而，裴頠的這種「有」必然是感性的、經驗的、可被我們認識的具體實在，如裴頠說「形象著分，有生之體……生而可尋，所謂理也；理之所體，所謂有也」（《晉書·裴頠傳》）。從理論本質上說，裴頠「有」論的立論立場和內容可以概括爲是理性在經驗層次上對事物最基本性質——實在性的認識。應該說，裴頠的萬物「自生而體有」這個思想觀念在《莊子》中已經出現並有明確的表述：「無問其名，無闚其情，物固自生」（《在宥》），「扁然而萬物自古以固存」（《知北遊》）。這表明，裴頠《崇有論》所表現出的政治立場、理論意圖是儒家的，但其根本的哲學觀念、概念卻是來自莊子思想。

郭象「有」論的基本觀點是萬物「自生」而「獨化」。郭象和裴頠一樣也是認爲萬物不能從「無」而生，而是「自生」，他說：「無既無矣，則不能生有；有之未生，又不能爲生。然則生生者誰哉？塊然而自生耳。」（《莊子注·齊物論》）但郭象「有」論進一步發展就和裴頠不同了。他不是如裴頠那樣始終停留在萬物具體存在的現象上對「自生」作感性經驗的「體有」論證，以「形器之故有徵，空無之義難檢」（《晉書·裴頠傳》）而完全迴避超驗的關於最後本源的哲學問題，而是在抽象的理性思辨的方向上深化「自生」的理性的哲學內容，直接地、但是否定地回答了最後本源的問題——「獨化」：

> 涉有物之域，雖復罔兩，未有不獨化於玄冥者也。（《莊子注·齊物論》）

也就是說，在郭象看來，萬物皆「欻然自生，非有本」（《莊子注·庚桑楚》），「物之自然，非有使然也」（《莊子注·知北遊》），不存在最後的根源、主宰。

「獨化」最早是作爲一個動詞出現在戰國晚期黃老之學興起時的

《鶡冠子》中的⑨。在郭象思想中，「獨化」具有新的、理論的義蘊，作為一個哲學概念，一種徹底否定有「本源」存在的思想觀念，其主要內涵有二：一是絕對性，一是總體性。所謂絕對性，是就萬物各自的存在本身來說都是「無待」、「無始」的，都是獨立而永存的。郭象說：「物者無主，而物各自造，物各自造而無所待焉」（《莊子注·齊物論》），「推而極之，則今之所謂有待，卒至於無待，而獨化之理彰矣」（《莊子注·寓言》），這就是說，從實體的意義上推尋萬物的根源，最後必然要追溯到絕對的（無待）獨立自生自存，這就是「獨化」。另外，「非唯無不得化而為有也，有亦不得化而為無，故自古無未有之時而常存也」（《莊子注·知北遊》），這就是說，從時間的意義上看，萬物沒有「未有」之時，「獨化」是沒有「開始」的。所謂總體性，是就萬物相互關係來說又是「相因」、「俱濟」的，共同組成「天」（自然）之總體。郭象說，「天地萬物，凡所有者，不可一日而相無也。一物不具，則生者無由得生；一理不至，則天年無緣得終」（《莊子注·大宗師》）。郭象舉例說，「手足異任，五臟殊官，未嘗相與而百節同和，斯相與於無相與也；未嘗相為而表裡俱濟，斯相為於無相為也」（《莊子注·大宗師》），「夫天籟者，豈復別有一物哉？即眾竅比竹之屬，接乎有生之類，會而共成一天耳……天者，萬物之總名也」（《莊子注·齊物論》），就是說，手足、五臟各有不同的、獨立的功能，但又相互配合，共同形成有機的人體整體功能；聲音有「地籟」（眾竅）、「人籟」（比竹）之分，但渾一無分的「天籟」正是「地籟」、「人籟」共同會合組成。所以在郭象看來，萬物相因而成之「天」是「獨化」的總體表現，「夫相因之功，莫若獨化之至。故人之所因者天也，天之所生者獨化也」（《莊子注·大宗師》）。將「獨化」所包含的「無待」和「相因」這兩個方面總括起來，郭象總結地說，「萬物雖聚而共成乎天，而皆歷然莫不獨見」（《莊子注·齊物論》），猶如「彼我相因，形影俱生，雖復玄合，而非待也」（

《莊子注·齊物論》），也就是說，就萬物各自個體來看，是「獨見」，獨立而絕無所待；就總體來看，又「共成一天」，俱生而相因。可見在郭象這裡魏晉玄學的本體論問題發生了變化，萬物共同的、最後的「本源」已經不再存在，只有萬物個體的「獨化」。顯然，郭象這一獨特的思想觀念與莊子思想有極密切的關係，這不僅是指郭象的思想是借《莊子注》，即以《莊子》為載體而發揮出來的，而且更重要的是指郭象「獨化」所內涵的「無待」絕對性和「相因」總體性觀念都正是淵源於莊子。《莊子》中寫道；「若夫乘天地之正，而御六氣之辯，以遊無窮者，彼且惡乎待哉」（《逍遙遊》），「化聲之相待，若其不相待」（《齊物論》），這就是一種「無待」的絕對性觀念；「道通為一」（《齊物論》），「萬物一府」（《天地》），這就是「相因」的總體性觀念。但這裡也顯示郭象和莊子的巨大差別：莊子思想中的絕對性（「惡乎待」）、總體性（「道通為一」），是指一種精神修養或認識上所達到的最高境界，郭象改造了莊子思想，把這種人的最高精神境界移化為萬物存在的真際狀態，從一個特殊的方面或角度回答了玄學中的「本源」問題。

　　總之，魏晉玄學對於世界最後本源或最初狀態的本體論性質的回答，存在著「無」、「有」兩種十分明顯的對立；在兩種回答中又有思辨抽象程度和內容豐富程度不同的差別，但是都共同地與莊子思想發生密切關係。「無」派關於「無」的「一」、「全」的總體性論證，「有」派「獨化」所內涵的「無待」、「相因」的絕對性、總體性思想觀念，都是莊子思想在一種新的思潮或理論形態中的再現。

　　⑵理想人格──「聖人」：「名教」與「自然」的關係　魏晉玄學的理論探索由萬物最後本源或最初狀態的本體論性質轉向人的社會生活時，產生了它的第二個理論主題：「聖人」即理想人格的問題。孔子在回答子貢問能「博施濟眾」是否達到「仁」的標準時說，「何事於仁，必也聖乎」（《論語·雍也》），孟子也說，「聖人，人倫之

至也」(《孟子·離婁》上)。可見,作爲先秦儒家理想人格的「聖人」,主要的內涵是極高的道德修養和社會功德。道家的聖人觀與此迥然不同。《老子》說,「聖人處無爲之事」(2章),「聖人不仁」(5章),《莊子》也說,「聖人不從事於務」(《齊物論》),「不刻意而高,無仁義而修,無功名而治……此聖人之德也」(《刻意》)。顯然,作爲道家的理想人格「聖人」,乃是具有從世俗道德規範和事務中超脫出來而返歸樸素無爲、聽任自然本性的精神境界的人,也就是所謂「聖人抱一爲天下式」(《老子》22章),「聖人法天貴眞,不拘於俗」(《漁父》)。所以在不太嚴格的意義上說,儒家和道家聖人觀的對立就是「名教」(社會倫理道德規範)和「自然」(人的本然情性)的對立。孔子說,「繪事後素」(《論語·八佾》),認爲倫理道德規範(「禮」)是對人性的提高。漢代經學承襲孔子這個觀點,也認爲人的精神成長過程是從本然之性到道德自覺的進步過程,如董仲舒說:「明於天性,知自貴於物,然後知仁誼;知仁誼,然後重禮節;重禮節,然後安處善;安處善然後樂循禮;樂循禮,然後謂之君子。」(《漢書·董仲舒傳》)魏晉玄學引進了莊子思想,先秦儒家和漢代經學所主張的「名教」是「自然」的提高的思想觀念就發生了改變。「名教」與「自然」的關係在玄學中有三種不同的新的回答。

第一,「名教」與「自然」合。魏晉玄學中對「名教」與「自然」關係持這種看法的,是以何晏、王弼爲首在討論「聖人有情」或「聖人無情」這個理論問題中表現出來的。何劭《王弼傳》說:「何晏以聖人無喜怒哀樂,其論甚精,鍾會等正之。弼與不同,以爲聖人茂於人者,神明也;同於人者,五情也。神明茂,故能體衝和以通無;五情同,故不能無哀樂以應物。然則聖人之情,應物而無累於物者也。」(《三國志·魏志·鍾會傳》注引)顯然,何晏主張「聖人無情」,王弼主張「聖人有情」,兩人是對立的。但是這種對立在還原爲「名教」與「自然」的關係時,就一致地匯入莊子思想而消失了。何晏注解《論

語》顏淵「不遷怒，不貳過」說：「凡人任情，喜怒違理；顏回任道，怒不過分。遷者移也，怒其當理，不移易也」（《論語集解・雍也》）可見何晏也認爲聖賢是有喜怒哀樂之情的，但是聖賢「怒不過分」，「怒當其理」；也就是說，爲社會生活所觸發的種種「有情」，表現出的卻是一種合於自然之理的「無情」。所以何晏「聖人無情」觀點的理論涵義實際上是認爲有社會道德內容的聖人喜怒哀樂之情（「名教」），是合於「理」或「道」（「自然」）的。對比即可發現，何晏這裡論述的以順應「理」或「分」即爲「無情」的觀點，或者說以順應自然本性即爲「無情」的觀點，《莊子》中已有討論。莊子主張「人故無情」，惠施問，「既謂之人，惡得無情？」莊子說：「吾所謂無情者，言人之不以好惡內傷其身，常因自然而不益生也。」（《德充符》）何晏的「聖人無情」源出於此。王弼雖然主張「聖人有情」，但「聖人之情，應物而無累於物者也」，實際上也正是「以情從理」（王弼：《答荀融書》，何劭：《王弼傳》引）的表現。王弼說：「自然親愛爲孝，推愛及人爲仁」（《論語・學而》皇侃疏引），「夫喜懼哀樂，民之自然，應感而動，則發乎聲歌，所以陳詩采謠，以知民志風……以和神也」（《論語・泰伯》皇侃疏引）。可見王弼「聖人有情」的理論涵義比何晏的「聖人無情」更寬泛，他實際上是認爲聖人的、具有社會道德倫理內容的「應物之情」（「名教」）直接發源於「人之自然」。應該說，王弼的這個觀點《莊子》中也曾討論過。莊子認爲「虎狼仁也」，商太宰蕩問：「何謂也」，莊子解釋說：「父子相親，何爲不仁？」（《天運》）

　　總之，何晏「聖人無情」是指聖人之「情」（發而爲「名教」）合於「自然」（歸而爲「理」）；王弼「聖人有情」是指聖人之「情」（體現「名教」）出於「自然」。顯然，就「名教」與「自然」或「情」與「理」的關係而言，何、王所論都認爲兩者是調和、諧合的，並且何、王所論都可以追溯到《莊子》。所以他們的對立實際上並不

存在，他們的對立在莊子思想的背景中消失了。

　　第二，「名教」與「自然」離。魏晉玄學思潮中，認爲「名教」與「自然」關係是不可調和的、完全對立的代表人物是嵇康、阮籍。具有標誌性的觀點或口號是嵇康的「越名教而任自然」（嵇康：《釋私論》）和阮籍的「禮豈爲我輩設也！」（《世說新語‧任誕》）「名教」與「自然」的對立，嵇康在《難自然好學論》中有段概括的論述：「六經以抑引爲主，人性以從欲爲歡。抑引則違其願，從欲則得自然。然則自然之得，不由抑引之六經；全性之本，不須犯情之禮律。故仁義務於理僞，非養眞之要術；廉讓生於爭奪，非自然之所出也。」即認爲「名教」（六經、禮律、仁義、廉讓）壓抑了、違背了人的自然本性。嵇、阮追求一種擺脫世俗「名教」而與「自然」爲一的精神生活，正如阮籍在《大人先生傳》中描述的那樣：「超世而絕群，遺俗而獨往，登乎太始之前，覽乎忽漠之初，慮周流於無外，志浩蕩而自舒。」嵇、阮認爲禮律仁義的「名教」窒息人性，向往返歸「自然」的精神自由的思想觀點，顯然與「繪事後素」的認爲倫理道德是對人性的提高的先秦儒家觀點相背謬，所以嵇康說他「每非湯武而薄周孔」（《與山巨源絕交書》）；相反，與認爲「仁義其非人情」，「屈折禮樂……此失其常然」（《駢拇》），以自然主義抨擊儒家社會倫理道德的莊子思想則完全一致。嵇康致書山濤坦然承認「老子、莊周，吾之師也」，「又讀老、莊，重增其放」（《與山巨源絕交書》）；阮籍撰《大人先生傳》，稱理想人格爲「至人」，描繪的最高精神境界是「慮周流於無外」，顯然也是蹈襲《莊子》「至人神矣……而遊乎四海之外」（《齊物論》）。完全可以說，在魏晉玄學中，嵇康、阮籍思想中的莊子思想烙印是最爲清晰、最少變形的。

　　第三，「名教」與「自然」同。在魏晉玄學中，郭象認爲體現在聖人身上的「名教」與「自然」，是一體之兩面，一身之內外；推尋根源，同是「本性」的表現，同是「任性」的結果。郭象說，「夫聖

人，雖在廟堂之上，然其心無異於山林之中，世豈識之哉？徒見其戴黃屋，佩玉璽，便謂足以纓紱其心矣；見其歷山川，同民事，便謂足以憔悴其神矣，豈知至至者之不虧哉？」（《莊子注·逍遙遊》）也就是說，郭象認為，對於達到聖人境界的人來說，處廟堂之上，操勞政務，與遊心山林，恬靜自得的兩種情境、心境不是矛盾的、不衝突的，而是可以同時實現、同時存在的。郭象思想中有一個基本的觀點，就是「小大雖差，各任其性，苟當其分，逍遙一也」（《莊子注·逍遙遊》），這就是說，任何人（甚至物），在任何境況下，只要能任性守分，都是逍遙自得的。「聖人」當然是這樣的人，「去知任性，然後神明洞照，所以為賢聖也」（《莊子注·天下》）。所以郭象認為，在「聖人」那裡，不僅「廟堂」與「山林」是同一的，舉凡一切「外」與「內」，「迹」與「所以迹」都是同一的：「聖人常遊外以弘內，無心以順有，故雖終日揮形而神氣無變，俯仰萬機而淡然自若」（《莊子注·大宗師》），「所以迹者，真性也；夫任物之真性者，其迹則六經也」（《莊子注·天運》）。換言之，對於「聖人」境界，「名教」與「自然」是同一的。郭象此論在社會實踐上的後果是取消了人從自然本性到社會道德完成的踐履、砥礪的過程，只要「任性」，道德就自然實現，故郭象說，「黃帝非為仁義也，直與物冥，則仁義之迹自見」（《莊子注·在宥》）。應該說，瀰漫在魏晉時代門閥士族階層中的那種強烈要求擺脫先秦儒家和漢代經學所設置的道德規範對自己的約束，而又保留它對整個社會制約作用的特權階級的意識和心理，在郭象這裡才真正得到論證和表現。郭象如此這般地解決了魏晉玄學中這個最重要的理論主題，是他對莊子思想的一種特殊的理解、改造和運用。莊子主張「無以人滅天」（《秋水》），認為禮樂仁義有失「常然」（《駢拇》），所以「天」與「人」對立、「自然」與「名教」對立無疑是莊子人生哲學、社會思想中的基本的思想觀念。但在莊子的自然哲學和認識論中：又有一種籠罩莊子思想全體的更高的、整體的哲學觀點：「道通為一」；

「和以是非」(《齊物論》);正是這種莊子所特有的總體性的哲學觀念,啓迪和形成了郭象以「任性」、「當分」來齊一「名教」與「自然」的思想觀點。郭象在注解《莊子》中的這兩個哲學觀點時說:「理雖萬殊而性同得,故曰『道通爲一』」,「天地萬物各當其分,同於自得,而無是無非也。」上面所述的郭象溝通、同一「廟堂」與「山林」那番論述正是運用這裡「得性」、「當分」的理論觀點。郭象不僅從莊子思想中獲得同一「名教」、「自然」的總體性哲學觀念,而且他的「任性」、「當分」觀點也是源自《莊子》而又有重要的修正。《莊子》中寫道:「吾所謂臧者,非所謂仁義之謂也,任其性命之情而已矣」(《駢拇》),「極物之眞,能守其本,故外天地,遺萬物,而神未嘗有所困也」(《天道》)。可見在莊子思想中,「任性命」、「守本分」是擺脫世俗紛擾,保持心境寧靜的精神修養的基本方法;並且,十分顯然,這一方法是以天人對立(即「自然」與「名教」對立)爲觀念基礎的。郭象接受了莊子「任性」、「守分」的思想觀點,但改變了它的觀念基礎,郭象不是在天人對立的觀念基礎上,而是在齊一天人(「自然」與「名教」同一)的觀念基礎上提出「任性」、「守分」的。觀念基礎的改變,進一步就導致了理論結局的不同。莊子的「任性」必然要求「無爲」,要求「無以人滅天,無以故滅命」(《秋水》),因而「名教」與「自然」的界限不可逾越;郭象的「任性」則可以「自爲」,如他說,「無爲者,非拱默之謂也,直各任其自爲,則性命安矣」(《莊子注·在宥》)「任性」而爲,「雖在廟堂之上,然其心無異於山林之中」,「名教」與「自然」即可同一。莊子的「無爲」必然要導向對社會文明進步的徹底否定;而郭象的「自爲」卻爲人的一切「合理」行爲作出了辯護。一個具有典型意義的例子是對馴服牛馬的看法。莊子說,「牛馬四足,是謂天;落馬首,穿牛鼻,是謂人」(《秋水》),顯然,主張「無以人滅天,無以故滅命」的莊子是反對「穿牛絡馬」的。郭象相反,認爲「人之

生也，可不服牛乘馬乎？服牛乘馬可不穿落之乎？牛馬不辭穿落者，天命之固當也。苟當乎天命，則雖寄之人事，而本在乎天也。穿落之可也，若乃走作過分，驅步失節，則天理滅矣。」（《莊子注‧秋水》）即在郭象看來，在「天理」、「當分」的範圍內，人的一切行為皆是合理的。這個問題顯示出郭象思想雖攀緣著莊子思想，但其理論意圖卻有巨大差別：莊子的天人對立觀點是要用「天」（自然）否定「人」（名教），擺脫社會倫理道德規範的羈絆；郭象的「名教」與「自然」同的觀點是既要保留名教，又要擺脫它的約束。

「名教」與「自然」的關係是魏晉玄學中最具有時代和階級特徵的理論主題。潛藏在這個討論「聖人」或理想人格的問題下的真正意圖，是要從社會倫理道德規範的一切約束中擺脫出來，這是政治地位、經濟利益皆有保障的門閥士族階層的特殊的精神要求。這一理論主題活躍的時間雖然不長，但其經歷的發展階段卻甚為分明：何晏、王弼敏感，率先跨出名教向自然接近的第一步，認為兩者可以調和；嵇康、阮籍急切，棄置「名教」而倒向「自然」；郭象精巧，以為「任性」則兩者可以兼得。當然，這一思想運動像任何歷史運動一樣，它的內在邏輯、有序的進程只是在後代人的眼裡才是清晰的。但是，有一點即使在當時也是非常明顯的，就是這一思想運動總是和莊子思想的基本精神保持一致，主要的理論概念或思想觀念也都濫觴自《莊子》。

(3)生的追求：生與死　魏晉玄學的理論思考從人的社會生活轉向人的自然性質，論述了它的第三個理論主題：生與死的問題，實際上是人如何解脫死亡，獲得生的永駐的問題。孔子說：「朝聞道，夕死可矣」（《論語‧里仁》）「志士仁人，無求生以害仁，有殺身以成仁」（《論語‧衛靈公》），所以就儒家的傳統精神來說，對倫理道德實現的追求超過對生的追求。傳統儒家淡薄生死，是在道德層次上的人性充分覺醒的表現。另一方面，孔子還說，「未知生，焉知死」（《論語‧先進》），或者如子夏簡單地說，「死生有命」（《論語‧顏淵》），傳

統儒家對人生重要問題之一的生死問題採取一種不欲深究的、迴避的態度，則是它的學說理論薄弱欠缺之處。魏晉玄學的主導的、內在的精神傾向是離「名教」而親「自然」，所以必然重視生死、探究生死，因爲這是在自然層次上的人性自覺。這一情況的出現和「名教」與「自然」關係問題的產生一樣，也是與魏晉那個時代的社會環境分不開的。魏晉時期是一個外患、內亂、災荒頻仍的苦難時期，《晉書》對「八王之亂」後的西晉末年的社會景象的描述可爲代表：「及惠帝之後，政教凌夷，至於永嘉，喪亂彌甚。雍州以東，人多飢乏，更相鬻賣，奔迹流移，不可勝數。幽、并、司、冀、秦、雍六州大蝗，草木及牛馬毛皆盡。又大疾疫，兼以飢饉，百姓又爲寇賊所殺，流屍滿河，白骨蔽野。」（《晉書·食貨志》）正是這些苦難景象，凝聚成了彌漫在魏晉詩中的那種沁人心脾的悲涼氣氛。魏晉時期王朝的更迭極爲頻繁，與舊朝關係密切的門閥士族的文人學士每遭誅戮，故史稱「魏晉之際，天下多故，名士少有全者」（《晉書·阮籍傳》）。名士們時時感受到災禍死亡的威脅，「常畏夭網羅，憂禍一旦并」（何晏：《言志詩》），「忠不足以衛己，禍不可以豫度」（束皙《玄居釋》）。富貴逸樂中的門閥士族爲生命的短暫感到深切的痛若，「人生處一世，去若朝露晞……自顧非金石，咄唶令人悲」（曹植：《贈白馬王彪》）。這些都使他們對生的眷念更加殷切，「獨有延年術，可以慰吾心」（阮籍：《咏懷詩》八十二首之十），一個永恆的、但被那個時代更迫切地感受到的問題提出了：可否解脫死亡，或者如何擺脫死亡帶來的恐懼？魏晉玄學探討了這個問題。

魏晉玄學對這一理論主題基本上有兩種回答，或者說兩種解決辦法：一是生活實踐意義上的「養生」；一是觀念認識意義上的「齊生死」。前者以嵇康爲代表，後者以郭象、張湛爲代表。嵇康撰《養生論》，認爲人通過恬淡其心境的修養和潔淨其肉體的修煉，使「形神相親，表裡俱濟」，就可以達到延年益壽的目標。嵇康說：「善養生

者⋯⋯清虛靜泰，少私寡欲，知名位之傷德，故忽而不營，非欲而強禁也；識厚味之害性，故棄而弗顧，非貪而後抑也。外物以累心不存，神氣以醇白獨著，曠然無憂患，寂然無思慮，又守之以一，養之以和，和理日濟，同乎大順。然後蒸以靈芝，潤以醴泉，晞以朝陽，綏以五弦，無爲自得，體妙心玄。忘歡而後樂足，遺生而後身存。若此以往，庶可與羨門比壽、王喬爭年，何爲其無有哉！」顯然，嵇康養生理論中有秦漢以來神仙家的某些觀念內容，但其基本概念和思想都是《莊子》中的。就頤養精神方面而言，無思無慮、不以外物累心，是莊子精神修養的基本方法，「守一」、「大順」也是《莊子》所特有的表述修養境界的名稱⑩；就修煉形體而言，《莊子》中的「吹呴呼吸，吐故納新，熊經鳥申」的「導引之士，養形之人」（《刻意》），和「不食五穀，吸風飲露」的「神人」（《逍遙遊》），正是嵇康在《養生論》中所說的「呼吸吐納，服食養身」的先驅。應該說，養生理論試圖以生戰勝死，既有眞實的成份，也有幻想的因素。

　　魏晉玄學中，郭象和張湛用另外的方法，即以一種觀念的、「齊一生死」的哲學悟解，來擺脫死亡帶來的沈重的精神壓力。郭象說：「時不暫停，而今不遂存，故昨日之夢，於今化矣矣。死生之變，豈異於此⋯⋯而愚者竊竊然自以爲知生之可樂，死之可苦，未聞物化之謂也。」（《莊子注・齊物論》）也就是說郭象認爲，死生如同夢覺、今昔之變化，昨之生，今之死，並沒有絕對的、不可跨越的界限。爲死亡而感到痛若、恐懼的人，正是由於一種心理上的障礙，不認識「有變化而無死生」（《莊子注・至樂》），不悟解生與死皆是「我」的「物化」之形態：「形、生、老、死皆我也。故形爲我載，生爲我勞，老爲我佚，死爲我息，四者雖變，未始非我，我奚惜哉！」（《莊子注・大宗師》）而「玄通合變之士，無時而不安，無順而不處，冥然與造化爲一，則無往而非我矣，將何得何失，孰死孰生哉！」（《莊子注・養生主》）十分顯然，當郭象把「死」也作爲「我」的存在形式之

一時，這個「我」就發生了一種超越，它不再是個體的、肉體的「我」，而是和某種永恆的、總體的存在——「造化」結合在一起的精神性的、「玄通合變」的「我」了。對於這個和永恆總體結合在一起的觀念的、精神的「我」，當然是「更相為始，則未知孰死孰生也」（《莊子注·知北遊》），「有變化而無死生」。郭象的「造化」實際上是一種超理性的認識對象，因而郭象的「與造化為一」實際上也就是一種超越具體認識過程之上的悟解。郭象一再說：「存亡更在於心之所措耳，天下竟無存亡」（《莊子注·田子方》），「體夫極數之妙心，故能無物而不同，無物而不同，則死生變化，無往非我矣」（《莊子注·德充符》），這表明郭象通過「體極數之妙心」（悟解）而實現的對死亡的超脫，實質上是一種觀念性質的精神上的超脫；它不是擺脫死亡本身（這當然是不可能的），而是擺脫體驗死亡時的那種恐懼的、痛苦的心理，一種沉重的、無法忍受的失去一切可能的空虛感、失落感的消解。張湛在《列子注》中對齊一死生的論述在邏輯思路上和郭象相同，差別在於，在郭象思想中作為「生」、「死」兩種「物化」形態的載體的「我」，在張湛這裡變為「氣」；在郭象思想中被稱為「造化」的齊一生死的萬物或世界總體，在張湛這裡稱為「不化者」。如張湛說：「生於此者或死於彼，死於彼者或生於此，而形生之生，未嘗暫無。是以聖人知生在常存，死不永滅，一氣之變，所適萬形。萬形萬化，而不化者存。」（《莊子注·天瑞》）在張湛思想中，這個作為總體的「不化者」又稱為「至虛」、「太虛」、「虛」：「群有以至虛為宗」（《列子注·序》），「太虛也無窮，天地也有限」（《列子注·湯問》），「生者，一氣之暫聚，一物之暫靈。暫聚者終散，暫靈者歸虛」（《列子注·楊朱》）。簡略地說，在張湛看來，生死只是「氣」的變化，於此為生，於彼則為死，對於作為「萬形萬化」的總體的「虛」來說，無所謂生與死：「俱涉變化之涂，則予生而彼死，推之至極之域，則理既無生，亦無死也」（《列子注·天瑞》）。和郭

象相比，張湛的論述引進「氣」、「虛」，增加了感性的、直觀的因素，這似乎表明，魏晉玄學在其理論主題的論證中所顯示出的理論思維能力和水平，在郭象那裡達到了高峰，此後則漸趨衰退。可以清楚地看出，支撐郭象、張湛齊生死的思想觀點有兩個關鍵之處：一是超越個人之上的、世界總體的思想觀念（「造化」、「虛」）；一是將個人歸附於、溶解於這一總體中去的悟解或自我體驗（「與造化爲一」、「暫靈者歸虛」）。顯然，這兩個關鍵點植根於莊子思想中的「道通爲一」（《齊物論》）的總體觀念和「天地與我並生而萬物與我爲一」（《齊物論》）的精神境界中。《莊子》中還寫道：「以造化爲大冶」（《大宗師》），「唯道集虛」（《人間世》），「太一形虛」（《列禦寇》）。可見郭象、張湛表述總體觀念所使用的概念也是蹈襲自《莊子》。

　　魏晉玄學引進道家思想（主要是莊子思想）論述的主要理論問題大致如上。其中世界最後根源或最初狀態的本體論性質問題，即「有」與「無」之爭，是在漢代經學衰落的學術背景下，儒家學者由吸收陰陽五行學說來說明倫理道德的最高根源，轉變爲和道家思想相結合，把問題昇華爲對世界根源本身的性質的論述。這雖暫時離開了儒家以倫理道德爲中心的理論軌道，但這次理論的耕耘並不是沒有收穫，它提高了儒學的理論思維水平，使得以後的宋明理學能在更高的理論層次上返回到這個問題上來。「名教」與「自然」的問題是以充分發展的門閥士族制度爲社會特徵的魏晉時代的一個特殊的理論問題。儒家的人倫道德思想（「名教」）不能滿足門閥士族階層的精神需要，玄學就在道家那裡尋找了一種對於「名教」的補充——「自然」。這個問題鮮明地表現了玄學思潮的本質上仍是儒學性質的。生與死的問題，是一個永恆的、但被傳統儒家迴避了的問題，然而它對於門閥士族卻是一個十分急迫的問題，生的滿足愈充分，就會感到死的壓迫愈沉重。

玄學借助莊子的理論觀念對這個問題的解決充滿理性思辨色彩，這對當時正在興起的佛教思想的以「神不滅」信仰爲基礎的「輪迴」生死觀的漫延浸染，在理論觀念和心理情態上都具有強有力的抵禦、免疫作用；同時，也是對儒學理論空白的重要補充。

2.玄學的思維方法源出《莊子》

從魏晉玄學理論主題的論證中可以看出，玄學的思維方法和漢代經學迥然不同。漢代經學在五行、陰陽的理論框架內，論證天人「合一」、「相類」，將人倫道德的最後根源歸之於「天」，具有明顯的感性的、經驗的直觀性質。魏晉玄學在道家思想理論背景下，在對幾個主要問題——最後根源或最初狀態的本體論性質（「無」與「有」），人的社會性質與自然情性的關係（「名教」與「自然」），人本身的自然性質（生與死）的論述中，都努力思索、追尋在言辭、感性表象之上、之外的「意」或「理」，甚至還有「意」、「理」之上、之外的世界總體觀念，所以是一種理性思辨的和理性直觀的方法。在魏晉玄學的「言意之辨」中，有三種觀點表述的正是這樣的方法。

(1)「言不盡意」　魏晉玄學中「言不盡意」觀點的代表人物是荀粲。何劭《荀粲傳》記述：

> 粲字奉倩，粲諸兄並以儒術議論，而粲獨好言道。常以爲子貢稱夫子之言性與天道不可得聞，然則六籍雖存，固聖人之糠秕。粲兄俁難曰：「《易》亦云，聖人立像以盡意，繫辭焉以盡言，則微言胡爲不可得而聞見哉？」粲答曰：「蓋理之微者，非物象之所舉也。今稱立像以盡意，此非通於意外者也；繫辭焉以盡言，此非言乎繫表者也。斯則象外之意，繫表之言，固蘊而不出矣。」（《三國志·魏志·荀彧傳》注引）

在荀氏兄弟的這場辯論中，荀俁主張「言盡意」，並引《繫辭》爲證。荀粲則認爲細微的「理」，不僅是「言」外的東西，而且是「意」外的東西，也就是說「言不盡意（理）」，並引子貢的話爲證，認爲六

經雖存，但那只是儒家思想的粗糙外表，孔子思想的精微「性與天道」，仍不能用言語文字表達，故「不可得聞」。《莊子》中有一著名論斷：「六經，先王之陳迹也」（《天運》），並用輪扁斫輪的寓言故事說明，所謂「聖人之言」皆是「古人之糟粕」，「應於心而口不能言」的內在義蘊是「不可傳」的（《天道》），也就是說「道不可言」（《知北遊》）。荀粲「理在象外」或「言不盡意」的觀點和論證，實際上都是脫胎於《莊子》中的這些論述。「言不盡意」論在理論上、邏輯上的最後結論就是「不言」，晉代張韓《不用舌論》可爲代表。張韓說：「捲舌翕氣，安得暢理？余以留意於言，不如留意於不言。」（《藝文類聚》十七）但《莊子》早已明確地提出「大辯不言」（《齊物論》），「知者不言」（《天道》），「至言去言」（《知北遊》），可見「不言」的觀點也是來自《莊子》。「言不盡意」論是魏晉玄學從漢代經學的經驗的、感性的論證方法中跨越出來的第一步。

(2)「得意忘言」　魏晉玄學中明確提出「得意忘言」方法的是王弼。他在《周易略例·明象》中寫道：

> 言生於象，故可尋言以觀象；象生於意，故可尋象以觀意。意以象盡，象以言著。故言者所以明象，得象而忘言；象者所以存意，得意而忘象。猶蹄者所以在兔，得兔而忘蹄；筌者所以在魚，得魚而忘筌也。然則言者象之蹄也，象者意之筌也，是故存言者非得象者也，存象者非得意者也。象生於意而存象，則所存者乃非其象；言生於象存言者，則所存者乃非其言也。然則忘象者，乃得意者也；忘言者，乃得象者也。得意在忘象，得象在忘言。

王弼的言意之辨主要有二層意思：一方面，言、象生於意，蘊涵著意，故可由言、象尋得意，不可離言、象而得意；另一方面，言、象不是意本身，不可執著於言、象，只有忘言、忘象，才能得意。可見，作爲一種理論思維方法的「得意忘言」，實際上就是要在具體的、感性

表象中，揭示其抽象的、普遍性的義蘊。應該說這是一種理性思辨的
方法。在魏晉玄學的學術環境中，這一方法的運用在玄學家對先秦典
籍注解中表現最爲突出。例如，王弼的《周易注》就是在「忘象以求
其意，義斯見矣」（《周易略例·明象》）的方針指導下，廓清漢《易》
濃厚的象數霧霾，樹立由漢代經學轉向魏晉新經學（玄學）的第一塊
碑石。郭象也認爲「求道於言意之表則足，不能忘言而存意則不足」
（《莊子注·則陽》），而「莊子每寄言以出意」（《莊子注·山木》），
故他注《莊子》的原則就是「宜要其會歸而遺其所寄，不足事事曲與
生說」（《莊子注·逍遙遊》），「宜忘其所寄，以尋述作之大意」（
《莊子注·大宗師》）。可以說，構成魏晉玄學主要學術內容的另一基
本理論著述——郭象《莊子注》也貫串著「得意忘言」這一理論思維
方法或思辨精神。《莊子》中寫道：「荃者所以在魚，得魚而忘荃；
蹄者所以在兔，得兔而忘蹄；言者所以在意，得意而忘言，吾安得夫
忘言之人而與之言哉！」（《外物》）十分顯然，魏晉玄學中「得意
忘言」的觀點乃至其語言表述都是沿襲《莊子》。差別在於，《莊子》
的「得意忘言」是指一種精神境界，魏晉玄學把它淺化、泛化爲一種
思辨方法，在注解儒家經典和老、莊著作中作了很成功的、出色的運
用。

　　(3)「趨言意以冥合」　魏晉玄學理論思維的最高的、最後的層次，
是由「忘言得意」進入「無言無意」。在魏晉玄學中，郭象進入了這
個層次，他說：「夫言意者，有也，而所言所意者，無也。故求之於
言意之表，而入乎無言無意之域，而後至焉。」（《莊子注·秋水》）
這種「無言無意」的超言意的「認識」對象，已不是言、象之外、之
上的意或理（義），而是在理、意之外、之上的世界總體；「入乎無
言無意之域」已超越一般的、確切意義上的認識，而是一種體驗，一
種理性直觀（全息的觀照），郭象稱之爲「冥極」、「冥合」。郭象
注解《齊物論》「天地與我並生，而萬物與我爲一」寫道：

夫以形相對，則大山大於秋豪也。若各據其性分，物冥其極，
則形大未爲有餘，形小不爲不足。苟各足於其性，則秋豪不獨
小其小而大山不獨大其大矣。若以性足爲大，則天下之足未有
過於秋豪也；若性足者非大，則雖大山亦可稱小矣。故曰「天
下莫大於秋豪之末而大山爲小」。大山爲小，則天下無大矣；
秋豪爲大，則天下無小矣。無大無小，無壽無夭……則天地之
生又何不並，萬物之得又何不一哉！

這段話可以說是完整地表述了郭象的、也是魏晉玄學的認識的三個層
面。就「形」而言，也就是在感性經驗的言、象層面上，「大山大於
秋豪」；但是憑藉著一種理性思辨，一種辯證思維，完全可以得出超
越感性經驗的「天下莫大於秋豪之末而大山爲小」的言外之意、象外
之理；最後，在一種超越理、意之外的理性直觀、全息觀照中，體悟
出「物冥其極」則「無大無小」的「萬物爲一」。由理性思辨進入理
性直觀，由「忘言得意」的求尋義理，到「無言無意」的觀照全息、
體認總體，人的精神活動性質實際上就由認識領域進入道德或修養實
踐領域，由智入道，達到所謂「與變化爲一」，「與萬物冥合」的那
種境界。如郭象說，「唯大聖無執，故芚然直往，而與變化爲一，一
變化而常遊於獨者」（《莊子注・齊物論》），「無心者與物冥而未嘗
有對於天下也」（《莊子注・齊物論》），「夫唯與物冥而循大變者，
爲能無待而常通」（《莊子注・逍遙遊》），「玄通冥合之士……無是
無非，混而爲一，故能乘變任化，遇物而不慴」（《莊子注・德充符》），等
等。至此，魏晉玄學終於在超言意的「冥合」的理論思維方法引導下
走到了它的精神境界的高峰。魏晉玄學能將超言意（理）的，也就是
超理性的世界總體觀念作爲對象納入自己的理論思維，是受到莊子思
想十分透徹的浸潤的結果。《莊子》說，「可以言論者，物之粗也；
可以意致，物之精也；言之所不能論，意之所不能察致者，不期精粗
焉」（《秋水》）。這就是說，莊子認爲在言意或理之外、之上，還

存在一個「不能論」、「不能察致」的只能直覺體認的「不期精粗」
領域，顯然這是指涵蘊著一切的總體，即「道通為一」（《齊物論》）
之「一」，「朝徹而見獨」（《大宗師》）之「獨」。可見，郭象所說
「入於無言無意之域而後至矣」，「混而為一」，「與物冥而未嘗有
對於天下」等等，都是緣沿著莊子這個高闊的思想而來。

　　應該說，漢代經學中也有「五行」、「陰陽」等感性材料之上的
「義理」的學術內容，如「天人合一」，但漢代經學的義理或哲學思
想是通過同類「相動」、「相類」、「相符」等經驗類推獲得和論證
的。而魏晉玄學中的「意」或「義」是通過「忘言」、「忘象」的超
越感性表象的理性思辨獲得的；魏晉玄學中的「無言無意之域」是通
過理性直觀的「冥合」來體認的。所以魏晉玄學的理論思維水平，其
思辨性和抽象性的理性程度高於漢代經學。這種差別在一定意義上決
定於，也反映了它們與莊子思想的關係：漢代經學只是從莊子思想中
攝取了某些具有感性經驗內容的思想觀點或思想資料，魏晉玄學則不
僅消化吸收了莊子思想的基本理性觀念，而且消化吸收了它的理性思
辨和理性直觀的思維方法。

3.莊子思想與魏晉士風

　　魏晉士風，即玄學思潮籠罩下的魏晉名士、文人的精神風貌、生
活情趣，在《世說新語》中有十分具體生動的記載、描寫。其主要表
現可用西晉裴頠《崇有論》中的一段話來概括：「是以立言借於虛無，
謂之玄妙；處官不親所司，謂之雅遠；奉身散其廉操，謂之曠達，故
砥礪之風彌以陵遲。放者因斯，或悖吉凶之禮，而忽容止之表，瀆棄
長幼之序，混漫貴賤之級；其甚者至於裸裎，言笑忘宜，以不惜⑪為
弘，士行又虧矣。」（《晉書·裴頠傳》）東晉干寶《晉紀·總論》亦
有近似的概括：「風俗淫僻，恥尚失所，學者以莊老為宗，而絀六經；
談者以虛薄為辨，而賤名儉；行身者以放濁為通，而斥節信；進仕者
以苟得為貴，而鄙居正；當官者以望空為高，而笑勤恪。」（《文選》

卷四十九）這些表述雖然反映著、濡染著儒家的立場、感情，不能說是十分的客觀公正，但仍可從中看出魏晉士風的主要特色和本質是對傳統的儒家倫理道德規範的漠視和對它的約束的衝決。很顯然，這種士風和莊子思想既密切相連，又迥然有別。

⑴魏晉士風與莊子精神的相通　魏晉士風表現出乖離儒家「名教」而攀緣莊老「自然」，從某種意義上說是必然的。在魏晉門閥制度下，門閥士族的政治、經濟地位獲得一種制度的保障，和漢代經學時期不同，儒學對魏晉門閥士族的名士文人政治生活和精神生活的激勵作用、規範作用已經削弱或喪失。阮籍說，「禮豈爲我輩設也」（《世說新語・任誕》），士族名士毋須以踐履「名教」的道德規範來開拓自已的政治前程；這樣就只能感到它是一種約束而不是鞭策。這是就道德實現在社會生活的功利意義上來說的。另外，儒學對人的精神世界的觀察也過於簡單，孟子說，「居仁由義，大人之事備矣」（《孟子・盡心》上），董仲舒也說，「所以治人與我者，仁與義也；以仁安人，以義正我」（《春秋繁露・仁義法》）。但是在人類的精神生活中，通向最高境界的途徑是否如先秦、漢代儒學所認定的這樣只有踐履道德規範這一條？孔子說，「君子博學於文，約之以禮，亦可以弗畔矣夫」（《論語・雍也》），但是，道德的實現能否如儒家所希望的這樣就是人類精神追求的最後滿足？阮籍的話實際上是對這個問題作了否定的回答，這表明處在玄學思潮中的魏晉門閥士族名士文人，在一種遠離最低物質生活和精神生活之上的極高的生活感受中，對道德實現的精神價值作出和秦漢儒家有所不同的評價。魏晉門閥士族也是一個高文化的階層，他們既然放棄了作爲儒學核心的道德實踐，也必要輕蔑和突破儒學本來就甚爲薄弱的「義理」內容，《魏志・常林傳》注引沐並的話可爲代表：「夫禮者，生民之始教，而百世之中庸也，故力行則爲君子，不務者終爲小人……此言儒學撥亂反正，鳴鼓矯俗之大義，未是窮理盡性陶冶變化之實論。若乃原始要終，以天地爲一區，萬物

為芻狗，該覽玄通，求形景之宗，同禍福之素，一死生之命，吾有慕
於道矣。」（《三國志》卷二十三）沐並所論表明，先秦和漢代儒學的
理論思索多局限在日常人倫的經驗範圍內，沒有探觸那些更深邃和艱
難的宇宙和人生的根本問題，所謂「夫子之言性與天道，不可得而聞
也」（《論語・公冶長》）。雖然這種社會人倫真正的、自覺的踐履，
實際上是需要、而且也能體現極高的精神境界，但是在玄學思潮推盪
下的魏晉名士還是借助莊、老思想，要在社會人倫之外的宇宙自然中
尋找某種更高遠、永久的精神寄托。

　　總之，魏晉充分發展的門閥制度，產生出一個政治經濟地位都相
對穩定的、有保障的門閥士族特殊階層。在當時的條件下，他們的高
度文化修養和優越的物質生活，產生了一種特殊的徜徉在社會人倫之
外的快樂的那種生活感受，和認同道德之外的生活的合理性的精神需
要。但是，在先秦和漢代的儒家理論中，這種感受得不到解釋和理解，
這種需要得不到滿足。換言之，傳統儒家理論消化不掉這種新產生的、
普遍漫延的精神現象。在這樣的學術的和精神的背景下，高文化而深
危機的魏晉士族名士從理性思維程度更高、理論內容更廣泛的道家思
想中，特別是從「因自然」、「任性情」的莊子思想中尋找新的理論
觀念、新的精神追求，則是自然的和必然的。按照袁宏《名士傳》的
劃分，魏晉玄學可分為「正始名士」、「竹林名士」、「中朝名士」
三個時期（《世說新語・文學》注引）。正始時，「何晏王弼祖述老莊」
（《晉書・王弼傳》）；竹林七賢如山濤，《晉書》本傳謂其「性好莊
老」，嵇康自稱「老子、莊周吾之師也」（《與山巨源絕交書》），阮
籍作《老子贊》、《達莊論》（《晉書》本傳），向秀隱解《莊子》，
「發明奇趣，振起玄風」（《晉書》本傳）；中朝名士郭象注解《莊子》，
以為「莊子者，可謂知本矣……不經而為百家之冠也」（《莊子注・序》）。
可見魏晉名士服膺莊子思想是共同的、貫串始終的。十分顯然，這是
因為魏晉名士以「自然」越「名教」，或以「自然」溶「名教」的「

達」或「放」（「任性」）的生活作風和精神追求，和莊子以先王聖跡為「已陳芻狗」（《天運》），視仁義禮法如「桎梏鑿枘」（《在宥》）的鄙薄人倫道德規範的態度，而追求「遊夫遙蕩恣睢轉徙之途」，「惡能憒憒然為世俗之禮」（《大宗師》）的自由精神，都是一致的、相通的。

(2)魏晉士風與莊子思想的精神境界的差異　魏晉門閥士族名士文人「放」或「達」的生活作風、精神風貌雖然和莊子思想「任其性命之情」（《駢拇》）有一致、相通之處，但在體現或達到的精神境界上，二者仍有很大的差異。東晉戴逵評論魏晉士風時說：「竹林之為放，有疾而為顰者也；元康之為放，無德而折巾者也。」（《晉書》本傳）《莊子·天運》中有則寓言故事：「西施病心而顰其里，其里之醜人見而美之，歸亦捧心顰其里……彼知顰美而不知顰之所以美」，《後漢書·郭泰傳》有則記事：「郭泰（林宗）嘗於陳梁間，行遇雨，巾一角墊，時人乃故折巾一角，以為『林宗巾』，其見慕如此。」戴逵援引這兩個故事來說明魏晉名士文人所表現出的「放」或「達」的行為作風，有兩種情況，一種是出於真實的、深刻的精神危機，一種則是淺薄的、做作的無病呻吟。《世說新語》記述說：「阮渾（阮籍之子）長成，風氣韻度似父，亦欲作達。步兵（阮籍）曰：「仲容（阮籍之侄阮咸，竹林七賢之一）已預之，卿不得復爾。」（《任誕》）阮籍是「竹林七賢」之首，是當時「放達」的代表，他的兒子要學他的「放達」，也要「作達」，他卻不同意，這是什麼緣故？劉孝標注《世說新語》援引了《竹林七賢論》中的一個符合實際的解釋：「籍之抑渾，蓋以渾未識己之所以為達也。」這就是說，「達」或「放」是一種超脫世俗、歸依自然的思想境界的顯現、反映，而缺乏這種精神內涵的「作達」只能是矯揉造作的妄為。實際上，在玄風扇熏下的魏晉門閥士族、貴冑那裡，所謂「放達」，的確經常表現為與正常生活行為尖銳對立的怪僻荒誕舉動，正如東晉葛洪所觀察到的那樣：「

世人聞叔鸞、阮嗣宗傲俗自放，見謂大度，而不量其材力非傲生之匹，而慕學之，或亂項科頭，或裸袒蹲夷，或濯腳於稠衆，或溲便於人前，或停客而獨食，或行酒而止所親，此蓋左衽之所爲，非諸夏之快事也」（《抱朴子・刺驕》）；或者，表現爲屈從動物性情欲的腐化行爲，如《晉書》記載：「惠帝元康中貴遊子弟……散髮倮身之飲，對弄婢妾」（《晉書・五行志》）。這種怪僻和淫邪的「作達」之「放」，實際上是思想境界低下的精神貧困的表現，和莊子經過了漫長的思想經歷和人生經歷才凝聚成的具有深厚精神積累的恬淡遺俗，無欲反樸的高遠境界迥然有天壤之別。當然，作爲玄學思潮主要代表，或玄學思潮影響下的高文化的名士文人，他們的生活作風、精神風貌中所表現出的「放」或「達」，並不具有這樣卑劣的性質，他們是「有疾而爲顰者」。他們從人生的不同方面，如仕途的凶險，生命的短促，感受到一種深切的精神痛苦；另一方面，他們又從道家特別是莊子思想中感悟到歸依自然後的慰藉和快樂。這種感情和心境，魏晉名士曾借詩歌予以充分的抒發，如「竹林七賢」的阮、嵇咏道：「驅馬捨之去，去上西山趾，一身不自保，何況戀妻子」（阮籍：《咏懷八十二首》），「豈若翔區外，飱瓊漱朝霞，遺物棄鄙累，逍遙遊太和」（嵇康、《答二郭》）。而在生活作風上就是傲俗任性之「放」或「達」，一種將「我」溶入自然，與萬物一體，達到「無我」，從而遺落禮俗、消解痛苦的精神境界。「竹林七賢」劉伶《酒德頌》所描寫的酒醉後的「無思無慮，其樂陶陶，兀然而醉，怳然而醒，靜聽不聞雷霆之聲，熟視不睹泰山之形，不覺寒暑之切肌，利欲之感情……」的精神狀態，就是對這種「放」或「達」的境界最形象的表述。這和「作達」膠著於表現自我、滿足自我（不是「無我」），著意於與世俗對立（不是「遺俗」），正好相反。

魏晉玄學家或名士的「放」或「達」所企望達到的「無思無慮，其樂陶陶」、「遺物棄累，逍遙太和」的精神境界，同莊子的「外天

地，遺萬物」（《天道》）而「逍遙乎無爲之業」（《大宗師》）是相同的。但是實際上，魏晉名士之「放達」並沒有達到他們所追求的莊子思想的這樣精神境界，他們多是門閥士族階層的人物，門閥士族特殊的政治經濟地位和文化傳統，使他們在精神生活和物質生活上都不可能掙脫與儒家名教、貴族禮俗牢固相連的根系；儘管他們的識解甚爲高遠，但精神的負累依然十分沉重，而超脫仍是極爲有限的，最後的結局還是落入世俗禮儀法度的藩籬羈絆之中。對此，北朝顏之推有段批評性的概括：「何晏王弼祖述玄宗，遞相誇尙，景附草靡，皆以農黃之化在乎己身，周孔之業棄之度外，而平叔以黨曹爽，觸死權之網也⑫；輔嗣以多笑人被疾，陷好勝之阱也⑬；山巨源以蓄積取譏，背多藏厚亡之文也⑭；夏侯玄以才望被戮，無支離擁腫之鑑也⑮；荀奉倩喪妻，神傷而卒，非鼓缶之情也⑯；王夷甫悼子，悲不自勝，異東門之達也⑰；嵇叔夜排俗取禍，豈和光同塵之流也⑱；郭子玄以傾動專勢，寧後身外己之風也⑲；阮嗣宗沉酒荒迷，乖畏途相誡之譬也⑳；謝幼輿臟賄黜削，違棄其餘魚之旨也㉑。彼諸人者，並其領袖，玄宗所歸。其餘桎梏塵滓之中，顛仆名利之下者，豈可備言乎！」（《顏氏家訓·勉學》）顏之推從一個儒家學者的立場，揭露玄學思潮中的領袖人物精神追求崇尙道家目標，而生活行爲又乖離莊老宗旨之間的矛盾，認爲這是他們「厚貌深奸」、「浮華虛稱」（《顏氏家訓·名實》）的虛僞的表現。但是，從一種更加客觀的立場上來看，這應是魏晉玄學家和名士擺脫「名教」綱常束縛，追求在倫理道德規範的生活之外的、莊子的那種精神自由的眞誠努力並不成功的表現。阮籍「放達」，但「性至孝」（《晉書》本傳），主張「禮豈爲我輩設」，但又反對兒子阮渾也學「放達」；嵇康在《釋私論》中提出「越名教任自然」，而在《家誡》中又教訓兒子要過「忠」、「義」的嚴肅的道德生活。這些十分顯著的矛盾有力地說明，魏晉玄學家的精神之根仍然是深深地扎在儒家「名教」的土壤裡。魏晉「放」或「達」的士風

所內蘊著和顯現出的精神境界，其與莊子思想的精神境界的根本差異就在於此：它只是援引莊子思想的「自然」、「任性」來緩解儒家「名教」、「禮義」的激越、規範力量喪失後引起的精神危機，而不是如莊子思想中理想人格的精神境那樣，是在儒家思想觀念之外的另一種精神生活。魏晉士風的這種性質，是從一個新的、本質的方面表明魏晉玄學的學術特色或理論性質是引進道家莊子思想以補修儒學的某種缺弱，因而是儒學發展的一個新階段。

三、莊子與宋明理學

宋明理學是傳統儒學發展的最高的、最爲成熟的理論形態。理學消化吸收了原來比它理論思維水平要高的莊學和佛學，終於完成了對儒家所提倡的倫理道德最後根源及其修養方法的理性論證，不再帶有漢代經學中那種粗淺的感性經驗的色彩和魏晉玄學中那種明顯的異己思想的痕迹。雖然明末清初的反理學思想家一直指稱宋明大儒是「集釋道之大成」（顏元：《習齋記餘》卷三《上陸桴亭先生書》），陷溺於佛老；理學陣營內部對立的朱熹、陸九淵雙方也互詆爲「陽儒陰釋」⑳。但是，如實而論，完成了的理學理論或成熟的理學家都有極爲徹底的自然和人生覺醒──一種在宇宙背景下的倫理道德的自覺，儒釋、儒道之辨極爲清晰，具有和釋、道完全不同的精神境界和學術思想內容。當然，理學和釋氏、道家在思想上的密切關係，即使理學家本人也無法否認。朱熹曾以胡安國嘗援引《楞嚴》、《圓覺》爲例說，「亦恐是謂於術中猶有可取者，非以爲吾儒當取之以資己學也」（《朱文公文集》卷三十《答汪尙書》之二），也就是說，理學於佛學、道家思畢竟是「有所取」的。這裡，我們主要是考察莊子思想和宋明理學的關係。

1.理學基本思想理論中的莊子思想因素

理學是一個概念、範疇、命題十分眾多的觀念體系，朱熹高足陳淳撰《性理字義》歸納提出二十六個理學條目或範疇，實際上，理學

討論的問題極為廣泛，「牛毛繭絲，無不辨析」（黃宗羲《明儒學案·凡例》），遠遠超過這個範圍。然而，所有這些範疇或問題，都是圍繞「性與天道」這個甚至是子貢也「不可得而聞」（《論語·公冶長》）的儒家思想中理性程度最高的問題而展開的。換言之，構成理學觀念體系中核心部分的是它的自然學哲和社會倫理哲學。正是在這理學最基本的思想觀念中，可以清楚地看到被消化了的莊子思想。

　　⑴理學的宇宙圖景　理學的「天道」或自然哲學，大體上是一個包括了宇宙構成和萬物化生兩層內容的宇宙圖景。理學向我們展示的是兩幅哲學性質有所區別的宇宙圖景。一幅是周敦頤《太極圖》及《太極圖說》（《易說》）所描繪的：

　　　　無極而太極。太極動而生陽，動極而靜，靜而生陰，靜極復動，一動一靜，互為其根。分陰分陽，兩儀立焉。陽變陰合，而生水火木金土。五氣順布，四時行焉。五行一陰陽，陰陽一太極也，太極本無極也。五行之生也，各一其性。無極之真，二五之精，妙合而凝，乾道成男，坤道成女。二氣交感，化生萬物，萬物生生而變化無窮焉。（《太極圖說》）

另一幅是張載在《正蒙》、《易說》等著述中所描繪的：

　　　　太虛無形，氣之本體，其聚其散，變化之客形爾……氣本之虛則湛一無形，感而生則聚而有象……造化所成，無一物相肖者，以是知萬物雖多，其實一物，無無陰陽者，以是知天地變化，二端而已。（《正蒙·太和》）

這兩幅宇宙圖景的不同之處在於：第一，作為周敦頤自然哲學的宇宙起始「太極」是指一種狀態（「無極」）；而張載的宇宙起始「太虛」則是一種實體（「氣」）。第二，周敦頤自然哲學中的萬物，是由「太極」中生出的兩種實體（陰陽二氣）交感而成：而在張載自然哲學中，萬物是「氣」的對立狀態（二端）交互作用而成。這種對立的狀態，或者說「氣之兩體」，不只是陰陽，還有「兩體者，虛實也，動

靜也，聚散也，清濁也」（《易說‧說卦》）等多種樣態。理學中的這兩幅宇宙圖景，比較而言，在宇宙構成的理論層面上，「無極而太極」說具有較高的水平和豐富內涵，「太虛即氣」說感性經驗的成份較多。在萬物生化的理論層面上，「二氣交感」是感性經驗的命題，「二端故有感，本一故能合」（《正蒙‧乾稱》）卻是非常深刻的理性判斷。理學初期同時出現的這兩幅宇宙圖景，在理學以後的發展中，由於朱熹的出現，情況有所變化。朱熹的自然哲學追蹤周敦頤所描繪的宇宙圖景，並對其中理論上最困難的「無極而太極」、「太極本無極」作了進一步的解釋，他說：「蓋所謂『太極』云者，合天地萬物之理而一名之耳，以其無器與形，而天地萬物之理無不在是，故曰『無極而太極』也；以其具天地萬物之理而無器與形，故曰『太極本無極也。』」（《朱文公文集》卷七十八《隆興府學濂溪先生祠記》）這樣，「太極」就被從《太極圖說》中的宇宙開始時狀態昇華爲理學中作爲萬物根源的最高範疇——「理」。另一方面，朱熹對張載「太虛即氣」提出批評，認爲「《正蒙》所論道體，源頭有未是處」，「以『太虛』、『太和』爲道體，卻只是說得形而下者」（《朱子語類》卷九十九）。也就是說，在朱熹看來，感性性質的「太虛」（「氣」）不能是宇宙的最後根源。朱熹還認爲，以聚、散「兩端」解釋萬物生化，「其流乃是個大輪迴」（《朱子語類》卷九十九），「只合云陰陽五行循環錯綜，升降往來，所以生人物之萬殊，立天地之大義」（《朱子語類》卷九十八）。可見在對萬物生化的哲學解釋上，朱熹也認爲周敦頤的「太極」之「二氣交感」說優於張載的「氣」之「二端變化」說。朱熹的學術權威地位和詳盡明白的闡釋，確立了周敦頤的《太極圖》所描繪的宇宙圖景在理學自然哲學中的主導地位，並且構成此後中國各種學術思想共同的自然觀背景；而張載《正蒙》的宇宙圖景就被遮掩，處在雖未被遺忘，但並不重要的位置上。

追溯思想的歷史淵源，理學中的兩個哲學性質、理論命運都不相

同的宇宙圖景，卻有共同的觀念來源，都濫觴於莊子思想。張載「太虛無形，氣之本體，其聚其散，變化之客形」的宇宙圖景顯然是從《莊子》「人之生氣之聚也，聚則爲生，散則爲死……通天下一氣耳」（《知北遊》）的觀點脫胎、發展而來；張載甚至十分明確地援引《莊子》來說明他的「太虛即虛」的性狀，他說：「氣块然太虛，升降飛揚，未嘗止息，《易》所謂『絪緼』，莊生所謂『生物以息相吹』，『野馬』者歟！」（《易說·繫辭》下）張載宇宙圖景中表述「氣」涵蓋一切的那個概念——「太虛」、「太和」，實際上也是最早出現在《莊子》中㉓。

　　歷來認爲，周敦頤《太極圖》所描繪的宇宙構成和萬物生成的過程圖象與道教方士描述修煉過程的《太極先天圖》「兩圖蹤迹，合若一轍」（毛奇齡：《西河合集·太極圖說遺議》）㉔，《太極圖說》所使用的概念、範疇、命題多援引《易傳》，《太極圖說》的人性論部分和佛家宗密《原人論》又多相涉，這些無疑是事實。但是，仔細分辨就不難發現，作爲表述理學自然哲學的宇宙圖景的、爲朱熹所傳和解說的周敦頤的《太極圖》同道教所傳《太極先天圖》在思想觀念上有層次上的、或理論性質上的差異。《太極先天圖》只識到「萬物生化」的層次上，它的最高層次「陰靜陽動，取坎填離」，實際上是「乾南坤北，離東坎西」的天地的形象，換言之，它的義蘊也還是一種「天地生萬物」的樸素思想。《太極圖》的最高層次「無極而太極，陽動陰靜」，按照朱熹的解釋，它是一種宇宙的根本狀態，一種宇宙總體或根源。朱熹說：「蓋天地之間只有動靜兩端循環不已，更無餘事，此之謂『易』。而其動其靜則必有所以動靜之理焉，是極所謂『太極』者也……聖人謂之『太極』者，所以指夫天地萬物之根，周子因之而又謂之『無極』者，所以著夫無聲無臭之妙也。然日『無極而太極』，『太極本無極』，則非『無極』之後別生『太極』，而『太極』之上先有『無極』也。又日『五行陰陽』，『陰陽太極』，則非『無極』

之後別生『二五』，『二五』之上先有太極也……此與老子所謂物生於有，有生於無，而以造化爲眞有始終者正南北矣。」（《朱文公文集》卷四十五《答楊子直》）可見，被理學所接受的《太極圖》的宇宙圖景和道教《太極先天圖》重要的不同就是在「萬物生化」之上還有一個更高、更深邃的萬物根源、宇宙總體的理論觀念層次（「太極」或「理」）。從前面已經作過的分析中可以看出，理學的這個理論觀念，在中國的傳統思想裡，正是莊子用以同老子劃分區別的那個「道」的思想觀念。《莊子》中寫道，「道通爲一」，「道未始有封」（《齊物論》），「道無所不在」（《知北遊》），道通其分也」（《庚桑楚》），也就是說，莊子認爲「道」既是萬物的共同根源、世界的總體，也同時存在於每個具體事物之中。理學的宇宙圖景中爲朱熹所明確闡釋的「太極」的思想觀念就是來源於此。當然，朱熹對「太極」的解釋蹈襲了莊子的思想可能是不自覺的。朱熹對儒釋之間、釋老之間思想的差異都有過準確的辨析，對老莊思想之間的差異也有正確的、一語中的的分辨。如他說：「老子猶要做事在，莊子都不要做了。」（《朱子語類》卷一百二十五），顯然這就是我們在前面比較老子和莊子人生哲學上的差異時所指出老子「爲無爲」與莊子「無爲」的差別。但是，朱熹畢竟忽視了老子和莊子在「道」的根本觀念上「道生萬物」與「道通萬物」的差別，這樣，他就認爲自己本來是與莊子一致而與老子有所不同的解釋「太極」的那個理論觀念是與老莊共同的對立。他說：「太極乃在陰陽之中，而非在陰陽之外……而老子乃謂道先生一，而後一乃生二，則其察理亦不精矣，老莊之言之失大抵類此。」（《朱文公文集》卷三十七《答程可久》）然而，先前的一種具有深刻內容的思想觀念像種子一樣撒下後，在後代的思想土壤裡以新的形態長出來，往往是在潛移默化中發生，並不總是在自覺的狀態下發生；但不管在哪塊土壤上、以何種形態長出來，它總是那顆種子的後代。理學宇宙圖景中的「太極」理論觀念也正是這樣由莊子「道」的觀念衍生而來。

不僅朱熹用以解釋「無極而太極」的理論觀念來源於莊子思想，而且「太極」、「無極」兩個概念也最先出自《莊子》㉕。如《莊子》寫道：「道……在太極之先而不為高」（《大宗師》），「……大而無當，猶河漢而無極也」（《逍遙遊》）。「太極」被秦漢之際形成的儒家經典《易傳》引進，理學家未敢對它提出非議。「無極」被周敦頤在《太極圖》中引進，它的非正統性質引起了和朱熹對立的陸九淵的質疑，成了朱陸之爭中的一個重要內容㉖。顯然，在《莊子》裡，「太極」、「無極」是表述一種廣袤的空間，沒有更多的義蘊，而在理學中卻是對作為宇宙最後根源（「理」）的性質的描述。這種哲學性質的改變，是理學對莊子的改造。

在為理學所共同接受的《太極圖》、《太極圖說》的宇宙圖景中，除了「無極而太極」所表述的宇宙根源、總體的思想觀念來自《莊子》外，在「萬物生化」層次上的「動而生陽，靜而生陰」，「二氣交感化生萬物」的思想觀念雖然直接來自《易傳》㉗，但從《莊子》中已經定義「陰陽者，氣之大者也」（《則陽》），「靜而與陰同德，動而與陽同波」（《天道》、《刻意》），並且明確認為「萬物之所生惡起？陰陽相照、相蓋、相治」（《則陽》）的情況來看，可以判定，這一思想觀念最早是在《莊子》中形成的。

經過以上的辨析，完全可以說，在理學的自然哲學中，或者說在理學的宇宙圖景中，充實著實際上是源自莊子的思想觀念。

⑵理學的理論主題　理學的倫理哲學主要探討了兩個方面的問題：一是探究儒家所主張的倫理綱常、道德規範的最後根源，從而證明它們的合理性、永恆性；一是探尋踐履這種綱常規範，進而達到最高道德境界的方法、途徑。這兩個問題實際上也是儒家的傳統的問題，但在理學中獲得了新的、理性程度更高的解決。這兩個問題用理學的語言來說，也就是什麼是「性」和如何「盡性」的問題，亦稱「本體」和「功夫」的問題，這是理學的理論主題。

　　從理學陣營內部來看，對理學的理論主題有兩種不同的、甚至是對立的回答。程頤、朱熹一派認爲倫理道德的永恆根源就是存在於個人之上的萬物共同根源——「理」。如程頤說：「萬物皆只是一個天理，己何與焉」（《程氏遺書》卷第二上）㉘，朱熹也說：「宇宙之間，一理而已，天得之而爲天，地得之而爲地，而凡生於天地之間者又各得之以爲性。其張之爲三綱，其紀之爲五常，蓋皆此理之流行無所適而不在。」（《朱文公文集》卷七十《讀大紀》）陸九淵、王守仁一派則認爲，包括作爲倫理道德根源在內的宇宙萬物之「理」，絕不在「我」之外，而就在我「心」之中。如陸九淵說：「道，未有外乎其心者」（《象山全集》卷十九《敬齋記》），王守仁亦說，「心外無物，心外無事，心外無理」（《王文成公全書》卷四《與王純甫》）。程朱、陸王兩派由於對倫理道德最後根源作了具有不同哲學性質的理論觀察，因而在道德修養方法、道德境界實現途徑的理論主張上也有明顯的差異。程朱派主張「格物窮理」，這是由對具體的人倫物理的學習、了解，最後達到對「理」「脫然貫通」、「發必中節」的道德境界的漸進過程，如朱熹說：「夫格物者，窮理之謂也，蓋有是物必有是理，然理無形而難知，物有迹而易睹，故因是物以求之，使是理了然心目之間，而無毫髮之差，則應乎事者自無毫髮之謬，是以意誠心正而身修，至於家之齊，國之治，天下之平，亦舉而措之耳」（《朱文公文集》卷十三《癸未垂拱奏札》）。陸王派則主張「發明本心」（「致良知」），認爲道德修養的方法不是逐一地「格物窮理」，而是首先要確立一個根本的「心即理」或「人心固善，非由外鑠」的觀念或信念，在這種觀念或信念支配下的行爲自然就是道德行爲，必然就是道德的實現。如陸九淵說：「苟此心之存，則此理自明，當惻隱處自惻隱，當羞惡，當辭遜，是非在前自能辨之」（《象山全集》卷三十四《語錄》），王守仁也說：「知是心之本體，心自然會知，見父母自然知孝，見兄自然知弟，見孺子入井自然知惻隱，此便是良知，不假外求」（《王文成

公全書》卷一《傳習錄》上），這是一個由「先立其大者」（《象山全集》卷三十四《語錄》）而「一明皆明」（《象山全集》卷三十五《語錄》）的整體了悟過程。理學陣營內部程朱、陸王兩派圍繞理學理論主題而展開的論述和爭辯，儘管有分歧和對立，但都共同充滿了為實踐儒家倫理道德的真誠的熱情和深刻的自覺，鄙薄儒家仁義和世俗之禮的莊子思想與此絕然無緣。但是，理學陣營內的兩派在論述理學主題時有兩個共同的、基本的思想觀念卻和莊子思想一致或有某種關聯。

一是「理一分殊」。這個命題或理論觀念最早是由程頤在將張載《西銘》所表現出的博愛精神同墨子的「兼愛」理論加以區別時提出來的，他說：「《西銘》明理一而分殊，墨氏則二本而無分」，並自注曰：「老幼及人，一理也；愛無差等，本二也。」（《程氏文集》卷九《答楊時論〈西銘〉書》）也就是說程頤認為，張載在《西銘》中抒發的尊長慈幼、同胞物與等極為廣泛的、多種形式的仁愛的道德感情，始終遵循和體現著儒家的「老吾老以及人之老，幼吾幼以及人之幼」（《孟子·梁惠王》上）愛有差等的基本的倫理原則，所以是「理一（即一本）而分殊」；不同於墨子的無倫理原則的（實際是以功利為原則的）愛無差等的「二本（即無本）而無分」的「兼愛」。此後，理學家在追溯倫理道德行為的根源、論證它的永恆性、合理性時，都援依了這個理論觀念。如朱熹說：「如為君須仁，為臣須敬，為子須孝，為父須慈，物物各具此理，而物物各異其用，然莫非一理之流行也」（《朱子語類》卷十八），王守仁也說：「理也者，心之條理也，是理也，發之於親則為孝，發之於君則為忠，發之於朋友則為信，千變萬化，至不可窮竭，而莫非發於吾之一心」（《王文成公全書》卷八《書諸陽卷》）。可見，「理一分殊」表達的是一種超越感性經驗之上、具有獨特理論洞察的理性觀念，即認為宇宙的總體根源和宇宙的具體存在之間既非是先與後的關係，又非是全部與部分、一般與特殊的關係，而是總體根源溶入每個具體存在之中的關係。這是中國傳統思想中出

現的一個極爲深刻地認識和把握世界的哲學智慧。理學中的「理一分殊」觀念，歷來被認爲是來自佛家的理論。當然，不能排除理學家從佛學中接受了某種感召或啓迪，例如程頤所說「只爲釋氏要周遮，一言以蔽之，不過曰萬理歸於一理也」（《程氏遺書》卷十八），就是針對《華嚴經》事理觀作出的裁斷㉙；朱熹解說「理」在一切事物之中「只如月印萬川相似」（《朱子語類》卷九十四），也明顯是取材於禪宗玄覺大師《證道歌》中的「我性」與「佛性」如水月相攝的比喻㉚。但是，「理一分殊」的理論觀念實際上也正是莊子「道」的思想觀念，是莊子的「道通爲一」（《齊物論》）和「道無所不在」（《知北遊》）兩個思想觀念的疊合。《莊子》中關於「道」的本體性質的一段描述：「夫道，有情有信，無爲無形，可傳而不可受，可得而不可見，自本自根，未有天地，自古以固存……維斗得之，終古不忒；日月得之，終古不息……傅說得之，以相武丁，奄有天下。」（《大宗師》）就深得程頤的讚許：「莊生形容道體之語，盡有好處」（《程氏遺書》卷三），前面所引朱熹在《讀大紀》一文中表述「理」顯現於宇宙間萬事萬物之中的觀點，顯然也是蹈襲於此。可見，理學「理一分殊」這一重要理論觀點的形成也頗多得力於莊子思想。然而，如實而論，像戴震所說「程子、朱子之學，借階於老莊、釋氏，故僅以『理』之一字易其所謂『眞宰』、『眞空』者，而餘無所易」（《孟子字義疏證》卷上），則又似有所偏頗。作爲宇宙總體或根源的理學中的「理」和莊子思想中的「道」（「眞宰」）理論蘊涵是不同的：莊子的「道」是一種純粹的本然、自然；理學中的「理」最主要的內涵是倫理道德，如朱熹所說，「其造化發育，品物散殊，莫不各有固然之理，而最其大者則仁義禮智之性」（《朱文公文集》卷七十八《江州重建濂溪先生書堂記》）。至於在社會實踐上理學家和莊子的區別更是明顯的，即使被反理學思想家認爲是理學中入佛老最深的王守仁，他也賦詩明確表述了這種區別：「人人有個圓圈在㉛，莫向蒲團坐死灰」（《王文成公全書》卷二

十《汪進之太極岩二首》）。戴震處在理學末流和衰敗之極的學術環境和社會背景下，不可能觀察、感悟到理學興盛期充盈著、激蕩著道德熱誠的理學家的那種生活體驗和精神狀態。

二是「存天理滅人欲」。理學陣營程朱、陸王兩派雖然道德修養的方法、路數不同，但要達到的目標卻是相同的，並且有一個一致的表述：「存天理滅人欲」。理學在論證倫理道德的人性根源時，把人在社會環境中形成的倫理感情和道德行為說成是「善」的、固有的；而把人追求充分滿足根源於自然本性的諸多欲望說成是「惡」的。理學中稱之為「天命之性」與「氣稟之性」，或「天理」與「人欲」。如程頤論證說，一方面，人之本性受之「天命」，「性之理則無不善」（《程氏遺書》卷二十四）；另一方面，人之身出於「氣」，則「大抵人有身，便有自私之理」（《程氏遺書》卷三），所以，「損人欲以復天理，聖人之教也」（《程氏粹言》卷一《論道篇》）。此後，理學陣營中的兩派都接受了這個道德口號，朱熹說：「聖人千言萬語，只是教人明天理滅人欲」（《朱子語類》卷十二），王守仁也說：「學者學聖人，不過是去人欲而存天理」（《王文成公全書》卷一《傳習錄》上）。可見，理學對人的自然情欲的否定遠遠超出先秦儒家之上。理學這一理論觀念的形成顯然是感受了莊子「其嗜欲深者，其天機淺」（《大宗師》），即「無以人滅天，無以故滅命」（《秋水》）的思想觀點的影響的結果，所以二程曾讚嘆說：「莊子言『其嗜欲深者，其天機淺』，此言卻最是」（《程氏遺書》卷二上）。當然，客觀地說，理學以社會倫理道德壓抑、否定人為充分滿足自然性質的欲望的努力，同莊子以自然無為來反對、否定人的一切社會行為在理論觀念上雖有某種關聯、犀通，但在理論性質上並不相同。

2.理學家對莊子思想的批評

莊子思想是作為一個自覺的、鮮明的與儒家思想觀點相對立的思想體系出現的。因此，莊子思想的存在，儘管對儒學的理論思維的提

高和學術內容的拓展起了有益的影響，但它還是不斷地遭到儒家學者的批評。對於儒家學者來說，接受莊子影響，儒學基本觀念中滲透進莊子思想可能是不自覺的，而批評和援用莊子卻完全是自覺的。

(1)理學以前對莊子的批評　儒家學者對莊子的批評，按照朱熹的看法，應該是從孟子開始。朱熹說：「莊、列之書皆說楊朱，孟子闢楊朱，便是闢莊老了。」（《朱子語類》卷一百廿五）前面已經論述，楊朱思想與莊子思想甚有差異，朱熹此論難以成立。這樣，第一個批評了莊子的儒家學者就應該是荀子了。荀子說「莊子蔽於天而不知人」（《荀子·解蔽》），荀子的理論眼光在先秦學者中是最高、最開闊的，他對莊子的批評雖然就是這樣一句，很簡略，但卻十分準確、客觀，完全可以涵蓋莊子思想的主體內容。

漢代學者中，揚雄對莊子有所肯定，也有明確的批評。揚雄在《法言》中寫道：「或曰：莊周有取乎？曰：少欲。至周罔君臣之義，雖鄰不覿也」（《問道》），莊周「蕩而不法」（《五百》）。可見揚雄基本上是從比較狹隘的儒家倫理道德立場對莊子進行批評的。漢代史學家、經學家班固曾作《難莊論》，似乎是篇批評莊子的文字，但唐代以後遺佚，今天只在《藝文類聚》（卷九十七）和《北堂書鈔》（卷一百五十八）上保存了篇名（《北堂書鈔》稱爲《難嚴周》）和復述《莊子》中名物的幾句話，看不出他是如何批評莊子的。在簡易樸素的黃老思潮和專門而又繁碎的經學思潮籠罩下的漢代學者，對莊子思想的認識、吸收和批評都較淺。

在玄學風靡、學者多服膺莊老的魏晉時期，「太源王濟好談，病老莊」（《三國志·魏志·鍾會傳》注引何劭《王弼傳》），但其批評老莊的具體內容已不得而知。這個時期留下的尚爲完整的一篇批評莊子的文字是王坦之的《廢莊論》。文中寫道：「莊子之利天下也少，害天下也多。故曰魯酒薄而邯鄲圍，莊生作而風俗頹。禮與浮雲俱徵，僞與利蕩並肆，人以克己爲恥，士以無措爲通，時無履德之譽，俗有蹈

義之愆。驟語賞罰不可以造次，屢稱無爲不可與適變，雖可用於天下，不足以用天下人。昔漢陰丈人修渾沌之術，孔子以爲識其一不識其二，莊生之道無乃類乎！」（《晉書・王湛傳》）可見，被《晉書》述爲「敦儒教，尚刑名學」的王坦之對莊子的批評，除了傳統的儒家倫理道德原則外，還增加了源自法家的功利原則。這也是荀子以後、理學產生以前儒學對莊子的批評所能達到的高度。顯然，《廢莊論》的莊子批評仍然缺乏理論的深度和力量。深刻有力的學術理論批評應是一種能夠消化掉批評對象的批評。《廢莊論》甚至不得不借用被批評者《莊子》中的思想觀念、名物概念來表達自己的批評的思想㉜，就是因爲還沒有形成足以能否定、消化莊子思想的新的理論觀念。這一情況表明，在理學產生以前，對於儒學來說，莊子思想還是一個不能完全消化的、堅硬的理論果實。

(2)理學家對莊子的批評　理學家對莊子思想的批評，最主要之點，也是較多的方面，是用將儒家傳統的倫理道德原則昇華了的理學倫理道德哲學來否定莊子的自然主義的人生哲學。理學家一一審視並尖銳批判了莊子的人生追求、精神修養方法和處世態度。

如前所述，莊子的人生追求是對超脫世俗之外、無任何負累的精神自由的追求，達到這種境界，莊子稱之爲「神人」（或「眞人」、「至人」）。如《莊子》中極其神往地、想像地敍寫道：「藐姑射之山有神人居焉……乘雲氣，御飛龍，而遊乎四海之外……孰弊弊焉以天下爲事……孰肯分分然㉝以物爲事！」（《逍遙遊》）莊子追求的這種超越人的德行和智能之上的境界，其幻想的，甚至是虛妄的性質是十分明顯的。但是，從理論上說明它的虛妄性質，對於理性思辨一直很薄弱的儒學來說並不是十分容易的。理學產生後，理學家中的張載對這個問題作了較明確的論述。張載對莊子「神人」的批駁，歸納起來有兩點，或者說兩層意思。第一，「神」不是人所具有的、而是「天」所具有的性質。張載認爲，所謂「神」、「化」乃是宇宙萬物總

體「氣」的一種變動不居的性質：「氣有陰陽，推行有漸爲化，合一不測爲神」（《正蒙・神化》）。如果把這個總體理性化地稱爲「天」，那麼，「神」與「化」就是「天」的一種性質：「神，天德；化，天道」（《正蒙・神化》），所以「神」不是人所具有的性質，不能有「神人」，張載說：「位天德則神，神則天也，故不可以神屬人而言。莊子言神人，不識義理也。又謂至人、眞人，其詞險窄，皆無可取。」（《易說・乾》）第二，「窮神知化」，即達到「天人合一」的最高境界，不是憑藉智能，而是通過道德踐履才能實現。張載說：「《易》謂『窮神知化』，乃德盛仁熟之致，非智力能強也……窮神知化，與天爲一，豈有我所能勉哉？乃德盛而自致爾。」（《正蒙・神化》）也就是說，對於人來說，「天人合一」的境界，不是指通過邏輯思維的認識來獲得、具備「天」的「神化」的性能，而是指按照道德原則來實踐「天」之「神化」賦予人的性能，「其在人也，智義利用，則神化之事備矣」（《正蒙・神化》）。張載認爲，達到這種精神境界就是「聖人」：「大德敦化，然後仁智一而聖人之事備」（《正蒙・神化》）。顯然，張載是以一種倫理的、道德的理想人格批判和否定了莊子的自然主義的理想人格。

在理學中，通過類似這樣對莊子超越世俗（還有釋氏超脫人生）的人生哲學的批評的同時，以道德實現爲人生最根本的精神追求的儒家傳統倫理哲學觀點，也在理論上得到了更進一步的說明和論證。

理學批評、否定了莊子遺落世務，「逍遙乎無爲之業」（《大宗師》）的精神自由的人生追求，也必然要批評、反對他達到這一精神境界的修養方法和在這一追求下的處世態度。莊子的精神修養方法稱爲「虛而待物」的「心齋」（《人間世》），「墮肢體、黜聰明、離形去知、同於大通」的「坐忘」（《大宗師》），實際上就是要努力從心境中排除一切思慮、欲念，使得「形如槁木，心如死灰」（《齊物論》），只有這樣才能擺脫「物累」，渾同自然。在理學家看來，，這種修養

方法不僅對於作爲只有最貧乏內涵的人——有生命的人來說是荒謬的：
「蓋人活物也，又安得爲槁木死灰？既活，則須有動作，須有思慮，
必欲爲槁木死灰，除是死也」（《程氏遺書》卷二上）；對於具有理性
自覺的、以道德實現爲人生目標的人來說也是無可取的：「所貴乎『
智周天地萬物而不遺』㉞，又幾時要『死灰』？所貴乎『動容周施中
禮』㉟，又幾時要如『槁木』？」（《程氏遺書》卷二上）當然，理學
家以道德完成爲目標的精神修養過程也要求修持心境的虛靜，但這只
是要求排除和道德感情、道德理智（「天理」）相對立的「人欲」，
不同於莊子這裡所要求的排盡一切情與智。正如王守仁所說：「循理
之謂靜，從欲之謂動。欲也者非必聲色貨利外誘也，有心之私皆欲也。
故循理爲雖酬酢萬變皆靜也，從欲焉，雖心齋坐忘亦動也。」（《王
文成公全書》卷五《答倫彥式》）理學和莊子思想在精神修養方法上的分
歧差異，雖然在理學時代的生活實踐中，在佛學思潮漫延的情況下，
有些理學修養淺薄的儒者未能作自覺的、清醒的區分，但從理論本質
上來說，兩種方法的性質區別，即自然主義特質（歸依自然）與倫理
主義特質（遵循規範）的區別仍是明顯地、眞實地存在著的。

　　莊子超世、順世、遁世的處世態度十分自然地要受到以踐履社會
倫理道德、實現「修身、齊家、治國、平天下」爲生活全部內容的理
學家的尖銳批評。例如，朱熹認爲莊子所向往或形容的超世的生活情
態，「若日旁日月、挾宇宙、揮斥八極、神氣不變者㊱，是乃莊生
之荒唐」（《朱子語類》卷一百廿五）；指斥莊子「爲善無近名，爲惡
無近刑」㊲的順世全生是「不議義理，專計利害」的「鄉愿」，「乃
賊德之尤者」（《朱文公文集》卷六十七《養生主說》）；抨擊莊子否認
和逃避君臣之義的固有責任和義務是「爲我無君，禽獸食人之邪說」
（《朱文公文集》卷八十二《跋宋君忠嘉集》，卷七十一《記林黃中辨易西銘》）。等
等。

　　人生哲學是莊子思想堅實的核心，莊子人生哲學在理學中被批判、

被否定，是儒學從玄學到理學的理論進展的一個最重要表現。魏晉玄學引進莊子思想，改造和提高了儒學關於宇宙根源觀念的理性內容。但是，玄學家沒有進一步把這種總體性質的宇宙根源觀念運用、貫徹到儒家的倫理思想中，形成一種理性的、具有本體、根源性質的倫理道德範疇，玄學的倫理道德思想仍然停留在儒家傳統的社會生活經驗範圍之內。這樣，玄學就不能把人們的道德實踐提昇到一個更高的理性自覺層次，不能不斷地充實和保持人們的道德熱情。所以玄學儘管思理高邁，仍然不能克服、擺脫那種深刻尖銳的、本質上是倫理道德的精神危機，只好借助「自然」來填補「名教」的缺隙，由醉心莊老蔚然而成「放達」的士風。從人生哲學的理論和實踐上來看，玄學沒有做到的，理學做到了；玄學中發生的，理學避免了。也就是說，理學將儒家傳統的倫理道德觀念由主要是社會生活經驗的概括提高到具有永恆的理性根源（「理」）的倫理哲學水平上，從而能夠在同一理論層次上批評魏晉玄學曾不得不有所依藉的中國傳統思想中固有的莊子（道家）人生哲學，以及由異國傳入的在玄學以後方臻於鼎盛的佛家人生哲學。理學對莊子人生哲學從理想的精神境界到達到這種境界的方法的批評、否定，在倫理道德哲學的理論層面上說是周延的、徹底的了。但是，從更廣泛的人類精神生活來看，它又是狹隘的、偏頗的了，因為很難從理論上證明真、善、美的至高的精神境界只會出現在、存在於理學家的道德實現之中。事實上，純潔至誠的科學的、宗教的追求，都能產生這種境界。因此，莊子人生哲學所描述的也可能是屬於道德之外的另一種至高的精神境界。

理學不僅以「理」的倫理哲學批評、否定了作為莊子思想堅實核心的自然主義的人生哲學，而且還以「理一分殊」的理論觀念批評、否定了作為莊子思想中的兩個基本觀點——天人對立和「齊物」的觀點。天人關係在莊子思想的不同理論層面上有不同的情況。在莊子思想最高的「道通為一」（《齊物論》）的宇宙總體層次上，沒有天與人

之分；在莊子思想的自然哲學裡，有了天與人之分，但是「人與天一也……有人，天也；有天，亦天也，人之不能有天，性也」（《山木》），「通天下一氣也」（《知北遊》），實際上是將人溶入天，溶入自然（「氣」）。然而在莊子的人生哲學和社會批判思想裡，天與人卻始終是處在分裂的、對立的狀態。「天之君子，人之小人」（《大宗師》），「聖人工乎天而拙乎人」（《庚桑楚》），「古之人，天而不人」（《列御寇》）。在這兩個理論的和現實生活的領域內，莊子思想旨在以它的徹底的自然主義（「天」）反對儒家的倫理道德和一切人爲（「人」）。莊子稱以孔子爲代表的踐履世俗之禮的人是「遊方之內者」，超越世俗能「返其眞」者是「遊方之外者」，而「外內不相及」（《大宗師》），天人分立，是無法一致起來。理學家從「萬事皆出於理」（《程氏遺書》卷二上）即「理一」的理論立場對此進行了批駁。二程說：「蓋上下、本末、內外，都是一理也，方是道。莊子曰『遊方之內』，『遊方之外』者，『方』何嘗有內外？如是，則是道有隔斷，內面是一處，外面又是一處，豈有此理！」（《程氏遺書》卷一）陸九淵也從「心一也，人安有二心」的理論觀點出發，批評《莊子》「眇乎小哉，所以屬於人也；警乎大哉，獨成其天」（《德充符》），「天道之與人道也相遠矣」（《在宥》）之說「是分明裂天人而爲二也」（《象山全集》卷三十四《語錄》）。可見，理學主要是以一種理性的總體觀念——「理一」（「心一」）來批評莊子分裂天人的觀點。應該說，從莊子思想的全部內容來看，理學的這一批評有某種「錯位」現象，它是用最高層次上的哲學觀念來批評較低層次上的一個具體觀點。

與此同時，理學又用「分殊」的觀念來批評莊子「齊物」或「齊物論」的觀點。二程說：「天地陰陽之變，便如二扇磨，升降盈虧剛柔，初未嘗停息，陽常盈，陰常虧，故便不齊。譬如磨既行，齒都不齊，既不齊，便生出萬變。故物之不齊，物之情也。而莊周強要齊物，然而物終不齊也。」（《二程遺書》卷二上）程頤在另外個地方說得更

加周延：「莊子之意欲齊物理耶？物理從來齊，何待莊子而後齊？若齊物形，物形從來不齊，如何齊得？此意是莊子見道淺，不奈胸中所得何，遂著此論也。」（《程氏遺書》卷二十二上）顯然，在這裡理學所批評的莊子「齊物」同莊子自己所論述的「齊物」（「齊物論」）有某種哲學意念上的差別。莊子的「齊物」所論，是認爲萬物作爲認識中的對象，在「道」的眼光觀察下的一體性和在「物」的角度觀察下的多樣性是矛盾的，因而也是相對的㊲；而理學的批評所論，卻是把萬物看作一種獨立於人的認識過程之外的實體，因而它作爲宇宙總體（「理一」）的構成和作爲個體（「分殊」）的存在是同樣確定性的，無矛盾的。雖然如此，畢竟曾經極大地困擾莊子的認識相對性在理學中是被消除了，莊子思想中的一個堅硬的理論苦果在理學中被消化掉了。

理學對莊子思想的核心內容和基本理論觀點的否定性批評，表明理學具有消化莊子思想的理論能力。實際上，在理學的形成和發展過程中，理學的理論批判矛頭一直都不是主要指向莊子或道家，而是指向釋氏和當世的功利之學。早在理學形成的初期，二程就說：「今異教之害，道家之說則沒可闢，唯釋氏之說衍蔓迷溺至深，今日是釋氏盛而道家蕭索。方其盛時，天下之士往往自從其學，自難與之力爭，惟當自明吾理，吾理自立，則彼不必與爭。然在今日，釋氏卻未消理會，大患者卻是介甫之學」（《程氏遺書》卷二上）。後來，朱熹也說：「江西之學（按：指陸九淵學派）只是禪，浙學（按：指陳亮、葉適學派）卻專是功利。禪學，後來學者摸索，一旦無可摸索，自會轉去；若功利，學者習之便可見效，此意甚可憂」（《朱子語類》卷一百二十三）。可見理學家深感到，批評、消化異己的理論思維水平極高的釋氏之學是很艱難的理論課題，駁倒雖然具有明顯的反理學性質，但卻也有儒家經典根據的功利之學也並非容易。莊子思想對於理學完成這二個理論任務曾起了某種特殊的作用。

3.理學家對《莊子》的援用

理學家都很熟悉《莊子》，也常援引《莊子》。這是因為理學具有從理論上消化莊子思想能力，所以理學家能將《莊子》中本來是具有異己性質的概念、觀念改造成和自己要表述的思想觀念一致，並用來幫助說明自己的思想觀點。理學家對《莊子》的援用，表現在、發生在高低不同的三個層次上。在最低的層次上，理學家常把《莊子》的名物典故作為文學素材引進自己的詩文中。例如邵雍詩「因思濠上樂，曠達是莊周」㊴（《伊川擊壤集》卷四《川上觀魚》），朱熹詩「卻笑蕊珠何處所，兩忘蝴蝶與莊周」㊵（《朱文公文集》卷八《為許進之書胎仙室或疑欠舞字而作》），陸九淵詩「物非我輩終無賴，書笑蒙莊只強齊」㊶（《象山全集》卷二十五《遊湖分韻得西字》），王守仁詩「吾道羊腸鬢蟻屈，浮名蝸角任龍爭」㊷（《王文成公全書》卷二十《再至陽明別洞》）等等。這種情況幾乎在每個理學家的文集中都是可以找到的。

在較高的層次上，理學家自覺地援引並改造《莊子》的某些概念、觀念、意境，用以來表述、說明自己的思想觀點。前面所述張載援用莊子《逍遙遊》中描繪蒼天太空中飛揚翻動著的遊塵雲氣的「野馬」、「生物以息相吹」，來描述「氣坱然太虛」，就是典型的例子。此外，如邵雍說，「先天圖者，環中也」（《觀物外篇》之三），就是用莊子《齊物論》形容「和是非」的「得其環中，以應無窮」，來說明萬物生化過程中的「萬物皆反生，陰生陽，陽復生陰，陰復生陽，陽復生陰，是以循環無窮也」（《觀物外篇》之三）。朱熹對他的弟子講論莊子《養生主》，論至庖丁解牛「恢恢乎其於遊刃必有餘地」時說：「理之得名以此」（《朱子語類》卷一百二十五），這裡朱熹就是用庖丁解牛熟能生巧、得心應手未嘗肯綮的意境，來顯示「此個道理，大則包括乾坤，提挈造化，細則入毫釐絲忽裡去，無遠不周，無微不到」（《朱子語類》卷二十三），也就是觸處皆是理的理學觀點。陸九淵也曾將《駢拇》中用來說明「事業不同，名聲異號，其與傷性殉身一也」

的「穀博塞以遊，臧挾策讀書，共於亡羊均也」的故事意境加以改變，用來批評「今人讀書，平易處不理會」，疲倦精神於章句傳注，與「束書不觀，遊談無根」同樣是錯誤的，說明他的「某讀書只看古注，聖人之言自明白」（《象山全集》卷三十四《語錄》）即「優遊讀書」（《象山全集》卷三十五《語錄》）的心學觀點。

在最高的層次上，則是理學家自覺地把莊子的理論觀念或思想作為自己可以認同的思想觀點直接地加以援用，這主要表現在理學家對佛家思想和功利之學的批判中。應該說，理學家經常的、主要的還是從儒家固有的倫理道德立場對釋氏進行批判的。如二程說，「佛者一點胡爾，他本是個自私獨善，枯槁山林自適而已」（《程氏遺書》卷二上），朱熹也說，「佛老之學不待深辨而明，只是廢三綱五常這一事，已是極大罪名，其它更不消說」（《朱子語類》卷一百二十六）。然而，理學家也畢竟跨越了這個狹隘的倫理道德的立場，對佛學作了更深入的理論觀察和批判。「釋氏以空寂爲本」（《朱子語類》卷一百二十六），這就是理學家對佛學理論本質的觀察。理學家的這一觀察是正確的，佛家思想的主要之點正是通過細膩的心理分析，最後徹底否定世界的一切客觀存在。因此，理學家對釋氏之學在倫理道德之外的理論批判，就是集中對「空寂」的批駁。理學的這種批駁大體上可以歸納爲兩個方面，一是從認識方法上指出釋氏「空寂」之論的迷誤，一是以世界本體之實證明釋氏「空寂」之論的虛妄。前者如張載說：「釋氏不知天命，而以心法起滅天地，以小緣大，以末緣本，其不能窮而謂之幻妄，眞所謂疑冰者與！（自注：夏蟲疑冰，以其不識。）（《正蒙・大心》）顯然，張載這裡是援用《莊子・秋水》「井蛙不可以語於海者，拘於墟也；夏蟲不可以語於冰者，篤於時也；曲士不可以語於道者，束於教也」的觀點，揭示釋氏否定個人意識（「心法」）之外的世界萬物（「天地」）或宇宙總體（「天命」），在認識上的根源，就是以存在的時間極爲短暫、空間極爲狹隘的個人知覺來妄意一種在

本質上是永恆的、廣袤無窮的客觀對象，正如同井蛙疑海，夏蟲疑冰，以其不識。後者如朱熹說：「乾坤造化如大洪爐，人物生生無少休息，是乃所謂實然之理，不憂其斷滅也。今乃以一片大虛寂目之，而反認人物已死之知覺謂之實然之理，豈不誤哉！」（《朱文公文集》卷四十五《答廖子晦》）也很顯然，朱熹在這裡批駁釋氏以靈魂為不朽而世界萬物為「一片大虛寂」的觀點所使用的萬物生成及其不滅的「實理」理論觀念，是援引和綜合了《莊子》中的「以天地為大爐，以造化為大冶」（《大宗師》），「四時迭起，萬物循生」（《天運》），「扁然而萬物自古以固存」（《知北遊》）等思想觀念。可見，理學是借助了莊子思想中的理性觀念，才得以能在更高的理論層次上批評和消化佛家思想的。

　　此外，莊子思想中的一個基本觀點，即從徹底的自然主義立場（「天」）上反對一切人為（「人」），乃至反對一切為「人」之心——莊子稱之為「嗜欲」、「機心」，即《莊子》所謂「其嗜欲深者其天機淺」（《大宗師》），「有機械者必有機事，有機事者必有機心。機心存於胸中，則純白不備，純白不備則神生不定，神生不定者，道之所不載也」（《天地》）。莊子的這一思想觀點也被理學家認同，援引來批評當時屬於儒學內部、但和理學對立的功利之學。功利之學把經世治國放在首要位置，所以在學術路數上特別重視歷史經驗，主張讀史。朱熹對此批評說：「看此等書，機關熟了，少間都壞了心術。莊子云：『有機械者必有機事，有機事必有機心，則純白不備，純白不備，道之所不載也』，今浙中於此二書（按：指《左傳》及《東萊大事記》）極其推尊，是理會不得。」（《朱子語類》卷一百二十二）理學家以「利欲」二字來判定功利之學的理論本質，如朱熹稱其是「在利欲膠漆盆中」（《朱子語類》卷一百二十三）；所以經常以「利欲害道」來相告誡，如湛若水說：「心之本體即天理也，欲害之，故失其本體爾。莊周曰，『其嗜欲深者其天機淺』，夫欲去一分則理存一分，欲去十

分則理存十分，而心之本體正矣」（《格物通》卷十九）。這些都表明，理學在對功利之學的批評中援用莊子的思想觀點，是很自覺的、明顯的。

　　以上，我們粗略地考察了莊子思想對作為中國傳統思想主體的儒學在其發展進程中所發生的作用，這種作用或影響，概括來說就是由於莊子思想是一個理性思辨高於傳統儒學的思想體系，它的許多理論概念或思想觀念自覺或不自覺地被儒家學者所吸取，從而滲透進儒學的歷次思潮中。在莊子思想影響下，儒學的理論背景變得廣闊，理論內容漸趨高深，發展到了理學階段，甚至具備了批判、消化莊子思想的理論思維能力和理論觀念。就莊子思想本身來說，先秦以後就停止了發展，但它的極為眾多的名詞、概念、命題、意境等卻被儒學和下面還將論及的道教、佛學等思想體系作為基本的觀念要素攝取，和它們相結合，產生出本質上已不是莊子思想、但仍烙有莊子思想痕迹的新的思想觀念。莊子思想在以這種方式溶入中國傳統思想洪流中去的過程中，形成了它的新的存在方式和發展的歷史。

【附　註】

① 例如，京房說，「人事吉凶見乎其象，造化分乎有無」（《京氏易傳》卷上《乾》），虞翻說，「太極，太一也。分為天地，故生兩儀也」（李鼎祚《周易集解》卷十四）。「造化」、「太一」等詞均為《莊子》所出。

② 戴晉人，先秦其它典籍未見，陸德明注：「戴晉人，梁國賢人，惠施薦之於魏王。」（《經典釋文・莊子音義》）

③ 語見《莊子・人間世》。

④ 此系《莊子》佚文，又見《太平御覽》八八七。另外，據陳景元《莊子闕誤》引劉得一本，《至樂》「種有幾」下有「若蛙為鶉」四字。

⑤ 語見《莊子・齊物倫》。

⑥　語見《莊子‧齊物倫》。

⑦　今文經學家如董仲舒說：「孔子作春秋，先正王而繫以萬事，見素王之文焉」（《漢書‧董仲舒傳》），《白虎通》亦謂「孔子所以定五經者」（《孔子定五經》）。古文經學家如杜預說：「其（按：指《春秋》）發凡以言例，皆經國之常制，周公之垂法，史書之舊章，仲尼從而修之，以成一經之通體」（《春秋左傳集解序》）。

⑧　這一主題的變化，湯用彤曾概括說：「漢代寓天道於物理，魏晉黜天道而究本體。」（《魏晉玄學論稿‧魏晉玄學流別略論》）

⑨　《鶡冠子‧天權》：「獨化終始，隨能序致。」

⑩　《莊子》寫道：「我守其一，以處其和，故我修身千二百歲矣，吾形未常衰」（《在宥》），「其合緡緡，若愚若昏，是謂玄德，同乎大順」（《天地》）。

⑪　馮友蘭說：「『不惜』二 字不可解，應該是『不措』。『不措』就是『無措』。『無措』是嵇康《釋私論》的主要意思。」（《中國哲學史新編》第四冊，第四十章）甚是。

⑫　《莊子》主張「不黨」，寫道：「一而不黨，命曰天放。」（《馬蹄》）

⑬　《莊子》批評惠施好勝，寫道：「惠施……欲以勝人為名，是以與眾不適也。」（《天下》）

⑭　《老子》寫道：「甚愛必大費，多藏必厚亡」。（44章）

⑮　莊子認為「無用」可為「大用」。《莊子》寫道：「支離疏者，頤隱於齊，肩高於頂，會撮指天，五管在上，兩脾為脅，挫鍼治繲，足以糊口，鼓筴播精，足以食十人。上徵武士，則支離攘臂於其間；上有大役，則支離以有常疾不受功；上與病者粟，則受三鍾與十束薪。夫支離其形者，猶足以養其身，終其天年；又況支離其德者乎？」（《人間世》）「吾有大樹，人謂之樗，其大本擁腫而不中繩墨，其小枝拳曲而不中規矩，立之途，匠者不顧。」（《逍遙遊》）

⑯　《莊子》寫道：「莊子妻死，惠子吊之，方箕踞鼓盆而歌……」（《至

樂》）

⑰ 《列子》寫道：「魏人有東門吳者，其子死而不憂，其相室曰：『公之愛子，天下無有，今子死而不憂，何也？』東門吳曰：『吾嘗無子，無子之時不憂。今子死，乃與向無子同，臣奚憂焉。』」（《力命》）

⑱ 《老子》寫道：「挫其銳，解其紛，和其光，同其塵，是謂玄同。」（56章）

⑲ 《老子》寫道：「是以聖人後其身而身先，外其身而身存。」（7章）

⑳ 《莊子》寫道：「夫畏途者，十殺一人，則父子兄弟相戒也，必盛卒徒而後敢出焉，不亦知乎！今之所取畏者，衽席之上，飲食之間，而不知爲戒者，過也。」（《達生》）

㉑ 《淮南子‧齊俗》：「惠子從車百乘，以過孟諸，莊子見之，棄其餘魚。」

㉒ 朱熹批評張九成說，「凡張氏所論著，皆陽儒陰釋」（《朱文公文集》卷七十二）《雜學辨‧張無垢〈中庸解〉》），他亦如此看待陸九淵，認爲陸氏言論風旨「全是禪學，但變其名號耳」（《朱文公文集》卷四十七《答呂子約》）。陸九淵則反唇相譏，質問朱熹，其所持學術觀點「莫是曾學禪宗，所得如此？」（《象山全集》卷二《與朱元晦》之二）。

㉓ 《莊子》寫道：「以無內待問窮，若是者，外不觀乎宇宙，內不知乎太初，是以不過乎崑崙，不遊乎太虛」（《知北遊》），「夫至樂者……調理四時，太和萬物。」（《天運》）

㉔ 毛奇齡所指「兩圖」，乃是唐代作《眞元品》的道士所繪《太極先天圖》與朱震於南宋紹興年間所進周敦頤《太極圖》，此與乾道年間朱熹所傳周敦頤《太極圖》及黃宗炎《太極圖辨》所述《太極先天圖》有別。

㉕ 《老子》中無「太極」一詞。《老子》第28章出現「無極」一詞。近人考證，該章「守其黑，爲天下式。爲天下式，常德不忒，復歸於無極。知其榮」二十三字爲後人竄入之語。甚是。（見易順鼎《讀老札記》、馬敘倫《老子校詁》、高亨《老子正詁》等）

㉖ 朱陸之爭主要圍繞三個問題：一是「道問學」與「尊德性」先後主次的

道德修養方法之爭，二是對王安石、曹立之等人物評價之爭，三是「無極」是否為「老氏之學」之爭。（參見拙著《南宋陸學》）

㉗ 這一思想觀念在《易傳》中有多次表述。如「乾，陽物也；坤，陰物也。陰陽合德，而剛柔有體，而體天地之撰，以通神明之德」（《繫辭》下），「天地絪縕，萬物化醇。男女構精，萬物化生」（《繫辭》上）。

㉘ 此言在《程氏遺書》中未注明是二程兄弟哪位所說，但同卷記有大程語：「仁者，以天地萬物為一體，莫非己也」，據此推斷此言可能是小程語。正如許多學者所判定的那樣，二程思想多有對立處。

㉙ 程頤此語是答弟子劉安節問：「某嘗讀《華嚴經》」，第一真空絕相觀，第二事理無礙觀，第三事事無礙觀，譬如鏡燈之類，包含萬象，無有窮盡，此理如何？」

㉚ 永嘉玄覺禪師《證道歌》有曰：「一月普現一切水，一切水月一切攝，諸佛法身入我性，我性還與如來合。」

㉛ 「圓圈」，即《太極圖》中的「太極」，即「理」。意謂人皆當努力踐履社會倫理。

㉜ 《廢莊論》中的「魯酒薄而邯鄲圍」、「漢陰丈人」、「渾沌之術」、「識其一不識其二」等名物故事、思想概念分別援引自《莊子·胠篋》、《天地》。

㉝ 「分分然」三字據「淮南子·俶真訓」補。

㉞ 《易傳·繫辭》上謂：「知周乎萬物而道濟天下」。

㉟ 語出《孟子·盡心》下。

㊱ 《莊子》寫道：「聖人……旁日月，挾宇宙……」（《齊物論》），「至人……揮斥八極，神氣不變」。（《田子方》）

㊲ 《莊子》寫道：「為善無近名，為惡無近刑，緣督以為經，可以保身，可以全生，可以養親，可以盡年。」（《養生主》）

㊳ 《莊子》寫道：「以道觀之，物無貴賤；以物觀之，自貴而相賤……以趣觀之，因其所然而然之，則萬物莫不然；因其所非而非之，則萬物莫

不非。」（《秋水》）

㊴ 《莊子‧秋水》：「莊子與惠子遊於濠梁之上。莊子曰：鯈魚出游從容，
是魚之樂也……」

㊵ 《莊子‧齊物論》：「昔者莊周夢爲蝴蝶……不知周之夢爲蝴蝶與，蝴
蝶之夢爲莊周與……」

㊶ 莊子作《齊物論》，謂「天地一指，萬物一馬」。

㊷ 《莊子‧則陽》：「有國於蝸之左角曰觸氏，有國於蝸之右角曰蠻氏。
時相與爭地而戰。」

第十章　莊子思想與道教、佛學

在中國傳統思想的發展中，如前所述，莊子思想影響和支援了作為中國傳統思想主體的儒學理論思維水平的提高和理論內容的拓展；特別是在人生實踐中，在中國古代較高文化階層人們的精神生活中，莊子的人生哲學是對儒家人生哲學最重要的補充。此外，莊子思想與中國傳統思想中的兩個宗教思想觀念體系——道教和佛教也有極爲密切的關係；而且，其明顯和深入的程度甚至還在它和儒家思想的密切關係之上。

一、莊子思想與道教的理論基礎

道教是古代巫術、方術依托道家在漢代形成的、以追尋長生不死成爲「神仙」爲主要目標的人爲的世俗宗教①。正如晉代的道教理論家葛洪所說，「道家之所至秘而重者，莫過長生之方也」（《抱朴子內篇·勤求》），「夫神仙之法，所以與俗人不同者，正以不老不死爲貴耳」（《抱朴子內篇·道意》）。道家思想的基本觀念是「自然」而不是「神仙」，但是，作爲道教教義基礎或主要特色的「神仙」觀念仍然可以被確認爲是來源於道家。唐代道教理論家吳筠在回答人們對他，也是對整個道教的詰難「道之大旨莫先乎老莊，老莊之言不尙仙道，而先生何獨貴乎仙者也」時說：「老子曰『深根蒂固，長生久視之道』，又曰『穀神不死』②，莊子曰『千載厭世，去而上仙，乘彼白雲，至於帝鄉』，又曰『故我修身千二百歲而形未嘗衰』，又曰『乘雲氣，馭飛龍以遊四海之外』，又曰『人皆盡死，而我獨存』，又曰『神將守形，形乃長生』③，斯則老莊之言長生不死神仙明矣。」（《玄綱論》）所以，無疑地，道教的「仙道」與老莊的長生不死或神

仙的觀念是有密切聯繫的。不僅如此，在《莊子》中還有更多的爲歷代道教所追索的「神仙」行迹的描寫，例如：「藐姑射之山，有神人居焉，不食五穀，吸風飲露」（《逍遙遊》），「列子御風而行，泠然善也，旬有五日而後反」（《逍遙遊》），「至人神矣，大澤焚而不能熱，河漢沍而不能寒」（《齊物論》），「古之眞人，其寢不夢，其覺無憂，其食不甘，其息深深，眞人之息以踵，衆人之息以喉」（《大宗師》），等等。這些都是以後道教的避穀、行氣、乘雲御風、不寒不熱等神仙方術的發端。

然而從觀念的理論性質上看，道家的「長生久視」是出於人性的自然願望，《莊子》中關於「神人」、「至人」、「眞人」的描述，也是寓言性質的，體現一種無任何負累的、逍遙自在的精神境界，與道教「仙道」的宗教生活實踐是不同的。所以道教在其自身的發展中，主要表現爲各種神仙方術的膨脹增益，實際上是在脫離了道家的思想軌道上獨立進行的。但是，道教作爲一種宗教的確立和發展，在三個重要的理論觀念上是攀緣著道家思想，特別是莊子思想的。

1. 道教宗教目標的論證借助於莊子相對主義

「長生久視」，「乘彼白雲，至於帝鄉」在老莊思想中只是一種願望，一種想像，是純粹思想觀念性質的東西，道教把它轉變爲一種人生追求的目標，一種生活實踐。這樣，就產生了道教的第一個需要回答的、論證的理論問題：這種「長生」、「神仙」的人生目標是眞實的嗎？道教理論家一般援引史籍的記載加以證明，葛洪說：「若謂世無仙人乎，然前哲所記，近將千人，皆有姓字及有施爲本末，非虛言也」（《抱朴子內篇·對俗》）。然而這些記載皆爲傳聞，難以考索，本身就缺乏證明。以葛洪所撰《神仙傳》爲例，此書在劉向《列仙傳》七十一人之外，又增益八十四人，凡一百五十餘人，誠如《四庫全書提要》所指出，其中多有如莊周寓言，「不過鴻蒙、雲將之類④，未嘗實有其人」；對若干眞實人物的記述，亦多有「未免附會」或「尤

為虛誕」之處。所以，道教的不死、成仙的宗教目標不是歷史經驗所能證明的。當然，也不是現實經驗所能證明的；現實經驗提供的是相反的證明：人皆有死。

　　道教理論家對長生不老、神仙這一宗教目標的證明畢竟沒有停留在經驗事實的水平上，而是進一步作了具有一定理論色彩的論證。首先，道教理論家試圖運用萬物存在的特殊性的事實和理論觀念，來證明不能因為凡人皆死就否認有不死的「仙人」。葛洪說：

> 謂夏必長，而薺麥枯焉。謂冬必凋，而竹柏茂焉。謂始必終，而天地無窮焉。謂生必死，而龜鶴長存焉。盛陽宜署，而夏天未必無涼日也；陰極宜寒，而嚴冬未必無暫溫也……萬殊之類，不可以一概斷之。有生最靈，莫過乎人。貴性之物，宜必鈞一，而其賢愚邪正，好醜修短，清濁貞淫，緩急遲速，趨捨所尚，耳目所欲，其為不同，已有天壤之覺，冰炭之乖矣，何獨怪仙者之異，不與凡人皆死乎？」（《抱朴子內篇·論仙》）

其次，道教理論家又運用人的認識能力的有限性而產生的認識結論相對性的理論觀念，來說明不能因為在凡人的生活經驗中沒有「神仙」，就否認它會在人的有限經驗範圍之外存在。葛洪說：

> 淺識之徒，拘俗守常，咸曰世間不見仙人，便云天下必無此事。夫目之所曾見，當何足言哉？天地之間，無外之大，其中殊奇，豈遽有限。詣老戴天，而無知其上，終身履地，而莫識其下。形骸己所自有也，而莫知其心志之所以然焉；壽命在我者也，而莫知其修短之能至焉。況何神仙之遠理，道德之幽玄，仗其短淺之耳目，以斷微妙之有無，豈不悲哉……所謂以指測海，指極而云水盡者也。蜉蝣校巨鼇，日及料大椿，豈所能及哉！（《抱朴子內篇·論仙》）

十分顯然，道教理論家在這裡運用的事物性質的特殊性和人的認識的相對性的理論觀點、論證方法，甚至某些論據，都援引自《莊子》。

《莊子》中寫道：「梁麗可以沖城，而不可以窒穴，言殊器也。騏驥驊騮一日而馳千里，捕鼠不如狸狌，言殊技也。鴟鵂夜撮蚤，察毫末，晝出瞋目而不見丘山，言殊性也。」（《秋水》）所以，「萬物殊理」（《則陽》），每種事物都有自己獨特的性質，這是莊子自然哲學中的一個基本的思想觀念。葛洪所謂「萬殊之類，不可以一概斷之」正源於此。葛洪論列事物特殊性的例證也沒有超出莊子的「殊器」、「殊技」、「技性」的範圍。莊子認為「吾生也有涯，而知也無涯，以有涯隨無涯，殆已」（《養生主》），如同「朝菌不知晦朔，蟪蛄不知春秋」（《逍遙遊》），「井蛙不可以語於海，夏蟲不可以語於冰」（《秋水》），人的認識能力是極為有限的、相對的，所以「曲士不可以語於道者，束於教也」（《秋水》）。葛洪也正是這樣認為，世人不見「仙人」並不足以證明「仙人」的不存在；相反，何嘗不正是世人的「淺短之耳目」認識不到幽玄微妙的「神仙」？可見，一個尖銳的、危及道教的宗教價值或教旨能否存在的巨大疑團，道教理論家是借助莊子認識論中的相對主義來予以消解的。

道教理論家擺脫了依靠純粹的經驗事實，而從莊子思想那裡援引事物的特殊性和人的認識的相對性的理論觀念，用以論證雖然「凡人」的經驗中沒有「神仙」的存在，但是也不能因此就否定它的存在。從形式邏輯的角度來看，道教理論家援引莊子相對主義所作的這番論證還是堅強的，是向前跨進了一步。但是，就理論的實際內容來看，道教理論家的相對主義論證中有一個根本的弱點，就是他把人的認識中未知的，與客觀世界中根本不存在的混同了。在相對主義中是無法對此作出區分的。同時，認識論中的相對主義總是內蘊著懷疑主義性質的理性因素，這和宗教觀念所固有的確定性信念、信仰因素是相悖的。所以，道教理論家還必須再向前跨進一步，從懷疑的、或兩是的相對主義中走出來。道教理論的這一發展進程，吳筠《神仙可學論》有段簡明的表述：

昔桑矯子問於涓子曰：「自古有死，復云有仙，如之何？」
涓子曰：「兩有耳。」言「兩有」者，為理無不存。理無不
存，則神仙可學也……人生天地之中，殊於眾類明矣，感則
應，激則通。所以耿恭援刀，平陸泉湧，李廣發矢，伏石飲
羽，精誠在於斯須，擊猶土石應若影響，況丹懇久著，真君
豈不為之潛運乎？潛運則不死之階立致矣。孰為真君？則太
上也，為神明宗教，獨在於窅冥之先，高居紫微之上，陰騭
兆庶……（《宗玄先生文集》卷中）

吳筠的死（凡人）與不死（「仙人」）「兩有」的觀點和莊子的是與
非「兩行」（《齊物論》）的觀點在理論性質上是相同的，都是相對主
義的。但是，如前所述，莊子認識論由相對主義的進一步發展，是進
入具有確定性的、理性程度更高的「天理固然」（《養生主》），即科
學性質的層次，追蹤著「聖人者原天地之美而達萬物之理」（《知北
遊》）。作為道教理論家的吳筠，由「兩有」再向前跨進一步，引進
了具有人格神內涵的「真君」的信念——「真君」也是《莊子》中的
概念，只是在那裡沒有人格神的內涵⑤），有「衛生之經」，「衛
生之經，能抱一乎，「則不死之階立致」，努力於修煉「神仙」，邁
入在思想觀念上和生活實踐上都是屬於宗教性質的領域。從這裡可以
看出，由道家（莊子）的哲學思想蛻變為道教的宗教思想過程中，「
誠」即信仰的觀念因素的注入是最有決定意義的。這一過程當然不是
在吳筠這裡才發生或完成的，而是在道教形成的最初就發生和完成了
的。如記錄了道教早期教義內容的《太平經》中就有「至誠涕出，感
動皇天，天乃為出瑞應，道術之士悉往佑之，故多得老壽，或得度世」（
《太平經合校》卷九十《冤流災求奇方訣》）的教條。吳筠以前的歷代道
教理論家也都一致認為，虔誠的信念是「成仙的」首要條件，如葛洪
說：「要道不煩，所為鮮耳，但患志之不立，信之不篤」（《抱朴子
內篇·釋滯》），「苟心所不信，雖令赤松、王喬言提其耳，亦當同以

爲妖訛」（《抱朴子內篇·勤求》）。司馬承禎也說：「信者道之根，敬者德之蒂」（《坐忘論》）。吳筠的這段話只是把這一由道家到道教的思想觀念蛻變過程表述得更加完整。

　　總之，在道教理論家對極爲困難的道教最高的宗教目標——長生、成仙的理論論證中，具有理論色彩的部分都是借援自莊子思想中的。但由於這個問題本身是個宗教性質的問題，所以道教理論家最終還是必須依靠道家或莊子思想之外的非理性的信念、信仰來加以說明。道教和道家思想的一個最重要的差別就在這裡。

2.道教最高人格神的觀念脫胎於莊子自然哲學

　　道教是多神的宗教，陶弘景撰《眞靈位業圖》加以排列，序稱「有等級千億」，然其中最高的宗教神是一作爲宇宙開始的人格神——元始天尊（元始天王）。《隋書·經籍志》寫道：

> 道經者，云有元始天尊，生於太元之先，稟自然之氣，衝虛凝遠，莫知其極。

顯然，構成道教這一最高人格神的主要觀念要有二：一是在天地萬物之先，一是稟自然之氣。這種神的觀念，實際上是由道家或莊子的世界最後的（也是最初或最高的）根源「道」和萬物基始「氣」的觀念蛻變而來。《莊子》中寫道：「夫道……自本自根，未有天地自古以固存……先天地生而不爲久，長於上古而不爲老……」（《大宗師》），也就是說，「道」作爲世界萬物的根源而存在於一切具體事物之先。《莊子》還認爲，「通天下一氣耳」（《知北遊》），「氣變而有形，形變而有生」（《至樂》），天地萬物皆稟氣而生。道教理論家將莊子思想中的「道」和「氣」的思想觀念疊合起來，就塑造出道教的最高人格神：

> 《眞書》曰，昔二儀未分，溟涬鴻蒙未有成形，天地日月未具，狀如雞子，混沌玄黃，已有盤古眞人，天地之精，自號元始天王，遊乎其中……（《元始上眞衆仙記》⑥）

元始天王，稟天自然之氣，結形未沌之霞，托體虛生之胎，生
乎空洞之際……（《雲笈七籤》卷一○一，《元始天王紀》）

可見，道教的最高宗教神實際上是指在有形的天地萬物產生之前，第
一個稟「自氣之氣」而生的具有人格的、並且能夠永遠存在下去的生
命實體。這種神的觀念，已經不再是原始宗教對自然力的那種具有神
秘色彩的、無邏輯的幻象意識，而是對自然有一定理性認識的、由理
論概念構成的思想觀念。道教理論家解釋說：「元，本也。始，初也，
先天之氣也。此氣化爲開闢世界之人，即爲盤古；化爲主持天界之祖，
即爲元始」（《歷代神仙通鑑》卷一）。當然，就其根本性質來說，這
種觀念也還是依賴信念、信仰支撐的一種幻想。所以，道教宗教神的
「神性」是比較樸素、簡單的，它就是最初地稟有和永久地葆有的自
然之氣（「天地之精」）。而「氣」也是一切人所稟有的，從這個意
義上說，道教的宗教神也是人，是「不死的人」。道教的這種神的觀
念，召喚和鼓舞每一個人都去修煉「元氣」，成爲「神仙」。唐人所
撰《天隱子》⑦寫道：「人生時稟得靈氣，精明通悟，學無滯塞，則
謂之神。宅神於內，遺照於外，自然異於俗人，則謂之神仙，故神仙
亦人也。在於修我靈氣，勿爲世俗所淪污；遂我自然，勿爲邪見所凝
滯，則成功矣。」（《天隱子・神仙》）實際上，由於道教的主要宗教
思想來源於、脫胎於道家或莊子思想的理論觀念，道教本質上是一個
具有自然主義性質的世俗宗教，其「成仙」的宗教目標和道家「長生
久視」的人性自然要求是一致的；其宗教神所稟「天地之精」也就是
莊子所觀察到的人的「氣」的自然本質。

3. 道教修煉方術的理論基點潛生於《莊子》

道教修煉長生、成仙的方法，即道教的方術，十分繁雜衆多。葛
洪說：「仙經長生之道，有數百事」（《抱朴子內篇・對俗》），「道
術諸經，所思存念作，可以卻惡防身者，乃有數千法」（《抱朴子內篇
・地眞》）。崔元山《瀨鄉記》簡略記述，也有三十六種「養性得仙」

的方法（《淵鑑類函》卷三一八）。道教的這些方術，在世人或教外人的眼光中，十分詭秘而怪誕；即使是在一種寬容的理解精神下，也只能說這些方術激發了人的某種生理的或心理的機制，影響或改變了人們周圍的生物場、物理場，但其實際過程、本質內容都是尚不得而知的，這是深奧的人的科學之謎。拋開道教方術千奇百怪的具體操作或實踐不談，不難發現，道教方術旨在消災祛病、長生不老的目標卻是共同的；與此相連，在道教方術中存在著一個共同的理論基點，即皆是從神、氣（精）、形（身）等構成人的生命的基本的生理、心理要素方面來養護、延續作爲感性的個人存在。從這個基點上，也是從根本上，可以比較清晰地觀察到道教的修煉方法在理論觀念上與莊子思想有甚爲密切的關聯。

　　道教經典或道教理論家對構成人的生命的內涵或要素所作的劃分和分析，並不十分嚴格一致，大體上說可歸納爲兩種。一是將人的生命整體分爲「形」、「神」兩個既對立又統一的方面。這裡的「形」是指人的生命存在的物質的方面，而「神」是精神的方面。實際上這是從人的生命內涵的形態特徵的角度來加以區分的。如《太平經》說：「獨貴自然，形神相守，此兩者同相抱，其有奇思反爲咎.」（《太平經合校》卷八十七《長存符圖》），《西升經》說：「神生形，形成神，形不神不能自生，神不形不能自成，形神合同，更相生，更相成」（第廿二章）。應該說，對人的生命構成要素作這樣的劃分雖然比較簡略，但卻周延。《莊子》中寫道：「胥易技系，勞形怵心者也」（《應帝王》），「離形去知，同於大通」（《大宗師》），可見，最早從形、神這樣的兩個方面來描述、概括人的生命活動整體或人的全部存在的正是莊子。道教對人的形、神關係沒有更深入的理論觀察和論述，只是爲實踐「長生」的宗教目標，提出兩者要「合同」、「並一」：「形神合同，固能長久」（《西升經》第廿九章），「身神並一，則爲眞身」（《坐忘論》）。《太平經》中有一段更爲明確、詳盡的表述：

人有一身，與精神常合併也。形者乃主死，精神者乃主生。
常合即吉，去則凶。無精神則死，有精神則生，常合即爲一，
可以長存也。常患精神離散，不聚於身中，反令使隨人念而
遊行也。故聖人教其守一，言當守一身也。念而不休，精神
自來，莫不相應，百病自除，此即長生久視之符也。（《太平
經合校》卷一三七——一五三《太平經鈔》壬部一九上）

道教的「形神相守」、「身神並一」、「守神」、「守一」等觀點也
都可以在《莊子》中尋覓到它的觀念根源。《莊子》所謂「女神將守
形，形乃長生」（《在宥》），「純素之道，唯神是守，守而勿失，
與神爲一……是謂眞人」（《刻意》），「我守其一，以處其和，故
我修身千二百歲矣」（《在宥》），等等，無疑地是道教這些觀點最
初的、眞接的理論觀念來源。同時，也可以從這裡看出，由道家或莊
子的哲學思想向道教的世俗的宗教觀念蛻變的端倪和特徵，表現爲是
理論觀念的理性抽象程度削弱和修持方法的具體化的過程。本來在《
莊子》中，「守一」之「一」是指「道通爲一」（《齊物論》）的「道」，
在這裡被淺化爲「形神並一」的「身」；在《莊子》中，「守一」是
保持心境寧靜的精神修養方法，但也是「聖人將遊於物之所不得遯而
皆存」（《大宗師》）的精神境界，在這裡被單純地具體化爲「念而不
休，精神自來」的養神祛病方法。

　　道教經典和道教理論家對人的生命內涵或要素構成所作的另一種
劃分和分析，是將人的生命整體分爲氣、形、神等三種或氣、精、神、
形等四種既有區別又密切相關的組成部分。例如：

人之生也，稟天地之元氣爲神爲形……神全則氣全，氣全則
形全，形全則百關調於內，八邪消於外。（《雲笈七籤》卷五十
六《元氣論》）

人之一身，法像一國，神爲君，精爲臣，氣爲民。養氣有功
可化爲精，養精有德可化爲神，養神有道可化爲一身。永久

有其生。(《雲笈七籤》卷五十六《元氣論》)

人本生混沌之氣，氣生精，精生神，神生明。欲壽者，當守氣而合神，精不去其形，念此三者以爲一。(《太平經合校》附錄《太平經聖君秘旨》)

形體爲家也，以氣爲輿馬，精神爲長吏，興衰往來主理也。(《太平經合校》卷一二〇——三六《太平經鈔》辛部一九上)

等等。實際上這是道教對構成人的生命的實質種類所作的劃分及其在「長生」的宗教目標實現中作用的分析。不難看出，道教的這些觀點在三個基本思想觀念上相同於、來源於莊子思想。一是「氣」爲生命的基礎的思想觀點。莊子認爲「通天下一氣耳」，「人之生氣之聚也」(《知北遊》)，道教的理論也正是認爲「元氣乃包裹天地八方，莫不受其氣而生」(《太平經合校》卷四十《太平經·分解本末法》第五十三)，「形者氣之聚，形者人也，爲萬物之最靈」(《雲笈七籤》卷九十《七部語要》)。二是「神」(「精神」)是生命的主宰的思想觀點。《莊子》中有則寓言故事借孔子之口說：「丘嘗也使於楚矣，適見㹠子食於其死母者，少焉眴若，皆棄之而走，不見己焉爾，不得類焉爾。所愛其母者，非愛其形也，愛使其形者也……」(《德充符》)意思是說，「使其形者」(即「神」)是生命的主宰，一旦精神喪失，形體也就沒有意義，生命也就不再存在，如同死母豬的形體雖還在，往日對幼仔表現溫情、愛護的那母愛精神已經消失，正在待哺的豬崽也要驚恐得棄之而逃，所以《莊子》說「唯神是守」(《刻意》)，「哀莫大於心死，而人死亦次之」(《田子方》)。道教經典把「神」或「精神」比作「君」、「長吏」，認爲「精神消亡，身即死矣」(《太平經》卷七十一)，這與莊子對「神」在人的生命中的意義的觀點是相同的。三是由養生而得長生的思想觀點。《莊子》中有「養生」的思想，「善養生者若牧羊然，視其後者而鞭之」(《達生》)，有「衛生之經」，「衛生之經，能抱一乎？能勿失乎？」(《庚桑楚》)作爲

「養生」、「衛生」的目的、結果是「長生」，「抱神以靜，形將自正，必靜必清，無勞女形，無搖女精，乃可以長生」（《在宥》）。也就是說，《莊子》認爲養護構成人的生命的基本要素——神、形、精，方可以獲得長生。顯然這正是道教最基本的養氣、養精、養神則「永有其身」的理論觀點的思想淵源。當然，在《莊子》中「養生——長生」還是一個比較次要的、簡略的思想觀念，一個具有幻想性質的人生目標；但在道教，「仙人道士非有神，積精累氣乃成眞」（《黃庭經·仙人》章第二十八），「養生——長生——成仙」不僅是道教經典最主要的理論論題，而且也是支撐道教宗教目標中的唯一具有眞實性和科學性的觀念成份。

　　構成人的生命要素的氣、精、神、形等概念和養生的觀念內容，從作爲是莊子自然哲學中的思想觀點，到成爲道教修煉方法（方術）的理論基點，也有顯著的變化與不同。其主要之點有二：第一，在道教理論中構成人的生命要素的「神」（心智）被實體化，「形」（生理器官）被人格化。在《莊子》中，「精」經常是被作爲與「神」涵義相近的同義詞或同一概念來使用的，如「今子外乎子之神，勞乎子之精」（《德充符》），「上悖日月之明，下睽山川之精」（《天運》）。或者是作爲和「形」一起構成一個周延的生命範圍的反對概念來使用的，如「形勞而不休則弊，精用不已則勞」（《刻意》），「棄事則形不勞，遺生則精不虧，夫形全精復，與天爲一」（《達生》）。這兩種情況都表明在莊子思想裡，「精」和「神」的內涵是相同的；並且，「至精無形」（《秋水》），「不形而神」（《知北遊》），《莊子》中的「精」、「神」經常是意指和「形」相對立的、人生命中那種無形態、非實體的心智、思維的精神性的存在或表現。從上面的徵引中可以看出，在道教經典中，「精」、「神」的觀念內容有所變化，「氣生精，精生神，神生明」，「神爲君，精爲臣，氣爲民」，「精」與「神」的概念內涵已不相同，在人的生命構成中也屬於不同的層次。

不僅如此，在道教經典中，「精」、「神」還進一步被實體化。「氣化爲血，血化爲精，精化爲神」（《莊周氣訣解》），「精」、「神」都成了人的具有生理功能或機能的實體。在《黃庭經》中甚至把「精」更具體地指認爲是精液胎根：「結精育胞化生身，留胎止精可長生」（《呼吸》章第二十）。道教修煉方術中的「還精補腦」正是沿襲著這種「精」的觀念，如葛洪說：「善其術者（房中術），則能卻走馬（泄精）以補腦」（《抱朴子內篇·微旨》）。《太平經》更寫道：「人能清靜，抱精神，思慮不失，即凶邪不得入矣。其眞神在內，使人常喜，欣欣然不欲貪財寶、辯訟爭、競功名，久久自能見神。神長二尺五寸，隨五行五藏服飾……」（《太平經合校》卷一五四——一七〇《太平經鈔》癸部《盛身去災法》）。這樣，莊子自然哲學中具有理性內涵的無形的「神」，在道教的宗教觀念中就被徹底改造爲是一種感性實體的存在。在道教的宗教觀念中，作爲生命構成的精神的、心理的要素（「神」）被實體化的同時，物質要素（「形」——生理器官）也被人格神化。《莊子》中曾設想和描述人的生理機構有某種主宰存在，只是捕捉不到它的蹤迹：「若有眞宰，而特不得其朕，可行已信而不見其形，有情而無形。百骸九竅六藏……其有眞君存焉？如求得其情與不得，無益損乎其眞。」（《齊物論》）顯然，這是對莊子自然哲學中作爲生命構成的精神性要素「神」的擬人的描寫（「眞宰」、「眞君」），並不是人格神的觀念。《莊子》還寫道：「得其所一而同焉，則四支百體將爲塵垢」（《田子方》），「物視其所，而不見其所喪，視喪其足猶遺土也」（《德充符》），在莊子的自然主義立場看來，人的形體百骸，如同自然萬物，一氣之聚散，或爲鼠肝，或爲蟲臂，臂或化爲雞，尻或化爲輪（《大宗師》），沒有任何神聖的性質。在道教的宗教觀念中，這種情況發生了變化，道教「長生」、「成仙」的宗教目標，蘊涵著、發展著生命崇拜的宗教感情和思想觀念；各具獨特功能、負載著人的生命的人體各種器官被神化、被崇拜，在道教的宗

教觀念中出現是很自然的。最早在《太平經》中出現了「五臟神」：
「……此四時五行精神，入爲人五藏神，出爲四時五行神精」（《太
平經合校》卷七十二《齋戒思神救死訣》）。《太平經》還敘述說，五臟
神像，各依五行顏色及方位圖畫之，懸掛室內，「思之不止，五藏神
能報二十四時氣，五行神具來救助之，萬疾皆愈（《太平經合校》卷一
八——三四轉引《三洞珠囊》卷一）。在《黃庭經》中五臟神更各有專名：
「心神丹元字守靈，肺神皓華字虛成，肝神龍煙字含明，翳部道煙主
燭清，腎神玄冥字育嬰，脾神常在字魂停，膽神龍曜字威明，六腑五
臟神體精，皆在心內運天經，晝夜存之自長生」（《心神》章第八）。
《黃庭經》還寫道：「兼行形中八景神，二十四眞出自然」（《治生》
章第二十二）。所謂「八景神二十四眞」，就是道教理論將人身體分
爲上、中、下三部分（上景、中景、下景），每部分又分爲八個部位
器官，各有神的名號（八景神），共計二十四神（二十四眞），這是
道教最完備的人的形體人格神觀念。在不同的道教經典中，八景神二
十四眞的名稱有所不同，但將人的形體生理器官人格神化，並頂禮膜
拜以求長生的宗教觀念是完全相同的。例如陶弘景《眞誥》曾援引《
苞元玉籙白簡青經》說：「不存⑧二十四神，不知三八景名字者，不
得爲太平民，亦不得爲後聖之臣」（卷九《協昌期》第一）。總之，構
成人的生命的精神要素被實體化，形體器官被人格神化，是由莊子的
自然哲學思想蛻變爲道教的宗教觀念的一個主要特徵。

　　第二，養生的重點由精神修養移向形體（氣、精）修煉。《莊子》
中寫道：「吹呴呼吸，吐故納新，熊經鳥申，爲壽而已，此導引之士，
養形之人……若夫不導引而壽，此天地之道，聖人之德也。靜一而不
變，淡而無爲，動以天行，此養神之道也」（《刻意》）。顯然，在
莊子思想中，「養神」的精神境界高於「養形」。從《莊子》中的記
述還可以看出，莊子所謂「吾聞庖丁之言，得養生焉」，主要是指「
依乎天理，因其固然」（《養生主》）；所謂「衛生之經」，主要是指

「能抱一乎，能兒子乎？」（《庚桑楚》）也就是說，莊子思想的養生，正是指與自然爲一，保持心境恬淡的精神修養——養神。在道教的養生理論中，對「養神」仍然極爲推崇，《西升經》甚至說「僞道養形，眞道養神」（第七章）。但是在道教的養生宗教實踐中，正如道教最重要的經典《黃庭經》所說「積精累氣乃成眞」，和最主要的理論家葛洪所說「凡學道，寶精愛氣最其急也」（《抱朴子內篇·微旨》），養形實際上是主要內容；道教養生理論的獨特方面和難以勝計的具體方法都是圍繞養形——守氣、保精而滋生、發展起來的。對此，葛洪概述說：「雖云行氣，而行氣有數法焉；雖曰房中，而房中之術，近有百餘事焉；雖言服藥，而服藥之方，略有千條焉」（《抱朴子內篇·釋滯》），孫思邈亦說：「凡欲求仙，大法有三：保精、引氣、服餌。凡此三事，亦階淺至深，保精之術列敘百數，服餌之方略有千種，行氣其大要者胎息而已」（《雲笈七籤》卷三十三《攝養枕中方·行氣》）。可見，發源自《莊子》的養生思想，其內容特質在道教理論中發生了巨大的變遷。

應該說，道教的形、神理論或氣、精、神理論都還是比較粗糙的，但它畢竟是道教衆多的修持方法的共同的理論基點。這個理論基點潛生於《莊子》之中，而向新的、異於《莊子》的宗教的方向生長去。道教和莊子思想在理論觀念上的聯繫和差別都具有這種性質，都是這種情形。

二、莊子思想與佛學

佛教於公元前6世紀在印度興起，大約在公元1世紀兩漢之際傳入我國⑨。這個時候，印度佛教已走完了從原始佛教（釋迦牟尼創教及其弟子傳教時期）到部派佛教（佛教教團分裂爲上座和大衆兩部，並進而分裂爲十八部或二十部）的發展階段，而邁入了大乘佛教的新時

期。佛教傳入中國後，先是在皇室、貴族和士族階層中被尊奉，西晉時（公元3世紀）逐漸推向民間⑩，勢成漫延，至隋唐時（公元7至10世紀）達到了鼎盛。在這十個世紀時間內，印度大乘佛教也經歷了由中觀學派（空宗）到瑜伽學派（有宗）的最成熟的歷史發展，而進入了衰頹的密教時期。印度佛教的宗教思想理論，前後雖然經歷了巨大的變遷、發展，但從根本上說，都是圍繞原始佛教的根本教義「四諦」和基本觀點「三法印」⑪，結合佛教的宗教實踐中所產生的問題，作出新的更細密的解釋發揮，因而是一貫的、相通的。「四諦」和「三法印」的印度佛教思想，與在漢代已初步形成的以儒家、道家爲主要思想成份而凝聚成的中國傳統思想，在理論觀念上有著巨大的差異。這種觀念上的差異，也是從根本上說，可以歸結爲兩點：一是在社會生活的層面上對人的觀察。中國傳統思想總是在血緣的和宗法的觀念背景中觀察人，「爲人君止於仁，爲人臣止於敬，爲人父止於慈，爲人子止於孝，與國人交止於信」（《禮記·大學》），也就是說，認爲對人與人之間的、根源於血緣的或宗法的倫理道德的義務和責任的踐履、實現，是人生的眞實內容和價值追求。印度佛教在其誕生時作爲一種反對婆羅門教「神創」觀念和「種姓」觀念的沙門思潮，則完全是從某種自然的、平等的角度來觀察人的。佛教將人的存在看成是由「五蘊」假合的一種不眞實的（「幻有」）的痛苦的過程（「苦諦」），佛教提倡的人生目的，實際上也就是它的宗教生活實踐，就是要通過宗教的修持（「道諦」），認識造成這種痛苦的原因（「集諦」），從而能解脫這一切，達到沒有痛苦煩惱的「涅槃」境界（「滅諦」）。顯然，人生的價值和追求，是在血緣的、宗法的社會倫理道德中實現，抑或是在超脫一切的人的意念寂滅中（「有餘涅槃」），甚至是在人的自然存在的寂滅中（「無餘涅槃」）實現，這種在思想觀念上的差別無疑是巨大的、明顯的。二是在更廣泛的、更深入的宇宙層面上對一切事物的觀察。佛教以「緣起」的理論解釋事物（「法」）的出現，

「若見緣起便見法，若見法便見緣起」（《中阿含經》卷三十），任何事物都只是因緣組合，「此有故彼有，此生故彼生，此無故彼無，此滅故彼滅」（《雜阿含經》卷十二）。因而，「諸行無常」，「諸法無我」，也就是說，從緣起的觀點看，一切事物皆無「自性」，皆無「自體」，皆無「自生」。如《中論》寫道：「萬物無有從自體生，必待眾因」，「眾緣中無自性，自性無，故不自生」（《中論·觀因緣品》）。中國傳統思想卻一直在思索著、追逐著一個事物的本質和作為一切事物最後根源的宇宙本體。道家「氣」、「道」的思想是這一觀念最典型的形態。道家認為，「道生萬物」（《老子》42章），「道無所不在」（《莊子·知北遊》），認為「氣變而有形」（《至樂》），「物固將自化」（《秋水》），也就是說，宇宙間的一切事物皆是「道」的體現，「氣」的變化。漢代經學中的「天」和宋代理學中的「理」也蘊涵著這樣的觀念。顯然，「緣起」與「自化」，「諸法無我」與「道無所不在」在觀念上的差異也是很巨大的、很明顯的。

這樣，印度佛教傳入中國後，必然要和中國固有的傳統思想發生尖銳的衝突；為適應在中國思想土壤上的生存和繁衍，必然要吸收中國固有的傳統思想而發生內容和形態上的變化，形成具有中國特色的佛教學說而匯入中國傳統的思想文化洪流中去。這一過程，從中國傳統思想方面看，也就是對一種異質的思想文化的理解、消化的過程。印度佛教的中國化過程，或者說中國思想對印度佛學的消化過程，從漢末牟子《理惑論》的「以《經》、《傳》理佛之說」，即以《老子》、儒說會通佛理開始，到唐代馬祖門下禪師慧海論儒、道、釋三教「大量者用之即同，小機者執之即異」（《大珠禪師語錄》卷下）、華嚴學者宗密認為「策萬行，懲惡勸善，同歸於治，則三教皆可遵行」（《原人論》），至宋代以「中庸」為號的天臺學者智圓「儒乎，釋乎，其共為表裡乎」（《中庸子傳》上）之唱，調和儒、道，借援儒學，始終是中國佛學的一個理論特色。然而這只是一種表層的現象。中國佛

學的一個深刻的理論特色，表現為它對於印度佛教中那些艱深的、迥異於中國固有的傳統思想的宗教思想的理解，和在某種意義上是離開了印度佛學的固有理論軌道的獨立的發展，都是在道家思想，特別是在莊子思想的影響下發生的；這種影響在一定程度上顯化了或表徵著中國佛學按其理論內容深淺程度不同可劃分的三個階段：理解、消化、創新，並大體上對應著佛教初傳（漢魏）、漫延（兩晉）、鼎盛（隋唐）三個歷史時期。

1.《莊子》與對印度佛學名詞概念的認同

在中國佛學早期，甚至在全部的佛學傳播過程中，都存在著如何把印度佛教這一異質觀念體係中的概念、觀念轉譯成能為中國思想文化環境中的人所理解的問題。這在佛經翻譯和詮釋中稱之為「格義」、「連類」，也就是概念、觀念的認同的問題。

「格義」之名始見於北朝佛圖澄的弟子竺法雅傳：「竺法雅，少善外學，長通佛典，衣冠仕子，咸附咨稟。時附雅門徒，並世典有功，未善佛理，雅乃與康法等，以經中事數，擬配外書，為生解之例，謂之格義。」（《高僧傳》卷四）這裡所謂「外學」、「世典」、「外書」，顯然是指中國固有的學術典籍，而用來擬解佛理的無疑多為道家老莊之屬。一個明顯的事實是，在中國固有的傳統思想裡，只有莊子思想對人的精神領域作了最深的探索和具體描述，與沉潛在深邃的心理海洋裡的佛學容易接近，誠如道安所說：「經流秦土有自來矣……以斯邦人老莊教行，與方等經兼忘相似，故因風易行也」（《鼻奈耶序》）。一個典型的例子是，佛學中的一個艱深的概念或觀念——「實相」，道安的弟子慧遠就是援引《莊子》來予以疏解的。《高僧傳》記述說：慧遠「年二十四便就講說，嘗有客聽講，難實相義，往復移時，彌增疑昧，遠乃引《莊子》為連類，於惑者曉然」（《高僧傳》卷六）。慧遠如何援用《莊子》來疏通「實相」的佛義，已不得而知，從後面還要論及的他對「涅槃」的理解來看，他可能是以《莊子》「道，有情

有信，無爲無形」（《大宗師》）的觀點來比擬解釋（「連類」）「無相之相，名爲實相」（《涅槃經》卷四十）的。《莊子》表述得比較通俗、明確，因而容易被理解。其實，在莊子思想中，「道」是一個關於萬物最後根源、世界總體實在的哲學觀念，同佛學「實相」觀念把宇宙的一切視爲是「空」與「幻有」的總體有根本的差別。應該說，由於佛教的思想觀念與包括莊子在內的中國固有的傳統思想觀念有質的不同，這種「格義」、「連類」的比擬解釋，極盡其妙也總是無法完全吻合的，故道安曾批評說，「先舊格義，於理多違」（《高僧傳》卷五《僧先傳》）。然而，畢竟有某種「相似」，能夠構成一種概念內涵的部分取同和觀念表象的契合，從而形成一種初步的理解。

　　「格義」、「連類」之名雖然從《高僧傳》中看是到兩晉時才出現，但這一方法實際上從佛學初傳時就自覺、不自覺地被運用著了；而且，正是《莊子》中的名物、概念最爲經常地被用來作爲溝通對印度佛學理解的觀念渠道，佛教小乘經典和大乘經典最初譯傳時都有這種情形。例如最早譯傳小乘經典的安世高，在《安般守意經》中對小乘禪法的多種詮釋中就採用道家的一種：「安謂清，般爲淨，守爲無，意名爲，是清淨無爲也」（《安般守意經》卷上）。譯文中還有「氣」的觀念：「息不報便死，知身但氣所作，氣滅爲空」（卷下）。顯然，這裡援用了出自《莊子》「人之生氣之聚也」（《知北遊》）的觀點。這在觀念上與原始佛教「諸陰因緣合，假名爲眾生」（《雜阿含經》卷四十五）已有所差別，而染上了中國思想的特色。最初譯傳大乘經典的支婁迦讖在譯解一個最重要的佛學觀念——「空」的觀念時，也借援了道家莊子。支讖譯出的諸經中，對以後中國佛學發展影響最大的是《般若道行品經》。《道行經》的主題用經文中的話來說就是：「須菩提所說，一切爲說空事，爲悉無所著，譬如射虛空了無所著」（《強弱品》第二十四），一言以蔽之，也就是說「空」。「空」是佛學對世界最基本的觀察，是指世界的本來面目。這一觀念是以「天地之

大德曰生」（《易傳·繫辭》下），「盈天地之間者唯萬物」（《易傳·序卦》）的中國思想所沒有的。支讖爲消彌中國思想對這個佛學基本理論立場的觀念隔閡，援引「本無」、「自然」這兩個中國傳統思想中固有的概念來詮釋佛學「空」的觀念：「般若波羅蜜，於一切法悉皆自然」（《泥犁品》第五），「一切諸法亦本無」（《照明品》第十），即是說，佛學對世界本來面目的「般若波羅蜜」（智慧）觀察，就是認爲世界的一切皆「本無」，即一切皆「自然」。支讖這種以「自然」釋「本無」，以「本無」釋佛學「空」的譯解，與莊子思想最爲接近。莊子說「常因自然而不益生」（《德充符》），「自然」就是指事物的本然狀態。而「萬物出乎無有……無有一無有」（《庚桑楚》），所以在莊子那裡，「遊於無有者」也就是「順物自然而無私容焉」（《應帝王》），「自然」也就是「無有」（「本無」）。當然，支讖以莊子的「自然」、「無有」譯解佛學空觀，與《中論》中所表述的「非有，非無，非亦有亦無，非非有非無」（《觀涅槃品》第二十五）那種般若空觀仍有較大的差距。觀念的差別在於，「本無」、「自然」表述的是世界最初的、本然的狀態，「四句分別」表述的是「諸法實相」——大乘佛學世界觀中的世界總體。所以在以後的佛經翻譯中，這一世界總體觀念就被譯成「如性」、「眞如」⑫。儘管如此，莊子思想的「無有」、「自然」仍然是通向艱深的佛學「空」觀的最初的觀念的橋樑。

　　總之，佛學初傳時，在佛經翻譯、佛理解釋的「格義」、「連類」中，即在對一種異質的思想體系的觀念認同中，《莊子》提供的名詞、概念、思想起了重要的作用。

2.莊子思想與對印度佛學般若、涅槃觀念的釋義

　　中國佛學的進一步成長，表現在兩晉南北朝時對印度佛學中的根本思想觀念有了自己的、具有中國思想特色的理解、論證和推斷。

　　兩晉時，最爲充分地顯示出中國佛學對印度佛學根本理論具有獨

特理解的是般若空觀的問題。「般若」意爲「智慧」⑬，是大乘布施、持戒、忍辱、精進、禪定等六種修行方法中（「六波羅蜜」或「六度」）最重要的一種，所謂「諸佛身皆從般若波羅蜜生」（《放光般若經‧舍利品》）。般若思想的基本內容是對世界本相的一種超越經驗、理性之上的直觀──「空」。在印度佛學的發展中，般若思想的空觀也經歷了一個義蘊不斷豐富的過程。它可簡略概括爲「一切諸法性皆空」（《放光般若經‧信本際品》），也可進一步表述爲羅什所譯《金剛經》的最後一頌：「一切有爲法，如夢幻泡影，如露亦如電，應作如是觀」，即「性空幻有」。然而它的最後的、完滿的表達，應該是龍樹《中論》中的一偈：「衆因緣生法，我說即是空，亦爲是假名，亦是中道義。未曾有一法，不從因緣生，是故一切法，無不是空者。」（《觀四諦品》第二十四）這一偈語表明般若空觀既是認識、觀察世界的方法（「空」、「假」兼蘊的「中道」觀）；又是這一觀察認識得出的結論（因緣而生的「空」相）。般若的這些觀點，是印度大乘佛學最基本的理論觀點。

在魏晉玄學思潮的推瀾和浸潤下，兩晉佛學對般若的理解是很分歧的，史有「三家」、「六家」或「六家七宗」之稱⑭。「六家七宗」中，思想可以特立且最有影響者，應該說是爲僧肇所批評的心無、即色、本無三家。而且不難看出，三家對般若（「空」或「無」）的理解雖然各異，染有莊子思想色彩卻是共同的。

心無宗的主要代表是支愍度、竺法溫。「心無」的完整論述已經無存，但從他的批評者的轉述中還是可以清晰地看出來：

> 心無者，無心於萬物，萬物未嘗無。此得在於神靜，失在於物虛。（僧肇《不眞空論》）
> 心無者，無心於萬物，萬物未嘗無。此釋意云，經中說諸法空者，欲令心體虛忘⑮不執，故言無耳。不空外物，即萬物之境不空……心空而猶存物者，此計有得有失。（吉藏《中論疏》

卷二末）

陳釋慧達和日僧安澄對此作了更明確的疏解：

> 竺法溫法師《心無論》云，夫有，有形者也；無，無象者也。有象不可言無，無形不可言有。而《經》稱「色無」者，但內止⑯其心，不空外色；但內停其心，令不想外色，則色想廢矣。（慧達《肇論疏》）

> 晉竺法溫……其制《心無論》云，夫有，有形者也；無，無象者也。然則有象不可謂無，無形不可謂有⑰，是故有爲實有，色爲眞色。《經》所謂「色空」者，但內止其心，不滯外色。外色不存餘情之內，非無而何？豈謂廓然無形，而爲無色者乎？（安澄《中論疏記》卷第三末）

從這些記述中可以看出，心無宗的觀點是認爲外界事物是眞實存在的，是「有」；佛經上的「法空」，是要求人們保持一種恬淡的不執著、不滯情於外物的虛無的心境，因而是「無」。十分顯然，心無宗的「空」觀與般若「空」觀相距甚大，它的結論不是「諸法皆空」，而是「心空物不空」。另外，就理論性質而言，「心無」實際上是一種收斂內心，摒除外惑的精神修持方法，也不同於空、假兼蘊、亦有亦無的「中道」般若認識方法。從大乘佛學的一般理論立場看，心無宗「內止其心，不滯外色」的精神修持，雖然不是般若觀，但也還可以視爲是一種止觀，因而也還是可以肯定的，但其「不空外物」則是不能許諾的了。所以僧肇、吉藏一致評斷它「有得有失」。應該說，這是十分寬容的評斷。在嚴格的佛門學者看來，「心無」義「此是邪說，應須破之」（《高僧傳》卷五《竺法汰傳》），從般若的理論立場上說，這一嚴厲的判定並不過分。

　　「心無」義之所以背離般若的根本觀點，這是因爲它的觀念根源深深地扎在莊子思想的土壤裡，實際上是一種中國思想。《莊子》中寫道：「心養，汝徒處無爲，而物自化，墮爾形體，吐爾聰明，倫與

物忘，大同乎涬溟，解心釋神，莫然無魂……」（《在宥》），可見，虛空內心，忘懷外物，正是莊子的基本的精神修養方法。《莊子》中還寫道：「忘乎物，忘乎天，其名爲忘己；忘己之人，是之謂入於天」（《天地》），「聖人未始有天，未始有人，未始有始，未始有物，與世偕行而不替」（《則陽》），也就是說，莊子思想裡境界最高的理想人格（「聖人」、「至人」、「眞人」）都是能夠「忘物」，能夠「遺物離人而立於獨」（《田子方》）。換言之，雖然「萬物雖多」（《天地》），「萬物職職」（《至樂》），但是對於聖人，卻是「萬物無足以鐃心者也」（《天道》）。顯然，「心無」義的「無心於萬物，萬物未嘗無」的觀點，「欲令心體虛忘不執」的旨意，皆淵源於此或吻合於此。所以史稱「竺法溫悟解入玄」（《高僧傳》卷四《竺潛傳》）

即色宗的代表人物是支道林。即色宗的「空」觀論點的簡要表述是已經佚失的支道林《妙觀章》上的幾句話：

> 夫色之性也，不自有色。色不自有，雖色而空，故日色即爲空，色復異空。（《世說新語‧文學》注引⑱）

其大意是說，萬物呈現出來的都是，或者說只能是現象（「色」），不是自體或本體（「自有」），因而是空（「色即爲空」）。而且，這種作爲現象的「空」，和作爲般若實相本體的「空」是不同的（「色復異空」）。

爲什麼「色不自有」，也就是說爲什麼現象不是本體或自體？支道林在這裡沒有解釋。以後的佛家學者在著述中涉及此處時，揣摩支道林的思緒而提出了兩種解釋。一是唐代元康在《肇論疏》中說：「林法師但知言色非自色，因緣而成，而不知色本是空，猶存假有也」；一是元代文才在《肇論新疏》中說：「東晉支道林作《即色遊玄論》……彼謂青黃等相，非色自能，人名爲青黃等，心若不計，青黃等皆空，以釋《經》中『色即是空』。」前一種解釋是說，支道林認爲事物（「色」）是因緣而成，故「不自有」，是空；後一種解釋是說，

支道林認為事物（如顏色），皆是人的「心計」而成，不是自有，是空。這兩種解釋從當時與支道林過從甚密，思想甚為契合的追隨者都超的《奉法要》中「有無由乎方寸，而無繫乎外物」（《弘明集》卷十三）之論來看，後一種解釋比較符合支道林的思想實際。支道林有詩曰：「心為兩儀蘊，迹為流溺梁」（《廣弘明集》卷十五《月光童子贊》），「體神在忘覺，有慮非理盡」（同上書《善宿菩薩贊》），都是把心（「心計」）看作是物（「迹」）生成的根源，負累的根源。支道林主張「大道者，遺心形名外」（同上書《善多菩薩贊》），「忘玄故無心」（《大小品對比要鈔‧序》），這些觀點也和後一種解釋吻合。這樣，支道林即色論的「空」觀概括言之，就是認為萬物（「色」）皆是人心所起，不是萬物的自性，所以是「空」。

　　即色論與心無論的「空」觀有所不同，它不是通過精神修持而達到的一種能在萬物紛紜中保持淡泊「忘物」之心的境界，而是對認識過程的分析得出的一個認識結論：萬物皆我心中的現象，不是本來面目。從大乘的一般立場上說來，即色論沒有乖離破「法執」的大乘宗旨；但是，從最成熟的、即中觀學派（《中論》）的般若立場上看，即色論不但沒有破掉「法執」，反而陷入「法執」。所以僧肇——作為最早將印度中觀學派傳入中國的佛學大師羅什的最出色的弟子批評說：

> 即色者，明色不自色，故雖色而非色也。夫言色者，但當色即
> 色，豈待色色而後為色哉？此直語色不自色，未領色之非色也。
> （《不真空論》）

僧肇的批評從中觀般若的立場指出即色論的「空」觀有兩個破綻：第一，在即色論「色不自有」的言下，意念中肯定了、追尋著一種自體、自性，陷入了「法執」。在中觀般若看來，非但即色論所說的「色」（現象）是空，即色論所說的「自有」（自性、自體、本體），即「色色」者，也是空。所以即色論沒有觀出完全的「空」相。這是就最

終的結論而言；第二，就得出結論的觀察、認識過程而言，即色論只觀出「空」（「色不自色」），而沒有指出「假」（「色之非色」），缺乏「中道義」。換言之，不存在「色色」的自性或本體，當色即色，色即非色。如果說支道林曾在另外的著述裡明確表述他並不認為有「自有」（自性本體），而是皈依「至無」（空的狀態），例如他說：「夫般若波羅蜜者……其為經也，至無空豁，廓然無物者也……是故夷三脫於重玄，齊萬物於空同，明諸佛之始有，盡群靈之本無，登十住之妙階，趣無生之徑路。何者？賴其至無，故能為用」（《大小品對比要鈔・序》），這可以推脫掉僧肇對即色義的第一點批評⑲；那麼，僧肇對即色義的第二點批評，是他再也推脫不掉的了。支道林把事物或現象解釋為「心」的表現，換言之，是用「心計」觀「萬法」，而不是用「因緣」觀「萬法」，只能形成「心」與外物（即「色」、「空」）對立的觀念，而形成不了「空」與「假」（幻有）並存的觀念，也就是說形成不了外物（「法」）兼蘊「空」、「假」的「中觀」。支道林即色論空觀之所以呈現出這樣的特色，是因為他十分熟悉《莊子》、理解《莊子》，如他曾「注《逍遙遊》篇，群儒舊學莫不嘆伏」（《高僧傳》卷四《支道林傳》），自然也深為莊子思想浸染，駕輕就熟地馳行在莊子思想軌道上，用莊子思想的邏輯論述了般若性空這一佛學問題。

　　支道林即色義的空觀，主要是從莊子思想中感受了它那種深刻的、強烈的事物在人的認識過程中的主要由人的主觀因素造成的不確定性、相對性的觀念。《莊子》中寫道：「道行之而成，物謂之而然……無物不然，無物不可」（《齊物論》），「自其異者視之，肝膽楚越也；自其同者視之，萬物皆一也」（《德充符》），「以道觀之，物無貴賤；以物觀之，自貴而相賤；以俗觀之，貴賤不在己；以差觀之，因其所大而大之，則萬物莫不大，因其所小而小之，則萬物莫不小……以功觀之，因其所有而有之，則萬物莫不有，因其所無而無之，則萬物莫不

無……以趣觀之，因其所然而然之，則萬物莫不然，因其所非而非之，則萬物莫不非」（《秋水》）。在莊子思想認識論的經驗層次上，莊子對人的認識的主觀相對性和事物的感性表象不確定性的這種淋漓盡致的發揮、揭示，無疑是十分感人的、醉人的；在經驗的層次上，綜合這樣的一些觀察會形成一個一般性的理論觀念：事物是沒有自性的，事物的性狀是隨主觀的觀察立場或者說「心」而變化的。支道林說「心為兩儀蘊」，可見他的即色義正是浸透著這個觀念。當然，支道林把這個觀念又推進一步，用來說明、論證一個佛學問題，認為這種在經驗層次上的事物感性不確定性，就是「不自有」，就是「色空」，這就跨出了莊子思想的範圍而進入了佛學領域。在莊子那裡，事物在經驗層次上雖然具有感性的不確定性，但並不是「空」，而是認識的相對性；這種相對性，經由「達萬物之理」（《知北遊》）的確定性——莊子稱之為「天理」、「固然」（《養生主》），最後達到「道通為一」（《齊物論》）的總體性，顯示出一個完整的認識發展過程和一個實在的宇宙總體存在（「物」、「理」、「道」）。

　　本無宗的代表人物是道安。本無宗的觀點《名僧傳抄·曇濟傳》有一段較完整的引述：

> 曇濟……著《七宗論》，第一本無宗曰：如來興世，以本無弘教，故方等深經，皆備明五陰本無。本無之論，由來尚矣。何者？夫冥造之前，廓然而已，至於元氣陶化，則群象稟形，形雖資化，權化之本，則出於自然，自然自爾，豈有造之者哉？由此而言，無在元化之前，空為眾形之始，故稱本無，非謂虛豁之中，能生萬有也。夫人之所滯，滯在末[20]有，宅心本無，則斯累豁矣。夫崇本可以息末者，蓋此之謂也。

從這段概述裡可以看出，本無宗的「空」觀主要有兩層意思：一是就每一呈現在眼前的具體事物的性狀來說，都是五陰聚合，而「五陰本無」，所以是空（「萬法性空」），這是大乘經典每每論及的。二是

追溯每一具體事物的原始狀態，也只能歸宿到廓然空無，因爲在「元化之前」、衆形之先的只能是「無」的狀態。這是道安本無宗對「萬法性空」進一步的說明、論證。後來，吉藏在敘述本無宗的觀點時，也正是指出這樣的兩點：「釋道安明本無義，謂無在萬化之前，空爲衆形之始……安公明本無者，一切諸法，本性空寂，故云本無」（《中論疏》卷二末）。概言之，本無宗是以「性空」、「本無」爲其思想特色的。

道安本無義的空觀也受到僧肇從中觀般若立場上的批評：

> 本無者，情尚於無多，觸言以賓無。故非有，有即無；非無，無亦無。尋夫立文之本旨者，直以非有非眞有，非無非眞無耳。何必非有無此有，非無無彼無？此直好無之談，豈謂順通事實，即物之情哉？（《不眞空論》）

僧肇的批評主要是指出本無宗空觀的偏執，一味「尚無」，是一種「好無之談」。應該說，本無義和即色義一樣，也是在兩個基本點上偏離了中觀。在認識、觀察的過程中，本無義「觸言以賓無」，執著於一切皆空（無），未能觀察出「假有」，沒有闡發出「非有非眞有，非無非眞無」的中觀「立文本旨」，也就是說，缺乏兼容空、假的「中道義」。就觀察、認識的結局而言，本無宗的最終結論是事物最原始的「無」的狀態，在精神上它可以歸宿爲一切負累皆消融的境界，即「宅心本無，則斯累豁矣」，而不是中觀的「空」（空與幻有）的諸法實相，從而在精神上昇華爲「實相即涅槃，涅槃即世間」的境界，即龍樹所說「涅槃際爲眞，世間際亦眞，涅槃與世間，小異不可得，是爲畢竟空相」（《大智度論》卷三十八）。

不僅如此，道安的「本無」不只是指一種最初的狀態，在他的另外著述裡還表現出是一種最後本體的性質特徵。如他說：「般若波羅蜜者，成無上正眞道之根也。正者，等也，不二入也。等道有三義焉，法身也，如也，眞際也。如者，爾也，本末等爾，無能令不爾也。法

身者，一也，常淨也，有無均淨，末始有名。真際者，無所著也，泊然不動，湛爾玄齊，無為也，無不為也。」（《合放光光贊隨略解·序》）這與《根本般若經》所說「以一切法悉無有本，以是之故，求其本末了不可得」（《光贊般若經·假號品》第八）的距離就更為明顯。

　　從僧肇的批評看來，道安雖然是當時最淵博深邃的佛家學者，但他的般若思想仍未能登峰造極。對此，他的弟子僧叡（道安卒後，又師羅什）有個解釋：

> 自慧風東扇，法言流咏已來，雖日講肆，格義迂而乖本，六家偏而不即，性空之宗，以今驗之，最得其實。然爐冶之功微恨不盡，當是無法可尋，非尋之不得也。（《毗摩羅詰提經義疏·序》）

僧叡認為道安的般若思想「爐冶之功不盡」，是因為他生前尚沒有接觸到中觀思想。這一解釋應該說是正確的。道安卒於東晉太元九年（公元384年），十六年後，後秦弘治三年（公元401年）羅什才入關至長安，中觀經典方得以譯傳。但是，另一方面還是可以說，道安在沒有中觀思想的情況下，把般若思想推進了一步；在印度佛學所固有的「諸法性空」之外，又加入具有中國思想特色的「萬化本無」，這是中國佛學發展中出現的一種客觀需要。道安晚年在長安時曾回憶說，將近二十年來，他每年都要講解二遍《般若經》，「然每至滯句，首尾隱沒，釋卷深思，恨不見護公、又羅㉑等」（《摩訶缽羅若波羅蜜經抄·序》）。道安深切感到般若空觀的「首尾」，即更加深刻的「空」的根源和歸宿的問題，需要有更多的說明、論證。這樣，道安作為一個「外涉群書，善為文章」（《高僧傳》卷五《道安傳》）的具有深厚中國傳統文化修養的人，又處在玄學籠罩的學術環境中，從道家，特別是莊子思想中感受、吸收那種極為清晰的根源性觀念，來解釋《般若經》中隱沒的「首尾」也是很自然的。《莊子》中寫道：「萬物出乎無有……而無有一無有」（《庚桑楚》），所以雖然莊子不談「開始」，認

爲「未始有始」（《則陽》），但他還是認爲萬物最初的存在狀態是
「無」。在莊子思想中，這種「無」也正是「道」的一種表現或存在
形式，因爲「道無爲無形」（《大宗師》），「唯道集虛」（《人間世》）；
歸心於「無」也就是「返眞」、「體道」㉒的最高精神境界的表現或
途徑，即所謂「彼至人者，歸精神乎無始，而甘冥乎無何有之鄉」（
《列禦寇》）。十分顯然，烙在道安「本無」般若思想上的中國思想
痕迹，正是這種莊子思想，正是在這種莊子思想影響下形成的「立論
以爲天地萬物皆以無爲本」（《晉書・王弼傳》）的玄學思想。

　　從以上所論可以看到，晉代佛學中的心無、即色、本無三家對般
若空觀的理解是有分歧的，但受到莊了思想的影響卻是共同的；而且
這種分歧，從某種意義上說正是由於它們感受的和接受的莊子思想影
響有所不同的結果。概言之，「心無空」直接導源於莊子「吐爾聰明，
倫與物忘」的精神修養方法；「即色空」中具有莊子認識論中經驗層
次上的主觀認識的相對性和事物感性表象的不確定性的觀念因素；「
本無空」和莊子關於世界根源（「道」）的本體論特徵（「無」）的
思想觀點在觀念上是相通的。

　　兩晉佛學般若思想，除了上述最有影響的心無、即色、本無三家
外，就是從中觀般若立場，對這三家提出批評的僧肇自己的般若思想。
僧肇的般若空觀是「不眞空」，他在《不眞空論》中寫道：

　　　欲言其有，有非眞生；欲言其無，事象既形。象形不即無，非
　　　眞非實有，然則不眞空義，顯於茲矣。

也就是說，萬物既不是因「心無」而空，或「即色」是空，或「本無」
就空，而是亦有亦無，或非有不無的「不眞」之空。僧肇的般若空觀
（不眞空）在三個基本點上完全符合中觀思想：首先，在對事物（「
法」）的觀察、認識方法上，他運用的是因緣「中道義」。僧肇說：
「有若眞有，有自常有，豈待緣而後有哉？譬彼眞無，無自常無，豈
待緣而後無也？若有不能自有，待緣而後有，故知有非眞有。有非眞

有，雖有不可謂之有矣。不無者，夫無則湛然不動，可謂之無，萬物若無，則不應起。起則非無，以明緣起，故不無也。」（《不眞空論》）簡言之，因爲是緣起，故非眞有；因爲有緣起，故不無。其次，在認識的最終結論上，得出的是「空」相：「聖人之於物也，即萬物之自虛」（《不眞空論》）。最後，能由中觀認識昇華到「涅槃與世間，無有少分別」（《中論・觀涅槃品》）境界：「道遠乎哉？觸事而眞；聖遠乎哉？體之即神。」（《不眞空論》）可見，僧肇對中觀思想有深刻的、準確的理解，所以羅什曾稱讚他是「秦人解空第一者」（元康《肇論疏》引《名僧傳》）。但是，另一方面，從僧肇的全部著作中也可以看出，僧肇作爲一個「歷觀經史，備盡墳籍……每以莊老爲心要」（《高僧傳》卷七《僧肇傳》）的在中國傳統的文化環境中成長的中國佛教學者，他的般若思想也有中國思想的痕迹，而且最爲明顯的也是莊子思想痕迹。

　　僧肇般若思想中的莊子思想痕迹，或者說受其影響主要有兩點表現：一是在他具體論證「非有不無」的「中道義」時，除運用印度佛學傳統的從事物構成角度來觀察的「諸陰因緣」說外，還援用了中國思想，特別是莊子思想中的從認識角度來觀察的「名實」說。《不眞空論》寫道：「以名求物，物無當名之實；以物求名，名無得物之功。物無當名之實，非物也；名無得物之功，非名也。是以名不當實，實不當名，名實無當，萬物安在？……故知萬物非眞，假號久矣。」通常，我們總是用一個名來指稱一個物（實），應該說這一指稱儘管有約定俗成的社會客觀性，但就其本質來說也具有人的主觀隨意性。僧肇就是據此而認爲「名」和「實」並不相符，或者說物並沒有和其「名」相符的「實」；並進而認爲我們認識中的物（即用「名」稱謂的「實」）也是主觀假相（「非眞」）。《莊子》中寫道：「道行之而成，物謂之而然」（《齊物論》），「名者實之賓也」（《逍遙遊》），可見莊子也認爲事物的名稱是人賦予它的，如同路是人走出來的一樣，

沒有必然的、固定相符的內容。可以推斷,莊子觀察到名、實之間的或然性關係,以及某種否定「名」的傾向,都對僧肇有所感染。但是,莊子並沒有因此而否認「實」,他曾反問說:「固有無其實而得其名者乎?」(《大宗師》)如前所述,在認識的感性的、經驗的層次上,莊子認為事物的性狀(如大小、同異、貴賤等)有不確定性,有「名相反而實相順」(《庚桑楚》)的名實不相符的情況,但事物的存在卻是真實的。僧肇則由「名實無當」,名號是假,更跨進一步,認為萬物亦非真。二是在般若思想總的觀念背景上,僧肇在印度佛學固有的「諸法緣起」觀念上,又增添了莊子思想的「齊物」觀念。僧肇在他的著述裡多次表述了「齊物」的觀點,如說「天地一旨,萬物一觀,邪正雖殊,其性不二」「大士美惡齊旨,道俗一觀」(《維摩經注·弟子品》第三),「即真則有無齊觀,齊觀則彼此莫二,所以天地與我同根,萬物與我一體」(《涅槃無名論》)。顯然,這些與《莊子》所論「天地一指,萬物一馬」,「是非之涂惡能知其辯」(《齊物論》),「萬物一齊」,「是非不可為分」(《秋水》)等,在觀念上是相通的,相承的。不同在於,莊子的「齊物」表現出的是一種「聖人和之以是非,而休乎天鈞」(《齊物論》)的相對主義的認知態度,和一種「天下也者,萬物之所一也;得其所一而同焉,則四支百體將為塵垢,而死生終始將為晝夜,而莫之能滑,而況得喪禍福之所介乎」(《田子方》),即一視萬物萬境,不為生死利害之所動的精神境界。僧肇的「齊物」則是「內引真智,外證法空」(《維摩經注·文殊師利問疾品》第五),即由齊是非而證得兼容空(無)、假(幻有)世界「空」的本來面目(中觀般若的「實相」):「萬品雖殊,未有不如,如者將齊是非,一愚智,以成無記無礙義也」(《維摩經注·菩薩品》第四);進而達到與這種「空」相為一體的個人的一切思慮皆熄滅的,即所謂「彼此寂滅,物我冥一」(《涅槃無名論》)的「涅槃」境界。可見,僧肇的般若思想,乃至心無、即色、本無各家的般若思想,儘管因吸

收莊子思想而對印度佛學顯示出中國佛學的新特色；但另一方面，它或它們作爲佛家思想仍和莊子思想之間具有明顯的差別和界線。

　　兩晉佛學對印度佛學另一個根本的思想觀念——涅槃的理解、消化也受到莊子思想的影響，帶有莊子思想的痕迹。涅槃（也音譯爲「泥曰」、「泥洹」），羅什意譯爲滅、滅度，玄奘則意譯爲圓寂㉓。其義是指一種無煩惱、斷思慮的寂滅狀態，這是佛教宗教實踐的最終目標，本質上是一種精神境界。在印度佛學的歷史發展中，對涅槃這一最高境界的精神內容和實現途徑的解釋也有變化。小乘佛學中，一般把涅槃分爲「有餘涅槃」和「無餘涅槃」兩種。「諸漏永盡，壽命猶存，大種造色，相續未斷，名有餘依涅槃界……諸漏永盡，壽命已滅，大種造色，相續已斷，名無餘依涅槃界」（《發智論》卷第二），也就是說，有餘涅槃是指斷除貪欲、煩惱，但作爲前世惑業造成的果報人身還在，故不徹底；無餘涅槃則是滅智、滅身，生死因果都盡，這是小乘佛教追求的最高境界，一種生命的永恆寂滅的結局。大乘佛教對涅槃內容和途徑的理解，由小乘的艱苦的、嚴格的，實際上是否定人生的宗教修持，轉向努力實現認識上的某種徹底的覺悟，達到的是一種義解性質的精神境界。具有代表意義的是中觀派的「實相涅槃」和瑜伽行派的「轉依涅槃」。中觀派認爲「諸法實相，既是涅槃」（《思益梵天所問經·解諸法品》），即能夠證得或認識到「亦有亦無」的世間本來面目（「實相」）即是「涅槃」，如龍樹說：「以般若波羅蜜利智慧力故，能破五衆，通達令空，即是涅槃寂滅相」（《大智度論》卷八十三）。實際上，這是對世界是「空」的體驗、悟解。瑜伽行派認爲「無始時來界，一切法等依，由此有諸趣，及涅槃證得」（《成唯識論》卷三），也就是認爲「無始」以來，作爲宇宙萬有（「一切法」）的總根源的阿賴耶識（藏識），不僅是衆生業報輪迴（「諸趣」）的最終本源，也是解脫這種輪迴（「涅槃」）的根本依據。但這是一個認識由「偏執」到「圓成」，心靈由「染」到「淨」的長期不斷的

積累過程，即所謂「此第八識執持一切順還滅法，令修行者證得涅槃」（
《成唯識論》卷四）。瑜伽行派學說的開創者無著、世親兄弟大約是公
元5世紀的人，7世紀才由玄奘傳入我國。這樣，在兩晉南北朝時期，
充盈著般若思想的中國佛學對涅槃的理解、詮釋就是屬於大乘空宗性
質的；並且在玄學風靡的學術背景下，對佛教這一最高境界的精神特
徵的描述也染有明顯的莊子思想特色。

　　兩晉時第一個對涅槃提出具有中國思想特色的理解的是慧遠。他
著有《法性論》，認爲涅槃就是皈依一種具有本體意義的、不變的「
法性」。《法性論》已佚，但《高僧傳》有明確的記述：

> 先是中土未有泥洹常住之說，但言壽命長遠而已。遠乃嘆曰：
> 「佛是至極則無變，無變之理，豈有窮耶？」因著《法性論》
> 曰：「至極以不變爲性，得性以體極爲宗。」（《高僧傳》卷六
> 《慧遠傳》）

慧遠進而認爲這種作爲萬有（「法」）最後本原的不變的、「至極」
的「法性」就是一種「空」或「無」性；能夠體認悟解到萬有這種「
無」或「空」之性，就是入於「至極」——涅槃：

> 無性之性，謂之法性。法性無性，因緣以之生。生緣無自性，
> 雖有而常無，常無非絕有，猶火傳而不息……識空空之爲玄，
> 斯其至也，斯其極也。（《大智論鈔·序》）

慧遠的「法性」觀念內容比較復雜，甚至有某種矛盾。他一方面認爲
「法性」「無自性」，是「無」，另一方面又認爲它「猶火傳而不息」，
有某種不滅的本性。這樣，慧遠實際上是將這種「無自性」本體化了，
而涅槃就是對這種不變本性（本體）的體認、皈依。所以他說：「泥
洹不變，以化盡爲宅……冥神絕境，故謂之泥洹」（《沙門不敬王者論》
之三）。顯然，這種涅槃觀念是在印度佛學的思想母體上又嫁接了莊
子思想的新內容。《莊子》中寫道，「與道徘徊」（《盜跖》），「
與道相輔而行」、「與道遊於大莫之國」（《山木》），可見，對於

作為世界最後本原、本體的歸依，正是莊子人生哲學中的一種精神追求，一種精神境界。《莊子·養生主》的最後一個立論是「指窮於為薪，火傳也，不知其盡也」，慧遠這裡把「法性」的不滅、不變的本體性質比作傳而不息的「火」之性，正是淵源於此。史稱慧遠「少為諸生，博綜六經，尤善莊老」（《高僧傳》卷六《慧遠傳》），他的涅槃觀念中顯現了某種莊子的思想觀念應該說是不難理解的。

　　僧肇在《涅槃無名論》㉔裡表述了另外一種涅槃觀點，描述了另外一種涅槃境界：

　　　　涅槃之為道也，寂寥虛曠，不可以形名得；微妙無相，不可以
　　　　心知……斯乃希夷之境，太玄之鄉，而欲以有無題榜，標其方
　　　　域，而語其神道者，不亦邈哉！（《開宗》第一）

可見，僧肇所要達到的涅槃境界不是指某種最後本體，而是不可以言語表述的、超越有無形名的「無相」的那種狀態——「希夷之境」或「太玄之鄉」。這種狀態或境界，雖然不能以言象表述，卻可以用「中觀」、「齊物」的認識方法去觀照、建構。僧肇說：

　　　　子獨不聞正觀之說歟……不在方，不離方；非有為，非無為；
　　　　不可以識識，不可以智知；無言無說，心行處滅。以此觀者，
　　　　乃名正觀……然則涅槃之道，不可以有無得之，明矣。（《位
　　　　體》第三）

　　　　涅槃之道，妙盡常數，融冷二儀，條蕩萬有，均天人，一同異，
　　　　內視不己見，返聽不我聞，未嘗有得，未嘗無得。（《玄得》
　　　第十九）

僧肇用「正觀」（即「中觀」）、「齊物」（即「融冷萬有」）觀照出的「不在方，不離方」、「未嘗有，未嘗無」的「希夷之境」，在僧肇看來，這就是世界的本來面目，根本狀態（「實相」），與這種狀態冥合一體，就是「涅槃」。所以僧肇說：

　　　　於外無數，於內無心，彼此寂滅，物我冥一，泊爾無朕，乃曰

涅槃。（《妙存》第七）

涅槃之道，存乎妙契；妙契之致，本乎冥一，物我玄會，歸乎
無極。（《通古》第十七）

可見，僧肇的涅槃觀念與慧遠有甚為明顯的區別。在僧肇這裡，構成
涅槃境界的不是「法性」（「無自性」），而是「實相」（「不在方，
不離方」或「未有未無」）；不是「至極」而是「無極」。僧肇達到
涅槃境界，是融入萬有齊一的那種根本的、「無朕」狀態的「空」，
而不是慧遠那種皈依萬有共同的、具有本體性質的「不變」的「空」。
當然，這種區別從印度大乘佛學的般若立場來看是不存在的，或者說
是難以顯現的，「法性」、「實相」皆是「空」，皆是「常住不動」，
所謂「世間諸法性者，即是諸法實相，諸法實相，即是般若波羅蜜」
（《大智度論》卷六十五），但在中國思想立場上，用莊子思想來觀察，
這種差別卻是清晰可辨的：慧遠的涅槃思想中顯然是感受了莊子自然
哲學的「道」的本體論思想觀念；而影響了僧肇的涅槃思想的則是莊
子的「萬物皆一」（《大宗師》）的相對主義的認識論觀點和由此而導
向的「萬物與我為一」（《齊物論》）「而遊乎無何有之鄉」（《應帝
王》）的精神境界。

和僧肇同出羅什門下的竺道生，在《涅槃經》的理論觀點基礎上
形成了又一種涅槃觀念：涅槃是對「佛性」的返歸或實現。《涅槃經》
的一個中心的、基本的命題或思想就是「一切眾生，悉有佛性」。什
麼是「佛性」？當時涅槃學者解說紛紜㉕，從寬泛的大乘佛學的立場
上看，涅槃學說中的「佛性」也就是般若學說中的「實相」、「法性」，
誠如後來吉藏所說，「經中有明佛性、法性、真如、實際等，並是佛
性之異名」（《大乘玄論》卷三）。但竺道生對「佛性」的理解和規定
融進了莊子思想，比這要豐富得多。竺道生說：「如煙是火相，能燒
是性。相據於外，性主於內，體性相之通稱」（《法華經疏·方便品》），
也就是說，事物都有相（形態）、性（性質）兩個方面。竺道生也正

是從相、性這兩個方面來理解、規定「佛性」的。從「相」上說，竺道生認為「佛性」如同「實相」一樣，是一種「至象無形，至音無聲，希微絕朕之境，豈有形言」（《法華經疏·序品》）的超絕言表的「無」相；從「性」上說，竺道生對「佛性」性質的規定可歸納為三㉖：一曰「佛性本有」。竺道生說：「良由眾生，本有佛之見分，但為垢障不現耳。佛為開除，則得成之。」（《法華經疏·方便品》）即在竺道生看來，佛性是眾生所固有的內在本性，成佛或涅槃之境的達到，就在於掃除覆蓋在「佛性」上的「垢障」，使本性得以復現，「苟能涉求，便返迷歸極，歸極得本」（《大般涅槃經集解·序題經》），「涅槃惑滅，得本稱性」（《大般涅槃經集解·德王品》）。正是這種內在本性從根本上決定了「一切眾生，莫不是佛，亦皆泥洹」（《法華經疏·見寶塔品》）。竺道生的眾生「佛性本有」的思想觀念，從它的佛學根源來說當然是《涅槃經》的「一切眾生，悉有佛性」；但是把這種「佛性」客體化、實體化，進而提出「返性」而「得本」，卻是印度佛學所沒有的。從中國思想的範圍內看，《莊子》寫道，「性者，生之質也。性之動謂之為，為之偽謂失」（《庚桑楚》），「修渾沌氏之術者……無為復樸，體性抱神，以遊世俗之間者」（《天地》），可見，認為人具有某種內在的、固有的本然之性，主張「返其性情而復其初」（《繕性》），正是莊子思想中的人性論內容。竺道生早年習小乘一切有部教義，後又從羅什學般若中觀學，最後又轉入涅槃學，並且「中年遊學，廣搜異聞」，玩味「《易》之牛馬，《莊》之魚鳥」（《廣弘明集》卷二十六《竺道生法師誄文》），是位佛教義學思路極為開闊同時具有異學觀念背景的佛家學者，容易越出傳統佛學的藩籬。因此可以推斷，竺道生「佛性本有」中的新的思想觀念是受到莊子人性論感染的結果。二曰「佛性自然」。竺道生注解《涅槃經》「非因非果，名為佛性」說：「不從因有，又非更造也」注解「非因果故常恆無變」說：「作有故起滅，得本自然，無起滅矣」（《大般涅槃經集解·師子

吼品》），顯然，《涅槃經》中在這裡出現的「佛性」乃是指一種超
脫因果輪迴關係的「常住不變」狀態，這基本上也是大乘佛學「實相」、
「法性」的涵義。但竺道生卻援用了道家思想中關於事物固有性質的
「自然」觀念予以詮釋，並且進而認為能和這種本然的、「無作」的
自然冥合，就是達到「佛性」境地：「夫體法者，冥合自然，一切諸
佛，莫不皆然，所以法為佛性也」（《大般涅槃經集解·師子吼品》）。
《莊子》中也寫道：「常因自然而不益生」（《大宗師》），「順物自
然而無私容」（《應帝王》），「莫之為而常自然」（《繕性》）。不
難看出，行進在追尋「常住」的「涅槃」的宗教修持途徑上的竺道生
不自覺地蹈進了莊子為避免嗜欲傷性而提出的一種精神修養方法的軌
道上。三曰「佛性即理」。佛性雖是無相，但具有確定的內在的性質，
即是眾生皆有之性（竺道生釋為「本有」），是超因果的常住狀態（
竺道生釋為「自然」），佛性的這種確實性，竺道生稱之為「理」。
他說：「真體復何在？推無在之為理，是諸法之實也」，「理既不從
我為空……無我，本無生死中我，非不有佛性我也」，「眾生心相無
垢，理不得異，但見與不見為殊耳」（《注維摩詰經·弟子品》），又
說：「真實之理，本不變也」（《大般涅槃經集解·純陀品》），「真理
自然」（《大般涅槃經集解·序題經》），「如來理圓無缺，道無不在」
（《法華經疏·序品》），等等，顯然都是用「理」來指稱超絕言表的
「佛性」，表述它的「本有」、「自然」的真確性質。這樣，在竺道
生那裡，「歸極得本」，返歸或復現「佛性」的涅槃宗教修持過程，
就轉變為一種「明理」、「悟理」的認識過程，竺道生說：「情不從
理謂之垢，若得見理，垢情必盡」，「觀理得性，便縛盡泥洹」，「
佛為悟理之體」（《注維摩詰經·弟子品》），「以明理轉扶疏，至結
大悟實也」（《注維摩詰經·佛道品》）；也轉變為一種「從理」、「
當理」的一般生活實踐過程，竺道生說：「從理故成佛果，理為佛因
也」（《大般涅槃經集解·師子吼品》），「當理者是佛，乖則凡夫」（

《大般涅槃經集解・文字品》）。竺道生的「明理」、「從理」的觀點，雖然根本性質上仍是佛教的宗教實踐，但它蘊涵著的十分明朗的理性因素，顯然是與印度佛學傳統不相協調的，它只能在中國固有的傳統思想中，更具體地說在《莊子》中尋覓到最初的觀念淵源。如前編所述，莊子認識論在跨過事物感性不確定性的經驗層次之上，即在理性層次上，也認為有「天理」、「固然」（《養生主》），這是一類事物所共有的具有穩定性的內在屬性；並且主張對「理」應有認識和遵循，如說「知道者必達於理」，「論萬物之理」（《秋水》），「聖人……循天之理」（《刻意》），「從天之理」（《盜跖》），等等。可以肯定，正是莊子的這些觀點被竺道生吸收、融進佛學而形成「佛性即理」的思想觀念。

也許可以說，在六朝的佛教學者中，感受了中國思想，特別是莊子思想最深刻有力影響的就是竺道生。這不僅表現在他的「涅槃佛性」說帶有莊子人性論、認識論和精神修養方法等三個方面的思想烙印，而且更加驚人的是他不是憑藉佛教經典或單純的佛教信念，而是根據莊子思想中「氣」的觀念和理性的邏輯力量對「闡提㉗成佛」的論證：

> 稟氣二儀者，皆是涅槃正因，三界受生，蓋唯惑果，闡提是含生之類，何得獨無佛性？蓋此經㉘度未盡耳。（日僧宗法師《一乘佛性慧日鈔》引《名僧傳》）

曇無讖在北涼玄始十年（公元421年）譯出的四十卷本《大般涅槃經》（史稱「大本」）中說：「如一闡提，究竟不移，犯重禁，不成佛道，無有是處」（卷五《如來性品》第四），但在此先由法顯於東晉義熙十四年（公元418年）譯傳的六卷本《大般泥洹經》（史稱「六卷泥洹」）卻說「如一闡提……若成佛者，無有是處」（卷三）。竺道生在「大本」尚未傳至之前，就敢於呵責「六卷泥洹」義有未盡，斷言包括一闡提在內的眾生皆有「佛性」，皆成「佛道」；他的一個實質性的論據，就是眾生皆「稟氣二儀」，這是純粹的中國思想，是「通天下一氣耳」（

《知北遊》）的莊子思想。雖然他的「一闡提者，不具信根，雖斷善，猶有佛性事」（《名僧傳抄說處》）的見解招來「擯遣」（開除）的教律處分，但「眾生皆稟氣」這一中國思想（莊子思想）與「眾生悉有佛性」這一宗教觀念之間的十分堅固的邏輯一致性、必然性，仍使他堅持自己的觀點「與實相不相違背」（《高僧傳》卷七《竺道生傳》）。竺道生的涅槃學說開始顯現了中國佛學有可能離開印度佛學的固有理論軌道而獨立發展的前景。

　　總之，印度佛學是個概念、觀念極爲繁雜衆多而又經歷了顯著、頻繁的變遷的思想體系。印度佛學作爲一種異質文化的思想觀念經過中國傳統思想的理解和消化，成爲具有中國思想特色的中國佛學，從兩漢之際到六朝時期也經歷了一個相當困難的過程：在這個過程中，從上面所論述的對其中的兩個根本的思想觀念──作爲對世界的根本觀察的般若思想和作爲追求目標的涅槃境界的理解和消化的情況看，莊子思想是起了主要的作用。

3.莊子思想與中國佛學思想的獨立發展

　　隋唐時期中國佛教進入了歷史上的鼎盛階段，出現了宗派；中國佛學也達到了登峰造極，這就是在天臺宗、華嚴宗和禪宗宗教理論中所表現出脫離印度佛學傳統的理論軌道，而吸收、融進中國思想或是在其觀念背景下的獨立發展。構成或體現這種獨立發展的主要理論內容──天臺、華嚴的「判教」；天臺「性具實相」和華嚴「法界緣起」的新的佛學本體論觀點；以及禪宗「識心見性」的獨特的佛教修持理論，都在不同程度上感受或接受了莊子思想中的歷史觀念、總體觀念和自然觀念。

　　(1)歷史觀念──天臺宗與華嚴宗的判教　如果說歷史是任何事物都有的、作爲其存在的連綿不斷的展現，那麼歷史感卻是人類所特有的、自我覺醒的一種表現。在中國傳統思想中，歷史感是一個十分活躍的精神因素和理論支點。就儒家思想來說，誠如章學誠所說，「六

經皆史也」（《文史通義·易教》上），對社會政治倫理道德具有歷史感的觀察記述和理論昇華，既是儒家思想的載體，也是它的主要內容。莊子思想中的歷史意識也很強烈，也很廣泛。《莊子》寫道：「太初有無，無有無名，一之所起，有一而未形。物得以生謂之德，未有形者有分，且然無間謂之命，留動而生物，物成生理謂之形，形體保神，各有儀則謂之性，性修反德，德至同於初」（《天地》），「察其（人）始而本無生，非徒無生也，而本無形；非徒無形，而本無氣。雜乎芒芴之間，變而有氣，氣變而有形，形變而有生，今又變而之死」（《至樂》），這是莊子自然史和生命史的觀點。莊子還強烈地感受到和激情地表述了社會生活的演變：「夫尊古而卑今，學者之流也。且以狶韋氏之流，觀今之世，夫孰能不波！」（《外物》）除此以外，莊子又發現並記述了另一重要的歷史現象——人的精神史。從《莊子》中看，莊子學派從特定的哲學立場觀察和揭示的人的精神發展史有三點內容：第一，作為個體的人的精神境界由低到高的發展歷程。《莊子》中有則寓言，借女偊和南伯子葵對話把「學道」的境界成長過程描述出來：「吾猶告而守之㉔，三日而後能外天下。已外天下矣，吾又守之，七日而後能外物。已外物矣，吾又守之，九日而後能外生。已外生矣，而後能朝徹。朝徹而後能見獨，見獨而後能無古今，無古今而後能入於不死不生。殺生者不死，生生者不生，其為物無不將也，無不迎也，無不毀也，無不成也，其名為攖寧。」（《大宗師》）這是一個道家人物的精神境界由「外天下」、「外物」、「外生」到最高的「無古今」、「不生不死」的「攖寧」的修養過程。拋開道家精神追求的特殊內容，可以說這一具體過程也蘊涵著人的精神境界提高過程的普遍的內容和共同的特徵，即是一個由易及難、由粗到精、在越來越廣泛、高遠的範圍內超越自我的過程。第二，作為群體意識的百家學說由一到多的繁衍過程。莊子學派在《天下》篇中第一次對繁榮發達的先秦學術思想作了總結。《天下》篇認為古之道術「無乎不在」，

天下學術「皆原於一」，歧異紛紜的先秦學術，如墨翟禽滑釐、宋鈃尹文、彭蒙田駢慎到、關尹老聃等諸子之學，皆是「得一察焉以自好」，「各爲其所欲焉以自爲方」，一偏一曲而已。第三，認爲莊子思想所具有的那種境界和學說內容，無論就個人的精神發展或群體的百家之學來說，都是最高的、最後的層次。《莊子》中概述莊子思想的高遠境界是「無南無北，無東無西，始於玄冥，反於大通」（《秋水》），「上與造物者遊，而下與外死生無終始爲友」（《天下》）；形容莊子思想廣博深邃的內容是「萬物畢羅，莫足以歸……其理不竭，其來不蛻，芒乎昧乎，未之盡者」（《天下》），殿高於百家之學㉚。顯然是把莊子的精神境界和思想視爲人的精神和思想發展的最高點。中國佛學第一個異於或獨立地發展了印度佛學的理論思想——判教，正是在中國傳統思想的濃厚的歷史觀念背景下，特別是在莊子的精神史觀念的感應下形成的。

判教就是對傳入中國的佛教經典和佛學思想作系統的、歷史的條理、分析。早在南北朝時，隨著印度佛學的大、小乘各派經典陸續譯出和同時傳播，由印度佛學在長期歷史發展的理論變遷、更迭所逐漸形成積累起來的小乘、大乘之間以及大乘內部的理論思想上的差異、矛盾，變得更加顯著起來，開始困擾中國佛教學者。把印度東流的一代佛法作爲一個整體給予分析、解釋，就成了中國佛學的一個十分迫切的理論要求。南北朝時中國佛學的判教結論眾多不一，智顗在《法華玄義》中概括爲「南三北七」（卷十上），但其實並沒有超越最早以「五時」、「頓漸」判釋的慧觀判教理論。這一理論的基本構思，是以教理（如有相、無相、常住）和教法（如頓、漸）觀察、確定某一佛教思想觀點的理論層次和經典次第，並將其納入佛陀的生平歷史階段，構成佛法的統一整體，消彌前後經論的矛盾。例如「南三」的第一家是虎丘笈師，他認爲漸教有三種：釋迦成道後先講諸法實有，內容屬小乘，是「有相」；後講大乘經，從《般若》、《維摩》直到

《法華》，偏重於講空，是「無相」；佛的最後說法是《涅槃經》，講常樂我淨，是「常住」。「北七」中的慧光「四宗論」認為一代佛教可判為因緣（立性）、假名（破性）、不眞（誑相）、眞（顯實）等四宗，分別領屬毗曇、成實、般若、涅槃諸部經論。等等。顯然，這些判釋並不完全符合印度佛教演變的歷史實際，重要的是在佛學理論中吸收了、融進了印度佛學所沒有的那種歷史意識。

　　隋唐時，天臺宗「五時八教」和華嚴宗「三時五教」（「五教十宗」）的判釋，又把中國佛學的判教理論推進了一步，借歷史的觀念籠絡佛學整體的理論特色更加鮮明。並且，在三個主要之點上都和莊子思想的精神史觀念相應合。第一，佛教學說有一個從元點而有序展開的歷史過程。天臺宗認為這就是佛在華嚴時、鹿苑（阿含）時、方等時、般若時、法華涅槃時五個不同時期說法所產生的五類經典㉛。華嚴宗則把這一過程納入喻為「日出先照」、「日升轉照」、「日沒還照」的三時中㉜。第二，佛家的覺悟或境界有一個逐步升高圓熟的過程。天臺宗稱之為三藏教、通教、別教、圓教，唐末高麗沙門諦觀援引《涅槃經》牛乳之喻來解釋這一過程：「二乘㉝根性在華嚴座不信不解，不變凡情，故譬其乳。次至鹿苑，聞三藏教，二乘根性依教修行，轉凡成聖，故譬轉乳成酪。次至方等，聞彈斥聲聞，慕大恥小，得通教益，如轉酪成生酥。次至般若，奉敕轉教，心漸通泰，得別教益，如轉生酥成熟酥。次至法華，聞三周說法，得記作佛，如轉熟酥成醍醐。」（《天臺四教儀》）華嚴宗稱之為小乘教、大乘始教、大乘終教、頓教、圓教。法藏以「事理」觀解釋說：「『小』屬法是我非門，『始』屬緣生無性門，『終』屬事理混融門，『頓』屬言盡理顯門，『圓』則法界無礙門」（《遊心法界記》），「攝義從名門如小乘說，攝理從事門如始教說，理事無礙門如終教說，事盡顯理門如頓教說，性海具德門如圓教說」（《華嚴一乘教義分齊章》卷二）。第三，皆以自己崇奉的經典為佛教理論和境界的最高階段。天臺宗「三諦圓融」

的根本教旨依據《法華經》，故推崇「法華經最爲無上」（智顗《法華玄義》卷二上），比喻說，「海是坎德，萬流歸故，《法華》亦爾；江河川流，無此大德，餘經亦爾，故《法華》最大也」（《法華玄義》卷一上），也就是視衆經爲「江河」，而《法華經》爲「大海」。華嚴宗的根本思想「無盡緣起」援依《華嚴經》，所以讚頌《華嚴》最爲廣袤深邃：「華嚴經者，斯乃集海會之盛談，照山王之極說，理智宏遠，盡法界而亙眞源，浩汗微言，等虛空而被塵國」（法藏：《華嚴探玄記》卷一），認爲「華嚴是別乘一教，不同彼也」（法藏：《華嚴一乘教義分齊章》卷一），位在諸經之上。這些，與《莊子》中對「學道」的精神境界提高過程的描述，對先秦學術的判析，和自我尊崇的表現，都有某種類似、應合。

　　當然，還不能說天臺、華嚴判教理論在歷史觀念上和莊子精神史觀念的這種應合是完全自覺的，但是可以肯定，判教理論試圖通過在佛學中注入歷史觀念的因素，從而實現對分歧繁雜的佛教經典、理論和境界有一個完整的、具有歷史感的宏觀整體認識，是在中國文化環境中生長出來的一種理論創造力。

　　⑵總體觀念——天臺宗的「實相」和華嚴宗的「法界」　如前所述，和印度佛學相比，思索、追逐一個作爲一切事物最後根源的本體或融涵著一切事物的總體，是中國傳統思想的最重要的觀念特徵。隋唐時，這一觀念溶進佛學，產生了天臺宗的「性具實相」和華嚴宗的「法界緣起」理論，是中國佛學獨立發展的又一表現。由智顗完成的天臺宗的理論核心「性具實相」實際上是由兩個理論觀點組成：「一念三千」和「圓融三諦」。「圓融三諦」的觀點可以在印度佛學中追尋到它的原始的理論形態。《般若經》中把達到般若最高境界的智慧分爲由低到高的三種：道種智、一切智、一切種智㉞。《大智度論》在解釋這三種智慧時，認爲三智雖然有先後次序，但積累到一定時候則可同時兼有㉟。最早從這些經論中悟出一種禪法——「一心三智」

的是天臺二祖北齊慧文禪師㊱，他更聯繫《中論》「三是偈」㊲，以「空」爲「眞諦」，「假」爲「俗諦」，「中」爲「中諦」的「三諦」與「一切智」、「道種智」、「一切種智」的「三智」相對應，而提出「一心三諦」（「一心三觀」）。可見，作爲智顗「圓融三諦」的思想胚胎的慧文的「一心三觀」，原來是偏重於止觀的能觀方面的一種智觀，一種全智。但到了智顗這裡發生了一種轉變，「圓融三諦」不僅是觀，也是境。智顗弟子灌頂解釋這一轉變說：「妙心是境，妙智是觀，觀境不二，能照能遮。所言境界，具三諦也。知眞即空觀，知俗即假觀，知中即中觀。常境無相，常智無緣，無緣而緣，無非三觀，無相而相，三諦宛然」（《天臺八教大意》）。也就是說，「三諦」不僅是全智（常智），也是全境（常境），所以天臺宗的「圓融三諦」也就是世界的「實相」，「按其相性，即是即空即假即中」（《法華玄義》卷二上）；「圓融三諦」的世界「實相」，也就是世界總體，「一切世間治生產業，皆與實相不相違背，一色一香，無非中道」（《法華玄義》卷一上）。顯然，智顗的「圓融三諦」從思想觀念上經歷了由智到境，由境到體的邏輯過程，不同於印度佛學所固有的「有—空—假—中」的理論軌道；「圓融三諦」在其理論終點上將「一色一香」、「一切治生產業」即世界總體納入「實相」觀念中，這與印度佛學最終地、本質地把「實相」解作「空」的涅槃境界也有所差異，而與莊子思想中的「道通爲一」（《齊物論》），「道覆載萬物者也」（《天地》）的總體觀念卻是一致的。智顗「一念三千」在理論上的創造性和顯現的總體觀念都更加鮮明。智顗的「三千」是由印度佛學中的「十界」、「三世」、「十如」三個內涵並不相同的宗教觀念組合而成。「十界」（「十法界」）之名出《華嚴經》，即地獄、餓鬼、畜生、修羅、人間、天上、聲聞、緣覺、菩薩、佛，所謂「六凡四聖」，是對衆生的分類；衆生十界並非固定，而是隨緣升沉，十界互具，構成百界。「三世」謂衆生世間、國土世間、五陰世間，此出《大智度論》

（卷四十七），是對構成衆生的條件或環境的分類。《法華經·方便品》稱諸法如是相、如是性、如是體、如是力、如是作、如是因、如是緣、如是果、如是報、如是本末究竟等，這是對事物全部性狀的概括。「十界」、「三世」、「十如」是印度佛學從不同方面對世界總體的劃分。智顗在佛學理論上的一個巨大的創造或發展，就是認爲十界、三世、十如同時在一心中顯現。就數量而言，百界、十如、三世共三千，也就是「一念三千」。智顗說：「夫一心具十法界，一法界又具十法界，百法界。一界具三十種世間，百法界即具三千種世間，此三千在一念心。若無心而已，介爾有心，即具三千。亦不言一心在前，一切法在後；亦不言一切法在前，一心在後」（《摩訶止觀》卷五）。就天臺宗「實相外更無別法」（《摩訶止觀》卷一）的佛學理論觀點說，這「三千」就是世界的「實相」，而且是一切事物（「法」）的性相同時具有的「性具實相」。從一般的哲學理念上審視，「一念三千」蘊涵著一種關於世界全部存在的總體的觀念，在中國思想中，它相通於《莊子》中「道之所一」（《徐无鬼》），「道無所不在」（《知北遊》）所體現的思想觀念。在智顗的著述中，時有援引《莊子》中特有的典故、概念的情況，如「當知有而不有，不有而有……莊周夢爲蝴蝶，翾翔百千，寤知非蝶，亦非積歲」（《摩訶止觀》卷五），「至人本迹，淵哉難究，況復此漸頓不定，秘密之蹤，皆無滯矣」（《四教義》卷二）。「莊周夢爲蝴蝶」是《齊物論》中的寓言故事，「至人」是莊子思想中的理想人格，智顗這裡用來詮釋佛學觀點，標誌佛家境界，由此可以印證，他的「性具實相」宗教思想中所蘊涵的總體觀念也是在自覺或不自覺中感受了莊子「道」爲世界總體的思想觀念的影響的結果。

華嚴宗的「法界緣起」理論，蘊涵著、顯露出具有中國思想特色的總體、本體的觀念都更加明顯。華嚴宗的「法界緣起」理論在思想觀念的邏輯發展上與天臺宗有所不同，它是在《華嚴經》「華嚴世界

所有塵，一一塵中見法界」（唐譯：《華嚴經·華藏品》）無盡緣起的「海印」（一切皆印）佛境界中，客體化出一種世界總體（「法界」）；然後，又引進《大乘起信論》「自體有」的「眞如」，將這種總體進一步實在化爲本體（「眞如法界」、「一心法界」）。《大乘起信論》自然有它的印度佛學的理論淵源㊳，但其眞如（眞心）不變、清淨而隨緣的基本觀點㊴卻與印度佛學傳統觀念背馳，而甚爲接近中國傳統思想中莊子的「道……自本自根」（《大宗師》）而「無處不在」（《知北遊》）的觀念。《大乘起信論》署爲「馬鳴造，眞諦譯」，但印度無此書的梵文原本，眞諦所譯經典目錄中也沒有此書名，近代學者因此懷疑它是僞托。從基本的思想觀點上看，《大乘起信論》正是融進了中國傳統思想（莊子思想）的中國佛學。所以就華嚴宗來說，它的眞正的理論創造是在邁出的第一步，即在印度佛學思想中融進一種中國觀念，由《華嚴經》的「海印」境界客體化出世界總相（總體）；而不在第二步，即沿著《起信論》的中國思想觀念走得更遠。華嚴宗人將《華嚴經》的無盡綠起的海印佛境，客體化爲世界總體，主要是富有創造性地提出和依藉了兩個理論觀念：十玄無礙，六相圓融㊵。「十玄」最先是由華嚴二祖智儼在《華嚴一乘十玄門》中爲詮釋《華嚴經》的「一即一切，一切即一」那種最廣泛的相互包攝、萬象圓融佛境界而提出的。後來，三祖法藏又有所發展、修正，最後的名稱是：同時具足、廣狹自在、一多相容、諸法相即、隱密顯了、微細相容、因陀羅網、記事顯法、十世隔法，主伴圓明（法藏：《華嚴經探玄記》卷一）。顯然，這是從空間（廣狹）、時間（十世）、數量（一多）、體用（托事顯法）、性狀（隱顯、微細）、關係（主伴）等各方面來顯示事物的互相包攝、共同緣起（同時具足、諸法相即、帝網），也就是法藏所說「此十門同一緣起無礙圓融，隨有一門即具一切」（《華嚴經探玄記》卷一）。「一即一切，一切即一」本來是《華嚴經》中佛的寬廣無比的包攝一切的境界，但「十玄」的解釋實際上在意念上、

觀念上發生了一種變化，主體性的佛的「海印」境界，異化爲客體性的世界總相、總體。智儼以無限多的玻璃球面相互映現的「因陀羅網」比喻佛境，用以說明「所以成其無盡復無盡，而不失因果先後次第，而體無增減」（《華嚴一乘十玄門》），法藏說，「一切衆生本來無不在如來境界中，更無可入也」（《修華嚴奧旨妄盡還源觀》）。顯然，這些都是把海印一切的佛境昇華爲兼容一切的世界整體、總體。由《華嚴經》的海印佛境客體化的世界總體，華嚴宗人一致稱之爲「法界」或「法界緣起」。如智儼說：「經云，『如一微塵所示現，一切微塵亦如是。故於微塵現國土，國土微塵復示現，所以成其無盡復無盡』，此即是法界緣起」（《華嚴一乘十玄門》），法藏說：「夫法界緣起，如帝網該羅，若天珠交涉，圓融自在，無盡難名」（《華嚴三寶章》卷下），澄觀說：「此經以法界緣起……爲宗也。法界者，是總相也，包理包事及無障礙……緣起者，稱體之大用也」（《大華嚴經略策》），等等。顯然，由佛境到法界，由海印到總相，在《華嚴經》與華嚴宗人之間儘管佛學的思想觀念聯繫仍然十分緊密，但哲學觀念實際上已有了很大的差異和變遷。這一情況和已在天臺宗那裡發生過的情況一樣，都是由於在中國的文化環境中，中國傳統思想中的莊子總體觀念滲透進了佛學思想中的緣故。

「六相圓融」是華嚴宗對作爲世界總體的「法界」的一種相觀，這一觀點的提出和運用，也表現了華嚴宗人的理論創造性。「六相」（總、別、同、異、成、壞）出自《華嚴宗·十地品》：「願一切菩薩行，廣大無量，不壞不雜，攝諸波羅蜜，淨治諸地，總相別相同相異相成相壞相，所有菩薩行，皆如實說……」（唐譯：《華嚴經》卷三十四）這是初地十大願中的第四願。所以「六相」在其最初乃是對佛家心態的表述。後來，世親在《十地經論》中提出「一切十句[41]，皆有六相」（卷一），即認爲《華嚴經》的每個「十句」經文中，就其內容蘊涵而言，皆有「六相」，第一句的內容或所述是總相，是「根

本入」，其餘九句是別相，是「分別入」；第一句是同相、成相，其餘九句是異相、壞相。這就多少改變了、擴大的「六相」的義蘊和運用範圍。華嚴宗人則跨了更大的一步，實現了更大的思想觀念的跳躍，把「六相」由原來作爲心態、意識的相觀，改變爲是事物（法）、世界總體（法界）的相觀。法藏說：「一切諸法，皆具此六相」（《華嚴經義海百門·差別顯現門》第六），「法界緣起，六相鎔融，因果同時，相即自在，具足逆順」（《華嚴一乘教義分齊章》卷四）。應該說，在事物整體和它的構成部分之間，世界總體和它包攝的個體之間，觀察出互相圓融的總別、同異、成壞之相並不困難，至少在中國的思想觀念背景下是這樣，因爲在莊子思想中對這一關係或物相早已描述得十分清晰：「道通爲一，其分也成也，其成也毀也，凡物無成與毀，復通爲一」（《齊物論》）。完全可以推斷，華嚴宗對印度佛學傳統的「六相」觀念的更新、發展，與這個清晰的觀念背景映照有關。

　　(3)自然觀念——禪宗的「自性」　隋唐佛學中，也是整個中國佛學中與傳統的印度佛學差異最大而中國思想色彩最濃的無疑是慧能開創的禪宗（唐代禪學的南宗）。禪宗是中國佛學離開印度佛學固有的理論軌道而獨立發展的一個最重要的表現和結果。禪宗最根本的理論觀點是認爲「三世諸佛，十二部經，亦在人性中，本自具有……若識本心，即是解脫」（法海：《壇經》），也就是說，「佛性」就在人的「本性」或「自性」中。所以，禪宗的根本宗旨就是「令學道者頓悟菩提，令自本性頓悟」（法海：《壇經》）。應該說，禪宗根本理論觀點和宗旨的觀念淵源還是存在於印度傳統佛學的經典或理論體系內，其中，最重要的是史傳所記被禪宗「東土初祖」達摩認爲是「漢地惟有此經，仁者依行，自得度世」而授予二祖慧可的四卷《楞伽經》（道宣：《續高僧傳》卷十六《僧可傳》），和使慧能「一聞，心明便悟」的《金剛經》（法海：《壇經》）。以一般的哲學理論立場來觀察，《楞伽經》「如來藏自性清淨」的觀點，爲禪宗「本心」、「自性」提

供了本體論的觀念基礎，如慧能所說「世人性淨，猶如清天，於外著境，妄念浮雲蓋覆，自性不能明」（法海：《壇經》），正是沿襲了《楞伽》「如來藏雖自性淨，客塵所復故，猶見不淨」（卷一）的大乘有宗的傳統觀點；而被無著、世親分析出二十七個主題、包括了全部般若的主要思想的《金剛經》，則構成了禪宗頓悟的方法論基礎，亦如慧能所說，「若大乘者，聞說《金剛經》，心開悟解，故知本性自有般若之智，自用智慧觀照，不假文字」（法海：《壇經》）。法寶《壇經》還具體記述說，慧能聽五祖弘忍講解《金剛經》至「應無所住而生其心」時，頓悟「一切萬法，不離自性」。所以，以根本觀點的觀念淵源來看，還顯示不出禪宗有「教外別傳」的特異的思想性質或理論色彩。但是，當禪宗的這些源自傳統的印度佛學的根本理論觀點在中國的思想文化環境中進一步發展和表現爲具體的宗教實踐時，確實是別開生面，在理論和實踐上都開創了印度佛學、中國佛學未曾有過的新局面。禪宗在中國傳統思想觀念背景影響下的宗教理論創造，歸結於一點，就是對「自性」的詮釋。在大乘有宗中，「自性」有多種名目或解釋，如四卷《楞伽》寫道：「如來藏自性清淨……有時說空，無相，無願，如，實際，法性，法身，涅槃，離自性，不生不滅，本來寂靜，自性涅槃，如是等句，說如來藏」（卷一）。禪宗擺脫了這些傳統佛學觀念的糾纏，而用一種簡明的、具有中國思想特色的觀念——「自然」來詮釋「自性」（「本性」、「佛性」）。如禪宗門下第一個博學之人、慧能晚年的弟子神會⑫說：「僧家自然者，衆生本性也」，「佛性與無明俱自然，何以故？一切萬法皆依佛性力故，所以一切法皆屬自然」（《神會語錄》）。《壇經》說「自識本心，自見本性」，也就是說禪宗又用「本心」來詮釋「本性」、「自性」。所以，貫串禪宗始終的一個中心思想就是「識心見性，自成佛道」，「若識本心，即是解脫」。（法海：《壇經》）

禪宗沒有對它的「自然」、「本心」的涵義作出更加明確的理論

解釋，但禪宗有則故事可以說明這個問題：

> 雪峰因入山採得一枝木，其形似蛇，於背上題曰：「本自天然，不假雕琢」，寄於師（大安禪師）。師曰：「本色住山人，且無刀斧痕。」（《五燈會元》卷四《百丈海禪師法嗣》）

顯然，禪宗的「自然」（「本性」、「自性」）是指事物無任何人爲痕迹的本然的存在狀態，「本心」是指人的那種無任何意念的本然的心境狀態。所以禪宗又把自己的「識本心」的教派宗旨表述爲「無念爲宗，無相爲體，無住爲本」（法海《壇經》）。禪宗這一「自然」觀念，在中國傳統思想範圍內和莊子思想的自然觀念完全一致。《莊子》寫道：「馬，蹄可以踐霜雪，毛可以禦風寒，齕草飲水，翹足而陸，此馬之眞性也」（《馬蹄》）。莊子也正是把事物的自然狀態看作是它的「眞性」。

禪宗在中國思想觀念背景下，以「自然」、「本心」來理解、詮釋傳統佛學中深奧的「佛性」、「自性」，在中國佛學中啓動了一個巨大的理論轉變，即以對人的本然狀態的整體直觀代替對人的心理狀態和認識過程的具有神秘性質的細膩分析和繁瑣論證。這個理論轉變，使禪宗的宗教實踐也呈現出十分獨特的面貌，歸納言之有二：第一，獨特的宗教實踐內容——自然的生活。自六祖慧能說「一切經書，因人說有」，「十二部經，亦在人性中」（法海：《壇經》），此後歷代各派禪宗都一致認爲「佛」的境界應在對人的「本心」體認中實現，而不是在經論教律的研誦中尋求。南岳系下的慧海說，「佛是心作，迷人向文字中求，悟人向心而覺；迷人修因待果，悟人了心無相」（《大珠禪師語錄》卷下）。希運也說，「本體是自心作，那得文字中求」（《黃蘖斷際禪師傳心法要》）。禪宗在宗教實踐中常表現出對佛教經典的輕蔑，青原系下的四世宣鑑說，「十二分教是鬼神簿」，並有「將疏鈔堆法堂前舉火焚之」的駭世之舉（《五燈會元》卷七《龍潭信禪師法嗣》）。禪宗的某些具體說法或做法可能失當，但總的來說，禪宗擺

脫教典束縛是建立在一個深刻的理解的基礎上的，那就是如慧海在回答「何故不許誦經」時所說：「經傳佛意，不得佛意……得意者越於浮言，悟理者超於文字，法過言語文字，何向數句中求？是以發菩提者，得意而忘言，悟理而遺教，亦猶得魚忘筌，得兔忘蹄也。」（《大珠禪師語錄》卷下）禪宗對純粹本然的「本心」的追求，一方面導致它對宗教理論熱情和信心的衰退，另一方面也促使它對自然流露或表現「本心」的日常生活本身的自覺的親近和融入，並且把這種生活實踐上升爲宗教實踐。慧海回答「如何用功修道」的問題說：「飢來吃飯，睏來即眠」（《大珠禪師語錄》卷下），義玄也說：「佛法無用功處，只是平常無事，屙屎送尿，著衣吃飯，睏來即臥」（《臨濟慧照禪師語錄》）。所以在禪宗看來，「設解得百本經論，不如一無事底阿師」（《臨濟慧照禪師語錄》），生活（「平常無事」）高於教律。客觀公正地說，禪宗把嚴肅繁難的佛教宗教實踐還原爲簡單自然的生活實踐，並不是放棄對佛家精神境界的追求，相反，正是在實現著這種境界。禪宗在日常的、自然的生活實踐中體驗佛家解脫、涅槃境界的那種具有某種神秘色彩的無念、無相、無住，本身要求對生活有某種理性的自覺（理性地認識到飢餐睏眠即是一種「自然」——「本性」、「本心」），並進而超越這種自覺（超理性地、體驗地溶入「自然」，消失於本然之中）。禪宗宗教實踐的這種獨特性用馬祖道一的話來說，就是「道不屬修，若言修得，修成還壞，即同聲聞；若言不修，即同凡夫」（《古尊宿語錄》卷一），禪宗的宗教修持是在「不修」與「修」之上的「不修之修」，是「縱橫自在，無非道場」（《黃蘗斷際禪師傳心法要》）。換言之，禪宗認爲，自覺的本然生活就是全部的宗教修持，就是「道場」。十分顯然，形成禪宗這一宗教實踐特色的兩個方面，即對佛教經典的否定和對本然狀態的追求，都不難從中國思想傳統中的莊子思想裡尋覓到它的觀念根源。莊子思想裡關於「道」有個基本觀點：「道不可言，言而非也，知形形之不形乎，道不當名」（

《知北遊》），也就是說，作為世界總體的、無形的「道」是超越文字語言之上的，是任何語言文字不能完整確切表述的；語言文字只能使我們對「道」有某種意會，卻不能達到「道」本身。《莊子》中用一個譬喻來說明這個觀點：「荃者所以在魚，得魚而忘荃。蹄者所以在兔，得兔而忘蹄。言者所以在意，得意而忘言」（《外物》）；又用輪扁以斲輪的體會來譏諷桓公讀書的寓言故事來證實這個觀點：「古之人與其不可傳也死矣，然則君之所讀者，古人之糟粕已夫」（《天道》）。從上面所引述的禪家對佛教經典的議論和態度中可以看出，莊子的這個觀點、這個譬喻、這個故事內容都為禪家所吸收。莊子也提倡並自覺實踐著一種本然的、自然的生活方式。如《莊子》中寫道，「常因自然而不益生」（《德充符》），「無為名尸，無為謀府，無為事任，無為知主，體盡無窮而遊無朕，盡其所受乎天」（《應帝王》），「吾所謂藏者，任其性命之情而已矣」（《駢拇》），等等。禪宗的「平常無事」的自然生活觀念同莊子的這些觀點在內在精神上是犀通的。當然，在理論內容和性質上的差別也是存在的，禪宗畢竟在本然的、自然的生活中又融進了一種超越生活的宗教精神，即自我最終消失在、寂滅在本然中的涅槃的追求；而這是莊子思想所沒有的，莊子努力於最終達到的「萬物與我為一」（《齊物論》），「獨與道遊於大莫之國」（《山木》）是一種精神的絕對自由——「無待」（「惡乎待」）、「逍遙」。第二，獨特的頓悟「本心」的方法——禪機。禪宗的基本理論觀點認為「佛是自性作，莫向身外求」（法海：《壇經》），所以，覺悟「本心」是禪宗宗教實踐的自始至終的目標。禪宗不主文字，純任本然，對「本心」的性狀沒有任何具體的表述，只是一種本然的「無念無相無住」的整體狀態；也沒有發現或歸納出達到「本心」的固定可循的邏輯過程。這樣，對「本心」的覺悟，必然是一種由體認而產生的整體直觀，一種全息的把握——頓悟，即慧能所說「於自心頓現真如本性」（法海：《壇經》）。在中國佛學中，「頓悟」思想在東

晉涅槃學中就已產生，禪宗的特點，在於它觸發被接引者「頓悟」的方法十分特殊──禪機。它主要是用語言，也兼用動作，以疏導和堵截的兩種方式，使被接引者的思緒唯一地、始終地指向「本心」，並最後覺悟「本心」（即「自性」、「佛性」、「眞如」等）。例如，學徒問慧海「如何是佛？」慧海答：「清潭對面，非佛而誰？」（《大珠禪師語錄》卷下）這就是啓發、疏導問學者覺悟與鏡面（水面）相對的那個人──自我，就是「佛」。而良價對僧徒「如何是佛」之問答曰「麻三斤」（《碧岩錄》卷二），則是把他的心思阻擋回去，引起對自身的返照。這些是禪家語載禪機的典型事例。禪家以動作輸送禪機的典型例子是道一搊痛懷海的鼻子（《古尊宿語錄》卷一），道明捵傷文偃一足（《五燈會元》卷十五），懷海、文偃因痛疼而驚醒「自我」，「從此悟入」。禪家把這些由蘊藏著「禪機」（「機鋒」）的語言、動作所構成的事例、故事稱爲「公案」。在禪宗歷史上，這類公案十分衆多，有的也十分奇特怪誕，但從根本的旨趣上來說，都是可以理解的，只是因爲年代的久遠，某一公案發生的那個具體的歷史情境已經模糊、淹滅，特別是「堵截」式的、切斷邏輯思路的那種禪機，因爲沒有歷史情境作爲背景、作爲填充，就難以被後人理解、識破了。某些公案中的禪機難以被破解，除了失去歷史情境的原因外，還有缺乏思想境界的緣故，這不僅是對後人，即使對當時的禪僧恐怕也是如此。原則上可以認定，禪宗歷代法祖已經「識心見性」，能夠「縱橫自在，無非道場」，在這種極高的境界上，在這個宗教實踐的終點上，他們向被接引者標舉任何一物一事都具有全息的、整體的「佛性」意義。但是，對於在較低境界上的，甚至是在禪宗宗教實踐起點上的被接引者，他們形成不了這樣全息的認識，感受不到這種整體的體驗。禪門接引者（諸祖）把終點的境界向在起點上的被接引者（衆僧徒）展示，禪宗「公案」或「禪機」帶來理解上的混亂或困惑，都是由此而起。例如，在搬柴勞動中，文偃（青原系下的雲門宗開創者）拈起一片柴

拋下，對僧徒說，「一大藏教，只說這個見」（《五燈會元》卷十五《雪峰存禪師法嗣》）。當僧徒問「如何是無位眞人（佛）時，義玄（南岳系下的臨濟宗開創者）說：「無位眞人是什麼乾屎橛。」（《臨濟慧照禪師語錄》）義玄、文偃是在「入佛」境界談「眞相」、「實相」，但在「迷人」眼光中，這只能是一片柴、一橛屎，當然也可以作其它無端無邊的、體現個人經驗的猜忖與漫想。就像在《莊子》裡，莊子對東郭子說「道無所不在」，東郭子不理解，莊子爲他舉例說在螞蟻身上，在稗子裡，在瓦礫中，在屎尿裡，東郭子茫然不知所措，依然困惑不解（《知北遊》）㊸。以上所舉禪家公案中的人和事，分別歸屬於南岳、青原兩系之下，這就是說，獨特的禪機頓悟方法是禪宗（南禪）各派所共同的。禪宗觸發頓悟「本心」的禪機方法，不僅對於印度佛學來說是個創造，在中國傳統思想中也難以有可比擬。然而，仍可以從莊子思想中發現與它相契合的思想觀念。頓悟，用慧達論及竺道生「頓悟」說時所作的解釋來說，就是「明理不可分，悟語極照，以不二之悟，符不分之理。「（《肇論疏》）」換言之，頓悟就是對一個不可分割的、不可逐一地予以認識的對象以全息的、直觀的把握、了悟。在莊子思想中，作爲萬物最後根源和世界總體的「道」就具有這樣的性質，所以如前編所述，在莊子認識論的最高層次上對「道」的認識正是一種整體直觀，這就是《莊子》所說「目擊而道存，亦不可以容聲矣」（《田子方》）。禪宗的「於自心頓現眞如本性」，就其「識心見性」的直觀性質而言，和莊子的「學道」（《大宗師》）是相同的。在莊子思想中，對「道」的眞正的、最後的認識、了悟，實際上是在超越認識領域之外的精神修養實踐領域內實現的，所謂「守而後成」（《大宗師》），《莊子》中稱之爲「體道」（《知北遊》）。禪宗認爲「平常心是道」（普願語，《古尊宿語錄》卷十三），所以禪宗所說「自識本心」，實際上也不是一個認識過程，而是一個在日常生活中「隨緣消舊業，任運著衣裳」（《臨濟慧照禪師語錄》）的體驗過程，這與

莊子的「體道」在思想觀念上也有契合之處。可見，禪宗「頓悟本心」雖然獨特，但是構成這一宗教思維方式獨特性的兩個基本的方法論因素——整體直觀、實踐體驗，其觀念背景，甚至是觀念淵源仍然存在於中國傳統思想中，存在於莊子思想中。

　　以上，簡略地論述了佛學作爲一種從印度傳入的異質文化的思想觀念在中國思想文化土壤裡生根、發芽、結果的過程。在這個過程中，從最初的概念、觀念認同，到進一步的思想觀念的釋義，和最後的具有中國特色的佛學思想的創造，莊子思想都起了主要的作用。這是中國文化和思想對異質文化和思想的消化、改造能力的具體表現。莊子思想所具有的這種能力，此後在理解、吸收近代逐漸傳入的西方文化和思想中又一次卓越地表現出來。

【附　註】

① 恩格斯在《布魯諾·鮑威爾和早期基督教》一文中把宗教形態概括爲兩類：一種是「自然宗教」，即原始宗教；另一種是「人爲宗教」，即階級社會的宗教。（見《馬克思恩格斯全集》第十九卷第327頁）

② 分別見《老子》59章、6章。

③ 分別見《莊子·天地》、《在宥》、《逍遙遊》、《在宥》、《在宥》。

④ 《莊子》寫道：「雲將東遊，過扶搖之枝，而適遭鴻蒙……」（《在宥》）。司馬彪注：「雲將，雲之主帥。」（《初學記》一引），「鴻蒙，自然然元氣也」（《經典釋文》引）。皆莊子寓言人物。

⑤ 《莊子》寫道：「百骸九竅六藏……其有眞君存焉」（《齊物論》），《莊子》中的「眞君」是身之主宰的比喻，不是眞實的人格神的觀念。

⑥ 《元始上眞衆仙記》，《說郛》錄爲《枕中書》，葛洪撰。余嘉錫考定，《枕中書》中出現許穆、許玉斧，其年輩皆在葛洪之後，故「此書不出於洪亦明矣」（《四庫提要辨證》卷十九）。

⑦ 《天隱子》，蘇軾以爲是司馬承禎所撰（見陸游《渭南文集·跋天隱子》

及胡珽《書天隱子後》），《四庫全書提要》表示懷疑。

⑧　存，存思，存想也，即思念、默祝、默誦神物、經典之謂也。道教自我收攝的修持方法。《天隱子・存想》謂：「存，謂存我之神；想，謂想我之身。」

⑨　《三國志・魏志・東夷傳》注引《魏略・西戎傳》：「昔漢哀帝元壽元年（公元前2年），博士弟子景盧受大月氏王使伊存口受《浮屠經》。」

⑩　《法苑珠林》卷二十八《神異篇》引《冥祥記》：「……太康中（公元280—290年），禁晉人作沙門」，這表明當時佛教已在民間流行。

⑪　「苦、集、滅、道是名四聖諦」（曇無讖譯《涅槃經》卷十二），「佛法印有三種：一者一切有爲法，念念生滅皆無常；二者一切法無我；三者寂滅涅槃」（《大智度論》卷廿二）。

⑫　支讖譯《般若道行經》第十四品《本無》，在以後北朝鳩摩羅什的異譯本《小品般若經》中爲第十五品《大如》，在宋代施護的異譯本《佛母般若經》爲第十六品《眞如》。

⑬　羅什譯《大智度論》謂：「般若者（羅什注：秦言智慧），一切諸智慧中最爲第一，無上無比無等，更無勝者，窮盡到邊。」（卷四十三）

⑭　最早指出當時對般若空觀理解上分歧的是北朝後秦羅什門下的年齡最長的弟子僧叡的「六家」說：「格義迂而乖本，六家偏而不即」（僧佑《出三藏記集》卷八《毗摩羅詰堤經義疏序》），但他沒有指明「六家」之名。羅什門下另一年輕的弟子僧肇在《不眞空論》裡概括爲「心無」、「即色」、「本無」三家。「六家七宗」之名，始於南朝劉宋曇濟的《六家七宗論》，此論已佚。梁寶唱《續法論》中曾經引用。唐元康《肇論疏》（卷上）說：「梁朝釋寶唱作《續法論》一百六十卷云，宋莊嚴寺釋曇濟作《六家七宗論》，論有六家，分成七宗。第一本無宗，第二本無異宗，第三即色宗，第四識含宗，第五幻化宗，第六心無宗，第七緣會宗。本有六家，第一家爲二宗，故或七宗也。」

⑮　《大藏經》本作「妄」。

⑯　《續藏經》本作「正」。

⑰　《大藏經》本作「無」。

⑱　安澄《中論疏記》所稱引支道林《即色遊玄論》與此近似：「夫色之性，色不自色，不自，雖色而空。知不自知，雖知而寂也。」

⑲　吉藏就認爲即色義有二家。一者關內即色義，謂色無自性，即僧肇所呵斥；二者支道林即色是空，與道安本性空寂之說相同。（《中論疏》卷二末）

⑳　《續藏經》本作「末」。

㉑　竺法護、無叉羅（無羅叉）分別是《光贊般若經》和《放光般若經》的譯者。

㉒　《莊子》寫道：「謹守而勿失，是謂反其眞」（《秋水》）「夫體道者，天下之君子所繫焉」（《知北遊》）。

㉓　隋釋灌頂《涅槃經玄義》（卷上）列舉了十種意譯。

㉔　湯用彤曾舉出五點論據，論證《涅槃無名論》非爲僧肇所作（《漢魏兩晉南北朝佛教史》第十六章）。侯外盧、呂澂對湯用彤的論據和結論提出不同看法，認爲尚須作進一步的考證和研究（《中國思想通史》第三卷第十章，《中國佛學源流略講》第五講）。此篇中論及的頓、漸之爭正是晉宋時的佛學問題，且篇中文字亦爲梁慧皎《高僧傳‧僧肇傳》所引錄，因此，無論此篇作者誰屬，將其視爲六朝時的一種涅槃觀點的代表，皆可成立。

㉕　吉藏《大乘玄論》（卷三）將佛性說分列爲十一家，進而又概括爲以「假實」、「心識」、「理」來解釋「佛性」的性質或規定其內涵的三家。

㉖　湯用彤亦曾概括說：「生公陳義，要言有三，一曰理，一曰自然（或曰法），一曰本有。」（《漢魏兩晉南北朝佛教史》第十六章）

㉗　「一闡提」（略稱「闡提」），意譯「信不具」。小乘經典指稱不具信心，斷了善根，不能成佛的人。

㉘　指法顯翻譯的六卷本《大般泥洹經》，此經出小乘經典《長阿含》中，

認爲一闡提不能成佛。

㉙　郭慶藩《莊子集釋》本作「吾猶守而告之」，此據聞一多《莊子內篇校釋》改。

㉚　今本《天下》篇在敘述莊子學派後，又臚述惠施「歷物之意」十事和辯者二十一個論題。晚近學者考證，認爲這是《莊子》佚篇《惠施》竄入。甚是。（見本書上編）

㉛　元僧元粹《四教儀備釋》有一偈語：「阿含十二方等八，二十二年般若談。法華涅槃共八年，華嚴最初三七日。」（卷上）

㉜　見法藏《華嚴一乘教義分齊章》。

㉝　佛教以聲聞、緣覺、菩薩三種根性的人有三種不同的佛果爲「三乘」。此指聲聞、緣覺二根性者。

㉞　《摩訶般若波羅蜜經・序品》：「欲以道種智具足一切智……欲以一切智具足一切種智，當行習般若波羅蜜。」

㉟　《大智度論》：「自問曰：『一心中得一切智、一切種智，斷一切煩惱習。今云何言以一切智具足一切種智，以一切種智斷煩惱習？』答曰：『實一切一時得，此中爲令人信服般若波羅蜜故，次第差別說。』」（《卷二十七》）

㊱　《佛祖統紀》：「師（慧文）依此文，以修心觀……觀一心三智，雙亡雙照，即入初住無生忍位。」（卷六《二祖北齊尊者慧文本紀》）

㊲　《中論・觀四諦品》：「因緣所生法，我說即是空，亦爲是假名，亦是中道義。」

㊳　呂澂曾指出，《大乘起信論》主要理論吸取於《楞伽經》，並融合了地論師和攝論師的不同說法。（見《中國佛學源流略講》第八講）

㊴　《起信論》概括「眞如」的內涵有六種「自體義」：「眞如自體相者……從本以來，性自滿足一切功德。所謂自體，有大智慧光明故，遍照法界義故，眞實識知義故，自性清淨心義故，常樂我淨義故，清涼不變自在義故……名爲如來藏」；又有「違自順他」、「違他順自」兩種「隨

緣義」。

㊵ 實際上，法藏在《一乘教義分齊章》中，將華嚴宗的義理概括爲四點：三性同異，因門六義，十玄無礙，六相圓融。但前兩點是論述構成緣起說的原理，後兩點才是論述無盡緣起的內容，顯示出世界總相、總體。

㊶ 《華嚴經》行文有個體例，常將論題分十個方面進行論述，是爲「十句」。法藏說：「依《華嚴經》立十數爲則，以顯無盡義」。（《華嚴一乘教義分齊章》卷四）

㊷ 僧史記述，神會「從師傅授五經，克通幽賾。次尋莊老，靈府廓然……其諷誦群經，，易同反掌，全大律儀，匪貪講貫。」（贊寧《宋高僧傳》卷八《神會傳》）

㊸ 本世紀50年代，胡適和日本鈴木大拙曾就「禪」的思想性質是理性的或非理性的進行了尖銳對立的辨論。應該說，在歷史情境中，從根本旨意上看，禪宗是理智的，可被邏輯地理解的；但是，在歷史情境消失，思想境界錯位的情況下，禪宗顯然是被當作非理性的、非邏輯的來理解的。

第十一章　莊子思想與中國近現代思潮

　　1840年鴉片戰爭以來，在深重的社會危機和西方思想文化輸入的雙重因素作用下發生、發展的中國近現代學術思潮，紛紜繁雜，流派眾多；但畢竟源淺而流短，尚未能形成或不明顯具備像歷史上經學、玄學、理學、佛學那樣可以籠罩一代思潮全體的本質特徵，貫串一代學術全部的主體思想理論。然而，中國近現代思潮卻有一個顯著的、似乎是由同一目的而凝成的共同特色——努力攝取西方的科學觀念和哲學思想，以重新評估中國傳統思想，建構中國新的文化。這裡的「文化」，是指如美國文化人類學家懷特（L.A.White）所謂的由技術系統、社會系統和觀念系統等三個方面構成的社會存在總體①。其間，由於主要立論基礎是中國傳統思想或是西方思想的不同，1840年以後的中國近代思想和1919年「五四」以後的現代思潮又有顯著的差別。在這裡，我們從莊子思想對近現代思潮的理論內容的形成所發生的作用的角度來觀察分析一下這些問題。

一、莊子思想與近代思潮

　　中國近代思潮在表面層次上呈現為形形色色的社會政治理論，其實際內容是在由於滿清王朝的腐朽統治和帝國主義列強的侵略瓜分，中華民族面臨國家覆滅的嚴峻局面下，中國先進的知識分子努力吸取並運用同中國傳統思想迥然有別的西方思想來認識中國的社會現狀、民族命運、國家前途而提出的種種挽救危亡的方案。這些社會政治理論或改造社會方案儘管各具特色，甚至包含著改良與革命的根本對立，

但從一種寬容的、歷史的角度看，都涵蘊和表現著挽救國家和民族危亡的眞誠努力；在較深的理論層次上，憑借中國傳統思想來理解、容攝、消化西方思想的精神歷程是相同的，以「進化」和「個性」爲其哲學理論基礎的情況也是共同的。應該說，中國近代思潮的這種特色和理論內容及其產生的社會原因和文化背景還是比較清晰的；但是，較深層次上的中國近代思潮形成過程中所首先發生的那個容攝西方思想的精神歷程是怎樣的？作爲哲學理論基礎的「進化」、「個性」的觀念內容是如何確定的？似乎並沒有得到十分清楚的揭示。而莊子思想正與這些有密切的關係。

1. 莊子「齊物論」思想提供了近代思潮的容攝背景

　　梁啓超在《清代學術概論》中曾指出，「以新知附益舊學」是晚清學者的共同特色。誠然如此，中國近代思想的形成是以吸取、攝入西方思想爲開始、爲標誌的。但是，以有神宗教、科學理論爲觀念基礎而發展起來的西方文化、西方思想與以天道自然、倫理道德爲觀念基礎的中國傳統思想是迥然異趣的；而且，西方文化和思想本身也經歷了漫長的歷史發展，思想觀念眾多而分歧，所以對這種異質文化的眞正理解、消化和吸收，也一定和歷史上的佛教文化和思想的溶入一樣，是一個長期的過程，是至今仍在進行中的我們民族的精神成長過程。因此，處在這一過程開始的晚清學者，作爲中國近代思潮的發端，對西方思想的理解、認識往往是很膚淺的，亦如梁啓超在《清代學術概論》中所說，「固有之舊思想既根深固蒂，而外來之新思想又來源淺轂，汲而易竭，其支絀滅裂，固宜然矣」。他們往往是從中國固有思想中，尋覓出某種較深刻的哲學立場和寬廣的觀念背景，用來消彌中西異質文化和思想間的觀念隔閡，認同西方思想的哲學眞理性質，以實現對西方思想的吸取、攝入。在中國近代政治舞臺上和學術領域內都有豐富的創造而又相互對立的兩位代表人物——康有爲和章太炎都正是這樣的。

　　近代中國，無論在理論上和實踐上康有爲都是資產階級改良派的最傑出的代表，而在學術思想上，他則是一位今文經學大師。康有爲在清代極盛的考據、訓詁學術領域內未作盤旋而很快進入義理之境，他的哲學思想的成熟或最終確立是較早的。他曾自謂「吾學三十歲已成，以後不復有進，亦不必求進」。（梁啓超《清代學術概論》）康有爲在《自編年譜》中回顧他二十七歲時（光緒十年，1884年）的思想經歷，有段很完整的敘述：

> 還鄉居澹如樓。早歲讀宋元、明學案，朱子語類，於海幢華林讀佛典頗多，上自婆羅門，旁收四教，兼爲算學，涉獵西學書。秋冬獨居一樓，萬緣澄絕，倦讀仰思，至十二月，所悟日深。因顯微鏡之萬數千倍者，視虱如輪，見蟻如象，而悟大小齊同之理；因電機光線一秒數十萬里，而悟久速齊同之理。知至大之外，尚有大者；至小之內，尚包小者，剖一而無盡，吹萬而不同……合經子之奧言，探儒佛之微旨，參中西之新理，窮天地之賾變，搜合諸教，披析大地，剖析今故，窮察後生，自生物之源，人群之合，諸天之界，眾星之世，生生色色之故，大小長短之度，有定無定之理，形魂現示之變，安身立命，六通四闢，浩然自得……其來現也，專爲救眾生而已，故不居天堂而故入地獄，不投淨土而故來濁世，不爲帝王而故爲士人，不肯自潔，不肯獨樂，不願自尊，而以與眾生親，爲易於援救，故日日以救世爲心，刻刻以救世爲事。

康有爲的這段自述，正是他的哲學思想（世界觀和人生觀）最終形成的具體說明。不難看出，康有爲哲學世界觀、人生觀的確立，從理倫觀念上說，具有決定意義的乃是一種能容攝多種思想體系的寬廣的觀念背景或者說能蘊涵多種理論觀點的基礎觀念的形成，這就是莊子的「齊物論」②思想。十分顯然，康有爲「因顯微鏡」、「因電機光線」，也就是借助西學（西方的技術和知識）悟解的大小、久速「齊同之理」，

就是莊子的「萬物齊一」（《秋水》）的思想。在這種「萬物皆一」（
《大宗師》），「吹萬不同……唯達者知通爲一」（《齊物論》）即齊
同萬物和齊同「物論」（各種思想觀點）的觀念基礎上，康有爲「合
經子之奧言，探儒佛之微旨，參中西之新理」，容攝了他所接觸到的
一切古今中西的思想觀念；特別是對於中國固有或已有的子學、儒學、
佛學之外的嶄新的西方思想，「齊物論」的理論立場自然會使他產生
一種寬容的學術態度，故他評定「西學甚多新理」。（《自編年譜》）
可見，正是從中國傳統思想的莊子思想中康有爲獲得了一種十分特殊
的哲學立場或觀念基礎來認同、確認異質的西方思想。

　　近代中國，唯一能和康有爲匹敵，形成奇特對稱的是章太炎。章
太炎是堅定的資產階級革命派，在學術思想上則服膺古文經學。章太
炎有深厚的朴學根基，學術觀點和哲學思想幾經變遷。章太炎學術觀
點的成熟，在不同的學術領域有不同的情況，但他哲學思想的最終確
定可以肯定是在他以「始則轉俗成眞，終乃回眞向俗」（《菿漢微言》）概
括其生平思想的辛亥革命以後的時候。章太炎儘管在政治上和學術上
皆與康有爲形成尖銳對立，但一點卻和康有爲十分接近，甚或相同，
即章太炎也是援用莊子的「齊物論」思想爲觀念背景，爲哲學立場，
以吸取、容攝和中國固有的或已有的傳統思想異質的西方思想。章太
炎說：

> 凡古近政俗之消息，社會都野之情狀，華梵聖哲之義諦，東
> 西學人之所說，拘者執著而鮮通，短者執中而居間，辛之魯
> 莽滅裂，而調和之效終未可睹。譬彼侏儒解遘於兩大之間，
> 無術甚矣！余則操齊物以解紛，明天倪以爲量，割制大理，
> 莫不孫順。（《菿漢微言》）

需要指出，章太炎這裡所說的「操齊物以解紛，明天倪以爲量」而達
到的「調和之效」，並不是經驗層次上的相對主義和對立思想觀點的
折衷，而是由一種深刻的哲學洞察而形成的對異己思想的理解、消化

能力和寬容態度。章太炎解釋說，「齊物云者，謂一切知見，若淺若深，若眞若俗，若正若倒，和以天倪靡不會歸眞諦，亦非是無高下差別也」（《菿漢微言》），「凡諸儒林、白衣、大匠、祆師所論，縱非全是，必不全非。邊見但得中見一部，不能悉與中見反也；倒見但以誤倒爲正，不能竟與正見離也」（《齊物論釋》）。也就是說，章太炎認爲不同理論層次、理論性質的思想觀點儘管從世俗角度看來有高低、雅俗、正反之分別，但用「天倪」來衡量，其所是必有所是之處，所非必有所非之處，皆有其「眞」。這正是莊子《齊物論》中「物固有所然，物固有所可，無物不然，無物不可，道通爲一，唯達者知通爲一」的思想和態度；正是莊子「何謂和之以天倪？日是不是，然不然」的齊一物論的方法的具體運用。章太炎思想具有極廣博的內容，對舉凡中國、印度、古代希臘和近代歐洲最主要哲學派別或人物的思想都有所評述、稱引和吸收。他認爲「《齊物》一篇，內以疏觀萬物，持閱眾甫，破名相之封執，等酸鹹於一味；外以治國保民，不立中德，論有正負無異門之儻，人無愚智盡一曲之用，所謂衣養萬物而不爲主宰者也」（《菿漢微言》）。可見章太炎思想的廣博和創新，正是由於他從莊子思想中求索到了一種廣闊的、具有容攝力的觀念背景或理論立場——齊物論。

　　《易傳》日：「天下同歸而殊途，一致而百慮。」（《繫辭》下）哲學思想愈是深刻、本質，就愈是趨於相互接近。「齊物論」揭示了人類思想的這種性質，這是它能在像康有爲、章太炎這樣近代中國最重要的思想家那裡構成容攝中國傳統思想以外的異質的西方思想的寬廣的觀念背景的原因③。另外，莊子思想本身也是一個具有眾多概念、命題和觀念的思想體系，正如康有爲所說，莊子之學「直出六經之外」（《萬木草堂口說·諸子》三），或者如嚴復所讚，《莊子》說理「語語打破後壁，往往至今不能出其範圍」（《嚴復集》第三冊《與熊純如書》）。這樣，當中國固有的傳統文化、思想同一種外來的異質文化、思想接觸、

發生觀念衝突時，寬廣深邃的莊子思想總可以浮現出某種與這種外來的異質文化、思想體系對應的、接近的、相同的觀念或思想，形成最初的共識、認同，溝通進一步去理解、消化的觀念渠道。莊子思想的這種文化作用，在中國歷史上，如前所述，在漢唐當印度佛教傳入和發展時曾經卓越地表現過一次；這裡，在近代中國當西方思想傳入時又一次表現出來。這不僅是指在近代思想家的個人著述裡，經常出現用莊子的語言或思想來詮釋西方思想的概念或命題的情況，例如章太炎就以道家、莊子的「道」詮釋佛家的「眞如」，接著又用「眞如」去解釋柏拉圖的「理念」（idea）和康德的「物自體」④。他還以《莊子》的「無物不然，無物不可」轉譯黑格爾的著名命題「凡是現實的都是合理的，凡是合理的都是現實的」⑤。嚴復也曾以《莊子》的「心未嘗死」（《德充符》）解釋佛學之「妙明」，耶教之「靈魂不死」⑥，認爲《莊子·馬蹄》和盧梭《民約論》同義⑦，等等。然而，更重要的是指近代思潮在形成和論述由於西方思想傳入而突出和明顯起來的兩個主要論題——「進化」和「個性」時，也都是借助或援引莊子思想的。

2.近代思潮的主要論題攀援著莊子的思想觀念

　　一代思潮是一代獨特的社會狀況和文化環境的產物。近代中國處於古代的封建社會向近代資本主義社會的變遷過程中，處在傳統文化同西方文化的激烈衝突中。這一社會變遷的必然性，這一社會過程中人的主觀精神條件的重要性，是感受了西方思想的中國近代思潮認識到的和論述的主要問題。這兩個問題哲學的、理論的昇華，就是進化論和個性人性論。

　　中國近代思潮的進化論，不是指具體科學的、特殊形態的生物進化論，而是指一種社會發展理論，一種哲學世界觀和方法論。就其蘊涵的理論特質而言，中國近代思潮的進化論大體經歷了兩個階段，或者說具有兩種形態。最初出現的是經學形態的進化論，它以《周易》、

《公羊傳》等儒家經典爲理論根據，主要內容是「更法」的政治主張和「三世」（據亂、升平、太平）的社會進化理論。這一理論可以涵蓋除去嚴復而外的、以康有爲爲代表的改良派全體及其先驅龔自珍、魏源。接著出現的則是在達爾文生物進化論基礎上吸收斯賓塞和赫胥黎社會進化學說以及牛頓力學而形成的哲學形態的進化論，它以嚴復《天演論》爲代表，用「物競天擇」、「質力翕闢」來解釋自然界和人類社會的發展過程和機制。在中國近代歷史上，這種進化論不僅在社會實踐上發揮了巨大的振聾發聵的精神啓蒙、思想解放的作用，正如親身經歷了那個時代的人所說的那樣，「自嚴氏書出，而物競天擇之理，驀然當於人心，而中國民氣爲之一變」（漢民：《述侯官嚴氏最近政見》，《民報》第二號）；而且在理論上構成了中國近代學術思想共同的觀念基礎，誠如孫中山所說，「自達爾文之書出後，則進化之學，一旦豁然開朗，大放光明，而世界思想爲之一變，從此各種學說，皆依歸於進化矣」，（《孫文學說》）所以這是一種哲學世界觀和方法論進化論⑧。莊子思想與這兩種形態、兩個階段的進化論在思想觀念上皆有甚爲密切的關係。以傳統的儒家經典爲依據的經學進化論，雖然其核心思想的理論性質是一種社會政治思想，但是它也依藉著一個廣闊的自然界萬物和人的形成、變易的進化觀念背景，例如康有爲說，「元者，氣也。無形以起，有形以分，起造天地，天地之始也」（《春秋董氏學》卷四），「荒古以前生草木，遠古生鳥獸，近古生人」（《萬木草堂口說·學術源流》五）。譚嗣同也說，「窮天地生物之序，蓋莫先螺蛤之屬，而魚屬次之，蛇龜之屬又次之，鳥獸又次之，而人其最後焉者也」（《石菊影盧筆識·思篇》十五）。顯然，經學進化論的自然觀十分相似於、也可以說是直接來源於莊子的自然哲學，因爲它的萬物形成的觀點，實際上就是莊子的「通天下一氣耳」（《知北遊》）；它對「天地生物之序」的描述，也完全應合《莊子·至樂》篇中的植物—動物（蟲—鳥—獸）—人的生物變化次序。康有爲《自編年譜》敍

述他在萬木草堂講學時，「告以程生馬，馬生人，人自猿猴變出，則信而證之」，這可證明康有爲對自己的弟子進行進化論的啓蒙教育時援引的正是《莊子》。

如果說，基本性質仍然是屬於中國傳統思想的經學形態進化論從莊子思想那裡獲得的是一種自然觀的觀念背景和物種變化的經驗事實（在這裡是被作爲有序的、完整的生物進化過程來理解的），那麼，以《天演論》爲代表的哲學形態的進化論則擺脫了、超越了《莊子》中的那些具體的、粗淺的物種變化的經驗事實，而吸取了一種可以對生物進化的根本動力和過程（「物競天擇」）作出哲學解釋的深刻思想。嚴復在《莊子評點》中對曾被康有爲作爲生物進化的例證援引的《莊子·至樂》「種有幾」章加以評述說：「此章所言，可以之與晚近歐西生物學所發明者互證，特其名詞不易解，《釋文》所解析者，亦未必是。然有一言可以斷定者，莊子於生物功用變化，實已窺其大略，至其細瑣情形，雖不盡然，但生當二千餘歲之前，其腦力已臻此境，亦可謂至難能而可貴矣。」在這位當時對西方科學和思想有最深入、準確了解的進化論傳播者看來，《莊子》中的生物變易的經驗事實「未必是」，「不盡然」，但是早在二千年前，就有了認爲生物存在著有序的變易的這種思想，卻是「難能可貴」的。應該說，嚴復對《莊子》「種有幾」章的評價是十分公正的。它也表明《天演論》所依據的達爾文生物進化論的科學事實和「物競天擇」理論已經遠遠超越《至樂》篇中這些零碎的經驗事實和模糊的「出機入機」觀點。然而，嚴復《天演論》在追尋生物進化的「物競」（生存競爭）、「天擇」（自然選擇）兩個根本機制的最終根源時，回答有無「創造者」這一更深刻的、具有哲學性質的問題時，即借助了莊子的一個重要的思想觀念——「咸皆自己」，嚴復說：

> 物競、天擇二義，發於英人達爾文。達著《物種由來》一書，以考論世間動植物類所以繁殊之故……知有生之物，始於同，

終於異。造物立其一本，以大力運之，而萬類之所以底於如是者，咸其自己而已，無所謂創造者也。（《天演論・察變》按語）

莊子自然哲學有一個根本的觀點：「物固自生」，「而物自化」（《在宥》），自然界不存在創造者。莊子譬之爲「天籟」。《莊子》有則寓言說，管簫被人吹而發出的樂音是「人籟」，地面坑凹洞穴被風吹而發出的聲響是「地籟」，「天籟」則是「吹萬不同，而使其自己⑨也，咸皆自取，怒者其誰邪！」（《齊物論》）即是說，「天籟」就是指萬物「自己」的、「自取」的、沒有鼓吹者（「怒者」）的本然的「聲音」。莊子這個寓言的涵義，正如郭象所注解的那樣，是說「物各自生而無所出焉，此天道也」（《莊子注》）。以生存競爭和自然選擇爲主要動力和機制來說明生物進化的「天演」理論，在邏輯上必然要導致對神創論、目的論的否定。顯然，對於達爾文進化論所蘊涵的這一哲學思想，嚴復是借用莊子的語言、莊子的思想來予以闡釋的。正是在無目的、無主宰的「物固自生」的自然觀意義上，嚴復甚至認爲莊子也是「天演家」，他在評點《齊物論》「吹萬不同，而使其自己也」句時寫道：「一氣之行，物自爲變，此近世學者所謂天演，西人亦以莊子爲古之天演家。」（《莊子評點》）

總之，中國近代思潮的進化論思想在其形成和發展的不同階段、不同理論層次上都從《莊子》中接受或感受了思想資料或思想觀念的影響。

中國近代思潮另一個重要的內容是呼喚人的覺醒，個性的覺醒。它構成了中國近代社會運動的政治目標——自由、平等、博愛的哲學理論基礎。中國近代思潮的人的理論，主要是在兩個理論層次上展開，或者說主要是兩個問題：一是人（人性和個性），一是人心（道德情感和知覺能力）。

中國近代思潮的人論，其基本出發點是把人作爲孤立的、自然的存在來考察的；它的理論矛頭主要指向封建的專制制度和理學思想，

喚醒、恢復在這個制度和思想壓抑下已經扭曲變形、已經喪失了的那種作爲人應有的精神自覺和對生活的追求。在這個問題上，在這個共同的理論方向上，近代思潮中政治上和學術上都處於對立狀態的、以康有爲和章太炎爲代表的兩派，又有所不同。以康有爲爲代表的自然人性論，主要是從肯定人的自然欲望（「人欲」）的合理性來否定封建理學的天理人性論的禁欲主義，並推出一種「平等」的觀念。康有爲認爲，從根本上說，人性就是人的本然的、自然的存在狀態，無所謂「善」或「惡」。他說，「性者，生之質也，未有善惡」（《萬木草堂口說‧中庸》一）。如果將人的本然的、自然的狀態再作具體的分析、描述，康有爲認爲，人的本性就是自然欲望驅動下的「去苦求樂」。他說：「人生而有欲，天之性……人情所願欲者何？口之欲美飲食也，居之欲美宮室也，身之欲美衣服也……身世之欲無牽累壓制而超脫也，名譽之欲彰徹大行也……」（《大同書》，古籍出版社1956年版，第41—42頁），「普天之下，有生之徒，皆以求樂免苦而已，無他道矣」（《大同書》，第6頁）。康有爲進而認爲，順應、滿足這種自然人性欲望，就是「聖人之道」、「孔子之道」，他說：「夫性者，受天命之自然，至順者也」（《長興學記》），「聖人之爲道，亦但因民性之所利而導之……所以不廢聲色」，「孔子之道，乃天人自然之理」（《春秋董氏學》）。十分顯然，康有爲的自然人性論是對將「天理」和「人欲」對立起來而主張「存天理、滅人欲」的理學人性論觀點的否定。故他批評說「宋儒專以理言性，不可」（《萬木草堂口說‧中庸》三）。應該說，以康有爲爲代表的改良派的這個觀點，在理論深度上尙未超越明末清初的理學批判思潮⑩。但是，康有爲並沒有停留在這裡，他把人的本性就是人人相同的自然秉賦的觀點，又向前推進一步，邏輯地得出了和封建社會制度尖銳對立的「人人平等」的政治結論。康有爲說：「孔子曰『性相近也』，夫相近則平等之謂，故有性無學，人人相等，同是食味別聲被色，無所謂小人，無所謂大人也」（《長興

學記》），「人人既是天生，則直錄於天，人人皆獨立而平等」（《中庸注》）。這樣，康有爲的人性論觀點雖然在理論形式上仍是中國傳統思想的「理」與「欲」、「善」與「惡」之辨的古老論題，但其內容卻是屬於新的、近代的、資產階級性質的。導引出近代的、資產階級性質的政治結論的康有爲的人性論觀點，追溯其理論淵源卻並不是在近代，在西方；而是在古代中國。康有爲曾說，「告子是而孟子非」（《長興學記》），他的自然人性論無疑地是受到告子人性論觀點的影響。實際上，如前所述，把「性」理解爲事物的本然狀態，把人性理解爲無善無惡的自然狀態，正是莊子的觀點。《莊子》中寫道：「道者德之欽也，生者德之光也，性者生之質也」（《庚桑楚》），「欲惡避就，固不待師，此人之性也」（《盜跖》），可見，康有爲自然人性論中用以定義「人性」的兩個主要的內涵——「生之質也」，「求樂免苦」，其觀念根源都可以追溯到《莊子》。

　　章太炎對人的最根本的哲學性質的觀察不同於康有爲，他早年即發覺，以無善無惡的本然狀態來定義人性是困難的，與事實不符的，而認爲「言人性，則必有善有惡矣」，並傾向於「性惡爲長」（《菌說》）。以後，他又進一步發覺，無善無惡與有善有惡皆是人性的表現，皆可定義「人性」。他說：「無善無惡，就內容言；有善有惡，就外交言，本無異義」（《菌說》修改稿）。用兩個相反對的概念、命題來定義同一個事物，從邏輯上說，是無意義的，不能作出本質規定的。章太炎不再從人性，不再從人的行爲方式的價值性質（「善」與「惡」）的角度來對人作本質的觀察；而是從個性，從個人與周圍世界構成的關係的性質（「獨生」與「他生」）來界定人的本質，他說：「蓋人者，委脫遺形，倏然裸胸而出，要爲生氣所流，機械所製，非爲世界而生，非爲社會而生，非爲國家而生，非互爲他人而生。故人之對於世界、社會、國家與其對於他人，本無責任。責任者，後起之事。必有所負於彼，而後有所償與彼者，若其可以無負，即不必有償

矣。然則人倫相處，以無害爲其限界，過此以往，則巨人長德所爲，不得責人以必應如此。」（《四惑論》）即章太炎認爲，人就其自然本質來說，是沒有任何責任義務、唯一地以「無害」爲原則的完全獨立、自由的個體存在。這是中國近代思潮中最徹底的個性自由觀點，是對政治上和思想上乃至一切社會領域內的隸屬關係的否定。章太炎又進一步說，「即實而言，人本獨生，非爲他生。而造物無物，亦不得有其命令者。吾爲他人盡力，利澤及彼而不求圭撮之報酬，此自本吾隱愛之念以成，非有他律爲之規定。吾與他人戮，利澤相當，使人皆有餘而吾亦不憂乏匱，此自社會趨勢迫脅以成，非先有自然法律爲之規定」（《四惑論》），也就是說，在章太炎看來，社會生活中也不應有出於「隱愛之念」和「利澤相當」之外而命令、法律規定的責任和義務；社會生活中的自由本質上就是道德的自覺踐履和利益的自願交換。章太炎的個性自由觀念顯然是感受了西方思想的影響，它的「以無害爲其限界」、「利澤相當」的原則，同嚴復所理解和傳播的「自由者，各盡其天賦之能事，而自承之功過者也」（《主客平議》），「學者必明乎己與群之權界，而後自繇之說乃可用耳」（《群己權界論·自序》）的西方自由主義原則是完全一致的⑪。然而，構成章太炎個性自由原則的理論基礎——「人本獨生」，「本無責任」，卻仍然是屬於中國固有思想，源自莊子思想。《莊子》寫道：「吹萬不同，而使其自己，咸其自取，怒者其誰」（《齊物論》），「物固自生」（《在宥》），「固將自化」（《秋水》）。莊子這樣認爲萬物皆自生、自化而無創造者、主宰者的自然觀，正是章太炎「人本獨生」的觀念淵源。而章太炎「本無責任」的無任何負累的絕對自由，實際上就是莊子《逍遙遊》中「孰弊弊焉以天下爲事」的「惡乎待」（「無待」）的心理情境和處世態度，如他自己所說，「逍遙遊所謂自由，是歸根到底『無待』兩字……眞自由惟有『無待』才可以做到」（曹聚仁記《章氏國學概論》第三章）。應該說，章太炎的個性自由觀點比起康有爲人性平等

觀點，其蹈襲莊子思想的形迹更爲明顯，觀念上的聯繫也更爲深切。但用以消化西方思想，推演出近代的社會政治觀點卻是相同的。

中國近代思潮的人論，除了從人性和個性的角度對作爲精神和肉體統一體的實際上是自然狀態下的人作了觀察和論述外，還進一步突出地考察和論述了人的精神——「心」的作用。這是他們在爲近代中國的社會革命尋找主觀的精神動力的一種努力。康有爲說：「欲救亡無他法，但激厲其心力，增長其心力」（《京師保國會第一集會演說》），孫中山也說，「國事者，一人群心理之現象也。是故，政治之隆污，繫乎人心之振靡」（《孫文學說》）。可見，近代中國的改良派和革命派都深切感到昂揚的主觀精神是社會變革中的一種支撐和推動因素。然而，從這兩派的代表人物康有爲和章太炎的論述中來看，他們對這種主觀精神（「心」）的哲學性質的觀察卻迥然有別。

康有爲所觀察和確認的「人心」是「不忍之心」，這是一種充滿仁愛的道德感情的精神本體。他說：「不忍人之心，仁也，電也，以太也，人人皆有之……一切仁政，皆從不忍之心生，爲萬化之海，爲一切根，爲一切源……人道之仁愛，人道之文明，人道之進化，至於太平大同，皆從此出」（《孟子微》卷一）。這裡顯示出，康有爲以「仁」、「不忍」定義的「心」具有兩個理論性質不同的內容或層次：一是「心」的宇宙本體性質，「仁」如同「電」、「以太」是萬物萬化的「一切根」；二是「心」的道德情感性質，「不忍」是「仁政」、「人道」的母體。應該說，改良派「博愛」的政治主張正是建立在「心」即「不忍」或「仁」這種道德理論觀念基礎上的。如康有爲說，「仁者在天爲生生之理，在人爲博愛之德」（《中庸》注）。不僅如此，改良派還認爲，這種「不忍」的道德感情，「仁」的人心理論還能孕育出社會改造中所必需的勇敢的救世精神。梁啓超在介紹康有爲的生平和思想時說，「先生之哲學，博愛派哲學也。先生之論理，以『仁』字爲唯一之宗旨……故先生之論政論學，皆發於不忍人之心，人人有

不忍人之心，則其救國救天下也，欲已而不能自已」⑫（《康南海傳》），在為譚嗣同《仁學》所作的序言中也寫道，「蓋大仁之極，而大勇生焉」（《校刻瀏陽譚氏〈仁學〉序》）。顯然，康梁改良派以「不忍」、「仁」為「心」，從「心」生勇而救世的思想觀點，有很清晰的思孟、王學和佛學的理論色彩⑬，而難以尋覓到莊子思想的痕迹。莊子認為「成乎心而有是非」⑭，「僨驕而不可繫者，其唯人心乎」（《在宥》），也就是說，人心是智慮淵藪，感情的海洋。莊子主張「遊心於物之初」（《田子方》），反對「以仁義攖人之心」（《在宥》），這些與康有為以「仁」為心的觀點都甚有距離。所以，康有為雖然盛讚「莊子言心學最精」（《萬木草堂口說・諸子》三），注意到莊子的「人心」的觀點，但還是未能將其吸收、溶化到自己的「人心」思想裡來。然而，康有為、梁啓超提出和宣揚的這一「人心」思想，其旨在呼喚人覺醒，高揚主觀精神的理論動機，卻是由《莊子》中的一個重要的命題來開啓：「哀莫大於心死，而人死亦次之」（《田子方》）。康有為在給光緒皇帝的上書中寫道：「公卿士庶，偷生苟活，俟為歐洲奴隸，聽其犬羊之剗縛；哀莫大於心死，病莫重於痿痹；欲損之葉，不假疾風，將痿之華，不勞於手觸；先亡已形，此仲虺所謂侮亡之說尤可痛也。」⑮（《上清帝第五書》）梁啓超也在《論自由》中寫道：「莊子曰『哀莫大於心死，而身死次之』，吾亦曰，辱莫大於心奴，而身奴斯為末矣。」（《新民說、論自由》）康梁都把對國家民族危亡和被奴役地位毫無知覺的精神麻木狀態，視為最大的、最可悲的危險和恥辱。「哀莫大於心死」，康梁「激厲心力，增長心力」的「人心」理論觀念，無疑是感應了《莊子》的這個驚警的呼號而開始形成。

章太炎和康有為不同，他不是用孟子、王學的思想，而是用唯識宗的觀點來構築他的「心」的理論。他觀察到和確認的「心」，主要的、本質的是一種知覺的精神實體。但章太炎的「心」論在形式上卻有一點和康有為的「心」論相似，也顯現兩個理論性質有差別的內容

或層次。在宇宙本體的層次上，章太炎認為「心」就是「識」：「凡言心者，正當言識。以心本義為心藏，引伸為識之代詞」（《四惑論》）。也就是說，「心」具有「藏識」（阿賴耶識）的性質。世親說「藏識說名心，思量性名意，能了諸境相，是說名為識」（《辨中邊論》卷上），也是將八識概括為心、意、識三種。所以章太炎的這一解說是完全根據並符合法相宗的教義的。正是在這個意義上，章太炎的「心」具有世界最後本體、本源的性質。章太炎所說「萬法唯心」，「法無本際，唯是一種子隨心所現」（《菿漢微言》），也就是法相宗所說「萬法唯識」，「由一切種識，如是如是變，以展轉力故，彼彼分別性」（《成唯識論》卷七）。在認識論的層次上，章太炎認為「心」是「見分」。他說，「蓋尋常所謂心，皆指見分」（《菿漢微言》），也就是說，是一種知覺、認識能力。「所謂宇宙，即是心之礙相」（《建立宗教論》），這是心對事物表象的感知能力：「凡取一物一事，而斷其合法與否，此亦惟在自心，非外界所能證也」（《建立宗教論》），「是云非云，不由天降，非自地作，此皆生於人心」（《齊物論釋》），這是心對是非善惡的理性判斷能力。顯然，章太炎的這一解說，沒有遵守唯識宗煩瑣的名相規範而有所變通隨俗。總的來說，章太炎的「心」論的兩個層次是共同地導向一種徹底的唯心論：「三界唯心所現」（《建立宗教論》），「自心而外，萬物固無真」（《國故論衡·辨性》下）。作為資產階級革命家的章太炎，他的「心」論哲學並不是以追尋到這種徹底的「唯心」結論為終結、為目的，而是進而「要用宗教發起信心，增進國民的道德」（《東京留學生歡迎會演說辭》）。他十分真誠地相信，把這種由法相宗「唯識」宗教理論中抽引出的「唯心」的思想觀點，投進民眾之中，就一定能喚醒自信，「自貴其心，不依他力」（《答鐵錚》），產生支撐和推動正在醞釀和發生著的社會革命的道德力量。他說，「法相宗所說，就是萬法唯心……要有這種信仰，才能勇猛無畏，眾心成城，方可幹得事來。」（《東京留學生歡迎會演說辭》）當然，在

近代中國社會革命的實踐中,被章太炎作爲一種根本戰略而提出的「建立宗教」,並沒有得到革命派和民眾的理解和響應⑯。章太炎的「心」論雖然基本理論是法相唯識宗的觀點,但與莊子思想也有思想觀念上的密切聯繫,並且同康有爲「心」論與莊子思想的觀念聯繫形成有趣的對比。那就是如果說,康有爲的以激厲人的改造社會的主觀奮發精神爲目的的、以「仁」爲「心」的觀點,曾感受了《莊子》「哀莫大於心死」的警號,即在其思想的起點和莊子有某種觀念上的因緣;那麼,爲了同樣的目的,章太炎的以「識」爲「心」的觀點,則是在其理論的根本處與莊子發生了某種關係,這就是對於這個「心」論中最重要的一個內涵豐富而又晦昧的思想概念——阿賴耶識,章太炎是援用《莊子》來說明的。在中國佛學的唯識學說中,從阿賴耶識擁有眾多的異名的情況可以看出,對阿賴耶識的內涵的解釋或規定是頗爲紛紜的⑰。然而,最基本的解釋或規定,應該是無著《攝大乘論》中提出的「攝藏」、「執藏」二義。無著說:「此識說名阿賴耶識,一切有生雜染品法,於此攝藏爲果性故……此識亦復說名阿陀那識,執受一切有色根故。」(《攝大乘論本》卷上)章太炎正是根據此二義來理解阿賴耶識的,並援用《莊子》加以說明。他說:「莊生言靈臺(自注:《庚桑楚》篇),『臺』有『持』義,相當於梵語之阿陀那。又言靈府(自注:《德充符》篇),『府』有『藏』義,相當於梵語之阿羅邪(亦作阿賴耶,阿黎邪),此則意相會合者爾。」(《齊物論釋》)此外,章太炎還認爲阿賴耶識作爲世界萬物緣起之主因的本源性質,可在《莊子》中找到說明,他說:「『靈臺有持』以下三十八字,說阿賴耶識緣起」(《菿漢微言》);對於如同康德「物自體」那樣的「不可以意想驗」(《菿漢微言》)的、顯現出阿賴耶識的絕對本體的「眞如」⑱,章太炎認爲也可以從《莊子》中求得一種認識的方法,他說:「莊生數言以不知知之,即謂以無分別智證也。世人習睹以爲常言,校以遠西康德方知其勝。康德見及物如,幾與佛說眞如

等矣，而終言物如非認識境界，故不可知。此但解以知知之，不解以不知知之也。卓犖如此，而不窺此法門，莊生所見不亦遠乎。」（《菿漢微言》）也就是說，章太炎認爲存在於阿賴耶識之先的世界絕對本體——「眞如」，是可以用莊子的「以不知知之」的方法來認識的。《莊子》中寫道：「庸詎知吾所謂不知之非知邪」（《齊物論》），「孰知不知之知」（《知北遊》），「不知而後知之」（《徐無鬼》），等等。這種「知不知之知」，如前所述，在莊子的認識論結構中乃是最高層次上的擺脫了感性表象、超越了理性推論的超理性直覺、整體直觀。章太炎認爲這就是佛學的「依靜慮以求證『眞如』實相的無分別智」（《頻伽精舍校刊大藏經序》）。完全可以說，章太炎關於「心」的思想觀點，雖然是以法相宗唯識論爲理論基礎，但莊子思想無疑也是重要的觀念來源或觀念背景。

　　總之，中國近代思潮關於人的理論觀點，無論是自然人性論或自由個性論，「仁」之心或「識」之心，都支撐著一個屬於新時代的資產階級性質的政治目標——自由、平等、博愛，但理論根蒂卻深深地長在中國固有或已有的傳統思想的土壤中。這也是不難理解的。以康有爲、章太炎爲代表的這一代思想家，他們對於中國傳統文化的諳熟和掌握，遠遠高出他們對西方文化的粗淺了解。社會制度、社會生活正在醞釀和發生著脫離舊的、封建主義性質和方式的深刻變動，但進程是艱難的。在這種社會的、文化的背景下，在理論思想的領域內，他們十分自然地要從與封建正統理學相對立的佛家、道家思想中，從理學中具有異端性質的思想中⑲，尋找喚起個人覺醒、促使新時代到來的人的理論。在這個人的理論中，以自然和個人爲主題的莊子思想是極活躍的、極重要的觀念因素。但也十分明顯，近代思潮在舊的、傳統的思想土壤上長出的人的理論，和主要在西方科學觀念基礎上形成的進化理論相比，是萎靡軟弱的，缺乏振奮激發力量，未能結出理論提出者所期望的果實。這一事實似乎是被中國現代思潮作爲一種經

驗教訓吸取，表現爲對傳統思想的疏遠和擺脫。

二、莊子思想與現代思潮

經過「五四」新文化運動洗禮而發生、發展起來的中國現代思潮（1919—1949年），雖然在由深重的社會危機和中西文化衝突所構成的時代背景上與「五四」以前的近代思潮並無根本的不同，但立論的理論基礎卻有重大的變換。如上所述，以康有爲、章太炎爲代表的近代思想家，基本上還是立足於中國傳統思想的土壤上，容攝西方思想而作出他們對社會、人生的觀察；他們思想中核心的、作爲出發點的理論觀念，不約而同地都是從中國傳統思想中理論最爲艱深的佛學、莊學中吸取哲學智慧而凝聚成的。「五四」以來的現代思潮，儘管也是形形色色，但它們卻一致地不再從中國傳統思想中尋找理論支點，而是依據西方思想某一學說或理論觀點來對中國傳統文化、社會現實問題作出觀察和評斷。認爲中國「五千年的精神文明……都是無濟於事的銀樣蠟槍頭」（舒適：《信心與反省》），對中國傳統文化基本上採取否定態度的胡適，其對中國政治、學術一切問題的判斷所表現出的鮮明的實用主義的理論立場自不待言，就是認爲「世界未來文化就是中國文化的復興」（梁漱溟：《東西文化及其哲學》第五章），竭力維護中國傳統文化的梁漱溟，他論述東西文化及其哲學性質的差異的基本的理論出發點——「意欲」（will）也是來自西方的生命哲學，來自叔本華[20]。構成中國現代思潮實際內容的、頻繁發生的關於中國文化、歷史和政治道路的思想論戰，諸如圍繞東西文化、「問題和主義」、社會主義、無政府主義、國家主義、「科學和玄學」、中國社會史、「中國本位文化」等問題所展開的爭論，無一不是被中國現代不同思想政治派別引進的西方不同哲學理論、政治思想之間的交鋒。其間，雖然戰線往往十分混亂，但逐漸形成的基本的陣線，即馬克思主義與其它西方思想之間的對立還總是清晰可辨或依稀可辨的。在這一次又

一次的熱烈的、尖銳的思想論戰中，實際上也是現代中國的道路抉擇中，中國傳統思想中的哲學理論、社會政治理論始終是被冷落、被遺忘的，它既未被改造、使用，也就沒有得到充實提高，這一點是中國近代與現代思潮間的重要區別。中國現代思潮將理論立足點由傳統思想移向西方思想，衝破舊傳統的束縛，創造新的文化，用胡適《新思潮的意義》一文中的話來說，也就是「輸入學理，再造文明」，無疑是現代中國誕生的必要的精神條件。但另一方面，「五四」以後的中國新思潮從總的、顯著的傾向上表現出一種對中國傳統思想、文化因缺乏深入的、同情的理解而產生的隔膜、疏遠，其觀察和判斷往往也是粗糙和淺薄的。這樣，被移植的西方學理，多游離於中國的傳統思想觀念之外，多游離於中國的社會生活之外㉑，沒有獲得重要的理論發展和實踐成果。在中國現代思潮的這樣的理論格局下，作爲中國傳統思想重要組成部分的莊子思想，與它對玄學、理學、道教、佛學等歷代思潮及近代思潮中的主要思想家所發生的那種直接而有明顯的影響相比，其作用在現代思潮中更多地表現在深層的理論結構中。在這一時其所發生的文化反思、思想論爭和新產生的融合中西觀念的哲學體系中，都可以看到這種情況。

1.莊子思想的特徵構成「五四」文化反思的主要對象

在洋務運動、戊戌變法、辛亥革命這些意圖在於將落後的、封建的中國推向富強的近代國家的社會改良、社會革命運動——失敗的情況下，「五四」以後的中國現代思潮以更嚴峻的態度審視中國傳統，更熱切的態度輸入西方思想，也就是十分自然和必要的了。但是，「五四」新思潮在這裡出現了兩個誤區：一是在對儒家思想的看法上，一是在對道家，特別是莊子思想的看法上。「五四」新思潮一般是把民主（德莫克拉西）和科學（賽因斯）作爲西方文化的體現，認爲是改造中國的基本目標、根本途徑；而以孔子、儒學爲中國傳統的代表，表現了與之徹底決裂的態度。這一思潮的傑出代表陳獨秀說：「要擁

護那德先生，便不得不反對孔教、禮法、貞節、舊倫理、舊政治；要
擁護那賽先生，便不得不反對舊藝術、舊宗教……我們現在認定，只
有這兩位先生，可以救治中國政治上、道德上、學術上、思想上的一
切黑暗」（《〈新青年〉罪案之答辯書》），宣稱凡「祖宗之所遺留，聖
賢之所垂教，政府之所提倡，社會之所崇尚，皆一文不值也」（《敬
告青年》）。胡適也說：「忠孝仁愛信義和平等等並不是維繫並且引
導我們民族向上的固有文化，他們不過是人類共有的幾個理想，如果
沒有作法，沒有熱力，只是一些空名詞而已」（《再論信心與反省》）。
這樣，「五四」新思潮就蹈入了它的第一個誤區。事實上，以儒家思
想為主體的中國傳統思想的基本精神是一種在理性的道德自覺基礎上
而產生的對國家、民族、家庭、他人真誠的、熱烈的責任感和義務感。
被中國悠久歷史一代代傳遞的和在「見危授命、見利思義」、「天下
興亡、匹夫有責」、「先天下之憂而憂，後天下之樂而樂」的高尚心
靈中鼓動著的正是這種精神，甚至「五四」反傳統本身也表現著和蘊
涵著這種基本精神。「五四」新思潮中出現的這個誤區有一個值得同
情的歷史的和社會的原因。在長期的封建專制的社會制度下，中國傳
統思想中的這個儒學基本精神，經常被封建專制的政治制度和宗法觀
念扭曲變形，理性的道德自覺變成卑俗的宗法的、政治的屈從，本來
是對人性的一種提高的倫理道德變成了無人性的「吃人」的禮教。在
西方民主、自由觀念映照之下，「五四」青年對此有更為深切的感受。
「五四」新思潮否定、抨擊以儒學、孔子為代表的傳統思想文化是完
全可以理解的。

　　「五四」以來的中國現代思潮以西方思想來否定中國傳統思想，
是在對中國傳統文化（或泛稱東方文化）與西方文化作對比的反思基
礎上作出的。在這個反思過程中，現代思潮實際上並不僅以孔子、儒
家思想為對象，經常也把道家思想，特別是莊子思想作為中國傳統思
想、文化的主要特徵和內涵來論列的。在這一點上，代表了「五四」

新思潮中主要思想派別或政治派別的李大釗、胡適、梁漱溟三人的看法幾乎是完全一致的：

李大釗：「東西文明有根本不同之點，即東洋文明主靜，西洋文明主動是也……一為自然的，一為人為的；一為直覺的，一為理智的；一為精神的，一為物質的……」（《東西文明根本之異點》）

胡適：「西洋近代文明的精神方面的第一特色是科學，科學的根本精神在於求真理……求知是人類天生的一種精神上的最大要求。東方的舊文明對於這個要求，不但不想滿足他，並且常想裁制他，斷絕他。所以東方古聖人勸人要『無知』，要『絕聖棄知』，要『斷思維』，要『不識不知，順帝之則』，這是畏難，這是懶惰。東方的懶惰聖人說，『吾生也有涯，而知也無涯，以有涯逐無涯，殆已』。所以他們要人靜坐澄心，不思不慮，而物來順應……東方的文明的最大特色是知足，而西洋的近代文明的最大特色是不知足。知足的東方人自安於簡陋的生活，故不求物質享受的提高；自安於愚昧，自安於『不識不知』，故不注意真理的發見與技藝器械的發明；自安於現成環境與命運，故不想征服自然，只求樂天安命；不想改革制度，只圖安分守己，不想革命，只做順民。」（《我們對於西洋近代文明的態度》）

梁漱溟：「中國人的思想是安分、知足、寡欲、攝生，而絕沒有提倡要求物質享受的，不論境遇如何，他都可以滿足安受，並不定要求改造一個局面。東方文化無征服自然態度而與自然融洽遊樂的。」（《東西文化及其哲學》第三章）

十分顯然，「五四」新思潮在這裡所觀察到的和界定的「中國文化」、「東方文明」，其主要內容和特徵，諸如「主靜」、「無知」、「知足」、「自然無為」等正是道家思想、莊子思想。《莊子》明確地主

張「順物自然」（《應帝王》），「常因自然而不益生」（《大宗師》）；主
張「絕聖棄知，天下大治」而「多知爲敗」（《在宥》）；主張「安
時處順」（《大宗師》），「知足者不以利自累」（《讓王》）等等。
正是莊子說「吾生也有涯而知也無涯，以有涯隨無涯，殆已」（《養
生主》），認爲「有機事者必有機心，機心存於胸中則純白不備」，
故對於機械的創造發明之類抱著「非不知，羞而不爲也」（《天地》）
的態度，也就是說，胡適所抨擊的代表東方文明的「懶惰聖人」正是
莊子。可見，莊子思想對於中國現代思潮的傳統文化反思和中國文化
觀形成具有十分重要的作用。並且，在現代思潮的文化反思的視野裡，
道家莊子思想和儒家思想是被作爲統一的、整體的中國傳統思想來觀
察的，它們在歷史上那種多方面的，特別是人生觀念上的根本對立似
乎已經不再存在。就是在這裡，「五四」新思潮蹈入它的又一個誤區。
實際上，中國思想史的整個歷程顯示的情況是，道家莊子思想對先秦
以後儒家思想理論內容的充實和歷代思潮理論內容的形成都有過重大
影響，但它並未能取代儒家而成爲主導、中心，而只是作爲儒家思想
的重要補充來發揮作用的。莊子追求個性自由的超世、遁世、順世的
人生態度，和儒家積極入世、踐履人倫的人生態度構成了中國傳統思
想中極爲周延的人生境界。但道家莊子思想和儒家思想在人生態度上
的根本對立是始終沒有消彌的。在莊子看來，孔子儒家是「遊方之內
者」，而自己是「遊方之外者」，而「外內不相及也」（《大宗師》）；在
儒家，如傳統儒學最後的、也是最高的理論形態宋明理學，經常是把
老莊與佛禪放在一起，作爲逃避人倫的異端來抨擊的⑳。所以，以儒
家思想爲主體的中國傳統思想、文化，其精神特徵、內在特質是不能
用莊子或道家思想來界定的。「五四」新思潮中的這個誤區的出現，
與它的特殊的觀察角度和認識論立場有關。應該說，「五四」文化反
思所觀察到的中國（東方）與西方文化之間那種極爲廣泛的精神現象
上的差異的確是存在的，但是，這種差異在任何分別體現古代的、封

建的、農業的與近代的、資本主義的、工業化的社會生活的兩個歷史時代的文化類型之間都是可能發生的，都是可以找到的，而不僅是在東方和西方兩個特殊的地域之間才發生的。這樣，從一種世界範圍內的近代資本主義的工業文化的角度來觀察，中國古代封建主義的農業文化中的儒家與道家這兩種本來就互補互滲的思想之間的那種對立、差異的界限，就容易被忽視而消失了。道家，特別是莊子思想主要展示的是經過相當的思想經歷和人生經歷後而達到的「遊乎塵垢之外」（《齊物論》），「與道徘徊」（《盜跖》）的精神境界。莊子的「道」，「不可見」，「不可言」，「不當名」（《知北遊》），超越感覺表象和語言表述，所以這種「道」的精神境界，作為全部生活和精神的積累，只能是一種可為整體直觀所獲得的體驗。中國現代思潮的主流所依據的西方科學，實際上是以經驗主義（歸納）和理性主義（演繹）為主要認識論因素的近代實證科學。只是愛因斯坦以後的西方現代科學才有爭議地、程度不同地將直覺（整體直觀）作為一種認識階段，一種科學發現方法引進科學㉓。所以，中國現代思潮對中國傳統思想中的這一超越經驗和理性之上的直觀的、全息性質的精神現象未能有深切的、同情的理解，而是予以徹底的否定。如陳獨秀說：「我們中國學術文化不發達，就壞在老子以來虛無的個人主義及任自然主義……都是叫我們空想、頹唐、紊亂、墮落、返古。」（《虛無的個人主義及任自然主義》）胡適也認為莊子的任天、安命、處順之說「流毒中國最深」（《諸子不出於王官論》）。可見，這是一個隔膜很深的誤解，中國傳統思想中所揭示的一個艱深的、應該得到嚴肅、具體分析的精神現象，「五四」新思潮卻以一種十分輕率的態度把它視為是中國傳統思想中最蒙昧的、落後的精神表現。這樣，以西方思想來否定、批判中國傳統思想文化的「五四」新思潮，把他們觀察到並認為是最蒙昧、落後的精神現象歸屬於他們要施以抨擊的對象，把與西方科學理性相對立的道家莊子超理性的直覺體驗的思想作為中國傳統文化、思

想的主要特徵或內容，就是十分自然的了。

2.莊子思想的認識結構蘊涵著思想論戰中的三種哲學認識論立場

中國現代思潮有遠較近代思潮爲廣闊和周延的哲學視野。「五四」以後的中國思想學術界，輸入了19世紀下半期以來的西方主要的哲學社會政治思想理論，圍繞文化、歷史、哲學中的基本理論問題和中國社會前途的選擇展開了熱烈而尖銳的思想論戰。從不同政治派別或思想派別所宣揚、闡釋的西方學理中，特別是從他們所進行的思想論戰中，可以清晰地看出，紛紜的中國現代思潮實際上是歸屬三種不同的、對立的哲學認識論立場：經驗主義、理性主義、直覺主義（非理性主義）。在20年代「科學與玄學」的論戰中，圍繞對「人生觀」的哲學性質的不同看法，中國現代思潮的三種哲學認識論立場的對立得到了一次鮮明的集中的表現。當時，以張君勱、梁啓超爲代表的「玄學派」認爲，「人生觀」是一個人對自己周圍的人和事物「有所觀察也，主張也，要求也」，即一種看法、態度。就其哲學性質而言，它則是人的「自由意志」───一種內在的、綿延的、整體的「生之衝動」所外現出的變動不居的心理狀態，一種「美」與「愛」的情感。它是不能用理智的、科學的因果律來分析、揭示，而只能用直覺來體驗、把握的。張君勱說：「科學爲論理學，爲方法所支配，而人生觀則生於直覺。科學之方法有二：一曰歸納，一曰演繹……若此（人生觀）者，初無論理學之公例以限制之，無所謂定義，無所謂方法，皆其自身良心之所命，起而主張之，以爲天下後世表率，故曰直覺者也。」（《人生觀》）梁啓超也說：「人生關於情感方面的事項，絕對的超科學。」（《人生觀與科學》）顯然，這是現代西方哲學中的生命哲學的觀點，柏格森的觀點。柏格森曾說：「至少有這樣一種實在，我們都是運用直覺從內部來把握它，而不是運用單純的分析。這種實在就是在時間中流動的我們的人格，也就是綿延的自我」。（《形而上學導言》，商務印書館1963年版，第4頁）所以二十多年以後，張君勱回憶這場論戰中

自己所持的理論觀點時說：「我是說，人生是自由意志的，無法按科學解決。簡單來說，不是科學所能解釋得了的。此項思想之來源，是由柏氏（柏格森）來的。」（《民主社會主義之哲學背景》第六篇《時代特徵》）以丁文江、胡適爲代表的科學派反對玄學派的觀點，認爲「人生觀」擺脫不了科學、理智（邏輯）的範圍。在他們看來，作爲人的認識對象或科學研究對象的外界事物，實際上就是人的感覺、經驗等心理事實，獨立於人的感覺或經驗之外的事物「本體」是不存在的，或不可知的，科學派把這種哲學認識論稱之爲「存疑唯心論」。丁文江說：「我們所曉得的物質，本不過是心理上的覺官感觸，由知覺而成概念，由概念而生推論。科學所研究的不外乎這種概念同推論……這種科學知識論可以說是存疑的唯心論，因爲他們以覺官感觸外界爲我們知道物體唯一方法，物體的概念爲心理上的現象，所以是唯心。覺官感觸的外界，自覺的後面，有沒有物，物體本質是什麼，他們都認爲不可知，應該存而不論，所以說是存疑。」（《玄學與科學》）從這種存疑主義的認識論立場來看玄學派所說的「人生觀」，它不外是表現人生態度的一系列眞實的心理狀態，自然也應該是科學研究的對象。所以科學派宣稱，「凡是心理的內容，眞的概念推論，無一不是科學的材料」，「人生觀決逃不出科學的範圍」（《玄學與科學》）。而作爲玄學派根本特徵的，即認爲是「人生觀」內在本質的那種超越感覺、經驗之外，具有形而上學實體性質的「自由意志」，科學派認爲是不可知的、無意義的。所以科學派表示，對於「玄學家的吃飯傢伙，就是存疑唯心論者所認爲不可知的、存而不論的、離心理而獨立的本體……科學不屑得同他爭口舌」（《玄學與科學》）。十分顯然，丁文江這裡所表述的「存疑唯心論」，實際上就是西方哲學中行進在經驗論路線上的馬赫主義。馬赫說：「關於物質，關於世界，我們只知道它是一種人或種種不同人的感性要素的函數聯繫。凡是不能在一定條件下對這個人或那個人的感性要素、意識內容發生影響的東西，

都是不實在的。」（《感覺的分析》第一章附錄）丁文江的「科學知識論」淵源於此。實用主義也是在歐洲近代經驗主義認識論基礎上孕育出來的一個哲學品種。關於我們的認識對象，杜威說，「凡我們視爲對象所具有的性質，應該是以我們自己經驗它們的方式爲依歸的」（《經驗與自然》，商務印書館1960年版，第15頁）。很明顯，這與馬赫的世界是「感性要素的函數聯繫」的觀點在認識論的立場上是完全一致的。所以在這場科學與玄學論戰中，實用主義在中國的傳播者胡適，自然是要全力支持科學派的，在他看來，「人生觀」總也「不曾跳出賽先生和羅輯先生的手心」（《孫行者與張君勱》）。

在中國現代思潮的科學與玄學的論戰中，從另外一個和直覺主義、經驗主義皆有所區別的哲學認識論立場作出觀察、判斷的是陳獨秀。他說：「自然界及社會都有他的實際現象……科學的說明能和這死板的實際一一符合，才是最成功。」（《科學與人生觀序》）顯然，這是一種科學理性主義的觀點，即認爲客觀實際不依人的感覺或經驗而獨立存在，科學理性的認識目標或標準，就是要和這一客觀實際的內在本質相符合。它也十分接近列寧在批判馬赫主義時所表述的唯物主義認識論（反映論）：「唯物主義者把人的感覺、知覺、表象和一般意識看作是客觀實在的映像。世界是爲我們的意識所反映的這個客觀實在的運動。和表象、知覺等等的運動相應存在的是我們之外的物質運動。」（《唯物主義和經驗批判主義》第267頁）從這種理性主義的認識論立場來看，「人生觀」是客觀存在的人的一種社會意識，應該而且可以從社會環境中尋找到它的形成的原因。這樣，在這場論戰中最後便導引出馬克思主義歷史唯物主義的觀點。這就是陳獨秀所說：「不同的人生觀，都是他們所遭客觀環境造成的，決不是天外飛來的、主觀意志造成的，這本是社會科學可以說明的，決不是形而上學的玄學可以說明的……我們相信只有客觀的物質原因可以變動社會，可以解釋歷史，可以支配人生觀，這便是唯物的歷史觀。」（《科學人生觀序》）

以上，我們簡略地勾畫了科學與玄學論戰的哲學陣容和理論內容。應該說，這個陣容和內容具有某種基始的和典型的意義。就中國範圍內來說，中國現代思潮所提出和爭論的其它理論的或實踐的問題，例如關於解決中國社會問題的基本途徑的三種觀點——固有道德的發揚、政治上一點一滴的改良和經濟制度的根本解決，實際上都是和從這三種基本的哲學認識論立場作出的不同觀察相聯繫的㉔。從世界範圍內來看，發生在中國本世紀　20年代的這次思想論戰，實際上是整個現代西方哲學思潮基本理論格局的模型或縮影。那就是以直覺主義、非理性主義爲認識論基礎的人本主義思潮與在經驗主義認識論基礎上而演變發展起來的科學主義思潮的對立；以及對黑格爾的理性主義進行了唯物主義改造的馬克思主義在更深刻和廣泛的意義上與非理性主義、經驗主義的對立。這表明中國現代思潮，特別是它的哲學形態，完全是感受到西方思潮的影響而形成、發展起來的。但是，另一方面，孕育出西方現代思潮的三種基本的哲學認識論，都有自己的主要是植根於西方傳統思想文化中的深遠的觀念的、理論的淵源，中國現代思潮何以能不期而然地、不爲艱難地跨越異質文化間的觀念鴻溝，基本上理解並不同成效地移植這些西方現代思潮？究其原因，現代西方思潮所立足的三種基本的哲學認識論，在中國傳統思想中也是存在的，具有可爲區分的理論形態和思想內容，並爲不同的思想派別所運用。這些，在莊子思想中有極爲清晰的、集中的表現。正如我們在前面所述的那樣，莊子思想的認識結構，包含著燦然分明的三個層面：對具體事物感知的相對性；理性觀念的確定性；理性直觀（超理性）的整體性。莊子思想認識結構的三個層面，實際上涵蓋了中國傳統思想的思維方法或認識方法全體，並且也顯然對應著現代思潮中的經驗主義、理性主義和直覺主義（非理性主義）。正如現代解釋學正確地揭示的那樣，個人對任何一個現在的、當下的對象或問題的認識、理解中，都活躍著他在過去生活中積累起來的傳統的、歷史的觀念因素，中國

現代思潮儘管對中國傳統思想表現出疏遠、隔膜和批判的態度，但畢
竟是在中國傳統文化的環境中發育生存，它對西方思想中的任何理論、
觀念的理解中，都會不同程度地染有中國傳統思想觀念的色彩，浸潤
著它的特質。就哲學認識論來說，和現代西方思想三種基本認識論具
有對應關係的莊子思想的三層面認識結構及《莊子》對其所作的具體
論述，就爲中國現代思潮理解、接受和運用西方現代思潮的不同認識
論理論觀點提供了觀念溝通、觀念融合的精神基礎。以經驗主義爲基
礎的認識論普遍地內蘊著一種相對主義的哲學性格，如實用主義的胡
適曾說：「所有的科學律例，不過是一些最適用的假設……不過是人
造的假設用來解釋事物現象的，解釋的滿意，就是眞的；解釋的不滿
意，便不是眞的，便該尋別種假設來代了。」（《實驗主義》）胡適這
裡所表述的因用而變的科學眞理相對性的觀點，就十分切近、犀通莊
子的因時而變的歷史價值判斷的相對性：「帝王殊禪，三代殊繼，差
其時，逆其俗者謂之篡夫；當其時，順其俗者謂之義徒」（《秋水》）
㉕。中國現代思潮中的直覺主義與莊子思想在觀念上、精神上的聯繫
更加密切。張君勱認爲，作爲「自由意志」的表現的「人生觀者，全
體也，不容於分割中求之也」（《人生觀》），也就是說，直覺主義認
爲人的最高的、最後的認識對象（「自由意志」、「生命衝動」）乃
是一種整體的存在，所以它不能通過概念分析地、逐一地認識，而只
能是直覺體驗地整體把握，這與莊子認識結構中對「道」的認識的情
況極爲相似。《莊子》寫道：「道通爲一」，「是非之彰，道之所以
虧也」（《齊物論》）。即是說，「道」是世界的總體，任何感性的表
象知覺，理智的概念分析（「是非之彰」），只能是對「道」的部分
的知識（「道之所以虧」），而不是對「道」之整體的認識（「道通
爲一」）。在《莊子》中，達到「道」的途徑和標誌，是由「守道」
（《大宗師》）、「體道」（《知北遊》）而獲得的具有全息性質的「目
擊而道存，亦不可以容聲矣」（《田子方》）的直覺能力，能「無古今

而入於不死不生」（《大宗師》）、「乘道德而浮游」（《山木》）的無任何負累的精神境界。實際上，這已是一種廣泛意義上的道德修養實踐，而不再屬於確切意義上的認識活動。在莊子認識結構中，對「道」的「認識」（直覺、體驗）已經超越了認識論的範圍。張君勱所主張的對「自由意志」的人生觀直覺，也具有這樣的性質，他說：「人類活動之根源之自由意志問題，非在形上學中不能了解。現世界之代表的思想家，若柏氏（柏格森）、倭氏（倭鏗）本此義以發揮精神生活，以闡明人類之責任。推至其極而言之，具一人之意志與行爲，可以影響於宇宙實在之變化，此正時代之新精神。莊子曰，『水之積也不厚，則其負大舟也無力』，柏氏、倭氏輩推求宇宙實在，爲歸束於形上學者，非有他焉，其必然之結論也。」（《人生觀之論戰序》）顯然，在張君勱的理解中，現代思潮的生命哲學、直覺主義所追尋的那種形而上學的本體性的對象（「自由意志」、「生命衝動」）只是體現爲一種人生態度，一種精神境界，而不是作爲一種認知對象被確認的。這一理解的中國思想觀念淵源正是在《莊子》中。

　　中國現代思潮中的馬克思主義者的反映論認識論是屬科學理性主義性質的。他們認爲事物具有不依人的意志爲轉移的內在本質、客觀規律。不僅自然現象間存在著因果必然性聯繫，即使「歷史的範圍實亘過去、現在及未來，而爲一個一貫的法則所支配」（李大釗：《桑西門的歷史觀》），自然科學和社會科學眞理就是對自然現象和主會現象內在本質的正確認識或反映。例如科學社會主義運動就是建立在對社會變革的根本原因的認識基礎之上的，而不僅是簡單樸素的道德感情。陳獨秀說：「近代所講的社會主義，其宗旨固然也是救濟無產階級底苦惱，但是他的方法卻不是理想的、簡單的均富論，乃是由科學的方法證明出來現社會不安底原因，完全是社會經濟制度——即生產和分配方法——發生了自然的危機，要救濟他的危機，先要認明現社會底經濟事實，在這個事實的基礎上面，來設法改造生產和分配底方法。」（

《社會主義批評》）這裡，李大釗和陳獨秀所說的「法則」、「原因」，也就是《莊子》中「論萬物之理」（《秋水》）的「理」。中國現代思潮中的理性主義雖然沒有像經驗主義（相對主義）、直覺主義那樣主動地去攀援《莊子》，但他們堅定地相信並頑強地探求事物，特別是社會生活的內在本質和客觀規律的認識論立場和態度，與《莊子》中的「天地固有常矣」（《天道》），「知道者必達於理」（《秋水》）是一致的，因而其理論思維的或認識論的觀念根源也是中國傳統思想中所固有的。

3.莊子思想孕育了新哲學體系中的宇宙本體和人生極致觀念

從1919年「五四」到1949年的一段期間內，中國思想學術界在深重的民族災難和社會危機的煎熬下，在西方思潮的有力衝擊下，痛苦地反思了自己的傳統思想和文化，根本上是為了中國社會前途的選擇而進行了激烈的思想論戰，如上所述，莊子思想與這些都有著這樣或那樣的關係。此外，在同樣的社會、文化背景下，中國現代思潮中還出現了若干以西方現代哲學思想為理論基礎，旨在重新建構、並進而昇華、弘揚中國傳統思想的哲學體系。具有代表性的是熊十力的「新唯識論」（《新唯識論》）和馮友蘭的「新理學」（《新理學》等「貞元六書」）。這兩個思想體系有甚為不同的理論方法和哲學性質。概括地說，一個是以柏格森直覺主義為認識方法的主觀唯心主義體系，一個是運用新實在論的邏輯分析方法建立起來的具有客觀唯心主義性質的體系。這兩個思想體系與中國傳統思想的理論淵源關係也很不同。馮友蘭的「新理學」體系，用他自己的話來說，是「『接著』宋明以來底理學講底，而不是『照著』宋明以來底理學講底」（《新理學》，《三松堂全集》第四卷，河南人民出版社1986年版，第5頁）。所謂「接著」理學講，就是指對程朱理學有所發展；這個發展就是「新理學」思想體系賦予傳統的程朱理學一個具有層次性的邏輯構架，一個達到理學中具有世界本體性質的形而上學對象（簡稱為「理」，分別稱之則為

「理」、「氣」、「大全」、「道體」）的理智性的階梯，而異於傳統理學在達到這個端點所依憑的直觀跳躍㉖。熊十力在解釋自己「新唯識論」命名之由時說：「吾書之作，由不滿有宗之學而引發，不曰『新唯識論』，而將何名？」（《新唯識論》附錄《答問難》，中華書局1985年版，第671頁）也就是說，「新唯識論」體系是對傳統的，特別是由護法完成的唯識論的改造；而這一改造的主要之點，是將傳統唯識論對心理現象（「八識」）的細膩的理智的分析，改造爲對世界本體（「本心」）的整體的直觀體認㉗。不難看出，新唯識論和新理學儘管有迥然不同的理論內容，然而對性質是形而上學的宇宙本體的探求，卻是它們共同的理論主題。稍作進一步的考察，也還不難看出，新理學、新唯識論對各自宇宙本體的性質所作的規定或描述，其思想觀念的內容，都是共同地來源於莊子思想。

在新唯識論體系中，熊十力對宇宙本體的規定，就其是最後的、唯一的根源而言，稱之爲「獨體」，「獨體即本體之別名。以其至明無滯，至大無外，無物與匹，故云獨體」（《新唯識論》第553頁）；就其實質而言，乃是吾人之心，故稱「本心」，「獨體謂本心，是乃吾與天地萬物所同具之本體。絕待故云獨，但以其主乎吾身而言，乃云本心」（《新唯識論》第556頁）。但是，新唯識論具有理論創造意義的卻是在對「本體」作出這個實質性的規定之前，所賦予「本體」的形式的、一般性的說明和規定。簡略地說，熊十力認爲，「本體」一方面是唯一、絕對，另一方面又是無窮、全，「一切物的本體，元是絕對的，元是全的」（《新唯識論》第443頁），而溝通這兩方面的中介是變，融合這兩方面爲統一體的是「恆轉」。熊十力說：「本體只是無能而無所不能。他顯現爲萬殊的功用或一切行，所以說是無所不能；他不是超脫於萬殊的功用或一切行之上而爲創造者，所以說無能。故假說爲變……遂爲本體安立一名字，叫做恆轉。」（《新唯識論》第314—315頁）熊十力又把「本體」所具有的這種涵蓋一切的特質稱之

爲「功能」：「本體亦名功能，即眞如……亦稱大用或功用，又生生化化流行不息眞幾，是渾一的全體，是遍一切時及一切處，恆自充周圓滿，都無虧欠的。」（《新唯識論》第443頁）十分顯然，熊十力的「本體」觀念與莊子「道」的觀念完全吻合。在莊子思想中對「道」也正是這樣規定的，即一方面「道通爲一」（《齊物論》），「道」是「無待」、唯一；另一方面，「道無所不在」（《知北遊》），「道」又顯現爲世界的萬事萬物及其生成變化的過程。在《莊子》中，對「道」作爲「生天生地」（《大宗師》）的萬物根源有很形象的表述：「天不得不高，地不得不廣，日月不得不行，萬物不得不昌，此其道與！」（《知北遊》）對「道」表現爲化生萬物的過程也有明確的表述：「天道運而無所積，故萬物成」（《天道》），「萬化而未始有極也」（《大宗師》）。熊十力對「本體」根本性質（「功能」、「恆轉」）所作的闡釋都有極爲鮮明的《莊子》中的這些思想和語言的痕迹，例如對於「功能」，他說：「功能者，即宇宙生生不已之大流……天得之以成天，地得之以成地，人得之以成人，物得之以成物……故觀其殊，即世界無量，會其一，則萬法皆如」（《新唯識論》第82頁）；對於「恆轉」，他說：「恆轉是至無而健動，此莊生所謂『運而無所積』……一切物生滅相續者，實際上元是眞實的力用之流行，這種流行，是莊子所謂『運而無所積』。運者，猶言流行，無所積者，刹那刹那，都是才生即滅，沒有一絲兒舊的東西滯積著」（《新唯識論》第344頁）。可見，熊十力新唯識論的「本體」觀念實際上是孕育於莊子思想之中。

　　馮友蘭認爲，「形上學的工作，是對於一切事實作形式底解釋」（《新原道》，《三松堂全集》第五卷，河南人民出版社1986年版，第153頁），他的新理學體系正是用四個主要觀念——理、氣、道體、大全，對世界一切事物作出形式的說明的⑳。雖然這四個觀念按馮友蘭自己的說法，「都是我們所謂形式底觀念，沒有積極底內容底，是四個空底觀念」，而所謂「無積極內容」，就是「對於事際，無所肯定」（《新

原道》，《三松堂全集》第五卷第148、155頁）。但實際上，在馮友蘭對
這四個觀念的說明中，和用這四個觀念來對世界事物作形式的解釋中，
顯現出甚為鮮明的「根源」的哲學觀念，表明新理學的形而上學探索
乃是一種對世界本體的哲學追求，也就是說，並不「空」，而「有所
肯定」。馮友蘭說，「理及氣是人對於事物作理智底分析所得底觀念，
道體及大全是人對事物作理智底總括所得底觀念。」（《新原道》，《
三松堂全集》第五卷，第154頁）所以可以認為新理學中的這四個觀念是
從分析和綜合這兩不同的邏輯方面，或者也可以說是從具體事物和世
界總體這兩個不同的宇宙結構層次上來對世界一切事物作出解釋的。
新理學對「理」的界定完全繼承程朱理學的觀點：「朱子以為理是實
際底事物之所以然之故及其當然之則，我們所說理亦是如此。」（《
新理學》，《三松堂全集》第四卷第40頁）朱熹曾說：「至於天下之物，
則必各有所以然之故，與其當然之則，所謂理也。」（《大學或問》卷
一）程朱理學中的這個「理」的觀念，如前所論，應該追溯到《莊子》中
的「依乎天理，因其固然」（《養生主》），「四時有明法而不議，萬
物有成理而不說」（《知此遊》）。在「氣」的觀念上，新理學為了「
形式底解釋」的需要，則與程朱理學有所不同。馮友蘭認為程朱理學
的「氣」，是科學底觀念，是一種構成事物的實際材料，而新理學的
「氣」則「完全是一種邏輯底觀念」，是實現「理」的「絕對底料」
（「眞元之氣」）（《新理學》，《三松堂全集》第四卷第49、48頁）。所
以新理學給予「氣」一個完全是形式的定義：「事物所有以能存在者，
新理學中謂之氣。」（《新原道》，《三松堂全集》第五卷第151頁）實際
上，這正是《莊子》「氣也者，虛而待物者也」（《人間世》），「通
天下一氣耳」（《知北遊》）的經驗觀念的邏輯的表述。因此，完全可
以說，馮友蘭「眞元之氣」的邏輯觀念，植根於莊子的「氣」的經驗
觀念基礎之上。新理學對「理」、「氣」觀念的如此界定或說明，涵
蘊或表現著一種追索事物最後根源或本質的理論意圖，「理」、「氣」

實際上也就具有某種「本體」的形而上學理論性質，於是馮友蘭就援引《莊子》的「物之初」⑳觀念來進一步說明「理」、「氣」的這種性質：「理與氣是『物之初』。因為理與氣都是將事物分析到最後所得底，我們不能對事物作再進一步底分析，所以它們是『物之初』，不能有再『初』於它們者。」（《新原道》，《三松堂全集》第五卷第155頁）在新理學中，從總括的邏輯方面和世界總體的觀察角度所提出的兩個觀念——「道體」、「大全」，其具有事物根源、宇宙本體的理論內涵是更清楚的。新理學的「道體」、「大全」是分別從動、靜兩個方面對一切事物，世界總體作出概括的。馮友蘭說：「我們說宇宙、大全，是從一切事物之靜底方面說；我們說道，是從一切事物之動底方面說」（《新理學》，《三松堂全集》第四卷第69頁），「總一切底流行謂之道體，道體就是無極（氣）而太極（理）的程序……總一切底有謂之大全，大全就是一切底有」（《新原道》，《三松堂全集》第五卷第152—153頁）。新理學對世界總體從動靜兩個方面所作的這種邏輯表述，也不難從《莊子》中尋覓出它的觀念淵源。《莊子》寫道：「道流而不明居」㉚（《山木》），「萬物皆化」（《至樂》），這正是說「道」為「流行」，為變動不居的過程；《莊子》又寫道，「道通為一」（《齊物論》），「道於大不終，於小不遺」（《天道》），這又是說「道」為「一切有」，為涵蓋一切事物的整體。實際上，在新理學中，對於「道體」的「流行」和「大全」的「一切有」性質，馮友蘭也正是援引《莊子》中的語言和思想來加以說明的。對於「流行」，馮友蘭引《齊物論》說：「我們實際底世界，是一『流行』，此點道家看之甚清。《莊子‧齊物論》說『一受其成形，不亡以待盡，與物相刃相靡，其行盡馳而莫能止』。『一受其成形』，即就一事物之成、盛階段說；『不亡以待盡』，即就一事物之衰、毀階段說。使一事物『一受其成形，不亡以待盡』，即其陽，與之『相刃相靡』者，即其陰。一切事物，皆如是一陰一陽，即謂之道，所謂『一陰一陽之謂道』。

所謂一陰一陽，即謂一事物之存在，一時爲其陽所統治，一時爲其陰所統治，一切事物均如此變化，此即是道。」（《新理學》，《三松堂全集》第四卷第71頁）對於「一切有」，馮友蘭引《天下》說：「惠施說『至大無外，謂之大一；至小無內，謂之小一』。所謂大全或宇宙，正是至大無外者。如其有外，則其外必仍有所有，而此所謂整個即非整個，此所謂大全即非大全。」（《新理學》，《三松堂全集》第四卷第29頁）以上所述都表明，新理學思想體系的形而上學探索中所充盈著的對世界本體的追求，與莊子思想有十分密切的觀念聯繫。

　　與對宇宙本體的推究相適應，新唯識論和新理學兩個思想體系中還有一個共同的理論主題，就是對人生極致，即人生最高精神境界或理想人格的探求和描述。這個境界，概言之就是與最高本體融爲一體，這是中國傳統思想中的一個不衰的、而在莊子思想中有最細膩描述的論題。因此，新唯識論、新理學在描述這個境界時，援引或追溯《莊子》，也就是很自然的。新理學體系對人生境界有十分全面的觀察和描述。馮友蘭說：「人所可能有底境界，可分爲四種：自然境界、功利境界、道德境界、天地境界。」（《新原人》，《三松堂全集》第四卷第550頁）四種境界按照其對人生意義的自我覺悟（「覺解」）程度高低多少爲標準而判定，天地境界是最高境界。馮友蘭說：「境界有高低。此所謂高低的分別，是以到某種境界所需要底人的覺解的多少爲標準。其需要覺解多者，其境界高……天地境界需要最多底覺解，所以天地境界是最高底境界。至此境界，人的覺解已發展至最高程度，謂之聖人。」（《新原人》，《三松堂全集》第四卷第554—555頁）這個具有最多「覺解」的最高境界的精神特質，馮友蘭認爲就是「自同於大全」，「與物冥」，即與最高本體及天地萬物一體。他說：「在天地境界中底人，自同於大全，體與物冥，我與非我的分別，對於他已不存在。」（《新原人》，《三松堂全集》第四卷第636頁）對於「天地境界」這個最基本的界定，馮友蘭援引莊子思想來加以說明：「在天地境界

中底人的最高造詣是，不但覺解其是大全的一部分，而並且自同於大全。如《莊子》說『天地者，萬物之所一也，得其所一而同焉，則死生終絕將如晝夜而莫之能滑，而況得喪禍福之所介乎：』『得其所一而同焉』，即自同於大全。一個人自同於大全，則我與非我的分別，對於他即不存在。道家說『與物冥』㉛，冥者，冥我與萬物間底分別也。」（《新原人》，《三松堂全集》第四卷第632頁）顯然，馮友蘭的「天地境界」與莊子思想中的「與道相輔而行」（《山木》），「與道徘徊」（《盜跖》）的「至人無己」（《逍遙遊》）精神境界是相同的。馮友蘭明確地說，「《莊子·山木》」篇說『乘道德而浮游』，『浮游乎萬物之祖，物物而不物於物』，此是『道德之鄉』。此所謂道德之鄉，正是我們所謂天地境界」（《新原人》，《三松堂全集》第四卷第554頁），《莊子·齊物論》說，『若夫乘天地之正，御六氣之變，以遊無窮者，彼且惡乎待哉！故曰，至人無己，神人無功，聖人無名』，此『無己』是大無我，到此種地位底人，其境界是天地境界。」（《新原人》，《三松堂全集》第四卷第560—561頁）馮友蘭還常援引《莊子》中對「至人」、「神人」、「眞人」等理想人格的描寫來表述「天地境界」的人的精神風貌。例如他說：（《莊子·大宗師》）所說『坐忘』，『離肢體，黜聰明，離形棄知，同於大通』，此『忘』是天地境界中底人的忘」（《新原人》，《三松堂全集》第四卷第571頁），「莊子說『遊心於無窮』，『與天地精神往來』，『上與造物者遊，而下與外死生無終始者爲友』，『乘天地之正，御六氣之變，以遊無窮』，這是天地境界中底人的大……莊子說『大澤焚而不能熱，河漢沍而不能寒，疾雷破山風振海而不能驚』，這是天地境界中底人的剛。」（《新原人》，《三松堂全集》第四卷第637頁）等等。可見，在新理學思想體系對最高人生境界的界定和說明中，《莊子》裡出現的思想觀念和描述的精神現象是其主要的觀念來源。

　　新唯識論中沒有系統的關於人生理想或人生哲學的思想理論。這

或許是因爲《新唯識論》是一部沒有完成的著作，它只有《境論》（體論），作者計劃中的《量論》（知論）遺憾未能寫出。可以設想，在潛藏於這位哲學家深邃心靈裡的知識論中，一定會有他對人生的全面的觀察。然而這畢竟無法知曉。儘管如此，從已經出世的論述本體的《新唯識論》（境論）裡，仍然不難發現他的基本的人生觀念，特別是對人生極致的明確說明。熊十力和馮友蘭一樣，把理想的、最高的人生精神境界理解爲、規定爲對世界整體、對宇宙本體冥合、歸依的一種精神狀態。他說：「蓋生物進化，至人類而爲最高。其能直接通合宇宙大生命爲一，以實顯本體世界無上價值者，厥爲人類」（《新唯識論》第101頁），「體其所以化，盡其所以生者，則直與法界爲一，而未始有極也（自注：法界即本體之異名）。學至於此，方是究竟」（《新唯識論》第398頁），「宇宙、人生本來不二，相對絕對迷則有分，悟乃融一，此《新唯識論》最旨也」（《新唯識論》第688頁）。也就是說，在熊十力看來，人生的最重要、最基本的覺悟，就是「人類之在萬物中也，渾然與萬物同體」（《新唯識論》第524頁）。和新理學相比，新唯識論的獨特之處在於它又認爲宇宙本體即是「本心」，所以在新唯識論中，「與法界爲一」、「與萬物同體」的最高精神境界又被解釋爲、規定爲「直指本心」、「絕對自我」。熊十力說：「萬物都不是離我底心而獨在的。因此，所謂我者，並不是微小的、孤立的、和萬物對待著；而確是賅備萬物，成爲體的。這種自我觀念的擴大，至於無對，才是人生最高理想的實現」（《新唯識論》第274頁），「《新唯識論》則直指本心，通物我內外，渾然爲一」（《新唯識論》第679頁）。這樣，新唯識論的人生極致、人生理想實際上就是由「吾與萬物同體」和「萬物皆備於我」這兩個相異而又相通的思想觀念構成的一種精神境界。對此，熊十力援引《莊子》中的「官天地，府萬物」[32]一語加以概括說：「唯人類心靈特著，充其智，擴其量，畢竟足以官天地，府萬物——官天地者，人與天地同體，而復爲天地之主

宰，所謂『範圍天地之化而不過』者是也；府萬物者，孟子所謂『萬物皆備於我』是也。」（《新唯識論》第525頁）這些都表明，在新唯識論思想體系中，和新理學一樣，人生極致、理想人格等人生哲學問題也是重要的理論主題，並且在思想觀念上也和莊子思想有密切聯繫。

完全可以這樣說，中國現代思潮中的新哲學體系，只要涉入中國傳統思想，在它的體系中就不能不留下莊子思想的痕迹。㉝

以上，我們對莊子思想在從先秦到現代的中國歷代思潮中所起的作用進行了比較具體的，但畢竟也還是很概括的、很粗略的考察和分析。然而這已足以表明，莊子思想以它深邃而衆多的概念、命題、觀念在中國傳統思想的演變、發展中，確實地成爲一種最活躍的觀念的或理論的因素，在不同的理論思潮中和在不同的理論層次上皆發生了不同程度的影響，是中國哲學中的一個重要的觀念淵源。即使在當代，我們在實現理解、吸收世界最新的思想和智慧，以創造自己國家的現代文化的歷史任務時，莊子思想內蘊著的、並且在歷史上已經不只一次表現出來的那種對異己思想或異質文化具有容攝、消化能力的寬廣的觀念背景、觀念系統，仍然是有積極的、實際的意義的。正是這些使我們感到，對莊子思想及其影響所作的這種漫長的歷史考察是值得的，因爲通過這種考察，在理解和熟悉莊子思想的基礎上，能夠比較深入地理解和熟悉中國傳統思想；而只有眞正地理解和熟悉中國傳統的思想和文化，才能卓有成效地創造出中國新的、現代的思想和文化。

【附　註】

① L.A.懷特：《文化科學》，浙江人民出版社1988年版，第349頁。

② 《莊子》「齊物論」的涵義有不同的解釋（參見拙著《莊子歧解》）。從該篇的實際內容看，它包括兩個方面的論題：一是「天地一指，萬物一馬」，齊同天地萬物；一是「物無非彼，物無非是」，齊一是非物論。

③ 在近代中國另一位努力把中外古今思想熔冶於一爐的思想家譚嗣同那裡，

也有這種情形。譚嗣同在《仁學・自敘》裡說，「循環無端，道通爲一，凡誦吾書皆可於斯二語領悟」。可見，他《仁學》中的那些尙未及熔化的、駁雜衆多的佛學、科學，中國、西方各派思想觀點，也是籠罩在「齊物論」的統一的觀念背景下。

④　章太炎說：「……此其言道，猶浮屠之言如耶」（《國故論衡・原道》），又說：「……或稱眞如，或稱法界，或稱涅槃，而柏拉圖所謂伊跌耶者，亦往往近其區域」（《建立宗教論》），又說：「康德見及物如，幾與佛說眞如等矣。」（《菿漢微言》）

⑤　章太炎說：「若夫莊子之言曰『無物不然，無物不可』」，與海格爾所謂「事事皆合理，物物皆善美者，詞義相同。」（《四惑論》）

⑥　嚴復說：「所云『心未嘗死』，即佛所謂妙明，耶穌所謂靈魂不死。」（《莊子評點・德充符》）

⑦　嚴復總評《馬蹄》說：「此篇持論，極似法之盧梭，所著《民約》等書，即持此義。」（《莊子評點・馬蹄》）

⑧　在近代思潮中，也有以章太炎爲代表的少數學者對進化論的科學內容和理論價値持懷疑、否定的態度。早期，在《訄書》中的章太炎還是服膺進化論的。後來，《民報》以後，成熟的章太炎發生了變化。他發表了《俱分進化論》（《民報》第7號），認爲「善亦進化，惡亦進化，樂亦進化，苦亦進化。進化之實不可非，而進化之用無所取」。後又在《四惑論》中（《民報》第二十二號）進一步否定進化論，認爲「所謂進者，本由根識迷妄所成，而非實有此進。就據常識爲言，一切物質，本自不增不減，有進於此，亦必有退於彼，何進化之足言。」章太炎的這種思想具有比較復雜的背景，具有既是超前又是落伍的矛盾的性質。一方面，章太炎作爲一個深邃的、十分熟悉人類的精神經歷的思想家，在對資本主義國家的社會生活有了實際觀察後，就不能不對資本主義制度和資產階級道德所固有的和表現出的邪惡深表反感和憂慮；另一方面，他又沒有優越於資產階級思想的新的理論觀點，而只好使用法相宗「萬法唯識」

和莊子「凡物無成與毀」的「齊物」的古老理論武器來否定進化理論必然導出的肯定資本主義制度的社會結論了。

⑨ 「自己」，司馬彪本作「自已」（見陸德明《經典釋文》），義皆可通。

⑩ 改良派的這一觀點，譚嗣同曾援引王夫之的語言予以簡明完整的表述：「天理，善也；人欲，亦善也。王船山有言曰，『天理即在人欲之中，無人欲則天理亦無從發見』」。（《仁學》九）

⑪ 1789年法國革命的《人權宣言》第四條規定：「自由就是指有權從事一切無害於他人的行為。因此，各人的自然權利的行使，只以保證社會上其它成員能享受同樣權利為限制」。

⑫ 康有為也認為：「心」有「知」的性能，說「心有知者也，體無知者也。物無知而人有知，故人貴於物。知人貴於物，則知心貴於體矣」（《春秋董氏學》）。但正如梁啓超這裡所述，康有為確是把「仁」或「不忍」的道德情感定義為人心或人的精神的主要的、本質的性能或內容。

⑬ 「人皆有不忍人之心」、「仁，人心也」原是孟子的思想命題（分別見《孟子・公孫丑》上、《告子》上）；王守仁曾說，「我今信得這良知，真是真非，信手行去，更不著些覆藏，我今才做得個狂者的胸次，使天下之人都說我行不掩言也罷」（《傳習錄》下），便是由「心」（「良知」）的覺悟而生出的一種一往無前的勇敢；「救天下」更是由佛家「普渡眾生」的宗旨衍變而來。梁啓超曾描述康有為的思想脈絡：「先生獨好陸王……由陽明學以入佛學，故最得力於禪宗。」（《康南海傳》）

⑭ 《莊子》寫道：「未成乎心而有是非，是今日適越而昔至」。（《齊物論》）

⑮ 仲虺，湯左相，他曾歸納說大國、強國攻取小國、弱國常有四種手段或方式：兼弱、攻昧、取亂、侮亡（見《尚書、仲虺之誥》）。康有為在本次向光緒的上的書中，諫言此四種亡國之難，中國在列強面前皆有可能遭受，而心死侮亡，尤可痛也。

⑯ 章太炎《建立宗教論》發表在《民報》第9號。他在發表於《民報》第11

號的《人無我論》一文中稱，「余前作《建立宗教論》，內地同志或謂佛書梵語，暗昧難解，不甚適於衆生。」

⑰ 例如，隋淨影寺慧遠歸納阿賴耶識名有八：藏識、聖識、第一義識、淨識（無垢識）、眞識、眞如識、家識（宅識）、本識。（《大乘義章》卷第三末《八識義》）唐窺基謂「本識有十八名，頌曰：無沒、本、宅、藏、種、無垢、持、緣、顯、現、轉、心、依、異、識、根、生、有」（《成唯識論掌中樞要》卷下末）。應該說：阿賴耶識的每一異名，也就是它的一個新的內涵。

⑱ 章太炎在接受法相宗的基本觀點（八識、三性、四分）的同時，也接受了佛教其它宗派的觀點，因此在兩個重要的觀點上，即阿賴耶識的存在範圍及對其本質「眞如」的理解，與法相宗並不一致。第一，章太炎認爲「非說金石皆有身識，不能成唯識義」（《齊物論釋》），「阿賴耶識爲情界、器界之本，非局限一人」（《人無我論》），這與法相宗堅持「五種姓」說，斥「一切樹等皆悉有命」之說爲「外道」（《瑜伽師地論》六十五）是完全對立的。第二，《成唯識論》說：「眞，謂眞實，顯非虛妄；如，謂如常，表無變異。謂此眞實，於一切位，常如其性，故曰眞如。」（卷九）法相宗據此認爲「眞如」是表述阿賴耶識的「圓成實」的那種性質。章太炎則根據《大乘起信論》，將「眞如」獨立出來，成爲是藉「無明」生出阿賴耶識的某種絕對的、最後的本體，他說，「依如來藏（眞如）有此不覺（無明），不覺而動，始爲阿賴耶識」（《菿漢微言》）。章太炎的這種觀點，極爲相似天臺九祖湛然。湛然也正是吸取《大乘起信論》觀點，提出、發展了天臺宗思想的兩個重要觀點：「諸法眞如隨緣而現」；「無情有性」。（《金剛錍》）

⑲ 朱熹曾批評陸九淵除「心」以外，「一概揮斥，其不爲禪學者幾希矣」（《朱文公文集》卷三十三《答呂伯恭》）；羅欽順批評王守仁「致良知」是「局於內而遺其外，禪學是已」（《困知記》附錄《與王陽明書》）。可見，在正統理學觀點看來，陸王心學具有異端性質。

⑳ 梁漱溟說：「你且看文化是什麼東西呢？不過是那一民族生活的樣法罷了。生活又是是什麼呢？生活就是沒盡的意欲（will）——此所謂『意欲』與叔本華所謂『意欲』略相近——和那不斷的滿足與不滿足罷了。」（《東西文化及其哲學》第二章）梁漱溟進而以「意欲」是「向前」或「持中」或「向後」，將世界文化區分爲西方、中國、印度三種。可見，「意欲」的觀念是梁漱溟文化哲學的一塊基石。

㉑ 這裡，試以胡適的一件事來譬喻地說明這一點。「五四」前，胡適曾寫了一齣英文短劇《終身大事》，內容是一個名叫田亞梅的女子，爲反抗父母對自己婚姻的干涉，離家與自己的戀人出走。後來這個劇本在《新青年》發表時，胡適寫了個跋語附後，曰：「這齣戲，本是因爲幾個女學生要排演，我才把它譯成中文的。後來因爲這戲裡的田女士跟人跑了，這幾個女學生竟沒有人敢扮演田女士。況且女學堂似乎不便演這樣不很道德的戲！所以這稿子又回來了。我想這一層狠是我這齣戲的大缺點。我們常說要提倡寫實主義。如今我這齣戲竟沒有人敢演，可見得一定不是寫實的了。這種不合寫實主義的戲，本來沒有什麼價值，只好送給我的朋友高一涵（按：《新青年》編委之一）去塡《新青年》的空白罷。」胡適這個跋語是對當時的封建勢力的一種巧妙的揭露。實際上胡適的《終身大事》是寫實主義的。但爲女學生寫的戲，女學生卻不能演，不敢演，也表明它在某一主要之點上游離了中國的生活現實。新思潮的哲學理論、政治主張常有這種脫離中國社會現實的性質。

㉒ 朱熹說，「佛老之學不待深辨而明，只是廢三綱五常這一事已是極大罪名，其它更不消說」（《朱子語類》卷一百廿六）。當然，理學對佛禪與莊老亦有所區別。《朱子語類》記載：「或問佛與莊老不同處。曰：莊老絕滅義理未盡，至佛則人倫滅盡，至禪則義理盡。」（卷一百廿六）

㉓ 愛因斯坦認爲，「從特殊到一般的道路是直覺性的，而從一般到特殊的道路則是邏輯性的」（《愛因斯坦文集》）商務印書館1979年版第三卷490頁）。波普爾也說：「我的觀點可以這樣表述：每一個發現都包含著

『非理性因素』，或者在柏格森意義上的『創造性直覺』。」（《科學發現的邏輯》）科學出版社1986年版第6頁）確切地說，從特殊到一般是歸納的，從一般到特殊是演繹的，從部分到整體是直覺的。

㉔ 直覺主義的張君勱傾心於內在的、形而上學的精神追求，故主張應以提倡宋明理學來解決社會問題，他說：「若夫心為實在之說，則宋明理學家而其說大昌，真可理其功不在禹下者也……今之當局者，不知禮節，不知榮辱故也。若夫國事鼎沸綱紀凌夷之日，則治覺之真理，應將管子之言而顛倒之曰：『知禮節而後衣食足，知榮辱而後倉廩實。』吾之所以欲提倡宋學者，其微意在此。」（《再論人生觀與科學並答丁在君》下）馬克思主義者李大釗則認為，「依馬克思的唯物史觀，社會上的法律、政治、倫理等精神的構造，都是表面的構造。他的下面有經濟的構造作他們一切的基礎。經濟組織一有變動，他們都跟著變動。換句話說，就是經濟問題的解決，是根本解決」（《再論問題與主義》）。而實用主義的胡適卻說，「實驗主義注重在具體事實與問題，故不承認根本的解決，他只承認那一點一滴做到的進步——步步有智慧的指導，步步有自動的實驗——才是真進化。」（《我的歧路》）

㉕ 胡適在《中國哲學史大綱》中，對《秋水》的這段文字是從道德觀念進化的角度來理解的，並斷定其義蘊與黑格爾的哲學性質的進化觀念（正—反—合）相似，而不同於實用主義所立足的科學性質的進化論（達爾文主義的「一點一滴的進化」）。然而，推究《秋水》本文，這裡實際上是在討論認識的是非問題。從這個角度看，其義是接近經驗主義（相對主義）的，而不是理性主義（絕對主義）的。

㉖ 新理學的這一工作，馮友蘭曾簡明地概括說：「新理學的工作，是要經過維也納學派的經驗主義而重新建立形而上學……我們對於事物及存在，作形式底分析，即得到理及氣的觀念，我們對於事物及存在作形式底總括，即得到大全及道體的觀念。此種分析及總括都是對實際作形式底釋義，也就是對經驗作形式底釋義。」（《新知言》，《三松堂全集》第

五卷，河南人民出版社1986年版，第223—224頁）

㉗　熊十力概括自己與護法立說的根本歧異時說：「彼唯用分析之術，乃不
能不陷於有所謂已成之斷片相狀，而無以明無方之變」，「眞如一名，
大乘舊以爲本體之形容詞，然自護法說來，則眞如遂成戲論矣」。（《
新唯識論》，中華書局1985年版，第78、80頁）

㉘　馮友蘭說：「在新理學的形上學系統中，有四個主要底觀念，就是理、
氣、道體及大全……新理學以爲，眞正底形上學底任務，就是在於提出
這幾個觀念，並說明這幾個觀念。」（《新原道》，《三松堂全集》第
五卷，第148—154頁）

㉙　《莊子》中寫道：「老聃曰：吾遊心於物之初。」（《田子方》）

㉚　《莊子·山木》原文是「道流而不明居得行而不名處」，郭象等句讀爲
「道流而不明，居得行而不名處」，林疑獨等句讀爲「道流而不明居，
得行而不名處」。郭讀恐誤。（參見拙著《莊子歧解》）

㉛　《莊子》中沒有出現「與物冥」的命題，但這一思想卻多次以其它命題
形式出現。如「順物自然」（《應帝王》），「倫與物忘」（《在宥》），
「方且與物化」（《天地》），「物物者與物無際」（《知北遊》），
「與物委蛇」（《庚桑楚》），「與物終始」（《則陽》），等等。「
與物冥」是郭象《莊子注》中明確提出和多次使用的命題。

㉜　《莊子》寫道：「勇士一人，雄入於九軍，將求名而能自要者，而猶若
是，而況官天地，府萬物，直寓六骸，象耳目，一知之所知，而心未嘗
死者乎！」（《德充符》）

㉝　例如在金岳霖的「舊瓶裝新酒」的《論道》中，其主要哲學範疇道、無
極、太極、幾、數、理、勢、情、性、體、用等，都可以在《莊子》中
尋覓到最早的觀念源頭。這位中國現代的邏輯哲學家在他的《中國哲學》
一文中（載《哲學研究》1985年第9期），對莊子表現了最大的、感人的
鍾情。